孙衣言年谱

瑞安文化研究工程　乙编　第1种

◎ 谢作拳　陈伟欢　著

ZHEJIANG UNIVERSITY PRESS
浙江大学出版社
·杭州·

图书在版编目（CIP）数据

孙衣言年谱 / 谢作拳，陈伟欢著. --杭州：浙江
大学出版社，2024.8. -- ISBN 978-7-308-25318-5

Ⅰ. K825.1

中国国家版本馆 CIP 数据核字第 202455YR11 号

孙衣言年谱

谢作拳　陈伟欢　著

责任编辑	潘丕秀	
责任校对	蔡　帆	
封面设计	周　灵	
出版发行	浙江大学出版社	
	（杭州市天目山路 148 号　邮政编码 310007）	
	（网址：http://www.zjupress.com）	
排　　版	浙江大千时代文化传媒有限公司	
印　　刷	杭州高腾印务有限公司	
开　　本	710mm×1000mm　1/16	
插　　页	8	
印　　张	38.75	
字　　数	635 千	
版 印 次	2024 年 8 月第 1 版　2024 年 8 月第 1 次印刷	
书　　号	ISBN 978-7-308-25318-5	
定　　价	128.00 元	

孙衣言像

《颐园春宴图》（孙衣言孙锵鸣兄弟像）

玉海楼门台

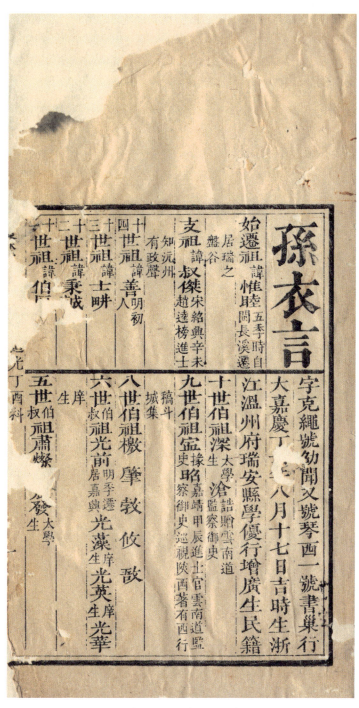

孫衣言

字克繩號幼聞又號琴西一號書巢行
大嘉慶丁卯八月十七日吉時生浙
江溫州府瑞安縣學優行增廣生民籍

始遷祖諱惟睦　五季時自
　盤谷居瑞之閬長溪遷
支祖諱叔傺　宋紹興辛未
　趙逵榜進士
　知沅州
　有政聲
十世祖諱善　明初人
十世祖諱士畊
十三世祖諱秉戌
十二世祖諱伯

十世伯祖深　太學生
十世伯祖深　監生誥贈雲南道
九世伯祖宷　史略
　察御史巡視陝西著有西行
　稿斗城集
八世伯祖檄　敦攸　敦
六世伯祖光前　明季遷嘉興
　光藻庠生光英庠生光華
五世叔祖蕭爍　太學
　發生

光丁酉科

孙衣言履历（道光十七年）

第一次書來因大集需來校讹昆以歷。石汶芸系
真書散稄一切又気秒任更逐阢ㄐ時佀偺旦秒佀隹見
更為ㄐ賀大集小鶴捿去六枝一逕小鶴现生都ㄅ不屑
甚迡昰乃作詩古文啗成火箓ㄛ羞帙、霊詞知室せ成一窩
言矣时書客此實不凸䒭何憂詭扴而頼枞
明天子在上耳正来乃作不多頉朏稷止多溪書以蓋正而
兂鉻之詩自凤一掹ㄐ廣玟雨遑人蕦吿阅処此汶
即上朴弟小鐵仁弟大人閣下不文之頓首

四寶
買十三

孙衣言致陈元禄信札（咸丰三年）

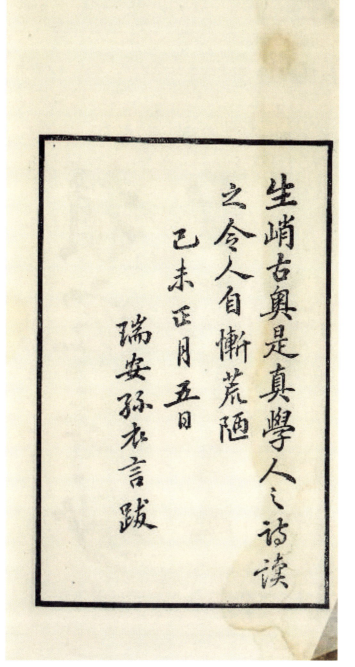

生峭古奥是真學人之詩讀之令人自慚荒陋

己未正月五日

瑞安孫衣言跋

孙衣言跋凌焕《损奂诗钞》（咸丰九年）

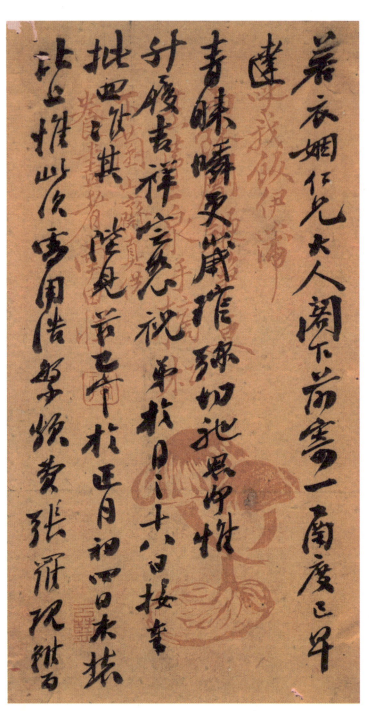

孙衣言致林用光信札（光绪元年）之一

计枚据去后五载，柳间宗族奥亦恶平，又借沈清
磨费不能为情，却空言惠，而之以正其老夫。
嘉辰为贺，应言贤礼孔巳，南话节和邪大之先
为极为便何何作再若一言，欲好借用项先小阂于丹
中先意写微之，其閒在所沈完而隆尚出出数
身详暨垂辛丙子十光悴時卯
袁妹夫人坤福　阿阿文娟烟小衣寿衣衣弥弟

孙衣言致林用光信札（光绪元年）之二

丙子瞻天日記

正月十一日午刻携兒子詔讓自軺啓行同行者楊菶

初内翰王友林通守劉仁齋萃才連日大雨辛就道後

稍霽至三十里舖宿夜開復雨懍懍念會彭敝川爲投供

帳馮孔門隆松周峻岑諸大令徐子翼參軍徐瀾南陳

小雲莊　甫及照磨王君之屏均遠迷至此作書致王与軒

虛訪

十二日己初起雨巳止雨四山雲氣翁鬱行數里微雪雪止

《丙子瞻天日记》（光绪二年）

出都日记

三月初九日陛辭後蒙　召對皇太后問汝將以何日行奏云

陸擬以十五日出都又問若干日子可到湖北奏云屋此行仍由河

南陸路赴鄂約須一月方可到鄂又問汝在安徽繫幾年奏云屋此

同治十二年四月到任元年十二月卸任前尾將近三年又問在安

徽是官桌司奏云是又問安徽民情尚安靜否奏云安徽民情

近來尚為安靜但極困苦耳又問安徽營政□何州奏云現在巡

撫裕祿操練甚勤營政較前整頓又問裕祿仍好奏云裕祿

《出都日记》（光绪二年）

添字鸎嚬敘

娛老詞為仲弟止庵

老人七十壽

虛名誤驚海內謂文章意

氣似當日西蜀省山蘇氏

坡頴兄弟東坡老天之奎

宿仙人偶謫遊塵世恐香

山居士猶難軼與為比唯

我阿同 子由小名

見坡集 沈靜簡

默卯君真不愧上書勸經

幃隆儒以元經

九重天語嗟異

上書勸經

樂詞宮罷以可力罷命咸

不臣中百時中言舉豐初

以從日儹剝止講仲行元

為容永晢孫且經弟經

勞講風退中請有視遊以

也論恬隆云循　尋請文曾

當不下　　導燕聖西不公

上示時早　具文學上久孫

意以宣燕跌文書軼

深為丕畫限不

孙衣言撰《添字莺啼叙》（光绪十一年）

狮涛夫子大人阁下春明一别忽已逾二十

年不胜后亲教诲书大贤功名日盛形感所

设战福筹夷而犹言某颇目甚状实以海锋若

之迥如阳人世废苦时招旧尚不尔天地间而有此

陈人也此惟

甚演大业日时俱进信输世要小著述忘安蓥

多幸怅钦企坐芝松夜不春间一病垂殆来奉

孙衣言致张之洞信札（光绪十三年）之一

名遂罷迴間今年七十三矢聰食亦減而
兩耳絕无所聞我亦廢物次此牽列門牆頭
喜讀經而苦於破觉王抾全亦思五正壽官亦成
一等今止四十矣稚孫二人漸使上學亦示而惜為
知己告者然此而亡前讀稿軒書目開而觀其美
而求郭泰兩華遺集似屬壽寓目甚謹寄
星堀郤附柏稿二郤則狂士之讀姑付一笑而

孙衣言致张之洞信札（光绪十三年）之二

孙衣言致张之洞信札（光绪十三年）之三

孙衣言撰并书《回鹘山重建揖峰亭记》（光绪十三年）

孙衣言题《诚意伯授经图》（光绪十四年）

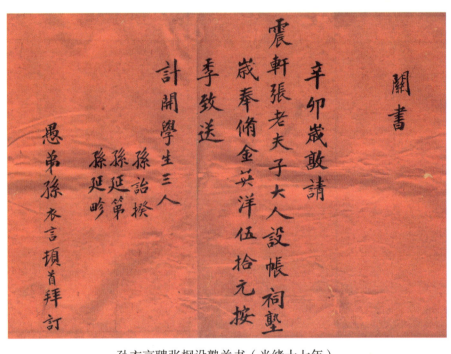

關書

辛卯歲敬請

震軒張老夫子大人設帳祠塾

歲奉脩金英洋伍拾元按

季致送

計開學生三人　孫詒揆
　　　　　　　孫延第
　　　　　　　孫延畛

愚弟孫衣言頓首拜訂

孙衣言聘张枏设塾关书（光绪十七年）

前　言

孙衣言(1815—1894)，字克绳，一字劭闻，号琴西，浙江瑞安人。道光二十四年(1844)举人，道光三十年(1850)进士。历任翰林院编修、侍讲、安徽按察使、湖北布政使、江宁布政使等，以太仆寺卿致仕。辑有《永嘉丛书》，著有《瓯海轶闻》《逊学斋诗钞》《逊学斋文钞》等。

孙衣言出生于嘉庆年间，道光间求学、应试、任国子监琉球教习，中进士；咸丰间任京官，入直上书房，外放安徽庐江知府；同治初年入曾国藩幕府，得曾国藩、马新贻提挈，署江宁布政使，任江宁盐法道、安徽按察使等职；光绪初，由安徽按察使转任湖北布政使，再任江宁布政使，以太仆寺卿致仕。章太炎称之为"晚清特立之儒"，其一生历经五朝，大致可分为以下几个时期：

(一)求学、科举(1815—1850)

孙衣言出生于瑞安陶山潘埭的一个耕读之家，其父孙希曾进过学，但毕生从事农耕，家庭并不富裕。可是孙家有读书的传统，孙希曾更重视对儿子的文化教育，孙衣言五岁时就亲为启蒙，口授经书，此后更不遗馀力地供给儿子读书，使其师从孙廷爵、谢兰、王咸、谢梦池、曹应枢等，学业大进。孙衣言及弟锵鸣天资聪慧，学习勤奋，青少年时就以善诗能文著称。孙衣言于道光十七年(1837)中拔贡，道光二十四年(1844)中举人，道光三十年(1850)会试中式第九十三名进士，殿试二甲第三名。

道光十八年(1838)，孙衣言进京朝考，报罢，逗留京师，广交朋友，结识了梅曾亮、王拯、邵懿辰、朱琦、龙启瑞、汪喜孙、叶名澧、秦缃业等人，频繁的交流谈论，使得所作文章有不少的受益和长进。以诗受知于鸿胪寺卿黄爵滋,开始专治古诗。以词问姚燮,以"子木心石肠,何必学为此,徒妨他业",而弃作词。

道光二十年(1840),英国发动了第一次鸦片战争,当定海失陷、《南京条约》签订的消息相继传来,他忧愤交加,赋诗痛斥英国的侵略行径,悼念死难的爱国官员,洋溢着强烈的爱国热情。

道光二十一年(1841),考取国子监琉球教习,琉球弟子向克秀(字朝仪,首里府人)、阮宣诏(字勤院,久米府人)、郑学楷(字以宏,久米府人)、东国兴(字子祥,首里府人)四人入监读书。在孙衣言的悉心教导下,琉球弟子的诗作大进,"其国人所为大率四韵而已,阮宣诏等入监读书,始有八韵之作"①。至道光二十四年(1844),三年国子监教习期满,阮宣诏等也学成归国,孙衣言将琉球弟子的诗作"择其雅者,录而刻之,谓之《琉球诗录》"②,并作序道"琉球处东南外,去中国远,然尝闻其风俗,知诗书,崇礼让,有先王之遗意。庠序教育之道,贤能考课之法,大约皆效中华。又其国故事,凡嗣王袭位,即得天子之命,则必请以陪臣子弟读书国子监。向学之诚,视朝鲜若尤勤焉"③,肯定琉球接受中华文化之诚。又说:"而学之最勤、为之最多者,尤在于诗。盖其国以之试士,而又为酬酢应世之用,故少而习之。"④《琉球诗录》刊行后,深受琉球国人喜爱,而孙衣言与琉球弟子一直保持往来。

孙衣言于道光二十五年(1845)南归,道上以诗纪行。次年游历平阳南雁荡山、乐清、黄岩、台州等,与友人论诗,历时大半年,对温台两地的文化有更进一步的了解。

(二)京官(1851—1858)

咸丰二年(1852),孙衣言在散馆后授职翰林院编修,不久晋升实录馆协修、纂修,预修《宣宗实录》,独编《夷务书》一百卷。充国史馆纂修、入直上书房,授惠亲王诸子读书。咸丰六年(1856),充会试同考官,任翰林院侍讲,文渊阁直阁事等。咸丰八年(1858),英法联军犯天津,孙衣言明知朝廷已决意

---

① 《琉球诗课序》,《孙衣言集》,刘雪平点校,浙江古籍出版社 2017 年版,中册,503 页。
② 《孙衣言孙诒让父子年谱》,孙延钊撰,徐和雍、周立人整理,上海社会科学院出版社 2003 版,10 页。
③ 《琉球诗录序》,《孙衣言集》下册,846—848 页。
④ 《琉球诗录序》,《孙衣言集》下册,846—848 页。

妥协退让,仍怀着满腔激情,连上两疏,请早定战,从而触犯帝怒,被贬往清军和太平军激战的安庆任知府。

在京期间,与王拯、林寿图、张金镛等比邻而居,常常雅集,议论政事、赋诗吟对。

孙衣言任安庆知府的消息传出后,收到祁寯藻、王拯、冯志沂、杨传第、叶名澧、俞樾等众多师友的赠行诗。赴皖途经苏州,宿俞樾寓旬日,这两位同年相互出示自己的诗稿,请对方作序,临别时互赠诗作。

(三)乡居(1859—1861)

孙衣言抵定远后,见安庆事不可为,遂引疾归休。咸丰九年(1859)十月,诗集《逊学斋诗钞》十卷在苏州刻成。咸丰十年(1860)正月,撰征刻孙希旦遗书序。同年春,开始任玉尺书院山长。因温州发生金钱会起义,孙家安义堡被焚,避居永嘉山中。又因太平军由处州入温州,致长子诒毂战死。山中生活清苦,无墨、无书、无砚、无笔,但有番薯、白薯、田鱼、青柴,可温饱,孙衣言曾赋《山中四无》《山中四利》以记此段经历。

(四)幕府(1862—1864)

同治元年(1862)七月,应曾国藩之邀赴安庆,绕道福建、江西,于次年二月抵安庆,入曾国藩幕府,署庐凤颍道、会办营务。在庐凤颍道上,面对深受战争摧残而"十室九空"的辖区,提出"首先劝学""必先明法""安民之道,察吏为先""兴农为第一要义"等主张,认为"必须人心大定,而后农工商贾乃可复业",体现孙衣言为官之道,为境内的经济复苏做出自己的贡献。同治三年(1864)八月,得悉母亲去世的消息,回家奔丧。

在安徽期间,曾会晤钱泰吉,对他复兴永嘉学派埋下种子。钱泰吉在《逊学斋文钞序》中写道:"吾愿益专其业而推广之,昌明永嘉之学,俾世之人知吾浙之学犹有永嘉,永嘉真脉乃在瑞安,不亦美乎?"孙衣言亦感慨"今日我乡人士汩没流俗,能闻乡先生之风兴起为学者,盖亦鲜矣",受到钱先生的影响,孙衣言下决心重振永嘉学派,延续永嘉文脉。

(五)丁忧(1865—1867)

同治四年(1865)二月,孙衣言因母逝抵家居丧。五月,其父又病逝。连遭母丧、父丧,丁忧在家。十月,浙江巡抚马新贻聘孙衣言为杭州紫阳书院主讲兼浙江书局总办。在杭州期间，与薛时雨、丁丙等人交游甚密。曾撰《紫阳书院十六咏》等，与俞樾并称“东南两紫阳”。在紫阳书院，还上演了感人至深的中外师徒见面会。琉球学生阮宣诏因谢封赴北京，十一月途经杭州，携其子克绩、成勋拜谒孙衣言于紫阳书院，并赠琉球折扇五十枚。孙衣言以折扇分赠好友，纷纷以诗记事，在文学史上留下一段佳话。

（六）外官（1868—1879）

同治七年（1868）十月，孙衣言以保升道员入都陛见。八月启程南行，十月抵金陵，辅助新任两江总督马新贻，被倚为左膀右臂。次年，发生刺马案，孙衣言极力进言要严刑审讯，未被采纳，因对审讯结果不认同，在审讯单不书“诺”。

同治十一年（1872）正月，被曾国藩推荐为江宁盐巡道。同年十月，擢安徽按察使。光绪元年（1875）八月，升湖北布政使。光绪三年（1877）二月，转江宁布政使。光绪五年（1879）七月，诏以太仆寺卿还朝。

这个时期孙衣言对温州文化最为重要的贡献，就是以各种方式刊刻了大部分《永嘉丛书》，如叶适《水心别集》、薛季宣《浪语集》、刘安节《刘左史集》、刘安上《刘给谏集》、刘黻《蒙川遗稿》、林季仲《竹轩杂著》、许景衡《横塘集》、谷诚《谷艾园文稿》、孙希旦《孙太史稿》、陈傅良《止斋集》、方成珪《集韵考正》等。另外，还出资重刊洪亮吉先生遗书。孙衣言竭尽全力提倡永嘉学派，宣传永嘉之学，引起友人的关注，使永嘉学派的思想不断扩散。

光绪三年（1877）二月，孙衣言在转任江宁布政使前夕，与越南贡使团经湖北时的一次会面笔谈，留下了珍贵的文字资料。笔谈的内容涉及当时越南的科举制度、职官制度以及诗文集刊刻等方面的情况，还与裴文禩就诗歌创作进行交流。孙衣言有云：“于此可见圣世同文之盛，而绝域万里之外，所以能慎守封土，绵历数百年，雍容和乐，无兵争攘夺之患，亦其被服圣人之教者深也。”其中透露了其面对时代的针对性感喟以及维护东亚和平社会的意愿。①

---

① 《论孙衣言与越南贡使的太仆公与安南行人笔谈问答长卷》，张侃，《温州大学学报（社会科学版）》第 33 卷第 6 期，2020 年 11 月，10—18 页。

（七）致仕（1880—1894）

光绪六年（1880）二月，孙衣言因病以太仆寺卿致仕。归乡后，潜心著述兴学，创办诒善祠塾，重订《诒善祠塾课约》，"以永嘉经制之学垂为世训"①，给温州的文化、思想发展带来莫大的动力，推动温州文化的发展、繁荣。整理乡邦文献，撰成《瓯海轶闻》，使读者对宋代永嘉学派的形成历史、学术特色、发展脉络、传播影响有总体的认识。创建玉海楼，藏书八九万卷，为孙氏子孙读书，也为"乡里后生有读书之才，读书之志，而能无谬我约，皆可以就我庐读我书"，其开放惠学的藏书举措对瑞安的文化发展有重要的意义。

纵观孙衣言的一生经历，其对温州文化发展的最大贡献是重振永嘉学派，使"温人始知有永嘉之学"（宋恕语）；最大的举措是于光绪十四年（1888）在瑞安城区建玉海楼，珍藏八九万卷的古籍，对瑞安的文化发展有重要意义；最有成就的是培养了儿子孙诒让，其被誉为"三百年绝等双"，"启后承前一巨儒"。

孙衣言的诗，"上追汉魏，而近作尤似苏黄，世多知之"（俞樾序中语）。孙衣言的文章，"皆自成机杼，无所依傍"（钱泰吉序中语），"文法桐城"（俞樾挽联中语），章梫称"有清一代，吾浙文章，首推先太仆公"②。

早在民国时期，其孙子孙延钊即撰成《孙逊学公年谱》十卷，章太炎撰序，2003 年由徐和雍和周立人两位先生加以整理，列入《温州文献丛书》，由上海社会科学院出版社出版。孙延钊先生"清理和阅读了孙衣言的著作、函牍、眉批、札记，并一一加以摘录③，较系统地梳理了孙衣言生平事迹及学术成就，但"对已刊的著作多语焉不详"④，对于与友人的交往大多一笔带过，而无史料的支撑。

此次所撰年谱，就是在其基础上，尽力搜索孙衣言已刊论著、他人日记、诗文、往来书信、清末报刊等资料，并进行严格考证、细致梳理、逐年逐月编

---

① 《孙衣言孙诒让父子年谱》，131 页。
② 《孙宣日记》民国二十一年四月二十七日条，谢作拳整理，中华书局 2021 年版，268 页。
③ 《孙衣言孙诒让父子年谱》前言。
④ 《孙衣言孙诒让父子年谱》前言。

排,以条目式对孙衣言一生的经历加以叙述,以期全面细致地展现孙衣言的生平事迹与社交活动,为读者真实地展现孙衣言八十年的人生经历。

本年谱按年月日排次,每年冠以年号及干支,附注公历纪年,标明岁数,谱中月日后加注公历日期。一年之中,凡月份不可考者,系于季;凡季亦不可考者,则系于年。

在收集资料的过程中,也得到许许多多同行、友人的帮助,在此,对于瑞安市社科联落实出版经费,瑞安市博物馆贾瑞新馆长帮助提供馆藏信札等,致以崇高的敬意和衷心的感谢。囿于编者水平、精力有限,难免会有许多资料未能寓目,有疏漏之处,敬请各位方家指正。

编　者

2024 年 7 月

目　录

孙氏源流及家世

孙衣言，字劭闻，号琴西，晚号逊叟，别署逊学老人。浙江瑞安人。系出吴将军孙武之子明，食采于富春，曰富春孙氏。始迁祖讳惟睦，五代时，自闽长溪迁瑞安二十五都集善乡之演下村，土名潘埭，而以其地当盘谷山麓，称盘谷孙氏。

惟睦累传为绍兴辛未进士、知沅州叔杰，尝以兵破傜人十三栅，夺所侵地，事载《宋史·蛮夷传》。其后当明初，有善以清修笃行闻。四传为潘，字文哲，号确庵，嘉靖中以输粟授宣义郎，邑人蔡同知琳铭其墓。潘子宇，字舜治，号云峰，太学省祭，湖广黄州府卫知事。宇子叙，字孔彝，号常斋，太学生，丰德耆年，永嘉王参政叔杲铭其墓。叙子名世，字子望，号升初，太学生，鸿胪寺序班，邑人林宫詹增志铭其墓。再三传为二十四祖讳奕法，字承志，号礼庵，姚氏万，以节孝旌。二十五世祖讳望，字若吕，号尚甫，邑人余太守学礼志其墓，以谓修身砥行，乡邻诵义。二十六世祖讳祖铎，字政敷，号洙堂，邑庠生。二十七世祖讳希曾，字贯之，号鲁臣，邑增生，我曾祖也。姚氏项，灯公女，氏张，熙载公女，氏胡，观涛公女，皆无所出；最后继配丁氏，采桧公女，则公之母也。公同怀兄弟五人：公居长；次讳锵鸣，字韶甫，号薽田，晚号止庵，又署止园，由翰林官至翰林院侍读学士，以重宴鹿鸣加三品卿衔，又以重宴琼林加侍郎衔，江阴缪先生荃孙铭其墓，常熟孙先生雄叙其遗书，平阳宋征君衡述其学行；又次我王姑，适平阳陈一标；又次讳嘉言，字子俞，附贡生；而我王姑适永嘉任凤锵者，则其季也。列祖自尚甫公以下三世府君，以公及薽田公贵显，皆累赠资政大夫，姚皆夫人。我祖姚氏叶，诰封一品夫人，生我胞伯邑庠生稷民公，讳诒谷，及我父籀顾公，讳诒让，字仲容，又生我胞姑一人，三龄而殇。庶祖姚氏姜，貤封恭人，无出。我孙氏自迁县城，先后

1

卜筑太平石、虞池及棋盘坦、小沙堤各新居，而子俞公之后有仍守潘埭旧庐者。孙延钊谨编述。（《孙衣言孙诒让父子年谱》，孙延钊撰，徐和雍、周立人整理，上海社会科学院出版社 2003 版，《孙氏源流及家世》1—2 页）

年谱

嘉庆二十年　乙亥　1815 年　一岁

八月十七日(9 月 19 日)丑时,出生于瑞安潘埭演溪草堂,名克绳。

《酬子箴都转用前韵》诗注:"予与都转皆乙亥生,予以八月,而都转二月。"(《孙衣言集》,刘雪平点校,浙江古籍出版社 2017 年版,上册,255—256 页)

《履历》:"字克绳,号劲闻,又号琴西,一号书巢,行大。嘉庆丁丑八月十七日吉时生浙江温州府瑞安县。"

按:履历中的出生年推迟二年。

嘉庆二十二年　丁丑　1817 年　三岁

正月初六日(2 月 21 日),二弟锵鸣生,名克昌。(《孙衣言孙诒让父子年谱》,1 页)

嘉庆二十四年　己卯　1819 年　五岁

是年,父为之启蒙,口授经书,督之甚严。(《孙衣言孙诒让父子年谱》,1 页)

五月初九日(6 月 30 日),长妹出生,后适平阳陈一标。(《孙衣言孙诒让父子年谱》,1 页)

嘉庆二十五年　庚辰　1820 年　六岁

入家塾读书,跟从叔祖孙廷爵(荣堂)学。(《孙衣言孙诒让父子年谱》,1 页)

道光四年　甲申　1824 年　十岁

八月十六日(10 月 8 日),三弟嘉言(1824—1874)出生,名克谟,字子俞。

（《孙衣言孙诒让父子年谱》，1 页）

道光六年　丙戌　1826 年　十二岁

十月二十二日（11 月 21 日），次妹（1826—1889）出生，后适永嘉任凤镝。

（《孙衣言孙诒让父子年谱》，1 页）

道光七年　丁亥　1827 年　十三岁

是年，与二弟锵鸣从宿儒谢兰（芝庭）学于集善乡。

《孙衣言孙诒让父子年谱》："宿儒谢芝庭先生兰，邑之广化乡人，开馆授徒于集善乡，衣言与弟锵鸣偕从之学。"（1 页）

道光八年　戊子　1828 年　十四岁

与二弟锵鸣从王咸（莘农）学于玉尺书院。（《孙衣言孙诒让父子年谱》，2 页）

是年，见《纲鉴易知录》一书，大喜，借归私下翻阅。

《孙衣言孙诒让父子年谱》："一日，衣言昆仲从他人处见《纲鉴易知录》，大喜，则假归私阅之。盖方治举业，师例禁阅子史诸书也。"（2 页）

按：《纲鉴易知录》，清康熙年间浙江山阴吴乘权及其友周之炯、周之灿合作编纂的一部中国通史读物。吴乘权等以为《资治通鉴》"卷帙太烦，岂能一概记诵"，因此起意编一部篇幅适中繁简适度的历史书。《纲鉴易知录》时间跨度从太古神话传说时代直到明代，按照确定好的体例编排好史料大纲，在"纲"下直接叙述历代史实，在特定正统观指导下形成连续一贯的编年时间线索，对于清代中后期的人来说，是一部相当完整且明晰易读的中国通史。

是年，始识同乡黄体正。（《孙衣言孙诒让父子年谱》，2 页）

按：黄体正（1810—1849），字淳希，号菊渔，瑞安人，黄体芳长兄。

6

由举人拣选知县,教授文林郎。

道光九年　己丑　1829 年　十五岁

是年,与二弟锵鸣初应童子试,两试俱黜。

《家训随笔》:"十三岁同应童子试,两试俱黜。"(《孙锵鸣集》,胡珠生编,上海社会科学院出版社 2003 年版,上册,261 页)

道光十一年　辛卯　1831 年　十七岁

春,宿儒曹应枢(秋槎)孝廉主玉尺书院讲席,参校代理知县甄别试卷,于成童卷中得谱主文,奇之。

曹应枢《芸根唫序》:"辛卯春,余以主邑书院讲席,参校权邑侯事某公,甄别文于成童卷中,得一孙子名衣言者,奇其文。比来相见,年仅十七,更奇之。"(《孙衣言集》下册,666 页)

按:曹应枢,字秋槎,号尊生,瑞安人。嘉庆己卯举人。著《梅雪堂诗集》等。

是年,从宿儒谢梦池(西堂)游。即以邃学工文,超轶流辈。(《孙衣言孙诒让父子年谱》,2 页)

道光十二年　壬辰　1832 年　十八岁

开始作古今体诗。与二弟锵鸣及乐清林大椿(恒轩)同从曹应枢学,问诗法。(《孙衣言孙诒让父子年谱》,2 页)

《梅雪堂诗序》:"予年十八九,始从我师秋槎先生游,即以诗质先生。"(《孙衣言集》下册,581 页)

按:林大椿(1812—1863),字萱士,别字宏训,号恒轩。林启亨之子,浙江乐清人。咸丰九年(1859)岁贡。

二月（3月），县试第一。知县刘礼章（心斋）深相识之，称为达才。

《家训随笔》："十六岁县试，兄第一，余第五。"（《孙锵鸣集》上册，第261页）

按：刘礼章，号悝斋（心斋），安徽庐江人，道光元年被举为孝廉方正。历任瑞安知县、长沙知县等职。

春，有诗。

《雨霁》："宿雨消林外，残云返故山。晨光天际来，春鸟相往还。"（《芸根吟》卷上，《孙衣言集》下册，667页）

《春湖放棹》："烟波梦熟不须醒，恰趁春光去放舲。无数垂杨迎棹至，不知娇眼为谁青。"（《芸根吟》卷上，《孙衣言集》下册，667页）

六月初二日（6月29日），府试揭榜，中第四名，第一名则为二弟锵鸣，同受知于温州知府邓廷彩。

《家训随笔》："府试余第一，兄第四。"（《孙锵鸣集》上册，261页）

赵钧《谈后录》："壬辰六月初二日，府试榜出，冠军孙锵鸣，余同窗友希曾次子，即县试榜首孙衣言胞弟。少年兄弟一齐出头，乡里荣之，实亦我邑自来所未有。闻邑尊刘心斋先生与兄某应郡县试亦如是。县试时，其家丁某谓心斋隐有此想，欲得同胞兄弟年少能文者以传衣钵。今果如其愿，心斋之乐，我友孙君之幸云。"（《孙衣言孙诒让父子年谱》，2页）

按：邓廷彩，号云阶，四川崇宁州人，有军功。任宁海知县、温州知府、宁波知府等。

冬，早梅初开，有诗。

《早梅》："嫩寒天气动芳魂，点缀山村与水村。三两枝才开料峭，横斜影已立黄昏。人窥半面妆犹淡，月到南枝春有痕。吾亦工诗何水部，不关东阁自开罇。"（《芸根吟》卷上，《孙衣言集》下册，671页）

是年，访瑞安陶隐居祠（即陶山寺），有诗。

《陶隐居祠》："一挂朝冠去野耕，当时真隐淡簪缨。先生雅抱山中趣，宰相偏高世外名。祠下千年丹灶在，岭头尽日白云生。苍苔深锁高人宅，谡谡松风尚有声。"（《芸根吟》卷上，《孙衣言集》下册，670页）

是年，曾游览郡城池上楼，有诗。

《池上楼》:"赢得蓬壶第一清,数椽高卧此澄泓。阑疏恰印半湖绿,屋小偏饶一镜明。无限烟波成胜地,有时鸥鹭续诗盟。风流太守今何在,犹看年年春草生。"(《芸根吟》卷上,《孙衣言集》下册,670页)

编年诗:《落花声》《夜读有感》《长信怨》《昭君怨》《赠曹菊泉士伟》《当箜篌引》《当白马引》《小游仙》《宫词》《家居集陶》《家园即景》《读南汉世家》《集陶寄曹小查士伟》。(《孙衣言集》下册,667—671页)

道光十三年　癸巳　1833 年　十九岁

正月初一日(2 月 20 日),新年伊始,万象更新,有感而赋。

《元旦》:"青阳开岁首,万象咸更新。中天呈丽景,祥煦融埏垠。荡荡化生意,蜎蠕亦怀春。疏林长幼荸,游鸟知良辰。比庐寡尘务,欢话通四邻。一杯长生酒,以贺升平人。"(《芸根吟》卷下,《孙衣言集》下册,672页)

是年,院试第三名,第一名为二弟锵鸣,同补县学弟子员,出浙江学政陈用光门下。

《家训随笔》:"明年院试,余复第一,兄第三,同补县学弟子员。学使为陈硕士侍郎。"(《孙锵鸣集》上册,262页)

八月,应浙江学政陈用光季课,赋诗两章。

《东瓯观潮行应陈石士用光学使季课作》:"大江八月来腥风,蛟龙夜跋水晶宫。造物有意肆奇诡,潮头趋入东瓯东。吾来恰当中秋节,观潮直上罗浮峰。须臾海门巨霆起,天地一色青濛濛。是时皓月正流晖,琼楼瑶阙交晴空。长飚冲流如山立,峨峨势欲摩苍穹。吾闻此事殊变幻,雷奔电激天无功。灵胥一怒钱唐去,至今遗戚犹汹汹。吾瓯文卓古烈士,呼吸当与阳侯通。忠魂常留万万古,化为洪涛泻其衷。不然十荡十决何豪雄,令人英气勃勃嘘长虹。"(《芸根吟》卷下,《孙衣言集》下册,673页)

《咏林霁山景熙郑初心朴翁应学使陈石士先生用光季课作》:"当年唐珏卓青编,谁识瓯东两隐贤。涸迹江湖寻药客,关心君父厚伦篇。冬青终古标奇节,暮雨诸陵泣老禅。至竟兰亭移树后,吴山不复听啼鹃。"(《芸根吟》卷下,《孙衣言集》下册,673页)

九月,登西山晚眺,得七绝五首。

《秋抄①登西山晚眺得五绝句》:"爱山爱水爱闲游,忽到人间最上头。五尺阑干千尺浪,眼前先领十分秋。一 涛头一线海门开,迸入松风作怒雷。落去晴江千里阔,一帆遥送夕阳来。二 人家大半住云根,秋水湾头白板门。恰是江南好风景,疏林黄叶两三村。三 不着丝毫粉黛心,淡传神处是秋深。舆夫又道前头好,半是经霜乌柏林。四 断霞散尽见双鬟,红树白云点缀间。一幅郭熙图画里,春山争得见秋山。五"(《芸根吟》卷下,《孙衣言集》下册,674—675页)

孙锵鸣《秋抄招同人游西山得三绝句西岘山也》:"长江一带碧于螺,红树青山夹岸多。落帽风寒出山去,疏林叶脱水生波。"(《孙锵鸣集》上册,206页)

岁暮,怀念永嘉知交好友,有诗。

《有怀永嘉诸知好》:"自守青毡独啸歌,东嘉知己近如何。人如两晋风流甚,地似三吴隽妙多。最触离愁惟岁暮,每怀佳客奈秋波。好风吹我瓯城去,布袜青鞋日日过。"(《芸根吟》卷下,《孙衣言集》下册,678页)

是年,始识泰顺诗人董旆。

按:董旆(1775—1842),字仲常,号霞樵,自署太霞山人,泰顺罗阳人。嘉庆三年(1798),李銮宣任温处道,以能诗受知。二十一年,李升任四川布政使,聘往审定诗文。抵蜀四十日,李不幸病逝,无嗣,旆为其治理后事,恤眷属,立嗣子,刊诗文,义名震西蜀。后任处州莲城书院山长、罗阳书院山长。遗著有《太霞山馆文集》。

编年诗:《纸鸢》《出宾阳门寻山北行》《赠陆博泉潮溥仲泉潮煃昆仲》《塞上曲》《飞霞洞卧树歌》《题雁荡山图二首》《咏史四首》《咏怀三首》《读陆渭南集》《读秦本纪四首》《戏赠蟹》《诸知己诗二首》《读书志怀》。(《孙衣言集》下册,672—680页)

---

① 《芸根吟》抄本作"秋山",据孙锵鸣诗及诗意,应作"秋抄",表时间。

道光十四年　甲午　1834年　二十岁

春,迁新居,有诗。

《新居》:"新居非求广,适志在容膝。偶令诛蓬茅,毕役期不日。幽阻盘之中,山翠常在室。虽与鸡豚邻,幸无俗屦及。春光晨瀺沱,霁景昫陵照。东风来启扉,花气竞芬苾。候禽多好音,芳草亦争出。于焉敦素心,千秋想灵匹。"(《孙衣言集》上册,5页)

又有《雨后》诗:

白雨过江去,晨光瀺沱间。日高微有影,云散不遮山。田叟分秧出,渔舟晒网还。郊原耽静极,流水忽潺潺。(《孙衣言集》上册,121页)

与二弟锵鸣、黄体正、杨树东同读书瑞安城西薛氏江上楼,从曹应枢学。

《家训随笔》:"是岁与黄菊渔、杨尺珊四人读书于城西薛氏江上楼,从曹秋槎师游。"(《孙锵鸣集》上册,262页)

《黄母吴太夫人八十寿序》:"岁甲午复与菊渔读书薛氏江上楼。"(《孙衣言集》中册,355页)

四月,以《芸根吟草》呈曹应枢阅,曹先生剧赏之,谓该诗恬雅蕴藉,咏古诸作见读书论事之识。

曹应枢《芸根吟序》:"甲午夏初,以诗一册来质。其所长处恬雅蕴藉,咏古诸作见读书论事之识,每集古句成篇,更得自然境趣。"(《孙衣言集》下册,666页)

五月十二日(6月18日),曹应枢为谱主《芸根吟草》作序。

曹应枢《芸根吟序》:"道光十四年岁在甲午五月望前三日,应枢秋槎氏书于茹古堂。"(《孙衣言集》下册,666页)

参加科试,中一等第五。

《家训随笔》:"又明年科试,余一等第二,兄一等第五,余补廪。"(《孙锵鸣集》上册,262页)

秋,父亲送谱主兄弟赴杭州乡试,俱报罢。

《家训随笔》:"是秋,我父赠资政公送余兄弟应省试,菊渔中举。"
(《孙锵鸣集》上册,262页)

秋,于栝苍道中,有诗。

《栝苍道中》:"细路云间出,篮舆去不停。天容失空阔,滩势走沧溟。壁裂苔花黑,田高芋盖青。每为幽涧曲,愁忆草堂灵。"(《孙衣言集》上册,121页)

道光十五年　乙未　1835年　二十一岁

上半年,与孙锵鸣、周庆楠(仲梅)、胡姚(棣甫)在自家江干草堂读书。

孙锵鸣《家训随笔》:"乙未,余兄弟在家读书,与周仲梅、胡棣甫四人联课。"(《孙锵鸣集》上册,262页)

以文字受知县彭元海(莱门)之知。(《孙衣言孙诒让父子年谱》,3页)

秋,父亲送谱主兄弟赴杭州乡试,谱主报罢,二弟孙锵鸣中第六十四名举人。

孙锵鸣《家训随笔》:"是岁特开恩科,我父又送余兄弟至省,余中第六十四名。"(《孙锵鸣集》上册,262页)

秋,叶夫人来归。(《孙衣言孙诒让父子年谱》,3页)

《先大母项宜人事略》:"又二年,而仲弟举乡试,报者至,大母甚喜。时予新娶妇。"(《孙衣言集》中册,447页)

是年,有诗寄怀周庆楠。

《寄周仲梅庆楠》:"惮寒守林扉,伏首等潜蚓。在寂思故欢,慨焉念此别。远椒泾轻烟,幽素寄遥月。昔聚炎景修,今此芳草歇。夙欣知未疏,新暑叹易阅。冻云晻夕阴,空山已风雪。"(《孙衣言集》上册,5页)

是年,游览郡城回鹘山揖峰亭,有诗。

《揖峰亭》:"江心楼阁画图中,双塔参差望不同。一杵午钟云外去,

独闻铃语弄微风。"(《孙衣言集》上册,121页)

是年,陈用光硕士侍郎卒,年六十八。

道光十六年　丙申　1836年　二十二岁

是年,访周庆楠,有诗。

《重过江馆访仲梅》:"初景媚川光,孤怀赴清迴。轻桡逐微波,未午已维艇。登岸遵故蹊,双扉掩幽靓。苍苔雨后多,行迹新可省。雅俦亦能来,尘事日渐屏。复此花间杯,纡彼风前轸。相思大江西,别后空矫颈。"(《孙衣言集》上册,6页)

道光十七年　丁酉　1837年　二十三岁

正月初四日(2月8日),辰时,祖母项夫人卒,享年八十四。

《先大父行述》:"大父字振铎,一字政敷。……大母项氏生乾隆二十一年乙亥十月初八日丑时,卒道光十七年丁酉正月初四日辰时,享寿八十有四。"(《孙衣言集》中册,445页)

《先大母项宜人事略》:"道光十七年正月四日,夜将半,觉微嗽,喉间喀喀有声,已而若睡熟者,遂卒。"(《孙衣言集》中册,446页)

是年,新任知县梁光见谱主、锵鸣、黄体立与黄体芳而奇之,常招入县斋饮酒谈艺。(《孙衣言孙诒让父子年谱》,4页)

按:梁光,字一峰,广东三水人。嘉庆十八年(1813)举人,官瑞安知县。有《毋自欺斋诗略》。

秋,赴杭州途中,有诗。

《括溪舟中》:"放棹永嘉郭,江烟雁影漫。客行初水驿,乡思已云端。木落明樵路,潮来失钓滩。片帆何处宿,星斗夜阑干。"(《孙衣言集》上册,122页)

秋,参加杭州乡试,荐而不售。《《孙衣言孙诒让父子年谱》,4页)

《次韵赠徐云石同年雯》:"乐陵宗伯昔选士,我年最少才廿三。钱王城郭及秋赋,同辈五六栖伽蓝。文场角艺俱连北,或疑取舍师钱聃。"《《孙衣言集》上册,117页)

九月,被选拔为贡生,出浙江学政史评之门。同选者有郡学徐雯、陈璲、永嘉高一枢、平阳周京、泰顺董文帜、乐清徐德元、玉环潘藩。

《家训随笔》:"丁酉,余兄得拔贡。"《孙锵鸣集》上册,262页)

《徐惇士墓志铭》:"所谓同郡与贡者,郡学徐雯云石、陈璲子玉、永嘉高一枢仲衡、平阳周京念庵、泰顺董文帜芝崖、玉环潘藩东屏。"《孙衣言集》中册,434页)

按:史评(1778—1837),字衡堂,号松轩,乐陵人。嘉庆十三年(1808)进士,道光十四年升内阁学士兼礼部侍郎,是年秋简放浙江学政,次年升礼部左侍郎。卒于任。杜堮撰《礼部侍郎松轩史公墓志铭》。

徐德元(1809—1868),字序东,号惇士、履舟,乐清人。道光十七年(1837)拔贡,咸丰十年加捐候选知州。著《小酉山房文集》和《小酉山房倚声》。

其父徐献廷(1789—1864),字钦元,号聘堂,道光十二年(1832)岁贡。著《二酉轩陶陶集》等。

潘藩,字东屏,玉环人。道光十七年(1837)拔贡。历任丽水、宣平(武义)县学教谕。

谱主《道光丁酉科浙江选拔贡卷》:

选拔第一名孙衣言,浙江温州府瑞安县学优行增广生,民籍。

钦命礼部左侍郎提督浙江全省学政加三级史(评)批:取。

又批:矜平躁释,切理餍心。

总批:金粹玉温,龙文骏骨。五经无双,十事对九。濡染韩苏之笔,游泳谢庾之思。合校诸体已决,通才揭晓来谒。知生家承槐荫,业富芸编。龆年则叠冠童军,绮岁而累膺上选。久邀哲匠之知,独树文坛之帜。江左名门,犹传赐墨;季方难弟,早擢巍科。此日成均首擢,争夸华国之才;异时云路高搴,伫试拨天之手。阆苑联镳,蓬山接武,于生有厚望焉。

君子尊贤而容众

贤者述交道于君子,尊、容有并用者焉。夫君子尽交道者也,然亦不徒尊而必容焉。子张所为因与拒之说而述所闻于君子乎？且君子有推崇有道之怀而不失之亢，有优接群流之度而不失之严。天下有非常之才，吾即以非常之礼遇之，而究非概为例矣。天下有寻常之类，吾还以寻常之格养之，而初非刻为待矣。其心以虚而益挚，其量以宽而益广，而其道则非君子不能，如与可拒不可之说，岂所论于吾所闻乎？夫天地之生才也，贤人之资什一，而众人之资什九。而吾儒之定交也，贤人之类常寡，而众人之类常多。天下有贤人而君子之心见矣，天下有贤人而不皆贤人，而君子之心愈见矣。君子有天地生成之感，厚薄不敢存诸心，而万物相安于坦荡，君子有斯道可共之怀，弃取未尝严其格，而天下群仰其含宏。然则君子之于贤，无论也，得天厚则资禀高于众，人道深则学问富于众，厉修久则品谊更优于众。人抱其异，我遇以常，而纯儒之体袤矣。君子曰："道在尊，函丈之设尊以位，几席之侍尊以体，疑难之请尊以情，道范之仪型，不啻父兄师保，动我畏敬之心焉。"其景仰为无已矣，而君子之于众可知也。与贤异资禀，未尝与贤异知能；与贤异学问，未尝与贤异云为；与贤异品谊，未尝与贤异志气。人苦于庸，我律以苛，而群伦之类隘矣。君子曰："道在容，民物皆吾与，以容之者爱之；刍荛有可取，以容之者蓄之；性道本无私，以容之者广之。"存心之宽厚，一若天地覆载，动以无外之思焉，其包涵为靡量矣。第观其取法之高，几疑菲薄，即在乎庶类，而不知君子之广也。同居形气之中，不能引而重之，独不能宽而居之乎？且观摩所笃，虽足以崇吾道之型，而刻薄所施，又未尝不足以隘吾道之量也。协同人之义，尤必兼泛爱之仁，君子所以有虚心而无酷念。第观其好修之慕，几疑晋接不及乎庸流，而不知君子之大也，同受秉彝之性，不必于我有所裨，亦复于我何所损乎？且轻慢之意，固非吾人所以订心知；苛刻之意，尤非吾人所以通气类也。景行切高山之仰，而包荒收丽泽之资，君子所以气贵抑而度贵宏。若夫善之可嘉而不能，则又必矜矣。其如子与拒之说乎？

原评：局正词醇，志和音雅，饶有一种清华朗润之气流露楮墨间，真金华殿中人物也。

昌明博大，英秀非常。曹秋槎师

龙跳天门，虎卧凤阁，高华沉笃，卓荦冠时。家小兰师

春省耕而补不足

有事于春而耕者，无所不足矣。夫农事始于耕，有所不足，则有欲

耕而不能者，惟其补之，先王所以有春省之事。且以农事之艰也，莫艰于方致力之时，尤莫艰于方致力之时，而有不能致力之忧。善恤民者，深维其方致力之初，即度其不能致力之患，而予以皆可致力之资。作其惰，尤悯其困，躬与历，即心与谋，而三时之不害已于一时卜之矣。巡狩述职有所事，故有所观也。然而先王之事方多矣。世主留心游赏，每当微阳和煦，不禁光景之流连。当其时扬厉仪观，必将谓鸾辂青旗，尽属太平之盛。而论世者以为乘舆之轻出，无与勤民。后世循袭虚文，每当穑事初兴，不惮田间之巡视。当其时夸张歌咏，必且谓临郊观稼，犹瞻盛世之仪。而读史者以为故事之奉行，无关实惠。而先王则固有事于春矣。其事维何？曰省耕也。其省维何？曰补不足也。协风之告至，嘉种方将应气而华。而有不足于其间，则穈芑秬秠既不能备详其物性，川原坟隰必不能尽适乎土宜，庐井之内将有废为不毛者，而民固无能自为也。先王曰："吾其省诸！"命司稼以从行，若有与田家士女同此汙莱之虑者。播种之始即寓以劚发之权，而非舍人献种、鄼长趣耕之得毕其事者矣。阳气之初生，五谷亦各得时而茂。而有不足于其间，则张中鸟中既不能应天时之利，高土夷土即不能乘地气之和，力穑之夫且有废为游惰者，而民祇以为隐忧也。先王曰："吾其省诸！"召田畯而周咨，若有与主伯、亚旅均此草宅之忧者，救荒之法即行于督稼之时，而非上日祈谷、南郊亲耕之得尽其意者矣。且夫率作之时，饔飧为急，藏已竭于仓箱，而饷不继于南亩，耕之不能尽力也多矣。自有先王之省，而朝夕之急，豆区釜钟之需，酌其所缺而予之，饮食裕则手足自勤，彼子妇之馌，推其惠则曰曾孙，是即不必有劝穑之书，而民自不弃其业。且夫稼穑之事，器具为先，耘耔未尝废其功，而耒耜无以善其用，耕之不能集事者多矣。自有先王之省，而钱镈之利，土化粪种之资，因其所乏而济之。农具备则物地皆宜，彼稼器之修，重其典则曰大比，是即不必有力田之诏，而民已默劝于心。若夫省敛之事，则于秋乎议之矣？

原评：蕴酿深醇，风格凝重，读书破万卷，謦欬皆如洪钟。苟为彪炳者，岂许道其只字？

经解

《禹贡》"荥波既豬"，"荥波"，一水名，而蔡传不足据也。古文曰"荥嶓既都"，马、郑皆云"荥播既都"，汉唐书本"波"皆作"播"，贾疏亦曰"《禹贡》有播水，无波"，伏生今文亦然。《地理今释》云"荥波即荥泽"，孔安国传云"荥泽、波水已成遏豬",《正义》郑氏云"沈水溢出河为泽,卫狄战在此,今塞为平地,荥阳民犹谓其处为荥播"。又《水经·河水注》"济沈之水,与荥播泽出入自此",又《济水注》"渎水受河水,有石门谓之荥口,盖故荥播所道自此"。此荥播一水之说也。以为二水自颜师古始,宋林氏之奇本之,引《周礼·职方》"豫州,其川荥雒,其浸波溠",《尔雅》"水自洛出为波",遂别荥、波为二水。然即文义而考舆图,则以荥、波为二水者,附会之说也。傅氏寅曰:"上文言导洛,此则专主导济而言,不当又泛言洛之支水。《职方》所记山川,非治水次第,不必泥也。《山海经》娄涿之山,波水出于其阴,北流注于谷水,今本作波,郭璞云世谓之百荅水,非属波水,证一。唯郦注引作波,然亦出于山不出于洛,非属波水,证二。《水经》'洛水又东,门水出焉',注云《尔雅》所谓洛别为波也,惟此堪引。然余考门水下流为鸿关水,今谓之洪门堰,在商州洛南县东北,至灵宝县而入河,何曾见水豬为泽乎?非属波水,证三。且《职方》'豫州之波出鲁山县',郑注谓即荥播,固非,而洛南之波水则与荥泽相距五六百里,中隔大山,岂可总撮而言之乎?"傅氏之说证据极详,可以析蔡、林诸书之误矣。即就《禹贡》文义推之,如"大野既豬""彭蠡既豬",皆指一水而言,岂容瀔洋两巨浸并蓄河洛数百里间乎?此又荥波非二水之可以理断者也。

原评:独主孔、郑之说,而以傅氏为之佐证,有考核,有断制,说经家之见根柢者也。

赋得试听幽鸟话新晴得晴字五言八韵

不断花间语,间关送鸟声。听将千样巧,话到一竿晴。侧耳娇喉度,回头宿霭平。隔林催玉琯,远树挂铜钲。絮落双桥滑,尘飞九陌轻。韶光烦报道,消息最分明。柑酒携芳径,桐烟占锦城。日华浮太液,胜赏惬皇情。

原评:风骚正轨,台阁先声。(温州博物馆藏刻本)

秋,赋《菊花》诗:

霜气日凄栗,孤花粲黄金。本无春华玩,保此迟暮心。西风在庭槛,夕露浩已深。幽人不可期,月明秋愔愔。(《孙衣言集》上册,6页)

九月二十二日(10月21日),端木国瑚卒,年六十五。

《太鹤山人年谱》："九月感嗽疾,二十日卜疾不吉,榕翁遣急足至瑞安来告,越二日辰时终于客寝。"(端木百禄撰,民国瑞安惜砚楼刻本,17页)

道光十八年　戊戌　1838 年　二十四岁

正月,与二弟等同上京师,途中多纪行怀古之作。

《家训随笔》："戊戌正月,余兄弟同北上,余会试,兄朝考,皆被摈。"(《孙锵鸣集》上册,第262页)

正月,抵嘉兴,于舟中赋诗二首。

《嘉禾舟中二首》："平沙细草鹭双拳,鸭鸭偎晴下肯眠。三日东风新破冻,短篷双竹罥泥船。一　蘵蘵黄花已上苔,江南篱落未开梅。东风却送秋声到,半自枯芦叶上来。二"(《孙衣言集》上册,122页)

二月初三日(2 月 26 日),长子生,赐名荫洙,又名德滋,后正名诒毂,字稷民。(《孙衣言孙诒让父子年谱》,4页)

北上途中,泊舟无锡时,眺望慧山(又名九龙山,改名惠山),赋《无锡泊舟望慧山》:

山色依篷囱,落帆对修岭。蜿蜒九龙山,岚霏卧幽静。楼观栖远椒,松竹掩人境。石路林间暝,霞姿天外永。缚屐勇难贾,登高迹谁省。清泉初出山,雪瓯堪瀹茗。坐久夜波生,疏钟白云冷。(《孙衣言集》上册,6页)

过长江,抵瓜洲,赋《晚由月湖出大江顺风抵瓜洲宿》:

枯芦鸣萧萧,布帆使其半。腾波渺长空,激箭失近岸。焦山金碧城,回首犹照烂。云表妙高台,楼观屹霄汉。南徐树若浮,北固青欲断。恋奇目无留,回睇神屡眩。渺焉千里轻,安得凌汗漫。落帆向渡头,灯火瓜洲晏。(《孙衣言集》上册,6页)

途经扬州,赋《扬州》:

二月烟花奏客行,小红桥外雨初晴。最怜明远伤时后,犹有隋家水调声。六代山河残雪尽,早春城郭绿杨生。千秋呜咽邗沟水,人世樊川

别有情。(《孙衣言集》上册,122 页)

诗中"六代山河残雪尽,早春城郭绿杨生"之句,时人传诵,人称"孙绿杨"。(《孙衣言孙诒让父子年谱》,4 页)

途经高邮县,参观露筋祠,有诗。

> 《露筋祠》:"客路荒祠外,烟波寂寞愁。清风一女子,千载此东流。落月淮南夜,芦花邗上秋。神旗不可接,沧海日悠悠。"(《孙衣言集》上册,123 页)

抵淮阴时,赋《淮阴吊古》:

> 秋风思猛士,功狗可怜烹。儿女谋诚用,英雄命已轻。阵云三楚尽,落日大河横。蹑足当时客,曾闻访谷城。(《孙衣言集》上册,123 页)

抵山东滕县,清晨出发时,赋《滕县晓发》:

> 夜寒茅店不闻鸡,击柝荒城马乱嘶。衰柳朔风疏欲断,一钩斜月女墙西。(《孙衣言集》上册,123 页)

至京师,与温郡贡生共八人同邸。谱主年少气盛,谓天下事无不可为,徐德元亦喜议论,两人相与陈说古今成败得失、人之贤不肖,各持己见。谱主颇谓徐德元才气不在人下。(《孙衣言孙诒让父子年谱》,4 页)

三月,参加朝考,报罢。二弟锵鸣参加会试,亦报罢。(是科曾国藩中进士。)(《孙衣言孙诒让父子年谱》,4 页)

于是兄弟俩留京师,各视馆以资糊口,相互极为关爱。一日谱主煤气中毒,锵鸣飞奔来视。锵鸣染病,谱主亦前往照顾。

> 孙锵鸣《家训随笔》:"兄馆于汉军李氏,宅在西四牌楼之北;余馆于米市胡同廖氏,相去几二十里。一日早起,李氏人来言兄夜间为煤气所中,神色有异。余闻之,跃而出,跟跄行里许,始就车,又怒驴之不速也,复下车趋。颠仆者再,仍上车行。及至李馆,兄已平复啜粥矣,相见且悲且喜。又一日,余病疫,兄日出城来视,稍剧则留住余馆,延医量药,夜不解衣睡,调护甚至。盖我兄弟相依为命也。"(《孙锵鸣集》上册,262 页)

以诗受知于鸿胪寺卿宜黄黄爵滋(树斋)。黄氏教以读汉魏人诗及郭氏《乐府》,至唐人而止,勿涉宋元以后,则意趣自高,气韵自古。谱主于是专治古诗。黄氏每置酒高会,必招谱主与焉,谓谱主之作思清而敏,于是谱主之

名传闻都下。（《孙衣言孙诒让父子年谱》，5 页）

　　《诒善祠塾课约》："予初至都，以所作古今体诗一巨册求教于黄树斋先生。及取归阅看，则全册数百首只联圈十字。予叩求其故，先生曰：'此无可说，但熟读郭茂倩《乐府》及汉魏以下至盛唐诸家诗，而禁看本朝及近时人之作，勿以入目，后当知之。'"（《孙衣言集》下册，780—781 页）

　　按：黄爵滋（1793—1853），字德成，号树斋，江西宜黄人。道光三年（1823）进士，历官鸿胪寺卿，礼部右侍郎、刑部右侍郎、左侍郎等职。道光十八年闰四月初十日（1838 年 6 月 2 日），黄爵滋在鸿胪寺卿任上，针对当时烟毒泛滥的严重情况下，向道光皇帝上《严塞漏卮以培国本折》，主张严禁。

暮春，登陶然亭，有诗。

　　《登陶然亭》："草色长安绿，江南已暮春。芦新嫌碍路，柳弱善迎人。车马忙晴日，莺花接比邻。西山云外静，若为厌缁尘。"（《孙衣言集》上册，124 页）

春夏间，识苏源生。

　　《节母苏孺人墓表》："予与鄢陵苏菊村源生相识在道光戊戌春夏间。"（《孙衣言集》中册，403 页）

闰四月初四日（5 月 27 日），与二弟孙锵鸣诣见翁心存。

　　《翁心存日记》："晴热。……孙锵鸣及其兄衣言新拔贡来。"（张剑整理，中华书局 2011 年版，第 1 册，329 页）

是年，赋诗赠张际亮，兼呈姚燮。

　　《送张亨甫兼呈姚梅伯燮三首》："潦倒金门客，西风匹马劳。思君慢亭雨，遥隔浙江涛。自合同高咏，何堪惜宝刀。莲花玉峰顶，相待首应搔。一　亦有新诗句，成连不可寻。却因海水响，还泛伯牙琴。贫贱文章在，风尘岁月深。送君且归去，我亦故园心。二　我爱上湖子，梅花太瘦生。萧条逼桂玉，意气独纵横。酣饮随狂放，歌诗服老成。如何风雨晓，轻作别离声。三"（《孙衣言集》上册，123—124 页）

尝学为词，以示姚燮（梅伯）先生。姚燮笑曰："子木心石肠，何必学为此？徒妨他业。"乃弃去。（《孙衣言孙诒让父子年谱》，5 页）

《书表弟项君瓒癸未词后》："予在京师时年二十三四,亦尝学为词,以示友人四明姚燮梅伯。梅伯笑曰:'子木心石肠,何必学为此? 徒妨它业耳。'予自是绝不敢为词,忽忽四十年矣。"（《孙衣言集》下册,596 页）

按:姚燮(1805—1864),字梅伯,一字复庄,号野桥,又号大梅山民,浙江镇海人。道光十四年举人。工诗文,尤精填词,善写墨梅及白描人物,写意花卉。有《大梅山馆集》。

夏,姚燮归镇海,谱主赋诗送别。

《送梅伯归镇海》："与君相遇晚,何乃别离轻。贫贱难为友,苍茫又送行。鸣虫争夏景,疏树得秋声。我有阳关唱,鹍弦恐不平。"（《孙衣言集》上册,124 页）

《姚燮年谱》："离京南行,得《南辕杂诗》一百八首。……六月,过杭州,遇曹德馨。"（汪超宗著,中国社会科学出版社 2011 年版,134—135)

按:姚燮于六月过杭州,离京当在五月左右。谱主以词示姚燮当在此之前。

夏秋之交,赴黄爵滋之招陶然亭,有诗。

《黄树斋鸿胪爵滋招集陶然亭赋呈二首》："佳招践幽期,素尚违炎景。野色合丛苇,遵途得佳境。薜萝静若迎,车马嚣斯屏。芳槛兀登临,万象皆超迥。人心涉高旷,遂与清虚并。白云生昼阴,微阳自遥岭。疏蝉飘远音,秋意在松顶。长安苦缁尘,即此一矫颈。一　西山秀天表,淡烟青濛濛。颇似高卧者,夐绝尘外踪。我胡困阛阓,复此林下惊。旷览征鸟外,纳景疏囱中。轻飔出荪叶,微凉已在空。人事谢烦郁,天怀泝所同。碧阴浮杯酒,凉露来荡胸。奇趣忽超越,惝恍如有逢。二"（《孙衣言集》上册,7—8 页）

按:诗中有"疏蝉""秋意""微凉"等词句,说明时间当在夏秋之交。

七月初五日(8 月 24 日),郑康成生日,同汪喜孙(孟慈)、陈庆镛(颂南)、苏源生(菊村)集祀万柳堂。（《孙衣言孙诒让父子年谱》,6 页）

按:汪喜孙(1786—1847),字孟慈,号荀叔,曾更名为汪喜荀。江苏江都(今扬州)人。嘉庆十二年(1807)举人,纳资为内阁中书、会典馆总校录、武英殿复校。道光元年(1821)任户部山东司行走,河南司贵州司主稿,由湖广员外郎出为河南怀庆府知府。

陈庆镛(1795—1858),字乾翔,号颂南,泉州人。道光十二年(1832)进士,初选庶吉士,散馆授户部主事,迁员外郎,再迁监察御史。著有《籀经堂集》《三家诗考》等。

苏源生(1807—1870),字泉沂,号菊村,鄢陵县人。三十岁中拔贡,三十四岁再中河南乡试副榜。主文清书院。编有《鄢陵文献志》等。

冬,与陈丙绶(秋谷)及吴县潘曾莹(星斋)为消寒雅集。(《孙衣言孙诒让父子年谱》,6页)

按:潘曾莹(1808—1878),江苏吴县(今苏州)人。道光二十一年(1841)进士,官至工部左侍郎。有《小鸥波馆诗钞》。

十二月十九日(1839年2月2日),宗稷辰为谱主题《梅花诗思图》:

何处著诗人,乃在某花里。诗人出山去,梅孤怅谁倚。惟有神思闲,瞬息可万里。心中稞自春天末,家如哌吾知故乡。某念君,亦如此。悠悠抱贞素,落落含芳馤。莫索旧时笑,不爲凡辈喜。君其勿负某,仙骨屹停峙。歔嘘元气先,苞尔众华始。馀情傥问某,敢薪许知己。

北地大缺陷,有雪偏无稞。今年更寥寂,雪花犹未开。饕风送冬尽,楠木随春来。诗人坐荒寒,得无起装回。别离见贞友,草昧生奇才。相思复相思,香雪从诗胎。翻胜在山中,狎处如凡侪。可悟罗浮仙,心无花首台。(宗稷辰《躬耻斋诗钞》卷九上《荟英草》,7叶,清咸丰刻本)

是年,始识蓟县徐维城(纲伯)孝廉、高安朱舲(芷汀)明经。(《孙衣言孙诒让父子年谱》,5页)

按:徐维城,字纲伯,号韵生,祖籍丹徒,寄籍顺天通州(今北京)。清代文学家。道光十四年(1834)举人,官贵筑知县。工诗及骈体文。其诗慷慨任气,磊落使才,能状难显之景于目前,留不尽之意于言外。骈文则有六朝风致。著有《天韵堂诗存》。

朱舲(1808—?),字芷汀,号海帆,江西高安人。道光二十九年举人,同治年间任抚州乐安县教谕。

是年,执贽谒见大理寺少卿翁心存(二铭)祭酒。(《孙衣言孙诒让父子年谱》,5页)

按:翁心存(1791—1862),字二铭,号邃庵,江苏常熟人,翁同龢之父。道光二年(1822)进士,官至体仁阁大学士。谥文端。

以文字受知于金台书院山长蒋祥墀（丹林）副宪。（《孙衣言孙诒让父子年谱》，5页）

按：蒋祥墀（1763—1841），字盈阶，号丹林，湖北天门人。乾隆五十五年（1790）进士，历任左副都御史、鸿胪寺卿等。晚年主讲金台书院。工诗文，善书法。

是年，结识王锡振、冯志沂、余坤、邵懿辰、朱琦、龙启瑞、彭昱尧等人。与黄琮、叶绍本、宗稷辰、汤鹏、陈庆镛、汪喜孙、黄玉阶、张际亮、叶名澧、周学源、艾畅、姚燮、姚斌桐、陈绶等人过从甚密。

《孙衣言孙诒让父子年谱》："始交马平王定甫（锡振，字少鹤，更名拯），亦同岁与贡者，能治古文辞。与代州冯鲁川（志沂）、诸暨余小坡（坤）、仁和邵位西懿辰、临桂朱伯韩（琦，又字濂甫）、龙翰臣（启瑞）、平南彭子穆（昱尧）友善。遂介甫识诸氏。当时清侣中，以昆明黄矩卿宫赞（琮）、归安叶筠潭鸿胪（绍本，字立人，著有《白鹤山房集》）、会稽宗涤楼内翰（稷辰，字政耻）、益阳汤海秋郎中（鹏）、晋江陈颂南户部（庆镛）、江都汪孟慈户部（喜孙）、番禺黄蓉石刑部（玉阶）、建宁张亨甫孝廉（际亮）、汉阳叶润臣孝廉（名澧）、乌程周岷帆孝廉（学源）、东乡艾至堂广文（畅）、镇海姚梅伯孝廉（燮）、汉军姚秋士兵部（斌桐）、归安陈秋谷（丙绶）诸氏，过从尤密。"（5页）

是年，有诗赠汪喜孙。

《短歌赠汪孟慈员外喜孙》："藏书十万卷，不能疗朝饥。仕宦二十年，妻孥犹餔糜。日种梅花夜读史，世间贤者宁有此。汪侯汪侯勿复愁，荣华富贵东流水。"（《孙衣言集》上册，9页）

《绿牡丹为汪孟慈作》："桐花小凤毛毰毸，飞入花间作花胎。官黄御紫各矜宠，繁艳羞向君家开。苍水仙人削苍玉，绛妃百杵碎如粟。轻纱玉盆春四围，作诗但怕胭脂俗。"（《孙衣言集》上册，13页）

是年，为叶名澧《风雨怀人图》题诗，另有答润臣诗二首。

《叶润臣同年名澧风雨怀人图》："密云在郊寒在户，秋风日夕芭蕉语。幽人抱琴不肯弹，流水高山难复难。烟波千里汉阳路，落日黄尘蓟城树。门外飞鸿知汝心，一声南去洞庭深。"（《孙衣言集》上册，8页）

《答润臣》二首："天时有超忽，人心随变更。与子始相见，胶固由精诚。有言不敢赠，深恐肝肺轻。感子相爱厚，千秋期令名。严寒向岁晚，良知多盛情。吾身在岐路，窃复忧平生。一　黄河万里流，不争沟中澜。凤皇盛毛羽，宁矜凡鸟翰。人生千载下，立身良独难。岂谓当世士，但觉俯仰宽。大宝贵自取，芳柯无常观。愿言勉玄发，望古空长叹。二"(《孙衣言集》上册，10—11页)

是年，同年苏源生归鄢陵，谱主赋诗二首以送。

《送苏菊村同年源生归鄢陵二首》："黄鸟怀好音，嘤嘤鸣中林。枯桐慕雅耳，切切夔下吟。仆居沧海涘，君家汝水阴。东风吹行云，忽然栖同岑。天性既投合，孤芳长在襟。以君惓惓意，弥切我所钦。比石志愈洁，涉渊情愈深。世人多反复，我当怀素心。一　金马同射策，风尘驱敝车。家贫须微禄，岂为紫与朱。君家有老母，晚景临桑榆。我亲昔送我，挥泪即首途。白云各何往，望远同踟蹰。君门自咫尺，下士仍泥途。我才愧雌伏，君乃凤在笯。雌伏我敢安，凤德当不孤。荣名匪外至，勖哉千金躯。二"(《孙衣言集》上册，8页)

《苏菊村墓表》："道光戊戌，予应廷试至京师，菊村方主汪户部孟慈，予因孟慈识菊村。……既黜于廷试，予留京师，而菊村以母老思归，来就予别，予辄为诗四章以处其行。"(《孙衣言集》中册，424页)

编年诗：《雨后》《杂诗三首》《升天行》《张亨甫际亮武昌书来赋此寄答余与亨甫尚未相见也》《入城以来清侣隔绝今日宗丈涤楼稷辰见过姚秋士斌桐后至殊慰岑寂却寄涤翁秋士并简诸同人》《杂感十二首》《莲花桥歌》《黄鹄曲为海宁杨节母作》。(《孙衣言集》上册，8—14页)

道光十九年　己亥　1839 年　二十五岁

正月初七日(2月20日)，赴汪喜孙招饮于蒹葭阁，与黄爵滋、李禾叔、陈丙绥饯朝鲜使臣李时在，赋诗二首以送行。

《人日汪郎中孟慈招同黄鸿胪李禾叔陈秋谷饯东使李秋斋时在于蒹葭阁用秋斋韵以送其行二首》："晴雪春檐鸟语迟，茶烟风定日频移。人同绣佛成高会，花对残梅尚及时。南郭题襟联茧纸，东吴谈史捉松枝。

樽前更听瀛洲语,不数鸡林解爱诗。

韶光九十未应迟,花底东风已暗移。燕市灯期人日后,江南草色早春时。斜阳一点明归路,倦鸟千声忆故枝。我记青山留别句,他年犹寄草堂诗。"《孙衣言集》,上册,125页)

正月十八日(3月3日),与汤鹏、苏廷魁、黄玉阶集叶名澧风雨怀人馆,即席赋诗。

《正月十八日集叶二润臣风雨怀人馆偕汤海秋郎中鹏苏赓堂编修廷魁黄蓉石刑部玉阶即席二首》:"幽居苦不悦,切切怀所欢。所欢汉阳子,意气陵云端。哲人病离索,亦用慰孤单。疏星明在户,河汉流漫漫。高堂各尽酌,无为待夜阑。一 搴兰汉北渚,采杜江南涯。江汉中回沮,兰杜芬相依。怀芬果同气,千里何所疑。矧此良夜燕,相视灯烛辉。君看异日事,宁违尊前期。二"(《孙衣言集》,上册,14页)

正月十九日(3月4日),赋诗三首,赠黄玉阶,兼呈汤鹏、叶名澧。

《蓉石一见如旧邀就其斋中宿出示所作甚富次日海秋复来相与饮酒而散作此赠蓉石兼呈海秋润臣三首》:"我始识钟子,君曾慕郭生。风尘方侧足,山水独高情。偓佺麟无怨,嘤鸣鸟有声。相逢都似此,吾道自纵横。一 卓荦看谈笑,飞腾破客愁。文章数君子,心事各千秋。渌酒翻春酌,银灯照绮裘。昨宵良燕会,今古几清游。二 近爱汤夫子,交情意外亲。芷兰思未已,风雪论如神。离合双龙水,苍茫万马尘。有才宜折节,我亦坐怀人。三"(《孙衣言集》,上册,125页)

春,于黄爵滋江亭饯春席上,又识昆明戴云帆水部䌹孙、汉阳黄海华学正文琛、满洲庆伯苍孝廉霖,有诗呈诸同人。(《孙衣言孙诒让父子年谱》,6页)

《树斋先生招集江亭饯春赋呈诸同人》:"南陆启长赢,苍律忽已革。绿阴晻广衢,薰风在前陌。流光无徘徊,代谢宁有迹。人生老大悲,积累此旦夕。况彼时运驶,盛衰日推激。耿耿弄芳条,悠悠即瑶席。诚恐朱荣更,遂与廪秋迫。为语同心人,勉矣百年客。"(《孙衣言集》上册,14—15页)

数从黄爵滋、汪郎中与朝鲜使臣李秋斋应教(时在)饮酒赋诗。因于龙树寺观寺僧所藏鲍双五侍郎诗册、顾南雅学士莼手书《楞严经》卷子。谱主追思两先生文章风节,颇以不及见为恨。(《孙衣言孙诒让父子年谱》,6页)

《黄树斋先生招集城南禅院饯李秋斋及其任承谦归朝鲜用树斋先生韵》:"来时珪玉已朝天,归去轺车及雁前。花下送人春杲杲,酒间得句思渊渊。水烹晴雪茶铛响,门倚东风铁铎圆。我意随君落海外,喃喃儿女亦堪怜。"(《孙衣言集》,上册,126页)

春,因汪喜孙由户部员外郎保送河工,发往东河差遣委用,谱主与汤鹏于饯席联句成二律以送行:

手扳杨柳送行人,汤。匹马金台踏暮春。廿载度支筹国计,孙。一官疏凿问河津。悲欢离合无穷事,汤。文采风流剩此身。明月亦知怜寂寞,孙。惭凭杯酒慰雷陈。汤。

家学江南接大儒,孙。谈经许慎有规模。每倾肝胆交天下,汤。偏为才名走道途。东去河流趋碣石,孙。北愁春色上骊驹。此行只合千回首,汤。双鲤传书字有无。孙。(《孙衣言孙诒让父子年谱》,6—7页)

六月二十日(7月30日),汤鹏为陕西乡试正考官,谱主赋诗送行。

《宣宗成皇帝实录》卷三二三:"甲申,……以户部郎中汤鹏为陕西乡试正考官,京畿道御史李方为副考官。"(《清实录》,中华书局2008年版,37册,1073页)

《送汤郎中典试陕甘》:"华岳三峰月,秦川万里云。高秋临驿路,星采应天文。周汉神同往,风尘手暂分。范宽图画里,诗笔最宜君。"(《孙衣言集》,上册,128页)

汤鹏有次张际亮牛字韵十六首,谱主以为豪,自以一日和作十六首,大书陶然亭壁。(《孙衣言孙诒让父子年谱》,7页)

夏秋之交,游颐园,赋诗五首以遣怀。

《游颐园五首》:"冠盖风尘地,萧间有此闲。人间杂流水,高馆接空山。地僻林藏屋,园深昼掩关。平生江海思,只合此跻攀。一 曲折陂塘去,徘徊步屟留。荻芦青隔水,杨柳静当楼。树色清长夏,蝉声入早秋。烟波殊不减,况复五湖舟。二 坐客宜虚室,开樽对晚晴。传瓜冰盌冷,雪藕玉盘明。世事看君绝,浮名到此轻。窗前双鹭至,识我不曾惊。三 昨日过微雨,林深此纳凉。山光开牖户,清气在池塘。伏蛤鸣新溜,残荷发旧香。钓师磐石上,意外见江乡。四 物外情无恨,苍茫感若何。林泉如此少,车马畏人多。独客思丛桂,清樽动绿萝。沧洲归未

得,犹可屡经过。五"(《孙衣言集》上册,128页)

八月初六日(9月13日),顺天乡试考官派定:正考官潘世恩,副考官何凌汉、恩桂、徐士芬。

《宣宗成皇帝实录》卷三二五:"己巳,⋯⋯以大学士潘世恩为顺天乡试正考官;户部尚书何凌汉、吏部右侍郎恩桂、工部右侍郎徐士芬为副考官。"(《清实录》37册,1103页)

八月(9月),参加顺天乡试。

九月(10月),揭榜,中副榜第二十八名。荐卷者侍御贾臻(运生)。

《家训随笔》:"己亥,兄中副榜。"(《孙锵鸣集》上册,262页)

按:贾臻(1809—1869),字退崖,号运生。道光十二年(1832)进士,历任浙江宁绍台道、河南按察使、河南布政使、署河南巡抚、安徽布政使、署理安徽巡抚等职。著有《退崖公牍文字》。

谱主《道光己亥科顺天乡试硃卷》:

中式副榜第二十九[八]名,孙衣言,浙江温州府瑞安县民籍,丁酉科拔贡。

同考试官翰林院编修国史馆协修掌广西道察院钦命稽查海运仓事务加三级贾(臻)阅:荐。

大主考工部右侍郎兼管钱法堂事务上书房行走加三级徐(士芬)批:取。

又批:坚光切响,振式浮庸。

大主考钦差崇文门副监督吏部右侍郎正黄旗护军都统厢白旗满洲副都统左翼总兵管理国子监事务管理圆明园八旗内务府三旗官兵大臣稽察内七仓大臣对引大臣加三级宗室恩(桂)批:取。

又批:精理为文,秀气成采。

大主考经筵讲官户部尚书加三级何(凌汉)批:取。

又批:镕经孕史,自铸伟词。

大主考经筵日讲起居注官太子太保武英殿大学士管理户部事务文渊阁领阁事国史馆正总裁稽察钦奉上谕事件处翰林院掌院学士上书房总师傅军机大臣加三级潘(世恩)批:中。

又批:高华沈笃,卓荦英才。

本房总批：笔非秋而垂露，文异水而涌泉。抱胸之玉镜独澄，脱手而金丸欲跃。三条烛烬，秀擢芙蓉；五字吟成，艳分芍药。说经则义夺大春，对策亦词高小夏。通校三场，囊皆贮锦；益征九转，候到还丹。揭晓知生学绍鲤，庭名高雁，序甫游庠于甲岁，旋拔萃于丁年，昔曾誉隽云间，近更声蜚日下。鹏抟甫展，肩随折桂之班；虎气必腾，瞬慰看花之志。所冀以著作之妙才，预清华之上选。文章报国，宏扬黼黻之辉；翰墨承恩，远树经纶之望。勉兹实学，毋负深期。

好仁不好学其蔽也愚好知不好学其蔽也荡

首揭仁知之蔽，为不学者儆也。夫仁本不至于愚，知本不至于荡，特无如其蔽于不好学也。言仁知者，尚其切求之。且人有性而情生焉，人有心而识具焉，此固有之良，非有偏焉者也。顾知有情而不审夫情之用，固执以行之，而情之窒焉者多矣；知有识而不求其识之真，穿凿以行之，而识之纷焉者多矣。夫用情而反窒其情，用识而反纷其识，岂固有者果有偏哉？甚矣不学而无术也，我且为子言蔽之在仁知者。其人负长厚之怀，刻薄诚非所虑，而中于所溺，则事情缓急之间必不及审，而施济之奢心适成其执滞；其人秉高明之质，料事诚匪所难，而自恃其明，则义理几微之介有不及详，而心思之泛用反佐其奇邪。仁而至于愚，知而流于荡，有其蔽之者也。然而有去其蔽者，非好学不为功。是惟穷理以尽性，不必泥乎仁之迹，而深衡其义。义明则有序，情以顺及而能通；义明则有差，恩以慎施而不格。尽乎心之至当，必不急乎势所难行，而刑赏忠厚之至仁且有以参用，而神者观其通，不至窘于固也。学斯有以精其义也，愚何有焉！是惟格物以致知，不必骛乎知之名，而切求其理。理审则能择，有定见而所操愈专；理审则能精，有澄心而其神更静。研深其智虑，必不自作其聪明，而隐怪新奇之类知且有以不用，而精者见其真，不至骋于妄也。学斯有以晰其理也，荡何有焉！而如其不好学，则不仅无以成仁也，非仁之本有所蔽也。谓仁无不爱，而不分物我，名教既有所不通；谓仁无不容，而概事包荒，礼法更有所不达。至是而谓之仁不能矣，愚矣！且夫由好仁而势不可行者，心不能忍，是固以自愚。由好仁而法不可遁者，情似可欺，是并为人愚矣，尚得以元善为名高哉？而如其不好学，则不仅无以成知也，非知之本有所蔽也。谓知无不明，而涉猎之病必中于浮游；谓知无所疑，而卤莽之才必逾其闲检。至是而谓之知不能矣，荡矣！且夫由好知而以私心佐其揣测，其荡犹近于明。

由好知而以脱略甚其昏迷，其荡并积为昧矣，犹得以小慧为有济哉？此仁知之蔽于不学也，更为子详言之。

本房加批：思沈力厚，理实气空。是由学邃养优，允足式浮振靡。

出入无时莫知其乡惟心之谓与

以出入观心，愈见心之不测矣。夫心之出入，即操舍之机也，而其时其乡之不测如此，心其可恃乎哉？且人有心而无所谓离合者，养心之极功，非所论于制心之始也。制心者莫患乎心之有离有合，尤莫患乎心之有离合而莫定其离合之候，有离合而莫定其离合之区，而心之有离有合者，一若无离无合。斯其心不可测，即其心必不能存。操存舍亡，心之可危如此。此而谓心之忽然亡者，可以窥其所由出乎？此而谓心之忽然存者，可以窥其所由入乎？试即心而申言之。心之出若有觉于出之先，则出有时；心之入若有觉于入之始，则入有时。而心何以惘然也？一念动而出，出既不需时；一念静而入，入亦不需时。而见为出之时，安知非其入之时？见为入之时，安知非其出之时？忽出忽入，亦旋出旋入，而其时即心亦莫能主也，斯其端倪之莫度者与？心之出若有所以出，则出有乡；心之入若有所以入，则入有乡。而心又何以杳然也？出亦不必有所赴，入亦不必有所归。而甫见为出之一乡，乡或愈出而愈多；甫见为入之一乡，乡且旋入而旋变。屡出屡入，亦妄出妄入，而其乡即心亦莫能定也，斯其惝恍而无凭者与？心之有出而有入也，谓其有时而无有也，谓其有乡而亦莫知也。此谓心之可操而不可舍，可存而不可亡者与？惟心之谓与？惟其然，而养心者可以惕矣。意念每遁于无端，其出必有所与拒，其入必有所与迎。何以物感之乍来，而心随以出者，忽若适相逢；万缘之偶去，而心因以入者，又若废然返也？动静之间，莫为之主。其出也非有攸往，岂同不远之迷？其入也不过暂安，岂等天心之复？无时则其时愈幻，无乡则其乡愈歧也。乍操而乍舍焉，其曷以谨于微哉？惟其然，而养心者尤可以勉矣。神明止争于所转，心之出必有以触其机，心之入必有以返其舍。是则外诱之纷乘，其既出固不免群私之扰；寸衷之偶谧，其方入未始非一隙之明也。从违之始，其介甚微。当其出而自见为出，则耿然知警，即心之所由入矣；当其入而自恃为入，则放然自安，又即心之所由出矣。无时者亟当察其时，无乡者亟当谨其乡也。有操而无舍焉，庶几其动而贞矣。言心者其谨诸。

本房加批：精心结撰，灝气流行。想见三条烛烬，得意疾书之乐。

冬,作《醉歌》:

> 玛瑙之杯琉璃红,主人好客坐生风。一斗不醉醉十斛,酒声入脑鸣隆隆。丁香沃火象鼻铜,赤金流汗烟浮空。雪花压瓦玉阶白,解下狐裘还送客。雪中故人来叩门,三日不食衣无裈。(《孙衣言集》上册,15 页)

编年诗:《江上草堂歌三首》。(《孙衣言集》上册,15 页)

道光二十年　庚子　1840 年　二十六岁

鸦片战争起,两广总督林则徐于虎门、澳门尖沙嘴等处,设防严密,英国军舰北驶至福建厦门,又为闽浙总督邓廷桢所败,遂再转至浙江,陷定海,旋趋白河,且谋封锁我南方各江口。(《孙衣言孙诒让父子年谱》,7 页)

夏,天气大热,有诗致宗稷辰。

> 《苦热简涤楼》:"长安大热驱火云,黄尘可畏车两轮。城东流水城西来,垂杨不见城西闉。买冰瀹茗能相待,微雨新凉一访君。"(《孙衣言集》上册,16 页)

六月初八日(7 月 6 日),英军攻破定海城后,定海知县姚怀祥和典史全福战死。谱主听闻后,甚为忧愤,赋《秋感》诗四首,又作《定海二忠诗》以悼。

> 《秋感四首》:"云边岛屿骤风波,越甲吴犀各枕戈。竞报神潮飞礔砺,岂容平地驾鼋鼍。十洲有路通徐市,万里无人制尉佗。长技不同形势异,兵家主客计如何。
>
> 窥边卉服敢称兵,国法天诛未可轻。昨日诸军逾岭隒,一朝万里徙长城。犀珠事后兼愁恨,豼虎关前孰死生。自古王灵须震叠,岂容魏绛擅勋名。
>
> 虎门旷日驻千军,消息秋来总未闻。淮海枯鱼新没市,江湖饥雁况成群。关前稻米朝沈雾,帐下笙歌夜入云。努力平夷诸将士,九重宵旰独忧勤。
>
> 大贝明珠溢市廛,百年谁识更烽烟。未闻汉将能横海,又报呼韩欲款边。圣主岂真须远物,蠹臣终自抱贪泉。瀛禅天设分中外,试借前筹策万全。"(《孙衣言集》上册,130—131 页)

《定海二忠诗_{知县姚怀祥、典史全福}》："亚海烽初急,孤臣命已轻。衣冠辞圣主,妻子殉危城。大帅仍无策,忠魂恐不平。只应为厉鬼,扫窟殪奔鲸。"_{《孙衣言集》上册,131 页}

八月初六日(9 月 1 日),朝廷派定乡试考官:正考官王鼎,副考官廖鸿荃、文蔚、贾桢。

《宣宗成皇帝实录》卷三三八:"癸亥,……以大学士王鼎为顺天乡试正考官,工部尚书廖鸿荃、左侍郎文蔚、内阁学士贾桢为副考官。"_{《清实录》38 册,132 页}

八月十四日(9 月 9 日),于闱中成《怀人诗》十首,怀念黄爵滋、汤鹏、周庆楠、黄玉阶、汪喜孙、苏源生、叶名澧、姚燮、陆潮洲、龚一贞等十位师友。

《孙衣言孙诒让父子年谱》:"十人者:树斋先生、海秋、仲梅、蓉石、孟慈、菊村、润臣、梅伯及陆瀛士明经(潮洲,永嘉人),龚茂田孝廉(一贞,桂林人)。瀛士亦己亥副贡。"_(7 页)

《怀人十首八月十四日夜闱中作》:"功名内相万人知,儒雅风流亦我师。岂有新词如白纻,每劳美酒赏金龟。_{树斋先生}

浮邱奇气有千秋,谈笑当时湖海楼。一别潇湘苦相忆,美人兰芷各清愁。_{海秋}

瘦削诗人周仲梅,贞元以后擅清才。秋风相忆莼鲈美,鸥鹭年年江上来。_{周同年庆楠}

岭南诗派屈梁陈,今日谁为后起人。风雨宣南一回首,梅花驿路几逢春。_{黄蓉石}

仕宦频年不救穷,说经师法与家风。驱车又作风尘吏,杨柳明湖落照中。_{汪孟慈}

一来京洛文章贵,别我匆匆为老亲。每诵白华思孝子,风尘深愧远游人。_{苏同年菊村}

空山高馆最思君,风雨桥西自缀文。小别蓟门秋草尽,晋祠鸣玉不相闻。_{叶润臣}

年少清才有陆郎,谢公山下几回肠。遥知秋隼精神在,不沮云天万里长。_{陆瀛士同年潮洲}

到手金杯不复愁,更吹玉笛向翁洲。盘山亦有梅花屋,明月长安尚浪游。_{姚梅伯}

桂林词客苏虚谷，汝谦。每诵清诗似武功。相遇金门还送别，越王山色断云中。龚茂田一贞"《孙衣言集》上册，129—130页）

九月（10月），顺天乡试揭榜，同考官黄矩卿为之荐卷而不售。赋《乡试报罢杂述五首》：

我生江海质，妄希彤廷仪。三年滞京邑，再战摧鳞鬐。云程无迅羽，枳棘仍卑栖。升沈有定分，知命复奚疑。况为盛世士，岂有穷途嗟。天门日荡荡，岐路仍依依。平生志世用，至今还是非。

少小事文史，偃仰在云麓。独居念前徽，无善以自淑。偶蒙匠石知，一洗樗栎辱。君相初翘材，多士日追逐。同时二三子，高步能捷足。回首知己恩，祗增方寸恧。青云隔曾闉，白日飞转毂。哀哀钟子期，去矣不我复。先师史松轩先生卒三年矣。

平生畏离别，所乐天性全。出门不百里，亦关父母怜。云何慕荣禄，束带趋幽燕。临行强笑语，于中诚黯然。身名有蹭蹬，日月成推迁。我亲昔送我，相视双鬓玄。昨夜梦见之，亦颇成华颠。得无甘旨缺，或者思虑牵。越鸟随北风，归云何蜿蜒。安得有羽翼，飞坠父母前。

古人有述作，大道披榛荆。少年惜废学，乃以歌诗鸣。輶轩在前史，亦云资理平。下者申美刺，犹得区邪贞。大雅既衰替，桑濮喧咸英。端居每怀古，郁郁在中情。文儒识本业，庶几淳化成。往者不可谏，来者安可轻。

昔者同志友，今者各天涯。天涯不可即，踽踽将如何。汤子海秋昔爱我，投诗载满车。张衡亭甫气盖世，亦以高才夸。平生好古意，时名亦何加。顾幸君子誉，不逐众人哗。骅骝各寂寞，吴鸿空摩挲。直言老郎署，席帽归江沱。而我何为者，安得云蹉跎。明德久未进，负惭何其多。

（《孙衣言集》上册，25—26页）

秋，有《秋怀》之作：

颓叶振危柯，商音变新警。冉冉盈玉阶，凄凄语金井。元化行循环，惨舒各无朕。孰谓蒲柳心，忽与秋气并。（《孙衣言集》上册，17页）

又有《愁霖叹》，略云：

今年五月至八月，赤乌遁逃雌蜺出。高陵十丈化为河，城门水深行人没。长安旅舍如鸡栖，檐头汩汩生青泥。……我欲呼天启天口，借刃为断雌蜺首。云雾沈沈复蔽之，天门十二何处有？归来屋漏床床移，书生无用长咨嗟。虽然亦有意外危，盗贼窃恐饥民为。呜呼！盗贼无非饥民为，海上况闻妖狼啼。（《孙衣言集》上册，20页）

冬，雪中短歌简朱琦。

《雪中短歌简朱伯韩编修琦》："轻鞍怒马飞两轮，疾尘高于西山云。朝官年来人未识，坐中皇坟高著壁。扣门剥啄百不廛，有时独对赏心客。我落京华骑瘦驴，怀刺灭尽懒复书。人嘲人笑良足畏，得不相就蓬蒿居。昨日北风今日雪，津桥酒熟梅花发。醉倒花前忽忆君，想得新诗更清绝。"（《孙衣言集》上册，19页）

是年，读友人朱琦所示《来鹤山房集》，集中有咏唐宋诗人十篇，以作《咏怀古诗人诗十六首》，十六人者：诸葛亮、曹植、阮籍、嵇康、左思、刘琨、陶潜、陈子昂、宋之问、元稹、杜甫、韩愈、柳宗元、李德裕、王安石、陆游也。（《孙衣言孙诒让父子年谱》，7页）

《咏怀古诗人十六首》序云："言学无所就，谬托于诗。窃见古有作者，篇论所著，外有施于世用，内无愧于躬行，千载而下，心向往焉。其或抱负瑰诡，而炫异太过，兰芳自焚，君子病之。至若浮佞之徒，惑世盗誉，虽文采斐然，为辱弥甚。前者之迹，皆后之鉴也。爰自汉魏以来，取其有当法戒者，人系数言，得诗十有六篇。人不必备，或专举一节，本非尚论古人，亦略示感发云尔。先是桂林友人朱编修琦有咏唐宋诗人十篇，意主说诗，制作殊美。今以此求其更赋，亦欲以同心之言无负斯志也。"（《孙衣言集》上册，20—21页）

是年，与孔绣山、伊霭堂（湄，字漪君）两孝廉、张伯海上舍（汇）、董啸庵（蓉镜）为文字交。（《孙衣言孙诒让父子年谱》，7页）

时，孔宪彝回曲阜，有诗送行。

《送孔绣山还曲阜》："好古能文者，升沈岂足疑。神骓无捷足，远道有深期。洛下年犹少，终南径肯窥。金门屡回首，有待报清时。"（《孙衣言集》上册，129页）

又定交无锡秦缃业，能古文辞，为经世之学，从邵懿辰（位西）、龙启瑞（翰臣）、朱琦（伯韩）及上元梅曾亮（伯言）、善化孙鼎臣（芝房）等游。谱主以是获接梅、孙两氏。（《孙衣言孙诒让父子年谱》，7—8页）

按：秦缃业(1813—1883)，字应华，号澹如，江苏无锡人。秦瀛子。道光二十六年(1846)副贡，官浙江盐运使，

谱主有《赠秦澹如缃业四首》：

太璞蕴奇宝，朱弦希繁音。斯人外黯淡，抱道宜在襟。蕙风送芳馥，无言良已深。浮云日异态，去去安可寻。愿言师古昔，敦志重自今。一　长安冠盖地，贤僚亦相错。君相初旁求，众士欣有托。云何盛世儒，屡悲和氏玉。屈信独何居，世事有龙蠖。俟命终无尤，达人慕天爵。二　往者忽千载，来者仍代更。人生托大化，宁为草木荣。先民日在梦，愤乐时还并。趋竞息前猛，履冲期晚成。愿资二仲益，千秋希令名。三　靡靡原上草，郁郁荆与蓬。芳兰不择地，憔悴谁为容。万类日相伺，哲人慎所同。始信幽贞念，卓为君子踪。烟薪傥未歇，江汉行相从。四
(《孙衣言集》上册，19页)

是年，有寄怀黄爵滋诗。

《寄树斋先生闽中》："南国妖星接鬼方，金戈消息总茫茫。烽烟战哭闻犹惨，大贝文犀贡有光。若使鼍鼊营窟穴，岂能牛马卧沙场。知公旧切苍生虑，今日还应满鬓霜。"(《孙衣言集》上册，131页)

是年，有答董澄镜诗。

《答董啸庵澄镜》："日余拙谈笑，独处谁匹俦。晚得素心客，落落中相求。啸歌忘晨夕，自夏还徂秋。西风昨夜至，落叶迷林邱。云鹏有蹭蹬，迅羽徒嘲啾。趋猛既屡挫，有命我何尤。吾子遗佳翰，清风纾烦忧。烦忧亦何有，欲言心怀羞。逝波日汩汩，沧海东悠悠。临流坐怅望，欲济无轻舟。念此亦徒尔，时哉不我留。南荣戒思虑，北学求好修。徇名易为伪，崇善庶可谋。即此勉玄发，于焉讯好逑。独怀珪璧赠，惜无琼瑶酬。"(《孙衣言集》上册，26页)

按：董澄镜，字啸庵，桐城人。举人，大挑教谕。有《比竹集》。

编年诗：《短歌三首赠黄子幹秩林》《女贞行为山阴徐节妇作》《艾至堂畅北度雁门图》《漓江行送苏虚谷同年汝谦还桂林兼怀龚茂田一贞》《石门图诗为梅蕴生同年植之作》。

道光二十一年　辛丑　1841 年　二十七岁

春,考选国子监琉球教习,受知于祭酒花松岑沙纳、王炯斋煜、司业灵芝生桂、蒋誉侯元溥,同时以能诗古文为杜芝农侍郎受田赏识。(《孙衣言孙诒让父子年谱》,8 页)

春,游十刹海,有诗。

《过十刹海》:"净业湖边路,春来似水乡。风条摇柳岸,天镜落湖光。白鹭窥人静,青骡就饮凉。恨无蓑笠叟,深处逐鸣榔。"(《孙衣言集》上册,132 页)

春,于陶然亭醉后有诗呈黄爵滋。

《江亭醉歌呈黄树斋先生》:"城南树绿风吹衣,江亭高与城头齐。新莺稚燕乱窥客,骄骢脱衔相向嘶。十日杨花吹作雪,坐卷珠帘欲愁绝。却思万事殊等闲,春风动地金杯宽。眼前有酒竟须醉,醉即拄笏看西山。"(《孙衣言集》上册,29 页)

四月(5 月),琉球国来华学习官生向克秀、阮宣诏、郑学楷、东国兴四人入国子监读书。

《孙衣言孙诒让父子年谱》:"琉球弟子向克秀(字朝仪,首里府人)、阮宣诏(字勤院,久米府人)、郑学楷(字以宏,久米府人)、东国兴(字子祥,首里府人)四人入监读书。自是令其泛览汉魏唐宋以来诸家作者,间语以古人作诗格法蹊径,皆洒然有得。"(8 页)

按:东国兴(1816—1877),字子祥。著《东国兴诗集》。

琉球都通事梁时亭(学孔),来质诗法。(《孙衣言孙诒让父子年谱》,8 页)

谱主有诗与周学源(岷帆)论诗源流,有"浙派沿朱查,后贤掩前轨""同心傥启予,请观六义始"之语。(《孙衣言孙诒让父子年谱》,8 页)

《论诗酬周四岷帆学源》:"风骚有绝响,厥理垂万祀。文徒习便辟,遂为风俗耻。浙派沿朱查,后贤掩前轨。彼自盛时名,渊源不在此。东流更百年,折杨悦里耳。群哄鼓咙胡,口众孰能止。词章九牛毛,惜此方寸诡。同心傥起予,请观六义始。"(《孙衣言集》上册,29 页)

四月,会试揭榜,二弟锵鸣中式第一百十五名进士,殿试二甲三十四名,朝考一等第八,得与馆选。《孙衣言孙诒让父子年谱》,8页)

六月,河南开封黄河决堤,河南、安徽两省受灾严重。谱主闻讯后,作《河决六首》以示哀痛。

《道光二十一年黄河围城档案》:"道光二十一年六月,下南厅祥符汛河溢漫决之处,刷宽八十馀丈,大溜直奔省垣,官民抢护,绵延数月。"《河南博物馆馆刊》第三集,民国二十五年九月版,http://www.360doc.com/content/22/0123/22/30837857_1014625667.shtml)

《河决六首》:"警报黄河水,龙门急上游。千家闻痛哭,一夕逐洪流。白日鼋鼍横,秋风燕雀愁。大梁歌舞地,萧瑟几人留。

向日河堤使,皆兼大将权。旌旗严统属,牲玉必恭虔。贾让书犹在,王尊勇共传。于今愁沸郁,痛绝水衡钱。

岁有安澜奏,宣防竟若何。淇园多竹木,簿领自笙歌。此辈金钱贱,斯民涕泪多。昔儒明禹贡,吏道惜蹉跎。

闻道横流下,东南接汙漫。吴天方滞雨,楚泽亦涛澜。鸿雁哀何往,蛟龙虐可叹。圣朝刑政缓,意外骤惊端。

灾变今如此,民生讵有涯。似闻捐朽粟,未尽及朝饥。盗贼多渊薮,关山况鼓鼙。明明天子诏,急为问疮痍。

自古河渠说,徒闻楗竹劳。危堤纷草秸,野屋仰波涛。何术兼三策,常时走万樏。相公方驻节,疏凿问滔滔。"《孙衣言集》上册,135页)

夏,游十刹海观荷,有诗。

《十刹海观荷花歌》:"北湖湖头万荷花,轻风吹香来酒家。珠帘不卷见秋水,新蒲烟柳交倾斜。昨者湖头一夕雨,洗出红妆尤楚楚。湖光澹沱青玉环,安得人间有尘土。高鞍翩翩不肯来,天遣酒人时倾杯。手挥荷叶持劝客,世间哀乐何有哉。船舫灯毬五百载,韦杜芳华几迁改。一尊聚散尤无常,只今惟有烟波在。悠悠复悠悠,东流不掉头。昔人不见今人游,年年相送湖上楼。即如芙蓉颜色好,昨日开花今亦老。金杯在手且莫辞,相向花前须醉倒。"《孙衣言集》上册,30页)

秋,王拯题谱主诗卷,兼寄张际亮。

王拯《书孙琴西同年衣言诗卷兼寄张亨甫际亮闽中》:"孙郎妙笔今谪

仙,海东张子为我言。长安市上一相见,翠眉头玉神轩轩。揭从人海经年住,有似寒鸦栖古树。天门雕鹗尽骞腾,倦翮褕袳不飞去。走昔少年矜结交,世间万事轻鸿毛。秦楼大醉换歌舞,采云飞落青天高。自从骑驴客京县,兔园日挟心烦劳。大官斗米食不足,山中猿鹤空嘲嘈。金台八月秋风早,垂杨万树空丝袅。城头月出乱栖乌,屋角霜寒破枯策。十千买醉醉复醒,只合君诗散怀抱。黄河水落天西头,风涛荡激神灵愁。苏门长啸我能识,襄城痛哭君何尤。海内青云今几辈,天涯落拓嗟行辀。人生相遇几相识,笑把金龟与君掷。摧眉折腰竟何为,烂醉狂吟聊自适。张君别我春复秋,归眠萝薜行且休。海东兵气倘销歇,与子须泛沙棠舟。"(《龙壁山房诗草》卷一,11叶;《清代诗文集汇编》659册,346页;《王拯系年》,京华出版社2005年版,23页)

八月上中旬(9月),张际亮北上,途经瑞安时,作《次瑞安寄怀孙琴西同年君时在都下》诗:

潮头卷雪海门来,落日苍茫想霸才。天下几人吾废贱,眼中为女故低徊。须令绝域怀王土,时为琉球教习。谁扫妖氛靖将台。为报此乡烽信近,燕云南望莫衔杯。时平阳、瑞安沿海皆有夷船。(《思伯子堂诗集》卷三十,4—5叶;《亨甫诗选》)

按:张际亮于七月廿三日离开福州北上,经福鼎,登太姥山,八月初七日过分水关,过南雁荡,至瑞安,又重游江心寺,至乐清,于中秋日冒游雁荡。(据《思伯子堂诗集》卷三十诗)

秋,作长歌行,送伊湄。

《长歌行送伊子》:"十日不见心相思,一日相见伤别离。问君别我更何往,辽阳千里风吹衣。幽州落木秋萧索,坐对妻孥犹不乐。何为远去关山难,离亭日暮羊裘薄。知君此行由饥寒,勉事车马营朝餐。岂有朱门堪曳履,何况薄俗轻儒冠。东南烽烟亦未已,奔鲸毒浪满江水。昨者浙东失元戎,羽书一日走千里。岛夷船柂使逆风,得水如鬼来无踪。已出千军驻金口,申命大将防辽东。羽林猛士正在道,击鼓吹竽何草草。临行自谓风云时,相向各美金鞍好。君也章甫衣悬鹑,安得结束趋沙尘。寻常谈论不出口,此岂有意高官勋。官高于世亦何济,九衢冠盖纷如沸。安昌弦笕绝可怜,廷尉门庭坐愁思。君不见达人万事如鸿毛,壮士闭户亲醇醪。少游不敢骑鞍马,仲蔚时复安蓬蒿。又不见孙生落落江南客,三年浪走长安陌。梦中识路愁鼓鼙,君乃何为事鞭策。蓟门九月秋风悲,夜夜征鸿入塞飞。前有豺狼后猛虎,远游虽乐不如归。"（《孙衣言集》上册,33—34 页）

秋,送周学源归湖州,有诗。

《送周岷帆归湖州》:"周子临行赋式微,言从湖水就林扉。风前鸿雁兼愁梦,门外烟波竟是非。送客郊关看落叶,到家残雪换征衣。一门辞咏多群季,仲蔚如何未息机。"（《孙衣言集》上册,136 页）

林则徐、邓廷桢以蜚语中伤去职,英军乘机进犯,粤闽浙东皆告警。谱主赋《四哀诗》及《感时》诸作。四哀者,哀虎门、哀厦门、哀舟山、哀明州也,愤诉东南沿海各地之失陷,痛感时局之艰危。（《孙衣言孙诒让父子年谱》,8 页）

《哀虎门》:"虎门沙角长城坚,元帅气骄自云贤。黑夷卷席入平地,炮火夜落城楼前。苦战身死关将军,坐视不救谁能怜。广州妇女哭向天,白骨满地群羊眠。"（《孙衣言集》上册,31 页）

《哀厦门》:"红毛昨日屠厦门,传闻杀戮搜鸡豚。恶风十日火不灭,黑夷歌舞街市喧。提督自言捕小盗,远隔州岛安能援。飓帆径去幸无事,天阴鬼哭遗空村。"（《孙衣言集》上册,32 页）

《哀舟山》:"舟山复后草未苏,一夜奔鲸满海水。可惜忠勇三总兵,苦战六日同日死。蛟门官军不敢渡,花裙夷人满城市。杀贼尤多贼怒嗔,呜呼辗割王将军。"（《孙衣言集》上册,32 页）

《哀明州》:"明州万家吹笙竽,近乃膏血污泥途。招宝山前万貔虎,见贼即走何其愚。母从子走妻求夫,我军已远空号呼。元帅仓卒亦死贼,草间老兵坐叹息。"（《孙衣言集》上册,32 页）

时,听闻广州英军撤退消息,有诗。

《闻广州贼退》:"闻道卢循远遁逃,灵飚神雨沃腥臊。倒翻窟穴风雷阵,净洗甲兵沧海涛。陇上老农思健犊,城南少妇泣征袍。更烦铁弩追穷鳄,莫遣回澜驾巨鳌。"（《孙衣言集》上册,134 页）

《今日》:"逾年下濑驻雄军,报捷飞书一夕闻。壮士笙歌都解甲,元戎褕褴亦论勋。幸闻毒雾消鲛室,恐有哀声落雁群。今日封疆防再误,九重宵旰独忧勤。"（《孙衣言集》上册,134 页）

十一月十一日(12 月 23 日),黄爵滋同柏葰赴陕西查办案件,谱主赋诗相送。

《宣宗成皇帝实录》卷三六一："道光二十一年辛丑十一月辛亥朔。……辛酉，……命刑部左侍郎柏葰、黄爵滋弛赴陕西查办事件。"（《清实录》38 册,521 页）

《宣宗成皇帝实录》卷三六四："庚子,……又谕:前有旨谕令柏葰、黄爵滋驰赴陕西时,传提发配该省之浙江已革举人徐廷策亲加验讯。"（《清实录》38 册,558 页）

《送黄树斋侍郎使秦中二首》："初日照潼关,秦州见万山。北风迎马首,晴雪落云间。汉节金章静,邮亭锦石殷。向来天府国,形胜好跻攀。一　天子勤西顾,星官动北辰。直凭周道使,要与一方春。吏纵三河甚,民劳万室贫。昔贤宽猛意,不独绣衣新。二"（《孙衣言集》上册,137 页）

冬,蒙古科尔沁多罗郡王栋默特去世,朝廷派花沙纳赐奠。谱主赋诗送行。

《送松岑先生奉命赐奠阔尔沁王》："绝塞风云启,前旌雨雪寒。天王归鲁赗,星使降儒官。瓯脱垂鞭度,楼烦勒马看。单于亲汉久,感涕独汍澜。"（《孙衣言集》上册,138 页）

冬,雪中赋诗抒怀,寄城南诸友。

《雪中寄城南诸友人》："濛濛庭树微,暧暧初景灭。北风昨戒寒,朝旦已霏雪。寂居寡欢惊,冻禽自嘲喳。日暮闻疏钟,奈此素心客。"（《孙衣言集》上册,34 页）

是年,伯舅项霁（雁湖）卒,年五十。（《孙衣言孙诒让父子年谱》,9 页）

编年诗:《答伊蔼堂湄二首》:

与子两寂寞,无端心相亲。相亲尚如昨,日月亦屡新。士生各有志,无为悲贱贫。潜颖偶失色,陵苕或先春。三冬霜霰会,始知造物仁。一　自与人事接,郁郁何其多。往往中夜起,如闻劳者歌。顾念当世士,勖德已嵯峨。才拙既无用,何以违岩阿。阮生昔嗜酒,沈醉不言伲。二（《孙衣言集》上册,27 页）

《访伊蔼堂遂留饮姚四秋士亦至归书长歌示蔼堂且索秋士同作》
《弃妇辞》《蔼堂索题美人》《华山云送袁翼臣归华阴》《送秦澹如返梁溪即题其藕湖渔隐卷子》《庭树行》《送王白海博士延庆归东牟》《杨将军歌》。

道光二十二年　壬寅　1842年　二十八岁

英军既得逞于浙江,遂北窥长江,直薄南京,迫我议和。时大学士穆彰阿当国,力言主款。清廷即与订立条约。谱主有《志愤诗》十二首,以纪丧权辱国之痛。(《孙衣言孙诒让父子年谱》,9页)

《浙东王师失利志愤四首》:"冠军骠骑旧威名,带甲还兼七校兵。早合偏师临狡窟,如何并海失连城。雄关赤堇谁先走,浊浪钱塘不可行。更恐长驱遂深入,速凭天险过奔鲸。一　曾闻大将读兵书,黄石阴符迥不如。谈笑自宜收脱兔,兵机何自漏多鱼。出奇马邑无全策,学古陈陶有覆车。回首长平成碧血,当时容易薄穰苴。二　狼烽海外照狂澜,一夕回戈势已单。未报前军诛马谡,空闻壮士哭陈安。惊心风鹤仓皇甚,失险貔貅进退难。自昔旌旗尊节制,草间今亦愧登坛。浙江提督余步云闻败亦走。三　况闻薪蕙酷诛求,珠玉三吴气亦愁。越使资装夸宝剑,吴孃颜色擅迷楼。储胥饿虎威犹在,秔稻哀鸿命孰谋。今日萑苻防内乱,急须借箸问良筹。四"(《孙衣言集》上册,140—141页)

是年,琉球学生作琉球食物,谱主有诗。

《学生作琉球食戏述》:"鲸鱼羊豕腴,肉剁琼玉肤。此物穴溟渤,雄与蛟鳄徒。不能钩饵致,乃为黄金屠。琉球生云捕鲸鱼,必以黄金刺之,乃死。海鳗止是蛇,强名宁稍殊。狞形改郁屈,怒目犹睢盱。自非有奇疾,聚毒安敢茹。海马稍恨腥,马首身是鱼。家蔬鱼名,亦曰佳苏。最易得,紫黑榾柮枯。削末投沸水,脆美回昭苏。其馀众琐碎,大略如越吴。调和酸碱杂,美酱豆麦俱。佐之美姬酒,嚼米由彼姝。不知施邪媒,取醉咳唾馀。美姬酒,云由女子嚼米为之。我生本南食,下咽气自如。持用飨北客,掩鼻走绝袪。彼此更夸诧,未可相贤愚。粤人羹虾蟆,抱筋如琼琚。北人食乳酪,乃不知蒪鲈。食焉安所甘,居焉安所娱。述此聊为笑,匪用夸庖厨。"(《孙衣言集》上册,35页)

十一月(12月),与二弟锵鸣归乡,合葬祖父母。

《孙衣言孙诒让父子年谱》:"葬祖考妣于盖竹山之原,并以妣项、

张、胡三夫人祔。衣言、锵鸣于是先期南归。"（9页）

《先大父行述》："以道光二十二年壬寅合葬于盖竹山之原。"《孙衣言集》中册，445页）

时曹秋槎有诗云："故乡文物多积薪，几辈才姿森立竹。孙周远闯古藩篱，卓荦词坛厌老宿。"孙、周谓衣言、锵鸣及周仲梅也。《孙衣言孙诒让父子年谱》，9页）

是年，董祐（霞樵）卒，年六十八。《孙衣言孙诒让父子年谱》，9页）

编年诗：《王少鹤户部锡振招饮沮雪不能出城却寄一首并奉濂甫》：

仰承君子招，蓄念慰畴昔。况闻群妙萃，一得鬘心迹。昨来雨雪过，林端尚馀滴。坐畏车马劳，遂令忧思积。闲庭飞鸟还，城阙远钟夕。

《孙衣言集》上册，34页）

《书姚子文文喆红盐馆遗诗后》《毛西河朱竹垞二先生同游西湖像韩户部索为诗像本郑元庆绘，罗山人聘重摹之，旧藏法梧门学士》《松下幽人图》。

道光二十三年　癸卯　**1843年**　二十九岁

春，郊游，有诗。

《郊外》："久困阛市居，偶来尘外赏。始知春草生，芊芊雨馀长。新花袭路芳，微风出林响。吠蛤有同声，嘲鸟匪一吭。遥望田间人，各循沙岸往。云何盛阳月，未见偶耕壤。荒途亘坡陀，败屋傍菰蒋。湖水方澄深，安得理归榜。"《孙衣言集》上册，36页）

春，祭酒花沙纳于太学东厢补种丁香，命谱主作长歌。

《祭酒松岑先生花沙纳于太学东厢补种丁香命作长歌》："太学堂西双老槐，千载不忘许罩怀。今公种花得手泽，坐觉春风回尘埃。水南许公昔流宕，丁香相向堂阶上。中间衰萎不记时，日日黄蜂鸣惆怅。老师祭酒今八年，诸生博士方翕然。但恨官斋过寥寂，要与珝饰追华妍。丁香突兀复相见，已有芳风来青甸。力培根本防枝柯，自许生机转葱蒨。东风三月初开花，游丝舞絮交倾斜。碧纱画静照红雪，颜色颇似相矜夸。我来看花绕百匝，落英晓露衣襟湿。花间黄雀如果留，避人相趁双蝴

蝶。回头却看墙西松,心如铁石枝青铜。知公仁者傥有意,岂得久在风霜中。"（《孙衣言集》上册,37—38页）

夏,有诗招王拯。

《招王少鹤》:"绿槐萍合城南隅,王郎不见今何如。平生作诗颇爱我,苦谓肤疵如鳆鱼。我今有作畏示人,恐犯世议生龃龉。近者病暑新出城,日日子由同听雨。犀首无事如能来,更折池荷荐清醑。"（《孙衣言集》上册,38页）

秋,参加顺天乡试,荐卷而不售。

挑取誊录第四名,受知于王通昭（介明）侍御。（《孙衣言孙诒让父子年谱》,10页）

按:王通昭（1804—1873）,字介明（介民）。丙申进士,翰林院检讨,掌山东道监察御史。

是年,琉球贡使向绍元、都通事梁必达来,见于太学,谱主赋诗以赠。

《琉球贡使向绍元都通事梁必达来见赋此为赠》:"伏犀入发高颊权,美鬘如戟目炯然。黄冠突兀锦花带,深衣匹帛行圈豚。中山使者颜色好,入门磬折形恭虔。搓手作礼致其敬,其心孔殷未能言。唐营通官精爽紧,代陈款曲词便便。攘袂出手手指天,皇帝圣德临无偏。次言先生教诲厚,诸生小子坯为砖。寡君诸卿诸大夫,传语致谢感在肝。我言此乃我职然,百不尽一心烦煎。惟有帝德不可似,博如天覆深九渊。仁风四嘘草木苗,天光下照日月悬。大夫行矣忠其君,农力锄犁士诵弦。上无僭替民无怨,永为邹鲁传万年。此所以报报以义,不在貌恭仍献珍。我睨使者首愈俛,下手至膝坐弗安。自循其带持示我,我知尔意无待论。门外仆僮静兀兀,黑帕六角衣斓斑。呫嗫耳语类有会,鞠躬侦伺头如鼋。作诗与尔述我语,归示其人传儿孙。"（《孙衣言集》上册,38页）

十月初九日（11月30日）,张际亮（亨甫）卒,年四十五。

叶名沣有《哭张亨父四首（十月初九日卒于松筠庵）》诗。（《敦夙好斋诗初编》卷九,3叶,《清代诗文集汇编》639册,189页）

是年,游十刹海,有诗。

《十刹海禅院》:"独坐禅房静,林阴与水澄。佛慈开笑口,僧古岸眉

棱。风鸽喧分粒,斋猿寂守灯。不须求燥忍,无语即三乘。"(《孙衣言集》上册,142页)

是年,过万寿寺,有诗。

《过万寿寺》:"言遵沙岸行,遂造郭西寺。琳宫蘦蔔间,芳树纷如翳。仙犬吠迎人,林鸽惊屡睨。稍进岩洞幽,远叩禅扉闭。砌草细承趺,山花静自媚。梵放兼疏钟,缥缈隔松翠。余生本素心,矧此遂幽诣。顾念系世踪,难辨无生谛。出门见归人,落日在埤堄。"(《孙衣言集》上册,36—37页)

是年,有答裕贵诗。

《答乙垣》:"冷官使酒怒其曹,矮屋打头议论高。长安贵人日相索,乃栖佛寺门蓬蒿。日高始起饥忘食,舆台失色相嘲謷。作诗尤捷苦成癖,往往遗我无乃劳。句奇语怪强索和,秋蝇冻缩安敢号。我抱六经教太学,于世亦不如鸿毛。昨者夜梦落湖水,与君他日租轻舠。"(《孙衣言集》上册,36页)

是年,看国子监祭酒斋壁上的《老彭观井图》,有如临深渊之意,感而作诗。

《老彭观井图》:"寻常不思山鞠莠,溺人必笑忘其躬。至人闭关七百载,何事乃畏濡首凶。画师凿空假柱史,坐觉愚蒙有妙理。益信君子防未然,辘轳宛转悲寒泉。青牛出关遂西去,衰周避世非神仙。凌晨览壁重叹息,长绳系腰计未得。不见人生行路难,平地何必无波澜。"(《孙衣言集》上册,37页)

道光二十四年　甲辰　1844 年　三十岁

二月,琉球弟子将归,谱主赋诗二首以送行。

《琉球弟子阮宣诏郑学楷向克秀东国兴以辛丑四月入监读书而予为之教习至是四年将归赋诗以送其行二首》:"员峤方壶外,三山接太虚。地犹东鲁国,人读学官书。帝朔通麟岛,春朝送羽车。三年从鼓箧,圣世正隆儒。

吾道无中外，诸生畏别离。来知天子德，归有汉官仪。钟鼓虞庠近，诗歌上国宜。读书还进德，我久愧人师。"（《孙衣言集》上册，145页）

二月三十日（4月17日），国子监琉球教习期满，有旨引见，以知县用。

三月初一日（4月18日），与二弟孙锵鸣致函舅父项傅霖，云：

甥孙衣言敬请舅父大人万安：远违慈霁，时切依驰，仲梅同年至都，获诵谕帖，备受嘉勉，惭感交至。甥近年来学无新得，兼为时文所困，不能尚一沉潜，以从所好，深自畏惧。琉球弟子于二月初旬随贡使归国，甥为选刻所课诗试帖及古今体各四卷，尚似可观，有便即当寄呈尊览。甥于前月三十日引见，幸得一令，然非佳官，所望甚在春试，但未悉能如尊系否也。昌弟近亦粗涉经史，但近日翰苑文字仍与举业无异，亦难笃志于古耳。芝门、仲圭二表弟想亦各有论撰，读书似以未得科第时为最朴实耳。慈溪王明经梓材补辑《宋元学案》，欲搜考温人文集，及其传授支派，并查王梅溪门人姓氏、著述。属甥质之舅父，有便并祈示知。谨请福祉不尽。衣言、锵鸣顿首启，三月初一日。（邵懿辰《半岩庐书札》，中国国家图书馆藏稿本，第八册，中华古籍资源库）

三月（4月），《题湖上酒楼》：

清明谷雨昨朝过，红杏碧桃相向开。疏柳作阴藏酒店，东风吹絮点深杯。金鞭尘逐骄骝去，锦幄香随蛱蝶来。未免冶游伤独客，夕阳堤路更裴徊。（《孙衣言集》上册，143—144页）

春，至安定门外，见道路两旁耕种的农民，有感。

《偶至安定门外见道旁耕者感赋四首》其一："郊原春正好，芳甸含晴暄。农居三四家，小小自成村。是时新雨足，耒锄各在门。厘牟方被陇，瓜豆亦上藩。力耕求饱食，不知劳其身。况此井间近，相依家室亲。我观偶耕者，真如羲皇民。"（《孙衣言集》上册，39页）

春，郊游，有诗。

《郊外即目》："一曲西山接翠眉，绿波清浅照相宜。芦梢过雨茸茸出，荇叶牵风冉冉移。几个鸭雏翻白羽，谁家燕语弄晴丝。春光却忆明湖好，篾舫珠帘又此时。"（《孙衣言集》上册，143页）

七月初九日（8月22日），汤鹏去世，年四十四。

《曾国藩日记》七月初九日:"是日闻海秋病甚剧"。七月初十日:"闻海秋死,即至渠家吊唁。"(九州出版社 2016 年版,上册,124 页)

八月,参加顺天乡试。主考官:都察院左都御史杜受田、刑部右侍郎张澧中(字兰芷,陕西潼关人)、内阁学士罗文俊(字泰瞻,号萝村,广东南海人)门下。

谱主《道光甲辰恩科顺天乡试硃卷》:

中式第三十九名孙衣言,浙江温州府瑞安县副榜贡生,民籍,现充国子监琉球官学教习。

同考试官翰林院编修国史馆协修加三级蒋(琦纯)阅:荐。

大主考内阁学士兼礼部侍郎署工部左侍郎加三级罗(文俊)批:取。

又批:精理为文,秀气成采。

大主考刑部右侍郎加三级张(澧中)批:取。

又批:英思飚举,逸绪云蒸。

大主考经筵讲官上书房行走管理户部三库事务都察院左都御史加三级杜(受田)批:中。

又批:衔华佩实,茹古涵今。

本房总批:腾香象而摩空,握文麟以擢秀。赤城霞起,五色相宜,丹地月来,十华并耀。树律诗之龟鉴,发丽藻于鲸铿。五经无双,群推叔重;十事对九,竟问仲舒。通才卓冠乎千英,激赏传观于四座。揭晓来谒,知生家传篆绂,世业缥缃。甫承学于槐庭,辄蜚声于芹舍,香分贡树,酉科则选佛先登,艳燦榜花。亥岁复众仙同咏,备史才于东观,编摩一代之书,分教典于西胶,罗拜十洲之客。频年荐牍,早耳芬名,万里长途,果扶健翮,从此蓬莱风顺,看若木以扬帆,杏苑春浓,赋芙蓉而及第。清秘订棣华之谱,固宜衔映条冰;文章分莲炬之光,定许恩承珂玉。尤勤昼望,益矗前修。

文献不足故也足则吾能征之矣

文献能存二代,圣人深望其足征也。夫文也,献也,言礼者所恃为征也,而杞、宋皆不足矣,足则能征。望之切,所以慨之深欤?今夫诗书有纪载而考订资焉,老成有典型而折衷见焉。非谓古人之必以迹求也。不易者万世之经,其义可以理断;而递殊者一时之制,其事难以意通。儒者生逢明备,即古今共见之迹,以证古今不相见之心,夫固欣然无憾矣。而不然者,抚坠绪而茫茫,殊莫解中怀之惓惓尔。夏、殷之礼,吾皆能言,而杞、宋皆不足征,此何故哉?夫礼之存于古而可信于今者,特有文献而已矣。先代之典章,垂金石而藏故府者,著作固甚宏也。至于稗官野史之流,以草野而留心国事,虽不免得失互存,而记载既繁,有皆备一朝之掌故者矣。朝廷之硕义,则古昔而称先生者,言行皆可采也。至于学士文人之列,居晚近而能守旧章,纵不必渊源尽合,而见闻互证,有具识古人之精心者矣。文也,献也,礼之所以可征,而吾之所以能征者,足焉故也。而杞、宋何如者?天有锡而九畴攸叙,祖有训而五子能歌。至于今,禹鼎不可问矣。东楼虽续,礼也旋坠于夷;望国来朝,君且见贬于史。而王府之和钧徒守,涂山之玉帛谁传?见于庙而训陈冕服,逊于野而学溯甘盘。至于今,汤孙其式微矣。搜遗颂于宫县,七篇久佚;问故家之姓氏,六族已微。而周京之黼扆虽留,商邑之共球莫考,自非然者。事苟实而可凭,言岂虚而弗信?文献诚足,吾之能言者,吾固能征之矣,而其如不足何哉?独是修明之盛会,亦终系遐思耳。夫一代纪纲之巨,贤君相创以一日,贤子孙宜守以万年。使当日作客来宾,而缘陵未筑以先,迹不忘乎禹甸;鹿上争盟之会,德能述夫汤盘。将征以文而残编可读,征以献而遗老能言。即文明大备之朝,不必妄谈夫沿袭,而犹将自勒一书,以存古昔先民之意,夫非儒生之盛业哉!然而考古之深心,亦徒成虚愿矣。夫两朝忠质之规,其良法皆可信当时,其美意皆可师百世,乃何以时移势易?而元龟思明德之遗,图书已隐;白马启象贤之胄,祭器仅存。将征以文而传其疑,莫传其信;征以献而语其略,莫语其详。即删订纂修之下,未能绝意于搜罗,而惟是追维隆盛,以寓望古遥集之思,夫岂先王之本意哉!

聚奎堂原批:气体清华,机神流畅,三篇一律,足征火候,诗雅适,五经含英咀华,策条对详明,议论精当,可称全璧。

本房加批:读书富,故树义必坚,晰理精,故取神曲肖。夫惟大雅,卓尔不群。

悠久所以成物也

终言至诚之用,久道而成也。夫物无以成,覆载为未全也。至诚之悠久,又有以成之,其用不于是尽哉?尝闻圣人久于其道,而化成天下。甚矣,化之必期于久也。群伦有托命之原,理贵完乎其分;而盛德无猝期之效,事贵受之以恒。自来圣人在上,第深淬厉于宸衷,而一时血气之伦有以各遂其材而无憾者,固非一朝一夕之故尔。载物覆物,至诚之用,既有然矣。夫物之待于载,待于覆者,无不待于成者也。物受性而各殊,有刚柔健顺之分,即有燥湿寒温之异。族类之蕃滋,各挟一性焉,以待至人之调剂。而操切以图之,有格焉而不能遍及者矣。物含情而日杂,秀顽以积习而移,即仁暴以随时而化。蠢灵之并育,各挟一情焉,以待神圣之化裁。而卤莽以治之,有措之而不能咸宜者矣。无以成之,覆载其未尽欤?而吾乃有以观至诚。夫诚之裕于博厚高明先者,恃悠远以充其量;而诚之积于博厚高明后者,贵悠久以极其功。大凡功之速为程者,用心必不密,悠久则有精以图之者焉。为斯民求乐利之麻,必不参以权术;为万世奏平成之绩,必不杂以补苴。诚至则志一,志一则业专,百年必世之谟,局外几疑其疏阔,而岂知裁成自有全功也?至于食德者书成康乐,泳仁者象奏蕃昌,君子有以识其自来矣。大凡效之骤而见者,所被必不深,悠久则有渐以致之者焉。道德有必然之效,不欲骤迫以事功;睢麟无不应之仁,不必高谈夫官礼。诚至则操坚,操坚则力定,持重纡回之际,豪杰或傲以近功,而孰知成就自非浅鲜也?至于饮食相忘于帝力,仪舞竞献其嘉祥,君子有以信其有本矣。此不待既成而后信也。精一之全神本无歧于远迩,即令图功伊始,而千秋只此片念之真。其志远,故所就自远也。而盛世不饰升恒之颂,实淳俗常游熙皡之天,亦不必逐物以为验也。修凝之道力本无间于行藏,即令宥密退藏,而一室亦立群生之命。其量全,故所操自全也。而朝廷不矜博济之名,实草野共仰百年之德。圣人在上,法乾健以有为,励恒修于无逸,不拘拘于旦夕之功,不切切于目前之效,而中外禔福,振古莫隆。《书》曰"成允成功",《诗》曰"遹观厥成",其谓此欤?

本房加批:九天之云下垂,四海之水皆立。理解邃密,中独能光燦十华。斯为钟吕之音,足夺筝琶之听。

王说曰诗云他人有心予忖度之夫子之谓也夫我乃行之反而求之不得吾心夫子言之于吾心有戚戚焉

齐王深契大贤之言,证诸诗而心见矣。夫心之在我,求而得之,非待于忖度也。而宣王戚戚之心,若因孟子而见者,宜其引诗而有会欤?想其说曰:天下之至远者,人也;至近者,我也。至近而易得者,我之心也;至远而难得者,人之心也。乃有时至近者反若至远,而至远者反若至近,是岂心之殊哉?当局者昧也,旁观者明也。当局而不啻旁观者,境过即忘也;旁观而一如当局者,谈言微中也。至于即旁观以参当局,而人之心近矣,而我之心亦非远矣。而古人之所谓心心相印者,亦可类推矣。不然,"见牛未见羊"之言,夫子岂真知我心之必出于是者,而何以言之曲当如此哉?吾盖有感于诗矣。诗不云乎:"他人有心,予忖度之。"夫心在他人,此不可求之端也。心在他人,而欲施以忖度,此尤不易得之数也。而自诗言之,一若自有其可求也者,一若实有其易得也者。且若无待于深求,而神明已呈于坐照;且若无忧其不得,而顾盼直揭其中藏。将谓人心无二理,而意向固无常也;将谓物我本同原,而形神固不属也。虽欲信之,亦安从而信之哉?乃观于夫子,而固恍然于其所谓矣。夫以羊易牛之事,我自行之,斯见牛未见羊之心,我亦可自求之。自行之而自求之,其视他人孰近孰远也?自求之而自得之,其视忖度他人孰难孰易也?顾何以夫子未言之先,而我之戚戚莫解者固隐隐未彰哉?而后知天下事有自信于我者焉,有待发于人者焉。人情发念之所由,每以朕兆甚微,第可默参于当境。岂知默参焉而转启其疑者,互参焉而始坚其信也?夫前此私怀不忍,岂非肇念之甚明?顾何以事后追维情势,转疑其室?自夫子直为揭之,而痀瘵之状乃耿耿其如新。是吾之有心不能自白诸夫子者,反若待白于夫子也。篇什之陈情也,隔千里而能言其意,亦犹是尔。人情用意之所归,每以神明独喻,不必妄索夫解人。岂知独喻焉而或疑于固者,共喻焉而适得其通也?夫前此辗转求安,自信用情之已密。顾何以一经指摘见解,转觉多偏?自夫子曲为达之,而恺恻之神乃怦怦其毕露。是我之有心莫能喻诸夫子者,不啻早喻诸夫子也。风人之善赋也,统彼我而相见以诚,亦犹是夫?顾其合于王者何也?

本房加批:层折自成波澜,首尾互为经纬。合离操纵,笔笔皆飞。入后潆洄荡漾,正如轻舟出峡,平流万顷,微风生波。真文章之巨观也。

赋得言去其辩 得诚字五言八韵

出话能惩辩,修辞乃立诚。为经君子训,去伪吉人情。建白宜探本,雌黄早戒轻。孰教三寸掉,竟使四筵惊。鹿折才难恃,龙雕技莫争。芟诸言有莠,慎尔意如城。禹拜嘉无伏,皋飏义载赓。圣明天听近,敷奏藉先声。

本房加批:清华典则,台阁先声。(温州博物馆藏刻本)

九月,中顺天乡试第三十九名举人。荐主为蒋琦纯编修(字申甫,全州人)。

《曾国藩日记》九月十一日:"看榜,喜周荇农中南元。"(上册,132页)

参加正大光明殿复试,钦定二等第一名。

冬,撰《琉球诗课序》,云:

　　闻之琉球诸生云,其国先无试帖诗,乾嘉以来□□□至以之取士,其慕效华风之诚如此,可嘉也。诸弟子□入学,即请为此等诗,予亦如其意授之。始不无粗□□庋之患,久则斐然可诵矣,其勤焉而有进,尤可喜。□□中国之制,自府州县至于殿廷诸考试,往往兼□□韵诗。盖以性情之淳薄,趋向之衰正,于诗见之尤□□。然优游乎诗书之教以治其性情,往复于古今之□□定其趋向者,盖先有事焉。诸生其勤乎哉!道光甲辰□冬,孙衣言序。(《孙衣言集》下册,848页)

十二月,选琉球留学生所为古诗编成《琉球诗录》,并为序,云:

　　圣清有天下,四裔徼外之国称臣仆效贡赋者,南朔际天地,而琉球、朝鲜尤号礼义之邦,其馀诸国近者数十年,远者百年,即不免意外之变,禽骇兽窜于其间,而琉球、朝鲜父子相承,君臣辑睦,享太平之福者垂三百年,予以为此学之效也。先王之制,自天子之郊,以至于州里族党,莫不有学。其人自王之嫡子,以至于士庶人,莫不有学之事。其官自大司徒宗伯,以至州长族师、乡大夫,莫不有学之政。而其为学之具,至于揖让进退、弦诵饮射之节,无有纤悉而不备,而又为之宾兴以劝其贤能,为之刑罚以警其不率者。故民之生于其时,常有以得其性情之养,而浸渍磨厉之久,则又有以生其理义之心。后也去先王远矣,然泽之所入既深,则常有人焉为之维持而修明之,故其治可以久而无患也。若夫四裔之外,自唐虞三代政教之所不及,而嗜好言语之不通,又不能自接于中国,以讲求古先王之道,则性情之偏者,常不得其所以养,而义理之具于我心,反若非其固有也。其君臣上下、父子兄弟之相处,非有所畏,则有所利焉尔。所畏之既去,所利之既得,则其相弃也,虽骨肉手足之亲,若始未尝相识然。故其顽悍不驯,虽圣人在上,不能以仁义喻之。而弃礼悖义,相残相夺于权利之间以自取倾覆者,彼亦无能以自救也。呜乎!岂非不学之患也哉。琉球处东南海外,去中国远,然尝闻其风俗,知诗书,崇礼让,有先王之遗意。庠序教育之道,贤能考课之法,大约皆效中华。又其国故事,凡嗣王袭位,既得天子之命,则必请以陪臣子弟读书国子监,向学之诚,视朝鲜若尤勤焉。此其性情之所养,宜无有弗深,而浸渍磨厉以固其义理之心者,宜无有弗至矣。今天子之二十一年,琉球子弟复以故事入学,既则出经史百氏之书,与夫圣贤体用之道,进而求其说于师。而学之最勤、为之最多者尤在于诗,盖其国以之试士,而又为酬酢应世之用,故少而习之也。夫先王之为学也,将以养性情而明义理,其道可谓广且大也。楫让进退、弦诵饮射之节,虽极纤悉,而凡有假于物者,皆以内治其心,其道可谓精且微也。文艺者,学之一端耳,诗则又其细焉。然我观《周礼》司乐为成均之政,教国子以兴道讽诵。而孔子之教弟子也,亦不废学文。及其论学之次第,则先之以志道、据德、依仁,而终之以游艺。盖古之君子,学之既专,道之既明,则必博之文艺,以永其旨趣,穷其蕃变,而苟能明夫文艺之所以然,亦未尝不可以见道也。是其从入之初,虽有本末浅深之不同,洎乎其至,斯亦一理而已矣。诸生既尽心力于诗矣,由是操其末以求其本,循其浅以极其深,有以善其性情矣,而又有以明夫义理之必然,归而教其国人,使知君臣上下父子兄弟之间有所不容自己,而权力倾夺之危不如循礼守义者之久安可乐也。于以明先王之教,以称圣天子甄育万物、偕之大道之盛意,则海外贤王保有封上者,实亦永受其福。教习之职,主为天子宣道文学者也,既择其诗而存之。因本其向学之诚,为极言,夫学不可以已者,使远方之人有所兴起焉。道光二十四年甲辰冬十二月,教习瑞安孙衣言序。

(《孙衣言集》下册,846—848页)

《孙衣言孙诒让父子年谱》:"阮勤院等学成归国,其所为古诗往往可观,衣言乃择其雅者,录而刻之,谓之《琉球诗录》。琉球人极重之,几于家有其书。盖彼中诗人素所讲习五七言律绝,无及古体者,自是风尚为之一变。"(10页)

是年,收到琉球学生东国兴、向克秀的父亲寄来礼物,赋诗以谢。

《东生国兴父顺德以草书小刀花布见贻赋此为谢》:"姑米三山外,春风笑语闻。宝刀森鳄脊,花布织鱼文。沧海波摇日,燕关树入云。只因书札美,时觉挹清芬。"

《向生克秀父某以海马一器及笺纸瓷碗见贻赋此为谢》:"万里来嘉惠,扁舟趁绿螺。草花描饮盏,鳞鬣失沧波。异物山经漏,奇缘海外多。

论交凭札翰,不必旧经过。"(《孙衣言集》上册,144 页)

道光二十五年 乙巳 1845 年 三十一岁

春,侍父希曾南归,道上以诗纪行。

至山东枣庄滕县,赋《临城驿》:

驿路临城外,行人大道旁。荒村依独木,断堠向斜阳。禾黍生犹薄,萑苻盗易藏。出关今几日,愁望正茫茫。(《孙衣言集》上册,145 页)

《野泊二首》:

田田莲叶圆,溅溅蒲花紫。人家门外湖,自汲门前水。一 绿杨覆流水,飞鸟鸣往还。渔舟打鱼罢,终日绿杨间。二(《孙衣言集》上册,145 页)

至高邮泊舟,赋《舟泊高邮》:

暝色生危堞,重湖白上流。远波吞赤日,高树作凉秋。河鲤肥腾网,汀鸥缓趁舟。茫茫葭菼外,清宴惜文游。(《孙衣言集》上册,146 页)

四月,抵扬州召伯湖,于舟中有诗。

《召伯舟中戏述》:"扬州四月大麦熟,田家割麦兼插田。新秧刺水绿针出,东风拂拂铺碧毡。舟子舍舟归踏车,不知风利堪帆船。有女赤脚岂其妻,短歌相和复笑欢。鸣钲日暮车益急,湖头但作虹饮川。此邦沃饶惰可怜,安得力作如汝贤。我当为汝祈皇天,永无旱潦长丰年。"

(《孙衣言集》上册,42 页)

《夜中过召伯湖》:

暝色互苍烟,鸣榔去未已。逝鸟没无踪,前途尚几里。四顾但溟濛,那复辨洲沚。却望三星垂,惨淡白在水。客行涉江湖,性命委舟子。夜深鼋鼍宫,岂无波浪起。篷背闻高歌,和者在柁尾。危肠聊暂宽,中宵屡忧喜。(《孙衣言集》上册,42 页)

《未至扬州二十里遇大风雨》:

峨峨西北云,壁立深墨色。电光掣微明,雷鼓催转急。雨势纵不

51

能,万籁噗已息。须臾云气异,近山荡片白。模糊挟狂风,东追日轮及。遂如九河翻,坐看沧海立。水烟合溟濛,危柯争摧拉。我舟逃芦丛,高空屡腾掷。却愁金焦间,何处容一叶。无何雷已收,风止雨亦歇。崩云开夕阳,下照大地湿。还望平湖光,静如镜面帖。益知造化奇,变怪在呼吸。我当任自然,未来不可测。(《孙衣言集》上册,43页)

《扬州晓发》:

漾漾水上烟,霏霏林表雾。城门旦未开,鸦鸣自知曙。笑语隔河繁,行人已待渡。我舟逐轻风,鸣枻亦南去。但闻疏钟声,危谯隐丛树。
(《孙衣言集》上册,43页)

《渡江》:

高帆挟风色,我行凌长江。金焦碧相映,北固遥苍苍。蛟龙跋怒浪,燕雀去未央。中流快雄览,客怀慨以慷。大江限南北,终古阳侯狂。英雄昔割据,恃此为保疆。本朝驭炎极,亲军留劲良。承平二百载,万里澄扶桑。岛夷昔逆命,长风驱危樯。机船突淞口,炮火惊维扬。当关万貔虎,昔壮今何恇。将军苦逃死,敛兵撄城隍。遂令藩卫撤,开门纳豺狼。何来万鬼雄,啸笑钟山阳。悬军入死地,兵法非所详。安得习流士,据险扼其吭。奈何事机误,重使毒焰张。来时望即走,去乃饱自颎。岂必天险异,或非人谋臧。至今兵死血,浊浪犹玄黄。哀歌投江水,风悲波浪浪。(《孙衣言集》上册,43—44页)

五月初五日(6月9日),端午节。舟抵无锡,在舟中赋《端阳日无锡舟中时侍大人南归》:

五日梁溪郭,风光最感余。绿苞芦叶米,黄斫楝花鱼。野店沽山酒,船窗带渚蒲。老亲欣节物,朝雨意何如。(《孙衣言集》上册,146页)

《早发苏州》:

早发阊阖城,城上乌始啼。鸣枻赴曙色,雾薄风凄凄。路随菱荇转,树与帆樯移。青山若远近,白云得所依。(《孙衣言集》上册,44页)

《雨中过莺脰湖》:

湖上夕烟生,远随流水永。汀洲几人家,漠漠林际暝。青青菰蒲深,汎汎鸥鹭静。渔舟尔何归,我欲就轻艇。(《孙衣言集》上册,44页)

抵杭州,有《至塘栖顺风抵武林门》:

> 登舟已十日,九日南风颠。毒哉风伯虐,令我归期愆。晨兴转风色,仰见高帆悬。船头飐细雪,暗浪鸣溅溅。舟师坐倚柁,有时歌扣舷。滞淫既以解,无意争人先。须臾两高峰,苍苍盈我前。流波远照耀,翠眉舒连蜷。知是湖上山,清光为谁妍。垂杨过微雨,新荷浮绿钱。明朝买斗酒,去醉西湖船。(《孙衣言集》上册,44 页)

至金华,有《金华溪中晚泊》:

> 落日在遥渚,四山气苍然。行人向沙岸,知归何处村。我舟晚亦罢,回汀依轻烟。时见云际火,已关林下门。客行风水间,难与居者论。

(《孙衣言集》上册,45 页)

夏,回到家乡。

下半年,登池上楼,赋《坐张氏池上楼作》:

> 主人有高馆,门外即空山。鸟语藏林际,鱼行入镜间。谢公曾此憩,高咏竟谁攀。独看白云起,都忘日夕还。(《孙衣言集》上册,第 146 页)

又《张氏楼望陶山》:

> 朝登主人楼,前对陶山青。白云在层岭,依依如有情。高莲擢秀壁,重萼含瑶屏。真仙一托迹,岩穴留其名。丈夫不用世,犹当求长生。我岂如俗士,百年徒劳形。(《孙衣言集》上册,45 页)

又《游陶山寺》:

> 我访陶公宅,犹怀旧隐沦。佛躯苔黯淡,僧骨石嶙峋。日落江光白,烟浮岭树春。无生非可学,桑柘乐村民。寺右庙有高僧潘道悟塑像,云是坐化真身,后人以土附之,踝骨犹可见也。(《孙衣言集》上册,146 页)

> 按:嘉庆《瑞安县志》载:"陶山寺,在陶山,唐天宝二年(743),高僧潘道悟禅定,降龙创刹。会昌六年(846)赐'真身禅院'额,周显德(953)改通明寺,宋太平兴国四年(979),因陶贞白隐居,以山名寺。"赵岏,字景仁,衢州人,以荫登进士第,在温州任通判期间,写下《游陶山寺》:"层轩杰阁压孤峰,山下潮音旦暮通。此地通宵非俗境,神仙旧宅梵王宫。"

九月初九日(10月9日),与蔡庆恒同登瑞安隆山,有感而发,赋诗一首。

《九日登城东隆山慨然作歌》:"隆山如巨虹,下饮江水清。苍烟上缭绕,众仙罗宫庭。嘉游值令节,同志招友生。是时木叶下,山色含秋澄。攀萝附危石,拾级临曾城。振衣在绝顶,天风吹泠泠。却顾尘世隘,雁鹜犹哀鸣。江波日浩荡,远势趋沧溟。帆樯来激矢,舟楫如浮萍。安得扫云雾,坐看三山青。还思海气恶,万里奔鲲鲸。粤闽纵毒焰,吴越隳名城。兹乡幸困瘠,犹得安农耕。前忧既已远,来虑乃交并。且资象教力,一舒旷士情。群声哄蝼蚁,万室栖焦冥。腾身叩天阙,谁分我同行。"(《孙衣言集》上册,46页;《九日同蔡小琴登隆山慨然作歌》,《同游吟草》,温州市图书馆藏稿本,1叶)

蔡庆恒有《九日同孙琴西登隆山望海琴西得诗见示为赋七言长歌》诗。(《同游吟草》,温州市图书馆藏稿本,1—2叶)

秋,至温州郡城,赏菊后有作。

《郡城看菊花》:"今春看花枣花庵,城南垂柳青毵毵。秋风双桨櫂湖渌,华盖山前看黄菊。长安菊花今已繁,白纸坊头车接毂。八年京洛真倦游,此度为谁成淹留。岂有佳客同游宴,但数花朵消清秋。湖田霜凉蟹黄出,新篘美酒玉缸活。明朝回棹演溪头,窗前但候梅花发。"(《孙衣言集》上册,45页)

道光二十六年　丙午　1846年　三十二岁

友人曾谐赠鲥鱼,有诗。

《曾小石送鲥鱼》:"黄鱼风信楝花时,又点仙葩送雪鲥。回首十年江馆客,夜潮灯火最相思。吾乡送鲥鱼,以月季花掩映其上,姿态益妙。"(《孙衣言集》上册,147页)

按:曾谐(1817—1868),字载赓,号小石,永嘉人。诸生。有《小石诗钞》。

至平阳曹堡,询访宗亲。

《曹堡孙氏族谱跋》:"曹堡在平阳十八都。道光丙午,予以询访宗亲,一至其地。"(《孙衣言集》中册,559页)

游南雁荡山，与蔡庆恒偶遇，相携游览，赋诗多首。(《孙衣言孙诒让父子年谱》,12页)

谱主《望南雁山》:"客行在深山，所历厌榛梗。蜿蜒万陂陀，只与培塿等。今晨策前途，趣觉山水永。曾峰兀当前，雄快始一逞。离立森悬岩，峭绝倚诸岭。时有白云来，远望飞瀑迥。即目虽尚遥，清境固已领。岂无山中人，高栖邃息影。趣合常在心，迹违徒矫颈。行当谒山灵，素尚幸可请。"(《孙衣言集》上册,47页)

谱主《仙姑岩》:"两山屹重门，离立若相让。细径入修蛇，蜿蜒青冥上。负猛蹋前途，斗险出殊相。铲天无雍容，拔地绝依傍。半腹忽呀张，中空纳众藏。前垂覆长檐，后逼森立障。泠风飒然生，日色照凄怆。复进一洞幽，窅黝不可量。顽阴阒太古，贾勇孰前向。天工有馀奇，物巧那能状。聊据圆蒲幽，坐听涧溜壮。"(《孙衣言集》上册,47页)

按:《同游吟草》题作《访仙姑硐》。(温州市图书馆藏稿本,2—3叶)

蔡庆恒《偕孙琴西游仙姑洞》:"名山匹雁荡，奇迹无人穷。攀援五百步，壁立参天宫。危岩大如屋，厂舍含虚空。藤萝发寒色，玉窦鸣清淙。黯黑若太古，转折微茫中。豁然见光景，上与石门通。凌空开虚牖，欲进心汹汹。前承建高阁，远眺朝诸峰。悬岩当槛矗，对面压苍龙。何年来力士，鞭策施神工。兹山固僻处，奇秀擅瓯东。安得愚公术，移置名都冲。远夺匡庐秀，近掩天台雄。生平山水志，梦寐时相从。愧无史迁足，空负康乐逢。何从息尘鞅，因得追遐踪。山灵倘不昧，莫使云雾封。"(《两浙輶轩续录》卷三十九,38—39页)

按:蔡庆恒，字芬久，号小琴，瑞安人，道光甲辰举人，官江山教谕，著《劫遗集》。

谱主《仙姑岩傍新作一楼极危敞而无名后人或因予诗而得其名也》:"万古仙姑穴，登临得此楼。轻风萝薜响，危槛远江流。云鹤存遗意，琼笙在上头。何因乘黄鹄，物外恣相求。"(《同游吟草》,温州市图书馆藏稿本,3叶)

蔡庆恒有《游南雁山未与琴西约也邂逅相遇不可谓非山水缘矣作此诗》。(《同游吟草》,温州市图书馆藏稿本,4叶)

谱主《和小琴韵》:"吾辈泉林兴，登高有旧欢。不期今日会，携手又仙坛。星斗虚檐动，藤萝古洞寒。苍茫神鬼意，独对夜灯残。"(《同游吟草》,温州市图书馆藏稿本,4叶)

泛舟至乐清馆头,有诗。

《泛永嘉江晚至馆头》:"泛泛随轻舟,依依别江岸。来峰出清新,去渚隐厓畔。回首郭公山,坤垠在天半。浮图相参差,金碧何灿烂。抚旧思昔欣,趋新急前玩。中流得微风,烟水相凌乱。舟移荇藻飞,棹转凫鹭散。乘驶喜奔崩,恋奇惜屡换。渐趣回汀深,远含夕景旰。濛濛暝烟生,日暮憩前馆。"(《孙衣言集》上册,48页)

登临乐清黄华关,有诗。

《登黄华关二首》:"虎卫关门壮,龙蟠岛屿平。山形雄压海,潮气湿连城。白日鼋龟出,高风雁鹜声。巍巍汤信国,威望此峥嵘。沿海所城,皆明信国公汤和筑。一　旧日夷洲贼,诸军驻习流。万艘争一隘,左臂护东瓯。鲛鳄今犹虐,樐枪夜未收。登高兼望远,浩荡易为愁。二"(《孙衣言集》上册,147页)

到乐清西乡,馆徐德元家数月,赋《今昔行赠徐惇士同年》。(《孙衣言集》上册,48—49页)

《孙衣言孙诒让父子年谱》:"惇士所居临河干,东偏书舍三四间,案上书籍叠重,其尊人聘堂先生献廷日坐其间,手不释卷,而不喜接宾客。衣言至,则语终日忘倦。衣言亦惓惓不忍去。"(12页)

四月二十九日(5月24日),评注徐献廷《集古文抄》之《作室记》,云:

点审尧典舜典字,树义深远,真贻谋之旨也。道光丙午四月二十九日,愚侄孙衣言记。(《燕赋集古》附《作室记集古》,温州市图书馆藏民国乡著会抄本)

与林大椿茂才论诗。

《赠林恒轩大椿二首》:"识子十年前,心迹双寂寞。今年春草生,握手忽如昨。知交半人寰,我怀转落落。窃念时世贤,才华各照灼。豪游影冠缨,辄语接杯酌。在颜岂不亲,但恐肝肺薄。而子顾不然,远趣寄寥廓。世情日迁疏,侪辈杂笑愕。置身流俗间,安敢随唯诺。野蓬无东西,孤松在崖崿。孤松千年姿,野蓬吹作萚。时人非不贤,君子自有托。一　东瓯古大邦,星精散牛斗。乐成山水佳,英俊富渊薮。峨峨王忠文,在宋为耆耇。我尝读遗书,未忍即释手。群贤复联翩,道述有先后。冉冉二百年,遂成下里丑。荣名何足云,斯文亦稂莠。吾子在人群,自拔出培塿。能文久有声,作赋美无偶。潭潭天官书,仰视辨箕柳。其馀杂图史,伏案不离肘。信知酝蓄深,光辉出黯黝。撰述一家言,披豁群物牖。坐令吾学昌,出即风俗厚。此诣良独难,自立亦何有。肆言我知惭,远怀子毋狃。二"(《孙衣言集》上册,49—50页)

《恒轩以诗见贻复答之二首》其一:"昨者风雨夜,读君新诗篇。新诗何所似,金石声渊渊。顾我于此事,窃尝求其源。昔人身抱道,郁积为语言。贞淫虽杂出,各自还厥根。苏李复开辟,鲍谢多波澜。陶公及子建,高义垂云天。有唐雄韩杜,倾沥馀忠肝。奇文各千载,歌泣如相闻。往往片语在,感涕兼贤顽。自从大雅替,日觉文字繁。近者夸毗子,尤甚蛙蛤喧。折杨自唱和,下里争流传。窃尝叩所学,不出百年前。自来尊南雅,六经无后先。云何百世下,作者徒纷纷。"(《孙衣言集》上册,50页)

夏,访徐乃康,出示《燕台集》,徐乃康有诗四首。

徐乃康《夏日孙琴西过访出示燕台集》:"诗坛高筑傍燕台,万丈光茫烛上台。价长鸡林裁伪体,风清马帐属仙才。中朝元默传经贵,绝域王彬肄业来。时充琉球教习。遥指茫茫菰米外,一时化雨妙栽培。"(《徐炳文集 徐德元集 徐乃康集》,471—472页)

《蒲岐》。(《孙衣言集》上册,51页)

《濮头郑氏楼望海》:

层楼出云表,势若凌虚空。我来纵远览,飒飒来长风。衣裳照初日,彷佛朝霞红。早凉方未已,炎暑消无踪。朱阑瞰巨海,百里磨青铜。波涛忽汹涌,万水趋朝东。直疑烟霭外,已与天河通。晴明海峤出,刻画青芙蓉。白云独幽静,媚此天边峰。高樯万斛船,长帆划苍穹。谋生走珠贝,涉险何匆匆。顾我亦行役,愧彼南飞鸿。(《孙衣言集》上册,51—52页)

《大荆驿》:

人家万山中,山色长在目。溪流淡潆洄,碧净夺山绿。的皪晖文沙,琤瑽泻鸣玉。试饮一勺清,中有龙湫瀑。纤蒲静谁搴,游儵灿可掬。坐此尘虑忘,渊然子真谷。何时鹿门君,相傍结茅屋。余至大荆主孟氏。(《孙衣言集》上册,52页)

在大荆主孟氏,见何白《募修雁山净名寺疏》墨迹,爱其横恣为山人本色,前有陈明卿仁锡募疏,则以谓书法亦极奇宕。赋《何无咎募修净名寺疏墨迹》:

> 山人高咏罢,时向净名来。愿力安龙象,慈悲惜草莱。却看遗墨在,犹忆法华开。今日远公社,荒榛谁复哀。雪楼云净名寺,为住僧败业,萧槭殊甚。(《孙衣言集》上册,147页)

《大荆道中望雁山不及游》:

> 行行近名山,岩壑气先异。蜿蜿龙腾天,轩轩鹤展翅。争雄互跨凌,角立无退避。遥望岳莲开,近觉瑶笋锐。自兹及山麓,尚以十里许。想见洞谷间,奇绝不可意。我来人事乖,苦随车马逝。涉远违宗游,追幽沮谢屐。飞瀑龙湫深,烟霭石梁闭。持此谢山灵,何时果来憩。(《孙衣言集》上册,52页)

《暮度隘门岭》:

> 客行迫严程,向晚忘息燕。危途出崇冈,岭路垂一线。风至暑气澄,谷幽石色变。颓阳敛馀辉,升霞灿夕绚。崖开既西晞,峡回复东眷。新月出尚微,明河递隐见。木末星两三,熟视目屡眩。登顿前犹纡,跋涉兹已倦。但闻仆夫叹,惊呼不可见。虽无豺虎虞,奈此风露晏。巢居尔何哀,劳役我犹羡。(《孙衣言集》上册,52—53页)

到离黄岩城十里处,见荒野中有土隆起如小阜,鲍舜臣说是明朝戚继光抗倭时所杀倭寇埋葬地,于是谱主有《倭冢行》:

> 枯茅十丈黄云愁,鬼车啼月狐狸游。髑髅满地万倭骨,天阴雨湿鸣啾啾。东南海患倭祸烈,嘉靖年间事愁绝。昆吾宝刀鲛鱼鞘,短衣拥刃光如雪。长帆大柂使逆风,一夕已及松门东。得水自夸万人杀,亦有崔苻共夺食。鲸鱼跋浪人血红,老蛟穴地波涛黑。莱阳都督真人豪,八尺蛇矛紫锦袍。天狼夜落海水哭,纷纷杀贼如蓬蒿。妖氛已随猿鹤化,京观还筑鲸鲵高。深晴鬖发闭奇鬼,至今白日风腥臊。呜呼!尔去中华万里外,言语不通嗜欲异。弹棋握槊兼摴蒱,日本俗。真人朝官日本贵官足自娱。百年老死蜗牛角,奈何万里行头颅。游魂骨冷不得语,但化青燐照秋雨。今者亦有西南夷,焚掠闽粤吴东垂。安得飞将能平虏,生缚渠魁献庙社。却搜窟穴千罿罬,一抔去筑长平土。君不见黄岩城边倭奴

坟,行人犹道戚将军。(《孙衣言集》上册,53页)

抵黄岩城,赋诗二首。

《黄岩》二首:"名都临海峤,古郡本章安。杼柚鸣丝户,园林聚橘官。江潮侵郭润,山色抱城寒。欲问文公宅,茫茫发永叹。

昔贤著书处,苦忆六潭山。遗政今犹在,纯风竟未还。良田耕毒草,狭巷鬭黄闲。蜀郡明经守,高踪孰重攀。近日黄太诸邑盛种鸦片,而械斗尤甚,守令习为固然,不复禁也。"(《孙衣言集》上册,147—148页)

与友人集临海巾子山茅庵岭,登玉辉堂,有诗。

《同人集巾子山茅庵遂登玉辉堂》:"宴坐玉辉堂,下见江水流。波涛日浩荡,一洗人间愁。南山天台来,远势如蟠虬。群峰各奔放,百里无淹留。登高试一览,苍苍盈我眸。栖真有遗迹,杰观居上头。白云自来往,赤松安可求。但看上路人,役役无时休。"(《孙衣言集》上册,54页)

时,台州久不雨,而当地祷雨者从龙王祠取水,谓之拜水,俗颇妖异,谱主赋《拜水行》以纪之:

今年台州旱魃虐,土人祷雨兼戏嬉。万人齐出从土偶,镯铙钲鼓十丈旗。兵械杂沓矜与戟,亦有披发行麻衣。山僧道士口喃呷,小儿圈头杨柳枝。云假神力取龙子,龙王睡熟呼不知。深林幽暗窟穴露,坐列瓴罂苦死祈。灵物变化不可得,或致鼃蛤兼蛇医。捧归舞蹈谓神降,五步一拜声嘻嘻。遂呼太守来屈膝,令丞汗背纷奔驰。旁人腹诽不敢议,为俗既久忘其非。我初闻说心然疑,乃今目睹还嗟咨。焚巫暴尪古或有,于礼未合圣所讥。恒旸恒雨有感召,此乃变谴非龙司。斋心默祷理当验,儿戏岂足希天慈。况复装束貌狞恶,长枪白木肩相随。有时中路相要遮,云夺雨工分云师。章安俗强本斗狠,窃恐仓卒为乱机。禳灾救患自有道,此弗禁止须何时。君不见一朝夺取河伯妇,西河太守能滑稽。

(《孙衣言集》上册,54—55页)

访黄岩朱子六闸遗迹,有诗。

《访朱子六闸遗迹》:"文公昔驻节,万井苏疮痍。经营首畎浍,宝此稼穑资。至今有遗闸,时在人讴思。我来亦访古,旷如亲前徽。仁人有树立,远为千载慈。但惜年代积,往往成隳歆。黄岩百里地,土沃无崇库。米稻一州甲，遥赡旁郡饥。所恨江海溢，渐为斥西移。况复沟洫败，停泄愆时宜。蒙茸长芰菏，积秽栖蚍蟊。溉灌既无藉，膏腴亦易疲。比遭岁屡歉，岂云皆天灾。今年苦旱魃，忽已二月弥。长河一勺水，不没黄牛蹄。隆隆集龙骨，有力安能施。民生恃本业，哀哉亡其基。疏浚有成迹，郑白无良规。遗构虽在目，望古空长噫。"（《孙衣言集》上册，55页）

按：南宋孝宗淳熙九年（1182），浙东大旱，饥灾深重。朱熹任浙东常平茶盐，巡行台州各县，接连上疏，其中《又奏兴黄岩县水利》云："水利修，则黄岩无水旱之灾；黄岩熟，台州可无饥馑之苦，其为利害，委的非轻。"兴修黄岩水利，建成六闸，极大地改善了台州南部的水利条件。

《过兜率寺二绝句》：

胜公栖锡处，幽篁帻峰阯。山僧烹新茶，日汲岩下水。

久坐禅堂深，风生晚凉足。出门闻疏钟，斜阳在古木。（《孙衣言集》上册，148页）

《永庆寺》：

朝从招提游，遂步北山上。登楼望大江，双塔屹相向。（《孙衣言集》上册，148页）

时，观宋瑱赠《戴石屏集》及其祖宋世荦《红杏轩集》，有诗。

《宋听石瑱惠戴石屏集及其令祖确山大令世荦红杏轩集赋谢一首戴集即大令重刻也》："大雅推南宋，当时孰讨论。烟尘重拂拭，星斗自高骞。好古王原叔，名家杜审言。知君诗有法，芳馥共兰荪。"（《孙衣言集》上册，148页）

按：宋瑱，字听石，临海人。道光举人，官乐清训导。博涉经史，兼工书画。著有《赋梅阁诗存》等。

六月，《台州书感》：

骄阳六月照晴空，千里污邪化断蓬。谁解灵符呼黑蛟，但闻遥夜落哀鸿。佩刀渤海多游手，板屋西秦有悍风。苦说流民思郑侠，最怜教授失文翁。（《孙衣言集》上册，149页）

《连日饮八仙岩酒后戏书》：

高歌日日向糟邱，大似天津旧酒楼。贺监金龟堪一醉，谪仙黄鹤已

千秋。尊前花倚青衫湿,风里声来玉笛愁。我自骑鲸偶乘兴,不须惆怅岘山游。(《孙衣言集》上册,149 页)

结束台州的游历,以诗留别知交好友。

《晓出台州城留别诸知好》:"又趁鸡声去,谁知行路艰。江光兼宿雾,海日见重山。回首层楼上,相逢杯酒间。征蓬浑未定,何日复跻攀。"(《孙衣言集》上册,149 页)

《太平舟中》:"澹澹平湖水,轻舟送夕晖。纤蒲扶桨出,惊鹭趁人飞。野老溪边坐,村童棹上归。自惭随逆旅,未返旧渔矶。"(《孙衣言集》上册,149 页)

又回到乐清,重宿郑氏楼,题壁二首。

《重宿郑氏楼题壁二首》:"又向君家宿,沧洲思莫缄。细涛春夜枕,远火送归帆。檐雨灯花落,楼阴海色衔。主人新酒熟,大醉污青衫。一

杰阁看初日,开门接晓霞。晴云浮远峤,高浪叠层沙。水落蚶田露,风来雁阵斜。终朝恣雄览,鞭马即天涯。二"(《孙衣言集》上册,150 页)

《别惇士》:

十年燕雁各分飞,别泪重惊点客衣。疏雨梧桐秋浩浩,长湖杨柳绿依依。青灯独夜乌皮几,春梦人间玉带围。泉石君无疑出处,风尘我已厌骖骈。(《孙衣言集》上册,150 页)

七月十四日(9 月 4 日),台风大作,作《飓变》以纪。

《飓变》:"月在丙申日丁酉,大风夜拔山石走。雌蜺助虐驱雨师,海水倒立长鲸吼。"(《孙衣言集》上册,55—56 页)

八月十五日(10 月 4 日),中秋佳节,忆在京师的二弟和在杭州的三弟,有诗。

《望月忆二弟京师三弟杭州》:"此夜团栾月,流辉照倚阑。细分丛桂朗,徐度绛河寒。院阁金茎近,湖楼玉笛残。遥知千里思,相向碧云端。"(《孙衣言集》上册,150 页)

道光二十七年　丁未　1847年　三十三岁

春,返京师,以二弟锵鸣分校礼闱,按例回避不与试,有诗。

《仲弟韶甫分校礼闱余例当回避戏作一首示舍弟兼简诸同人》:"河鱼跳跃思登天,未见龙门先点额。同行鲂鲥还相稽,昨日大言堪笑吓。岂知人事殊乖逢,何况枯肠富荆棘。东家劳劳丑女鬒,我自闭关计亦得。我尝七踏槐花行,汝亦三黜惭春卿。看名金榜心胆落,即有今日宁忘情。翩翩鹤立一万士,贤者岂止十倍兄。荆山山民苦献玉,世上几人能卫足。愿汝好为陆敬舆,有才莫失李方叔。"(《孙衣言集》上册,56页)

《家训随笔》:"丁未,兄来会试,余恐兄之因余回避,先期请于兄,将告暂假。兄曰:'汝初次考差,外差既两失矣,得一分校,搜索一二好门生,胜吾自得多矣!吾乡举如此之艰,即入场能必获乎?汝不必过为我计也。'及同考报至,余深悔负兄!兄笑曰:'此不过迟我一科,弟毋介意。'"(《孙锵鸣集》上册,第263页)

春,泰顺林鹗亦来京师,谱主与之谈天下兴废成败之故,游处甚欢。

《孙衣言孙诒让父子年谱》:"时林太冲鹗亦来客京师,衣言见其性刚鲠,好面折人过,年逾五十,意气弥盛,于天下兴废成败之故,尤耿耿不能自已,相与论一时之人才,无甚当意者。是以贤之,遂与游处甚欢。"(13页)

五月初一日(6月13日),跋徐维城《天韵堂诗存》:

才气之大,一时无两。益求古雅,则在古诗人中亦不多见也。丁未五月朔日瑞安小弟孙衣言拜跋。(《天韵堂诗存评跋》,《清代诗文集汇编》661册,528页)

徐维城《都门喜晤孙琴西孝廉感成奉赠君寻归安固予亦将重游粤东》:

诗人奇福从君擅,未到蓬山遇已荣。日下声华传海外,名藩英彦拜先生。储才岂是栽花手,君充琉球教习期满,奉旨以知县用。失意犹纡梦草情。君以令弟蕖田分校礼闱,回避不与试。终卜三年双璧合,埙篪倡和竞西清。予旧赠蕖田兼呈君诗有"三年双璧合,二妙一台居"之句。一　湖山岭峤递句留,梦绕京华到越瓯。一昨相逢尘鬓改，十年往事海云稠。与君十年不见。浮沈君有天伦乐，飘泊予非道长忧。才话离惊又分手，数声风笛满清秋。二（《天韵堂诗存》卷二，15叶，《清代诗文集汇编》661册，553页）

结识遂昌吴世涵，适其将官云南，出所作诗，谱主赋诗四首以送行。

《吴渊若大令世涵将之官云南出诗集见示率题四首并送其行》："藉甚吴夫子，清名动薜萝。文章兼涕泪，身世入悲歌。彭泽园林远，春陵感慨多。斯人有高咏，风格岂蹉跎。一　近日称陶谢，风骚事事新。吾生多古意，未敢同时人。太鹤云初散。青田端木舍人。延平剑有神。建宁张亨父。即今看句法，诗思忽嶙峋。二　樽酒初相见，骊歌又黯然。一官随俗吏，万里向南天。细雨江帆外，垂杨驿路前。知君回首望，燕雁各翩翩。三　路入沧江远，山盘越峤寒。昔人犹教授，遥徼有衣冠。运晚诗书贵，民劳抚字难。政馀能啸傲，札翰或相看。四"（《孙衣言集》上册，151页）

按：吴世涵（1798—1855），字渊若，又字榕疆，浙江遂昌人。道光二十年（1840）进士。

与太平诗人黄治相逢于燕市，以诗赠之。（《孙衣言孙诒让父子年谱》13页）

《赠黄琴曹》："轮台明月照城楼，君昔曾为吹笛游。今日相逢燕市上，酒阑犹唱古凉州。"（《孙衣言集》上册，151页）

按：黄治，浙江台州人，字台人，号琴曹，别署今樵居士。工诗画，善戏曲，兼通医学。著有传奇《雁书记》《玉簪诀》《蝶归楼》等。另有诗文集《亦游诗草》《荆舫随笔》等。

读黄秩林近作，以谓清空卓绝，戤尽浮艳，同时作者无出其右云。（《孙衣言孙诒让父子年谱》13页）

按：黄秩林（1814—1860），字子幹，江西宜黄人。道光二十三年（1843）举人。发襄阳，旋改知松滋县。有《存雅堂集》。

夏，与伊湄、裕贵集法华寺，分韵得秀字。

《与游君乙垣集法华寺分韵得秀字》："迅商来何纤，逃暑去犹留。每念山林幽，益苦车马骤。良知有招邀，芳侪集新旧。招提虽尘间，已与岩壑觏。细径趋靓深，亭馆储高秀。乔松浮远凉，疏蝉激清奏。嘉餚一以陶，妙论乃屡凑。葵堇无同甘，粤秦不并辕。适理良所近，负俗亦何

63

诟。"（《孙衣言集》上册,58页）

夏,南归。

　　《家训随笔》:"余出闱,兄遂南旋。"（《孙锵鸣集》上册,263页）

抵滕州南沙河镇,有诗。

　　《次日雨霁至南沙河》:"昨来孤馆寒,坐听檐溜积。晨兴窥前除,皓然见月色。疏星明屋檐,林表响残滴。仆夫喜可知,凤驾向前驿。稍稍云犹屯,亭亭山如拭。客行亦自佳,膏泽谅未毕。冉冉丛树来,鸡声远烟夕。"（《孙衣言集》上册,58页）

抵山东汶上县,听闻汪喜孙以官事赴济宁在此,惜匆匆未及一晤,赋诗寄怀。

　　《夜抵汶上县》:"夕渡汶水流,流波鸣汤汤。行人暮未已,我马玄以黄。挥鞭复高陇,前望多慨慷。秋风日凄厉,萧萧悲白杨。昔人皆安在,邱冢徒相望。功名既代谢,遗此丰碑长。云何千世后,来者犹皇皇。稍见城堞上,寂历馀斜阳。濛汜忽已匿,望舒清夜凉。居人闭土室,复露灯烛光。不闻旅人叹,岂信居者臧。昔贤辞征辟,卑官亦回翔。顾我乏高节,辛勤涉远乡。"（《孙衣言集》上册,58—59页）

　　《抵汶上县已暮闻汪孟慈太守以官事赴济宁亦在此匆匆未及一晤余与孟慈别十年矣怅然寄此》:"昔醉长安酒,汪伦最有情。十年如梦寐,五马已声名。鞅掌怜今日,风尘共此行。那堪人事误,愁绝忆平生。"（《孙衣言集》上册,152页）

《中山店阻雨留一日》:

　　半日氿阳雨,潇潇野店寒。云阴团树色,檐溜骤江湍。暂息尘中驾,差纾陇上叹。无为怨愁寂,烂醉酒杯宽。（《孙衣言集》上册,152页）

途经河南,时河南大旱,赋《河南旱》四首,以记其事:

　　近者灾尤甚,民生事可虞。妖星缠大火,秋水失河鱼。中泽声悲惨,敖仓粟有无。当年纤啬地,何术与昭苏。一　西辙通函谷,南帆接郓城。时闻铜马贼,颇媾绿林兵。攻剽连畿辅,艰难殢父兄。中州秉临塞,抚卹未宜轻。二　昔出齐郊路,来登泗上津。原禾兼灌莽,蝗色蔽烟尘。乞粟邻州少,飞符傲吏频。监门图画在,太息问流民。余夏间南下齐鲁,诸郡亦饥,徐邳之间旱蝗尤甚,而邳牧某方下令止粜。三　天子思民食,纶音重恻然。诏移旁郡粟,兼赐大农钱。古有分忧者,今宜德让先。滔滔多富吏,何以澹尧年? 四《孙衣言集》上册,153页)

八月初三日(9月11日),汪喜孙卒于怀庆知府任上,年六十二。
是年,周庆楠(仲梅)卒于京师,年仅三十六。(《孙衣言孙诒让父子年谱》,13页)

道光二十八年　戊申　1848年　三十四岁

正月初一日(2月5日),居家,赋《元日二首》:

开岁始今日,世人崇其名。良辰起我早,窗户始微明。上堂毕嘉庆,童稚有馀情。蓬蓬初旭上,洒洒林风清。积寒与冬谢,新煦随春生。俯仰晨夕间,递嬗宁有形。人心逐时化,遂觉气候更。独念素修晚,坐阅羲驭征。有来虽未已,代易谁能争。一　去岁有远行,行行指京洛。风日媚良晨,客怀转凄索。老亲有温言,奋身事台阁。娇儿啼就我,有泪不敢落。黾勉从舟车,君门自寥廓。半载趋京尘,归卧复邱壑。却念送行初,惆怅但如昨。今晨讵非佳,遂此庭户乐。再拜寿高堂,一尊聚春酌。眷怀天伦欢,真觉世荣薄。二(《孙衣言集》上册,59页)

五月十四日(6月14日),乐清徐献廷六十大寿,为作寿序。

《徐聘堂先生六十寿序》:"忆丁酉岁三月,余与乐清徐君惇士俱得拔贡,以年家子谒其尊甫聘堂先生于郡城旅舍,时先生年四十馀,睹其容温如,听其言蔼如,叹为乐道君子也。继则出所著七言诗数百篇,见□□集唐人句为之,其离合比俪,往往出人意想外,而抑扬抗坠,曲肖其心之所欲言,益叹其善因自然之趣而得之者,固未尝以力为之也。是年冬,余与惇士同入京师,应廷试,已而皆报罢。惇士以先生命即归,余留应京兆试,旋以教授琉球生,居太学久之。乙巳之春,诸弟子学成归国,余亦以县令候吏部选,始南归,复得拜先生于吕岙之村居,则先生五十馀矣,见其坐洁室,手一编,课诸孙,谈笑颜色皆无异十年前。求其所著书,则出所集《毛诗》句、杂文、小赋十数篇,愈巧而愈若无所用力。然先生非独文辞然也。窃尝观其家居,焚香扫地,排比图书,整齐可喜,叠石储水为岩峦溪涧,虽小必得其状,莳嘉花美箭,禽鱼草虫,虽微物必遂其所以生。其取物也,不必有苦心积虑之艰,而皆有以自适;其与人也,不必有畛域之迹、可否之见,而皆有以尽其情;至于乡党亲故之交,睦姻任恤之谊,力之所能为者,不必发动声色,而皆有以足乎人之心,然则先生之所以养心乐道,其亦未尝以力为之,而得之自然者为尤至也。今世所称贤豪有气力者,弹精劫志,以求人世之乐,离父母,去妻子,走数千里,争于人之市朝。水有淮河江汉之阻,山有太行辕辕之险,经时而旷岁,寒暑之变交于外,得失之患战于中,当其拥富厚,藉声势,宜若志得而意满矣,及隐而虞其心,则如厝方舟于海涛之上,茫乎忽乎不知其所届,其乐也盖不敌其所危,而后知享无事之福,如先生者之为真乐也。岁戊申某月日,先生六十诞辰,悼士将举觞称庆于家,属某为之词。夫先生之养心乐道,所谓得之自然者也,知先生之所以乐,则知先生之所以寿,是岂有资于文词者哉!独思余始见先生在十年前,余年甫逾冠,气盛自喜;及继见先生,则余以久客归,年益壮,事益繁,风尘劳倦已形于色,而先生气温貌充一如昔时。后此一二十年,先生齿弥高,道弥固,其笑谈颜色知必异于十年前,而余方有四方之役,扰扰人事之中,未知所底。然则人世之乐固在此不在彼,而能充然不失其乐者,疑若天之厚焉者也,此则余之不能无慨于心也哉!"(《孙衣言孙诒让父子年谱》,13—14页)

八月十九日(9月16日),次子生于瑞安潘埭茂德里,赐名效洙,又名德涵。后正名诒让,字仲颂,一作中容,号籀𪱖居士,别署荀羡。(《孙衣言孙诒让父子年谱》,14页)

是年,诗赠温州府同知吴思权。

《赠吴平一司马思权》:"园菊霜枫日闭关,廿年无梦点朝班。文章旧自丝纶美,官职今犹吏隐闲。浮世功名馀白发,老来诗句爱青山。谁知成瑹能幽僻,独与陶潜有往还。"(《孙衣言集》上册,153页)

按:吴思权(1782—1851),字平一,会宁人。嘉庆二十二年(1817)进士,道光二十年(1840)任杭州府同知,道光二十五年调任温州府同知,任内勤于政事,廉洁秉公。

是年,游瞿溪,寻仙人岩,有诗。

《瞿溪寻仙人岩》:"放棹沿回溪,溪行忘纤曲。复遵沙岸平,遂造北山足。尨径穿修榛,崖嵣纷在瞩。锦石皱霞姿,匠巧出斧斲。亭亭仙人坛,松风昼常肃。危构抗层云,开窗纳林麓。我来试凭阑,下瞰空潭绿。似闻羽人徒,白日走苍鹿。卢敖海上游,何年此栖宿。珠树秋未花,瑶果几时熟。洪崖非我期,隐者在邅轴。高咏左思篇,清风矫烟鹤。"(《孙衣言集》上册,59页)

道光二十九年　己酉　**1849 年**　三十五岁

《文信国公宿中川寺诗墨迹叶缦生索题》:

钱王还汝十四州,一舸海上贻孙谋。真州讹言惊丞相,麻鞋瓯骆来相求。高皇日角照江屿,百载孤臣泣杜宇。天意却反崖山风,但有丹心在万古。天生宋瑞本奇才,中兴碣石奈蓬莱。铜驼南国空流涕,白雁西风亦可哀。(《孙衣言集》上册,60页)

《曾竹史作生圹于松台山为图征诗为作长歌》:

百年骨肉终返土,牛山涕泣空如雨。陶公作达索挽歌,醉倒青山便埋汝。松台山石多白云,松子坠风日夕闻。幼舆岩壑宁不好,但惜笔妙如右军。竹史以善书称。东家破产买金谷,岂识邱山本华屋。造物以我为拘墟,独有子舆能破俗。生前相遇更衔杯,君家高楼醉几回。白杨呼风向陇首,佗日我来能酹酒。(《孙衣言集》上册,60页)

秋,赴京师途中,饮入画楼。

《金岱峰广文衍宗寄示入画楼次韵诗,忆己酉之秋,余尝饮此,主人索诗,今四年矣,未有以报,辄为五言一章寄答岱峰,并示曾氏主人,更索和作》。(《孙衣言集》上册,63页)

复至京师。

十一月二十三日(1850 年 1 月 5 日),谒翁心存。

《翁心存日记》:"晴,暖甚。……未刻孙琴西孝廉衣言来,菉田之兄也。"(第 2 册,765 页)

是年,黄体正卒,年四十。

道光三十年　庚戌　1850年　三十六岁

二月,咸丰帝登极覃恩,弟锵鸣以翰林院编修、广西督学,貤赠三代考皆奉政大夫,妣皆宜人。(《孙衣言孙诒让父子年谱》,15页)

三月,在贡院遇老友黄秩林,第三场试后访其不得,赋诗以记其事。

> 《在贡院遇黄二子幹自云居北极庵出闱寻之不得聊简以诗》:"万人哄棘闱,相向惊执手。畅然欢平生,但惜貌老丑。自言与僧居,近在我巷后。令严有所归,立语未能久。文字竟三场,洗面行索友。阖门佛笑粲,问君乃无有。复循来途归,惘惘屡回首。自我与君违,徂申更历酉。胸间有茹噎,耿耿欲出口。况复新多诗,各待可与否。害不突如来,无事或饮酒。"(《孙衣言集》上册,60页)

四月初十日(5月21日),会试放榜,中第九十三名,座主为华阳卓海帆相国(秉恬,字静远)、黄县贾筠堂尚书(桢)、蒙古松琴总宪(花沙纳)、盐山孙莲塘侍郎(葆元)、王莲舟侍郎(炳瀛)。

> 《翁心存日记》(四月九日):"明日放榜,今日城中已纷纷报矣。"(第2册,793页)
>
> 《翁心存日记》(四月十日):"清晨见题名。"(第2册,793页)
>
> 《家训随笔》:"庚戌,兄中进士,亦馆选。"(《孙锵鸣集》上册,263页)
>
> 谱主《道光庚戌科会试硃卷》:
>
> 中式第九十三名孙衣言,浙江温州府瑞安县副榜贡生,民籍。
>
> 同考试官翰林院检讨国史馆协修记名御史实录馆纂修加三级袁()阅:荐。
>
> 大总裁兵部左侍郎加三级孙()批:取。
>
> 又批:理明词达。
>
> 大总裁都察院左都御史对引大臣管理新旧营房火药局事务正黄旗满洲副都统加三级花()批:取。
>
> 又批:力厚思沈。
>
> 大总裁经筵讲官吏部尚书上书房行走加三级贾()批:中。
>
> 又批:词醇局正。

大总裁经筵讲官武英殿大学士管理户部事务国史馆正总裁兼管顺天府尹户部三库事务加三级卓(秉恬)批:中。

又批:气盛言宜。

本房总批:渊停岳峙,树文型也;月映冰灯,探理窟也。鲸钟鹤琯,铿华音也;玉珮珠衣,表淑度也。谈经启笥,辩摧鹿角之雄;射策升堂,义订驳牙之异。八十字鱼鱼雅雅,二三场雉雉熊熊。洵苞凤之翔高,信木鸡之养到。撤棘来谒,知生世业缃囊,幼承庭诂。无双隽誉,秀撷芳芹;十二巍科,香分贡树。听盛名于日下,惊座争推;垂健翮于云端,副车误中。三韩宾客,诗购香山;六馆先生,经传沧海。史备编摩之职,文推著作之才。秋院槐黄,咏霓句好;春城花暖,题雁名高。瑞日重华,觐天颜而稠叠;胪云五采,冠浙水之东西。遂登中秘以紬书,尤艳西清之接袂。辎车桂管,辉分棣萼之华;纶诰芝函,喜动椿萱之色。头衔字字,共美冰清;骨采轩轩,须为玉峻。此日灵桃瑞露,戛笙磬之铿锵;他年温树祥飔,引凤麟而左右。文章一品,事业千秋。敏尔鸿修,副予鹤跂。

所谓诚其意者毋自欺也

诚意有道,力去其欺而已。夫知之既致,意宜无不诚矣。其不诚,则欺之害也。学而有志于诚,可不知自返哉?且夫大人之学,至于知致意诚,诚者固无能乘以妄矣。顾妄之乘于人者,情或穷于所易昧;妄之伏于己者,理偏蔽于所本明。至于本明也,而忽虞其昧,而人不能分其过矣,即己岂得宽其责矣。然则经言诚意,经岂无所谓哉?夫意而曰诚,固极其诚而不可参以不诚者也。意必观其所发,一念之初生,其见非不甚确,而见之确者,不能不误于所迁。因其迁而任之,返诸我意之本来,有渐觉其不肖者矣,诬矣。意必要其所归,寸心之孤往,其愿非不甚殷。而愿之殷者,不能不移于所便。习于便而安之,返诸吾意之全量,有愈觉其莫副者矣,馁矣。所谓欺也,欺我知,实欺我意也。夫意也,而岂可以欺哉?欺与罔相近,我可罔,而人因从而罔之。我固无如欺何,意则何可罔也?始之得于知者,既见为当然;继之动于意者,又忽疑为不然。知偶沦于恍惚,意且渐即于游移,而要非我知之本有可罔也。夫果孰为罔也?欺与昧相因,我自昧,而物因得而昧之。我亦无如欺何,意则何所昧也?始之发于知者,固以为必然;继之成于意者,又若以为不必然。知既眩以二三,意且尽归于玩忽,而初非我知之本有所昧也。夫果孰为昧也?是自欺也。诚意者,尚其毋之。且夫去欺之功,宜审其几,宜防其渐。谓意之所起甚微,欺每中于所忽,而忽者贵持之以矜。夫义理之既明,何至自忘其初志?顾知至于是,而意之所至,或稍形迁就,不可言诚矣。知至于是,而意之所至,第勉与持循,终不可言诚矣。审其几而力持之,知之先。夫意者,既得其真,即意之继。夫知者,务惩其伪,无伪之谓诚也。而内念之纠虔可思旁贷欤?谓意之所施甚赜,欺每伏于所安,而安者贵制之以勉。夫是非之既辨,何至尽昧其本心?顾知至于是,而意之所至,仅居得半之程,无望于诚矣。知至于是,而意之所至,尚有毫厘之隔,仍无望于诚矣。防其渐而严制之,知之导。夫意者,既征诸实,即意之赴。夫知者,力矫其虚,不虚之谓诚也。而全神之克治可涉因循欤?此诚意之道也。

聚奎堂元评:机清笔爽,不染一尘,次三畅适诗工。

本房加批:善谈名理,怡然涣然。

子曰泰伯其可谓至德也已矣三以天下让民无得而称焉

德至者无名,圣人特表之焉。夫德而可称,犹未至也。以天下让而民无称,其德为何如也?宜子之特表泰伯哉!且千古绝人之迹,豪杰每借以立名,而抑知其迹之独异,皆其心之未至者也。圣贤行事,但求自尽于心,不必共明其迹。全一时忠孝之情,立万世人伦之极,迹之不可窥,心之不可没也。然非天下有心人,盖亦无以识其微矣。夫子盖尝上下古今,盱衡当代,而深叹泰伯之不可及也。以为居今日而言泰伯,孰有能言其德者哉?《大雅》志兴王之业,子孙每以先德为辞。家室溯自有邰,泉源荒夫幽馆,统之有所承也。至勾吴君长,谱系不达于天家,则疏而莫之道矣。《周书》多扬厉之文,臣子尤以述德为体。太王肇基王迹,王季其勤王家,功之不可略也。至端委克君,政令仅行于蛮貊,则陋而无足言矣。以言泰伯,孰能窥其德而叹其至哉?且夫人之为德,必求大白于民,而使有可称焉,皆非其至者也。彼泰伯者,非有天下之才,有天下之时,而三以天下让者哉。然而谁则见之?谁则知之?谓翦商为王业之隆,伯也当承其统,因而原之曰让周,可也。然而两昆越竟,储君方旷于青宫;予季克家,继世仍安于侯服。而谓挟仲偕行,早为再世贻谋之计,则似夸。谓帝乙为肇衰之祚,伯也适际其时,从而揭之曰让商,亦可也。然而通道西岐,非有称戈之举;文身南服,不闻扣马之辞。而谓违荣遁迹,已开三分服事之先,则已伪。虽欲称之,果孰得而称之?而后知泰伯之德之至也,意之诚也,度之远也。人惟动于德者未笃,始有求白于世之心。吴札曹臧,后世不无奇节,然已近于私矣。伯也视无形而听无声,但以一让曲成夫父志,而不予吾父以废立之名,并不予吾弟以人伦之恨,此其意岂流俗所能窥乎?考轶事者传为采药,习国闻者议其弃亲,德以真而隐也,而至诚所积,不且与武周之达孝并出一源哉?人惟受于德者未深,始有立异于人之见。箕山颍水,千古诩为畸人,然亦流于矫矣。伯也见其微而知其著,第以一让自尽乎吾心,而不为景亳造攻之事,并不发黄农忽没之嗟,此其量岂颛蒙所能测乎?论功而不登《泰誓》之书,怀古而不入夷齐之口,德以浑而纯也,而意量所涵,不且与舜禹之用心同符千载哉?至矣,弗可及矣。

本房加批:即以无称坐实,至德识力,似出从前名作之上,议论名警,亦不让古人。

五十而慕者予于大舜见之矣

以大孝推古帝,可无疑于其怨矣。夫五十而慕终身,可知舜之大孝昭昭然也。以慕为怨之说,又何足以观圣人?且古圣人至性之所存,每阅古今而不敝,而苟执常情以度之,则其心有时而隐矣。岂知圣人之于亲,致诸事者有限,藏诸心者无穷?虽以常情所易懈之时,皆为至性所弥纶之地。千载云遥,如或觏焉。而妄测以私者,不能深原其隐,亦何以观古圣人也?大孝终身慕父母,慕之所以久,孝之所以大也,而我乃益有以见舜矣。人子庭闱之恋,势分每足以移之。后王勋业方隆,议礼而异家人之体,爱以疏而间也。而斋虔载见,一念可贯夫百年,则其性有真焉者矣。常人天性之亲,功名尤足以累之。世主艰难付托,积久而成疏旷之嫌,恩以习而忘也。而蒸乂性成,毕世无殊于一日,则其情有永焉者矣。予向也窃有念于终身之慕,而以为未易见也,乃今于舜见之矣。夫舜非所谓五十而慕者哉?盖当血气方衰之始,精诚无间于倦勤,则罔极之瞻依,知其历久而弥固。且当征庸在位之时,真爱不移于富贵,则毕生之孺恋可以即始而见终。五十而慕终身,可知舜之能慕,舜之所以为孝也,而予于以知舜之无可疑也。遭逢之偶变,在舜岂稍易其心?乃后人私意相窥,几疑井廪坎轲,皆足淡其天亲之感,岂知予怀明发,古圣人初无二心乎?历山之风雨,慕也而忘其忧;复旦之星云,慕也而并忘其乐。依依顾复,至今如见其情耳。夫孝子之用心,岂必求谅于后世?而一诚所固结,遂若与日星河岳以长存,尊亲其并至矣。予于舜,能无低徊念之?且益叹舜之不可及也。怙恃之深恩,在舜岂独为其异？乃后人嗜愀日深，遂觉妻子仕宦皆有移其本性之时，岂知笃念劬劳，古圣人直与为毕世乎？陶渔侍养，以慕之者安之；琴袗承欢，更以慕之者永之。渺渺人寰，此诣殊未易见耳。夫家庭有庸行，不过自尽其所安。而矢念之最真，遂若旷前古后今而莫觏。陕华其缺残矣，予于舜能无感慨系之？夫舜，固所谓终身慕父母者也。始之怨也，慕而怨也；继之忧也，亦慕而忧也。至于慕之久而怨不必怨，亦忧无足忧矣。谓非大孝焉得乎？

本房加批：须记得是紧对怨乎？一问近承上文，总结通章，乃无一语复衍。入后曲折取神，所谓一唱三叹，有馀音者矣。

赋得取人以身得贤字五言八韵

新诏旁求切，宸躬刻厉先。善期人可取，官乃任惟贤。建极箕畴协，虚衷宝镜悬。每怀诗济济，弥懔易乾乾。圭璧型堪式，弓旌礼亦虔。臣原心向日，帝有德如天。舜陛重华会，周廷大比年。明良逢盛遇，鹓鹭肃班联。

本房加批：雍容华贵，盛世元音。

同榜中，与俞樾（荫甫）、邵亨豫（汴生）、杨彝珍（字性农，一字季涵）、钱宝廉（湘吟，原名鋑）尤相善。(《孙衣言孙诒让父子年谱》，15页)

四月十二日（5月23日），谒翁心存，未晤。

《翁心存日记》："未刻，匡汝谐来，新进士孙衣言、孙学驹、沈史云、姚诗彦此二人皆大儿门生来，均未晤。"(第2册，793—794页)

四月十六日（5月27日），参加新进士覆试。

《翁心存日记》："是日新进士覆试。"得志与民同之"二句，"淡烟疏雨落花天，得庄字"。"(第2册，794页)

四月二十一日（6月1日），参加殿试。

《翁心存日记》："是日殿试，安静无事，策首条'任贤去邪'，御笔所添也。"(第2册，796页)

四月二十四日（6月4日），以二甲第三名引见。

《翁心存日记》："清晨，新进士前列十本引见。陆增祥、许其光、谢增、黄统、何元辅、孙衣言、慎毓林、蒋继珠、杨庆麟、张瑞珍。第二名与第一，上改定互易。"(第2册，797页)

四月二十八日(6月8日),朝考二等第十三名,选翰林院庶吉士,读卷师寿阳祁实甫协揆寯藻、湘乡曾涤生侍郎国藩深赏之。(《孙衣言孙诒让父子年谱》,15页)

《翁心存日记》:"是日,新进士朝考。"敬胜怠论","山灵水深,得萧字"。"(第2册,797页)

邵懿辰(位西)有致贺谱主入翰林诗。

邵懿辰《杨性农孙琴西入翰林各以诗贺》之二:"文思继明照,策士天网顿。招要我辈人,谈咏共电饭。鲁徐号文雄,战艺力敌万。温生老魁垒,馀子悉腾健。如何但双鸟,举翮皇路献。不能尽豪英,一二足程劝。杨君出荆樸,流血矜久困。君固惬众期,教胄名早建。喔呀岛王子,侍立花绣裈。传诗满东瀛,摇毫珠玑喷。有弟方乘轺,桂海滋兰畹。金昆复馆职,如珏照尘坌。嗟时不说学,紫清迹颇恩。掞撟振凡庸,趋走守古钝。上唯君子使,下无朋友怨。勉率树英声,勿为麒麟檀。"(《半岩庐遗诗》,1叶,《半岩庐遗集》,清同治五年当归草堂刻本)

作《海客授经图》,征时人题咏,题诗者有邵懿辰、孔宪彝、孔宪庚、彭昱尧、戴绚孙、董澂镜、法良、唐启华、徐子苓、汪晙、王锡振、林鹗、金衍宗、张振夔、徐献廷、曾垲、徐乃康等。

邵懿辰《孙琴西海客受经图》:"天将六籍润蛮荒,照海云霞一苇杭。万国冠裳陪胄子,三山职贡恪今王。同文象译心能领,修挈珍蛇手自将。传读君家赤城赋,回看旭彩满榑桑。"(《半岩庐遗诗》,32叶)

林鹗《题孙太史琴西海客授经图》:"圣清一统当昌期,六代天子君兼师。十三经训昭典彝,翻绎转播无所私。车书大同回羯氏,远被三藏鄂罗斯。中山瀛海古岛夷,向风逖听慕且思。君臣询谋书奏驰,愿遣子习胶庠规。先帝曰俞汝其来,辟雍选俊师汝儿。发蒙革陋能者谁,臣言稽首承帝咨。适馆授餐衣颁缁,四载讲肄勤下帷。经生南面居皋比,海客侍坐吟喔咿。诏以礼乐天朝仪,容恭喋顺靡不宜。经明理达兼能诗,斋头谈海咄怪奇。编辑巨轴施厕剂,雅律声协中华吹。携归绝域式险诐,海天万国驯蛟螭。即今儒臣升丹墀,金门待诏敷鸿辞。册封典礼无专司,故事择贤海之湄。傥奉恩纶下东陲,人尊神护如宗尼。画图未尽君丰姿,留待天使海航时。"(《望山草堂诗钞》卷七,24—25叶,清咸丰八年刻本)

徐献廷《题孙琴西太史海客受经图》:"丈夫志四海,游好在六经。

一朝出门去，畴昔家上京。久而道弥著，苟得非所钦。帝者慎用才，所以贵吾身。有客常同止，四座列群英。日余作此来，道路邈何因。凌厉越万里，淹留忘宵晨。眷眷往昔时，学语未成音。即理愧通识，空负头上巾。今日从兹役，真想初在襟。一欣侍温颜，持此欲何成。愿言诲诸子，古人惜寸阴。及时当勉励，孰是都不营。疑义相与析，校书亦已勤。俎豆犹古法，礼乐暂得新。风来入房户，卧起弄书琴。言咏遂赋诗，清歌散新声。于今甚可爱，怀古一何深。先师有遗训，颜生称为仁。此事真复乐，忽与尔为邻。桃李罗堂前，幽兰生前庭。春风扇微和，和泽周三春。灵化无穷已，弥缝使其淳。客养千金躯，庶以善自名。岁月好已积，倏如流电惊。离鹍鸣清池，羁鸟恋旧林。恩厚固难忘，亦知当乖分。慷慨思南归，悠悠东去云。君命安可违，临流别友生。饯送倾皇朝，事胜感行人。人生归有道，举世少复真。如何蓬庐士，六籍无一亲。洙泗辍微响，不见所问津。问君何能尔，今朝复新闻。流观山海图，即事多所欣。此中有真意，仁者用其心。为君作此诗，千载有馀情。"（《二酉轩陶陶集》，乡著会抄本，51—53页）

曾垲《孙琴西庶常海客授经图》："函夏今同文，六经揭日月。冠带盛桥门，毡裘习绵蕝。琉球海外邦，琛航贡重译。侍子伛秀髦，万里携蝥笈。峨峨博士闳，鱼鱼修赞谒。便便我孙君，觥觥登讲席。井生吐纷纶，匡传妙唇舌。羲尧诵遗文，周孔敷论说。沐浴鼓钟灵，枭音不待革。夜郎何披猖，倭奴敢狂诗。蠢蠢弄潢池，此计亦太拙。大义在诗书，兵气销剑戟。倚汉如依天，覆载毋自绝。琴西仁兄同年大人属题，即请教正。时辛亥夏至后三日，愚弟曼琴曾垲初脱草。"（《雩风草堂诗草》，温州市图书馆藏清同治刻本）

徐乃康《题孙琴西衣言太史海客授经图》二首："圣代车书讫四夷，浮航来习汉宫仪。人师孙复经传古，岛客王彬字问奇。灯火三年留墨妙，画图一幅写欢斯。《文献通考》：琉球国王姓欢斯。遥知别去归东国，犹忆春风入座时。

蓬山高绝快登临，炬送金莲照夜吟。此日文章尊凤阁，当年声价重鸡林。清时八表同声教，远道三山佩学箴。我与先生共桑梓，披图直欲问南针。"（《徐炳文集 徐德元集 徐乃康集》，474页）

吴敏树《孙琴西编修海客授经图前充琉球教习所作》："中山职贡旧来臣，入学元知慕化真。传与六经章句了，即时吾道海东垠。— 高才下笔杜韩亲,讲授馀闲句有神。他日轺轩采风土,图中弟子尽诗人。二"

（《湖湘文库》之《吴敏树集》,岳麓书社 2012 年版,183 页）

桐城戴钧衡跋《海客授经图》:"道光二十一年,琉球国奏请以大臣子弟来学,皇帝诏可,命大司成考取太学肄业生高才、学足为人师者,司琉球教习,而瑞安孙君劭闻,是时以拔贡生得膺是选,教琉球子弟凡三年,讲论经义之馀,授以古今体诗法,弟子皆通经,尤工诗,梓行京师,人争传诵。后数年,孙君追作图,以纪朝廷之盛,余见而叹曰:孙君固通经工诗者,故琉球弟子成就若此,彼来学者,苟不遇君,则中国群相夸尚之时文,乃彼所不学,其所得于中国者不过排律八韵而已,弟子之遇师固有幸有不幸哉! 吾闻日本、朝鲜之属,自唐宋以来,已知购求中国经籍,慕圣人之道,及今日而诵法与华夏无异,而琉球之尊信尤至甚矣,圣教之大而被之广也。异哉,身居中土乃多荒经废古,悖理干义,自外于圣人之道者,亦可悲也夫! 庚戌四月。"（《味经山馆文钞》卷二,《清代诗文集汇编》655册,539 页）

徐子陵《海客授经图》题词:"三十六岛外,都成玉笋班。儒臣工训诂,帝德遍寰瀛。籍准蓬壶系,名堪郑贾间。会当持使节,大笔续中山。周海山尚书使琉球,著有《中山志》。久客京华笔墨之役堆案几,偶检箧衍得前月所废琴西仁大兄海客受经图走笔报命兼当南宫大捷之贺,并请赐正。庚戌端阳前二日,合肥愚弟徐子陵拜草。"（温州博物馆藏抄件）

孔宪彝:"朝鲜日本解风诗,声教三山溯尚迟。二百年来逢盛事,竟从海外仰经师。琴西尊兄同年大人属,题于京师衍圣邸之致经堂,即请教政。庚戌秋仲,曲阜绣山弟孔宪彝稿。"（温州博物馆藏抄件）

曾毓芳《寄题孙琴西太史海客授经图》:"平生未见苏端明,得交卯君知其兄。奇气郁律空四海,道力已定和且平。当年燕市两头屋,兄于弟喁更迭续。翩然小宋鸢鹊鹫,国子先生仍首蓿。经训多门经转病,谈经不泥服王郑。汉儒宋儒折其衷,东海波臣来俯听。扶桑之东蛟唇窟,腥涎喷薄霽溟渤。中山世胄最都雅,受诏陈经资考核。桥门严肃伛偻循,三年律度大陶钧。请问弟子经中语,愿为不侵不叛之外臣。"（《粤游草》,http://www.360doc.com/content/22/1019/08/32923311_1052286123.shtml）

五月初二日（6 月 11 日）,谒翁心存。

《翁心存日记》:"徐德周、洪乐吾、钟伯平、孙琴西衣言……来。"（第 2 册,798 页）

五月初四日(6月13日),新科进士引见。

《文宗显皇帝实录》卷九:"乙未,引见新科进士:得旨。一甲三名:陆增祥、许其光、谢增,业经授职外。黄统、孙衣言、慎毓林、杨庆麟……俱著改为翰林院庶吉士。"(《清实录》40册,164页)

五月二十四日(7月3日),谒翁心存。

《翁心存日记》:"孙琴西庶常衣言来。"(第2册,804页)

是年,为孔宪彝题《凭虚阁雅集图》和《小莲花室学隶图》。

《凭虚阁雅集图为绣山题》(庚戌):"杰阁临城楼,下见长江水。登高望天末,日夕素波起。"(《孙衣言集》上册,154页)

《又为绣山题小莲花室学隶图》:"孔五东山下笔亲,学书况有卫夫人。碧梧池馆秋如此,骑省中年易怆神。"(《孙衣言集》上册,154页)

《为洪乐吾题图》:

廓廓幽州魏大梁,翠麟紫驳各翱翔。高尘竞逐长安道,谁解春风看绿杨。(《孙衣言集》上册,154页)

为端木百禄所作图题诗。

《端木舍人国瑚葬湖州仁王山湖人士以岁时上墓至今不废喆嗣叔总作图征诗》:"横目纷纷亦可哀,令威城郭隐蒿莱。湖州博士风流在,犹有诗人上冢来。一 白频长眉记昔年,酒垆容易隔苍烟。汤海秋张亨甫姚秋士叶筠潭皆黄土,何处青山一恫然。二"(《孙衣言集》上册,154页)

秋,乞假出都,与林鹗、锵鸣家眷同行。时林鹗赴广西,从孙锵鸣于学幕也。

《家训随笔》:"庚戌,兄中进士,亦馆选。及秋乞假,遂挈余妻子同回籍。"(《孙锵鸣集》上册,第263页)

途中与林鹗相唱和。

林鹗《舟中与孙太史琴西索和》:"水宿三千里,同舟不共归。我如南乡雁,迢递傍君飞。荒驿从清夜,秋山易落晖。他时溯湘水,采茝忆芬菲。"(《望山草堂诗钞》卷六,14叶)

孙衣言和作:"万里金门客,三年尚未归。却随江上雁,遥向楚云

飞。驿路有秋草,青山当落晖。漓江回首处,春色欲芳菲。"(《望山草堂诗钞》卷六,14叶)

《送太冲之桂林即次其见赠韵》:"五十金门客,三年未肯归。却随江雁去,遥逐楚云飞。驿路有秋草,青山当落晖。潇湘宜啸咏,兰芷易芳菲。君当以春初至桂州。"(《孙衣言集》上册,155页)

林鹗《南河风雨夜》:"风欺雨阻感蹉跎,远道孤篷愁奈何。万马有声鏖黑夜,六鳌无赖荡黄河。关心耿耿馀长剑,阅世茫茫此逝波。却念劳军收百粤,可能一战虏蛮佗。"(《望山草堂诗钞》卷六,15叶)

孙衣言和作:"男儿五十未蹉跎,漫拥斑骓唤奈何。壮志腰间悬白羽,奇怀天上落黄河。飘飘征雁飞秋影,浩浩西风作素波。却向中流思祖逖,岂容横海有顽佗。"(《望山草堂诗钞》卷六,16叶)

《宿迁舟次风雨累日冲翁赋诗颇有抑郁无聊之感作此解之即次其韵》:"男儿五十未蹉跎,漫拥斑骓唤奈何。壮志腰间看白羽,奇怀天上落黄河。飘飘征雁飞秋影,浩浩西风入素波。却向中流思祖逖,岂容南海有蛮佗。时林少穆宫保讨贼桂州,太冲有从军之意。"(《孙衣言集》上册,155页)

舟次潞河,遇奉新许振祎(仙屏),初见如旧。(《孙衣言孙诒让父子年谱》,16页)
行抵山东济宁任城,与林鹗、许振祎、鲁星楼同登任城太白酒楼,有诗。

《登任城太白楼诗》:"百尺高楼照湖水,昔有仙人来饮此。青天骑龙不肯还,落木西风今未已。片帆却下古任城,城郭于今留有情。楼前湖水泼醅绿,树里青山夕照明。"(《杨青集》,谢作拳、伍显军编,上海社会科学院出版社2005年版,298—299页)

林鹗《孙太史琴西许明经仙屏鲁孝廉星楼同登任城太白酒楼》:"大地入东溟,秋风上任城。河山夫子国,楼阁酒人名。道脉中条王,文澜泗水清。壮心何处著,登眺不胜情。"(《望山草堂诗钞》卷六,13叶)

至扬州,与许振祎(仙屏)离别之时,赋《至扬州与仙屏别》,以述离愁:

扁舟下长河,乍见遂成故。日日落樯帆,对我诵奇句。三宿竹西亭,离愁挂烟树。客行各思归,安得同征路?金山塔铃声,明旦当早渡。君亦泝江舟,浔阳更西去。匡山五老峰,昔人读书处。知君能相思,苍苍向烟雾。(《孙衣言集》上册,61页)

《仙屏以折扇索诗扇故有画菊辄书数句以当赠别》:

菊花黄金枝,惜此江上别。相思故山时,寒梅已如雪。(《孙衣言集》上册,154 页)

冬,道出武林,访徐维城(纲伯)于郭婆井巷。(《孙衣言孙诒让父子年谱》,16 页)

徐维城《岁莫蓂吟二十五首桂村旅食岁宴怀人以师友订定先后为次各系一诗》之二:"琴西吾畏友,宛转登梧冈。南下谱笙诗,索我吴山旁。早晚趋承明,肯作凡凤皇。孙琴西庶常君去冬归省安固,路出武林,访予于郭婆井巷寓舍,地颇幽僻,入门大呼曰:君乃匿于此中,累我大索数日矣。"(《天韵堂诗存》卷三,19 叶,《清代诗文集汇编》661 册,566 页)

十月十九日(11 月 22 日),林则徐在赴广西途中于广东潮州普宁行馆病逝,年六十六。

十一月,撰《回澜社学记》。

《回澜社学记》:"朱仰山先生建祠既成之次年,于西偏清绝处复构一学社,颜曰'回澜',取回狂澜于既倒之意,记里中胜概也。……时道光三十年庚戌仲冬月谷旦,赐进士出身、翰林院庶吉士、前琉球教习、瑞邑世愚侄琴西孙衣言顿首拜撰。"(《孙衣言集》下册,834—836 页)

十二月初十日(1851 年 1 月 11 日),广东花县洪秀全率拜上帝会,起事于广西桂平县之金田村。次年,建号太平天国,后定都金陵,改名天京,世称其军为太平军。

是年,叶名澧有《酬孙琴西同年衣言壬寅冬见赠》:

湘山漉水归来后,意外逢君话寂寥。猛忆诗篇成梦寐,狂思游棹狎风潮。海东月上浮杯远,蓟北春残策马骄。今日故人殊落落,相看旅鬓渐萧萧。(《敦夙好斋诗初编》卷十一,8 叶,《清代诗文集汇编》639 册,208 页)

是年,戴钧衡有《寄孙琴西庶常》:

买得江头鲤,思君一寄书。此心余共往,别意尔何如。清切神仙地,凄凉处士庐。百年同远志,穷达莫教虚。(《味经山馆诗钞》卷六,9 叶,《清代诗文集汇编》655 册,611 页)

咸丰元年　辛亥　1851年　三十七岁

有诗答林鹗。

《答林迂翁登滕王阁见怀之作》(辛亥)：昔时分手向江干,楚雁南飞岁正阑。何处登临高阁上,却劳相忆酒杯宽。潇湘鄂渚君能赋,暑柳风荷我独看。两地即今思远道,尺书犹幸托征翰。(《孙衣言集》上册,155页)

林鹗《滕王阁上有怀孙太史琴西许明经仙屏近别依随园老人原韵书壁》(庚戌冬)："不见高才王子安,江楼孤客倚阑干。家园谢草都春色,驿路梅花自岁寒。湖海浮名求友易,文章知己索人难。便吟秋水长天句,谁似阎公青眼看。"(《望山草堂诗钞》卷七,4叶)

五月,丹笔点勘王士祯《古诗选》所录元好问(遗山)七言诗。(《孙衣言孙诒让父子年谱》,17页)

七月,续点王士祯选王安石(半山)、苏轼(东坡)、苏辙(颍滨)三家七言诗。(《孙衣言孙诒让父子年谱》,17页)

冬,接二弟锵鸣来函述游勾漏山,赋诗一首。

《蕖田书来述勾漏山之游却寄一首》："昔人世外心,每逐松偓迹。丹灶有颓基,大药宁可识。今子妙登临,未恨烟树隔。真仙去千年,飞步想金液。五斗犹遗荣,念子复行投。"(《孙衣言集》上册,61页)

孙锵鸣有《九月十日游勾漏山》诗。(《孙锵鸣集》,166页)

冬,携眷北行,在桐庐舟中度岁。赋《桐庐舟中度岁怀几山舅氏富阳》：

百里桐江傍客星,连朝风雪沮行舲。酸甜村酒时成醉,细软船讴暂可听。安定书斋兼治事,伏生弟子坐传经。却思吾舅真仙宦,云外青山赤岸亭。(《孙衣言集》上册,155—156页)

同乡曹应枢卒,年六十二。

咸丰二年　壬子　1852年　三十八岁

正月初一日（2月20日），从桐庐乘舟，傍晚抵富阳，访舅舅项傅霖，有诗。

《元日桐庐放舟计薄暮可抵富阳》："晨光朝未熹，晴雪有先炯。长年习江寒，早起移我艇。客行逐良辰，岁酒晨已醒。解驳初阳升，篷窗纳新景。前山远迎人，刻画出诸岭。数日桐庐城，烟雾苦未屏。及此新岁晴，宁惮川路永。梅花九里峰，云端屡矫颈。高斋项氏翁，相见烛当秉。几山舅氏时为富阳校官。"（《孙衣言集》上册，63页）

《孙衣言孙诒让父子年谱》："舟过富阳，访项氏季舅几山学博傅霖。"（17页）

二月二十一日（4月10日），携诒让等至京师，僦居宣武门外香炉营四条胡同，赋诗纪事兼示妻子。

《二月二十一日至都吴氏叔任先为予赁屋于宣武门外香炉营四条胡同作诗示妻子》："于役溯严冬，荏苒及春半。我行厌山川，况彼仆夫困。自从登齐郊，车马昧昏旦。朝起鸡趁人，夜宿马悲栈。却顾道旁栖，辄动劳者叹。今晨憩皇都，城郭倬云汉。新居城西南，洒扫藉亲串。手弄庭树疏，仰听鸟声乱。久客脱尘埃，快若投里闬。妻孥坐相慰，灯火夜向晚。回思跋涉烦，未觉笑言晏。荣名信为劳，既往安可谏。"（《孙衣言集》上册，63页）

四月二十一日（6月8日），散馆二等，授职翰林院编修。

《文宗显皇帝实录》卷六："辛丑，……引见庚戌科散馆人员。得旨。许其光、谢增、业经授职。二甲庶吉士，李德仪、慎毓林、袁保恒、……孙衣言、……俱著授为编修。"（《清实录》40册，791页）

俞樾有《四月二十一日散馆引见授职编修恭纪》诗。（《春在堂诗编》三，18叶，《清代诗文集汇编》684册，480页）

四月二十八日（6月15日），谒翁心存。

《翁心存日记》："孙琴西编修衣言来。"（第3册，882页）

六月，得苏源生来函。

《节母苏孺人墓表》："去年六月，菊村忽以书来，则知其家居奉母如故，以馀暇教授乡里。……咸丰三年四月表。"（《孙衣言集》中册，403页）

七月，又得苏源生来函，知其母六月去世消息。

《节母苏孺人墓表》："越一月，复得菊村书，则母六月间卒矣。予为菊村惊痛至不能自已。"（《孙衣言集》中册，403页）

秋，读王士禛《古诗选》七言诗卷七至十五，以丹笔圈点，随加评语。于卷十四书云：

道园深于杜诗，其题画诸作，乃不一语蹈袭，而高处欲与抗行，可谓善于学杜者也。（《孙衣言孙诒让父子年谱》，17页）

九月初二日（10月14日），读王士禛《古诗选》，于卷十五后书云：

每读《古诗选》，即疑渔洋论诗，意主清远，而渊颖诗多平实，何以渔洋笃嗜如此。壬子秋再读此选，始知渊颖虽有平实之病，而隶事极详赡，音节极铿锵，气体极深稳，与渔洋有相近者，宜其好之深也，益知古人文章流传至今，必有不可磨灭之故。而古人有所论述，以示后世，亦必非专信，已见而无当于人心之同然也，未可以轻心掉之。九月初二记。（《孙衣言集》中册，544页）

十月十六日（11月27日），谒翁心存。

《翁心存日记》："龙兰簃、孙琴西衣言太史、豫生师来。"（第3册，921页）

十二月二十一日（1853年1月30日），往谒翁心存，晤翁同爵。

《翁心存日记》："宝生、孙太史衣言来，五儿晤之。"（第3册，934页）

是年，应父亲之嘱，撰《林氏族祖姑七十寿叙》：

孙、林为世姻，而孺人于余为族祖姑。……孺人长我太宜人十有一岁，而尤亲我太宜人。……今年某月，孺人七十，家君书来言孺人之生辰，盖请于吾太宜人，欲衣言为之词。（《孙衣言集》中册，348—349页）

王定甫曰：叙纤琐娓娓动人，而文体故自峻洁，是熙甫集中文字。

邓伯昭曰：居然熙甫。（《逊学斋文目编年录》，孙延钊编，温州市图书馆藏稿本）

是年,温州府学教授金衍宗寄示《入画楼次韵诗》,谱主辄为五言一章寄答,另寄诗二首。

《金岱峰广文衍宗寄示入画楼次韵诗忆己酉之秋余尝饮此主人索诗今四年矣未有以报辄为五言一章寄答岱峰并示曾氏主人更索和作》:"层楼昔张饮,秋洗千山烟。晴珠落湖水,仰见明月圆。夜深露气浩,人静风泠然。酒阑客亦倦,四散如奔泉。主人索题句,烂漫不成篇。生长山水国,清景安足怜。半年金门道,高尘交马前。东南一回首,山辉水澄鲜。昨闻子瞻游,亦颇思青莲。西风吹秀句,梅雪明当筵。相思托飞鸟,高兴还腾骞。浩然本高咏,裴尉亦能贤。尊前倘念我,清诗投联翩。"(《孙衣言集》上册,63—64 页)

《寄金岱峰》:"昔见金夫子,秋风动鹿城。黄花窥户静,衰草及阶平。经学尊家法,诗篇薄世名。孔融犹后辈,倒屣愧相迎。一 回首江干别,风烟望渺然。每思亲静妙,颇畏向时贤。祭酒兰陵旧,怀人蓟树偏。诸生邹鲁国,莫惜壁经传。先生于署中尊经阁为汉经师粟主,率学弟子以时致祀,余尝谓先生郡中藏书少,当募富人益购书蓄之阁中,好学者听其来读,而别以经学古文课士,不知先生能行之否也。二"(《孙衣言集》上册,156 页)

按:金衍宗(1771—1860),字维汉、维翰,号岱峰,一号瓯隐,又号实轩,浙江秀水(今嘉兴)人。嘉庆庚申(1800)举人。官临安县教谕,道光三十年(1850)任温州府教授。著《思贻堂诗集》等。

是年,为陈元禄题《受砚图》。

《为陈小铁元禄题受砚图砚海昌陈文恭公物句山太仆得之小铁携至京师已而失之乃为图征诗》:"陈侯不见十年馀,今晨得书示我图。河干椸竹急手版,苦忆旧物双蟾蜍。百年词科富文史,至今斑斑在孙子。投笔径去真自豪,不见东方饥欲死。宝剑化龙延平津,何时管城犹策勋?生绡一疋万竿竹,想见挥毫面如玉。时危会须筹策良,汉廷丞相刀笔郎。一官尘埃人莫忽,陈侯家有魏公笏。"(《孙衣言集》上册,64 页)

是年,高继珩于天津得"庄光私印"小铜印,来索谱主诗。

《大名高寄泉广文继珩于津门市得小铜印文曰庄光私印以为汉物索余诗》:"羊裘不识何姓名,千年蟠扁铜花青。广文先生苦嗜古,征诗及我非无情。宝气彻天斗牛紫,何时沦落析津市。烟云过眼金谷园,故家豪富如覆水。广文以为查氏旧物。真人龙起赤伏符,良相猛士争先驱。子陵咄咄不相助,人云气节开东都。当涂巍高瘗铜虎,一片黝苍犹出土。庄光私印缪篆攀,岂亦有心传万古。广文得此什袭珍,自云不妄知其真。扁舟我昔泝江濑,屹屹高台自千载。即今姓氏有神灵,土花苔叶馀光晶。寻常那识云台画,咫尺如瞻处士星。"《孙衣言集》上册,64—65页)

按:高继珩(1797—1865),字寄泉,直隶迁安人,寄籍宝坻。嘉庆二十三年举人。历任大名教谕、广东博茂盐场大使等。工诗,兼善画。著《培根堂全稿》。

是年,题《猗君养鹤图》:

先生七尺不自饱,那有琅玕饵仙羽。归昌节足寂无闻,锦石秋花相向吐。池塘水满菰米肥,雁鸭鸬鹚逐队飞。故乡千里青田远,何处期君种玉芝。(《孙衣言集》上册,65页)

是年,得琉球门人阮宣诏来函,知其以存留官代,而郑学楷留福建,并闻东国兴的消息,喜赋二诗。

《琉球门人阮宣诏书来知其以存留官代郑生学楷留闽并闻东生国兴消息喜简二诗》:"来鸿归燕喜联翩,春信梅花动海天。江馆风光宜此日,槐厅灯火记当年。诸生邹鲁多方雅,汉殿东枚孰后先。独有高歌青眼客,深怀犹可托诗篇。一 闻说东生有特除,东生近官其国国学。文章训诂事何如。昔时好学偏怜汝,近者言诗孰起予。海外阴铿传句法,航头徐市读奇书。独伤向秀成黄土,谁为山阳问旧居。琉球国学有文章师、训诂师等官,门人向克秀自京师归国,竟卒于闽。二"《孙衣言集》上册,156—157页)

是年,酬许振祎,兼怀林鹗。

《酬仙屏四首兼怀冲翁桂林》:"与子初相见,扁舟潞水旁。疏灯随酒盏,细雨隔帆樯。楼阁层城迥,鱼龙大泽荒。同行迂谷叟,登啸各清狂。一 送别扬州郭,吹箫第几桥。我行看北固,君醉蹋金焦。回首风烟隔,相思鸿雁遥。匡庐与台荡,明月照迢迢。二 意外重携手,铜驼大道边。柳花随骏马,晴雪送诗篇。自昔谁高咏,于今有谪仙。独惭沧海意,辛苦向成连。三 最忆狂歌客,依然汗漫游。才名犹幕府,戎马况南州。燕市梅初破,衡阳雁亦愁。何时同画壁,烂醉鹔鹴裘。冲翁尚在舍弟桂林幕中。四"《孙衣言集》上册,157—158页)

咸丰三年　癸丑　1853年　三十九岁

正月，从祀西陵，西陵位于河北保定易县梁各庄西15公里处的永宁山下。

正月十四日（2月21日），陵祀大雪，赋诗简同馆二十四人。

《正月十四日陵祀大雪简同馆二十四人》："千乘万骑霸陵园，帝遣贤王恪春祭。从者如云太史公，文物趋跄岂留滞。城阇西去山蜿蜒，掉尾太行屹苍翠。马头连日飞玉沙，海上蓬莱望不至。高官大车八尺龙，吾辈鸡栖逐馀骑。民家觅宿随昏鸦，一日两餐且疏粝。湿薪爆竹燎衣裳，抵足床头尚能睡。平时坐食偷太仓，聊借微劳相宽贳。庭燎朝耀来祠门，鸿胪九宾俨陪侍。雪中拜跪无怼仪，济济词曹肃从事。九天松柏望苍然，凤䕶龙蟠郁佳气。孝文有道传今皇，谁识微臣暗堕泪。"（《孙衣言集》上册，66页）

正月十五日（2月22日），雪霁，归至涿州，赋诗示同行诸公。

《十五日雪霁陵祀归至涿州示同行诸公》："连朝大雪压马首，敝车垂帏蔽新妇。祠官卒事遂却回，我马玄黄雪中走。漫山弥谷万梅花，不信枯榆傍秃柳。晨暾初出东方红，万里清新息纤垢。群山突兀盈我前，异境乃疑天始剖。坡陀曲折随浅深，刻画豪厘出匠手。昨来惘怅溟濛间，谁识天心相报厚。前村投宿趁夕阳，自浇前劳满酤酒。作诗火急追亡逋，明日风尘六街口。"（《孙衣言集》上册，66—67页）

正月，读陈元禄《抱潜诗稿》数次，识云：

诗如美人剑侠，其奇艳殆不可于人间求之，其长篇稍□，以词累气，故妄欲汰去一二，然此种诗境亦人间所不可无，必□格调以继之，亦迂疏小儒之见也。癸丑正月瑞安孙衣言读数过并识。（浙江图书馆藏稿本）

在福建的阮宣诏和在琉球的东国兴趁本国使臣赴京之际，捎带本国土产给谱主，但没有书信。谱主见物思人，写诗寄怀，诗中表达了对远在沧海以东的琉球中山弟子的思念。

《琉球门人阮宣诏东国兴以土物见寄而不得其书即简二首并问郑

生学楷》:"昔枉中山信,相思沧海东。早知遥道意,犹与别时同。细葛轻含雪,香纨缓趁风。即今嘉惠及,愁望益匆匆。一 阮子犹闽峤,东生在旧间。遏来千里使,偏惜一行书。从宦情难展,论文意未疏。南风相问讯,郑谷兴何如。二"(《孙衣言集》上册,159页)

二月初八日(3月17日),咸丰皇帝驾幸太学,共二十名翰林获与听讲,谱主及俞樾与焉,均有诗。

《二月八日驾幸太学臣以翰林官获与听讲恭纪四首》:"启圣师千载,崇儒贯百王。吾朝多盛事,稽古复今皇。道以仪文举,心知继续光。大昕钟鼓动,倾听及殊方。一 跸路移宫扇,祥烟拥火城。金茎初日上,仙乐九霄鸣。道论窥根柢,恩施出至诚。共知经术贵,不独鲁诸生。二 忆在先皇日,曾为教授臣。六经陪虎观,万里集鲲人。犹赖诗书进,重依日月新。海流铺荇藻,感怆昔时春。三 十石岐阳旧,诸经鲁壁同。累朝盛文武,神笔动昭融。继体重华会,驯苗数日中。微臣从橐笔,歌颂勒成功。四"(《孙衣言集》上册,159—160页)

俞樾《二月八日皇上临雍讲学派翰林二十员听讲臣樾与焉恭纪》。(《春在堂诗编》三,25叶,《清代诗文集汇编》684册,483页)

二月十二日(3月21日),王拯向谱主借陈元禄《抱潜诗稿》归,读后率成一律:

七年不共奇男语,君尝自号奇男。百首诗存剧可怜。玉额翠眉曾我伴,黄尘乌帽复谁边。绮词清丽楼中女,逸句飞腾海上仙。近引孙郎说诗例,嗟余残卒卧归田。咸丰癸丑花朝前三日,从琴西携归此册,读一再过,率成此律,将以寄求哂削。锡振。(浙江图书馆藏稿本)

又识云:

咸丰癸丑仲春十有二日,大风之夕,定甫从琴西携归校读一过,计两册合订,得诗百四十首,题上加墨规为识,志之倾倒至矣。(浙江图书馆藏稿本)

王拯《琴西编修出示抱潜诗卷谓其诗如美人剑客诚不诬也戏题一言》:

七年不共奇男语,百首诗存剧可怜。玉额翠眉曾我伴,黄尘乌帽复谁边。绮词清丽楼中女,逸气飞腾海上仙。近引孙郎说诗例,我如残卒

卧归田。(《龙壁山房诗草》卷四,《清代诗文集汇编》659册,369页;《王拯系年》,95页)

二月,收到二弟孙锵鸣二月十日来函,得知二三日内可抵家,喜极,赋诗。

《得韶甫括溪舟中二月十日来书知抵家在二三日内矣喜寄以诗》:"念汝还乡国,音书久未真。昨来千里信,知近故园春。戎马愁征路,平安慰老亲。独惭离别意,坐使岁时新。"(《孙衣言集》上册,161页)

三月,林用光谒选来京,与谱主同居,旋拣发安徽,谱主作序、制联送之。

《送林辑甫拣发安徽序》:"嘉庆、道光间,吾瑞安仕宦有名推林观察敏斋先生。观察以甲科翰林出为郡守,至监司,历官所至,政绩襦著,而尤啧啧在人口者,为重庆知府时。当川楚乱后,咽匪尚出没川中,能不动声色先事设机,折其牙蘖,乱以遂已。及守天津府,当大潦之后,以荒政救百二十州县流民七十七万人,建议尽籴奉天、台湾商贩之米为平粜,近畿得不饥。盖公之所治,皆当兵荒祸乱之后,他人所困苦无计,而能从容设施,愈益发舒不穷,而有利于民如此。观察之孙辑甫今年以县丞谒选至京师,与余同居,常喜为余言观察轶事。盖辑甫自幼从观察官所,观察之所为,辑甫固目睹之。会安徽州县缺,辑甫以拣发往。自广西贼出其巢穴,破两湖,顺江而东,首陷安庆,虽旋即弃去,而所过州县蹂躏残破多矣,饥民奸宄乘间啸聚所在益甚,今日之安徽固亦在兵荒祸乱之后。观察之所设施可思也,且辑甫尝为句容丞矣。道光二十八九年,濒江南北皆浸于水。辑甫勘视其县灾,独能无所欺蔽,官不妄费而民以苏,是辑甫固已自为之矣。辑甫之所已为者如此,其得于观察者又如彼,然则今日之安徽,人之所难,辑甫之所易也。观察为重庆时,总督襄平蒋相国言于天子曰:'惟林某明干实心。'嗟乎!此观察之所以可称也。余故于辑甫之行,述所闻于辑甫者以送之。时咸丰三年三月也。"(《孙衣言集》中册,341—342页)

赠联:"治谱重修太史笔;循声遥听皖公山。"(《孙衣言孙诒让父子年谱》,18页)

春,蒋达招同集龙树寺,谱主以事未去,赋诗一首。随之王拯以诗来,即次其韵又赋一首。

《蒋霞舫前辈达招集龙树寺以事未去有诗索和奉答一首》:"念子招提游,拂席荫清樾。坐久林间风,遂见云际月。栖栖我何为,驱车向城

阙。嘉招期凤来,及是恨疏阔。夕露皓前庭,流萤点幽闼。裁诗聊和歌,亦用写饥渴。"(《孙衣言集》上册,69页)

《霞舫招集龙树寺以事未往少鹤同年诗来即次其韵》:"招提如空山,支许蹑前迹。大槐立十围,蕲竹展七尺。甘擘瓜心黄,冽雪藕肤白。酒力能为豪,词锋不可抑。子通意慷慨,阿戎俊难得。尘劳有乖迕,良会深足惜。吾辈且高歌,四海今荡析。两君悲苍梧,几载困狂贼。万室纷号呼,高牙拥玉戚。涓涓遂横流,怅怅无与适。元戎出三公,虎士拥千百。军行六郡良,气骄万夫特。卫李方自今,褒鄂徒在昔。三年征鬼方,孤城谬奇画。遂令凭江湖,坐觉异主客。吴楚无坚墉,尧舜有忧色。书生自豪宕,一官立四壁。夔皋方盈廷,终贯乏长策。且呼高阳徒,幸免同左役。悲歌随涕洟,同调愧鲍革。"(《孙衣言集》上册,70页)

王拯《蒋霞舫编修达招同汪仲穆孝廉暎诸君集龙树寺有诗即次前韵并送仲穆出都》。(《王拯系年》,97页)

二、三、四数月间,读王士禛《古诗七言选钞》前六卷,于是《七言诗》毕校一过。(《孙衣言孙诒让父子年谱》,18页)

三月十一日(4月18日),点姚鼐《惜抱轩集》一过,记云:

梅郎中评点本,从王户部定甫所藏本录出。三月十一日,某某记。

又传录王本册尾王拯旧跋。跋云:

文前后集廿六卷,总三百廿篇,俱照伯言丈评点。言丈自言近读惜抱文,所得比前为多。以亲受业最高第弟子,读先生文数十年,至老而以为所得日多,则其文之将来日久而弥光,可券也。朱濂甫道长藏一本,是陈侍郎所刻,为最初本,中有《史阁老墓铭》《太元目录序》二文,为此集所无,殆删去之作。窃以为史志乃必当存,不可遗也。后诗集十卷,评点亦照言丈录出。道光乙巳八月。(《孙衣言孙诒让父子年谱》,18页)

四月十二日(5月19日),致函陈元禄,云:

第一次书来,因大集尚未校讫,是以迟迟不复。兹承惠书,敬稔一切。又知新任更近,既可时得消息。新得佳儿,更为可贺。大集小鹤携去,亦校一过。小鹤现在都,与弟居甚近,其所作诗、古文皆成大集,可美可美!其词则卓然成一家言矣。时事如此,实不知从何处说起。所赖者,明天子在上耳。近来所作不多,颇欲稍稍多读书,以益其所不能。

兄诗自成一境,可无须改而从人,鄙意可以多做也。此复,即颂升安。小铁仁弟大人阁下。衣言顿首,四月十二。(《瑞安孙家往来信札集》,谢作拳、陈伟欢编注,浙江大学出版社 2017 年版,43 页)

始与巴陵吴敏树唱和,并以所作诗、古文稿就正。

> 吴敏树《密云还都后答孙琴西衣言编修见简次韵》:"北眺关门首重回,江南谁遣庾公哀。补牢已恨亡羊晚,每饭宜思巨鹿才。春草愁从兵里长,杜鹃声逐梦边来。潇湘夜雨西湖月,两地何时更酒杯。"(《吴敏树集》,140—141 页)

> 《吴南屏自密云归简之以诗》:"君望荆岑未却回,登临暇日易为哀。昨闻立马秦城地,苦忆关弓汉将才。江介烽烟今渐急,衡阳鸿雁昔曾来。艰难徒有千金剑,慷慨相看数酒杯。"(《孙衣言集》上册,160 页)

> 《吴教谕本深敏树以密云万历纪功碑诗见示和作一首》:"丈人雄歌诗,我美风格好。昨为塞上行,登高发奇抱。太行龙郁蟠,长城古时道。堂堂戚将军,穿碑屹秋昊。蓟门三边雄,山河实国宝。当时控林胡,卫霍有电扫。猰貐啼九疑,三年困征讨。岳阳负重湖,江汉信所保。谁令藩篱空,一死亦草草。况闻三吴民,近复破肝脑。羽林万貔貅,逍遥河上堡。设险昔已然,孰为国元老。缅思莱阳豪,威伏海外岛。君多乡关忧,我心亦如捣。时危信才难,相向首蓬葆。"(《孙衣言集》上册,67 页)

> 按:吴敏树(1805—1873),字本深,号南屏,湖南巴陵人。道光十二年(1832)举人,官浏阳训导。著《枻湖诗稿》等。

四五月,吴敏树会试刚毕,即欲南归,谱主以诗赠行。

> 《本深闱试甫出即欲南归诗以送行》:"相送巴陵客,金门昨上书。残春临驿路,归思逐江鱼。乡国干戈后,文章涕泪馀。只应松菊在,独足老樵渔。"(《孙衣言集》上册,160 页)

四五月间,吴敏树南归前,孙鼎臣邀陈梁叔、袁芳瑛及谱主于漱六斋中设宴饯行,吴敏树共作四首以答,有答谱主之诗。

> 吴敏树《将出都南归芝房邀于漱六斋中设饯有诗送行梁叔琴西皆有诗并成四首留别》:"琴西官词曹,两孙盛名亚。新章琢杜句,悲慨意非假。江湖莽旌旗,白鸥飞不下。因声寄项子,有钱酒无价。瑞安项几山广文,琴西之舅也。"(《吴敏树集》,37 页)

俞樾乞假送亲旋里,谱主以诗送行,与俞樾文字论交从此始。

《送俞荫甫别》:"吾子能文章,云间堕鸣凤。抟泥谐金石,庙堂发奇弄。两载观皮毛,相遇第如众。沟水俄东西,笑谈复谁共。中原方斗争,外闻屡戏哄。高堂白发亲,衰年恶惊恐。且返五湖居,近就鱼笋供。九天奏云门,诸山献银瓮。盗贼不足平,皇纲自得控。铺张佐雄文,旦夕出菰芦。"(《孙衣言集》上册,69页)

四月二十三日(5月30日),黄爵滋卒于京师,年六十一。谱主有挽诗。

《吊黄树斋先生二首》:"陶然亭阁出城隈,车马从公屡往来。野水芦风生小扇,西山烟翠落深盃。如何邺下徐刘逝,谓筠潭、海秋诸君。更动山阳向吕哀。天壤黄垆无足怪,崖州涕泪是怜才。

金门铜狄再来时,禅榻东风见鬓丝。禹穴秦封探欲遍,兔葵燕麦感谁知。每怀耆旧成寥落,况论时艰杂涕洟。回首忽嗟辽海鹤,不须华表问归期。"(《孙衣言集》上册,163—164页)

谱主还撰有《光禄大夫前刑部左侍郎黄公行状》。(《孙衣言集》中册,437—439页)

四月二十六日(6月2日),户部主事寿昌卒,年三十八。及葬,谱主为撰墓志铭。

《户部主事前翰林院庶吉士某氏寿昌墓志铭》:"湘帆于余为会试同年,又同选为庶吉士,而独未尝相见。……竟以咸丰三年四月二十六日死京师,年仅三十有八。……湘帆姓某氏,讳寿昌,江宁驻防满洲镶黄旗人。……湘帆既死,同年谢君增始为予言之,以其无所归,谋即葬京师。……将葬,乃为之词,使俱窆焉。"(《孙衣言集》中册,389—391页)

四月二十九日(6月5日),点校从王拯处所借梅曾亮评点本《归震川集》,记于后云:

癸丑之春,从王户部借得梅郎中伯言先生点定本,既用墨笔录毕,复以丹笔校读一周。巴陵吴教谕亦有钞本,取以参校。先是借得邵位西员外点定本,其所甄录视梅本略广,位西挑发东河,旋即取去,未及迻写,殊为可惜,惟得其目录一纸,今卷首文目下朱圈,邵本也。四月廿九日记。(《孙衣言孙诒让父子年谱》,19页)

四月,应苏源生(菊村)之请,为其母苏孺人撰墓表。

《节母苏孺人墓表》:"予与鄢陵苏菊村源生相识在道光戊戌春夏间,时同以选贡应廷试,同见弃有司,予留居京师,而菊村自言当归奉寡母,不久别去。……去年六月,菊村忽以书来,则知其家居奉母如故,以馀暇教授乡里……越一月,复得菊村书,则母六月间卒矣。予为菊村惊痛至不能自已。呜呼!予之所为菊村痛者,以方知其母子相依之乐,而遽遭此变,以为非意之所有也。若菊村则固怡怡于母之侧,不以一日离者数十年于兹,而母亦年七十矣。世之没溺于名利之徒,恃有显扬之说,以轻弃其亲,虽未尝无一日之荣,而富贵淫溢反为忧患者,亦往往而有至别离思虑之苦,固不可胜言矣。而母之贤能不以声利望,其子菊村亦能善承其母之志,夷然无慕于世,而以日事其亲为悦,又能自力于学,以求无愧于其亲,所谓行成于内,名立于后世,菊村盖庶几矣。以母之茹苦守节数十年,而得于子者如此,则母可谓无恨也。……母王氏……以咸丰二年六月日卒,年七十。……咸丰三年四月表。"(《孙衣言集》中册,403—404页)

四月,为林用光所辑《惜砚录》题跋。

《林辑甫惜砚录跋》:"右《惜砚录》三卷,余友林君辑甫既编其先大父观察公集,复取同时诸君子与观察往来酬赠之诗文及其墓铭、墓表,别为三卷,缀之集后,盖观察出处之迹、交游之美与历官声迹之可传于后者,具载于此,宜其后人之不能忘也。夫观察以文学道义为一时士大夫慕好,引重如此,而莅官所至,皆有遗惠良法为后世所称道,盖非无本而然。辑甫能以先德之所存网罗裒辑,而不敢以忘,则他日之立身为政,其求无怍于先人,亦可知已。咸丰三年四月。"(《孙衣言集》中册,512页)

六月初一日(7月6日),致函林用光。

《赵钧日记》:"孙琴西京寄东人若衣书,言河南告警,京师戒严。上命蒙古兵驻热河,察哈尔兵驻南苑。又自谓现派实录馆协修。"(466页)

六月十二日(7月17日),充实录馆协修,作《六月十二日派实录馆协修感赋》诗,云:

昔时引见未央宫,虮虱微臣拜舞同。却望瑶池悲远驭,幸随柱史记成功。卅年恭俭千秋在,一统车书万国通。今日重华天子孝,垂衣回望

五云中。(《孙衣言集》上册,161 页)

旋改国史馆纂修,于是预修《宣宗实录》,而独编《夷务书》,成稿百卷。

《初入史馆作》:"四门谈史辄色变,今者迁固何其多。上堂朱墨坐云雾,左史右史肩相摩。太仓食米尽十斛,便许校书入天禄。承明职司令我惭,或有下士守寂寞。大师祭酒称老儒,奋笔似学东家书。岂无缺陋袭讹谬,气严不受人支吾。姬公生知造周礼,吐哺朝见七十士。神尧拱默臣子知,嗟嗟此凤何日始。"(《晨灯酬唱集》,张海门视学湖南时曾刊行。同治辛未,新城杨海岑翰复重刻之。)

七月初七日(8 月 11 日),沈兆麟向谱主借陈元禄《抱潜诗稿》归,读后题云:

抱潜诗乙册,从琴西太史处携回,读一过,凡雄浑奇丽之作,悉规之以志倾倒。间有未惬意者,亦犹沙石俱下,固无害其为长江大河,校诗者应从严,作诗者则无事。硁硁洗刷,具此气体,何可限量。抱潜勉之哉。癸丑七夕雨窗,兆麟并识。(浙江图书馆藏稿本)

谱主与闽林颖叔工部寿图、平湖张海门编修金镛所居,皆与王定甫户部之海王村馆相近,日相过从,仗诗酒,被清愁,往往见灯而集,闻邻寺钟鸣乃散。定甫用陈梁叔克家迹字韵,同人各叠和之,得诗若干首,写成一卷,曰《晨灯酬唱集》。谱主有诗云:"北斗垂屋檐,银河耿夜色。痴奴立屏风,倦睡头触壁。且自酺今宵,于世就长策。"可见当日之情景矣。时海门、颖叔喜为诗,谱主、定甫兼治古文,有所作必出以传观,有所可否必互相抨击,彼此相得。(《孙衣言孙诒让父子年谱》,19 页)

《海门相过夜谈并邀琴西客去作歌三叠前韵并柬琴西索饮》:"张侯一樽瓶屡空,陛戟卷书心隐痛。自言蜥蜴非守宫,复盍翻教人窃中。孙郎笔端能控纵,每说时艰忽神恫。海童寄物多奇弄,问有飞龙已狂瘲。巷南巷北蜗螺小,二子何期日欢哄。忧深闷语各嗟喈,飚忽雄篇起吟诵。昨宵达旦尚深谈,门外残蟾挂朝霭。天地烽尘人事乖,高词云门叹埶用。元霜催客况星星,白眼看天殊梦梦。东方敝车归自恐,叩门謷謷时诋讼。他日旋车冲露淞,紫鬵坐对离怀重。美姬之酒如可觞,休惜深泥曳单鞚。美姬酒出琉球,琴西教习学生时以相寄。"(《龙壁山房诗草》卷五,5 叶,《清代诗文集汇编》659 册,372 页)

八月初四日(9月6日),招王拯、张金镛小饮联句,次迹字韵。

《八月四日饮琴西斋中联句再叠前韵》:"一日一相见,金镛。三朝叹疏迹。忧端薄层冥,王锡振。巍然此七尺。飘飒秋鬓青,孙衣言。咄嗟世眼白。东方常取容,金镛。西子类遭抑。卑老讵身谋,锡振。膏肓宁众得。修名古所珍,衣言。亮节晚应惜。世运值窦难,金镛。军行又纷析。怀安先治国,锡振。敌忾会平贼。阿童江上孤,衣言。漆女室中戚。安能物论齐,金镛。坐欲无何适。看君归路千,锡振。泥我酒榼百。银鲙梦松鲈,衣言。金波喘吴特。闻浙江大水。桠玉昧行藏,金镛。鞞刀怀夙昔。谓去岁在长沙城中。奇颠且酬唱,锡振。大勇在谋画。天狼敛妖旄,衣言。夜鸱唤睡客。四更霖愁霖,金镛。孤烛转离色。毋为慨参商,锡振。行复聚奎壁。坠欢追前俦,衣言。新装感轻策。江汉待雄文,金镛。吾衰甘君役。诗成窗渐曙,锡振。谯鼓闻鼍革。衣言。"(张金镛《躬厚堂集》卷六,8叶,清同治玉光绪刻本;《孙衣言孙诒让父子年谱》,19—20页)

王拯《海门琴西皆有闻捷叠韵之作再叠前韵》:

剔蛟视漩涡,攫兔觅摆迹。坐无铁一寸,空有喙三尺。初局忆分曹,绕床呼五白。当几容几误,事往气常抑。洪山又钟山,大捷已危得。奇勋时未至,汗血复谁惜。恶褫渡河来,民生惨逃析。群师空转徙,宵盰日忧贼。太行盘谷间,刑天舞干戚。咄哉学士军,鹏翼喜纵适。群公各珋牙,大集彤卢百。城中有张许,陴垒尤坚特。居然河北军,捷书来一昔。由来泜水战,乃秉閟宫画。珠恩溢军僚,失喜到诗客。枯朽定残魂,风云为异色。拭目向江淮,关心几亭壁。我知百战士,折箠待机策。高唱杂铙音,居行不嗟役。连宵秋雨重,毋欲弛军革。(《篛旧集》卷十四,《王拯系年》,101页)

时闻浙江水灾,有诗。

《闻浙江大水》:"近有乡关信,苍生事可忧。蛟龙平地出,雁鹜使人愁。征赋今方急,仓箱不复求。中丞能恺恻,虑国为民谋。— 越峤东瓯国,吴星北斗村。鲸鲵通绝岛,烽火照深宵。吏纵威犹煽,民劳气易摇。全家依海浦,南望意萧条。二"(《孙衣言集》上册,164页)

王拯《闻浙江大水四叠前韵奉答琴西》:"赤城夜漏天瓢空,城中鱼鳖泅呼痛。吁嗟于越聊未兵,卅城又报洪灾中。孙郎作诗殊激纵,自昔褒城怀宿恫。潢池久已遭兵弄，婴赤空皮防瘯疡。可怜几日好家居，风雨飘摇才一哄。看君墨渖怒翻澜，繄我口沫愁给诵。况从巴岳亲狂燎，坐见江淮落幽露。平原常山未有人，眼底睢阳差足用。那知涿鹿滞王师，更说狙闽惑妖梦。万里蛮山仍忌恐，大官讳贼如遁讼。我识枯荄馀薄淞，勾萌再见根芽重。东南乡井何处归，枉欲青山息尘鞚。"（《龙壁山房诗草》卷五，《王拯系年》，101—102页）

王拯有《海门相过值雨小饮谈艺夜分待琴西不至六叠革韵奉贻时君将南归也》诗。（《龙壁山房诗草》卷五，6叶，《清代诗文集汇编》659册，372页）

八月二十一日（9月23日），孔子生日，与王拯、陈庆镛、王茂荫等人陪山东乡祠祭礼。

王拯《山东乡祠陪祭先师孔子生日敬赋》："嘉辰稽麟绂，吉礼齐豆笾。昭事遍寰瀛，梓桑尤致虔。束带鲁诸儒，宣南勤祀筵。宾阶时就列，海峤集英贤。闽陈侍御庆镛、皖王光禄茂荫、瓯孙编修衣言及余十数人各与祭。……遗文订高赤，仰止有成编。山阴高子骧云考订生卒年月日，成书曰《仰止编》，谓生日为今八月二十一日是也。"（《龙壁山房诗草》卷五，《王拯系年》，106页）

八月，为瑞安曹应枢先生撰墓表。

《曹先生墓表》："先生在我邑以时文名，邑之为时文者皆从先生游。……予读书城中，时见先生日走童奴，持小简传送诸少年，所过诸少年几案间，往往积纸盈寸，字螺结若蛇蚓，皆先生手书与诸少年言文字也。先生年二十馀，中嘉庆己卯乡试，即绝有名，既而连应会试皆不第，最后一赴大挑，亦无所得，遂不复求仕，而益肆力为诗，喜李太白、韩退之数家之言，瑰伟奇诡，变怪百出，至其造于自然，往往不烦人力，而若有神会理解。……予始亦以时文见先生，是时先生年尚强气甚盛，日与诸生往来谈艺。后予游京师八年，而归谒先生，先生垂头童然发半白矣。及再自京师归，则先生已病目不能见客，强为余一出相对，惘然问所往来，弟子已寂无及门者。……咸丰三年八月表。"（《孙衣言集》中册，404—405页）

九月，为曹应枢《梅雪堂诗集》作序。

《梅雪堂诗序》："咸丰三年九月。"（《孙衣言集》下册，581—582页）

秋，集饮王拯斋中，有作。

《集饮定甫斋中》："王郎居处似鸡栖，上客能来信马蹄。银烛高花烧夜永，断萤疏树逐星低。但知宾主皆龙虎，谁识关山尚鼓鼙。极目只堪诗遣兴，当筵那惜醉如泥。"（《孙衣言集》上册，162页）

秋，于王拯寓所食蟹，有诗。

谱主《定甫所食蟹》："橙酱椒盘乍眼明，早秋江国若为情。湖田秔稻新霜后，岸火葭芦夜雨晴。四海干戈犹格斗，中宵鸿雁独哀鸣。一尊细共黄花醉，愧尔南征将士行。"（《孙衣言集》上册，162页）

王拯《食蟹同张孙二子》："深友能来醉不辞，早霜新试菊花期。酒边文字思投瓻，愁里光阴合斗诗。那得莼鲈向江海，聊当京观筑鲸鲵。晚风过雨萧条极，邸舍微寒月上迟。"（《龙壁山房诗草》卷五，《王拯系年》，109页）

十一月二十二日（12月22日），冬至，饮王拯斋中，有诗。

《长至日饮定甫斋中用海门韵》："高榆大柳莽城闉，却喜山梅照坐春。冰雪天心宜暗转，公孤政议漫争新。金戈杀贼思诸将，玉殿传胪罢九宾。是日先有旨，百官毋朝贺。且与阮生共沈饮，醉馀诗句或能神。"（《孙衣言集》上册，165页）

张金镛《长至日晚集定甫海王村馆》："綊如谯鼓动严闉，炉火微然借早春。良会无多嫌复沓，陈光禄保圻亦约是夕小饮。冷吟何意得清新。论书谁解耻夷甫，同人论晋宋人书，各执一是。"吾书不下夷甫，其人则吾之所耻。"东坡语。说鬼似闻呼孔宾。浅醉便思吹玉笛，天门呼取绛衣神。"（《躬厚堂集》卷六，14叶）

十二月十九日（1854年1月17日），从三月起反复点读汲古阁本《元遗山集》，至是日读毕，先后识于各卷中云：

毛刻裕之诗集二十卷，盖据元人本重刻，其中间有缺字，又讹谬者不一而足。张海门前辈有近人李某重刻无锡华氏本《遗山全集》，取以相校，其为诗十有四卷，每本卷末皆缺诗数首，而顾无缺字，然亦互有错误，因就李刻校正毛刻缺字讹字，其彼此互异而不能决为孰是者，附注于旁，其未信者则仍阙以俟再考。予自今年夏初阅裕之诗，反复读之，妄以鄙意为之品第，间亦有所考论。至十二月十九日而毕，于是阅裕之诗盖四周矣。时咸丰癸丑岁记。卷首

五言古诗沉着得之韩、杜，而亦时患率易。卷三

率易固亦有之，然其真朴雄快，实有裕之独至之处，异于轻剽而无藉蕴者，独裕之所谓经营惨淡得之萧散，则殊未能然尔。十一月五日重阅过记。卷三

裕之五古用意极刻苦，而能字字浏亮。卷三

裕之于鲍、谢、元亮、子美、太白、退之、韦、柳无不涉历，而其资性境遇皆近陶、杜，所好亦于陶、杜尤深，故近陶、杜者为其本色，而诸家则偶一效之而已。卷三

裕之五古，如材官挽强持满，力辟千人，而微见用力之迹，此其稍不足处。卷三

裕之五言，真气郁勃处不可及。卷三

裕之七古，初学高岑，继学老杜，后乃兼涉山谷，此卷多壮年作，时见沉思壮响，而尚有用力规模之迹。"松上幽人图"以后则神解理会，渐近自然矣。卷四

此卷诗气愈苍，笔愈老，词华刊尽，神理愈超，当为裕之最高之诣。卷五

议论兴趣，皆在无字句处，而视若无意为诗，此最老境，盖积久而得之，不可以勉强袭取也。卷五

此二卷诗，喜为展拓，盖裕之学太白、昌黎，偶一为之，雄放有馀，而失之滑易，非其本色，后一卷尤颓然放笔矣。卷六

七言古诗，以短章近盛唐人者为集中上乘，长篇意在展拓，恣为奇放，而苦乏神韵，甚有流于粗俗者，实不能为遗山讳也。癸丑四月晦日读过记。卷七

裕之壮年诗，刻意岑、杜、时有沉警之思，中年后融炼益精，遂造超妙。其短章近盛唐人者，犹其少壮时作，至其老成之时，盖以山谷和合子美，故苍浑之中别具神趣，天姿不及子瞻，学力精到几欲过之，《杂言》二卷，意在太白，而神境兴趣皆不能逮，非其善者。十二月十四日又记。卷七

裕之乐府，发源齐梁，时涉温、李、张、王，颖思隽语，婉约动人。卷八

五律全效工部，故时见警健，然已具标格，未及精能。季夏日记。卷九

裕之诸体诗，有并涉各家者，独五律专模子美，而未能极超心炼冶之妙，盖貌似而已。十一月十五日记。卷九

此一卷诗，情韵尤绵远，风格尤老成。卷十一

裕之七律,才气实有过人者,其佳者乃如李义山、刘梦得,然亦多涉宋调,故格韵不足耳。六月廿六日志。卷十四

裕之诗以才华见者,实不能有过义山,然再四读之,其清矫之作,如书家所谓乾笔四旋者,意尤深而气尤雄,风格超然,盖发源杜、苏而自成门户,非刘梦得辈所有。间涉宋调,亦未堕入恶道。裕之七律,要为东坡后一人,在陆务观之上,前所评论,失之粗心耳。十一月廿日又记。卷十四

裕之七绝,率易语多,时不免俗,然不掩其雄直俊爽之概,故无害于作家,咸丰三年十月用丹笔校过并记。卷二十

裕之作诗,最矜慎用心,惟七绝不复措意,往往信口而出,故浅率甜熟者多,宜分别观之。十一月廿六日灯下又记。卷二十(《孙衣言孙诒让父子年谱》20—22 页)

十二月二十七日(1 月 25 日),应王拯之邀,与张金镛赴海王村馆舍祭诗。

王拯《除前三夕雪中邀同海门琴西祭诗海王村馆再叠前韵》:"一龛瘦影聚寒闱,门外飞花竞欲春。精力盛年都渐减,岁时陈事合翻新。风云百战思坛坫,俎豆千秋孰主宾。夜久香烟疑岛佛,天边同下玉霄神。"(《龙壁山房诗草》卷五,《清代诗文集汇编》659 册,379 页;《王拯系年》,110 页)

是年,应处州宣平县祝凤仪之请,为其父六十寿作序。

《祝还醇翁六十寿序》:"祝君凤仪以拔贡至京师,癸丑之春将试于有司,以其父母年皆六十,将归而为寿,而述其尊甫征仕君之行义与太孺人之所以相成助者于余,而命为之辞。"(《孙衣言集》中册,349—350 页)

咸丰四年　甲寅　1854 年　四十岁

正月初七日(2 月 4 日),张金镛偕王拯来访。

张金镛《人日大雪过琴西饮偕定甫》:"孙生新年不诣人,闭户不知门外尘。我偕王生来不速,为洁匕箸供蔬飧。六丁夜掣玉龙舞,大地一白影银鳞。峭风尖割纸窗裂,投罅潜夺毡炉温。此时千门同屏息,压檐

寒色摇星辰。把杯不饮得酒意，不饮亦醉言无伦。世间浮荣等木槿，朝开夕落安足论。镂钟勒簋岂长寿，炼形冶气疑非真。行藏用舍会逢适，祸福倚伏旋相根。昊穹苍苍非不仁，机巧日出上帝嗔。恒河沙数共一劫，碧血膏野滋荆榛。下方蹑蹑虮蝨臣，叩关无路呼天阍。詀諵私语天不闻，窃听或有青霓神。猗嗟二子与我亲，人海蛰处如一身。侧身六合同逡巡，相约把袖游昆仑。入山傥能治窟室，蹈海或许扬归轮。明年人日梅花发，何处沧江垂钓纶。"(《躬厚堂集》卷七,2叶)

三月初(4月),叶名澧有《赠孙琴西编修衣言》诗:

愁中潦倒千觞酒，眼底长安十丈埃。今日倡酬馀我辈，旧时花柳尚楼台。秋菘春韭殊乡味，广宅良田凤念灰。极目南云同洒涕，扁舟入梦且沿洄。(《敦夙好斋诗续编》卷一,17—18叶,《清代诗文集汇编》639册,229—230页)

按:此诗在诗集中的前二首为《清明前二日作》,后一首为《清明日同张海门孙琴西集饮王少和同年海王村馆》,故此诗应作于清明日前一二天。

王拯《雪夜与海门饮琴西寓斋》:

朔风门外横，夜月庭中积。雪积何漫漫，庭阶深过尺。燕山雪花昔所闻，十年宦迹空劳薪。穷腊祭诗浑好事，天门夜辟惊滕神。东谷沈沈老麋喜，玉地花天艳莫比。千年鹳鹤云中叹，彻夕连朝势未已。高台将已倾曲池，亦既平销金帐暖。玉虬咽横波，犹欲娇生嗔。斗室偎炉对耸肩，蛟龙抱蛰同蜎蜎。一朝僵死谁能贤，短歌微吟私自怜。邻鸡声酸座起舞，破屋打头穿硬雨。断无丞相蔡州军，惟有先生东郭履。(《龙壁山房诗草》卷六,1—2叶,《清代诗文集汇编》659册,380页)

三月初八日(4月5日),清明日,与张金镛、叶名澧集王拯寓斋,有诗。

《集少鹤所润臣诗先成用其韵》(甲寅):"连朝马瘦趋重城，一日官闲追巨舠。螟蛉螺蠃不自笑，陈遵张辣谁与明。天涯春色杨柳浅，夜半柝声刁斗惊。高歌聊助四座乐，独雁忽牵千里情。"(《孙衣言集》上册,166页)

王拯《清明日海门偕琴西暨叶润臣阁读名澧小饮寓斋次润臣韵》:"悠悠车马怜昏晓，忽漫飞英堕玉觚。偶约清言谋醉稳，休令华烛照愁明。乡邻儿女灯前在，城阙乌鸢日暮惊。寂寞黄尘能辟迹，招邀旁舍足幽情。"(《龙壁山房诗草》卷六,《清代诗文集汇编》659册,380页;《王拯系年》,112页)

叶名澧《清明日同张海门孙琴西集饮王少和同年海王村馆》:"海王村畔三间屋,退直朋来酒满觥。尚有文章纪游宦,剧怜节物过清明。经年书剑行踪倦,卷地风沙客梦惊。千里江乡归未决,桃花春水漫多情。"(《敦夙好斋诗续编》卷一,18叶,《清代诗文集汇编》639册,230页)

张金镛《清明日润臣琴西同集定甫海王村馆》:"汉宫日暮闻传烛,斋阁春深漫举觥。石火又催芳节逝,饧箫犹唤夕阳明。奇文手定愁应失,定甫方裒集所为古文辞。征路心悬梦屡惊。余与润臣均欲作归计以道梗未能决也。莫怪当杯易沈醉,蓬头突鬓不胜情。"(张金镛《躬厚堂集》卷七,4叶)

春,阅明刻本《王状元集注分类东坡诗》。(《孙衣言孙诒让父子年谱》,22页)

为孔五舍人《咏致经堂》,力辟世儒汉宋门户之见。(《孙衣言孙诒让父子年谱》22页)

四月(5月),撰《安义堡记》,云:

咸丰三年春,天子以粤盗之乱诏天下郡邑练民兵,缮村堡以自固,复命仕宦之在籍者与守土官并举其事,而予弟锵鸣方以广西学政在假,实督吾郡团堡事,于是郡之人皆相率团练。其山海冲要往往筑堡以守,而予弟亦自为堡于吾村,既讫功,命之曰"安义之堡",以书走京师,请纪其事。予谓村堡之设,盖古者同井守望之法,而先王之意则一寓之于井田,如《周礼》遂人之所为,盖非第以通沟浍川沺而已。所以正其疆界而为之封域者,诚以为守助之资,禁强暴之扰也。后世井田废,则无所谓疆界,民所恃为固者,舍城堡其道无繇,若其意则犹井田之意也。然先王之意又非第以为可守而已,尝考之大司徒之职,既制其井域而封沟之矣,又必详为教法以治之。其于比闾族党之间,既示之以相保受宾葬矣,又必颁之以职事,教之以三物,而所尤重者,则孝、友、睦、姻、任、恤之六行。其不孝不友、不睦不姻、不任不恤者,则又有刑以纠之,必使尽就我教而后已。而至于礼乐之精微,亦未敢后焉。先王之所以联其民而教之备者,以为不如是,则虽予以可守之地,而亦不能以自固也。吾村在县治西北二十五里,吾孙氏聚族而居之,民俭而勤,孰朴而畏法,盖所谓有职事而易教者。今又有堡以为守矣,而益导之兴行相率,以为孝友睦姻任恤,使其比闾族党之间,如父子兄弟之相亲爱也,是无待于堡而固矣,况乎为之守以御强暴者又有如是之资哉?且此岂独为吾堡言之也?今盗贼之患,自广西而蔓于吴楚数千里之间,岂无险阻之限与高城深池之可恃也哉？何其所至残破也？然大抵其民之朴厚尚义者即不被寇，或寇至有可与守，而其所残破皆沃土教民之聚也。由是观之，虽天子所以固天下，独不以教民为先务乎？是亦可因吾堡之说以推之也。堡之建以三年七月日始，以今年二月日成。长若干丈，高若干尺，凡用钱若干缗，用人之力若干工云。咸丰四年夏四月。（《孙衣言集》中册，299—300 页）

六月二十一日（7 月 15 日），集祀欧阳修于林寿图斋中，壁挂苏东坡书《醉翁亭记》石刻，席间以海螺杯行酒。（《孙衣言孙诒让父子年谱》，23 页）

张金镛《六月二十一日林颖叔工部寿图招同人集饮寓斋为欧阳文忠公寿分韵得发字》："世人慕东坡，千秋哀磨蝎。家悬笠屐图，残年荐肴核。公生先卅载，丁未夏六月。澹魄下弦初，仙人降瑶阙。遥遥七百年，眎古空郁阕。林子雅好事，召客芳醑设。拜公滁州像，烟云起袍笏。清眉而丰颊，神采尚飞越。坡公跋公书曰："如见其清眉丰颊趋进奕如也。"公昔遘天谴，一官起复蹶。江湖岁月深，当宁惜华发。自来贤佞际，永炭格冷热。小人自胶牢，君子常嶮戺。公文实导苏，沦涟淡回折。沆瀣同遭回，山岳共崒嵂。兹辰天宇，新蜩噪林樾。晚雨馈清凉，轻飔动门楔。一螺沧海波，时以海螺杯行酒。百杯金谷罚。以公爱士心，下顾定怡悦。今情浃遐欢，私衷愿结袜。既醉读公文，酒香尚馞飶。斋壁张坡公书《醉翁亭记》石刻。"（张金镛《躬厚堂集》卷七，8—9 叶）

七月十三日（8 月 6 日），题王拯《媭砧课诵图》：

《媭砧课诵图》者，我友王子定父为其寡姊刘氏孺人作也。定父自幼丧其父母，孺人实抚而教之备勤劳焉。定父既成进士，官户部时即为是图以致其思而自记之。岁丙午假归粤，将迎孺人以养，而孺人年且老，不果来。定父念不能忘，归京师后，又为数诗以书其后，其言尤可悲。古之君子以谓母生之、父教之，此人理之常也。其不幸者，往往赖有母教如世所称韦逞、陶侃之事，至于定父乃独恃其姊以成，可谓尤不幸者也。夫为姊者，有不薄乎父母之心，而因不敢薄其弟。为弟者有不忘乎姊之心，而愈不敢忘其父母。而定父文章行治成就果如此，是其不幸者，皆无憾也。定父今者伏而思其父母而已，有终天之悲，引领以望孺人而又在数千里之远，其触于目而震动于心者，独图画常常在也，此则定父之旨哉。咸丰四年七月十三日，瑞安年愚弟孙衣言谨跋。（《王拯系

年》,38—39页)

八月十五日(10月6日),中秋夜,与林寿图、张金镛、叶名澧集王拯寓斋中。

> 王拯《中秋夜集寓斋分得放字》:"我有明月怀,常时苦尘障。今宵与月明,光景特一放。人生百年内,风雨惜畴曩。春江美花月,光影徒漫浪。晚景忽侵寻,良时譬盈望。功名委逝波,文字托微尚。壮夫雕虫事,低首郁相向。宁知千秋后,一得果谁当。蜗庐炳明烛,近局酌清酿。居然人月圆,美意足相贶。寂寥视天中,高牙几戍账。沉唏悲战马,铁垒卧枭将。可怜河汉秋,士女纷馈饷。频年关山路,沙尘尽辽旷。群公中禁资,颇牧复何让。贱子独单寒,荒村忆盆盎。深宵玩玉轮,彻骨转凄怆。酒阑各分笺,聊尔一军张。"(《龙壁山房诗草》卷六,《王拯系年》,117—118页)

> 林寿图《中秋夕定甫散直招同海门琴西分韵得难字》:"炉香蒸公退,秋色皓长安。淹旬惜锁直,借月补阙欢。十千市琥珀,八尺坐琅玕。平章门下吏,冷澹到君难。久无轩冕心,但有鼙鼓叹。乡关各阻贼,归计未休官。昨者初蛾眉,盼捷并金銮。南鸿尚迢递,东兔易团栾。沈沈大地影,缩寸山河宽。粤闽在何许,分照万家寒。张生贪不眠,银汉烂舌端。孙生忧国事,北斗奉心肝。秉政斡枢机,簪笔愁我乾。明星又催发,雪冀背霜峯。"(林寿图《黄鹤山人诗初钞》卷七,15—16叶)

八月十九日(10月10日),招林寿图、张金镛、王拯饮斋中。

> 林寿图《八月十九日同海门少鹤饮琴西斋中次少鹤用山谷卧陶轩诗韵》:"金蛇动秋色,璀璨跋当窗。舢船与浮拍,垂虹势饮江。东观未见书,指尘高眠床。命侪必鸾凤,凡鸟安敢双。踯躅起下国,遨游来上邦。许身谬契稷,济时羞薛逢。每于赋吉日,辄共忧繁霜。世务姑拨弃,有酒香满缸。主贤请酌我,一醉期百忘。"(林寿图《黄鹤山人诗初钞》卷七,16叶)

> 林寿图《是夕余先去琴西以诗索和次韵答之》:"堂阶马蹄响,山影瘦兀窗。月波浸天衢,如溢湖与江。行者遍独峦,坐者留并床。诗肠挟酒胆,杰出盖寡双。我怯邹鲁哄,君雄齐楚邦。挽弓能挽强,求对敌甘逢。层宵琉璃瓦,万绿粲新霜。番休美安眠,稻芒倒金缸。勿徒学犀首,沈酣身世忘。"(林寿图《黄鹤山人诗初钞》卷七,16叶)

张金镛《十九夜琴西斋中偕颖叔定甫对月小饮用山谷卧陶轩韵》："结璘爱诗客,夜阑窈窕窗。井栏浮露气,邈若凌清江。近局毕卓杯,遐心幼安床。未改所好三,坐秃此鬓双。越瓯与七闽,千里连乡邦。朋交慕桑舆,世事悲羿逢。百念辏阑夜,千秋瞥飞霜。平生湖海怀,謷然溢残缸。商声起庭城,此境安可忘。"(张金镛《躬厚堂集》卷七,10叶)

八月二十三日(10月14日),在张金镛斋中,与王拯、张金镛联句,用山谷卧陶轩韵:

幽斋学虚舫,高朋聚夜窗。衣言。晚蜗恋短壁,晨兔梦长江。海门。敌愁毕卓酒,卧客陈登床。定甫。志合古有偶,迹孤今不双。衣言。心鄙樊学稼,道在颜问邦。海门。屏山隐蛾寁,寺鼓邻鼍逢定甫。但娱面黯玉,莫俟头垂霜。衣言。百年沧海尘,一夕葡萄缸。海门。悠悠纵何益,把把聊暂忘。定甫。

刺促蛩絮壁,轮囷月黯窗。定甫。一灯坐嘉夜,十年吞怒江。衣言。猿泪凄山峡,鸢心悲女床。海门。空怜城拥百,弗及鞬挟双。定甫。游议众稷高,斗力群羽邦。衣言。寂憎蚊蝇聒,哀生羣鼓逢。海门。惨恻高城夕,凄凉昨夜霜。定甫。跋见更呼烛,瓶渴重倾缸。衣言。聊信濠濮适,行与江湖忘。海门。

怪吠犬绕屋,元谈鸡守囹。海门。纷腾斗奇险,支离翻涛江。定甫。欲尽诗满壁,不知酒污床。衣言。剑合神龙两,锦婵文鸳双。海门。炙毂竞齐社,叩关哄秦邦。定甫。庞骄坐玩腠,羿縠时脱逢。衣言。世事危集霰,秋叶飘惊霜。海门。但能凭酒城,且自遨醝缸。定甫。既醉复屡舞,此乐不可忘。衣言。(《孙衣言孙诒让父子年谱》,23—24页)

八月二十五日(10月16日),在王拯斋中,与王拯、张金镛联句,用昌黎同宿联句韵:

斗室表村居,深友绝世谱。时怜风雨过,定甫。兴忆江海浸。群嘲腾喘牛,海门。独嗜甘啖鸩。宵欢围红缸,衣言。秋味逼香枕。一尊乐可就,定甫。万感意不任。茂先困云阁,海门。曼倩赘清禁。漏鼓朝趋声,衣言。苑树晚息荫。嘿同寒蝉瘖,定甫。病笑老牸吟。长鲸拔空波,海门。威虎假灵谶。浮荣各巧梯,衣言。丕构一穷赍。颠危就扶匡,定甫。乾朽待澼渗。将隐焉用文,海门。无事但纵饮。诗豪能敌愁,衣言。意得不受褦。

涎壳方焦卧，<small>定甫</small>。肉肩学樊阇。星垂虚堂明，<small>海门</small>。露滴短檐沁。烛残花频摧，<small>衣言</small>。析喋声偶喑。巴歌谬谐钟，<small>定甫</small>。巧织若骈絍。<small>海门</small>。（《孙衣言孙诒让父子年谱》，24 页）

十一月初三日（12 月 22 日），冬至日，与张金镛饮于王拯寓所，王拯以去年冬至日诗见示，谱主和作一首。

《长至日与海门饮定父所定父用去年此日诗韵见示予亦和作》："晚追落日出重闉，又醉高筵竹叶春。笑语隔年如可识，朋交当世不求新。坐回杀气有师友，<small>曾侍郎为定父旧交，而余庚戌朝考，侍郎与读卷</small>。共乐清时此主宾。我困兰台君笔札，不知诗句更谁神。"（《孙衣言集》上册，167 页）

十二月初八日（1855 年 1 月 25 日），与王拯饮于张金镛寓斋。

张金镛《腊八夜定甫琴西过寓斋小饮分韵得碑字》："寂历春心转一厄，酒怀凹凸迥生悲。青山别墅归无计，白日沧波岁又移。深语画灰唉妲竖，大言流涕痛诊痴。短吟莫向溪簏写，恐被人猜党籍碑。"（张金镛《躬厚堂集》卷七，15 叶）

十二月十九日（2 月 5 日），与张金镛、叶名澧、陶梁、张祥河、孙福清、钱宝青、林寿图集王拯寓斋"玉池西舫"，为苏东坡寿。

《孙衣言孙诒让父子年谱》："集祀东坡于王九户部入直军机所居之玉池西舫，与者张海门、叶润臣及长洲陶凫香少宗伯樑，华亭张诗舲少宰祥河，壁悬闽人曾鲸波臣所画笠屐像及惠州石刻像。"（参考海门《厚躬堂诗》、诗舲《小重山房诗续录·来京集》。衣言是年谢张诗舲招饮诗，有"最仰声名嫌未识，敢劳车骑辱经过"之语。盖衣言于时名动朝士，而诗舲新以陕抚内召，亦当日胜流，彼此所愿交识者也。）（24 页）

张祥河《乙卯立春后一日为坡公生辰张海门太史叶润臣舍人招同人集王少鹤农部斋悬闽中曾波臣画笠屐象为公寿肃拜礼成分韵得快字》："眉山笠屐波臣画，一瓣心香众仙拜。苏斋年年具袍笏，旧社宣南踵佳话。自覃溪老人倡举后，觉生、菽堂、兰雪、兰卿诸公数举是会，余在都十数年皆与焉。由来文望韩富欧，一气千秋通沆瀣。翰林换酒脱金貂，元祐铁钱杖头挂。<small>曩在秦中得元祐铁钱数枚，当时以其质笨重，是以不行</small>。"（张祥河《小重山房诗续录·来京集》）

王拯《十二月十九日寓斋退直同海门润臣作东坡生日陶凫芗梁张诗

舲祥河两侍郎丈与孙孝廉福清琴西萍矼颖叔会者九人分得新字》："街头昨日闻鞭春，春来为作公生辰。荒斋合座斗春气，烛花香篆疑公神。张侯叶侯发兴新，高轩揖客凝冠绅。皤然二老今斫轮，瓣香拜祝神能亲。春盘钉座杂五辛，黄鸡花猪罗核珍。橘奴颗熟连霜筠，估船昨来从海滨。兵戈阻绝南北垠，江海咫尺才通津。吾侪坐食甘醲醇，武陵阳羡愁荆榛。金戈铁马伊何人，白鹤峰头笠屐真。黄州秃翁髯绝伦，大江东去一悲啸。自怜华发生飞尘，一冬不雪过九旬。朔风如吼空严嗔，举杯酬公客起巡。来朝大雪飞龙鳞，沽酒更约东家邻。"（《龙壁山房诗草》卷六，《清代诗文集汇编》659册，387页；《王拯系年》，124页）

张金镛《东坡生日集定甫玉池西舫分韵得奏字》："龙团名茶真一酒，先生精灵来妥侑。命宫磨蝎才人同，一醉无名借公寿。昔年太岁次庚戌，我友严缊生孙琴生陈俎豆。我时初有朝云悲，坐惜馀香泠衣袖。揭来三载逢时艰，虺毒豺牙哄封堠。徂年永雪但寂寞，莫蹑词坛典章旧。昨夜东风吹井甃，春气鳞鳞入醇酎。江东二老文章伯，阅历恒河面不皱。谓兔香前辈、诗舲先生。座中诸子各潇洒，于于喁喁互先后。俨若王黄秦晁伦，一堂燕笑歌吟凑。海客丹青惠州石，遗像清腴获良觏。悬闽人曾鲸波臣画及惠州石刻二像。平生未陟白鹤峰，闻道冈峯插天秀。胜境幽奇梦想劳，故人契阔离心懊。缊生时在黔中。梅花催诗暗香逗，诗老诗篇能急就。兔翁诗翁诗最先成。杯底谁为鸾凤声，世间尚有蠹蟆斗。高吟夜半摇烛花，明日甘泉捷书奏。"（张金镛《躬厚堂集》卷七，15—16叶）

十二月二十二日（2月8日），开始蓄须，作诗示张金镛、王拯二先生。

《二十二日留须戏作小诗示张王二子》：东风依旧作青春，老我容颜入镜新。好语谬劳童仆贺，头颅渐恐少年嗔。吟诗他日嘲坡竹，祭灶明朝请比邻。寄语西家老海鹤，风流来往更情亲。（《孙衣言集》上册，167—168页）

十二月二十九日（2月15日），小除夕，与王拯、林寿图集张金镛寓斋祭诗。

王拯《小除夕海门招同琴西颖叔寓斋祭诗分得不字》："九衢不雪尘生坲，蛇蟄光阴懔飘歘。……"（《龙壁山房诗草》卷六，《清代诗文集汇编》659册，387页；《王拯系年》，124—125页）

十二月,撰《巨野县儒学教谕辛君墓表》,以记教谕辛本柷殉难之事。

《巨野县儒学教谕辛君墓表》:"今年春,庐州城出獗贼数千,谋北合连镇,由河南永城折而东,入徐州界,遂北渡河,陷曹州诸县,不十日长驱破临清,官吏死者数十人,而蓬莱辛君本柷以教官殉巨野。……闻山东大吏举察失地及死事诸官,而君得以阵亡例优卹,赠某官,立专祠于巨野。君字干堂,道光丁酉科拔贡,祖某,妣某氏,父某某,嘉庆辛未科进士,直隶分巡清河道,母张氏,娶滕氏,继娶某氏,子一,可健。甲寅十二月表。"(《孙衣言集》中册,405—406页)

是年,子诒让见父为诗,索诗甚急。谱主爱其穉悟,戏书二十八字与之。

《稚子见余为诗亦索诗甚急戏与二十八字》:"陶潜稚子求梨枣,汝爱文章亦自痴。他日读书毋效我,阴何鲍谢总支离。"(《孙衣言集》上册,166页)

是年,二弟锵鸣来函说长几根白头发,赋诗以宽之。

《韶甫书来自云须发有数茎白者恐其遂衰以诗宽之》:"少年倚汝面如玉,羁旅飞腾各自强。一别忽闻头种种,卌旬何怪视茫茫。已知朋辈成憎弃,未有功名托久长。且效儿啼莫言老,双亲相对鬓毛霜。"(《孙衣言集》上册,167页)

是年,三弟嘉言得子(诒燕),以诗为贺。

《子俞弟年三十一始举一子以诗为贺兼示蘗田》:"汝视商瞿未后时,龙驹新出渥洼姿。锦绷笑语知翁姥,羊酒闲闾入梦思。年谷与人通美意,庭兰及此护初枝。文章我愧龙钟伯,千里青云看虎儿。虎儿,子由子远小字,此子生年亦直虎也。"(《孙衣言集》上册,167页)

是年,为荐主蒋琦龄(申甫)之父蒋启敭撰《蒋玉峰先生六十寿序》:

今天子咸丰之四年,荐主蒋申甫先生自西安太守奉观察西川之命,而太公玉峰先生方观察河北,适当六十之生辰。于是甲辰、乙巳二科之士以乡会试出吾师门下者,谋所以介太公之寿,以庆吾师,而属衣言为之词。衣言甲辰举京兆,实出师门下,不可以不文辞,乃拜手而为之序。

(《孙衣言集》中册,352—353页)

按:蒋启敭(1795—1856),字明叔,号玉峰。广西全州人。道光二年(1822)进士,官至河南彰卫怀兵备道、署河东河道总督。

是年,徐维城因久不得谱主兄弟消息,有诗怀念。

《久不得琴西蕖田子方子密消息》(甲寅):"生平心折连枝玉,并世孙钱棠棣花。少贱交情孚道义,颉颃才调竞声华。只今大地干戈满,入望弥天驿堠赊。何处埙篪更唱和,几回梦见水云涯。"(《天韵堂诗存》卷五,1叶,《清代诗文集汇编》661册,581页)

咸丰五年　乙卯　1855 年　四十一岁

正月初七日(2 月 23 日),应叶名澧之招,与张金镛、孔宪彝、王拯、林寿图、孙福清集其寓中,以"萐开七叶应今朝"分韵。叶名澧出示朱彝尊《烟雨归耕图》。

《人日同人集润臣斋中分得朝字久而未作忽将浃月矣病中偶得一首即简润臣并示诸子》:"草堂人日有招邀,斗酒相过慰寂寥。容易春光连上巳,剧怜高客共芳朝。旌麾金阙铙歌入,銮辂桥山喜色遥。连镇贼平,上将祗谒西陵。自愧清时长抱病,昨来归梦在吴鞗。润臣出看朱检讨《烟雨归耕图卷》。"(《孙衣言集》上册,169 页)

叶名澧《人日招张海门金镛孙琴西衣言两编修孔绣山舍人宪彝王少和户部锡振林颖叔工部寿图孙稼斋教习福清小集以萐开七叶应今朝分韵得今字》:"皇州春已到,酌酒共歌吟。大地飘蓬感,青天倦鸟心。及时谋宴乐,吾道问来今。便欲携筇去,登高一散襟。"(《敦夙好斋诗续编》卷三,1 叶,《清代诗文集汇编》639 册,247 页)

王拯《人日集叶润臣斋中分得开字》:"东风仍自好,先向帝京回。七子草堂集,一樽人日开。小桃将暖出,新雁带寒来。忽念题诗者,飞腾双鬓催。"(《龙壁山房诗草》卷七,《王拯系年》,125 页)

正月初八日(2 月 24 日),孔宪彝宴朝鲜客人相邀,谱主以事不能往,而戏为一首。

《集润臣所之次日孔绣山以燕朝鲜客见召为事不能往已闻汴生同年得交字因思余诗中未尝有是韵诗戏为一首呈绣山兼示汴生》:"舍人

海外妙论交,走马投诗任笑嘲。岸帻闻能谈绝国,敝车何意隔芳郊。有情江阁三韩旧,回首清尊十载抛。谁识黄公垆畔客,西山好在帝城坳。十餘年前,常从黄侍郎于城南江亭,与朝鲜使臣李秋斋辈饮酒赋诗。"(《孙衣言集》上册,170页)

正月十五日(3月3日),邀王拯、张金镛饮于酒楼。

  王拯《元夕琴西邀饮酒楼同海门作》:"隐隐红旌闹,沉沉玉漏迟。金吾犹有禁,明月幸无亏。瓮熟春香透,楼深夜景宜。微风吹酒面,归路要新诗。时闻收复上海县城。"(《龙壁山房诗草》卷七,《清代诗文集汇编》659册,389页;《王拯系年》,125—126页)

正月,读嘉庆重刊本宋胡方平《易学启蒙通释》两卷,与康熙御纂《周易折中》参互校核,旁采众说,手录于眉端,间复自为按语,凡数十条,以广朱子、邵子之义。(《孙衣言孙诒让父子年谱》,24页)

正二月间,叶名沣有《柬孙琴西同年》诗:

  共有忆乡念,遥遥春水深。相存惟隔巷,闻汝偶孤吟。铙吹天边奏,烟花郭外寻。及时当作健,底事感盈襟。(《敦夙好斋诗续编》卷三,5叶,《清代诗文集汇编》639册,249页)

四月二十四日(6月8日),有旨命谱主及翰林院侍读殷兆镛(字谱经,吴江人)、编修李鸿藻(字兰孙,高阳人)在上书房行走。

  《文宗显皇帝实录》卷一六六:"丙辰,……命翰林院侍讲殷兆镛、编修孙衣言、李鸿藻,在上书房行走。"(《清实录》42册,826页)

  《翁心存日记》:"命殷振镛、孙衣言授惠王子读,李鸿藻亦入直。"(第3册,1026页)

五月二十四日(7月7日),召入上书房,授惠亲王诸子读。同直者有朱桐轩尚书(凤标,萧山人)、匡鹤泉侍郎(源,胶州人)、倭艮峰侍郎(仁,蒙古)、刘融斋编修(熙载,兴化)等。谱主赋诗恭纪。友人张金镛、王拯以诗来贺。

  《五月二十四日蒙恩召入上书房授惠亲王诸子恭纪二章》:"六年著作在承明,又捧儒书侍玉清。自愧文章阿世好,误蒙君相采虚名。天开晓色瞻仙仗,日静瑶阶夏佩声。犹有平生稽古事,敢随时论说梯荣。一臣家旧物一毡青,何意天光接紫廷。弟子虬浮曾入侍,予尝教习琉球入监子弟。皇孙龙种又传经。儒冠臧禹空方雅,古记闲平有典型。谕教论思都未易,春风回首子云亭。先师杜文正公直上书房十餘年。二"(《孙衣言集》上册,170页)

张金镛《琴西入值上书房奉诒二章》:"翰林职闲冷,所戒择术卑。举足或随俗,白简丛弹讥。之子性谨洁,搜古情独怡。屏居人海中,日下博士帷。宠膺保傅命,意外非所期。鼓钟声四闻,此理无可疑。荐才宰相职,古道今则希。冥寞有真赏,实伸志士眉。芳兰在岩阿,猗猗媚幽姿。拔茅自君始,采掇当无遗。一 君昔踞皋比,授书东海生。三年业成去,雅化流沧瀛。入直亲切地,谒帝趋延英。熻熻经籍光,藜火天上青。蔚起禁中誉,安论海外名。儒生荷一命,岂必希公卿。稽古被钦瞩,殊遇非浮荣。冷局多遭廻,得路行骞腾。好爵天人俱,勉此霄汉程。旧业尚勿疏,高文翼升平。二"(《躬厚堂集》卷七,16 叶,《清代诗文集汇编》618 册,45 页)

王拯《琴西入直上书房授亲王子读诗以贺之》:"闲平自昔崇儒术,贾董于今重傅才。从此高名冠瀛岛,居然僻巷起蒿莱。三天雨露黄封下,上邸笙簧玉珮来。曾忆常时鹭鸥伴,墙西明月对衔杯。"(《龙壁山房诗草》卷七,《清代诗文集汇编》659 册,389 页;《王拯系年》,127—128 页)

六月初八日(7 月 21 日),偕庚戌同年俞樾(荫甫)、邵亨豫(汴生)、钱宝廉(湘吟)、朱晴川文江、王凯泰(补帆)、杨庆麟(振甫)、何福咸(受山)诸人游龙树院。

俞樾有《六月八日偕孙琴西衣言朱晴洲文江邵汴生亨豫钱湘吟镕王补帆凯泰杨振甫庆麟何受山福咸诸同年至龙树院作竟日之游纪之以诗》诗。(《春在堂诗编》四《甲丙编》,十至十一叶,《清代诗文集汇编》684 册,492—493 页)

六月二十一日(8 月 3 日),欧阳修生日,与陶樑、宗稷辰、陆秉枢、钱宝青、王锡振、孙福清、张金镛集林寿图之蓉菔草堂,酒间极论散体文宗派。

张金镛《欧公生日仍集颖叔斋中与者陶兔香前辈樑宗攻耻稷辰陆眉生秉枢两侍御孙琴西编修衣言钱萍矼大李宝青王定甫户部锡振孙介廷孝廉福清暨余与颖叔凡九人分韵得於字酒间诸君子极论散体文宗派故诗中及之》:"宗老文得庐陵腴,前年辞官归镜湖。时艰不忍恋蓬累,手抱一编还大都。欧公诞日絜祀事,我闻此举君权舆。邵君位西员外作记在丁未,风水萦拂漭澜扶。竭来风雅推林道,耽诗爱客今所无。滁州石像县苑庐,移奉邸阁来云车。更假画像苏斋摹,喜若地得秦商於。生朝置酒岁为例,复此开樽罗笋箈。古今人才繁有徒,奇葩浓香塞路衢。我公挺生退之后,文以识道蕤贞趺。才翁伯长各僵走,真髓独付峨岷苏。斯道不绝但如缕,茅黄苇白杂葳芜。国朝桐城继常熟,群言液沥斟醍醐。刘才甫姚惜抱不作张皋文恽子居死,作者今若晨星疏。王生定甫嗜此如嗜荠,真香草木新含荂。编修琴西治文心力勇,义法自与常人殊。鄙生握觚成老迁,学为歌吟杂笑呼。颇知志业古文贵,心识其意言嗫嚅。廷平萍矼藻绘照京国,枢部颖叔诗摘骊龙珠。孝廉介廷侍御眉生各坦荡,击缶相应音呜呜。秩宗兔翁凤望高璠玙,宦迹略与公相符。瓣香手爇作都讲,挈客北面神懔懔。先生皋比踞高座,霭霭道貌春云敷。先秋五日暑未徂,凉意潜动中庭梧。不闻铮鎗响金铁,若有精气腾空虚。各为诗文纪良集,得公皮骨增踟蹰。昨岁八公今九友,竭欢那复辞首儒。惜哉华亭未及与,家诗舲先生期而不至。丹青莫续欧斋图。平生不识梅圣俞伯言邑中,颇怜毁突遭魑魅。青门位西往昔屡相见,论文恨未尊酒俱。微罪去职亦已矣,坐愁岁月销江湖。相期宗老更作记,持问邵生今如何。"(《躬厚堂集》卷七,17—18叶,《清代诗文集汇编》618册,46页)

王拯《欧阳公生日颖叔水部移奉直庐遗像寓斋复集陶兔芗少宗伯宗涤甫丈海门琴西萍矼诸子为寿分得者字宗文今年来自山中昔直苑庐始颜欧斋为公生日者也张诗舲少冢宰按顺天试未及来会故卒及之并怀柏枧先生》:"山人独出乘骢马,垂白赴官真健者。欧斋自昔有渊源,今日兹堂合称斝。欧公生日成故事,同寮几辈亲风雅。南宫先生八十翁,麋犁肯逐群鸥社。菩蕯有母能封鲊,颖叔自题斋曰菩蕯。诗酒雄豪独喑哑。自从崖直罢宣曲,扇子荷香空艳冶。尊严遗像虔移奉,蕉荔馨香供高厦。我惭文字近疏慵,卧阁昏昏闭长夏。宾筵艾熟频来醉,仿佛清眉拟重写。时方手摹公像。去年此会怀杭越,岂意眼前杯重把。依然一客困青门,闻迫饥驱走尘下。谓位西。人生彦会怜凋寡,弦魄光中烛花炧。红纱眼底愁杀人,童头脱冠思子野。柏枧先生近客清河,亦膺校士之聘。"(《龙壁山房诗草》卷七,《清代诗文集汇编》659册,390页;《王拯系年》,128—129页)

夏,结识永康胡凤丹。

《胡月樵退补斋诗存序》:"予始与月樵相见在咸丰乙卯之夏,时月樵方以驾部郎居京师,好客,喜造请,士大夫官京朝往往多月樵相识,月樵日从诸公贵人歌呼饮酒,门外车常满,尤强力喜事,遇事愈剧愈心开,诸贵人或有宾祭期集即以属月樵,月樵咄嗟立办,予特谓月樵年壮气盛,它日当为能吏有才。"(《孙衣言集》中册,500页)

七月二十一日（9月2日），咸丰皇帝移跸圆明园，黄县相国析所居为谱主直庐，在澄怀园食笋斋。

> 《枌梓花馆记》："咸丰五年七月二十有一日，天子移跸圆明园，于是驾在大内五年矣。两书房翰林直庐在澄怀园者多漏敝，其可居者诸君或先之。于是黄县相国析其居之西偏以居，予所谓食笋之斋也。"（《孙衣言集》中册，300页）

八月初六日（9月16日），移居斋中，有屋南北向各三楹，北为家人居室，南为读书退休之所，自署曰"枌梓花馆"。王拯枢部每入直，即过食笋斋谈艺，谱主自谓与枢部皆不能与时俯仰。朱琦（伯韩）观察、汪仲穆孝廉，来宿园斋看月。（《孙衣言孙诒让父子年谱》，25页）

时，王拯有诗《琴西翰林所居澄观园直庐庭有杻树即枌梓也》：

> 往闻西都言，今见南斋句。往时程侍郎恩泽有赋。栲杻本形书，枌梓实宫树。山枢蟋蟀唐魏风，牛筋诘屈谈村翁。如何长春万岁此奇木，往往洇迹蜗牛宫。蛟龙蟠屈身天矫，碧叶青枝看逾好。二月春生白练花，移根合在蓬莱岛。西园群树秋不雕，西风澹日林塘坳。珊瑚朱实挂檐隙，雪花碎蕊犹生条。春华忽作秋光妍，欲觅天梁问修嫣。好与贞松订岁寒，底须修竹怜迟暮。盘弧引缺奔天狼，羽书日夕飞明光。咄哉此木称材良，丹漆胶革十石强。淇园有竹箭栝长，往试饮羽南山冈。（《龙壁山房诗草》卷七，12叶，《清代诗文集汇编》659册，394页）

八月，好友张金镛出任湖南学使，赋诗寄赠。

> 《海门前辈由山西考官为湖南学使以此寄之》："诗人五十未为衰，重叠天书蔼羽仪。汾水秋高云自远，洞庭南去雁相随。中朝文笔宜枚叟，往日风谣爱楚辞。却恨为谁开口笑，墙西又对菊花枝。海门、少鹤邸居皆在余西，每戏以"墙西诗人"呼之。"（《孙衣言集》上册，171页）

> 《文宗显皇帝实录》卷一七四："壬辰，……俞樾提督河南学政，修撰孙如仅提督陕甘学政，编修张金镛提督湖南学政。"（《清实录》42册，939页）

八月，授子诒让四子书。时谱主方欲以经制之学，融贯汉宋，通其区畛，而以永嘉儒先治《周官经》特为精详，大抵阐明制度，穷极治本，不徒以释名辨物为事，亦非空谈经世者可比。因于四子书外，先授诒让以此经，藉为研究薛、陈诸家学术之基本。（《孙衣言孙诒让父子年谱》，26页）

秋，与王拯、林寿图游宝藏寺，有诗。

《与少鹤颖叔游宝藏寺》："退食日方中，幽人有造请。并驱趋西山，无事从幽屏。细迳石荦确，马瘦不敢骋。招提悬苍崖，未到已矫颈。须臾陂陀穷，遂得佛地靓。石泉鸣珮环，手掬不待绠。我视林子笑，苦乏建溪茗。盆中黄金花，广寒散清影。平时娱娇□，□前忍寂静。稍南苍雪庵，何年出榛梗。坐拓僧窗明，尽纳十里景。荡胸俯平湖，决眦入层岭。阇黎能留客，奈此天色暝。归途迎清风，微酒吹已醒。却顾所来迳，白云天半迥。神皋拱帝都，奥壤蓄奇境。一官共浮沉，出入无畦町。胜游此发机，后懦丧前猛。作诗告同人，秋风日严冷。"（《篯旧集》卷十八，《王拯系年》，130 页）

王拯赋《同琴西颖叔游金山宝藏寺饭苍雪庵暮归直庐》三章："退直车马闲，寻山簉榼具。神皋接宫苑，数里出村坞。午阴蓊树清，秋色杂花妩。离离山果赤，濯濯溪女素。幽探忽忘疲，胜引每惊顾。罔峦始参呀，烟炯益轩露。有时错涧石，亦或蟠云树。谷鸟跃迎人，林霏渐遮路。顿疑朝市远，遂觉皋壤富。丘壑本平生，袿裾强干务。林栖忽如归，尘块不知处。

一径入山麓，豁然灵境开。飞蛇窝而升，苍翠两山回。空明转天门，曲折凌香台。樨馥蕴庭际，竹风盘砌隈。清泠屋后泉，隐约山之厓。细响阒珮环，幽光莹藓苔。前登虎豹丛，上出云霞堆。昆湖荡我胸，三山何壮哉。凭虚一以眺，远景穷烟埃。老僧归锡遥，貌耇心婴孩。诵客远游什，醉我香积醅。山中自日月，花草殊璨璀。不观大师碣，磊落犹颠涯。

山风催夕曛，暝色入蒙薄。客从寒山下，人影对萧索。回首翠微间，苍然横寺阁。林坳渐希微，村径殊荦确。云沉远钟荡，日挂残碉弱。好景怅易违，兹游会成昨。归人遇樵牧，情话蔼桑落。谁知天日亲，别有山林乐。江海忆故区，云泉谅虚诺。篱花开又遍，湖水濠全约。行行复烟寰，却顾但辽邈。"（《龙壁山房诗草》卷七，《王拯系年》，130—131 页）

秋，访王拯，林寿图留饮，有诗。

《与少鹤颖叔饮湖上楼赋此索和》："高楼正对明湖水，倒影垂杨散苍翠。雨馀洗出西山青，眉黛吴娘澹相媚。数旬不共酒杯春，楼下风物眼中人。但卷珠帘向湖绿，令人愁忆六街尘。"（《篯旧集》卷十八，《王拯系年》，131 页）

王拯《琴西过余楼居颖叔留饮暮归有诗依韵奉答》：“风波不到平湖水，倒影西山刷眉翠。楼前日日柳丝风，冶叶倡条向人媚。佳客能过笑语春，举杯同是谪仙人。眼前如此不能醉，寥落西风吹粪尘。”（《龙壁山房诗草》卷七，《清代诗文集汇编》659 册，393 页）

秋，刘存仁入都，因林寿图与谱主订交。

《屺云楼诗话》云：“乙卯秋入都，因林颖叔订交琴西太史，结消寒社，见其气度伟岸，意态超旷，似魏晋间人。读其诗，灵气往来，清莹见骨，不屑一语拾人牙慧，是酷似山谷而得其神髓者。时琴西值上书房，颖叔与王少鹤直军机，三人者以文字道义相切劘，顾推爱及余，相期甚厚，殊可感也。琴西侍从词臣，终年园直，罕与外人酬接，故心虽亲而迹实疏，岁暮始入城聚晤，辄移晷不能去。”盖炳甫与衣言时初相识，便为神交。（《孙衣言孙诒让父子年谱》，26 页）

十月初三日（11 月 12 日），谒翁心存。

《翁心存日记》：“孙琴西、全小汀、邵汴生先后来。”（第 3 册，1064 页）

十月十三日（11 月 22 日），撰《枌梅花馆记》。（《孙衣言集》中册，300—301 页）

十月十四日（11 月 23 日），皇上赐哈密瓜，赋诗以感。

《十月十四日蒙赐哈密瓜感赋》：“汉苑离宫苜蓿高，又传佳种逐葡萄。荔枝卢橘甘谁让，紫禁朱樱赐共叨。万里金城秋馈粟，三千铁骑夜横刀。大官饱食真恩幸，心折当年七校劳。”（《孙衣言集》上册，172 页）

十一月初一日（12 月 9 日），林寿图招同消寒第一雅集，与者有刘存仁、陈鸿寿、王拯、钱宝青等。刘存仁出示《粤峤从军图》，感而有作。

孙衣言《消寒第一集林颖叔斋中晤刘微君炳甫存仁出示粤峤从军图从林文忠公督师广西时作也》：“冬半尚无冰，寒气久未至。林侯招我饮，同志仅三四。越镠天马驹，临觞不能醉。坐客汉廉孝，下郡贡上士。腹中虎钤经，征南昔书记。传闻初视师，豺豹敛狂猘。茫茫鹿州祠，文忠力疾至潮州，卒于蓝鼎元祠侧。大星黯隧地。遂令括羽来，妖焰不复制。寒宵拜遗影，四坐或陨涕。我掌柱下史，颇悉海上事。当年办西夷，锋颖患过厉。留侯美妇人，善病乃无技。斯人今无徒，张韩盖强吏。世变益才难，黄口半罿寄。兵气久不销，东南尚鼎沸。吾子兵间来，何以测天意。

相向酒杯深，庙堂有高议。”（《笃旧集》卷十八，《王拯系年》，135 页）

刘存仁《十一月朔林颖叔寿图枢部招同陈莲裳鸿寿铨部王少鹤锡振枢部孙琴西衣言编修钱萍矼宝青廷尉集蕃莼草堂消寒第一集余出从军图索题诸公皆有诗勉继其后》：“桂海连年厌鼓鼙，莫谈前事易伤悲。短衣匹马容非旧，长铗依人我亦疑。坛坫风流诗老共，沧桑身世酒杯知。羁愁憔悴雄心尽，愧见群公绝妙辞。

蔓延五载势难收，中有茫茫万古愁。自是风轮消浩劫，岂徒人海困浮沤。静思行遁坏宜凿，生不封侯笔亦投。出处一身难自主，漫言幕府借前筹。

出门歧路怅西东，都付悲歌慷慨中。此夕止谈风月好，当筵莫放酒杯空。易名两字千秋重，遗恨齐声四海同。喜遇新知还怆旧，我曾倚剑哭元戎。

鼓角辕门夜月高，银灯彻晓照霜毫。不堪回首挥双泪，剩有馀生感二毛。哀乐中年废丝竹，交情海内拜风骚。披图他日如相忆，应笑浮生为底劳。”（《屺云楼二集》卷四，《清代诗文集汇编》619 册，670 页）

林寿图《刘炯甫徵君陈连裳铨部王定甫枢部孙琴西编修钱萍矼廷尉过集卷施草堂炯甫出示越峤从军图因题》：“生不愿领八州督，亦不用觅万里侥。风尘澒洞苦荆棘，糟邱一筑堪千秋。刘侯远来颜色好，应徐乍见皆倾倒。论诗说剑犹纵横，浮白相欢不知老。中夜起舞鸡鸣歌，忆曾投笔从挥戈。彗星未扫大星落，过岭有恨如渡河。书生弓马能几何，盾鼻自拥隃麋磨。街恩宿草埋骨久，满目伏莽伤心多。我劝刘侯尽杯酒，醉胆轮囷插杓斗。古来麟阁亦速朽，草檄且袖陈琳手。蜗角江山有战争，虎头骨相空奔走。但当浇汝块垒胸，富贵功名等刍狗。即今楚吴未解兵，几人褒鄂同精神。请缨建纛君等在，吾将归酹西湖春。闽人奉家文忠像附祀西湖宋李忠定公祠桂斋。”（《笃旧集》卷十六，《王拯系年》，134—135 页）

王拯《颖叔斋中消寒小集刘炯甫孝廉出从军图索题图中为前督师林文忠及徵君二小影曩从征粤寇道中所为盖图未久而督师殁矣》：“窗竹萧骚鸣败叶，朔风搅空天欲雪。华筵酒半灯烛昏，刘生之图黯愁绝。图中老子真人龙，刘生褶袴来趋风。当时奉诏起灭贼，想见谈笑驱罴熊。东南吴楚凭江水，怪咄横氛何时已。至使英雄泪满襟，出师未捷身先死。湘子桥南秋雨翻，刘生有泪犹倾盆。谁怜寂寞单车诏，弥复凄凉国士恩。酒徒击筑燕市多，座中有客颜先酡。冰霜晏岁忽如此，戎马当时恨若何。人生慷慨不称意，驽者折辕骓忽逝。刘生卷图勿复言，酤酊四筵各沾醉。"（《龙壁山房诗草》卷七，《清代诗文集汇编》659 册，395 页）

十一月十五日（12 月 23 日），于孔宪彝韩斋作消寒第二集，与者有叶名澧、杨炳春、刘存仁、王锡振、丁寿昌、蒋超伯、林寿图等。

叶名澧《冬日偕孔绣山同年招同杨漱芸大令炳春刘炯父徵士存仁王少鹤锡振丁颐伯寿昌两户部孙琴西编修衣言蒋叔起刑部超伯林颖叔工部寿图集饮衍圣公邸第之韩斋即席分韵得高字》："良朋聚文宴，城北一堂高。且极琴尊乐，宁辞车马劳。心得钦襄哲，斋中悬昌黎韩子象石刻。楗散属吾曹。醉望江关路，何时罢节旄。"（《敦夙好斋诗续编》卷三，12—13 叶，《清代诗文集汇编》639 册，252—253 页）

刘存仁《十五日叶润臣名澧阁读孔绣山舍人招同人集韩斋分韵得开字》："十载闻声久，高怀此日开。石林联雅集，北海共深杯。余岂能高咏，君真酷爱才。飞腾看白日，谈笑失金台。胜会群公集，羁愁短髻催。天心消浩劫，吾辈岂尘埃。忆冒炎威出，新从海峤来。大江龙虎战，中泽雁鸿哀。茭竹患谁捍，时济北决口。车轮虑或摧。烽烟盘兔窟，岁月困龙媒。独抱忧时感，徒增倦客猜。上书休问贾，赁庑暂思恢。日下籍新盉，霜前句共陪。乾坤久觊觎，朋旧屡低徊。井水能歌柳，乡关孰寄梅。美人容已邈，全盛首重回。剑合冲霄汉，星躔聚斗魁。挈云青未了，绣山著有《挈云集》。沂濑碧潆洄。《沂濑集》润臣著。槃敦深情契，风骚众妙该。客心惊令节，葭琯又飞灰。"（《屺云楼二集》卷四，《清代诗文集汇编》619 册，671 页）

按：刘存仁（1804—1880），字炯夫，闽县人。道光己酉（1849）举人，历官甘肃秦州知州。有《屺云楼集》。

十一月二十六日（1856 年 1 月 3 日），陈鸿寿招同消寒第三集，与者有龙启瑞、杨炳春、王锡振、钱宝青、林寿图、刘存仁。

刘存仁《廿六日莲裳铨部招同龙翰臣启瑞阁读杨漱芸炳春大令及同社少鹤琴西萍矼颖叔诸公分赋望雪以皓鹤夺鲜白鹇失素为韵得夺字》："节候逾大寒，万山木叶脱。欲雪犹未雪，刮面霜刀割。晨兴望西山，晴岚横一抹。风日转清佳，云雾青天拨。穷冬行春令，枯树发萌枿。因思往年冬，比户拥甄氉。雪花大如掌，酸风起林末。袁安正闭门，欲访泥滑澾。今年偶愆期，燮理费旋斡。冱寒疑不坚，苦被亢阳遏。冬暖春则寒，农时为之夺。二麦盼丰收，乘时趣裰襏。下尺水泉枯，编氓交蹙頞。

皇帝五年冬，太岁曰单阏。雪泽霈稍迟，圣心劳恻怛。戒期祷坛壝，实为邦国活。上谕初二日诣坛拈香。祈泽修升香，精禋能上达。郊畿方嗷嗷，鱼困望濡沫。昀当同云兴，岂但梅止渴。我皇信仁忧，厪念民无祸。涣汗颂大号，逋赋连年豁。江南战士寒，趋风红鞲鞈。挟纩铭深恩，戎事敢玩忽。雪夜入蔡州，露布报禁闼。尔农归尔耕，未耦细检括。卖刀而买牛，田水听泼泼。旬宣布德音，载咏甘棠茇。群公侍从臣，冰衔抱仙骨。退食斗新诗，出语惊峭拔。清尘召风师，洒道驱旱魃。南荒少见雪，我来换裘葛。岁晏吾当归，怀哉月歌曷。幸有文字交，亦可叙契阔。宵深砚生棱，酒醒烛见跋。暝坐复逾时，枥马已仰秣。约看六出花，再击吟诗钵。"（《屺云楼二集》卷四，《清代诗文集汇编》619 册，672 页）

十二月十八日（1 月 25 日），得赏"福"字，赋诗以纪，拟寄家中，以祈父母长寿。

《十二月十八日恩赏福字恭纪》："昼捧天书下五云，乾清日月灿奎文。殊恩竟接夔龙后，故事京朝官一品，乃赐"福"字，内廷翰林则编检亦得与赐。喜气同沾鸳鹭群。愿借康强贻父母，臣父明年七旬，臣母亦六十五矣，将敬谨寄家，以祈眉寿。更推仁寿被榆枌。圣人锡福原无极，报答臣思献野芹。"（《孙衣言集》上册 173 页）

十二月十九日（1 月 26 日），于林寿图斋中消寒第四集，兼为东坡祝生日，堂上悬《东坡游赤壁图》，用定惠院夜出原韵赋诗。与者有陶樑、徐宗干、龙启瑞、陈鸿图、钱宝青。

刘存仁《十九日消寒第四集颖叔枢部招同陶凫芗少宗伯徐树人宗干廉访及翰臣少鹤琴西莲裳萍矼诸公集蓉菔草堂作坡公生日座设赤壁图像祀以酒脯限定惠院夜出原韵分赋》："髯翁骑鲸去不还，精灵万古照长夜。当年一曲鹤南飞，缟衣入梦从空下。赤壁洞箫弄月明，投荒有泪珍珠泻。公才挥霍无不宜，天仙化人此流亚。盛名千劫历不坏，我辈流光岂假借。都门文宴为公寿，文采风流已长谢。寒泉荐菊各展敬，论才岂止退三舍。横槊英雄亦渺然，漫说将军能射蔗。江山风月无今古，兵火连年吁可怕。此才此乐让公独，题诗恐被山灵骂。"（《屺云楼二集》卷四，《清代诗文集汇编》619 册，674 页）

王拯《东坡生日集颖叔斋拜赤壁像用定惠院月夜诗韵》："我朝诗法盛东坡，岁例生朝烛烧夜。高堂对展赤壁图，仿佛英灵大荒下。武昌故垒我昔游,浩荡江声日奔泻。峥嵘烟月更黄州,公与周郎原匹亚。人生所遇良适然,万炬东风偶能借。不观憔悴此翁秃,人世风流空代谢。去年作会记吾斋,白鹤遗容拜同舍。江干烽火又今年,酒半雄豪思舞蔗。吾徒文字重因缘,世事烟云馀梦怕。樽前有酒岁常供,潦倒未辞官长骂。"(《龙壁山房诗草》卷七,《王拯系年》,135—136页)

董文涣《会经堂海棠用坡公定惠院韵寄怀林颖叔京兆王廷尉定甫丈》:"会经堂前饶众木,不与凡花溷幽独。旬日文书苦困人,眼前何物能医俗。朝来绕树得休暇,忽惊身在锦绣谷。露萼回看红映窗,风枝叩见高过屋。不嫌帘烛隔霄汉,但恨楼台少竹肉。添酒从招月下魂,宵深清梦犹难足。闻道京兆手亲植,新年正及春景淑。当时廷尉聊戏言,雅话居然属屡腹。讵知胜事偏我值,蔚蔚充庭如立竹。秋风两度牵诗怀,闭户蓬蒿森满目。今来赏心已天幸,未免聊吟更望蜀。花开安得二公同,传语西飞寄两鹄。赏者不栽栽不赏,世间万事总回曲。后来桃李应更多,好爱棠阴勿轻触。"(《岘樵山房诗集》,转引自《王拯系年》,136页)

十二月二十八日(2月4日),小除日,于王拯斋中消寒第五集,祭诗,拜贾长江像。

孙衣言《小除日消寒第五集定甫斋中祭诗拜贾阆仙像》:"苦吟憔悴贾无本,官街毒手几遭尹。一纸烟煤岂能神,中庭蹴鞠良可哂。我辈嗜好尤孤畸,终日彫琢愁肝肾。李生句险欲呕心,侯喜声悲时出吻。呜呜自和如击缶,膱膱遂多类束笋。有时兰艾擢榛荆,未免虾蟆杂蛟蜃。忍饥徒慕后世名,得意自矜旁人悯。虽然文字随风烟,何似衣冠走尘坋。红裙争醉富儿门,珠履竞蹋侯家阃。千夫唯阿已登天,一朝落寞已飘□。将痴较愚比差贤,与蚁逐膻我安忍。腐儒饱餐况无用,高才捷足自相引。均输天下笼缗钱,技击江南弄矛輴。潭潭庙堂方垂衣,济济禹皋各补衮。铺张休烈须雅歌,讴诵街衢客愚蠢。涂饷岁暮亦风同,爆竹初更若雷辊。厨丁磨刀向猪羊,灶妇曲糵调糍粉。华堂召客灯衔缸,隘弄来人车接靷。诸君各陈都市珍,鄙人自愧潢汙窘。佳句互夸金出矿,短歌相应音合簨。终年劳苦宜汝酬,斯世贤愚两可泯。昔与东野诗俱穷,世无退之气先尽。高歌岂知有鬼神,深夜聊取相热暖。偶然洗醁复长吟,拌掷黄金向虚坺。今宵莫嫌酒尊空,他日终付麻缕捆。"(《箦旧集》卷十八,《王拯系年》,137—138页)

是年,杨彝珍来函,云:

　　前阅邸抄,知入直上书房,清切之职,任乃贤才,自当偏承雨露,但不审此次已得槎使否。抚屏经其指授,即出手得卢,大是快事,仍望极力吹送青冥。来岁春闱,或即出尊门下,亦事之未可定者。(《移芝室文集》卷十二上书牍,15叶,《清代诗文集汇编》627册,155页)

是年,与友人同治《汉书》。

　　刘存仁《招饮计可握晤依韵和之》:"粤海即今多俊杰,汉家复古重儒林。时君与琴西治《汉书》。"(《屺云楼二集》卷四,《清代诗文集汇编》619册,672页)

是年,充咸安宫总裁、文渊阁校理。(《孙衣言孙诒让父子年谱》,26页)
是年,与永康胡凤丹结识。

　　胡凤丹《逊学斋文钞跋》:"咸丰乙卯,余赴都,始晤琴西。"(《孙衣言集》中册,580页)

咸丰六年　丙辰　1856年　四十二岁

正月初一日(2月6日),上朝贺岁,蒙皇帝御赐柑桔、香橼、石榴等物,赋诗以纪。是日大雪,有诗。

　　《孙衣言孙诒让父子年谱》:"蒙上赐柑桔、香橼、石榴数枚。时吾乡卖柑者,以江介阻兵,两年不至京师矣。"(26页)
　　《元旦微雪朝贺太和殿恭纪一首用去岁望雪诗韵》:"千官剑珮立鹓鹓,宫阙冲融淑气闲。金鼎祥烟浮紫陛,琼霙瑞色照彤关。天心春共枢衡转,圣念深维稼穑艰。自此屡丰应有庆,欢声衢巷听呼山。"(《孙衣言集》上册,174页)
　　《恭和御制丙辰元旦开笔成什元韵》:"璇衡星纪开尧岁,奎藻云歌继舜年。万国衣裳同觐朔,千官鹓鹭愧随肩。皇心能效天行健,捷报应知露布连。况复六花频献瑞,小臣犹欲力农田。"(《孙衣言集》上册,174页)
　　《赐柑恭纪》:"两载园珍隔故乡,殊恩天上得亲尝。俨从仙掌分甘露,却忆湖头熟早霜。玉爪香橼争色味,金丸秋橘伴芬芳。归鞍自诧仙曹贵,稚子孺人笑满堂。吾乡卖柑者以江介阻兵两年不至矣,时并赐香橼、闽橘、石榴

数枚。"(《孙衣言集》上册,174—175 页)

《元旦大雪用翰臣前辈韵》:"昨宵守岁不吹灯,稳卧红绫笑未曾。初日殿门方射彩,密云禁树巳围罾。宫袍五色花生袖,鹤弮千行粟有棱。咫尺天颜应送喜,新年三白酿春塍。一　宝地瑶天万点筛,千官鹤立望形帷。祥云静护琼华岛,春色新开玉树枝。颂稼无烦螽子令,驱温先罢越人医。羽书更望擒元济,饮羽南山听饿鸱。二"(《孙衣言集》上册,175 页)

正月初,刘存仁来函,云:

琴西先生阁下:久不晤,念念,连日案头稍清,岁云尽矣,辄红尘里着一闲人,穷愁落落,无补世事,日为友朋商量无益文字,他日念之,既可感亦可乐也。拟新春编次《笃旧集》,欲函致阁下借钞《翰苑集》,而南樵乘寒车冒冻忽来,商诗文半日,因举东坡承天寺访张怀民故事,云:"何夜无月? 何地无竹柏? 所难得者如吾两闲人耳。"今日之境,亦复相类。又谓南樵曰臧与谷两亡羊,一博塞,一挟策,其亡羊一也。吾两人嗜诗颇类是。南樵续别裁曰《正雅集》,依时代编次,已刻至嘉庆初年,渴慕大集入选。又闻清骑新正五日后当入直庐,道远难访,嘱为索钞,俟其选后,弟再借钞。弟在都與从钞胥不及家乡之便,今姑为之回里,拟编闽中耆旧诗钞,惟寒士无力,且俟完书后与好事者合并可耳。书封未寄,忽接朵云,惠赐小楷一幅,读之真趣盎然,始知阁下清华典贵,木天侍从之臣,假寓萧寺,搜苔别藓,得方望溪先生石刻,摩挲叹赏,如获异宝,系之以诗录,以见寄其怀抱之高迥,闲情逸致,过于我两闲人,不胜欣快,绢一幅挥染毕,请发还。问岁祺不宣,弟某顿首。(《屺云楼文钞》卷六《致孙琴西太史书》,《清代诗文集汇编》619 册,481 页)

正月初五日(2 月 10 日),大雪,有诗。

《五日大雪仍用前韵》:"风窗萧槭逼疏灯,郭索连宵听几曾。暖屋炉心藏宿火,枯林云脚泞寒罾。单椒螺絮犹留影,万瓦鱼鳞又没棱。岂独楼台多色相,丰年膏泽遍原塍。一　封姨戏玉借轻筛,胜赏梅花不下帷。何处有田宜小麦,教人看竹护高枝。铜瓶煮水茶能妙,冰柱题诗俗可医。险韵尖叉频斗巧,更煨榾柮饷蹲鸱。二"(《孙衣言集》上册,175 页)

正月十八日(2 月 23 日),大雪,有诗。

《十八日又大雪仍用前韵》："风力狂销昨夜灯，阳回黍谷竟何曾。马骄竞蹴天街雪，蛟伏谁为冻窟暨。满地琼瑶趋禁省，九重宫阙冷觚棱。春工好借瞳曨日，芳草江南绿几塍。一 玉叶瑶花满眼筛，谈经杨子自垂帷。蜚鸿垫外方求食，冻雀风前孰稳枝。拥火氍毹嫌独暖，御寒姜桂望良医。诗才敢斗欧苏捷，破闷聊如酒一鸱。申甫师及少和先有诗。二"

（《孙衣言集》上册，175—176页）

正月二十九日（3月5日），谒翁心存，以王拯和诗见示。

《翁心存日记》："孙琴西太史以王△△枢曹锡振和予前年《秋感诗》八首见示。"（第3册，1092页）

二月，复以丹笔校读《震川集》一过。（《孙衣言孙诒让父子年谱》，26页）

三月，充会试同考官，闱中有《春闱日录》。

三月初六日（4月10日），奉命分校会试。是科正考官为彭蕴章，副考官为全庆、许乃普、刘昆。是日入直上书房。

《春闱日录》："奉命分校礼闱。是日会试正副考官、同考官命下：正考官为彭咏莪副相蕴章、副考官为全小汀尚书庆、许滇生总宪乃普、刘蕴斋阁学昆，同校者为殷谱经学士兆镛、潘伯寅侍读祖荫、陆星农宫赞增祥、萧质斋编修培元、贡荆山编修璜、张怡琴编修桐、毛煦初检讨昶熙、陈见田编修泰初、衍东之侍讲秀、彭子嘉编修毓瑞、吴容圃编修凤藻、俞袭芸编修奎恒、邵汴生编修亨豫、龚叔雨给谏自闳、谢梦渔增、金子梅钧两侍御、郭月麓户部祥瑞，监试者为毓小山待御禄、王清如给事景澄。未刻入闱，住会经堂之西南第一间，南向屋第二房屋也。是日上耕耤田，午刻还园。而余是日应入直书房，不赴午门听宣旨，既而仆人王均自城来，始知有分校之命，故入闱稍迟。然同人中亦尚有未来者，郭月麓直军机，亦自园来，又在予后矣。四主司来拜，各房亦答拜。"（《孙衣言孙诒让父子年谱》，27页）

三月初七日（4月11日），抽签得第六房。

《春闱日录》："掣定各房次第，予得第六房。故事掣房签时，校者各赴聚奎堂，主司傍位立，签毕始散。是日，彭副相与全尚书、刘阁学皆初次主会试，误就坐，分校诸同人皆不候签出而散，同人互索书，吏胥仆辈亦各持纸相索，堆案皆□□矣。"（《孙衣言孙诒让父子年谱》，27页）

三月初八日（4月12日），钦命四书诗题入闱，第一题"告诸往而知来者";第二题"洋洋乎发育万物,峻极于天";第三题"莫如为仁";诗题"赋得游鳞萃灵沼,得灵字五言八韵"。是日,许乃普出示戴熙画竹卷索题咏,谱主为作两绝句。

《春闱日录》:"巳刻,钦命四书诗题入闱,殷谱经、贡荆山两前辈、吴蓉圃、郭月麓派至聚奎堂写题纸,时封内外门,刷印各毕,题纸出至公堂,而后启门,书题纸者始得入,予已就寝矣。第一题,告诸往而知来者;第二题,洋洋乎发育万物,峻极于天;第三题,莫如为仁;诗题,赋得游鳞萃灵沼,得灵字五言八韵。求书络绎未已。许滇生总宪出乙巳闱中戴醇士画竹卷索题,彭子嘉太史<small>补兰</small>,复索同人题咏,衣言为作两绝句。"(《孙衣言孙诒让父子年谱》,27页)

《许都宪出乙巳闱中戴醇士前辈画竹卷属子嘉补兰复索诸同考赋诗为作二绝句》:"侍郎松竹有新意,今见湘兰亦眼明。坐窗人瘦思春事,芳草城南正好晴。一 园居亦有尚书竹,予直庐有竹一丛,当涂黄尚书手植也。日日清风十二时。春来我欲种兰蕙,来乞白头老画师。<small>子嘉发早白,故以为戏。二</small>"(《孙衣言集》上册,176页)

三月初九日(4月13日),为同人作书,拟作《游鳞萃灵沼诗》一首。

《春闱日录》:"仍为人作书,拟作《游鳞萃灵沼诗》一首:□创朱鳞萃,宸游记此经。波开春沼暖,鱼识属车停。玉尺晴抛练,银匮净启扃。遂□皆圣泽,得趣即沧溟。静漾苹痕碧,群依荇叶青。乐应观所聚,潜亦道之形。颂继周诗美,音疑□听□。□□鲛鳄静,寰海仰声灵。"(《孙衣言孙诒让父子年谱》,27页)

三月初十日(4月14日),为同人作书。副考官彭蕴章以所作文索同人评点。

《春闱日录》:"仍为诸公作书。彭副相以拟作二篇索诸同人评跋。"(《孙衣言孙诒让父子年谱》,28页)

三月十一日(4月15日),为同人作书。与邵亨豫、陈泰初、萧培元抄写五经题。

《春闱日录》:"仍为诸同人作书。饭后,与邵汴生、陈见田、萧质斋至聚奎堂,写五经题,初更时始回。五经题:《易》:为弧矢之利,以威天下,盖取诸睽;《书》:若网在纲,有条不紊,若农力田服穑乃亦有秋;

《诗》:仓庚喈喈,采蘩祁祁,执讯获丑,薄言还归;《春秋》:夏,公会齐侯于夹谷;《礼》:外事以刚日,内事以柔日。"（《孙衣言孙诒让父子年谱》,28 页）

三月十二日(4 月 16 日),副考官彭蕴章以所作文索同人评点。

《春闱日录》:"彭副相以拟作文篇索诸同人评之。闻扬州复陷。"（《孙衣言孙诒让父子年谱》,28 页）

三月十三日(4 月 17 日),阅第一场卷,荐十一卷。

《春闱日录》:"至公堂阅卷。第六房在堂西东向,坐阅陕甘、广东、云南、湖南、广西、汉军、满洲卷,荐十一卷。"（《孙衣言孙诒让父子年谱》,28 页）

三月十五日(4 月 19 日),阅第一场卷,荐十六卷。

《春闱日录》:"至公堂阅江苏、四川、河南卷,荐十六卷。"（《孙衣言孙诒让父子年谱》,28 页）

三月十六日(4 月 20 日),阅第一场卷,荐十三卷。

《春闱日录》:"阅安徽、湖北、山东、直隶卷,荐十三卷。"（《孙衣言孙诒让父子年谱》,28 页）

三月十七日(4 月 21 日),阅第一场卷,荐十卷。

《春闱日录》:"阅直隶卷,荐十卷。是日第一场阅卷毕,彻堂上坐。"（《孙衣言孙诒让父子年谱》,28 页）

三月十八日(4 月 22 日),阅第一场卷,补荐三卷。复校落榜的卷子。

《春闱日录》:"补荐山东三卷,复校落卷。"（《孙衣言孙诒让父子年谱》,28 页）

三月十九日(4 月 23 日),复校落榜的卷子。

《春闱日录》:"复校落卷。江苏回五十五号在刘阁部手中发□。"（《孙衣言孙诒让父子年谱》,28 页）

三月二十日(4 月 24 日),阅第二场卷。许乃普赠黄花鱼。在邵亨豫处用饭。

《春闱日录》:"阅第二场卷,补荐湖南良二号一卷。滇翁惠黄花鱼,在汴生处饭。"（《孙衣言孙诒让父子年谱》,28 页）

三月二十一日（4月25日），阅第二场卷毕。

《春闱日录》："阅第二场卷毕，得广东其字六一号卷。复阅其第一场卷，拟补荐。闻官兵复扬州。见田前辈见一鬼物至室中，头大于常人数倍。"（《孙衣言孙诒让父子年谱》，28页）

三月二十二日（4月26日），阅第三场卷。陆增祥和邵亨豫各惠黄花鱼。

《春闱日录》："阅第三场卷。星农、汴生两同年各惠黄花鱼。闻官军败贼于汉阳城外，罗泽南战死，闻贼陷江浦。"（《孙衣言孙诒让父子年谱》，28页）

三月二十三日（4月27日），阅第三场卷。

《春闱日录》："阅第三场卷。有鬼物见于意琴前辈室中，赤目而披发，头大于常人数倍，如见田所见云。"（《孙衣言孙诒让父子年谱》，28页）

三月二十四日（4月28日），阅第三场卷。补荐一卷。

《春闱日录》："阅第三场卷，复补荐直隶信廿三号一卷。是夜大风。"（《孙衣言孙诒让父子年谱》，28页）

三月二十五日（4月29日），阅三场卷毕。

《春闱日录》："阅三场卷毕。是日迟明时，天赤如血，已而黄雾蔽天。"（《孙衣言孙诒让父子年谱》，28页）

三月二十六日（4月30日），复看第一场卷。

《春闱日录》："风尚不止，欲雨。复看第一场。"（《孙衣言孙诒让父子年谱》，28页）

三月二十七日（5月1日），复看第一场落卷。

《春闱日录》："复看第一场落卷，有山东、云南各一卷，尚似可荐，而总裁于补荐各卷或不阅，遂不果荐，颇郁郁也。"（《孙衣言孙诒让父子年谱》，29页）

三月二十八日（5月2日），同人求书。

《春闱日录》："同人复有求书者。"（《孙衣言孙诒让父子年谱》，29页）

三月二十九日（5月3日），彭蕴章交回磨勘中卷二本。

《春闱日录》："闻官军复浦口。彭协揆交回磨勘中卷二本。"（《孙衣言孙诒让父子年谱》,29 页）

四月初一日（5 月 4 日），全庆交回中卷三本磨勘。

《春闱日录》："总裁进呈前十名,本拟第一名江苏人,钦定改以第九名为第一,以其诗切龙字做,在衍东之房。而予卷本第四者移置第五,全小汀前辈交回中卷三本磨勘,始知补荐之广东卷获中矣。"（《孙衣言孙诒让父子年谱》,29 页）

四月初二日（5 月 5 日），章倬标赠果饵。

《春闱日录》："果堂□□致果饵。"（《孙衣言孙诒让父子年谱》,29 页）

四月初三日（5 月 6 日），磨勘。

《春闱日录》："各主司发中卷磨勘。余得十三人,以二名入第二房,一卷入三房。"（《孙衣言孙诒让父子年谱》,29 页）

四月初四日（5 月 7 日），覆勘中第的答卷。

《春闱日录》："覆勘中卷。"（《孙衣言孙诒让父子年谱》,29 页）

四月初五日（5 月 8 日），填草榜。章倬标赠竹笋。

《春闱日录》："填草榜。主司请陆星农殿撰、吴蓉圃、谢梦渔两编修、殷谱经学士四人书草榜,以陆、吴、谢为前三名,殷则于十八房中官阶最高也。填榜时,得小雨。闻广东补行乡试。果堂致竹笋。"（《孙衣言孙诒让父子年谱》,29 页）

《阅卷已毕惟待出闱七叠前韵》："群声宫微对疏灯,一豆□中见几曾。野鸽逐鸠同入律,神龙随蚓各罗罾。鱼肠应许鸣炉焰,猿臂谁真没箭棱。我自目迷花五色,况教容易走春塍。一　风卷街尘处处筛,上车应喜卷轻帷。丁香已散邻家雪,芍药犹留最后枝。高卧有茶频独饮,俗肠餐竹已难医。果堂礼部馈笋。沈珠自为骊龙恨,却复随人逐腐鸥。二"（《孙衣言集》上册,177—178 页）

四月,见窗前海棠开花,有诗。

《窗前海棠偶开一花嫣然可爱》："佳人笑颊晕微红,掩抑枯林夕照中。却忆繁枝团碎锦,今年孤负好春风。春花开时,予适在闱中。"（《孙衣言集》上册,179 页）

夏,有诗和陶梁前辈。

《和兔香前辈》:"毒蜺骄乌未肯藏,披襟谁与好风当。娇荷坐看成飘粉,细竹犹难作晚凉。昨日雁来才有信,终朝鸥到自相忘。报章聊博先生笑,揩眼檐前趁月光。"(《孙衣言集》上册,178 页)

七月十五日(8 月 15 日),翁心存来访。

《翁心存日记》:"至澄怀园访朗亭、赓卿、桐轩、琴西,酉初回朝房宿。"(第 3 册,1143 页)

七月二十四日(8 月 24 日),翁心存来,托谱主代书折子。

《翁心存日记》:"予退后访孙琴西,托其写折,即回集贤院缮稿就,送恩代书。"(第 3 册,1145 页)

八月十五日(9 月 13 日),与王拯、林寿图集拱辰楼。

王拯《中秋夜琴西颖叔集拱辰楼客散对月》:"漏深宫苑静,迤逦碧云开。仙客各归去,清光何处来。危楼堕烟水,残夕绝风埃。独忆沙场月,纷纷战骨堆。"(《龙壁山房诗草》卷八,《清代诗文集汇编》659 册,402 页;《王拯系年》,147 页)

八月,于澄怀园作《送倭艮峰先生序》,贺倭仁任盛京礼部侍郎。

《送倭艮峰先生序》:"艮峰先生与予同直上书房者将逾年,意相得也。……艮峰先生在书房既久,有盛京礼部侍郎之命。盛京,国家兴王地,其民敦厚而质直,易于为教,而礼部之职,有化导涵养之事焉。又以留都节目疏阔,异于京部之簿书苛促不可以行吾之意也。以先生之学,举其法之大端,而精求其意,则于国家根本重地,所以正人心、厚风俗者,其为益非徒书房之比也。然吾闻今日之为盛京者,乃往往乐其简易,以为无事。夫以为无事,则亦所谓托于法以自便者矣。此必非先生之所为也。于是同在书房者七人,于先生之行,治具以为别,而予复申所尝与先生言者,以为之序。咸丰丙辰八月,书于澄怀园。"(《孙衣言集》中册,342—343 页)

九月二十一日(10 月 19 日),侄德培卒,作《哭犹子德培》:

玉雪青眉灿碧瞳,吾家深喜得龙驹。如何一病医无术,徒使重亲眼

欲枯。汝伯何由毛鬓好，我儿应痛脊令孤。六年回首相依倚，触著悲端但一呼。(《孙衣言集》上册，180 页)

　　按：孙德培，生于 1843 年正月廿三日，卒于 1856 年九月廿一日。(《孙锵鸣集》下册，731 页)

九月二十四日(10 月 22 日)，与刘存仁、王锡振在林寿图淀园联句，用韩愈《同宿联句》韵。

　　刘存仁《九月廿四日访颖叔淀园直庐同少鹤琴西联句用昌黎同宿韵归斋复用前韵奉寄》。(《屺云楼三集》卷一《燕台草》丙辰，《清代诗文集汇编》619 册，684 页)

九月二十八日(10 月 26 日)，访翁心存。

　　《翁心存日记》："申刻，琴西太史来。"(第 3 册，1163 页)

九月底，见天气未霜而雪，觉得异常，有诗。

　　《秋垂尽矣尚未见霜今日始觉微寒而遂雨雪可异也》："十月不能霜，阳溇愁未闭。西风日夕号，山色喜可即。同云晓溟濛，集霰俄凛烈。秋气久不应，始寒乃雨雪。是何舒惨殊，须臾已改节。天子朝临轩，大辟始一决。是日，上决云贵、两广重囚于洞明堂。圣人尧舜仁，三宥在钦恤。但恐人心漓，鸷吏猛斩伐。漏网遗吞舟，用法转细屑。冒死盗金钱，辇毂几流血。何况万里外，舞文安忍说。国家用政刑，阴阳实枢辖。得无诸死囚，尚有情可活。一物天所悆，对此坐愁绝。"(《孙衣言集》上册，93 页)

十月初九日(11 月 6 日)，约同直八人展重阳于乐泉西舫，酒后有诗。

　　《十月九日约同直八人展重阳于乐泉西舫酒后作歌》："鸿雁南飞天雨霜，篱头尚有黄花黄。……"(《孙衣言集》上册，94 页)

十一月初二日(11 月 29 日)，往贺翁心存，以吏部尚书协办大学士。

　　《翁心存日记》："孙琴西来贺。"(第 3 册，1172 页)

　　《翁心存日记》(十一月初一日)："翁心存以吏部尚书协办大学士。……奉上谕：翁心存在馆四年续办稿本，悉心纂辑，伊孙监生翁曾源着赏给举人，一体会试。钦此。"(第 3 册，1172 页)

十一月十一日(12 月 8 日)，以实录馆议叙，赏加五品衔。在任内编成

《夷务书》一百卷,编及辛丑、壬寅间海上抚夷事,每太息痛恨,见诸诗歌,而于忠亮如林文忠公不克竟其用,尤深慨焉。(《孙衣言孙诒让父子年谱》29 页)

十一月十五日(12 月 12 日),访翁心存。

> 《翁心存日记》:"清晨,孙琴西、延煦先后来。"(第 3 册,1176 页)

十二月初五日(12 月 31 日),复用丹笔读《惜抱轩集》一过。于是日终卷。(《孙衣言孙诒让父子年谱》29 页)

十二月十六日(1857 年 1 月 11 日),蒙恩赏福字,纪诗述怀。

> 《十二月十六日恩赏福字恭纪一首次恭邸韵》:"微臣海上书生耳,谆诲瞻天岁又旬。每愧恩光分荜户,要回雨露向朱垠。祯禧远与衰亲共,翰墨能觇圣学新。锡福自来慈一物,弄兵叹息彼愚民。"(《孙衣言集》上册,180 页)

十二月二十六日(1 月 21 日),从王拯处借得归有光、方苞评点本《史记》,取旧藏汲古阁本,照式移录两家评点于其上,而记于卷首云:

> 予友王户部定甫,有传录归熙甫、方望溪二先生点定《史记》二本,久欲见之而未得。今冬移直入城,居西华门外静默寺,定甫以其后录汲古阁本见假,因屏绝人事,每日下直,辄以色笔移写,凡二十五日而毕。此本归氏以紫笔、黄笔,方氏以朱笔、蓝笔,余传录悉如其旧。定甫尝为余言,熙甫意主论文,而方侍郎能洞见史公之意,及其为文之关键支凑处,今详玩两家评本,定甫之言诚然。定甫尚有初录南监本,先有方氏评点,而定甫逐录归本于其上,定甫颇秘之。又予友朱伯韩、邵映垣皆有手录归、方本,而皆不同。《震川集》中所自言批点《史记》法,亦与此本繁简不同。而定甫云:此乃震川最晚年定本,盖愈简而愈精。予阅之,亦以为然。丙辰十二月廿六日孙某记。(《孙衣言孙诒让父子年谱》,29—30 页)

十二月三十日(1 月 25 日),除夕,题朱琦著《怡志堂诗初编》八卷:

> 奇气勃发,如万斛泉源不择地涌出,良由言之有本,于古人中真可并务观矣。咸丰丙辰除日孙衣言。(《怡志堂诗初编》评跋,3 叶,清咸丰七年刻本;《孙衣言孙诒让父子年谱》,29 页)

是年,恭亲王以《豳风·七月》之篇句为诗示谱主,谱主题跋。

> 《恭亲王豳风咏跋》:"恭邸取《豳风·七月》之篇句为之诗,诗各四

韵,既成,以示余。余受而读之,既卒业,喟然叹曰:'周公,圣人。成王,周之令主。而当时所陈戒于君者皆野人妇子之言,盖人主深居九重,使其精神念虑之间,尝在于民,则放僻邪恣之萌无自而生,而天下事无不可为矣。'恭邸日课一诗,词翰之美无以复加,然吾以谓此数十篇者,其用心为尤不可及也。"(《豳风咏跋》,《清代诗文集汇编》725 册,146 页)

是年,江都符葆森(南樵)孝廉在都寓居长白崇朴山先生实之半亩园,与朴山及陶梁(凫香)、张祥河(诗龄)、沈朗亭、朱琦(伯韩)诸公皆为诗友,于是始交识谱主。时符葆森方选编《正雅集》,以继沈文悫公德潜《别裁集》之后,因遂索读《燕台》《翰苑》各诗稿,以备选刊。

> 符氏《寄心庵诗话》云:"黄树斋侍郎尝以异才称琴西太史,出其手录诗读之,中有'奇气往来'。丙辰余客都中,侍郎已归道山,为访琴西,久而后晤,伟言雅度,如魏晋间人,遂获读近诗一册,真不拾前人一字,而自成壁垒者。"(《孙衣言孙诒让父子年谱》,30 页)

是年,长子诒谷入邑庠,即弃科举业,而多聚兵书,其中十之七八为邑中故家许氏旧物。(《孙衣言孙诒让父子年谱》,30 页)

梅曾亮(伯言)郎中卒,年七十一。

咸丰七年　丁巳　1857 年　四十三岁

正月,用黑笔点定德州卢氏雅雨堂本桐城方世举笺注《韩昌黎诗集》十二卷,有品隲语,略谓《嘲鲁连子》等篇,山谷所祖,《南溪始泛》三首,韩集中陶诗,学陶当如此,不当如孟襄阳、王右丞辈云。又于方注亦有所补正。(《孙衣言孙诒让父子年谱》,30 页)

岁初,林寿图送王拯福州橘,王拯报以越州酒。谱主有次韵诗以赠王拯、林寿图。

> 《次韵赠定甫颖叔》:"子云恨无君卿舌,司空乃有城旦书。欲取高官吓妻嫂,颇似赤水求玄珠。相公食乳餐腹腴,洛阳年少百不如。但可高楼醉风柳,春渐已动宫门湖。"(《孙衣言集》上册,95 页)

二月初三日(2 月 26 日),访翁心存。

《翁心存日记》:"申刻,孙琴西、张诗翁、黄寿臣先后来。"(第 3 册,1200 页)

二月十八日(3 月 13 日),从王拯借初录望溪评点南监本《史记》,以校丙寅传抄归、方合笔,复记其端云:

余既从定甫借录所传归、方评本,复索其初录本校之。初录本为明南监板,原有方侍郎三色评点,邵位西以为洪稚存传录者。定甫得之,而从梅伯言郎中借所录二色评本,并写于上。今取以相校,则定甫后录本尚有缺误。又方本有蓝、绿二笔,定甫并为蓝色而失其旧,竭十日之力复加校正,而别识其异同者于下方,以资参考。又稚存原笔亦似有误笔,而定甫初录方评,间或假手抄胥,又恐不能无失,恨不得两原本及梅伯言本更加细勘也。咸丰丁巳二月十八日,孙某又记于澄怀老屋。(《孙衣言孙诒让父子年谱》,30—31 页)

二月,应浦江张景青之请,撰成《爱日堂记》。堂为张景青父永宁君以奉母所建。

《爱日堂记》:"浦江张主政景青将归寿其亲,就予为别而求为文,以记其居之堂,且为言堂之所以建。盖君之尊甫永宁君以奉母遣人实为斯堂,先是永宁君为知州广西,遭赠朝议君讳归,而母戴太恭人逾七十尚无恙,永宁君始五十比服阕,人皆欢之仕,永宁君以不忍去太恭人,不复出,构堂于所居之西偏,以为奉亲之所,而颜之曰'爱日'。此堂之所以名也。……永宁君为名县令,擢州牧仕,且日起以太恭人之老不复就仕,而奉亲之堂以'爱日'为名,盖永宁君之年于古人为事君之时,而当太恭人七十之年,则所以事亲者,其时尤不可失也,能以彼而易此乎?永宁君之用心,则无愧于古人矣。扬子曰:'君子爱日,仕则行其义,居则彰其道。'事亲者道义之至也,顾其名尽其义焉,可也。今主政又以寿其亲归,犹永宁君之志也。而欲得予言以为堂之记,即以为太恭人之寿,亦可也。丁巳二月日记。"(《孙衣言集》中册,303—304 页)

春,翁时稚邮寄诗集,谱主与林寿图、王拯有诗寄怀。

谱主《寄福州翁蕙因时释翁昨以诗见寄》:"并海松寥盛一时,新交水部更能诗。却从鸿雁传书至,又见鲸鱼跋浪奇。少日才华方自悔,昔人怀抱竟谁知。孤弦欲澜琴牙听,未敢琼琚放厥辞。"(《孙衣言集》上册,184 页)

127

林寿图《同王定甫孙琴西寄怀翁蕙卿即题其金粟如来诗龛集》："双江楼上一樽酒，水自东流日自西。蕙卿长句若江水，净洗海日成玻璃。饥携妻子拾粟橡，闲看邻童驱犬鸡。人间牛骥方共秣，尔勿念我安阜栖。"（《笃旧集》卷十六，《王拯系年》，155 页）

王拯《琴西颍叔夜话湖楼再叠前韵》："西山朝来爽气无，拄颊日长还读书。楼窗待月夜云积，坐恐睡龙亡颔珠。兴公洒落仙逋腴，我诗荒寒百不如。元龙百尺气犹在，枉复磊落吞江湖。"（《龙壁山房诗草》卷九，《清代诗文集汇编》659 册，406 页）

春，王拯游厂肆，得董其昌画竹小帧，持赠谱主，并索和诗。

王拯《偶得董文恭公画竹小帧持赠琴西滕之以诗六叠前韵索和》："华缣一尺剔煤封，丹青啮缺愁马蜂。箧笥驳绿山花红，卷赠合君斋壁供。东山妙笔生瀛蓬，诗如香山画一峰。传家翰墨真神工，当时旧值仙园东，乐泉竹色传烟浓。高斋食笋虽后出，先辈清节将毋同。广川之叟黄山翁，讵有烜赫铭鼎钟。高歌青眼到吾子，鸾鹤中宵才一逢。凤翎肃肃捎青空，定能竹里沾新丰。百年文物感萧飒，画理诗情那可慵。"（《龙壁山房诗草》卷九，《王拯系年》，158 页）

春夏间，次第看园中花，用封字韵分咏凡十叠，汇写长卷，以示钱塘沈朗亭侍郎（兆霖，时值南书房）。侍郎再叠为答。两人并同赋澄怀园池荷。

沈兆霖《琴西以看花十叠封字韵诗汇录长卷见示再叠韵报谢》："幽思壮采忍自封，花开身化衔香蜂。灵妃散下万紫红，绮绣不斳词人供。游心窅渺真若蓬，遑顾瘦削双肩峰。欲将彩笔穷天工，杞柚不困大小东。联翩十赉墨露浓，体物往往矜藻绘。此独瘦硬羌谁同，俯仰当代几诗翁。牙琴难觅知音钟，薪薪者谷泠泠风。啖我苦笋回甘逢，缑山一鹤唳碧空。俯睨鹅鹜徒肌丰，偏师敢自诩秦系，愿焚笔砚甘疲慵。"（《沈文忠公集》卷九，清同治八年刻本，第 2 册，8—9 叶，中华古籍资源库）

时，阮宣诏充入贡副使至都，来见于园斋，得知学生东国兴消息，有诗。

《琉球门人阮宣诏以充入贡副使至都并得东生国兴消息赋赠二首并寄东生》："十年回忆授经时，万里重逢亦自疑。鬖发相看俱老大，文章今见有光仪。来经沧海波如席，春到皇州柳已丝。却为怀人成感怆，当筵无意覆深卮。向生克秀、郑生学楷皆已亡矣。一　门下东生最妙年，当时文

128

笔亦飘然。新闻酒醴王门内,时对图书玉殿前。鲁国申公犹邸舍,洲中
凫监几诗篇。却期燕雁能相代,来慰离情到日边。_{东生闻在王宫授王世子经。}
二"(《孙衣言集》上册,182 页)

阮宣诏离别时,有诗送行。

　　《送阮行人别》:"相向柳条新,金尊四坐春。十年思远别,万里又归
人。驿路看芳草,江波动白苹。重逢知未卜,何惜一沾巾。"(《孙衣言集》上
册,182 页)

与道州何子贞太史绍基唱酬。

　　何绍基《澄怀园看荷花饮沈朗亭少农久自芬室八叠闰五日韵赋赠
并柬匡鹤泉殷谱经潘伯寅许仁山彭子嘉孙琴西诸君子》:"澄怀园许敞
车进,前辈风流满馀韵。鹓鸿争虹玉霄翔,草树全涵琼露润。池南池北
荷花海,今岁迟留为逢闰。翩然忽见野鸥来,万藥齐开破天吝。娇云擎
水红映空,翠叶无风响成阵。命酒轩开久自芬,赏花客至才俱儁。词垣
妙选萃两斋,扬历不次天倚信。考古谀今备献纳,品画敲诗增酿酝。沈
君投分三十年,离合光阴看双鬓。瘦骨真怜饭颗山,时艰太息司农印。
我趁闲身得萧散,回首升沈何疾迅。两人话旧如老僧,诸贤益簪并雄
骏。任天下事谁仔肩,忆少年场真转瞬。西窗薄醉枕花眠,梦醒凉生讶
秋讯。"(《东洲草堂诗钞》卷十八,14—15 叶)

谱主有句云:"新诗出险奇无穷,片纸投入了不吝。知君此事有天机,解
道翠叶成风阵。"谓太史澄怀园看荷花之作。而剧称其"娇云擎水红映空,翠
叶无风响成阵"二语,为韩后所无。又云:"天上归来学闭关,独与幽人通诗
信。"盖太史方以言事罢官也。(《孙衣言孙诒让父子年谱》,31 页)

五月十九日(6 月 10 日),观翁、姚各家所阅王士禛《古诗选》评点,依原
本以丹笔传录之,惟七言各卷用蓝笔,以旧时曾用丹笔点之也,录毕记于
帙尾。

　　《书海峰姬传所阅古诗选后》:"此本从林颖叔枢部借阅,颖叔又假
之他人者。其卷后有陈兰祥跋云:'从管异之得姬传先生评本,以红笔
录入。又有名薄者记其后,则云梅葛君谓圈点多滥,是刘海峰笔。'余既
移录三五卷,按其所取,多不中理,非徒滥而已。不但非姬传笔,恐海峰
亦不至是,殆浅人所伪托。而其评语及间有笺记,则皆精确有据,决为

真姬传笔无疑也，不欲中止，故遂录之终卷。陈氏间亦自加圈点，其失亦不免滥，而其评语亦时有当者。又其书为翁氏覃溪刻本，翁氏之论则精矣，故并录之以资参考，但恨不得真姬传评本一校正之。丁巳五月十九日记。”(《孙衣言孙诒让父子年谱》,31 页)

《书王阮亭古诗选后》：“予此语亦未免稍阿渔洋，要之翁氏以为可删者是也。丁巳五月十九日又记。”(《孙衣言孙诒让父子年谱》,32 页)

五月二十三日(6 月 14 日)，又《书王阮亭古诗选后》：

诗至道园，超浑极矣，立夫乃以全篇排偶行之，句句劈实，殆变之而自为一体欤，但恨未熟耳！若真到成熟时，似亦足以衍韩、苏未竟之绪也。渔洋取之，或欲示人以变，亦未可知。丁巳五月廿三日灯下又记。(《孙衣言孙诒让父子年谱》,32 页)

闰五月十三日(7 月 4 日)，与刘存仁、林寿图、王拯等集淀园话月，留宿拱辰楼，以七峰别墅分韵赋诗，谱主得“墅”字赋诗。

孙衣言《炯甫明府见过与少鹤颖叔同饮得墅字》：“与君相望隔城橹，半年不见燕视楚。黄尘赤日相炊煮，闭门畏客如畏虎。林侯王子成俦侣，文字避人各矜许。□□无事默独处，高篁瘦石聊尔汝。园林万木秋所贮，新蝉曳丝出机杼。菡萏晓妆媚湖渚，日日开门玩处女。东风自来高盖舞，异香入鼻薰脏腑。此时颇复思君语，果得君来匪夙伫。王子居作柁楼俯，西山日落蒸炉火。林侯小斋较幽阻，酒杯四人复对举。树头白月拓强弩，云里清光吞更吐。尽收水色入窗户，但见渔歌和桡橹。大鱼瀺灂忘刀俎，老蝈呼应乱鞞鼓。草虫扑灯尔良苦，细视才能具翅股。眼前扰攘安足数，醉后疏狂聊有取。夜深月落客归墅，重露堕林如过雨。”(《笃旧集》卷十八,《王拯系年》,161 页)

王拯《颖叔留刘炯甫夜话湖楼分得别字即送之官兰州》：“小楼如甑尘生热，黄昏火云扬列缺。夜深月出风露凉，晚达诗人贞苦节。陇山西去烟尘清，黄河流水绕边城。五月天山寒尚雪，多应记我楼头别。”(《龙壁山房诗草》卷九,《王拯系年》,160 页)

刘存仁《闰五月十三日将宰甘肃宿颖叔七峰别墅与琴西少鹤饮话别感赋分得峰字用颖叔海棠韵》：“敦煌古地分花封，酿花课蜜如衙蜂。塞外春深花始红，租税赖有农氓供。可惜齿龋头飞蓬，览镜羞扫愁眉峰。调抹脂粉难为工，效颦枉笑东邻东。美人意态清且浓，西方佩环不得见，珊珊日暮将毋同。道逢鹤叟与兔翁，谓汝无复愁龙钟。蓬莱深浅汝三见，握手一笑今重逢。玉堂仙侣酒不空，劝我酒味逾新丰。醇醪再拜故人惠，急起跛躄扶衰慵。"（《岊云楼三集》卷二，《清代诗文集汇编》619册，692—693页）

　　刘存仁《岊云楼诗话》："余之交少鹤枢部也，由林颖叔。颖叔与少鹤同直军机，孙琴西太史直上书房。三人者以文字道义相切磋。退直则擘笺分韵穷追要渺，意相得也。乙卯客京师，憔悴依人。颖叔为余介绍，故二君推爱尤挚。少鹤生一岁孤，七岁失母，鞠于孀姊刘。读其自撰《先考妣行实》及《婴砧课诵图序》，凄怆不忍卒读，由其天性过人，故发为文章，坚凝密栗，精深峻洁，得震川家法。通籍后交梅伯言、吕月沧、朱伯韩、冯鲁川、余小颇诸公，所业益进，诗尤雄秀，下语沉着，耐人百思。君怀抱高迥，岸然自异，然犹金才啬气不以贤智先人，此其所以可贵也。丁巳将出都，别三君于淀园留宿拱宸楼，以七峰别墅分韵。少鹤有句云：'五月天山寒尚雪，多应记我楼头别。'余欲《绘拱宸楼话月图》而未果。迄今惓惓有馀思焉。三年边壤，鸿雁稀通。嗣闻琴西太史出守安徽，引疾归里。颖叔近亦改官侍御，亦不能如曩日踪迹之密。回忆晨灯倡和其聚可乐，其散尤可念，想少鹤亦不能忘情欤。"（《王拯系年》，161页）

夏，陶梁（字凫芗）卒，年八十六。陶先生嘉庆十三年戊辰科进士，当时负诗名甚盛，谱主初识先生，先生年八十矣，忘年之交，踪迹颇密，今归道山，谱主作《吊凫香前辈》诗：

　　玳筵丝竹最清豪，酒后犹闻惜鬓毛。几阅存亡成老旧，强追笑语向吾曹。开元全盛伤心在，大历才名自昔高。今日岂无凋谢感，看荷园馆首重搔。翁去年荷花开时尝一来饮食笋斋，今年荷花开而翁亡矣。（《孙衣言集》上册，184页）

六月十二日（8月1日），林寿图招友人作黄庭坚生日，谱主未及与。不久林寿图来索诗，谱主赋《颖叔为山谷作生日予亦未及与而颖叔索为诗亦用其韵》：

　　年来作官治丝紊，有似九河挟四汶。朝朝笑语能熟圆，往往车铃美声韵。颇闻陈遵樽常开，不及公荣饮每靳。昨日失看慈仁松，今朝又沮东华坋。宜州老人江夏黄，昔仰文星在斗分。高堂何来诗龛图，扶桑坐见朝暾晕。诗人前身洞山禅,嚼蘖茹冰不可近。岂假矏蝓增妖妍,要自风骚久酿酝。近来苦心学者谁,闽南林子最始奋。金刚窟中石子瘦,浯溪壁上苔花莹。欲挽古音归笙鲍,更为世耳洗靴鞞。我诗变格偶游戏,坐对涕唾妄收攗。绛守语涩有人爱,侯喜声悲每自愠。常欲乞灵双井茶,恨不同荐建溪蕴。枝头蜕羽吟清风,几日羌郎已出糞。池塘老蛙犹郭郭,鼓腹膨脖目张愤。每思云海就沈寥,自非鹍鹏难徙运。宜州老人呼不闻,作诗好就林子问。(《孙衣言集》上册,109页)

六月二十一日(8月10日),欧阳修生日,诸同人集祀慈仁寺,谱主未与。而王拯以诗见示,要谱主补作。谱主赋《欧阳公生日诸同人集祀慈仁寺少鹤以次祁相国韵诗见示要余补作即用其韵》:

钟鱼无声耶朋话,满院松风助清快。千年文字思昔贤,一夕冠裳趋凤戒。城闉尺咫欠追陪,官府神仙令兴败。人情自爱街尘高,薄俗渐成世议隘。户曹能文众不怡,相公好古世所怪。欧阳政府壮即登,苏穆磨研勇不懈。立朝风节崧崔峨,下笔波澜江澎湃。方从杜富调盐梅,岂独韩马导流派。门生后出犹苏瞻,宰相异时用王介。自来学术争伪真,何况人心递衰坏。玉池西斋樽尝开,滁州遗影我屡拜。盛会重就亭林祠,嘉招恨阻青莲界。声雌步碎惭言文,高颃雄髯犹见画。古人虽死声名存,年少不学岁时迈。坐思诸子能飞扬,更得佳篇鼓屡愈。斯文金玉空遗嗟,几辈阿谀我所嘂。作诗寿公公岂闻,帘外旋风走土黉。(《孙衣言集》上册,108页)

六月,刘存仁再与王锡振、谱主话别。

刘存仁《再与少鹤颖叔琴西话别叠前韵》:"胸镜不读尘土封,奔忙无赖成狂蜂。十载长安踏辄红,怪石安得烟霞供。丈夫壮志桑与蓬,海风吹断蓬莱峰。出世入世百不工,伯劳飞燕纷西东。宦情渐淡乡心浓,老来捧檄赴边徼。一官落拓将谁同,我闻海鸟信天翁。恬澹或为天所钟,问俗犹见周岐丰。故人赠处各有意,我亦何敢真疏慵。"(《屺云楼三集》卷二,《清代诗文集汇编》619册,693页)

六月,赴沈兆霖招饮直庐,与王锡振、林寿图等,谱主出《荷花诗》见示。

刘存仁《沈朗亭少司农先生招饮直庐同少鹤颖叔羲初三枢部琴西太史出荷花诗见示三叠前韵奉答》:"三日不饮思黄封,逭暑病渴如颠蜂。淀围十丈菡萏红，碧筩倒吸酒器供。翰林丈人居阆蓬，谓司农先生。乡思犹绕南高峰。先生钱塘籍，琴西瑞安籍。花花叶叶皆化工，烟景髣髴湖西东。今年花事称极浓，含和吐气验瑞应，带围音树毋乃同。折花愿酹六一翁，爱客不惜倾千钟。花前痛饮为花寿，念四日乃荷花生日。名花盛会难多逢。念一日少鹤招饮为欧阳公生日。酒阑过雨明晴空，纵谭故事思元丰。煎茶荷露泡沆瀣，洗我凡骨医疏慵。"(《屺云楼三集》卷二,《清代诗文集汇编》619 册,693 页)

按：诗注中作"琴西归安籍"，径改。

刘存仁与林寿图、王锡振、谱主论诗于七峰别墅。

《七峰别墅与颖叔少鹤琴西论诗四叠前韵》："淀园画畛成畦封，望衡对宇窦藏蜂。西山积翠夕阳红，画幛一幅诗情供。欧苏不作如飘蓬，直庐题额名七峰。壁有诗於少宗伯所绘图。墙西诗人锻炼工，少鹤戏称琴西为墙西诗人。险韵欲傲王墙东。谓少鹤。十湊十决蘸墨浓，琴西颖叔各叠十首。争雄吴楚各勍敌。我等滕薛安能同，林侯刻苦追涪翁。洗伐毛骨情尤钟，江瑶生风忌久服。夺胎元气精灵逢。愿君凡象为之空，神寒骨重肌理豊。千秋盛业互提挈，风尘下吏吾其慵。"(《屺云楼三集》卷二,《清代诗文集汇编》619 册,693 页)

九月二十八日(11 月 14 日),访翁心存。

《翁心存日记》："午后,孙琴西、邵汴生先后来。"(第 3 册,1269 页)

十月十六日(12 月 1 日),翁心存来,未晤。

《翁心存日记》："巳初二刻,答孙琴西,未晤。"(第 3 册,1273 页)

十月十七日(12 月 2 日),陆游生辰,邀同人集食笋斋祭祀,与者王拯、林寿图、沈兆霖、张桐、潘祖荫、曾璧光等,有诗纪之。

《孙衣言孙诒让父子年谱》："集食笋斋祀放翁,约会者,少鹤、颖叔、朗亭、怡琴及吴县潘伯寅学士祖荫、洪雅曾枢元太史璧光也。"(32 页)

谱主《十月十七日陆放翁生日与少鹤颖叔集祀食笋斋会者沈朗亭侍郎潘伯寅学士张怡琴前辈曾枢元同年》："放翁饮如长河倾,一生尤喜言蜀行。海棠花国日纵酒,往往巨瓶随长罂。酒酣脱帽复大叫,醉态不畏常儿惊。是岂此翁真放浪,要自忧国心峥嵘。食笋斋头诗巢像,七百馀载犹平生。更得宾客助谈笑,但恨盗贼缠吴荆。宣和割裂五十载,有志尚欲清秦京。江城狐兔那足戮,行堪窟穴诛孤婴。高才诸子各清秘,咏歌他日宜升平。我生视翁欠豪饮,但有诗句犹纵横。当筵为翁作豪语,烛花一尺翁来听。"(《孙衣言集》上册,107—108页)

王拯《琴西邀同颖叔招集沈朗亭少司农张怡琴翰林诸君作放翁生日于琴西直庐》:"人生堕地蓬与桑,丈夫有志何堂堂。老翁九十镜水旁,行吟日夕悲寒螿。平生声名动明光,从戎南郑四十强。军中夜宴酒乐张,金钗银烛列两旁。边城行烽照益梁,醉来跃马南山冈。便当行策收咸阳,关门下瞰清浊漳。平趋上党蹄太行,中原日落天苍黄。惜哉此志空旁皇,晚游锦城□酒香。碧鸡坊头花海棠,蜀女一笑三千觞。颓然此志犹欲将,西兴鼓乐秋宵长。角巾翩翩成老苍,只馀万首诗飞扬。我家与翁同井乡,归寻耶溪病在床。丈夫未死何疾尪,帷车独出羞郎当。群公簪毫列玉堂,一樽拜酹修冠裳。开门木落天雨霜,灵兮仿佛云中翔。河山满目生苍凉,江头鼙鼓声犹铿,翁乎此志讵可忘。"(《龙壁山房诗草》卷九,《王拯系年》,169页)

沈兆霖《十月十七日孙琴西太史招同曾枢垣壁光张怡琴桐两太史潘伯寅祖荫学士王少鹤锡振农部林颖叔寿图水部集食笋斋作陆放翁生日分体赋诗》:"薄宦浮沉惜此生,廿年戎幕漫论兵。蜀山楚水题皆遍,铁马金戈愤未平。君相但知谙旧典,文辞不幸累清名。江河万古终难废,追配苏黄鼎足成。

掩却长才只为诗,一腔忠爱世谁知。中原鼙鼓归歌啸,南渡风骚仗主持。贾谊长沙空有恨,杜陵夔府不胜悲。瓣香我幸同乡里,愿共逋仙荐菊卮。"(《王拯系年》,169页)

十月二十八日(12月13日),翁心存来访,畅谈。

《翁心存日记》:"又访孙琴西,畅谈而回。"(第3册,1275页)

十一月初七日(12月22日),撰祖父孙振铎行述。

《先大父行述》:"咸丰七年丁巳冬,孙男衣言谨述。"(《孙衣言集》中册,444—446页)

按:《逊学斋文目编年录》丁巳条下有"十一月初七日作",后有王定甫曰:善述先德,胜处皆自子长。

十一月初十日(12月25日),撰祖母项宜人事略。

> 《先大母项宜人事略》。(《孙衣言集》中册,446—447页)

> 按:《逊学斋文目编年录》丁巳条下有"十一月初十日作"。后有王定甫曰:"从熙甫项脊轩记章大家行略来,而胜处出子长,是尝熙甫而得其师法者,奕奕有神,置熙甫集中几莫能辨矣。"

十一月十二日(12月27日),为《澄怀十友图》作记、题诗。图为故相杜受田在上书房时,命画工所为,合两书房同直十人肖像为一卷。

> 《澄怀十友图记》:"文正公以名门英硕受宣宗皇帝特达之知,在书房授今上书,迨今上纂承大统,公又以宰相为总师傅,两朝恩遇,莫与比隆。咸丰二年以奉命视赈江南,薨于淮安使馆。事闻,天子震悼,哀礼异等,策赠之诏有曰'日承诲迪,获益良多',又曰'造膝敷陈,深资匡弼'。盖圣天子自毓德储宫,尊师念学,而公小心谨慎,佛义翊仁。又当亲政之初,边隅傲扰,圣天子孜孜求治,从谏如流,于公尤虚听纳,国家利害得失,大臣有不能言,或疏远不能自达,皆赖公得以上闻,一时造膝忠谋,诚有如明诏所褒者。虽上之所以倚畀公,非独以隆重师傅,而亦可见旧学之臣从容密勿之地,以文章道德仰缔主知,非外廷臣所敢望也。
>
> 文正既以惇诲故老为国倚重,而同时两斋诸公亦皆履质蜚文汇征,并进至于今日尚有宣力封圻伟为时望者。又窃叹宣宗皇帝尧舜聪明,灼知善任,非独左右谕教,务在择贤,至文学从臣备承顾问,亦必慎简儒重,非徒敏给文辞而已,是能咸登国器,至于继体守成,犹资其用。於戏!盛矣。
>
> 衣言自教习国子,即以能古文辞为公知识,及举顺天乡试,出公门下,得一见于澄怀园庐。至咸丰四年被命入直,则公之薨已逾年,窃念公以心德之同依日月之际,一时所望于公,几如益稷皋陶之于舜禹。然其志犹未遂,其事亦未终,而同时所谓汇征并进、宣力中外与公并列于斯卷者,今亦或存或亡,或离居屏处,独于图画之传,想见公之风采,与一时才望气类之美,思其盛而不复得也。吁!可概已。丁巳十一月。"

> (《孙衣言集》中册,302—303页)

> 按:《逊学斋文目编年录》丁巳条下有"十一月十二日作",后有王定甫曰:"所感者大不区区作图记也,至有关系,文字自然浑厚,往复处乃似庐陵。"

《澄怀十友图杜文正公直书房时作》:"蓬莱池馆接群仙,盛事开天忆昔年。张论匡诗皆国宝,甘泉平乐况新篇。桥山有恨国弓剑,便坐何心问管弦。后进鹓鸾犹蔼蔼,画图乔木浩风烟。图中文正公及徐侍郎、贾相国皆予乡会试座主也。"(《孙衣言集》上册,184—185页)

十一月二十日(1858年1月4日),闻清军收复瓜州,赋诗以纪。

《喜雪长歌是日适闻瓜州之捷十一月二十日也》:"先生睡起窗吟风,天街不闻车隆隆。但闻童奴起扫地,又云雪压竹两丛。先生跃起窥琐窗,犹疑晓月光曈曨。交花舞玉来未已,我亦吃吃如田翁。腊前三白主大熟,有田乃在瓯越东。前年去年冬无雪,蝘蜓生翼如蟥蟓。大钱十枚买炊饼,或爱顽铁嫌青铜。今朝自天雨黍粟,复驱瘟疠归消融。圣人昨日始下诏,三王祈雪趋虔恭。天香笃耨犹未降,今日发大藏香下,而雪已沾足矣。精诚默祝天已通。何况凭江殪巨盗,捷书夜报清昼同。自夸凿窟聚蛇蝎,岂知入地随蚺虫。镇江金陵唾可得,秀泉阿旺戈当春。书生黄挂已糜烂,将军茅土行侯公。天心佑助尔何蠢,后降者戮前者封。关民脱绔谋冬种,壮士卷甲归春农。十日一雨五日风,产祥生瑕无时穷。圣人惕厉犹雍宫,大臣可否无阿容。先生侍书真无功,作诗但能歌咸丰。"

(《孙衣言集》上册,110页)

十一月,述洙堂府君项太夫人行事,略云:

我孙氏自明授宣义郎濬,至鸿胪寺序班名世,凡四传,仍世以财雄乡里,而皆以好义称。至我高祖卒,曾祖之兄二人持家事,既异产,我曾祖所得赀独少,故至我大父家渐乏,然犹轻财乐施予如前人。大父少有至性,年十九遭曾大父忧,以哀毁成疾,事母谢孺人尽其孝,无兄弟,视从父兄弟如兄弟。一妹适张氏,张故贫,屡鬻其嫁时田,大父辄赎归之,已而妹病痘卒,所居邑中去我家二十五里,大父哭以往返,遂亦病。居乡党,一时推为厚德长者。予始有知识,即喜问大父时事,族中诸父老年五、六十及见大父者,皆喜言我大父事,自大父卒三、四十年,而乡之人不能忘,是其所施可知已。大父幼颖异,九岁能属文,然不为场屋计,乾隆四十八年,窦东皋先生视浙学,乃补县学生第一,年二十六矣。明年乡试不中,而曾大母已衰,遂不复出,家居好学,尤善书,手抄书辄数千纸,家中所藏书率多丹黄云。我大父之卒七年而后,某某生,常以不见大父为恨,而得在我大母之侧二十有三年。予兄弟三人,时幼弟才数岁，而予与仲弟肩相随，所居室小，中分大母之室，以前半为书室，延师焉。予兄弟读书，大母常隔窗以听，诵读有节族及为文字师有奖异语，知大母喜也。师他往，大母则辟寝户，扶杖循几，视予兄弟读，笑而抚摩之曰：汝大父读书一生，今视汝兄弟矣。仲弟举乡试，报者至，大母甚喜。时予新娶妇，大母指予以语予妇，语不可了，予释之曰，大母殆为我夫妇慰藉，而谓我亦当得也，则笑曰然。予少时性畏雷，而大母尤甚，每望西北山云气滃渤，殷殷有声，即入室索大母，大母则已拒户闭窗扉屏息据卧榻，引被自护，甚喜得予，予亦以侍大母得无畏。自大母卒，每雷雨时，家人辈或以予为笑，予独念大母而悲也。大母城中项氏，读书恭俭，大母之兄有贤女，实予之前母，今诸舅氏尚恂恂有家法，而雁湖、几山两先生，尤称好古能文辞。(《孙衣言孙诒让父子年谱》32—33 页)

十二月十六日(1858 年 1 月 30 日)，蒙恩赏福字，纪诗感恩。

《十六日恩赏福字恭纪仍用丙辰年韵》："福来天上先春至，万里东风动隔旬。廿一日立春。臣等承恩犹近列，我皇敷锡本无垠。蕃厘还为圣人祝，喜气今随芳岁新。手捧宸章思及物，南方耕凿普尧民。"(《孙衣言集》上册，186 页)

十二月十八日(2 月 1 日)，特除翰林侍讲，赋《十二月十八日蒙恩升授侍讲纪恩述怀》：

三年侍从玉堂居，又拜丹毫庆特除。此次上不御门题本，下奉硃笔授官。姓氏新教题绛纸，故事庶常、编修谒见前辈用白帖，升中赞、讲读谓之开坊，又须遍拜前辈而更用红帖。头衔旧已借晶珠。前以实录馆议叙于六年十一月十一日赏加五品衔。词臣久愧螭坳笔，高义谁刊虎观书。四海同官思我弟，连床风雨意难疏。二弟适同官侍讲，以敕办公事在籍未还朝。(《孙衣言集》上册，185 页)

《移直大内仍寓静默寺》：

未厌禅居静，微嫌避客难。城鸦催我早，窗竹向人寒。深殿佛容喜，微灯僧语残。床书炉火伴，谁信逐朝鞍。(《孙衣言集》上册，185 页)

是年，充文渊阁直阁事，登阁观览《四库全书》，而于四库所著录之温州先哲遗著，特注意检阅。(《孙衣言孙诒让父子年谱》，33 页)

是年，于王士祯《古诗选抄》黄山谷、陆放翁、元遗山诸家诗，各补评语。(《孙衣言孙诒让父子年谱》，33 页)

是年,园庐新辟东小斋,既讫工,谱主赋诗自贺。

《东斋》:"东斋昔未辟,破屋迷蓬芜。其外蔽芫席,其中栖薪刍。伊威所窟宅,土灶呼鼪鼯。有径无人来,来者苍头奴。丞相养马卒,饮酒或觯呼。岂知有今日,壁画案墨朱。明窗启方璅,矮几铺毹毹。有时来嘉客,玉佩琼衣裙。雄谈杂龙虎,高论纷唐虞。我亦携书史,无人自咿唔。西山见墙角,眉色如画图。门前一丛竹,玉立风舒舒。檐柳虽未叶,微黄新鸭雏。朝霞烂文绮,落日辉金铺。岂记昔为陋,但觉今可娱。夷吾税堂阜,薰沐三袚除。溪姬施朱粉,娇为吴宫姝。物有遇不遇,岂诚美丑殊。东斋室如斗,室小清有馀。作诗贺东斋,亦以写我愉。"(《孙衣言集》上册,96页)

因重揭食笋斋额,而复为之记,略云:

余所居园庐,嘉庆时黄勤敏公尝居之,庭前种竹数千竿,名其室曰食笋斋,其后程侍郎、祁相国相继居之,皆仍其旧额。咸丰五年之秋,余始来居,以屋后故有枏,程侍郎尝为之赋,因更名曰枏指花馆,而属余友王户部锡振书其额。既而枏为风所拔,乃复用勤敏旧额,而介户部请于祁相国以书之。(《孙衣言孙诒让父子年谱》,33页)

按:《沈文忠公集》卷九《题鲍花潭太史补竹图》云:"寿阳书旧额,人去额尚留。"注云:"寿阳祁相国为琴西补书食笋斋额,琴西系以跋语,留斋中。"(25叶)

另有《予所居园庐当涂尚书种竹其中而扁之曰食笋斋今其扁亡矣匃寿阳相国补书之以揭于东小斋而系以诗》:

门前修竹碧参槠,远与尚书气节高。独恨萧斋遗旧迹,重劳仙客为挥毫。园林潇洒犹前日,翰墨风流定几曹。却忆侍郎词赋美,欲寻嘉树向芳皋。屋后土阜有枏,程侍郎所为赋者,去年夏为风拔之。(《孙衣言集》上册,180页)

是年,恭亲王出所藏张文敏公照摹窠书"赤子视万类,浮萍阅人寰"十字册,邀书房同人联句题咏。此册庄质亲王故物,乾隆辛卯,曾邀履端亲王暨书斋诸友联咏,后归故相琦静庵家,琦相籍没,此册复入御府,恭邸蒙赐得之,因叠原韵赋成一律,而谱主与同直朱桐轩宫保、匡鹤泉少宰、殷谱经大理、李小麋侍讲德仪、张怡琴、李兰孙鸿藻两太史,并依前体,联成二首,为此名迹添其故实焉。

恭亲王奕訢《题张文敏攀窠书赤子视万类浮萍阅人寰十字册》(并识咸丰丁巳):"此册向为质庄亲王所藏,曾邀履端亲王暨书斋诸友联吟题咏,并成哲亲王、倪敬堂太常各系以跋,后归故相琦静庵家,末有郭兰石大理跋语。当在其时,迨琦相籍没,此册复入御府,余蒙恩赐得之,墨彩鸾鸾,词葩凤丽,展玩不忍释手,因叠元韵,并邀书斋诸友同依前体联成二律,以志三天韵事。

展册澄观喜欲颠,天瓶十字永薪传。沈雄力挽千钧弩,神妙珍逾万选钱。居士前身疑草圣,书斋旧雨忆诗仙。追吟愧继芳尘后,什袭收藏翰墨鲜。

早岁心香慕米颠,晚从鲁国溯真传。虹楼瀛海珍双璧,朱桐轩宫保。蠹纸蝉缣直万钱。好事银潢频鉴赏,匡鹤泉少宰。题诗玉署几神仙。兰亭辗转经尘劫,殷谱经大理。天府重登墨尚鲜。

石渠宝笈富僧颠,李小麋侍讲。笔妙华亭有再传。恩锡盘薄同分器,张怡琴太史。字珍角扇倍论钱。评书品擅琅函秘,孙琴西太史。摘句吟留玉局仙。得天所书十字为坡仙诗句。更羡挥毫成雅咏,巴词惭点碧苔鲜。李兰孙太史。"(《乐道堂古近体诗》卷二,10—11叶,《清代诗文集汇编》725册,206—207页)。

是年,谱主有诗和恭亲王题《赵子昂商山四皓图图子房招四皓事》:

五世相韩终报秦,却识真人自有真。犹出馀技定汉储,谷城黄石真能神。当朝期期久束手,羽翼乃资逃秦民。牟驼劫后来白雁,龙种往往愁风尘。王孙来作秀才官,神妙江都惜此身。"(《孙衣言集》上册,97页)

恭亲王《题赵子昂商山四皓卷索书斋诸友和韵》:"高风四皓写来真,矍铄翁传画里神。隐迹避居秦政世,狂歌且作葛天民。烟霞入抱原超俗,泉石怡情迥出尘。磊落放怀商雒土,含贞养性乐闲身。

彩笔拈来妙逼真,苍颜皓齿足形神。蔽名愚谷称逋客,寄兴穷岩号逸民。双鬓蓬蓬添白发,一生落落轶红尘。美他贤达偏逃俗,友月交风自在身。

……(《乐道堂古近体诗》卷二,12—14叶,《清代诗文集汇编》725册,207—208页)

恭亲王再叠韵为酬,有"三天翰墨辉珠玉,八隽才华式士民"之句,八隽谓衣言、桐轩、鹤泉、谱经、小麋、怡琴、兰孙暨吴竹言学士,亦同直书斋者。

恭亲王《再题二律仍用前韵酬书斋诸友》："题句方家赏鉴真,鹤泉兰孙俱精绘事。佳篇咏出笔通神。三天翰墨辉珠玉,八隽才华式士民。《后汉书》谓李膺、荀昱、杜密、王畅、刘祐、魏朗、赵典、朱㝢为八隽,时朱桐轩宫保、匡鹤泉少宰、殷谱经大理、吴竹言学士、李小麇侍讲、张怡琴、孙琴西、李兰孙三太史同入直书斋。图画珍藏留古迹,文章大雅振芳尘。焚香展读参微妙,身问心兮心问身。白香山有心问身身报心心重答身诗三绝句。

功成反璞乐归真,境静心清用保神。自是非仙亦非隐,还将斯道觉斯民。采芝应共壶中药,辟谷何愁甑上尘。白发髟髟夸健铄,眠云卧石似禅身。"(《乐道堂古近体诗》卷二,14 叶,《清代诗文集汇编》725 册,208 页)

是年,长洲彭蕴章相国以所著《松风阁集》见诒,谱主赋诗答谢,相国称善。时相国之子芍亭户部祖贤与谱主同史局,间得往复议论,纪群之游,颇为相契。以芍亭沉密详整,勤事特甚,足为宦族之后贤。(《孙衣言孙诒让父子年谱》,34 页)

是年,作《记徐钦栋修郡庠庙学事》,云:

咸丰癸丑六月,飓风雨连十二昼夜不息,败公私庐舍以千计,郡城先圣庙两庑圮,明伦堂左搏风亦折,于时粤贼自金陵轶破沿江郡县,浙东西大震,守令方率富民助军务,无暇及地方事。自癸丑至丙寅四年矣,庙坏如故,楠溪徐君钦栋,有子思泽读书于郡城,君往视之,睹庙坏状,慨然谋以己力修葺之。守令闻之大喜,即檄君任其事。君即择日庀材鸠工,自持被入居学宫旁舍,独偕一老仆躬督役,以四月二十三日始事,而以八月十四日毕工,坏者悉复故,故有者加崇饰焉。是役也,众谓非四千缗不能办,而君为之,财用钱一千六百贯。既竣事,守令将请之上官,叙君劳,君笑不受。呜呼!如君者,可谓知义而能事矣。昔吾邑文节陈公,言乡俗尊重师友,前一辈学绪几息,后一辈趋而和之,而师道复兴。又言五经皆有师弟子,非其经师,不轻授人,弟子亦不即诣他师受业,岁时会于学,少者拜,长者平立,过市必冠带,饮酒不逾三行,一人有过,众人切磋言之,盖其时士习之美如此。其时乡先生,如少南陈氏、草堂张氏、元章林氏、南湖毛氏,皆家自设塾,延致名儒以教子弟,而为之师者则丁经行、林介夫、陈益之、叶西山之流也。然则士之奋兴为学,非徒有司之能举其职,而其家自为教,人自为学,以相淑于乡党里巷之间者,亦非他郡所及。自南渡迄乾淳四五十年,人材踵相接,科第之盛,

仕宦之多，文章勋业之美，亦遂冠于浙河东西，此岂偶然也哉！今去诸
先生时远矣，所谓乡曲之豪，惟务美田宅以自封殖，语以辟塾延师教弟
子，则茫然不知为何事，耳不闻礼义之言，目不睹圣贤之经，相轹以势
力，相屠以财利，相咻以智巧，积之愈久，习之弥固，而至于丧失其身心，
则岂徒科第仕宦文章勋业之不及于昔时为可耻耶！枬溪为永嘉山水穷
处，自为区聚，言语殊异，风尚刚质，自前世刘进之、李士宣、李仲举之
徒，皆以笃行好义有述于史志，而鹤阳谢氏，文献故家，儒风称盛，则枬
溪虽僻左，而诗书礼义之教由来旧矣。今君勤修庙学，以嘉惠士林，则
其所以诱掖一乡一家之子弟，使之循循于学，以绍先辈之遗风者，宜将
乐为之也。不幸其志未就，其施未竟，庙学甫成而以积劳遂卒，此予之
所为叹惜者矣。君既卒，思泽乞为文以传其事。予以为传其事，不如继
其志者之善也，因辄推本其意之有以继往开来者，以告思泽，思泽其勉
之哉！咸丰丁巳记。（《孙衣言孙诒让父子年谱》，34—35 页）

是年，符葆森选编《国朝正雅集》百卷刊成，采录乾隆丙辰以来百二十年
之诗，凡二千馀家，而谱主诗入选者十六首。该集卷八十九所录谱主诗有：
《送张海门太史典试山西》二首，《唐根石前辈初入谏院以诗贺之》，《雪中短
歌简朱濂甫太史琦》，《吊黄树斋先生》二首，《与匡鹤泉前辈寻叶棣如阁学叶
亭废址》，《与少鹤步昆明湖上感赋》，《杂兴》八首。（《孙衣言孙诒让父子年谱》，
35 页）

是年，有诗送别符葆森。

《送符南樵葆森别》："铜街尘土辱相过，百首新诗妙可歌。洛下高才
君殆是，山阳旧恨我犹多。君尝从黄侍郎游。自惭李鹰终难荐，尚许匡衡晚
得科。君去年会试卷在予房，而竟未荐。此去何门堪跋履，秋风鸿雁动关河。"
（《孙衣言集》上册，184 页）

是年，写诗寄杨彝珍，兼询吴敏树的踪迹，杨彝珍将谱主诗转寄给吴敏
树，吴敏树遂和诗一首，分抄寄给谱主和杨彝珍。

吴敏树《孙琴西侍读寄诗杨性农驾部勤讯鄙人踪迹性农和之并以
见寄因次韵两寄之》："吾生习朴野，见客疏礼答。容身且近藏，焉敢效
颜阖。性农书言学使张公屡相觅不得，学使盖得余于侍读。乡村迫寇掠，冈岭失重
沓。兹来会城居，处静常闭合。所嗟过春风，竟未携野楂。归与行早
计，不待岁至匝。浏阳昔学官，长日卧吟榻。犹嫌系官身，甘为退院衲。

孰知奔徙愁,辱与厮佣杂。远行膝赢滕,急走足脱鞁。猿猱共攀陟,妇稚随遒遒。仰天一悲啸,时有风来飒。杨侯苦相矜,镌文新巷拓。自言倡勇徒,三百强弩踏。巴陵望武陵,洞庭天黝黯。惜哉两郡间,未睹一战合。君才宜斗量,岂较吾龠合。何不展韬钤,自起缚靬鞈。曹忘兵马属,口饱湖鱼喢。我欲往从之,储酒共倾腊。琴西翰林仙,诗帜朝簪盍。酬君兼报孙,布鼓助鞺鞳。"(《吴敏树集》,46—47页)

是年,徐维城有《寄琴西侍讲京华三叠前韵》:

儒有合志趋同方,云泥一气孚行藏。珠光玉色北辰下,客星曜接文星芒。蓬户燕巢感韶序,梧冈凤集鸣朝阳。穷达攸殊雨露一,养士恩同荷圣皇。愿君及时勉报国,润色鸿业摛鸿章。桐圭辅翼竭忠谠,抒忠谨度勤导扬。君时在上书房行走,照料惇邸读书。时焉赓歌箴寓颂,不徒功德宏铺张。清华侍从为国士,香案吏果名姓香。蓬山独秀挺乔木,琼林俯视空群芳。夫子磊落有本性,故人照耀矜生光。知我况君如鲍叔,垂分延誉镌肺肠。友声它日或为凤,九天唱和应律吭。回翔今方凡鸟涸,蕉萃毛羽劳携将。吁嗟乎! 蕉萃毛羽劳携将,远游敢惮提征囊。时拟作大梁之游,君为致书俞巾山学使。绝胜谋妇典钗尽,坐愁煮字搜书仓。(《天韵堂诗存》卷五,11叶,《清代诗文集汇编》661册,586页)

是年,朱琦《有怀琴西即用少鹤与琴西步荷池韵奉简》:

溅怀池好夏气清,草木蒙笼小山顶。荷花三面绕亭馆,只合仙人来管领。偻直晚归车马闲,吮墨哦诗坐花间。楼头月明一湖水,记取深秋揽山翠。去秋同仲穆宿尊斋看月。(《怡志堂诗初编》卷八,30叶,清咸丰七年刻本)

咸丰八年　戊午　1858 年　四十四岁

正月初一日(2月14日),乾清宫早朝,赋诗以记。

《元日乾清宫早朝恭纪次李小疃前辈韵》:"邃宇深居护玉墀,乾清晓色映祥曦。风开阊阖珂声入,气肃钩陈彩仗移。仙乐元音铿猛虡,捷书喜气报匋尼。儒臣幸望龙光近,陛盾铜荷灿百枝。"(《孙衣言集》上册,186页)

正月,以丹笔复勘庐本《韩昌黎诗注》一过,乃为定本。(《孙衣言孙诒让父子年谱》,36 页)

正月初七日(2 月 20 日),同冯志沂(鲁川)刑部及朝鲜人吴庆锡(亦梅)集孔宪彝斋中,吴君出《天竹斋图》征诗。谱主有诗。

《人日集饮绣山斋中分得浊字 时有朝鲜客在坐》:"寒去冰先知,春新草未觉。开年罢走趋,落日畏城郭。偶偷顷刻间,来就友朋乐。厨烹妙选珍,坐客美映玉。才人竞冠裾,异制怛巾幞。语通知熟来,音佚希古学。鲁川云高丽方言当有古音。或喜酒杯深,我恨诗令酷。枯肠搜棘荆,硬句出硗确。聊资君笑嬉,莫校语廉浊。"(《孙衣言集》上册,111 页)

《朝鲜吴亦梅于其藏书之室种天竹云可避火为天竹斋图介孔绣山索诗》:"海东从事著 入声 诗书,问礼歌风更蔼如。王子教条犹在野,公孙利禄渐无儒。方音鞮角来询客,异义舻头望起予。手种绛华藏万卷,临风深忆愤沟娄。"(《孙衣言集》上册,186 页)

冯志沂《人日绣山年丈招同高寄泉大令吴子贞孝廉及朝鲜吴亦梅安桐斋饮分韵得盘字》:"笋香鱼美簇春盘,佳节愁心强自宽。载酒客添新伴侣,谈诗人有古衣冠。萍蓬聚散浮生易,天地风尘此会难。不为重闉限车辙,竟须沈醉向更阑。"(《微尚斋诗集初编》卷三,1 叶,《清代诗文集汇编》639 册,602 页)

时,方恭钊(勉甫)来澄怀园,以所藏邵懿辰(位西)先生手书诗册二十一首见示,为之惊叹,辄题七律。

《题勉甫所藏邵位西员外诗册》:"落落交朋恨昔年,惊看珠玉富新篇。郎官自隐百僚底,诗笔须论四代前。济世才能偏得谤,犹人状貌要当传。莫轻覆瓿深缄袭,我亦桓谈望后贤。"(《孙衣言集》上册,188 页;《半岩庐遗集》题辞)

小女生,赐名旋。(《孙衣言孙诒让父子年谱》,36 页)

二月二十日(4 月 3 日),京察一等引见。记名以道府用。

《文宗显皇帝实录》卷二四六:"丙寅,……复引见京察一等人员,得旨。此次京察一等,复带领引见各员内,除董似毂奎昌、黄安绶……毋庸记名外,文麟、清安、刘长绂、李德仪、孙衣言、张桐……俱著交军机处记名以道府用。"(《清实录》43 册,798 页)

三月十四日（4月27日），孙鼎臣请客，会饮一室。

　　《祭桂太恭人文侍读孙鼎臣母》："季月庚寅，侍读觞客，吾徒七人，会饮一室，尝母之羹，湖莲终实。"（《孙衣言集》中册，471页）

　　按：季月为每季的最后一月，即农历三、六、九、十二月。六月无庚寅日。

三月十六日（4月29日），吊唁孙鼎臣母丧。

　　《祭桂太恭人文》："望又一日，来告母丧，我惊趋视。"（《孙衣言集》中册，471页）

春，与李德仪、张桐游金山宝藏寺，过遗光寺，各有诗。

　　《与小麐怡琴同游金山宝藏寺》："雨过觉春好，流泉润浅沙。呼童浇茗盌，邀客看桃花。古寺寻山入，层轩并石斜。更临潭水静，知近梵王家。—　架构危崖上，楼台纵目中。云生仙苑树，风送玉泉钟。湖水深涵绿，斜晖远露红。帝城三殿迥，吟望独溟濛。二"（《孙衣言集》上册，186—187页）

　　《过遗光寺》："下山仍访寺，游兴欲忘晡。红惜官桃浅，青知野草苏。碑残愁说史，寺碑皆纪明时巨珰建寺事。僧腐学谈儒。归去判昏黑，深泥戒偾舆。"（《孙衣言集》上册，187页）

四五月间，英法联军薄天津，求瓯脱地，又请行天主教，以沿江为互市，大臣有主之者。谱主两进封事，请早定战，议论至剀切，帝鉴其戆直，优容之。（《孙衣言孙诒让父子年谱》，36页）

　　又参《六月十八日奉命出守安庆纪恩》诗："沿牒飘然侍从臣，岂因狂疏达枫宸。月前以天津军务两进封事。"

有言夷务疏、言夷务第二疏。

五月，中英议款事定，虽一时廷臣犹多愤激反对，然无能为力。（《孙衣言孙诒让父子年谱》，36页）

六月十八日（7月28日），简放安徽安庆知府，作《六月十八日奉命出守安庆纪恩》诗：

　　沿牒飘然侍从臣，岂因狂疏达枫宸。月前以天津军务两进封事。新承温语甄江国，召见时训谕周详，备极恻怛。已觉伤心向部民。安庆久陷贼中，以为此行不知何时与百姓相见,今日晤汪君卿绶,即桐城人也,家室流寓京师,为之黯然。凤阙龙楼频望切,青山黄岳久情亲。时艰人道书生贱,要为驰驱惜此身。(《孙衣言集》上册,187 页)

六月二十六日(8 月 5 日),访翁心存。

《翁心存日记》:"清晨,孙琴西太守衣言来见。"(第 3 册,1333 页)

六月,撰祭孙鼎臣母桂太恭人文。

《祭桂太恭人文》:"季月庚寅,侍读觞客,吾徒七人,会饮一室。尝母之羹,湖莲终实。望又一日,来告母丧。我惊趋视,帷棺在堂。偓然侍读,伏哭其旁。垂涕语我:'母盖无疾。感风憎寒,得药如失。既复气上,汗甚遂卒。'母昔京居,乡庐荡迁,间关往视,四载险艰。既返而陨,数月之间。母行母志,壮夫所怍。从仕桃源,邻猘狂咋。群苗附声,其氛甚恶。大官巧逃,脱孥以妻。亦有姻党,以书速归。母笑弗答,朝夕盘匜。既危即安,舅始委悉。老泪浪浪,咨嗟太息。谓汝女子,勇则难敌。通城贼徒,溃归长沙。震惊庐里,一舍其遐。或惶四出,弃捐室家。母曰命也,其不愈辱。我冠我帔,先人室屋。卒安无佗,人乃大服。懿母之德,侍读能言。侍读翩翩,官升朝端。母以光耀,胡不百年。有子而贤,行修文美。寿逾六旬,于母何唏。惟是我徒,侍读罳弟。昕夕游从,未朝母仪。钟型鲍教,今则莫追。矧于侍读,文章切劘。侍读从丧,遄归南楚。深朋几何,析易难聚。相向悲鸣,其感万绪。幽宫琢石,户曹宜铭。我为祭章,众心怦怦。不惟羞醴,我徒之诚。呜呼哀哉!尚飨。"(《孙衣言集》中册,471 页)

六月,与王定甫、林颖叔相约游西山,游碧云寺、卧佛寺,宿碧云寺,秉灯夜谈。

《书王顾斋西山游草后》:"咸丰己未[戊午]六月,予自内廷出守安庆,于是予友王定甫户部、林颖叔工部皆直枢府,恐予有失职漂摇之感思有以广予者,约为西山之游。连骑至碧云寺、卧佛寺,反碧云宿焉。夜深人静,泉声自后山来,穿庭而出,终夜潺潺不绝。予与定甫、颖叔一灯相对,各为歌诗以为笑乐,予谓定甫、颖叔曰:'我与若徜徉乎此间,则形骸固肬赘,衣冠固桎梏也。而一官之升沈近远,又何足以云?'二君亦洒然自失。"(《孙衣言集》中册,520—521 页)

座主祁寯藻相国屡招谱主饮于慈仁寺古柏下,时相国以《食笋斋图》征题,又出观旧作《食笋斋十景诗》,近作《古柏古槐诗》,及所为《双桥精舍图》《静者室图》《饚飦亭图》,宴谈欣赏,最为雅集。盖谱主颇恨见相国晚,而相国亦惜谱主之将去也。《食笋斋图》为园庐真景,嘉庆庚辰当涂黄勤敏公钺三子寸园足民为其弟殖园富民作。道光丁亥,相国来居此斋,殖园以图移赠相国,题诗帧尾,寸园和之,勤敏复和之,书斋诸前辈和者殆遍。谱主次韵,有句云,"当时有竹尚无我",盖勤敏以嘉庆甲戌种竹斋中,而谱主以明年生也。双桥精舍,相国园居旧庐,图为戴鹿床作。《静者室图》指当日慈仁之游。而《饚飦亭图》,则相国自寓归思。(《孙衣言孙诒让父子年谱》,36—37页)

夏,结识王茂荫侍郎。

《书方夫人节孝事略后》:"今年夏,予奉命出守安庆,始与歙王子怀侍郎相识。"(《孙衣言集》中册,514页)

七月十八日(8月26日),郭嵩焘来访。

《郭嵩焘日记》:"次第往孙琴西、许仁山诸处小坐。"(湖南人民出版社1980年版,第一卷,142页)

七月,祁寯藻师送别诗七律二首:

蓬莱楼阁集群仙,中有幽斋得地偏。种竹不知谁是主,"食笋斋"黄勤敏师居额也,余与琴西侍讲先后居之。披图如见我犹怜。一麾此去馀长啸,四壁留题待补悬。琴翁有《食笋斋记》,曾属余补书旧额。门外双轮还踟躇,西山挂颏对苍然。君直枢垣,退直居月湖楼上,与琴翁时有唱酬。

老病难追黄石仙,停云遥隔屋西偏。山楼水槛一回首,凉竹幽花皆可怜。赖有故人巢未扫,每因佳客榻常悬。请看画里青苔迹,不待临岐已惘然。两君许为题《食笋斋图》。

戊午岁七月,次和定甫贤弟过食笋斋感怀,赠孙琴西侍讲出守皖江之作,并呈琴西仁兄同政,即以志别。馆愚弟叔颖祁寯藻稿。(《孙衣言孙诒让父子年谱》,37页)

七月,友人王拯、冯志沂、叶名澧等都有送别诗,谱主亦有和诗。

《孙衣言孙诒让父子年谱》:"王少鹤有送行序并诗,冯鲁川、沈朗亭、徐云石及阳湖杨传第等五十馀人亦各有赠别诗,江山刘泖生户部履芳赠《长亭怨慢》词一阕,盖皆惓惓于衣言之将去也。"(《孙衣言孙诒让父

子年谱》,38页)

王拯《琴西外转安庆守饮拱辰楼即赠》:"万蜩声里一楼孤,楼影花光倒入湖。独客柳阴还系马,故人天际又分符。皖公山色烟尘暗,丹沂云阴岁月徂。门外翠蛾知别否,聊将尊酒对乌乌。"(《龙壁山房文集》卷十,《清代诗文集汇编》659册,415页;《王拯系年》,172—173页)

谱主《饮拱宸楼答定甫颖叔》:"百尺层楼俯碧波,朝回花底屡经过。清风别苑闻钟近,秋色西山入户多。三殿朱衣同引领,一时青眼几高歌。伤离已黯初筵色,异日天涯更若何。"(《孙衣言集》上册,188页)

王拯《过食笋斋再赠琴西》:"黄山老子早飞仙,独乐园凄杜曲偏。长啸仰天君又去,幽篁出地客谁怜。秋风履迹苍苔满,夜月诗情碧落悬。退食从今归掩卧,孤云落日想茫然。"(《龙壁山房文集》卷十,《清代诗文集汇编》659册,415页;《王拯系年》,173页)

谱主《定甫有过食笋斋感怀见赠之作纯甫先生用韵赠别谨依韵奉呈并酬定甫》:"伊川佚老望如仙,却共王郎爱我偏。五马严城今欲去,一尊便坐暂相怜。孤光楼堞长江下,匹练山峰细瀑悬。岂独旧巢回望远,平生师友总凄然。"(《孙衣言集》上册,188页)

冯志沂《送孙琴西侍读出守安庆》:"皖江形胜缩全吴,帝简词臣此剖符。青绶岂能荣我辈,黄堂差喜得真儒。劳心抚字觇新政,回首承明恋旧庐。君去淮阳应即召,未妨操版学庭趋。"(《微尚斋诗集》卷三,5叶,《清代诗文集汇编》639册,604页)

杨传第送行诗二首:"剖竹龙符诏命新,文章政事并无伦。近臣出守人争惜,战地多年吏要循。□是圣心忧重镇,去为江介洗浮尘。灊峰八柱擎霄汉,最□凌烟阁上身。

三载长安未通谒,倾心佳句在仙曹。新秋忽枉高轩过,此会翻增别绪劳。日下宾朋翘露布,淮南云水助风骚。遥知有梦随铜辇,书角霜天思郁陶。琴西先生出守安庆赋呈二律即希教正,戊午初秋,后学阳湖杨传第呈草。"(温州博物馆藏抄件)

叶名澧《送同年孙琴西侍讲衣言出守安庆》:"今古兹雄郡,长江势可当。几年蔽烽燧,中禁出贤良。驿路悲鸿满,秋风众垒荒。大观亭上望,山色自青苍。"(《敦夙好斋诗续编》卷九,25叶,《清代诗文集汇编》639册,331页)

时,俞樾亦自吴中寄诗送行。

《送孙琴西同年衣言出守安庆即用其癸丑年见赠原韵》:"君本蓬莱

仙,青云跨白凤。如何太守章,帝忽为尔弄。占易得明夷,君子用莅众。君注《易》至"明夷"卦,而拜出守之命。乃驾五马出,复此一尊共。嗟余寄吴市,杜门谢谊哄。云水无定居,风波有馀恐。投刺来故人,折束具清供。痛饮借酒杯,高歌击饭瓮。顾念此分手,飞沙孰搏控。勉子万里风,老我一溪葑。"(《春在堂诗编》五《丁辛编》,13 叶,《清代诗文集汇编》684 册,507 页)

八月初三日(9 月 9 日),访郭嵩焘。

《郭嵩焘日记》:"刘兼山、陆眉生、周子佩、何小宋、孙琴西、瞿春阶、徐季荪先后来谈。"(第一卷,149 页)

八月初十日(9 月 16 日),访翁心存,郭嵩焘来访。

《翁心存日记》:"清晨,孙琴西太守来。"(第 3 册,1345 页)

《郭嵩焘日记》:"次第至张竹汀、徐彝州、孙琴西、何愿船、龙星荪诸处一谈。"(第一卷,151 页)

八月十一日(9 月 17 日),寄示义稿数篇与郭嵩焘。

《郭嵩焘日记》:"琴西寄示文稿数篇。"(第一卷,152 页)

八月十二日(9 月 18 日),赴郭嵩焘为吕耀斗约饮馀庆堂,与王凯泰等同席。席中谱主评论姚振甫、庄棫不脱名士气习,而最服膺高继珩。

《郭嵩焘日记》:"晚,为吕庭芷约饮馀庆堂,同席孙琴西、杨韶和、王补帆、汪慕杜、张幼涵、刘莘农、钱莘伯。琴西论人物,以姚振甫、庄蒿庵不脱名士气习,而最服膺高寄泉_{继珩}。高以教谕保升知县,借选广东盐大使,曾于孔绣山家一见之,盖质实好学人也。"(第一卷,152 页)

八月二十八日(10 月 4 日),王士祯生日,赴孔宪彝、林寿图招集慈仁寺,与王拯、冯志沂等陪祁寯藻。

冯志沂《八月二十八日渔洋生日孔绣山中翰林颖叔工部招陪寿阳相公琴西青士少鹤集慈仁寺分韵得代字》:"古寺澹夕阳,长松散秋籁。悬弧缅昔贤,挈榼成嘉会。新城老尚书,诗名冠昭代。苕峣二百年,寿阳与之配。名位过前人,所同俱勇退。后生属多幸,撰杖承清诲。脱身案牍中,耳目暂愉快。有如汤年苗,后枯资一溉。高阁俯城闉,历历见阛阓。抚今惜芳辰,望古发遥慨。溯维新城时,元气充宇内。施宋梅与朱,骚坛盛槃敦。公如生其间,拔载成一队。贱子执鞭弭,亦或比廊邺。茫茫岁月徂,忽忽乾坤隘。裴公居绿野,意岂忘侘傺。钟鼓及园林,娱游亦无奈。秋气古所悲,况当送行迈。所愿苏民生,终期敌王忾。策勋登明堂,盛筵偿能再。时琴西将之安庆任。"(《微尚斋诗集初编》卷三,5—6叶,《清代诗文集汇编》639册,604页)

王拯《八月廿一[八]日绣山偕颖叔招陪寿阳师相集慈仁寺分得盛字时戒公新构见山阁落成是日渔洋生日也》:"高台堕落狉麕窟,山人发愿勤畚揭。朝来一角见西山,送与诗人豁尘目。明窗净几凌虚空,俯视城郭烟蒙蒙。虽非平地起九仞,要自艰难领览一一同愚公。九天楼阁华严迥,弹指天龙见情性。古来寒饿多苦心,开代词宗独华盛。寿阳相公今斗魁,避贤无地筑楼台。箕张角触自生世,独与山僧寻草莱。"(《龙壁山房诗草》卷十,《王拯系年》,175页)

秋,王茂荫侍郎以其先祖母节孝方夫人行略见示,命为序述。撰《书方夫人节孝事略后》:

> 今年夏,予奉命出守安庆,始与歙王子怀侍郎相识。将行,侍郎以其先祖慈节孝方夫人行略见示,命为序述。……侍郎由甲科为部曹,即著清节,至为谏官,历卿贰,言事切挚,尝以国事得失、人才进退为己忧,既而自知终不见用,奉身以去,无所系恋,可谓终始无恨,无愧夫人之子孙。衣言之高祖母万亦以节孝载在郡邑志,自先曾祖至我父皆隐学不仕,至衣言兄弟始得列于朝廷,而自念服官以来,无一事可以无愧于心,至于立身行己,则犹不免于不肖之为诗曰'无忝尔所生'甚矣,无忝之难也。此予所以尤叹慕于方夫人,而以为不可及也。(《孙衣言集》中册,514—515页)

> 按:王茂荫(1798—1865),字椿年,号子怀。安徽省徽州府歙县人。道光十二年(1832)进士,历任监察御史、户部右侍郎兼管钱法堂事务及兵、吏、工部侍郎等职。

八月三十日(10月6日),访郭嵩焘。

《郭嵩焘日记》:"黄子春、孙琴西、何伯英、贺云湖、宋雪帆、毕淳斋、李眉生先后至,竟日应酬,颇疲乏。"(第一卷,158页)

九月初三日(10月9日),郭嵩焘来谈,谱主以澄怀园集二卷、陈小铁诗一卷见示。

《郭嵩焘日记》"晚就孙琴西处一谈,琴西见示澄怀园集二卷、陈小铁诗一卷。小铁诗如:……琴西诗学苏黄已成体,时辈罕及之。……与琴西语云:圣人神妙不测,全是精神运量。天下亿万人所视所指,而曰吾能密之,使人不测而已,果谁欺哉。机事不密则害成,且看是何等事何等运量,夫且不可以语人,而欲以服天下而行远,难矣。圣人以此洗心,退藏于密,全须此等处体验。天下者,人情之积也。两人相与而情顺,足以治天下国家矣。圣人制礼缘人情,制律亦缘人情。今之治律者,务使人情郁而不宣,逆而不畅,其于律意远矣。"(第一卷,160—163页)

九月初六日(10月12日),赴郭嵩焘邀早饮,与王拯、冯志沂、孔宪彝等同席。是日,王拯作奉送谱主出守安庆序。

《郭嵩焘日记》"邀雷震初前辈、孙琴西、王少鹤、冯鲁川、陈宝珊、吕庭芷、熊定卿、孔绣山至鹿鸣堂早饮。"(第一卷,163页)

王拯《奉送琴西侍讲出守安庆序》"京师天下人材渊薮,利禄功名之士群然奔趋,而怀道德能文章者,亦皆各欲有所自试而为世用。其间或得或否,或效或不效,而要不能不出于其途。故欲友天下士者,乐取资焉,往往各称其所欲得。而有识者,亦可于此观时之变,得盛衰焉。余往来京师二十年矣,性落落寡交游,顾爱友朋如性命。道光壬寅、癸卯间,梅先生伯言、汤海秋、余小颇、朱伯韩、邵位西诸君子者相与师友,切劘道艺,一时交游,颇谓极盛。数年假归,及从粤征以归,则诸君子死者、归者,显名位被迁谪者,散离颠倒,殆不复有一人而在,于是寂然,以谓将无复有友朋聚处之乐。乃时则有孙子琴西、张子海门居游密迩,渐续讲肆,由两君又得陈子梁叔、孙子芝房。梁叔未久从戎江介,芝房去复来,来而又以忧去,海门则以典试山西,移督学湖南。独余直枢廷。琴西入傅上书房,数载以来,淀园退食,文艺宴游,久益相得。两人者盖不独念梅先生诸君子不可得,即常回念海门、芝房,则已怅然,友朋寥落,良可慨叹。今年春夏,余复从军潞河两月,闻琴西再疏切陈时事,心独壮之而有隐忧。比秋余归,琴西果复出守安庆,于是琴西又且行矣。嗟夫!人生朋友聚散之感,诚何足道,独是观时之变,以天下人材难得易失,即一交游之间,何其盛衰乃遽若此!昔者梅先生尝为文送余小颇之出守雅州,其辞甚美,而气则剧悲。夫雅州名郡,而当时承平,然则余

150

于琴西又将何以为言乎哉？琴西行矣，吾闻安庆濒江，千里扼冲，狂寇久窃，生民涂炭。水师将军提数百舟，将与陆军诸将帅合，杀敌克城。丈夫乘时会，起功业，将一变其从容讽议，提戈杀贼，下马草檄，拯民水火而登衽席，安能郁郁握毛锥子，早夜占毕，老死牖下以为幸事？就以不才惫甚，再事戎幕，思欲长此瘖默，日从事于中朝大官，绳仰委蛇，庸必得乎！琴西行矣，秋风木落，懔慄远行，登山临水，天高气清，羁旅夜坐，凄独自怜，乃其时也，又何辞焉！咸丰戊午八年秋九月朔有六日。马平王锡振序。

万蜩声里一楼孤，楼影花光倒入湖。独若柳阴才系马，故人天际又分符。官峣禁籞多风月，历乱河山尚皖庐。门外翠蛾知别否，聊将尊酒对呜呜。拱宸楼奉赠，时君甫拜命也。

黄山老子早飞仙，独乐园开杜曲偏。谓黄左田尚书及今寿阳师相。长啸仰天君又去，幽篁出地客谁怜。秋风屐迹苍苔满，夜月诗情碧落悬。退食从今归掩卧，孤云落日想茫然。过食笋斋再赠，时君行有日矣。

附录两诗，并乞教之。他日清香画戟，展此有如晤对也。定甫又识。"（《小莽苍苍斋藏清代学者书札》，707—708 页）

九月初七日（10 月 13 日），向翁心存辞行。翁心存以家书托带。

《翁心存日记》："孙琴西太守来辞行，初十日行。草家书一纸，缄封托带。"（第 3 册，1354 页）

九月，以《盘谷草堂诗集》出示祁寯藻。祁寯藻为题七绝四首于册端：

感事篇篇笔有神，咏怀独见性情真。渔洋亦学遗山体，只为论诗到古人。咏怀古诗人十六篇，意取法戒，不专论诗。一　经学纷纶海国传，曾为琉球学师。翰林名更重三天。洛阳纸贵寻常事，不藉鸡林贾客船。二　股肱大郡正需才，天遣文章落上台。满目疮痍塞淮浦，邦人争望使君来。三　诗史源渊出少陵，才兼俊逸气飞腾。诵君佳句相知晚，惭愧当年韦左丞。四小诗四首，奉题《盘谷草堂诗集》，即以送别，并请教正。戊午岁九月，馆愚弟祁寯藻。（温州博物馆藏原件）

九月，出都赴任，因兵阻，迂道江苏，与座师孙葆元同行，至江阴而别，赋《出都与家莲塘座主同行每日辄同止宿至清江浦复约同舟而南戏呈一首》：

使者高车满路光，淮阳太守漫昂藏。随人弩矢驱前导，容我弦歌到

后堂。每有姓名惊入座，更无牢具误先尝。明朝复逐星槎去，看客还羞濯楫郎。（《孙衣言集》上册，189 页）

十月初五日（11 月 10 日），在高邮舟中检阅旧校汲古阁本《元遗山诗集》，以墨笔补圈点数处，又于旧时评注有所补正，而记于卷十四尾云：

磊落有奇气是其本色也，此裕之七律之最工者，然所乏者天趣耳，固不能及东坡，亦未必在务观上。务观之变化富赡，固不易也。戊午十月五日，在高邮舟中阅记。（《孙衣言孙诒让父子年谱》，38 页）

十月上旬，至扬州邵伯镇，有诗。至霍家桥，有诗。

《舟至邵伯镇》："浩浩长流日夜东，秋风落照倚孤篷。豺狼市上馀兵在，虾菜街前百室空。几辈长官雄剑佩。自至淮扬，所见州县多戎服者。连村子弟自刀弓。湖西白浪天无际，还有青山待醉翁。隔湖皆皖境。"（《孙衣言集》上册，189 页）

《霍家桥》："愁共遗民语，焚烧一夕空。兵骄惟藉寇，将懦更论功。客路忧虞里，人烟惨淡中。宵深望弧矢，杀运几时穷。"（《孙衣言集》上册，189 页）

十月初八日（11 月 13 日），将至沙头镇，于《元遗山诗集》卷八尾记：

舟自扬州霍家桥行，将至沙头镇，阅七言古诗毕记。（《孙衣言孙诒让父子年谱》，38 页）

十月十三日（11 月 18 日），由常州南行，于《元遗山诗集》卷三尾记：

阅五言古诗毕，是日舟由常州南行，望见惠山矣。（《孙衣言孙诒让父子年谱》，38 页）

十月十四日（11 月 19 日），抵青阳镇，于《元遗山诗集》卷二十尾记：

阅裕之七言绝句至十八卷，而舟已抵青阳镇，明日肩舆至江阴行馆，不能亲书卷者十日。（《孙衣言孙诒让父子年谱》，38 页）

十月十五日（11 月 20 日），行抵江阴，应曹海仙刺史之邀，陪孙葆元师雅集适园，赋诗赠适园主人陈式金。

《曹海仙刺史招陪家莲塘师集适园赠主人陈以和》："小山亭阁共芳筵，三岛蓬莱复眼前。相对樽盘如梦寐，细看松菊有因缘。名园灵壁能

招隐,薄宦铜官欲买田。临别留诗浑漫兴,莫教人觅洞庭仙。"(《孙衣言集》上册,189—190页)

在江阴逗留十日,晤夏怡云先生,以诗赠答。

《江阴夏怡云以诗见投次韵为答》:"十年倦听禁林珂,却对除书忆玉坡。四海方愁豺虎满,扁舟偶爱水云多。延陵俗在能看客,务观衰来欲荷戈。他日滁山还访我,尊前花鸟待君歌。"(《孙衣言集》上册,190页)

十月二十五日(11月30日),将由苏赴皖,赋诗告别座师孙葆元及何知县。

《在江阴十日将由苏而皖别莲塘座主及何大令》:"扁舟十日此江干,客泪风前不敢弹。已愧颜回随骥尾,更劳安邑致猪肝。逢人缟纻缘非浅,满地烽烟别最难。此去吴云迷楚树,各凭书札报平安。"(《孙衣言集》上册,190页)

十月二十六日(12月1日),复至青阳镇,坐清江旧舟,将赴苏州,于《元遗山诗集》卷二十后记:

复至青阳,坐清江旧舟,将赴吴门,遂尽阅十九卷、二十卷诗,而遗山诗此为定本,旧时以丹笔记之。(《孙衣言孙诒让父子年谱》,38页)

十月二十七日(12月2日),过苏州望亭,于《元遗山诗集》卷二后记:

阅五言律诗毕,舟过望亭。衣言抄李、杜、韩、苏、黄、陆、虞、元八人之作,为唐宋金元八家诗。旧时浏览一过,皆略有去取,然未敢遂以为当。春间在京师,阅方世举本《韩诗》一次,粗为定本。而今乃抄定元诗。后有暇,当一一覆阅而详取之也。(《孙衣言孙诒让父子年谱》,39页)

十月底至十一月上旬,在苏州,宿俞樾寓旬日,俞樾出其初刊《日损益斋诗集》,索谱主序。谱主亦出自己的诗稿,属俞樾为之校刻。俞樾有诗纪之。临别时,谱主有诗相赠。(《孙衣言孙诒让父子年谱》,39页)

俞樾《孙琴西同年以安庆守奉使过吴止余寓园旬有馀日赋长歌赠之》:"今上龙飞初御极,春风桃李花同色。平明金殿策贤良,与子相逢始相识。长安冠盖闹如云,赵瑟秦筝日日新。但觉同游多不贱,谁知交臂有诗人。君诗卓荦无馀子,五言往往凌苏李。送我南归诗一篇,文字论交从此始。鸥鹭江湖凤九霄,羡君声望动词曹。琼楼玉宇三天上,俯视不觉蓬山高。帝子横经竟问字,圣人锡福亲挥毫。凡编检直内廷者,岁终亦赐"福"字,君以翰林直上书房三年。而我还朝亦自幸,两年玉尺中州操。舆前砑磕奏鼓吹,道左旖旎罗旌旄。北登苏门南伊阙,兹游足算平生豪。无端甀破不复顾,归来且向吴中住。吴中独学老人庐,泉石不多多古树。寓公得此亦复佳,往事云烟何足数。摊书自课娇女读,得句或共老妻赋。忽闻门外打门急,戎容暨暨儿童怖。一笑那知旧雨来,相对须眉尚如故。君言五马来南方,腰间已佩太守章。太守有官不得赴,皖公山色徒青苍。大府怜我久失职,姑留戎幕资助勚。宵与犬鸡共阑笠,晨随牛马争泥浆。澄怀风景在天上,下土蟻蝝安能望。行谋谢病返故里,免教望远忧高堂。我扫闲轩止君宿,旧交更检同年录。几人边琐苦难归,几辈朝衣愁被戮。去年科场案同年有坐免者。何如风雨两闲身,失马庸知非是福。但博流传有豹皮,肯教辛苦添蛇足。草堂寂寞雨如丝,我作长歌君和之。旁人莫讶吾曹乐,梨枣新刊十卷诗。君诗十卷,予诗亦十卷,新刊于吴门。"(《春在堂诗编》五,18—19叶,《清代诗文集汇编》684册,510页)

《酬别荫甫学使》:"云龙那复似当年,相对金尊各惘然。漫有才名宜禁近,剧怜风雪向江天。艰难寇盗犹今日,戎马关山况别筵。却忆淮南招隐士,知君深意在诗篇。"(《孙衣言集》上册,190页)

十一月,命儿子诒让奉母先归,别于江上。

《孙衣言孙诒让父子年谱》:"将由苏而皖,命诒让奉叶夫人先归,与别于江上,而有诗寄白云亲舍之感。"(39页)

十一月二十五日(12月29日),途中与盱眙吴棠邂逅,约联舟同行,吴棠出所为《望三益斋集》相示,谱主题其册端,且赋诗以纪。

《将自苏北上遇吴仲宣观察棠相约联舟而行》:"州来人望久心仪,客路相逢却未期。弓箭郭纶思壮士,奉尝朱邑有生祠。仲宣在皖以练勇杀贼著名,而宰清河时有异政。民艰亡命今尤甚,吏选多赀道益歧。回首庐舒乡国近,可无条教试相诒。"(《孙衣言集》上册,190—191页)

《仲宣见示近诗赋赠》:"腹笥兵书万里侯,谁知诗句妙千秋。流离世已同天宝,戎马心犹壮陆游。彩笔岂能干气象,牙旗深喜逐江舟。他年会见升平了,滁水滁山好唱酬。"(《孙衣言集》上册,191页)

同日,在舟中点读汲古阁本欧阳修《五代史》,有题跋:

性情遭际,皆近浣花翁,故诗亦不求肖而自合。客途中有此奇遇,吾道真不孤也。戊午仲冬廿五日,跋于毗陵舟中。(《孙衣言孙诒让父子年谱》,39页)

十一月,于嘉兴舟中题俞樾诗集序,述与俞樾交往过程,及诗之演变。

《俞荫甫诗集序》:"予与荫甫同年成进士,同居京师,游如兄弟间,而未尝知其能诗。既而荫甫将奉母出都,以所刻诗见示,则已卓然成一家言,予恨知荫甫晚。又三年,荫甫还京师,予方喜其来,而荫甫旋视学河南,别予去。未久,遂罢归。盖自予知荫甫之能诗,未尝一日得与之言诗也。今年夏,予出守安庆,以兵阻迁道吴中,荫甫与予相见大喜,出所刊二巨编相示,则益以数年来所为诗,而前所见去其十三四矣。荫甫为予言,自恨其诗不能如古人,予谓诗无贵乎古也,予之始为诗亦尝斤斤求合于古,自唐人以后即不敢观,既久而后悔之。夫诗莫古于三百篇,而商周之颂、正变之雅,与十五国之各自为风固不相似,至屈氏而易之以骚,至苏李而易之以五言,亦未尝相似也。汉魏之降,诗之无愧于古人者莫如曹子建、陶渊明、李、杜、韩愈氏矣,而其诗皆未尝相似。明人始为复古之说,非汉唐人之诗则不敢,以为于古人固甚似矣,而乃无以自见其为人,是谓有古人而无我,有古人而无我则恶贵其有诗也?宋之诗人,如苏子瞻、黄鲁直、陆务观,今学者薄之以为非古矣,然其诗具在其学问志节载之以出者,读其诗如见其人,读其诗可知其世,又安在其不古也?盖立言之道,恶其不文而无物,而古今非有择也。荫甫以细过去官,未尝少以为怼,方且闭户治经以绩其学。今读其诗,荫甫之志可见也,荫甫之时可知也,而自谓其非古,予谓此则所以为古也。予方有四方之事,恐不能复力于诗,与荫甫亦恐不能常相见,而荫甫之诗,则固知其日进而可以为古人矣。咸丰八年十有一月,书于嘉兴舟中。"(《孙衣言集》中册,480—481页)

时,经过常州时,喜晤秦缃业,有诗。

《常州喜晤秦澹如太守》:"一别十年外,相逢各老苍。君犹依蜀帅,我敢薄淮阳。戆直终无补,诗歌不复狂。剧怜分手易,旧学待商量。"(《孙衣言集》上册,191页)

《赵朗夫编修曾向招集天宁寺清斋》:

雨雪来朋好，招提得静便。俗容羞对佛，危世羡逃禅。笋美山多竹，茶甘井有泉。常州河水堪饮。且无谈国事，宴坐此人天。(《孙衣言集》上册，191页)

十二月十三日(1859年1月16日)，从清河出发，夜宿罗埠。

《十三日发自清河宿罗埠予自清河赴定远每有所遇辄以五言纪之得诗一十二首》："骤冷惊将雪，新煊得夕晖。人烟栖荻岸，车马拥柴扉。高骥随驴秣，归鸦逐雁飞。相望冠盖客，愧我亦骖𬴂。"(《孙衣言集》上册，192页)

十二月十四日(1月17日)，从罗埠出发，至高林涧，晚至蒋家坝留宿。

《十四日发罗埠至高林涧中食》："小聚临危堑，曾隄泊万樯。淮过纷寇盗，舟楫且江乡。岸草兼霜色，河冰得日光。时闻鸿雁急，何事不高翔。"(《孙衣言集》上册，192—193页)

《晚至蒋家坝蔡石渠副将留宿二首》："初入淮阳国，人烟草舍荒。今宵嘉宴会，灯烛共辉光。宦薄憎人巧，财多喜子良。与君倾盖际，真意未能忘。一 贼薄三河口，微君势已横。一家亲儓石，几辈拥麾旌。天意非终乱，人心自未平。壮夫且为国，莫复计功名。二"(《孙衣言集》上册，193页)

十二月十五日(1月18日)，从蒋家坝出发往盱眙。

《十五日由蒋家坝趋盱眙》："山邑无城郭，人家似画中。屋随崖下上，门对岭西东。墙外全湖白，帆边落照红。独无流水响，时听白茅风。"(《孙衣言集》上册，193页)

十二月十六日(1月19日)，经盱眙，夜宿河上桥旅舍，并与旅舍主人周君谈。周君为谱主测卦，谱主赋诗以赠。

《十六日盱眙度山趋河上桥》："昨朝湖外望，远黛一眉弯。今日山边度，重冈百折间。修篁纷碧绿，浅水细回环。处处门前狭，为农羡汝闲。"(《孙衣言集》上册，193页)

《宿河上桥逆旅主人周君出见年六七十矣自云尝应童子试而不得为学官弟子言近日州县之弊及兵间事皆可听为予作文王卦云此行甚善书此赠之》："昨日承开卦，为言事吉祥。我非求将相，天或悯流亡。为士犹无籍，论兵颇有方。龙钟真愧尔，何地乏才良。"(《孙衣言集》上册，194页)

十二月十七日(1月20日),从河上桥出发,经涧溪,至明光,只寻得一空房子夜宿。

《十七日发河上桥至涧溪中食》:"方恨湖光隐,苍山盈我眸。平冈纷戴石,细水不成流。柳染春痕早,云含雪意稠。如何惊逆旅,貔虎哄街头。"(《孙衣言集》上册,194页)

《自涧溪趋明光》:"复见溪光白,真为涉涧行。居民方荷担,讹言滁人来掠粮,居民皆欲避去。壮士且长征。渐惜青山少,谁为旷野耕。夜深求逆旅,遥逐一灯明。"(《孙衣言集》上册,194页)

《至明光无可栖止在空舍中一宿而行》:"叩户求依止,相看若未闻。不知贫太守,恐似故将军。鸿雁无安宅,豺狼有辈群。鸡栖语童仆,从宦复何云。"(《孙衣言集》上册,195页)

十二月十八日(1月21日),由明光往红心。

《十八日由明光趋红心》:"山尽坡陀在,崎岖陟降难。冷兼风力劲,病觉客衣单。雪少云难酿,泥松麦已干。马头峰忽好,未欲解征鞍。"(《孙衣言集》上册,195页)

十二月十九日(1月22日),抵定远。即于其地接篆视事。安徽巡抚常熟翁同书檄谱主护安徽按察使。(《孙衣言孙诒让父子年谱》,39页)

《十九日行抵定远》:"望雪又成霁,所欣春意还。轻烟笼木末,初日出云间。戈甲军容在,间阎气色艰。长官聊破闷,城外有青山。"(《孙衣言集》上册,195页)

十二月,接识庐州太守菏泽马新贻于定远,交谈后,谱主称刺史趋向正而论事知根本,引为良友。(《孙衣言孙诒让父子年谱》,39页)

是年,在京师时,解《易》至明夷,以奉命出守辍笔,遂不复续,有"且当弃诗书,拯世用马壮。南狩得大首,此语信岂诳"之句,盖自谓反覆象辞,益信《易》可前知也。(《孙衣言孙诒让父子年谱》,39页)

是年,金钱会起事于平阳,自是温郡各邑被兵者四载。

咸丰九年　己未　1859年　四十五岁

正月初五日(2月7日),跋凌焕《损斋诗钞》云:

生峭古奥，是真学人之诗，读之令人自惭荒陋。己未正月五日，瑞安孙衣言跋。(浙江图书馆藏清光绪十八年清馨榭刻二十九年补刻三十三年印本)

按：凌焕(？—1874)，字筱南，号损窊，安徽定远人。道光二十四年(1844)举人，署江南盐巡道。有《损窊诗钞》。

三月十七日(4月19日)，友人孙鼎臣(芝房)侍读卒于里居，年四十一。

吴敏树《翰林院侍读孙君墓表》："咸丰九年三月十七日，翰林院侍读芝房孙君，卒于长沙里居。"(《吴敏树集》，471页)

三月十八日(4月20日)，在定远，读毕欧阳修《五代史记》七十四卷，题于后云：

永叔《四夷附录》，独以峭洁见姿致，能于《史记》之外自为一家言，胜于班史。咸丰戊午仲冬，予自苏州之官安徽，舟中无事，取毛刻五代欧史读之，手加点定。抵定远军中，复从太湖殷乙亭广文借定远校中官书南监本，校其讹字，凡四阅月而毕，而予亦将引疾归矣。定远百里外皆贼，而兵事败坏，无可复为，终日愁坐，而《五代史》皆记乱世之事，读之往往令人废书而叹也。己未三月十八日，瑞安孙衣言遁叟记于凌氏之堂。(《孙衣言孙诒让父子年谱》，40页)

三月下旬(4月下旬)，获准引疾归休，凌焕等为之饯别。

按：凌少南《饯别诗》记载饯别时间为"乙未春三月望后七日"，即三月二十二日。(《孙衣言孙诒让父子年谱》，40页)

四月初，从定远启程返里，有随笔记舟行日程。

四月初三日(5月5日)，舟中复读欧阳修《五代史记》。(《孙衣言孙诒让父子年谱》，40页)

四月初四日(5月6日)，舟中读欧阳修《五代史记》。抵高邮，途遇同年洪璠。于卷十三后记云：

四月三日，舟中复读欧史。是日舟至界首，阻浅，议易舟，呼闸吏下三板，水长尺馀，遂得达高邮。道遇同年洪兵部璠，将还朝。四日记。

(《孙衣言孙诒让父子年谱》，40页)

四月初五日(5月7日)，途遇因六合官军失利而流离失所的百姓。遇门人郑猗箓。读《五代史记》至卷二十四，于后记云：

158

召伯舟中读至此。闻六合官军失利,民之避地者,扶老携子女荷担而行,皆循召伯东岸而北,天之不衰我民如此,可痛也。遇门人郑大令狩箓,自定远解饷返。(《孙衣言孙诒让父子年谱》,40页)

四月初六日(5月8日),至沙头。读《五代史记》至卷二十七,于后有记:

读至此。是日舟至沙头,以风逆不得渡。(《孙衣言孙诒让父子年谱》,40页)

四月初七日(5月9日),至丹阳,读《五代史记》至卷三十一,于后有记:

丹阳舟中读。(《孙衣言孙诒让父子年谱》,40页)

四月初八日(5月10日),在丹阳,被曹飞鸿、方潏泰留。

四月初九日(5月11日),抵无锡,于卷四十一后记:

至丹阳,为曹刺史飞鸿、方大令潏泰,字子健,留二日。又一日,顺风抵无锡。四月九日记。闻扬州有警。(《孙衣言孙诒让父子年谱》,40页)

四月十一日(5月13日),至苏州,应酬冗俗。于卷四十二后记:

吴门舟中读。(《孙衣言孙诒让父子年谱》,40页)

四月,俞樾为谱主的诗钞撰序。

《逊学斋诗钞序》:"予读诗三百篇,而知古诗人之立言各有其体也。十五国之风大半出于劳人思妇之所作,与夫民俗歌谣之辞,故其言微而隐,其旨婉而曲,使人读之,不能即得其意之所主,而抑扬反复,常有存乎文辞之外者,盖其人固微者也。情之所感,事势之所激,耳目闻见之所触,不能已于言,而又有所不能明言,故其言如此。若夫大小雅之作者,则皆王朝之卿士大夫也,其上者为周公、召公,即下之亦家父、凡伯之伦也。故其为诗,往往陈祖宗之功德,王业之艰难,而中叶以后政事之得失,民人之利病,君子小人之进退,中国夷狄之消长,无不见于其诗。视风人之辞,何其异哉?盖言出于人,其人不同,其言亦异,而世之论诗者执一以概之,徒见风人之辞微婉而不尽,以为诗教固如此,是有风而无雅矣。瑞安孙琴西,予同年友也,其人疏简宽易,而常有当世之志。戊午岁,天津戒严,举朝争和战未决,琴西时以翰林直上书房,两进封事,言甚切。是年夏,遂拜出守安庆之命,携家累出都,因兵阻迁道吴中,予适寓吴,得相见,盖自别于京师已四年矣。出所著诗十卷,属余校刻,且语余曰:'刻成后,勿遽播我诗,以我诗多狂言也。'予谓君以一书生,受天子知遇,入史馆,直内廷,虽由草茅进,非家父、凡伯为周之世臣者比,然固从中朝卿大夫之后矣。方今天子神圣,朝廷清明,而海疆不靖垂二十年,君预修《宣宗成皇帝实录》,备知其事本末,又自粤贼踞金陵,蔓延东南数省,为宵旰忧,而君官京师,闻见尤近,忧时感事之忧不能自已,而发之于诗,此岂得谓之狂言哉?予固不足以知诗,然尝读三百篇而知诗人立言之体。刻琴西诗竟,因书此于简端,为读琴西诗者告。至其诗,上追汉魏,而近作尤似苏黄,世多知之,故弗论也。咸丰九年夏四月,德清俞樾。"(《孙衣言集》上册,序1—2页)

五月,俞樾赋诗赠行。

《琴西引疾归里复以诗贻之》:"闻说高堂已白头,书来苦劝早归休。匆匆春梦收残局,落落晨星感昔游。廿载名场同得失。君丁酉得拔贡,而余亦以是年中副榜,嗣后乡会试皆与君同年。两家诗派异源流。余与君极相得而诗格不相近。男儿不副旗常志,尚有名山一席留。"(《春在堂诗编》五,19叶,《清代诗文集汇编》684册,510页)

五月,在苏州,题戴熙《西湖访秋图》。

《题戴鹿床为眉生所作西湖访秋图》:"秋洗千山照湖水,相向扁舟数佳士。画者无怪天机全,十载湖山征不起。不才我已负君恩,事业文章莫复论。但愿诸公济时了,他时犹得共芳樽。时予方谢病,将自吴回里。"(《孙衣言集》上册,197页)

五月十五日(6月15日),登舟赴杭州,又读《五代史记》,于卷四十六有记:

予以四月十一日至苏州,应酬冗俗,几废书矣。今日登舟赴杭,乃得开卷。闻上海诸使者亦以是夜至苏,将挟臬使薛焕北上,以夷酋必欲北行,又欲于天津议抚也。五月望日遁翁记。(《孙衣言孙诒让父子年谱》,40页)

五月十六日(6月16日),嘉禾舟中读《五代史记》至卷四十七,于后记云:

嘉禾舟中读。(《孙衣言孙诒让父子年谱》,41页)

五月十七日（6 月 17 日），至长安坝，读《五代史记》至卷五十一，于后记云：

舟至长安坝。自四月十二日至今，淫雨不止，杭州以南，河水皆平岸。（《孙衣言孙诒让父子年谱》,41 页）

五月十八日（6 月 18 日），抵杭州，于《五代史记》卷五十三后记云：

舟抵杭州。（《孙衣言孙诒让父子年谱》,41 页）

五月十九日（6 月 19 日），离开杭州，于《五代史记》卷五十四后记云：

浙江舟中。（《孙衣言孙诒让父子年谱》,41 页）

五月二十日（6 月 20 日），于《五代史记》卷五十七后记云：

昨日发杭州，南风劲甚，已而微雨，已而霁，虹见于海门。舟人曰，雨当已。离杭州二十余里止宿，夜间风益甚，予为之不寐，而雨果止，夜启蓬囱，星斗灿然。次日迟明，乘无风行数十里，风复作，狂如昨日，遂止宿，离富阳南四五十里也。廿日记。（《孙衣言孙诒让父子年谱》,41 页）

五月二十一日（6 月 21 日），至富阳，于《五代史记》卷六十二后记云：

舟至富阳，西风劲甚，不可行，至暮，风已，复行五六里而止。廿一日记。（《孙衣言孙诒让父子年谱》,41 页）

五月二十三日（6 月 23 日），于严滩舟中，读《五代史记》至卷七十四，后有记云：

予既去定远，舟车之暇，复取欧史读之，至是而周。望溪先生点定《史记》，于其用笔提振处，皆黄规表之。予谓行文之道，必提顿转折毕具，而后精神气脉见焉。故予于欧史，凡遇此类，皆以单圈表于句首，望溪法也。凡看书不可一阅而毕，而又当求善本校之，予于此史，既再阅，然犹恐不免疏漏，而南监本前数年亦未及校，当俟暇时再补之也。五月廿三日，严滩舟中，遁叟又记。（《孙衣言孙诒让父子年谱》,41 页）

九月，寓永嘉县城南，授诒让诗法。尝删定曾元琳（子璘）、曾垲（曼琴）二先生诗稿。（《孙衣言孙诒让父子年谱》,41 页）

曾垲《雯风草堂诗草》卷尾曾良箴跋："咸丰己未季秋，瑞安孙琴西先生侨寓城南，家君晨夕过从，遂出两人诗请删定，将谋付梓。"

曾元琳《太玉山馆今体诗抄》卷首孙锵鸣序："两君既殁,其从父竹史先生检得其遗诗属余兄琴西选定之。子璐之诗几五六千首,犹有散佚未见者,其富如此,余兄痛为删存,尚得三四百首。"<small>(温州市图书馆藏清同治刻本)</small>

九月,《逊学斋诗钞》十卷在苏州藩署南首吴锦霞斋刻成,前有俞樾序。<small>(《孙衣言孙诒让父子年谱》,41页)</small>

冬,为乐清徐献廷七十二寿辰撰《聘堂先生七旬晋二寿叙》。<small>(《徐德元简谱》,《徐炯文集徐德元集徐乃康集》,乐清文献丛书第一辑,线装书局2009年版,375页)</small>

是年,徐子苓有诗兼寄谱主。

《戴学博过宿山居为诵新作因道孙太史勤西出守皖留滞定远军次数辱记问勤西既假归君以定远军溃避地山中即赠兼寄勤西》:"山空木石多,索处断人语。何风吹君来,长夜剧觏缕。兵戈艰一炊,奇荒断场圃。远惭嘉客过,盘餐阙鸡黍。儿童解刘薪,霜芋夜频煮。好诗愁眼花,展卷讹帝虎。冯君抗声歌,侧听识钩矩。勿谓知音稀,知音心更苦。一 昔我游京师,交尽一世伟。每怀车笠言,升沈几人鬼。孙侯籍金闺,六义见根柢。苍黎坐涂炭,刀笔陋难洗。从政得诗人,庶以明治体。盘错事正殷,埋轮去何骎。谁贻舆尸痛,未雪河桥耻。寂历沧江云,无缘报双鲤。二"<small>(《敦艮吉斋诗存》卷二,53叶,《清代诗文集汇编》649册,740页)</small>

是年,叶名澧(润臣)阁读卒于杭州,年四十九。

咸丰十年　庚申　1860年　四十六岁

正月,为征刻孙希旦遗书作序,云:

邑前辈孙敬轩编修所撰《礼记集解》五十卷,发明经训,用郑注孔疏,而能去其芜谬,其旁涉诸儒,而能有所折衷,诚说经之名家,不朽之盛业也。先生初治小戴书,但取注疏之于经未安者,正以己意,条为之辨,谓之《孔郑驳议》,其后用功既久,遂尽解全经,易其名为《礼记集解》,草稿屡易,最后先生自为定本,而亦重有删改,故校正颇难。予舅氏项教谕几山先生,尝欲为校刊,仅及《王制》而止。咸丰初,予仲弟锵鸣自广西学政假归,始从先生曾孙韦甫茂才裕昆借取先生前后稿本,及先生点定记疏毛氏本,互相参订,正误阙疑,重为缮写。去年夏,予自安庆引疾归,复为勘正抄胥之失,于是先生此书庶乎其无误矣。先生于《尚书》尝为《顾命解》一篇,而尤博通三礼,于《周官》《仪礼》皆有驳正注疏之说,可以纂辑成书,而辞章之学,非其屑意,然所作诗古文辞,亦皆醇雅可传。盖吾邑本朝二百年来,学有根柢,而著述之富,无以逾先生。而其书未能暴见显行于世,则后生学者之责也。今予与仲弟家居多暇,谋刻先生全书,曰《礼记集解》,曰《尚书顾命解》,曰《敬轩读经札记》,而诗古文则择其最精要者存之,曰《求放心斋文略》,曰《求放心斋诗略》,附以行述、墓铭,则先生之书于是大备而无遗矣。惟是卷帙繁重,非千金之赀不能尽刻。尝见仪徵阮相国募刻《十三经注疏》于江西南昌,令同人分任刻赀,而于逐卷之末,附列刊者姓氏,其法甚善。今将谋之友好,仿而行之,既使先生之书可垂于久远,而吾乡好义之士亦附以传,且使邑人士知穷经绩学如先生者,虽逾久而不可湮没如此,而益有所兴起焉,是则在于同志之士矣。咸丰十年正月,同里馆后学孙某序。(《孙衣言孙诒让父子年谱》,42 页)

二月二十四(3 月 16 日),小女旋以痘殇,为作圹志,云:

> 予年四十四,而生一女,时予直上书房,有退志,因命之曰旋。四月,予出守安庆,予妇携之以归。其明年,予自安庆归里,女适患痾危甚,皆虑其不育,已而病良已,充壮能言矣。而今年二月二十四,以痘殇。女之患痘,初不甚亟,医者连以药塞之,毒内陷,遂不可治。其将死也,既不能言,而气又不得绝,予妇坐而哭之,三日而后毙。呜呼!可哀也已。女既死,瘗之于龙江祖茔之前数十武,命之思女之阙,以志予悲云。(《孙衣言孙诒让父子年谱》,43 页)

春,长玉尺书院。

> 《赵钧日记》:"闰三月半,玉尺月课,诗题'大篆小篆生八分',醇请余代作一首。孙琴西山长评云:'平正通达。诗亦题义了结。'"(596 页)

夏,用朱笔点勘《说文系传》及段氏注。(《孙衣言孙诒让父子年谱》,43 页)

六月二十七日(8 月 13 日),张金镛海门侍讲卒,年五十六。

> 《皇清诰授奉政大夫文渊阁校理翰林院侍讲湖南学政显考海门府君行述》:"府君以咸丰十年庚申六月二十七日辰时疾终于本邑东乡全

公坊寓寝。"(《清代诗文集汇编》618 册,198 页)

十月初七日(11 月 19 日),题孟锦城《松风吟馆小草》:

> 剑秋仁兄兼读大集浣诵之馀,如与李杜接席,因而进之汉魏风骚,其人不远矣。拜服拜服。庚申十月七日,瑞安孙衣言拜题。(《松风吟馆小草》,温州市图书馆藏清抄本)

十月十七日(11 月 29 日),陆游生日,瑞安知县江都钱国珍集同志二十人设祭于陆务观祠,取陆游《瑞安江诗》二十言,人各得其一言以为诗。

> 《孙衣言孙诒让父子年谱》:"十月,放翁生日,邑令江都钱子奇明府国珍招同县诗人,集祀署中放翁亭,取剑南《瑞安江诗》二十言,人各得一言以为诗,衣言为之记。时衣言主讲邑之玉尺书院。"(43 页)

十一月,撰成《放翁生日燕客记》:

> 吾邑邑令之署,有宋诗人陆务观之祠,而其亭曰放翁之亭,池曰放翁之池,不知何自始也。今年十月十七日,放翁之生辰,钱侯子奇集同志二十人设祭于祠中,取放翁《瑞安江诗》二十言,人各得其一言以为诗,而予复为记之曰:
>
>> 放翁在宋时,非有瑰奇绝异之行,高爵显位,盖世之功名,以自震襮于流俗,而乃区区以诗人闻。然当放翁在时,其诗已大行暴著,至后世学者尤往往喜称放翁,以比唐之杜之美、韩退之,宋之苏子瞻,岂不以其文辞之美哉?然放翁非徒文辞而已,当其浮沉幕府,屡起屡踬,国家之事未尝与闻,而放翁惓惓君国,常以复仇雪耻为心,虽当时大臣将相有疆土之责者,或徒阴拱坐睨,而放翁于流离奔走之中,疾痛号呼,慷慨悲愤,老死而不能释。然则其忠义之气发为文辞,固足以垂世而不朽也。至于山川名胜,生平足迹所及,不过一经行之偶,未尝有为政德泽被于人人,而亦若有流风馀思之存。如所谓放翁之祠,邑之人今犹不能忘,以是知文章之所托者久,而人之所以不朽,诚贵其能自树立也。而我与侯生数百年之后,犹相与追慕放翁之风,而与诸君子诗歌燕乐,以为放翁一日之欢,虽其同时辈流游处之盛,疑未有以过,又以叹文学之士感人如此。况于贤豪君子之有功当世者哉!
>>
>> 夫瑞安为邑以来,官斯土者奚翅数十百人,然名绩可纪者,旷不数见,而放翁以羁旅之客,道途之间,独令人不忘如是,则侯之为此举,岂

徒以慕悦古人而已？其必有厚自树立以为可以不朽者，而吾徒之与于斯会，亦当观感奋发，思为后世之计，而无徒以为文字燕游之乐也。庚申仲冬，嘉遯轩。（《孙衣言集》中册，306—307页）

十一月，应乐清徐德元之请，为其祖父徐铨衡写传。

《回峰公传》："回峰徐公，乐之敦行君子也。其子聘堂明经为邑名宿。……今岁庚申冬，惇士谓余曰：'余家乘告成，恐无以扬吾祖之休闻，敢乞吾子一言。'……时皇清咸丰十年仲冬月，赐进士及第、翰林院侍读、南书房行走、现任安庆府知府年再侄孙衣言顿首拜撰。"（《孙衣言集》下册，839—840页）

十一月，序林用霖所辑《江东外纪拾残》。

《书罗昭谏所记访吴谏议事》："又按：隐访吴畦事为戊子二月，盖后唐明宗天成三年，吴越王钱镠宝正三年也，距唐之亡二十有二年矣。镠之末尝一以宝正纪年，而隐不书，盖有微意焉。予友泰顺林亨甫县佐得宋刻《昭谏江东外纪残本》，谋重锓板，属予为之序，予既未见宋椠原书，而亨甫重刻此书之故，已自言之无复可以立文，而畦之事有概于予心，故书数语于后，而为之考证如此，亦可以报亨甫矣。咸丰十年冬十一月，瑞安孙衣言琴西书于遯轩。"（浙江大学图书馆藏清咸丰十一年自刻本）

是年，刘存仁编《笃旧集》成，著录者同时诗人凡八十五家，选抄谱主古今体诗凡二十八首。（《孙衣言孙诒让父子年谱》，43页）

是年，邵亨豫作《怀人诗》，其十二为《孙琴西》：

一笑南柯梦漫论，白华归赋乐晨昏。雁山七十七峰里，中有幽人自闭门。（《愿学堂诗存》卷九《皖南磨盾草》四，天津图书馆藏清光绪十年琴川刻本，97叶，中华古籍资源库）

咸丰十一年　辛酉　1861年　四十七岁

夏，得见二舅项傅梅之诗。

《项先生诗序》："去岁之夏，始得见我二舅氏茗垞先生之诗。茗垞先生居乡里亦罕与人通，默默闾巷间，今年且七十。……同治元年秋七

月。"(《孙衣言集》中册,481—482 页)

八月二十日(9 月 24 日),潘岱老家被金钱会众掠劫焚毁。

《钱房爱书》:"金谷山贼首潘英、郑禹云等率贼千馀人至廿五都之潘岱,焚劫孙侍读家。……侍读时在瑞,其兄安庆太守衣言方家居,集民团守土堡,而先驰书瑞城请援兵。瑞城官兵皆畏贼,内奸复从中尼之,不发兵。贼自屋后山而下,大肆焚掠,家赀及御赐物顷刻皆尽,诸老少及太守皆仓猝避去。太守长子诒谷独与亲勇一二人在堡城开炮击贼,不能中,而众皆散去,亦走。……午未两时,黑烟冲天,瑞城十里外告变者踵至,文武官置若罔闻。"(《黄体芳集》下册,555—556 页)

九月初六日(10 月 9 日),奉父母挈家人避兵于永嘉孙坑,有诗。

《九月六日奉父母避寇永嘉之孙坑和渠田韵》:"沿溪百折路无穷,僻地今真就老农。水色山光烟雾外,高田下屋画图中。竞承筐筥劳诸父,便载诗书拓数弓。自此可无关世事,一编相对傍牛宫。"(《孙衣言集》上册,232 页)

冬,避乱于西溪,回忆在京师授惠亲王诸子读书时,见乾清门有梁诗正"随安室"三字,遂自书"随安"二字揭之壁间以自勉,赋诗以纪。

《予授惠邸诸子读书时大内书斋在乾清门左室中有钱唐梁文庄公诗正所书随安室三字随安之义于书斋不为宜称而自今思之若先有以启发予者盖人之处富贵利达第以为所遇之适然则其处贫贱患难心之一无所动可知也今冬避地西溪宗人以小楼为予读书之所因自书随安二字揭之壁间庶以自勉而系以诗仍用前韵》:"吾道何曾有阨穷,亦堪将相亦耕农。勋名自在鼎钟外,至乐何妨疏水中。天上玉堂犹在眼,云端仙驭已遗弓。微臣未敢伤摇落,且看青山大小宫。"(《孙衣言集》上册,232—233 页)

时,山中生活清苦,虽无墨、无书、无砚、无笔,但有番薯、白薯、田鱼、青柴,可温饱,赋《山中四无》《山中四利》以纪。

《无墨》:"今晨试墨作大字,相对色如秦武阳。岂徒研石蒙愧辱,令我文字无辉光。中书草奏争朝议,一笏玄圭出易水。老来衰颓笔法钝,炭屑烟煤不嫌尔。"

《无书》:"久不见我书,如我别亲串。试向主人求,计簿与药论。或者颇知我,相寄能稍稍。断烂春秋经,三礼缺有间。小说演隋唐,纸墨新以灿。寄书语大儿,何用遮我眼。"

《无砚》:"晋人工书弗用砚,我法颇与晋人同。争新嗜奇论砚品,千夫凿山搜虚空。万钱置砚仍用水,此语可笑东坡翁。主人一砚肯借我,杀墨如锯声隆隆。无才无德来尸位,呜呼何以奏汝功。"

《无笔》:"有笔能中书,无笔苟充数。脱帽视其颠,相向发怒举。椎髻类蛮佗,脱颖非直古。时复左右之,尽力与我拒。挑灯作细书,文章粲欲吐。不才供指挥,惟我能用汝。"(《孙衣言集》上册,197—198页)

《番薯》:"山人种薯蓣,厥利过粒食。熟炊先饱餐,饭特用其扐。每食竞遗我,儿女喜动色。我饥亦获饱,甘敌饧与蜜。平生亲膏粱,此味竟未识。坐辜造物仁,何怪忧患逼。安得一亩园,呼儿其食力?"

《白薯》:"薯蓣弟兄间,其状顾非偶。肥白小儿肤,骈连巨人拇。邻翁致一束,煮以釜三斗。色粲类蹲鸱,香升若牢九。独我未获尝,痁作则制口。颇闻恶荤腥,膏臊固弗受。烹饪苟不洁,再植遂无有。此义昔未闻,欲书农书后。土人言患疟者忌白薯,又言白薯性不受油荤,烹煮时误犯之,则次年种薯不生。"

《田鱼》:"山中不足鱼,种鱼南亩田。三月买鱼针,土人以鱼子为鱼针。八月登我筵。往往多田翁,头尾万且千。雨甘田水满,多鱼为丰年。或致腊一束,煮食诚芳鲜。我友或语我,此殆火鱼然。池塘供物玩,于食无取焉。吾乡谓之火鱼,畜之池沼,不入馔也。我笑此何疑,适口皆为贤。"

《青柴》:"东口竹上天,西山草没人。斯松弃其毛,暇复窥荆榛。物贱不复蓄,临炊具斧斤。火力夸青柴,爨烟如瀺云。吾常困炊桂,屡送惊四邻。偶敕省薪用,闻者笑且嗔。有米既盈担,有柴良非贫。我儿亦已长,他日使负薪。"(《孙衣言集》上册,199—200页)

是年,有和仲弟锵鸣诗。

《再和仲弟》:"天道于今未易穷,且将笑语向山农。小儿宁馨空三窟,酒客无何但一中。轩盖谁知惟肉食,犁锄可惜竟关弓。先几我识江东纪,试觅吴畦一亩宫。"(《孙衣言集》上册,233页)

是年,遇曾鲁庵,大喜,有诗纪之。告别时亦以诗。

《喜曾鲁庵见过》:"寂寞空山听足音,故人相遇忽开心。人惊邹衍谈天富,我爱陈平独念深。抑塞奇才谁用汝,干戈劫运况如今。一尊午夜殊难醉,冉冉虚檐月露侵。"(《孙衣言集》上册,233 页)

《与鲁庵别》:"自言腹笥有兵书,入座雄谈颇起予。壮士轻身思马革,丈夫有志度狼胥。濛濛晓日风云惨,浩浩溪流日夜趋。无计留君徒惜别,相看双鬓各萧疏。"(《孙衣言集》上册,233 页)

是年,致函吴一勤,商议西北乡团练事宜。函云:

> 前接舍弟由瑞城来书,知已邀请尊驾到城,妥商西北乡团练事宜。贵乡人心既齐,加以阁下号令严明,自收众志成城之效。惟帆游一口,实为全瑞北方门户,前瑞城众议,欲于帆游口编列木城,因山筑台,不知是否可行?至十二盘要隘,切近敝村,现在岭内虽已办团,终嫌人心却弱,似必须联络贵乡各村,声势始壮。但该处亦乏熟人,非仰仗大才无以集事,务祈从速举办,以成守在四境之势。肃此布臆,顺请勋安,并祈详悉示复为幸!愚弟孙衣言顿首。(《瓯海谱牒文献汇编》,上海印书馆 2016 年版,293 页)

同治元年　壬戌　1862 年　四十八岁

正月,金钱会起义失败,地方战事息止。

春,青田陈呈书来访山中,未至而去,谱主有诗寄怀。

> 《青田陈呈书见访山中未至而去赋此寄怀并示家湘帆上舍》:"我在空山少足音,何人相顾薜萝深。翟公门户真愁寂,王子舟船不可寻。十斗新篘堪一醉,四山晴雪独高吟。吾家小阮同栖遁,携手能来听玉琴。"

(《孙衣言集》上册,234 页)

二月十四日(3 月 14 日),自永嘉山中还归瑞安,僦居城内水心殿街许氏屋。

> 《亡儿诒穀殡志》:"二月十四日,予奉父母归自山中,儿亦以是日归。"(《孙衣言集》中册,415 页)

二月,太平军由处州进兵入府境,清福建记名道张启煊(焕堂)以闽师来郡应战。时长子诒穀在乡办团,张命为前锋。(《孙衣言孙诒让父子年谱》,44 页)

二月十七日(3月17日),长子诒穀战死,年二十五。

　　《赵钧日记》十九日:"闻孙琴西长子诒穀殁于阵之信,令人恻然。诒穀以书生而涉戎马之场,胆力过人,实为可惜。"(636页)

时,致函吴一勤,云:

　　贵局连获大胜,保障郡县,厥功甚伟。现在台、处均报克复,林提军下逼青田,陶协戎直抵乐清,此贼全股入瓯,已如釜鱼圈兽。平阳已到闽兵四千人,王协镇进扎吴桥,张家军下扎马屿,贵局进扎十二盘,但须防其乘夜过岭。闻有抢踞大罗山之说,尤当留意。现在二十四五各都难民均逃在贵乡各处,可选有胆力者作为向导,分路乘夜掩击。如能扫除吴岙、林岙、泸浦一带馀贼,则河乡可以无虞矣。此布,即请勋安。愚弟孙衣言顿首。(《太平天国时期温州史料汇编》,马允伦编,上海社会科学院出版社2002年版,195页)

夏,黄体芳以近作诗草就谱主质正,谱主手批二十二字,云:

　　理实笔健,可为韩退之,可为杜子美。行将远别,努力努力!(《瑞安五黄先生系年合谱》,《孙延钊集》,上海社会科学院出版社2006年版,231页)

六月,撰《亡儿诒穀殡志》:

　　儿少而慧,寡言笑,与人常若不欢,及长纤啬喜生殖,始为诸生,即弃科举业,而多聚兵书,予颇憾之。咸丰十一年八月,平阳会匪数千人将为乱,先焚予居,署巡道志勋、署守黄惟诰惑于平阳令翟惟本言郡邑小人通贼者为虚辞恫喝,不敢言用兵。后八日,遂破郡城,大掠而去,予兄弟奉父母避永嘉山中,携儿俱去,然儿愤甚,誓灭贼,居山中数日,郁郁不乐,复以其妻子归。予久居山中,儿屡致书陈大义,予以事尚未可屡止之。已而福建记名道张公启煊以闽师千人至郡,予弟以十一月二十一日由山中出,与张公谋办贼。越五日,而贼围瑞安甚急,闽师无饷不能行,儿自募台州勇二百人以先,瑞安乡民闻官军至,则相约杀贼,贼死者数千人,遂解去。于是围城十日矣,张公颇壮之,用为前锋,台州勇无饷,旋罢去,儿独选所亲数十人从张公。十六日,儿以所部十六人破祇陀山,张公进次程头,复连破旁近诸贼巢。明年正月二日,破石步,后二日遂破金谷山。会匪平,儿之从张公常为大军先,既而粤贼由处州入居青田,白沙岭路通瑞安,儿以所部防岭者久之。二月十四日,予奉父

169

母归自山中,儿亦以是日归,方遣所部休去,而贼忽以十六日度白沙岭,时闽师犹在平阳,儿夜召民兵为御贼计,明日贼益深,所部返者才三人,而新募湖石勇适至,遂率以行,遇贼于桃溪,斩数人,贼稍却,同行者欲食而追贼,儿不听,独以所部进,民兵从者千馀人,儿由间道据大岭,而贼已先夺高峰,击之不能及,儿与民兵绚伪退以诱之,民兵望见山上兵却则溃去,儿复遣所亲勇止溃兵,独一勇黄勤从,而贼大至,儿且战且走,被重创,遂死,勤亦死。后四日,得其尸于广济寺之前,尸傍一矛已中断矣。儿在兵间,常与士卒同寝食,士卒甚爱之,然喜轻敌,见贼即嬉笑。予居山中时,儿以捷书闻,予辄戒之曰:"汝始从事战阵而易之,兵家之忌也。"破祇陀之明日,张公与儿约进兵以辰,而儿迟明行,败于碧山。予闻败,为书戒之曰:"汝果不用我言,然由此于兵事当有进,此汝之福也。"又为书贻二弟及张公曰:"此儿胆气可为异日用,然必无使远离大军。"而儿竟以轻敌死。呜呼!会匪之初,山泽无赖之贼耳,及其萌蘗,痛折断之甚易,而一时文武阴拱坐视,莫敢端言为贼,及患之既成,犹逡循回避,便文自脱,其甚者至于弃城逃死若鸟兽走,而粤贼之据处州先后垂一年矣,监司镇将未尝一为境外战守计,及其破青田,窥瑞安,官亦未尝发一兵,独儿以数千南亩之民,耰锄白梃首捍其冲,而遂以身殉也。呜呼,可哀也已!儿之初出讨贼,予及二弟稍稍禁制之,辄面赤不言,其妇在城中尝遮留之,遂不与妇相见,盖儿志良苦也。其后会匪平,儿所斩杀数百人,为少雠其志矣,而旋以战贼死。儿死之次日,张公破贼于雷桥后,三日贼尽灭,而儿已不及见。呜呼!其命也夫?其可哀也夫?儿名诒谷,字稷民,其死年甫二十有五,有二女,殡在周湖之旁。为之铭曰:余初谓汝其钝庸,而不谓汝能以战为忠。执干戈以卫社稷,昔夫子犹谓汪锜之匪童。汝固知生之不足惜,而志之不可以不充。彼选懦畏避以苟活者,曾不若粪土与蚁虫。而汝之死也,乃有后世之荣。嗟乎!予又何所为怨恫?(《孙衣言集》中册,414—416页)

六月,为好友曾贤六十八岁生辰,撰寿序。

《曾竹史先生寿序》:"东瓯在山海之交为一都会,茶盐鱼鲍,竹木舟舆,南北辐凑,罗纨织绣,服官之华,与海外奇技淫巧,西洋之毒,物轻风船,不旬日而充于列肆。……永嘉曾氏为豪族,而竹史先生与余善。予至永嘉,辄主先生。……而先生年六十八,夫人年六十,索予文以为

寿。……同治元年六月。"（《孙衣言集》中册，353—354页）

　　按：曾贤，字希堂，号竹史，永嘉人。

六月，为项傅梅《耕读亭诗钞》撰序。

　　《耕读亭诗钞序》："吾邑前辈诸先生之好学能文辞，而与予相及者曰曹秋槎孝廉、方雪斋学博及我项氏舅雁湖处士、几山学博。予少时以诗文从曹先生游最久，雪斋先生于其退归时一见之，雁湖、几山两先生在乡里常闭户不通交游，虽予亦未得见。后居京师，乃屡见几山先生，而雁湖先生终未之见也。予之初自京师归，方先生已卒，曹先生亦老病。及再自京师归，则曹先生与我两舅氏皆下世矣。士不幸生于海滨穷僻之乡，不独瑰奇绝特之人不能常见，至于好学能文辞者，往往亦不可得，幸而有之，而天又若重困之，使不得久居于世，此可恨也。而庸人俗子之相接于耳目，又何其多耶？予家居久求诸先生之遗书，独秋槎、雁湖两先生有刻本，方先生书最多，皆散亡，几山先生最驾学，而所为书独未成。去岁之夏，始得见我三舅氏茗垞先生之诗，茗垞先生居乡里，亦罕与人通，默默里巷间，今年且七十，亦衰病矣。盖好学能文辞之人既不能常见，而及见之者又往往不知其可贵。及其既久而思之，则又将有不得见之恨矣，此不尤可惜耶夫？诗之为道浅也，然予窃见能之者，其志趣操行必稍异于俗人，且人既为诗，则必能读古人之书，读古人之书，则必有见于古人之志，与事有因是而自奋于道者矣，此其所以可贵也。茗垞先生将自定其集，属予为之序，予恶足以知诗？而读先生之诗，辄叹诸先生之不复见为可恨也。因为序而归之，乡之人有读先生诗者，亦知其难得而可贵否耶？同治元年壬戌夏六月，甥孙衣言谨识。"（温州市图书馆藏清同治十三年南堤项氏刻本）

　　按：《孙衣言集》中册《项先生诗序》落款为"同治元年秋七月"，其文字小异。（481—482页）

七月，应瑞安邑人之请，撰《福建记名道张公平贼纪功碑》，述张启煊平太平军之事迹。

　　《福建记名道张公平贼纪功碑》："咸丰十一年秋，平阳奸民赵起等为乱，瑞安奸民应之，剽郡城，焚福鼎，围瑞安城十日。其明年，粤贼由台括以环攻温州，陷乐清，遂犯永嘉、瑞安，福建援师先后至，阅十月，内外贼尽灭。于是福建记名道严勇巴图鲁张公启煊实办瑞安之贼，兵少

171

而战力,法宽而威震,邑人士皆曰:'微张公,我其寇死矣。'将刻石著功,而属其词于前史官孙衣言。……同治初元秋七月。"（《孙衣言集》中册,366—367 页）

七月二十四日（8 月 19 日）,应曾国藩之召赴安徽,与弟孙锵鸣携眷登舟。

《赴皖日记》:"同治元年七月,予以涤生师相召赴皖,仲弟锵鸣亦将还朝,适海坛镇总兵吴春波镇军（鸿源）师船回闽,约为航海之行,遂留三弟夫妇及诒榖妇侍亲在家,而予与仲弟皆携眷属以行,以二十四日晴时登舟。是日天雨,已而霁。春波镇军,闽同安人,少为海上贸易。"（《孙衣言孙诒让父子年谱》,368 页）

孙锵鸣《回京日记》:"温州事平。予以团练事竣,将还朝。家兄琴西以曾涤生揆帅召,赴皖军。……以是日晴时登舟。"（《孙锵鸣集》上册,267 页）

七月二十五日（8 月 20 日）,夜间与孙锵鸣、吴鸿源谈论水师情形。

《赴皖日记》:"迟明西北风起,移舟泊东山下。是日微雷,雨亦小。家人丁庆来。夜间与仲弟及春波谈及水师情形,春波颇以上官多欲为患,而极言水师之乏材,盖近来海疆之通病也。因询以所知人才可用者,曰游击白英、都司陈登三、□□薛世仪,皆所见将弁中可以造就之才,而世仪则正被劾去官矣。"（《孙衣言孙诒让父子年谱》,368—369 页）

七月二十六日（8 月 21 日）,舟过盐亭,泊金乡外洋。

《赴皖日记》:"早间北风颇利,扬帆而行,未午过盐亭,已而风止,欲进金乡港而不能,遂寄椗于金乡外洋。"（《孙衣言孙诒让父子年谱》,369 页）

七月二十七日（8 月 22 日）,泊北关。

《赴皖日记》:"风微甚,遂以人力进,旁驾六架,后摇双橹,然仅能抵北关泊焉。"（《孙衣言孙诒让父子年谱》,369 页）

七月二十八日（8 月 23 日）,抵三沙。拟与吴鸿源上岸,被雨所阻。

《赴皖日记》:"北风甚壮,由北关而行,薄暮抵三沙,福宁左营参将驻札所地,有总兵行馆。福宁总兵当以七八月防秋时驻三沙,其地岛屿环峙,海艘往来必由之路,闽浙之咽喉也。……三沙人烟颇盛,有市肆,拟与春波上岸，而雨大至。是夜，春波接福宁陈镇来檄，言盐埕海盗蔡姓，在洋盗渔户网，为三沙渔人所诉。盐埕有蔡床、蔡小说者，资以船炮，而分擅其利，欲会春波师捣其巢。春波谓贼知师船来必避去，当潜为师□而密掩之，乃可得志也，遂辞去。"（《孙衣言孙诒让父子年谱》，369—370页）

七月二十九日（8月24日），从三沙开行，过福宁港，泊福建头山北。

《赴皖日记》："由三沙开行，风微，过福宁港口，迤西一山如龟形，又如笔架者，土人谓之福建头，非顺风不得过，遂泊于山北。夜间西南风起而雨，船上终夜有声，春波镇军为诵闽人谚曰：'三沙肉好吃，福建头难过。'"（《孙衣言孙诒让父子年谱》，370页）

八月初一日（8月25日），被风所阻，又开回福宁港停泊。

《赴皖日记》："西南风壮甚，拟开船至罗浮，已而风恶甚，仅得过福建头，无寄椗所，而前船刘都司等船去已远，惧飓风起，遂回而北进福宁港口泊焉。福宁港西北皆山，有数小屿纯石，而树皆深碧色可玩。舟既进港，风渐微，土人捕鱼者，以小舟来集船边，所卖虾蟹梅童，皆蠕蠕能动。渔户上船，见大炮，互相夸说，以为未见，而自言洋盗来夺鱼网，并掠人去，索重价以赎，割耳断指以示其家人，逾时不赎则杀之矣，洋盗之害如此，可恨也。是夜大雨。"（《孙衣言孙诒让父子年谱》，370页）

八月初二日（8月26日），仍停泊在福宁港。

《赴皖日记》："仍泊福宁港。前船先去者，复以三艘返来，护镇军船也。风恶有雨。福宁港口水浅，潮退时捕鱼者皆步水中，手推小网，背牵一木桶，如饭甑状，得鱼则倾入桶中，然所得皆虾蟹琐碎，无大鱼也。"（《孙衣言孙诒让父子年谱》，370页）

八月初三日（8月27日），被风所阻，仍停泊福宁港。连日与吴鸿源谈论兵事。

《赴皖日记》："晴霁，犹南风，午后逆风，行数里，仍泊福宁港口。是日吴镇军接钦差耆九峰中丞浦城来檄，知中丞于六月杪抵浦城，并知房师蒋申甫大京兆亦还朝，避上讳，改名琦龄矣。连日与春波言兵事，春翁极言客兵之费及土勇之难于驾驭，不如各省自行练兵，择其精壮可用者，给以经费而时操演，如闽中之兵，以漳、泉、金门、厦门为最强，其次为海坛、闽安，每营如能自练兵二三百名，少者百馀名，使各省皆有精兵四五千人，临时征调，朝发夕至，远胜调外省者多矣。予谓此议极是，然必须提镇得人，而后其法可行，督抚得人，而后提镇有所统率，其大要仍在用人也。春波言，闽兵一人出门费十二两，勇出门费三两，故军中皆乐用勇。"（《孙衣言孙诒让父子年谱》，370—371页）

八月初四日（8月28日），行至大金洋面停泊。

《赴皖日记》："南风，开船甚早，午后风微甚，欲抵罗浮而不能南，遂泊于大金洋面。"（《孙衣言孙诒让父子年谱》，371页）

八月初五日（8月29日），泊罗浮。

《赴皖日记》："晓起无风，将日中，南风，船行数里，望见罗浮矣，而不能至。至更许，复拔椗而行，抵罗浮，泊焉。将抵罗浮，望见西南一山，岩石峭异如画，数日间所未见也。是夜讹言有盗船，船上放枪炮以惧之，然实未有也。闽人以族姓之大小为强弱，故尤重生男。春波言漳、泉间募勇，必以大姓为主，而后可以驾御之，若小族之人统大族之人，则往往滋事，此殆漳、泉间之风气也。至罗浮，为闽安境，其西南为东冲港口，通福宁，自此山益多。"（《孙衣言孙诒让父子年谱》，371页）

八月初六日（8月30日），从罗浮开行，抵北江，夜行至华岐停泊。

《赴皖日记》："南风甚微，由罗浮开行，抵北江。夜初鼓，复拔椗行，至华岐，泊焉，时夜四鼓矣。连日南风甚微，波纹如织，颇有东风扬帆风自流丽之趣。薄暮时，在北江洋面见江豚成队，出没水面，行船者以此为有风之验也。数日前，见斗杓上有星如彗状，而芒较短，是夜光芒益微矣。东方一星，色红，而光焰异常星，或以为景星，殆扫除祸乱，重见升平之象欤！"（《孙衣言孙诒让父子年谱》，371页）

八月初七日（8月31日），抵五虎门。

《赴皖日记》："南风，辰初开船，暮抵五虎门外，潮退不能进。西风，云墨色，闻雷声，夜二鼓潮来，驶入五虎门。五虎门为入闽门户，东西山相向而峙，有五小山当其口，遥望之，正如虎形。既进五虎门，则不过一小屿，而略有龃龉五所耳，绝不类虎也。是夜五鼓，雨。"（《孙衣言孙诒让父子年谱》，371页）

八月初八日（9月1日），舟抵闽安关头，换乘龙船至闽安协署。晤都司陈登三、参将陈廷荃、千总余飞彪、都司刘兴邦。晚宿吴春波署。

《赴皖日记》："舟抵闽安关头，换龙船至闽安协署。自五虎门至闽安五十里，两岸皆山，大江流其中，关头以南扼要处，皆列炮墩，两墩缺处置大炮，墩高丈许，盖以障敌之矢石也。炮墩之制，创于余师祁春浦相国。黄树斋司寇使闽中时，时闽方防夷，而祁、黄二公奏言炮台用砖不及用沙土为墩之便，余为黄侍郎行状尝备述之。闽中守备颇可观，异于吾浙海疆之虚无所有，而五虎门以内百馀里，两岸皆山，为守亦较易也。是日，晤陈丽金都司（登三）、陈荫塘参将（廷荃）、余千总飞彪、刘蓼山都司兴邦。春波觞客于署中，陈荫塘都司来馈食。闽安负山面海，跨山为城，居民数百家，大半以渔为业。副将署因山为屋，其后堂踞山半，颇为爽垲。堂后岩石上，镌'南屏拥翠'四大字，右题'乾隆乙酉'，而姓名不甚可辨。下有贮水石槽，旁镌'元祐六年辛未岁造'八字，书法颇朴拙。北偏客座之前庭岩壁上，镌'剑池'二字，又丛竹下立石上，镌'鹊印'二字，鹊字不全，亦皆无书者姓名也。"（《孙衣言孙诒让父子年谱》，371—372页）

孙锵鸣《回京日记》："春翁邀至其署，小住数日。是日晤陈丽金都司登之、陈荫堂参戎廷荃、刘蓼山都司兴邦、余千总飞彪。荫堂馈酒食，忠愍公之第五子也。"（《孙锵鸣集》上册，269页）

八月初九日（9月2日），在吴鸿源署，参将陈廷荃出示纪念先父陈化成的《表忠录》。是日发家书，并致函燕卿、仲玉。

《赴皖日记》："晴，日晡时，雷声隐隐，颇有雨意，仍住春波署中。陈参戎见示《表忠录》。参戎尊人忠愍公化成，以道光二十一年为江南水师提督，英夷寇松江，死之，恤赠甚厚，一时以诗文纪事者尤多。参戎合为一编，冠以御制碑文、谕祭文，而附列墓碑、像赞及诸家题咏于其后，谓之《表忠录》，凡四卷。卷中张亨父五言古诗一首，沉郁顿挫，近杜子美，当为最佳。练笠人予未知其能诗，然此卷中所存七言古诗一首，亦老境也。发家书，并致燕卿、仲玉。"（《孙衣言孙诒让父子年谱》，372页）

八月初十日（9月3日），仍在吴鸿源署。收到张启煊来函。

《赴皖日记》："在春波署中，辰巳之际大雨。夜三鼓，蕖弟与春波坐

龙艇赴省城。张焕堂书来,知已设榻相待,而家人辈欲小住闽安数日,尚未赴省也。"(《孙衣言孙诒让父子年谱》,372 页)

八月十一日(9 月 4 日),与何树之久谈,言及诸暨包立生之事。

《赴皖日记》:"晴,雨后骤凉,秋风颇厉,与何树之书记在丙谈久之。树之言诸暨包立生之事,颇近妖异,古人如张子房、诸葛武侯,后世兵家好以奇怪之辞傅之,然未闻其以左道取胜也。立生果如人言所云,则邪语惑众之流,不足用也。"(《孙衣言孙诒让父子年谱》,372 页)

八月十二日(9 月 5 日),在闽安署。

《赴皖日记》:"在闽安署。"(《孙衣言孙诒让父子年谱》,373 页)

八月十三日(9 月 6 日),在闽安,往访陈廷荃、陈登三、刘兴邦三位参戎、守备余飞彪。晤刘兴邦。

《赴皖日记》:"在闽安。是日迟明时大雨,已而晴霁。访陈荫塘、陈丽金、刘蓁山三参戎、余守备飞彪。晤蓁山。"(《孙衣言孙诒让父子年谱》,373 页)

八月十四日(9 月 7 日),登舟,赴福州。午初,至水部杨蕴玉守戎署中,晤吴鸿源,适同年刘翊宸廉访、曾宪德观察在座,久谈。并晤王雨田明府,在杨蕴玉署用饭。饭后进城,访张启煊,适刘翊宸、曾宪德来谈。夜间阅邸抄,始略知中朝近事。

《赴皖日记》:"晴,辰初登舟,赴福州。午初,至水部杨蕴玉守戎署中,晤春波,适同年刘云樵廉访、曾峻轩观察均在座,晤谈久之,晤王雨田明府,即在蕴玉署午饭。饭后进城,至北街后张焕堂观察行馆,云樵、峻轩来谈。同寓者为王雨田明府、张耕甫县佐、谢寿廷明府崧荣及焕翁群从。闻左季高中丞龙游失利。夜间阅邸抄,始略知中朝近事。"(《孙衣言孙诒让父子年谱》,373 页)

按:曾宪德(1822—1882),字峻轩,湖北京山人。任福建邵武府同知、知府,历署建宁、泉州、兴化等府,任福建兴泉永道等。

八月十五日(9 月 8 日),读蒋琦龄所上《中兴十二策》。傍晚出访同年刘翊宸、曾宪德。吴鸿源来访。

《赴皖日记》:"晴,读蒋申甫大京兆师所上《中兴十二策》,此申甫师寓居凤台所上书,而奉旨颁示各省督抚者。策中如端政本、戒粉饰、开言路、恤民隐各条,皆为洞见本原,不愧大臣之言,而第一条则尤所谓言人所难言也。午后酣睡数刻,起则日已西矣,出访刘云樵同年翙宸、曾峻轩观察宪德,返寓则已上灯。是夕焕翁燕客于行馆,月色皓然,吴春波协戎来。"（《孙衣言孙诒让父子年谱》,373 页)

八月十六日(9 月 9 日),晤殷执中、万方焜、马逢伯。晚上至林用光寓吃晚饭,晤薛仁甫。

《赴皖日记》:"晴,晤殷心斋刺史执中至南台,晤崇安万序东观察方焜,始知其嗣君珠湖郎中、莲初吏部皆在京师官下,镜蓉兵部在崇安家居,珠湖得实缺矣。序东寓南台上杭街源春茶栈。回城,晤马乐宾大令逢伯,焕翁营中随员。晚至林若衣寓夜饭,晤薛仁甫茂才。"（《孙衣言孙诒让父子年谱》,373 页)

八月十七日(9 月 10 日),吴鸿源来,知因功记名总兵。万方焜来。

《赴皖日记》:"晴,吴春波来,知其以捕洋盗功,得旨记名总兵矣。万序东来。"（《孙衣言孙诒让父子年谱》,373 页)

八月十八日(9 月 11 日),赴同年刘翙宸招饮,与张启煊、曾宪德及二弟。万方焜赠食物。

《赴皖日记》:"晴,刘云樵同年招饮,偕张焕堂、曾峻轩两观察及仲弟。万序东馈食。"（《孙衣言孙诒让父子年谱》,373 页)

《回京日记》:"刘云樵招同曾峻轩、焕堂、琴兄集饮寓斋。序东观察馈食。"（《孙锵鸣集》上册,271 页)

八月十九日(9 月 12 日),林用光来访。晚上,吴鸿源来访。

《赴皖日记》:"晴,林若衣来。夜间,吴春波来。"（《孙衣言孙诒让父子年谱》,373 页)

八月二十日(9 月 13 日),晚上,访林用光。

《赴皖日记》:"晴,晚至若衣处谈久之。"（《孙衣言孙诒让父子年谱》,373 页)

八月二十一日(9 月 14 日),阅邸抄,知祁寯藻、翁心存、倭仁奉召入上书房,授皇上读。万方焜来访。

《赴皖日记》:"阅邸抄,知祁春浦、翁二铭二相国、倭艮峰大司空皆奉召入上书房,授皇上读。三君子皆遒学老成,而艮峰则尤笃信宋儒者,可谓师傅得人。予前上曾相国书,极言及此,而政府已有见及者,中兴之大关键也。盖此事皆自申甫大京兆师发之,仁人之言,其利溥哉。万序东观察来。"(《孙衣言孙诒让父子年谱》,373—374 页)

八月二十二日(9 月 15 日),殷衡来访。夜间阅邸抄,知二弟已于四月十八日转侍读学士。

《赴皖日记》:"晴,殷莘夫衡来,心斋刺史令兄。夜间阅邸抄,知仲弟已转侍读学士,四月十八日之命也。"(《孙衣言孙诒让父子年谱》,374 页)

八月二十三日(9 月 16 日),大雨。闻绍兴收复。

《赴皖日记》:"日未明时雨,于是不雨十馀日矣。午后雷大,雨如注,半月以来颇忧旱暵,于是始得沾足。闻绍兴收复。"(《孙衣言孙诒让父子年谱》,374 页)

八月二十五日(9 月 18 日),收到三弟嘉言来函,曾燕卿、朱小岑来函。孙龙友来访。

《赴皖日记》:"晴,得子俞弟书,始知抵闽安时,春波差人至温所寄家书已到。吾乡雨泽时若,晚禾甚好,谷价亦减,此可喜也。并得曾燕卿、朱小岑二君书。孙龙友二尹来。自瓯回闽也。"(《孙衣言孙诒让父子年谱》,374 页)

八月二十六日(9 月 19 日),晤杨松樵明府,谈及王拯等人消息。晚访吴鸿源。

《赴皖日记》:"晴,晤杨松樵明府,仲弟门人杨晓潭明府立旭之犹子,以安徽军功知县捐发福建,本年四月间到省,顷得委摄寿宁令。而其太夫人在广东得剧疾,乞假以归,谈次语及王定甫户部,始知其去岁夏间,以与枢廷诸贵人忤,称病不出者数月。已而郑、怡二邸及肃顺诛,恭邸为议政王,令复入直,旋擢内阁侍读学士,为军机领班。定甫有才识,能古文,初政以来纶绰一新,定甫盖与有力焉。又闻定甫尚未有子,而其夫人以去年夏间卒,其居尚在永光寺街也。闻晓潭尚在阳高,而柳州城破,其家有被难者。晚至吴春波寓,遂在春波处食。是日,仲弟赴

闽安。"(《孙衣言孙诒让父子年谱》,374 页)

八月二十七日(9 月 20 日),曾宪德来。访林用光。

《赴皖日记》:"晴,曾峻轩观察来。闻金陵之围已合,楚兵连得胜仗,而贼援亦四集,曾协揆尚在安庆也。至若衣寓。"(《孙衣言孙诒让父子年谱》,374 页)

八月二十八日(9 月 21 日),至上杭街源春茶栈,晤万方焜,谈及御夷之策,并得知家人今晚可到。至水部,拜杨廷辉,途遇吴春波,一起至杨廷辉处,晤王雨田、陈笃熙、李茂泰。听李茂泰述林则徐轶事。夜宿杨廷辉处。

《赴皖日记》:"晴,至上杭街源春茶栈,晤万序东,知眷属辈以今日午后乘潮登舟,夜间可到。至水部拜杨蕴石都阃廷辉,路晤吴春波,遂与春波偕至蕴石处,适王雨田、陈笃熙皆至,遂宿蕴石处。是日与序东谈及御夷之策,序翁极言夷不足畏,其军法过中国处但在一严,而中国人苦于贪利,近年海上失利,皆由弁兵私与之通也。又言吉中丞吉尔杭阿之御夷于上海,实亲见之。夷人运大炮十位上岸,以拒中丞,官军令抬枪二十名,分五排以当前,每闻夷炮声,枪手即伏地,炮声甫过,即起放抬枪一排,如是再伏再起,毙夷人二十馀名,而中丞军中已鸣金收队,故所杀止此,否则可尽歼。盖夷人畏抬枪,又不能起伏,此其所以为我制也。又言及法兰西天主教之害,其术皆以利诱我愚民,一入其教,则淫其妇女,死而剜取其心目。本年江西省城之民不胜其愤,遂相约毁其所谓天主堂。夷官至京师,诉之朝廷,犹欲归罪于民,而江西沈中丞言百姓无罪,罪在巡抚,自请交部议处。朝廷亦知其误,遂寝其事,是时夷人方索偿数十万也。在杨蕴石处晤李君茂泰。李尝从林文忠公于广东军中,言道光庚子文忠在广东,夷人畏之甚,令洋商伍某以重赀贿朝贵,以琦善易文忠公,而事不可为。伍某一幼孙慧甚,一日不云而雷击死之。又言文忠在广东,一日夷人揭伪榜于粤城中,购文忠二十万,将军某为文忠危,请移入内城。文忠笑曰:'夷人不能擒我,而犹用我百姓,此何能为?若百姓欲杀我,我又何所逃?'翌日,即出海口,阅视炮台,夷人益畏服。及其奉召赴浙也,省中文武谓海口夷船环列,宜从陆道行。文忠曰:'我以海路来,今宜从海路去。'卒不听。行之日,文忠露坐船面,帆惊夷舟而过,夷船在前者,群出立船头站队,放炮鸣锣以送之,广人益服文忠之胆。李君又言琦善既抵广东,大宴夷人于观音山,是时文忠不在坐，夷酋故向琦善前大声曰：'请林大人安。'琦善大骇，问曰：'孰为林大人?'夷酋曰：'少穆林大人也。'琦善大惭。此皆文忠公轶事也。"（《孙衣言孙诒让父子年谱》，374—375 页）

八月二十九日（9 月 22 日），由水部再至上杭街，得知家人已至。万方熙言吴鸿源之勇。

《赴皖日记》："晴，由水部复至上杭街，舍弟与家人辈已至一杭馆寓矣。序东言吴春波之勇，又言其援崇安时虽为贼所败，而实有功，以兵少且用之不得其地故也。"（《孙衣言孙诒让父子年谱》，375 页）

八月三十日（9 月 23 日），曾宪德观察赠北宋书法家蔡襄《万安桥碑》拓片。

《赴皖日记》："晴，曾峻轩观察见惠蔡忠惠《万安桥碑》，兼有颜、柳之长，于童子初学书时尤宜。峻公尝守泉州，此碑榻手亦佳，可贵也。"（《孙衣言孙诒让父子年谱》，375 页）

闰八月初一日（9 月 24 日），二弟孙锵鸣来。是日收到父亲来谕，并得朱小岑、曹燕卿、胡鹤汀、胡棣甫来函。闻万方熙长子之丧，往吊。

《赴皖日记》："晴，仲弟由南台至城。是日得大人谕书，知瑞安晚禾甚佳，台、处一带均无事，并得朱小岑、曹燕卿、胡鹤汀诸同人书。又棣甫书来，知钱子奇邑尊勤政爱民，出示严禁吏役需索及扰民不法行为，又留心查访表扬地方绅衿急公好义之事。是日，闻万序东观察有长子珠湖郎中之丧，为之惊悼，遂出城慰之。珠湖于三月间补刑部郎，在曹司有能名，而以暑疾暴卒，尚未有子，可惜也。"（《孙衣言孙诒让父子年谱》，376 页）

闰八月初二日（9 月 25 日），万方熙偕幼子来访。

《赴皖日记》："在上杭行馆，序东偕其幼子培滋来。"（《孙衣言孙诒让父子年谱》，376 页）

闰八月初三日（9 月 26 日），曾宪德馈赠食物，招林用光饮。

《赴皖日记》："雨后至城寓，适曾峻轩观察馈食，遂招若衣同饮。"（《孙衣言孙诒让父子年谱》，376 页）

闰八月初四日（9 月 27 日），吴鸿源来访。

《赴皖日记》："晴,吴春波来。言海坛千总保升游击张连魁,水师人才可用。又言水提黄进平之不才,及漳道汪如鉴之贪劣。峻翁得延建邵道。"(《孙衣言孙诒让父子年谱》,376 页)

闰八月初五日(9 月 28 日),与张启煊谈台湾之事。

《赴皖日记》："雨,与煊翁谈台湾近事。戴万生者,台之彰化人也,向为安平协署书吏,营兵升调,书吏所得规费多,副将夏某以戴多得赂,欲掠有之,而戴不肯与夏近。戴去,是时台匪林某之居后柱者,方聚天地会,以戴粗知书,招为首,遂攻陷彰化,杀夏副将,守道孔昭慈往捕,亦被戕,贼势遂炽。时闽中方苦乏饷,而提督曾玉明在台颇久,方出师赴浙之平阳,欲得台湾镇,遂自言于督抚,愿办台湾贼,可无烦大兵,督抚喜而从之,曾遂以勇五百人至鹿港,甫至连败,贼益张。而后柱有林戆成者,故与其里人林文察有仇,文察故土豪也,以剿小刀会立功,官至总兵矣,时方出师处州,其弟林文明尚在彰化,戆成欲因此复仇,遂亦附贼。而台湾勇自浙撤回者,闽藩丁四健减其口粮,又不给行费,勇大哗,丁以令箭驱出省,及返台,遂从贼,贼之势益张。时闽安副将吴鸿源舟师,方自温州归。吴故在水师有名,贼中讹言吴副将以战船五十艘来,其党惧,乃竖旗于彰化,益招乱民,遂以八月十五日攻鹿港,曾玉明仅能自守,幸不破,而贼攻鹿港不已,泉、厦颇震。林戆成虽从贼,戴万生疑其志在报仇,恐有变,而戆成亦畏戴,盖两贼犹未合也。勇首陈捷元者,亦台湾人,以军功保荐至都司,方内渡,其兄捷三尚在台,陈氏故大族,戴以书招之,令从己,而捷三自言其弟已受国恩,若从逆,则其弟先不得免,然以贼方炽,未敢峻拒也,飞书乞援师,恐日久则益不易为矣。"(《孙衣言孙诒让父子年谱》,376—377 页)

闰八月初六日(9 月 29 日),晤裕铎、雷瑞光、陈谦恩、孙源父子、刘翊宸、殷执中等人。听裕铎言台湾之事。是日寄家书。

《赴皖日记》："晴,晤裕子厚方伯铎、雷午峰太守瑞光、陈子嵩太守谦恩、孙涤斋明府源及其哲嗣龙友二尹世骧、刘云樵观察、殷心斋刺史。裕方伯言台湾人有粤庄、漳庄、泉庄之分。粤庄者,广东人也,谓之客民,人最少;漳庄视粤人稍众,而不及泉人之多,然皆聚居,尤重乡里之谊;泉人最多,然散居,其心不及漳人之齐一,此时为乱者漳人也。是日发家书,交九里潘培桂带。"(《孙衣言孙诒让父子年谱》,377 页)

181

闰八月初七日（9 月 30 日），住上杭街馆寓。万方焜来，晚饭。

《赴皖日记》："阴，出住上杭街馆寓。序翁来晚食，夜二鼓始去。"
（《孙衣言孙诒让父子年谱》，377 页）

闰八月初八日（10 月 1 日），前温州总兵陈世忠之子陈连科来访。

《赴皖日记》："晴，陈二少君穆斋连科来，其尊人尝为温州总兵，名世忠。"（《孙衣言孙诒让父子年谱》，377 页）

闰八月初九日（10 月 2 日），赴知府陈谦恩之招，同万方焜、孙锵鸣同登越王庙。

《赴皖日记》："晴，陈子嵩太守招同万序东及弟登越王庙。庙在南台山上，俗谓之大庙，山有龙井，所谓闽越王钓龙台也。相传井中有龙，投以虎骨，水即涌出，祷雨有验，而雨后即大火，故人不敢祷也。山不甚高，而俯瞰万室鳞次，遥望城中乌石、白塔诸山，苍翠如画，闽江抱城而北，帆樯林立，酒半大雨，则四山及民居又在烟霭溟濛之中，若隐若现，予抵闽将一月，此游独快，而去予寓居不过一里，几于交臂失之矣。序东言，前方伯张云荣先生初至闽，库藏如洗，及其去也，乃有三十万，方伯精于理财，然未尝以刻削为事，但严核欺隐而不妄费耳，惜以忤制府意，不久即移任江右，旋以贼扰江右被劾去官，盖其才犹可用也。越王庙寝殿为王及夫人像，夫人坐于左，王坐于右，盖古人尚右之意欤。闽中吏治日废，制府信用幕僚，于是绍兴、常州人之官幕客者，皆依督抚得官，制军署中由幕友至监司者凡七人，其党张甚，凡省中粮饷税务皆以幕友主之，而乾没官项遂至数十万。其失职怨者为竹枝词数十首，胪列其事，御史林寿图以闻，朝廷切责督抚，罢巡抚瑞璸，特命粤抚耆龄至闽穷其事，旋以耆为闽督，而移总督庆端为杭州将军。然其事虚实参半，而闽中诸干吏，如刘翙宸、吴鸿源、张启煊者，皆为所中。闽人尤以为冤者，则吴鸿源办广艇一事，实为廓清海口之奇功，而为粤人所怨，遂谓吴所杀皆良民，且没广艇资财数十万，闽抚不及察，以副将颜青云换鸿源，而广艇遂有窥伺五虎门之意。颜甫视事，而海口客民以被劫报矣，论者甚以为危，谓明年春夏之间，南风司令，必有侵轶省垣之患。鸿源方自温州剿贼归，又遭蜚言，怏怏不得志，谋称病去，则水师益无可恃之将才矣，可惜也。或云竹枝词者，粤人丁杰所为也。丁本倾险小人，失职怨望,遂为蜚言以中其所怨,诸所同志者从而和之。故其中虽所列赃私各款,各得其实,其馀则往往摭拾琐碎以快私怨。予尝谓此事不可不按,而宜分别虚实轻重,以杜浮薄倾陷之渐,乃为得其本体,且其中间有可用之才,而一切绳之以法,则亦非地方之福,是在当道之默为权衡耳。丁杰旋捐升道员,顷闻以解炮至皖,恐其托身曾营矣。幸涤师索称知人,当不为所惑也。子嵩太守言其高祖凝斋先生,第进士,归班铨选,即不复出,生五子,皆令读《近思录》,时姚惜抱先生方告归,延至家,教诸子,岁致修脯三千金,凡五年,故陈氏诸子多知学,石士宗伯即惜翁弟子也。予尝见有陈兰祥者,尝评骘阮亭《古诗选》极精,及询之子嵩,则固其家从叔祖也。"(《孙衣言孙诒让父子年谱》,377—378 页)

《回京日记》:"陈子嵩太守谦恩招饮大庙山榕阴小馆。山在南台,有闽越王庙、钓龙台故址,极城市山林之胜。同集者万序翁与伯兄共四人。"(《孙锵鸣集》上册,274 页)

闰八月初十日(10 月 3 日),与儿子诒让登钓龙台、闽越王庙。

《赴皖日记》:"晴,午后复与涵儿(涵,为诒让少名)登钓龙台,台上有碧光、达观二亭,上有五言集句楹联云:'举头望明月;荡胸生层云。'又曰:'窗中列远岫;天际识归舟。'闽越庙极闳壮,而联语多不称,惟无名氏一联曰:'掎汉角秦,逐鹿当年开旧国;枕吴带粤,钓龙今日有高台。'较为自然有气象。庙中欲寻唐宋时碑不可得,但大门左右有乾隆年间修庙二碑耳。"(《孙衣言孙诒让父子年谱》,378 页)

闰八月十一日(10 月 4 日),林用光来访。

《赴皖日记》:"晴,林若衣刺史来。"(《孙衣言孙诒让父子年谱》,378 页)

闰八月十二日(10 月 5 日),黄德基来访。裕铎赠《朱子集蔡端明帖》《成哲亲王临右军书》。万方焜谈及前布政使张集馨之事。

《赴皖日记》:"黄福田二尹(德基)来,义乌人。裕方伯贻《朱子集蔡端明帖》一巨册,《成哲亲王临右军书》一卷。序东观察言,近日官场,凡属僚谒见上官,上官有所言语未及了,属僚即高声应曰'是'。张云茉方伯集馨之初为闽藩也,初见属员数人,皆连声曰'是',方伯作色曰:'是则我固知之矣,吾若自知不是,亦何敢出诸口,何待汝辈褒扬。但恐实有不是者,欲与诸君商榷之耳。'众大惭沮。予谓即此一端,可以觇方伯

之风力矣。"（《孙衣言孙诒让父子年谱》,378—379 页）

闰八月十三日（10 月 6 日），为林用光之子林庆衍授课。夜访万方焜，晤陈子筼。听万方焜谈太平军围建宁战事。

> 《赴皖日记》："晴，至城为林若衣刺史第二子祁孙上学，晚回寓。在序翁处谈，晤新城陈子筼，子嵩太守兄也。序翁言：咸丰七年贼围建宁时，城中无守备，练首蒋孝廉、周上舍仲豹以练勇来击贼，几为所困，而毕游击定邦率所部至，并力攻贼，贼遂走，兵练并力追之，将过溪而水大至，贼溺死者无数，自是贼不敢复窥建宁矣。及报功，城中官掩其功，转以通贼诬仲豹，褫其衣顶，而蒋孝廉亦以愤死，其后陈心泉侍御奏恤孝廉，而亦不及仲豹，然首解城围实此二人功也。自仲豹等事后，练勇颇解体。又云，贼围急时，城中文武不肯战，建安知县何锡智愤甚，与其子率新兵数十人上城，皆死焉，城中官以为遁也。"（《孙衣言孙诒让父子年谱》，379 页）

闰八月十四日（10 月 7 日），得三弟嘉言来函。

> 《赴皖日记》："晴，吴春波家人自闽安移住水部杨守备署中，遣其三子连科来省。内人辈即往水部寓中视之。得子俞弟来书。"（《孙衣言孙诒让父子年谱》，379 页）

闰八月十五日（10 月 8 日），赴殷执中招集，与林用光、张玠甫、孙锵鸣等同席。万方焜来访。林用光说起曾国藩练兵情况。

> 《赴皖日记》："雨，殷心斋刺史招集中亭街，其烟烛肆中也，大同字号。偕林若衣、张玠甫，薄暮始散。若衣甫及城门，而城闭，来宿寓中。万序翁来。若翁言，涤生师营中，每五鼓，即料士卒点名，毕即令排列垒上，谓之站墙子，既而各取泥土修补墙垒，既而放枪炮，既而角技艺。将午饭，则遣士卒市蔬肉，每十人以一人去，去必领签字，往返必以时，饭后则复点名，如午前所为。既晚饭，则复点名，而后归伍休息。故营中无吸烟，无赌博，无四出骚扰者。又言，涤翁在祁门时，不甚守险，闻贼来不轻出，必近至一二十里，然后挥兵出击，无不胜者。又言其不轻出马队，必俟步兵将胜，然后以骑兵冲之，每得大胜。又言不以斩级为功，凡贼来斩首献者，皆不得予赏，必击退则一军皆赏，故其兵见贼皆奋。又言其士卒皆于衣上标列一二三四五号数，一不得混与三比，三不得混与

五比,乱次者即斩,故士卒肃然。又言贼善于用探发间谍,每以十六人
为度,第一次发四人去,间一时又发四人去,各予暗号,而各不相闻,后
行之四人,必令见前去四人之暗记而归,如此互为觉察,故探无不到。
先探之言,必质之后探之人,其言不实则斩之,故探无不确也。"(《孙衣言孙
诒让父子年谱》,379—380 页)

《回京日记》:"殷心斋司马执中邀同林若衣、张玠甫,饯余兄弟于
□□之大同烟店。同席者心斋之令兄名衡。"(《孙锵鸣集》上册,275 页)

闰八月十六日(10 月 9 日),寄家书,附寄东洋参、驴皮胶、番席三条。

《赴皖日记》:"晴,雨后骤凉,可用夹衣矣。发家书,以东洋参、驴皮
胶寄归,并附番席三条,殷大同有便人回瓯也。"(《孙衣言孙诒让父子年谱》,
380 页)

闰八月十七日(10 月 10 日),张启煊来、丁嘉玮来。午饭后与孙锵鸣、王
雨田、张玠甫、张启煊、张雯、张露、张霁等往观陈圣母神会。

《赴皖日记》:"晴,张焕堂观察来。海防同知丁君嘉玮来,绍兴人,
寄居直隶,焕堂之深友,闻其居官甚勤慎也。王雨田、张玠甫、黄福田及
焕翁诸子皆以看会出城。闽俗好鬼,信机祥,与瓯相似,此会所迎神,则
所谓陈十四夫人也,神前陈百戏,饰少年伎数十人于马上,为夫人部下
神,皆有州里姓氏,有神为老人像,谓之子孙司,盖保生育之意也。"(《孙衣
言孙诒让父子年谱》,380 页)

《回京日记》:"张焕堂来,馈照三百金。王雨田、张玠甫及焕翁令嗣
雨文雯、令侄醴庭露、雪坪霁俱来。适是日南台有临水陈圣母神会,游
人甚盛。诸君俱留午饭,往观焉。"(《孙锵鸣集》上册,275 页)

闰八月十八日(10 月 11 日),访万方焜。万方焜谈及英国人畏僧王。又
言前福建巡抚徐继畬被洋人戏弄之事,以及李嘉端任福建学政时叱洋人
等事。

《赴皖日记》:"晴,修合九药毕,晚至序翁处小坐。序翁言英夷畏僧
王骑兵,以为不可敌。庚申之变,由于北炮台失守,而朝廷即撤去僧王,
故逆夷遂犯京师。又言北炮台之未失半月以前,英夷在上海谓其党曰:
'此行当得北炮台。'已而果然,盖先以贿通其守台将卒也。又言徐松龛
之为闽抚时,暱一夷官,徐以为得其欢心,数见之。一日,夷招徐饮,令

185

其妻与徐并坐,酒酣,夷官歌呼舞蹈,取徐帽以冠其妻,徐甚喜。既而呼一犬来踞膝上,于其妻头上取徐冠,令犬戴之,徐大沮丧,始知为夷所侮弄,而已不及矣。又言李铁梅侍郎视闽学时,方旋省,夷官闻学政归,投刺求见。时省大吏见夷官,皆开门放炮以示优礼,夷官以为学政亦当然也。及刺入,李大呵叱,曰:'彼自做彼生意,我自做我学政,何事相见。'裂其刺而掷之地。夷官丧气而出,语人曰:'福建无官,惟一李大人是官耳!'又言僧王守天津时,尝密令海边渔人至夷船,盗其异物,又令盗取一夷人头,夷惧甚,致书上海,谓其党曰:僧王不可测也,有去志,而朝廷不能卒用之,可惜也。"(《孙衣言孙诒让父子年谱》,380—381页)

闰八月十九日(10月12日),访吴鸿源,不晤。晤杨蕴玉,遣人至琉球馆,探问门人阮宣诏、东国兴消息。吴夫人馈食二席,招万方焜、潘友竹饮于寓。

《赴皖日记》:"晴,至水部口,访吴春波不晤,晤杨蕴玉守府。春波夫人馈食二筵,因招万序翁及潘友竹集饮寓斋,序翁如夫人偕其女来,春波夫人偕其姬人来,饮于内室,夜分而散。在杨守府署,遣人至琉球馆,探问旧门人阮勤院、东子祥近状,始知阮已官至总理唐营司,东已官至耳目官。总理为其国久米府达官。琉球三十六姓之子孙,皆居久米府,谓之唐营,海外人呼中国为唐也。耳目官则如中华之大学士矣。"(《孙衣言孙诒让父子年谱》,381页)

闰八月二十日(10月13日),与子诒让至城里,过林用光处用饭。

《赴皖日记》:"晴,偕涵儿至城,过若衣处饭,拟访焕翁,以日已近晡,匆匆出城。"(《孙衣言孙诒让父子年谱》,381页)

闰八月二十一日(10月14日),林用光来访,晚饭后万方焜来谈。

《赴皖日记》:"晴,林若衣来,晚饭后序翁来谈。连日为友人书楹联直幅数十条,手腕欲脱,而用笔益不能工,可笑也。"(《孙衣言孙诒让父子年谱》,381页)

闰八月二十二日(10月15日),晚,访万方焜。万方焜谈起名医罗君山轶事。

《赴皖日记》:"晴,至殷大同烟店小坐,遂至大桥,晚至序翁处。序翁言其邑名医罗君山，精于医，为名秀才，而不应举。崇安至郡二百四十里，每学使者按临，君常步行往应试，不以舟车，所过友好，即留连不去，常以七、八日始达郡城。一日赴郡，路中资斧已尽，过一村门人家，哭声甚哀，君问其故，或语曰，此家一独子，死一日馀矣，而胸口尚温，君复诘其病状，或又语以故。君笑拖其同行者曰：'试叩门入，可博一餐也。'同行者笑而从之。既入门，语主人曰：'汝子无死，可止哭，具食。'主人闻语大喜，而君绝不往视死者，亦不为处方，语主人曰：'佣工几何人？'主人曰：'十馀人耳。'君曰：'亟召之来。'主人如命，召佣者十馀人悉至，君遍诊其脉，择其少壮者二人留之，馀遣去。同行者见君不视死者，而遍诊其佣者，大骇，促之行。君笑曰：'吾尚在此宿，何去也？'既而语主人曰：'取米一斗来。'令少壮者和水磨之如浆，既乃为处方，大补药也。良久，君问曰：'浆成乎？'主人曰：'成矣。'君曰：'市药来煎之。'主人皆如命。君即召少壮者二人来，语主人曰：'取浆令饮之。'少壮人各饮数碗，辞不能饮，君强之，少壮者苦辞不能复饮，君曰：'灌之可也。'于是两人尽一斗浆，皆大吐，吐尽则蚘出，君取其蚘，令煅为末，以灌死者，须臾气续而生矣。君乃以所煎药饮吐者，曰：'使无此药，则死者甦而吐者死矣。'同行者惊叹，君笑曰：'我当令此子送我至建宁也。'不数日，死者健如平时矣。"（《孙衣言孙诒让父子年谱》，381—382 页）

闰八月二十三日（10 月 16 日），陈子嵩来访，午后一同往建宁会馆观剧。晚上在万方焜处饮，与陈子嵩、子筠、马慕尧等。

《赴皖日记》："晴，建宁会馆演剧。陈子嵩来。午后与子嵩偕至馆观剧。晚在序翁处饮，偕子嵩、子筠及山右马慕尧，新春号夥也。"（《孙衣言孙诒让父子年谱》，382 页）

闰八月二十四日（10 月 17 日），吴鸿源、张启煊、陈廷荃、杨蕴玉、殷执中来送行。李庆霖来访。

《赴皖日记》："晴，吴春波总戎、张焕堂观察、陈荫塘、杨蕴玉两守府、殷心斋来送行，即留午饭。李润九太守庆霖来，山西介休人。"（《孙衣言孙诒让父子年谱》，382 页）

闰八月二十五日（10 月 18 日），入城与诸友告别，晤刘翊宸廉访、张启煊观察、王雨田大令、李庆霖。陈锦霞、张介甫来话别。

《赴皖日记》："晴，入城与诸友人别，晤刘云樵廉访、张焕堂观察、王雨田大令、李润九太守，至暮而返。买皮衣二件，寄奉老亲。陈晴峰少尹锦霞、张介甫县佐，均来话别。"（《孙衣言孙诒让父子年谱》，382 页）

闰八月二十六日（10 月 19 日），刘翊宸、王雨田、陈穆斋、张醴庭、殷执中来话别。万方焜送行至船上。

《赴皖日记》："晴，刘云樵廉访、王雨田大令、陈穆斋公子、张雨文醴庭公子、殷心斋刺史来话别。是日戌刻来船，序翁送至船上而别。"（《孙衣言孙诒让父子年谱》，382 页）

闰八月二十七日（10 月 20 日），开船，至洪山桥。

《赴皖日记》："阴，辰刻开船，至洪山桥。"（《孙衣言孙诒让父子年谱》，382 页）

闰八月二十八日（10 月 21 日），张启煊、万方焜又来谱主船上话别。

《赴皖日记》："晴，张焕堂、万序东两观察复至船话别。焕堂言太平失利。林若衣与其眷属下船，解维数步复止，以同行数舟尚未到也。"（《孙衣言孙诒让父子年谱》，382 页）

闰八月二十九日（10 月 22 日），至竹崎关。

《赴皖日记》："晴，自凤山桥行，午后风甚利，未晡至竹崎关而止，去福州五十里。竹崎有榷茶抽厘局，有委员公馆，民居数十家，皆面溪而负山，有市。"（《孙衣言孙诒让父子年谱》，382 页）

九月初一日（10 月 23 日），行八十里，抵小叶。

《赴皖日记》："晴，清晓开船，午后顺风，行八十里，抵小叶，已更馀矣。"（《孙衣言孙诒让父子年谱》，382 页）

九月初二日（10 月 24 日），至水口。

《赴皖日记》："晴，舟至水口，去竹崎八十里。水口依山为村，民居临江者，皆架木为屋，陡入江岸，有市约长二里许，有水口县丞署，兼管茶鸦片税，岁入数千金，为闽中县倅中腴缺。水口以上，山益峻，溪益窄，滩益高，建船至水口，皆去樯帆，散置江湄，而专恃纤以行矣。"（《孙衣言孙诒让父子年谱》，382—383 页）

九月初三日(10月25日),舟行五十里,至古田县黄田驿。

《赴皖日记》:"晴,舟行五十里,至黄田驿,古田县属也。居民数百家,滩石峭悍,时方水落,屏颜林立,想见下滩之难也。初见新月。"(《孙衣言孙诒让父子年谱》,383页)

九月初四日(10月26日),舟行三十里,至南平县张河堡。

《赴皖日记》:"晴,舟行三十里,至张河堡,入南平县境,离延平府城百里,有卖饼者至船,言州境久无雨,颇患岁歉,薯芋亦不熟。"(《孙衣言孙诒让父子年谱》,383页)

九月初五日(10月27日),舟行四十里,至鹤溪。

《赴皖日记》:"微雨,舟行四十里,至鹤溪。"(《孙衣言孙诒让父子年谱》,383页)

九月初六日(10月28日),舟行三十里,至剑溪。

《赴皖日记》:"阴,舟行三十里,至剑溪。"(《孙衣言孙诒让父子年谱》,383页)

九月初七日(10月29日),舟行四十里,至延平。

《赴皖日记》:"阴,舟行四十里,暮至延平。延平依江为城,西北跨山,高数十丈,城陡入溪,真所谓金汤之固也。"(《孙衣言孙诒让父子年谱》,383页)

九月初八日(10月30日),晤曾宪德观察。午后开船,泊黯淡滩下。

《赴皖日记》:"阴,晤曾峻轩观察,闻寿昌克复,观察来话别于舟中。午后开船,泊黯淡滩下。"(《孙衣言孙诒让父子年谱》,383页)

九月初九日(10月31日),舟行四十里,泊大槐驿。

《赴皖日记》:"晴,舟行四十里,泊大槐驿。过延平,溪又渐广,山亦稍平,颇有陂陀闲远之玩。"(《孙衣言孙诒让父子年谱》,383页)

九月初十日(11月1日),舟行四十里,至南雅口。

《赴皖日记》:"晴,舟行四十里,至南雅口。闽语雅如湾。民居颇稠,而舟子移泊上流岩石间,不得上岸。自此至建宁五十里。"(《孙衣言孙诒让父子年谱》,383页)

九月十一日(11月2日),舟行二十里,泊滩下。

《赴皖日记》:"晴,舟行二十里,泊滩下,去建宁尚有三十里也。"(《孙衣言孙诒让父子年谱》,383页)

九月十二日(11月3日),舟抵建宁。晤辜秉沅,知已雇定钓子船。

《赴皖日记》:"阴,舟抵建宁。序翁店伙辜君秉沅(字湘帆,南昌人)来晤,知已雇定钓子船,遂于申初过船,船价四十六千,若衣嫌其费,属县令为别雇一船。建宁虽为山郡,而城据平地,不如延平之奇险。咸丰七年,粤匪入闽界,被围者一月,以毕参将定邦救至,乡兵皆出杀贼,贼始解去。舟泊滩下,水声如雷。"(《孙衣言孙诒让父子年谱》,383页)

九月十三日(11月4日),上岸至辜秉沅处小坐,宿王生发杂货店内。得张启煊、曾宪德来函。

《赴皖日记》:"晴,上岸至辜湘帆处小坐。寓居管文圈下保障边王生发杂货店内。得张焕堂福州来书,以前闽浙制府奏保温州平匪各官绅原折见示。复得曾峻轩延平来书,属转致曾相国笺也。"(《孙衣言孙诒让父子年谱》,383页)

九月十四日(11月5日),又至辜秉沅处。午后城内逛街。

《赴皖日记》:"晴,复至湘帆处,午后复至城内,偶过西门街,见一家揭文魁匾,视之,则丙辰荐卷门人刘筱友名也。筱友名公渊。始知刘固建宁人,予初以为崇安人也。既而湘帆来船,询其踪迹,则筱友尚在京师,其尊甫在家,六十馀矣,匆匆未及一访也。筱友家颇殷实,以钱肆为业云。"(《孙衣言孙诒让父子年谱》,383—384页)

九月十五日(11月6日),舟行四十里,至垟峰驿。

《赴皖日记》:"晴,舟行四十里,至垟峰驿。"(《孙衣言孙诒让父子年谱》,384页)

九月十六日(11月7日),舟行四十里,至金盘。

《赴皖日记》:"晴,舟行四十里,至金盘,有榷盐关。"(《孙衣言孙诒让父子年谱》,384页)

九月十七日(11月8日),行四十里,抵建阳县。

《赴皖日记》："晴，行四十里，抵建阳县。建阳背山临溪，城跨北山，两溪东西环城流，其险可守。咸丰七年，为贼所破，据之半月，盖官先弃去，城间民居多被毁者，近虽稍稍兴筑，然未复旧观也。连日溪行，山益平远，而苍翠如染，溪岸柏树，殷红掩映，真画境也。建阳城南北溪皆有大桥，桥皆九洞，架屋两边，以通行者，或曰即就此为考试所也。"（《孙衣言孙诒让父子年谱》，384 页）

九月十八日（11 月 9 日），舟行三十里，抵建阳县将口镇。

《赴皖日记》："晴，舟行三十里，抵将口。"（《孙衣言孙诒让父子年谱》，384 页）

九月十九日（11 月 10 日），舟行三十里，抵张湾。

《赴皖日记》："晴，舟行三十里，抵张湾。"（《孙衣言孙诒让父子年谱》，384 页）

九月二十日（11 月 11 日），舟行三十五里，至七石街。

《赴皖日记》："晴，舟行三十五里，至七石街，望见武夷西北诸山，峰峦奇甚。"（《孙衣言孙诒让父子年谱》，384 页）

九月二十一日（11 月 12 日），舟行十五里，至崇安，宿东门虞氏馆。万镜蓉来晤，询问都中情况。

《赴皖日记》："晴，舟行十五里，至崇安，门人万镜蓉职方为予假馆于东门虞氏，未刻眷属至馆。镜蓉来晤，其二女，一四岁，一六岁，仆妇抱之而来，玉雪可念。询以都中近况，知莲初八月间有来书，尚为静谧。"（《孙衣言孙诒让父子年谱》，384 页）

九月二十二日（11 月 13 日），访万镜蓉，久谈。访陈子筠、子璧兄弟。于谢氏中和行访林用光。万封来访。林用光有诗送谱主兄弟游武夷山。

《赴皖日记》："晴，至镜蓉所居，谈久之。访陈子筠、子璧兄弟于朱氏，访林若衣于谢氏中和行。万祝三孝廉候选中书，名封来，序东之诸父也。问中考官尚无入境消息，且闻并未入江西境，恐河南道梗矣。"（《孙衣言孙诒让父子年谱》，384 页）

林用光作《送孙琴西蕖田昆仲游武夷》："雁行随鹤群，□谒武夷君。水曲平铺月，山环缺补云。春烟茶灶暖，仙乐慢亭闻。若遇谈棋叟，如

191

瓜橘乞分。"(《瑞安清民国诗词集》第二册,80—81 页)

九月二十三日(11 月 14 日),与孙锵鸣、诒让往游武夷。

> 《赴皖日记》:"晴,午饭后,镜蓉职方招同仲弟并携涵儿往游武夷,舟至三姑村,宿罗静山家。三姑村隔溪即幔亭、大王二峰也。幔亭之北有三石比立者,俗谓之三姐妹,三姑村所由名也,是谓武夷第一曲。静山为序东之中表兄弟,亦以茶为业,人甚朴实,其从父兄弟尚同宫而居,可羡也。"(《孙衣言孙诒让父子年谱》,384—385 页)

九月二十四日(11 月 15 日),游武夷山九曲溪、玉女峰等风景区,谒朱子祠堂。

> 《赴皖日记》:"微雨,早起移舟入九曲溪,自第二曲至第五曲,历观玉女峰、兜鍪峰、天柱峰、铁障岩、接笋峰、大藏小藏诸峰。谒朱子祠堂,盖即武夷精舍,祠毁于火,馀小屋三楹而已,湫隘不足以昭崇敬也。武夷诸峰近临九曲溪者,可于舟中历览,而玉女峰尤为秀拔,大小藏及大王、铁障诸岩亦雄伟甚,岩罅中往往有枯木片纵横。《武夷志》谓之虹桥板,风来能动,而未尝堕地,可谓奇绝。至五曲,舍舟而陆,坐蓝舆至天游峰,峰上有三清观,咸丰七年为粤贼所毁,观前有亭,据重岩之上,登亭可以尽揽幔亭、大王、大小藏诸峰,为外八景,而亦为火所焚,无凭眺之地矣。由天游下山,从岩径中行,左右立石数十丈,其间才通一舆,仰视天容,不过数丈耳。晚至磊石峰,宿僧寺中,寺僧出茶饮客,有奇种、名种、小种各名目,奇种之中有所谓乌骓、牡丹、肉桂、水仙、木瓜者。木瓜、肉桂盖取其味之相近,而乌骓盖言其劲也。奇种茶一两易银十数两,皆漳、泉及山西巨商购之,殆亦徒得其赝而已,非真能饮茶也。在磊石所饮水仙、牡丹,其气味亦不必相近,大约清涩异于常茶,然皆大叶,与吾乡芽茗不类,予谓清甘尚不及乡之佳,而人特震于其名耳。寺僧用旧紫色小磁壶置茶壶中,瀹以沸汤,旋注小杯中,人饮一杯,叶之佳者,可瀹汤三四次,而味益出。寺僧云,奇种茶树必高数尺,盖其得气独厚也。是夜雨。"(《孙衣言孙诒让父子年谱》,385 页)

九月二十五日(11 月 16 日),下山。晚在万镜蓉处饮,晤朱安澜、万封。得泉州太守章倬标来函。

> 《赴皖日记》:"微雨,早起由磊石下山,寺僧馈名种、小种各数品,静

山亦馈奇种、名种各二品。是日颇寒,至寓已逾午矣。晚在镜蓉处饮,晤朱芷江安澜、万祝三。武夷有内外八景,内八景惟虎石峰可以登眺,匆匆不及游也。若衣已行。得泉州太守章果堂侍御书。"(《孙衣言孙诒让父子年谱》,385 页)

按:章倬标,字果堂,浙江金华人。道光二十七年(1847)进士,咸丰三年九月由礼部主事入直,历官署福建兴化府知府、泉州府知府、福建兵备兼粮道。

九月二十六日(11 月 17 日),朱安澜、万封来馈赠食物。招万镜蓉饮。

《赴皖日记》:"阴,晡时开霁。芷江、祝三皆来馈食,招镜蓉饮。"(《孙衣言孙诒让父子年谱》,385 页)

九月二十七日(11 月 18 日),自崇安行五十里,至大安。

《赴皖日记》:"晴,自崇安行五十里,至大安,途中遇雨。"(《孙衣言孙诒让父子年谱》,385 页)

九月二十八日(11 月 19 日),舟行三十里,入江西省铅山县车盘村。又三十里,至紫溪宿。

《赴皖日记》:"雨,舟行三十里,至车盘,入铅山界。又三十里,至紫溪宿。紫溪去年五月间为粤寇所据,八月始去,民居多毁于火。"(《孙衣言孙诒让父子年谱》,386 页)

九月二十九日(11 月 20 日),经铅山至河口,寓韩氏广泉行,晤林用光。

《赴皖日记》:"雨止,四十里至铅山,三十里至河口,寓韩氏广泉行。陈子筠兄弟尚未行,林若衣亦以早间到矣。"(《孙衣言孙诒让父子年谱》,386 页)

九月三十日(11 月 21 日),在河口。

《赴皖日记》:"晦日,晴,在河口。"(《孙衣言孙诒让父子年谱》,386 页)

十月初一日(11 月 22 日),上船。

《赴皖日记》:"晴,上舠子船,舠子与建宁舠子同,而较大。是日,子筠开行,船价二十六千。"(《孙衣言孙诒让父子年谱》,386 页)

十月初二日(11 月 23 日),行八十里,抵叶家坝泊。

《赴皖日记》:"晴,行八十里,抵叶家坝泊。"(《孙衣言孙诒让父子年谱》,386 页)

十月初三日(11月24日),行六十里,至泰安亭。

《赴皖日记》:"晴,行六十里,至泰安亭。是日晡时,大风阴曀,去贵溪十四五里,不能前,遂泊。"(《孙衣言孙诒让父子年谱》,386页)

十月初四日(11月25日),至贵溪泊。

《赴皖日记》:"雨,至贵溪泊。若衣船犹在贵溪,子筠舟亦相去不远也。"(《孙衣言孙诒让父子年谱》,386页)

十月初五日(11月26日),舟过安仁县,夜泊三白滩。

《赴皖日记》:"雨止,舟过安仁县,夜泊三白滩。舟子能言今中丞沈公为广信守时事,真能吏也。又言铅山营都司艾某者,武宁人,勇敢善战,以发秃,呼之为艾癫梨云。"(《孙衣言孙诒让父子年谱》,386页)

十月初六日(11月27日),行百四十里,至馀干县木樨湾泊。

《赴皖日记》:"晴,顺风行百四十里,至木樨湾泊,馀干县辖也。"(《孙衣言孙诒让父子年谱》,386页)

十月初七日(11月28日),泊木樨湾,林用光船来。是日,体仁阁大学士翁心存逝世。

《赴皖日记》:"雨,泊木樨湾,若衣船来。"(《孙衣言孙诒让父子年谱》,386页)

杨彝珍《体仁阁大学士翁文端公神道碑志铭》:"同治元年十月初七日体仁阁大学士翁文端公薨于京邸之寓舍。"(《移芝室文集》卷八,1叶,《清代诗文集汇编》627册,117页)

十月初八日(11月29日),仍泊木樨湾。

《赴皖日记》:"雨,仍泊木樨湾。"(《孙衣言孙诒让父子年谱》,386页)

十月初九日(11月30日),舟行三十里,至瑞洪。

《赴皖日记》:"阴,舟行三十里,至瑞洪。夜复雨。"(《孙衣言孙诒让父子年谱》,386页)

十月初十日(12月1日),在瑞洪。

《赴皖日记》:"雨,在瑞洪。"(《孙衣言孙诒让父子年谱》,386页)

十月十一日（12 月 2 日），在瑞洪。闻门人罗德隆卒于徽州。

《赴皖日记》："雨，在瑞洪，闻门人罗大令德隆卒于徽州。"（《孙衣言孙诒让父子年谱》，386 页）

十月十二日（12 月 3 日），舟行八十里，至柳河汛。

《赴皖日记》："晴，舟行八十里，至柳河汛。"（《孙衣言孙诒让父子年谱》，386 页）

十月十三日（12 月 4 日），舟行八十里，在离南昌十里处停泊。

《赴皖日记》："晴，舟行八十里，去南昌十里而泊。"（《孙衣言孙诒让父子年谱》，386 页）

十月十四日（12 月 5 日），抵南昌。陈预恩来访。

《赴皖日记》："晴，早抵南昌，闻幼丹中丞以病请假。陈子质预恩来访，始知已为假馆于氏矣。"（《孙衣言孙诒让父子年谱》，386 页）

十月十五日（12 月 6 日），晤陈子筠、预恩兄弟，施鸿基、于端赘。

《赴皖日记》："晴，移寓于氏。晚雨，晤陈子筠、子质昆仲，及施坦斋刺史鸿基、主人于子赞端赘。于氏之馆，施坦斋为之道地也。"（《孙衣言孙诒让父子年谱》，386 页）

十月十六日（12 月 7 日），施鸿基来，林用光来。

《赴皖日记》："晴，施坦斋来，若衣来，订同寓之约。"（《孙衣言孙诒让父子年谱》，387 页）

十月十九日（12 月 10 日），晤盛铨。访南昌知县陈乔荣、施鸿基，未晤。晚上晤陈子筠、陈预恩兄弟。

《赴皖日记》："阴，晤盛镜堂大令。铨，滁州人。访南昌陈大令乔荣及施坦斋刺史，俱未遇。晚晤陈子筠、子质兄弟。"（《孙衣言孙诒让父子年谱》，387 页）

十月二十日（12 月 11 日），晤侯鸾书。

《赴皖日记》："阴，晤侯翰园。鸾书，山西介休人，新泰厚票庄。"（《孙衣言孙诒让父子年谱》，387 页）

十月二十二日（12 月 13 日），赴陈子筠兄弟招饮，晤周成民。

《赴皖日记》："晴，陈子筠兄弟招饮，晤周绎庭大令。成民，济南人，甲辰同年。伉爽有吏才。以事去官，寄家于此。"（《孙衣言孙诒让父子年谱》，387页）

十月二十四日（12月15日），同年盛铨来访。

《赴皖日记》："阴，盛镜堂同年来。"（《孙衣言孙诒让父子年谱》，387页）

十月二十七日（12月18日），晤甲辰乡试同年陈乔荣。过侯鸢书寓。

《赴皖日记》："雨，晤陈松轩大令同年。乔荣，闽县人，丁未进士，甲辰同年。为言粤匪上犯青阳，涤帅遣兵三千击破之。松轩尝令清江、上饶，有循声，今见其人，淳朴真至，真贤吏也。过侯翰园寓。"（《孙衣言孙诒让父子年谱》，387页）

十月二十八日（12月19日），晤陈畴祥、陈子筠、周成民。访沈墨庄，未晤。

《赴皖日记》："雨，晤陈孝廉畴祥、陈子筠明经、周绎庭大令同年。绎庭令奉新有政声，由奉新迁南昌，以欲杀降贼李正扬忤上官意，被劾去官，其后李正扬卒以通贼被获，槛送曾相国军中杀之。访沈墨庄观察前辈，未晤。"（《孙衣言孙诒让父子年谱》，387页）

十月二十九日（12月20日），施鸿基、沈墨庄来，未晤。

《赴皖日记》："阴，施坦斋来，墨庄前辈来，未晤。"（《孙衣言孙诒让父子年谱》，387页）

十一月初一日（12月21日），有日食。

《赴皖日记》："雨，已而稍霁。是日午未之交，日有食之。"（《孙衣言孙诒让父子年谱》，387页）

十一月初二日（12月22日），朱允成来，约同赴安庆。陈子筠来访。

《赴皖日记》："雨，朱紫卿员外允成来，约同赴皖城。陈子筠来，闻贼围旌德。"（《孙衣言孙诒让父子年谱》，387页）

十一月初三日（12月23日），朱允成来访，说起金华之事。

《赴皖日记》："阴，朱紫卿来。紫卿极言前金华守王桐葸惰偾事之状。又言金华危时，都司恩喜深得士卒心，而勇敢，以死守城。而王桐先走，恩以无援而败，上官不之察，竟奏褫其职，而桐转以受伤饰报，可恨也。又言一典史者,城垂破时,尚指挥开炮,而兵已四散,乃叹曰:'我管狱官也,城池非吾事。'返至署,自缢于狱门之外。初,金华议开城壕,谋之数年,竟不能决,至是某典史力请行之,不九日而贼至矣。"(《孙衣言孙诒让父子年谱》,387—388 页)

十一月初六日(12 月 26 日),周成民招饮,以有风不赴。

《赴皖日记》:"晴,于是阴雨逾旬矣,至是始霁,为之一快,而寒甚。周绎庭同年招饮,以有风不能赴。"(《孙衣言孙诒让父子年谱》,388 页)

十一月初七日(12 月 27 日),购书四种。

《赴皖日记》:"晴,购书四种。"(《孙衣言孙诒让父子年谱》,388 页)

十一月初八日(12 月 28 日),施鸿基招饮,因病不赴。

《赴皖日记》:"晴,施坦斋招饮,亦以病不能赴。"(《孙衣言孙诒让父子年谱》,388 页)

十一月初九日(12 月 29 日),病剧,延谢乔年诊,服温散药。

《赴皖日记》:"病颇剧,延医者谢乔年诊之,服温散药,而余不知避风,故益甚,不能食者二十日,至二十四日始稍能食,肺咳甚,吐痰数升。"(《孙衣言孙诒让父子年谱》,388 页)

十一月二十五日(1863 年 1 月 14 日)至二十九日(1 月 18 日),病中。

《赴皖日记》:"予皆在病中。"(《孙衣言孙诒让父子年谱》,388 页)

十二月初一日(1 月 19 日),病稍好转,能吃干饭。

《赴皖日记》:"病稍起,能食干饭矣。"(《孙衣言孙诒让父子年谱》,388 页)

十二月初二日(1 月 20 日),林用光迁居羊市巷。

《赴皖日记》:"林若衣移寓羊市巷。"(《孙衣言孙诒让父子年谱》,388 页)

十二月初六日(1 月 24 日),朱允成来,以谱主病,将先行赴安庆。

《赴皖日记》:"病良已,朱紫卿来。紫卿本约予同赴安庆,以予病,乃将以十一日先行。"(《孙衣言孙诒让父子年谱》,388 页)

十二月初七日(1 月 25 日),移寓扬子巷,与林用光对门而居。

《赴皖日记》："晴,移寓扬子巷,周绎庭同年屋也,与若衣对门而居。"（《孙衣言孙诒让父子年谱》,388 页)

十二月初八日(1 月 26 日),陈福庆来。

《赴皖日记》："晴,陈子寿少尹福庆来。子寿为友人二山明经哲嗣,能画工书。"（《孙衣言孙诒让父子年谱》,388 页)

十二月初九日(1 月 27 日),庚戌同年李人镜招饮。

《赴皖日记》："晴,李芙卿同年人镜,云南澂江人招饮。芙卿为予庚戌同年,予此次自闽至豫章,求一庚戌同年而不得,获芙卿甚喜。芙卿言同年分发江西者十二人,现在者惟摄袁州守李吉言及芙卿耳。"（《孙衣言孙诒让父子年谱》,388 页)

十二月初十日(1 月 28 日),朱允成来访。得门人唐薇阶函。余杏藩来,谈起唐薇阶在吉水勤于民事。

《赴皖日记》："晴,朱紫卿来。余椒畦杏藩来。椒畦在门人唐薇阶吉水县署,薇阶闻予在此,嘱其来省。是日,得薇阶书。椒畦言薇阶在吉水,自奉刻苦,而勤于民事,几于刻无暇晷,可以决其必为循吏矣。"（《孙衣言孙诒让父子年谱》,388 页)

十二月十一日(1 月 29 日),同年李人镜来饮,言及龙启瑞任江西布政使时的忠勤。

《赴皖日记》："晴,李芙卿同年来饮,谈次极言龙翰臣为江藩时之忠勤。"（《孙衣言孙诒让父子年谱》,389 页)

十二月十二日(1 月 30 日),朱允成来辞行,以明日赴安徽。为朱允成点定近作诗。

《赴皖日记》："阴,朱紫卿来,将以明日赴皖矣。为紫卿点定近诗。"（《孙衣言孙诒让父子年谱》,389 页)

十二月十五日(2 月 2 日),侯鸾书来访。陈子寿来为谱主诊脉。

《赴皖日记》："雨,是夜大雷雨。侯翰园来。陈子寿来,为予诊脉云,肺尚未清也。"（《孙衣言孙诒让父子年谱》,389 页)

十二月十六日(2 月 3 日),余杏藩来,以新作诗及明刻《汉书》见示。与周成民谈。

　　《赴皖日记》:"雨,余椒畦来,以新作诗一篇见示,英才也。复以明刻《汉书》见示,纸板绝佳,而尽去其注,至于各表及《地理志》班书小字原文亦皆删去,则真明人苟且简陋之习也。周绎庭同年为余言,在南昌时,议练乡兵,令民二十五家养勇一名,每一勇日给钱二百文,其下户则五十家养一勇,约每家不过日出钱数文,而举南昌一县,可得练士五千人。张云茟方伯力主其议,条理粗具,廉使李桓与张有隙,从中尼之,遂不能行,可惜也。"(《孙衣言孙诒让父子年谱》,389页)

十二月十七日(2月4日),同年勒方锜来,在周成民处晚饭。

　　《赴皖日记》:"晴,是日立春。勒少仲同年方锜自乡居至城,即在绎庭处晚食,至更许而去。少仲于咸丰己未由部郎出守南宁,而其太夫人寄居在杭,已而杭城破,少仲急于省亲,时方摄桂林守,遂捐升道员而归,比至家,则太夫人已返豫章矣。少仲既去官,贫无以自存,其同乡万观察招赴安庆,曾相国令主饷糈局。今年九月,以奉太夫人讳归,兹以营太夫人葬事而无资,将谋之朋友,故至省城,与予别五年馀矣。少仲乡居颇为人所称,绎庭为予言,江西绅士中第一人也。"(《孙衣言孙诒让父子年谱》,389页)

十二月十八日(2月5日),致函门生唐薇阶。

　　《赴皖日记》:"晴,作书与唐薇阶。其书算友余椒畦,由省返吉水也。"(《孙衣言孙诒让父子年谱》,389页)

十二月十九日(2月6日),同年陈乔荣来。

　　《赴皖日记》:"晴,陈松斋同年乔荣来。松斋方令南昌,于沈中丞为同府,而余乡榜同年也,朴诚无州县习气,而口操闽音多不可解。"(《孙衣言孙诒让父子年谱》,389页)

十二月二十日(2月7日),同年盛铨来,以安庆友人来函见示,得知军情。

　　《赴皖日记》:"晴,盛镜堂同年来,以安庆友人来书见示,知鲍镇军大破贼于宁国之青弋江,杀贼万馀人。进攻湾祉、芜湖、金柱关各水师皆大捷。皖北贼之在巢县者,毛观察与鲍镇军于无为要击之,贼锋颇

挫，江北可无患，惟青阳贼众，而无兵可剿耳。"（《孙衣言孙诒让父子年谱》，389—390 页）

十二月二十一日（2 月 8 日），与林用光散步。至周成民处，与勒方锜一起用餐，谈及验墨、验砚的方法。

> 《赴皖日记》："晴，与若衣散步，至百花洲磨子巷，购古人法帖数种而归。而勒少仲在绛庭处，遂移具在绛庭处食。少仲言验墨之美恶，取墨数锭，以次磨在新研上，用笔涂于黑光漆器上，次取一盂水，于日光中将漆器沉盂水中，其有黑色如漆者最上品也，有紫光者次之，青色者又次之，灰色者品斯下矣。又言试砚石，凡敲之作金声者最劣，木声者佳，最上者水声也。"（《孙衣言孙诒让父子年谱》，390 页）

十二月二十三日（2 月 10 日），梅毓翰来访，说起孙鼎臣去世消息，杨彝珍、吴敏树等人消息。

> 《赴皖日记》："阴，梅少泉明府毓翰来，武陵人。周荔腴明府舍万令永嘉时，尝游其幕中，其继室余孺人，永嘉人也，为玉泉员外之从叔，始知余友孙芝房侍读已为古人。芝房年未五十，其诗善学子美，亦治古文，在京时，与予谈艺极洽，其太夫人卒于京，余尝为文以祭。其归善化也，予尚在京师，已闻其病，今果不可见，可惜也。少泉又言，杨性农、吴本深皆家居无恙。性农为余庚戌同年，本深以孝廉为教谕，皆善古文。"
> （《孙衣言孙诒让父子年谱》，390 页）

十二月二十五日（2 月 12 日），陈福庆来访，将赴江西新淦任职。

> 《赴皖日记》："雨，陈子寿少尹来，将赴官新淦矣。"（《孙衣言孙诒让父子年谱》，390 页）

十二月二十七日（2 月 14 日），沈墨庄招饮，不赴。病未愈，请刘文典诊。

> 《赴皖日记》："阴，沈墨庄前辈招饮，不及赴，予病虽良已，而咳尚未止，请医者刘味陶诊之。味陶名文典，住系马椿长春茶园隔壁梓溪别墅。午后颇有晴意。"（《孙衣言孙诒让父子年谱》，390 页）

十二月二十九日（2 月 16 日），阅《江西通志》，有永嘉周应期、瑞安曹叔远、永嘉许及之等人的记载。

> 《赴皖日记》："雨，偶阅《江西通志》，见《名宦传》中载永嘉周应期

云:应期号际五,永嘉人,由进士崇祯初年备兵九江,驭吏率属,动有法度,公庭湛然如水,人不敢干以私,在治五年,军安于伍,兵安于营,农安于野,商安于市,当时号称善治。注云:见《九江志》。又曹叔远字器远,瑞安人,少学于陈傅良,登绍熙元年进士第,以工部郎出知袁州,减秋苗斛面米七千四百馀斛,浚李渠,兴学校,惩器讼,邦称大治。又许及之字深甫,永嘉人,淳熙中知分宜县,奏免县积负十七万缗,后陟官去,犹请减县月椿钱,后知枢密院事。又夏祐,永嘉人,由进士,嘉定八年尉上高,以廉介自持,州县有委,一断以公,未尝通当路书,尝谓人曰:'仕途奔竞,相率成风,吾窃耻之,穷达有命,岂可枉道求伸耶。'"(《孙衣言孙诒让父子年谱》,390—391 页)

十二月三十日(2 月 17 日),除夕,在同年周成民处度岁。

《赴皖日记》:"雨。夜在周绎庭同年处小酌,度岁。"(《孙衣言孙诒让父子年谱》,391 页)

是年,穆宗同治皇帝登极覃恩,锵鸣以翰林侍读学士,貤赠三代考皆中宪大夫,妣皆恭人,生母丁氏则为淑人。(《孙衣言孙诒让父子年谱》,44 页)

朝旨恤孙诒縠为云骑尉世职,闰八月入祀文庙忠义词。

是年,泾阳张芾黼侯侍郎与回民战,殁于陕西,年四十九。其子师劢以王定甫所为状来乞撰碑铭。(《孙衣言孙诒让父子年谱》,44 页)

《光禄大夫都察院左副都御史前江西巡抚文毅张公神道碑铭》:"汉回哄于临潼,大吏选懦不能决,汉民愤杀回民过当,回民任老五遂以其党叛,连破数州县,攻西安甚急。巡抚某计无所出,谓公国大臣,且素有乡望,谕之宜可解。而公亦谓回虽狡,固有良民罣误者,或情理谕之可以全会城,遂与数人行。公既至,譬喻百端,而贼无降意,由临潼之油坊拥公去,至渭南之仓头镇,公犹力为言顺,逆贼首恐惑众,辄反折辱公,公不屈,据地大骂不绝口,贼怒,遂支解公以死,同治元年五月十三日也,年甫四十九。……师劢今为工部员外郎,以通政之状来乞铭。"(《孙衣言集》中册,370—375 页)

是年,马恩溥来函,云:

前日楚北友人附函,言及滇省沦陷,谅系确耗。回望家山,不胜怆悼。此祸亦系徐中丞酿成也。前署云南提督林自清,系贵州人,由军功起,原为练首何有保养子,今复姓林。打仗奋勇,为递回所畏,向系保卫滇垣。去年春,倏率所部到四川投效是否徐中丞出之湖南,不敢臆度。张时翁,安置之泸州,口粮不敷,勇丁将次散尽,渠亦将回贵州。此上年何小宋前辈言及也,现未确知所在。谨复恭请琴翁前辈大人道安。侍恩溥顿首,十三日。(《瑞安孙家往来信札集》,2 页)

是年,题张启煊《独立图》。

《张焕堂独立图》:"豺狼前嗥后猛虎,白日清泠出耕父。人生忧患与谁言,独立苍茫思千古。衣锦将军持节归,坐清乡里手指挥。赤心持献明天子,那管纷纷横目儿。(《孙衣言集》上册,200 页)

同治二年　癸亥　1863 年　四十九岁

正月初四日(2 月 21 日),散步观音阁。

《赴皖日记》:"阴,散步至东湖之观音阁,阁在湖畔,境颇幽静。"(《孙衣言孙诒让父子年谱》,391 页)

正月初五日(2 月 22 日),赴林用光招饮。周成民谈起咸丰三年山东水灾时情况。

《赴皖日记》:"雨,林若衣招饮。绎庭言:咸丰三年河决山东时,绎庭所居左近各村多被水,水方盛时,见巨鼋二顺流而去,其脊出水上,高如漕艘,头大数十围而赤色,有冠如鸡冠,小鳖从之者无虑数万。又相近七八里外一村人,见鳅鱼大数围,在水面戏,以鸟枪击之,俄而水大至,席卷一村以去,殆水神怒也。又言被水数月,居民皆无所得食,而凡水所过,巨蚌满地,民取食之,得以不饥,亦一异事也。"(《孙衣言孙诒让父子年谱》,391 页)

正月初六日(2 月 23 日),前永嘉知县曾承禧之子曾继勋来访。余杏藩来。

《赴皖日记》:"晴,曾剑池大令继勋来,前永嘉令曾康伯明府承禧之哲嗣也。咸丰初元,予自京假归时尝一见之,后以捐职知县摄淳安,已而康伯权郡守,回避至江西,署德兴者一年,顷尚待次省垣,康伯亦在此。

余椒畦又自吉水来。"（《孙衣言孙诒让父子年谱》,391 页）

正月初七日（2 月 24 日），陈子筠、倪受珍、朱允功来。曾承禧来，未晤。

《赴皖日记》："晴，陈子筠来。倪谦甫受珍、朱子舟允功来，曾康伯来，未晤。"（《孙衣言孙诒让父子年谱》,391 页）

正月初八日（2 月 25 日），与周成民谈。

《赴皖日记》："雨，绎庭言新建捕役梁魁者，有拳勇，有徒五六百人，善侦盗之踪迹。又言南昌有号王三大王者，广东人也，为乞匄之长，其党颇众，皆勒掠为事，而王三者坐食其奉，居省城，实一巨害也，然御之以术，亦未尝不可用也。绎庭尝置亲勇百人，召王三者为教习，欲因而诛之，后以不合于事者，遂中止。又言有吴鸿亮者，尝在刘养素廉访营中，勇于战，刘甚得其力，而颇兀傲，毓中丞尝檄令署浮梁都司，浮梁各营皆受广信守钟仲甫世桢调度，而吴颇不喜钟，遂不肯就官，沈中丞以为规避，奏褫其职，然其人可用。"（《孙衣言孙诒让父子年谱》,391—392 页）

正月初九日（2 月 26 日），二弟锵鸣离南昌北上京师，与高延绥、黄振成同行，谱主偕林用光、薛仁甫送行，并有诗。

《赴皖日记》："晴，是日仲弟北上，与高小岑太守延绥、黄韶九司马振成同行，予偕若衣、仁甫送之舟中而别。"（《孙衣言孙诒让父子年谱》,392 页）

《回京日记》："晴，申刻启行，留妻孥于江西省城杨子巷公馆。……琴兄、若衣、绎庭及道孙、祁孙两甥俱送至船。同行者高小岑同年延绥、及门黄韶九，俱以解京饷北上。"（《孙锵鸣集》上册,277 页）

《送菓田还朝诗》："画壁清香不少留，故山猿鹤为君愁。人间谁似东坡叟，日日联床对子由。"（《孙衣言孙诒让父子年谱》,44 页）

正月十一日（2 月 28 日），与林用光、薛仁甫、子诒让散步至许真君庙，随后至书肆。

《赴皖日记》："晴，与若衣、仁甫、涵儿散步，至许真君庙，复至各书肆，日晡始归。"（《孙衣言孙诒让父子年谱》,392 页）

正月十二日（3 月 1 日），答拜友人，晤沈墨庄前辈、陈子筠明经、于子载上舍、江西巡抚沈葆桢、盛铨、曾康伯太守等。

《赴皖日记》:"晴,答拜各知好。晤沈墨庄前辈、陈子筠明经、于子载上舍、沈幼丹中丞、盛镜堂明府、曾康伯太守。中丞言及徽东之警,南宫冀州不守,以去年所降土贼复叛故也。又言西夷用童贯、韩侂胄故事,索我大臣三人甚急,且逼我槛送至京,而自莅杀之。其一则前贵州提督田公兴恕也,田以杀西夷传教人,为夷所恨,其二人者不悉其名姓,然大抵夷人所欲杀,必是我公正督抚也。幸恭邸坚执不从,且言自以一身当之,固贤王也。而予谓此事固不可从,但京师内外绝无预备,而欲以空言拒之,亦非长策。又言醇邸奉上命在南苑练兵万馀人,辅之者福兴及珠克登布也,此二人固尝在江南军中偾事者也。醇邸年少,而福兴等又不可恃也。京师练兵,今日第一要务,顾不择知兵之将何耶!绎庭言:江西内河炮船所谓安旅军者,其初为护送商贾设也,其费取之商贾厘金缯钱,初设时商贾深以为便,统之者成恺廷太守也。其后督抚令听调遣,以武弁孙长贵统之,遂不复以缉捕为事,甚且扰及商贾矣。咸丰十一年,贼之窥吉安也,欲渡湖而无舟楫,适孙所部炮船数十艘在湖壖,贼使人觇之,则守船仅数十人耳,贼掩其不意,以轻兵据其船,尽沈守船者,□舟以济,遂破吉安,及复吉安,而孙竟以首功擢副将,赏戴花翎矣。孙乃中丞毓科门人也,江西炮船予在闽即闻其善,而日久仅留虚名,此可惜也。绎庭谓炮船一军未尝无用,然必以知兵文员统之,而勤加训练,其分布各汛者,宜为换班操演之法,无令久居其所,则兵不惰而无弊,此议甚善也。"(《孙衣言孙诒让父子年谱》,392—393页)

正月十三日(3月2日),同年孙家铎来谈。

《赴皖日记》:"晴,孙雪筠同年家铎来。雪筠,寿州人,己亥乡试与予同出故城贾闰生中丞门,时中丞为御史。辛丑成进士,又与锵鸣同榜,其家为寿州著姓。咸丰十一年,苗沛霖破寿州,其宗人被祸颇惨,而雪筠兄弟五人,各以其家免。时雪筠官江西,故皆寓家于江西。雪筠言苗沛霖必不为用,而其所据各寨堡,半由胁从,如我兵力能制之,则反正者可得十之五、六,惟所居处离寿州仅三十里,据长淮之要害,怀远、正阳皆设关取税,又分遣其党运盐淮扬,由洪泽湖沂淮而上,能贩于楚、豫之交,盖尽擅淮湖之利,而皖军在南,僧军在北,皖牵于粤贼,僧牵于张逆,皆未及议除此寇,真东楚一巨患。又言寿州之破也,误于其宗人孙家□,召徐李壮、郭明洞二巨猾,以练勇二万馀人助官守城,于是城中贮米二万馀石数日而尽，及粮既尽，徐李壮遂潜谋据城，虽事泄被诛，而不可为矣。若不召徐、郭二部，闭门自守，足支半年，而寿州四面临水，贼固不能逼也。守城用客勇，往往为患，况徐、李固捻类也，而可恃耶？又言徐虽与苗有隙，然本同乡里，其党皆私为声援，故卒以至败。又言苗沛霖以十一年正月围寿州，至八月始破，时袁午桥总宪驻兵临淮，何以不能救耶？"（《孙衣言孙诒让父子年谱》,393页）

正月十六日（3月5日），周成民设宴，为谱主与林用光饯行。

《赴皖日记》："雨，北风骤寒。绎庭言其友人黄蓉台□昌在皖营，嘱为一访。晚间，绎庭为余及若衣设饯。"（《孙衣言孙诒让父子年谱》,393页）

正月二十日（3月9日），丁酉拔贡同年刘印星来谈。与周成民谈。

《赴皖日记》："雨，刘松堂同年印星来。松堂，赣县人，丁酉拔贡同年，戊戌馆选，散馆改县令，捐职道员，铨授湖北粮道矣，而以事被议，其家为贼所毁，寓居豫章，穷甚。谈次，极言今赣守丛君占鳌之贤。绎庭言咸丰四年贼陷金溪，县令傅藕村及典史某君，皆朝服坐于堂皇以待，令素有循名，贼入邑署，皆罗拜劝避去，而傅大骂，挥刀砍贼，贼不得已杀之。至典史署，贼骂曰，汝亦傅太爷耶，碎之下，典史某遂默默去，得无恙。绎庭又言其弟某，尝遇狐女，往来者二年，独畏砵画锺馗。又言甘肃有金毛鬼者，似猴，善□人财，来人家则能富人，不避人，笑语与人同。凡来人家，则邻里食物衣服无故失去，即讼之官，官即盛仪从、鸣金鼓至其家，以木造一假金毛鬼形，碎以出，赴其邑城隍神祠，告于神而斩之，妖即绝。"（《孙衣言孙诒让父子年谱》,394页）

正月二十一日（3月10日），闻金华、兰溪克复。

《赴皖日记》："雨，闻金华、兰溪克复。"（《孙衣言孙诒让父子年谱》,394页）

正月二十二日（3月11日），赴侯鸾书招饮，晤薛时雨、李庆云。

《赴皖日记》："雨，侯翰园招饮，晤全椒薛慰农大令时雨、李景卿大令庆云。景卿，荆州人，李观察祥麟之子。观察乙酉选拔，丁酉乡榜为同年，曾任嘉兴守。闻左季高中丞复龙游，蒋方伯复汤溪，各邑贼走浦江。"（《孙衣言孙诒让父子年谱》,394页）

正月二十三日（3月12日），寄函李鸿章、郭嵩焘、王凯泰。

《赴皖日记》："雨，为书寄上海李少荃中丞、郭筠仙观察、王补帆太史。"（《孙衣言孙诒让父子年谱》，394 页）

正月二十四日（3 月 13 日），薛时雨赠谱主词集。

《赴皖日记》："雨，薛慰农以所著词集见惠。"（《孙衣言孙诒让父子年谱》，394 页）

正月二十六日（3 月 15 日），王必达于周成民斋中为谱主饯行，并赠谱主《翼邃怀堂集》《龙壁山房诗集》。

《赴皖日记》："风未止，大寒。王霞轩太守必达移具绛庭斋中，为予祖道。霞轩以宝山姚谷廉明府《翼邃怀堂集》及定甫《龙壁山房诗集》见惠。"（《孙衣言孙诒让父子年谱》，394 页）

正月二十七日（3 月 16 日），晤同年陈松轩。

《赴皖日记》："晴而风，陈松轩同年见过。"（《孙衣言孙诒让父子年谱》，394 页）

正月二十八日（3 月 17 日），与林用光离南昌赴皖，盛铨来送行。

《赴皖日记》："晴，盛镜堂同年来送行。未刻，若衣登舟赴皖。"（《孙衣言孙诒让父子年谱》，395 页）

正月二十九日（3 月 18 日），舟行十五里，泊鸡笼山。

《赴皖日记》："晴，北风颇劲，舟行十五里，泊鸡笼山，柳色已绿，间以夭桃，春事已深矣。"（《孙衣言孙诒让父子年谱》，395 页）

二月初一日（3 月 19 日），舟行八十里，泊湾头。

《赴皖日记》："晴，风稍顺，舟行八十里，泊湾头。"（《孙衣言孙诒让父子年谱》，395 页）

二月初二日（3 月 20 日），与林用光登望湖亭，林用光有诗纪之。晚泊元将军庙下，正演剧赛神，谱主与林用光亦登岸礼神而归。

《赴皖日记》："晴，舟过湖城。城为皖楚商贾所凑，民居甚盛，咸丰中亦毁于贼，及曾侍郎破贼，彭雪琴少司马驻军于此，遂复其旧，临江旧有望湖亭，彭少司马葺而新之。予与若衣登亭远眺，尽得匡庐、彭蠡之胜，亭下有石刻曾学士秀先《望湖亭记》，有彭侍郎《纪功》绝句诗一首，其末句云'彭郎取得小姑回'。楹联颇伙,独涤生相国一联云:'五夜楼船,曾上高亭听鼓角;一樽浊酒,重来此地看湖山。'为自然阔大云。晚泊元将军庙下,将军在明祖时尝著灵异,勒封定江王,此庙亦为贼所焚,今重葺为屋三间耳。是夜□客,方演剧赛神,灯火灿烂,予与若衣亦登岸礼神而归。舟中望见庐山,而湖边诸小山色如积灰,绝无草木。"(《孙衣言孙诒让父子年谱》,395 页)

林用光《同琴西太守登望湖楼》:"放眼乾坤未息戈,危阑同立意如何。匡庐缥缈明斜照,彭蠡苍茫起白波。壁垒当年吴地壮,英雄今日楚材多。风帆且喜犹奔马,击楫中流酹巨罗。"(《瑞安清民国诗词集》第二册,81 页)

二月初三日(3 月 21 日),过南康,至姑塘关。抵湖口,见石钟山。晚泊小孤山下。

《赴皖日记》:"晴,顺风行,过南康,至姑塘关,望大孤山,抵湖口,见石钟山。上有塔,忠武齐布忠臣庙。晚泊小孤山下,凡行一百五十里。"(《孙衣言孙诒让父子年谱》,395 页)

二月初四日(3 月 22 日),午刻至东流。

《赴皖日记》:"晴,无风,午刻至东流。闻勒帅有江宁之行。是夜雨。"(《孙衣言孙诒让父子年谱》,395 页)

二月初五日(3 月 23 日),抵安庆。

《赴皖日记》:"晴,午刻抵安庆省城。是夜雨。"(《孙衣言孙诒让父子年谱》,395 页)

二月初六日(3 月 24 日),移寓大南门内洪升客寓。寄周成民、薛仁甫书,并寄家书。

《赴皖日记》:"晴,移寓大南门内洪升客寓,即子钦兵部所居也。子钦以是日还豫章,附寄周绎庭、薛仁甫书,并寄家书。子钦言,合肥徐懿甫子陵、独山莫子偲友芝两孝廉皆在此。两孝廉皆老名士,而懿甫予尝识之京师,复得相见,可喜也。"(《孙衣言孙诒让父子年谱》,395 页)

二月初七日(3 月 25 日),周学浚来访,获悉周学源去世消息。

《赴皖日记》:"周缦云前辈来。缦云于湖州破后,携家避地上海,旋以其地俗奢甚,百物踊贵,不可居,而节相其教习师也,故移家来此,始知岷帆学士先亡矣。岷帆于予兄弟为至友，壬子入词馆，旋以大考第二擢侍讲学士，奉外艰归，右股患疽，误于医者，以砒石攻之，创溃百日而卒，可惜也。"（《孙衣言孙诒让父子年谱》，395—396页）

周学浚有赠诗，云：

伯符兄弟人中隽，结交愧我非公瑾。予季长安识次君，蕺田前辈与岷帆戊戌教习同年。为道才名齐璩琳。数年我亦来春明，驽骀敢逐千金骏。辛丑甲辰丁未壬子数科第，玉堂后进随先进。尺五天南万人海，两家兄弟名俱振。卯饮相过酒盏深，夜谭频落灯花烬。君才咳唾尽珠玉，赠我瑶篇不鄙吝。辛丑年，君题予填词图，并送岷帆南归，有"送客萧关看落叶，到家残雪换征衣"之句，今岷帆下世，而图亦付劫灰。更喜炎天得季方，绿榕阴里交金印。己酉年，蕺田接予广西学政任。讵知妖星出桂海，电扫江南如一眴。君家东瓯我西吴，千里家山各踟蹰。关河是处隔烽烟，梦中有路何从认。忽闻君在滕王阁，亟走赫□相问讯。人生会合真有缘，双鱼行庭君来迅。属朱子钦孝廉致君昆季书，子钦未行而君至。皖山如绣皖江清，刀兵劫后馀飞燐。客邸凄迷对夕阳，相看非复青青鬓。读书我已误生平，乞食更看逢岁馑。雁行中路折双翼，何异黄杨再厄闰？君今五马来之官，令弟单车亦入觐。遗黎久困天应怜，为洗焦原待河润。健儿莫笑毛锥子，胜汝长刀能斫阵。会剪凶焰落天狼，更挽狂澜猎海蜃。癸亥春日喜琴西大兄来皖，别十年矣，遭逢多故，彼此无家，嘅念旧游，恍如隔世，长谣率尔，聊以述怀，即请教正。蛰庵弟学浚草稿。（温州博物馆藏原稿）

二月初八日（3月26日），大风。

《赴皖日记》："夜间大风，屋瓦皆动，骤寒如冬。"（《孙衣言孙诒让父子年谱》，396页）

二月初九日（3月27日），访蒋嘉械、李鸿裔。晤钱泰吉，谈及项傅霖、方成珪，并以所校毛氏本《史记》见示。又晤徐子苓，借莫友芝诗、王拯文各一册归。晤陈澧。晚间徐子苓来、莫友芝来。

《赴皖日记》："寒甚，访蒋醇卿嘉械，苏州人、李梅生鸿裔两奏记，晤醇卿，晤钱警石封翁。封翁为余甲辰同年子方孝廉、己酉拔贡子密枢部之尊人，时子密在节相幕中，迎养封翁于此。封翁尝为海宁训导，与余乡方雪斋学正为同官，博学能为诗古文辞，尤勤于校书，谈次语及几山舅氏、雪斋学正,封翁为之欷歔久之,以所校毛氏本《史记》见示,熙甫评本也,与余所录略同而较详,则又有熙甫评《史记》例语数则,则予所未见也,而予藏本有方望溪侍郎笔,则又封翁所未见也,当交易录之以补彼此之缺。封翁年七十三矣,而嗜学如旧,可敬也。又晤徐毅甫孝廉,以其所为文见示,复于毅甫处见独山莫子偲诗、王定甫文各一册,因假归一观。晤陈心泉太守濬。晚间毅甫来,述去岁寿州围城之事。莫子偲来。"(《孙衣言孙诒让父子年谱》,396 页)

二月初十日(3 月 28 日),陈濬来访。

《赴皖日记》:"晴,心泉太守来。"(《孙衣言孙诒让父子年谱》,396 页)

二月十一日(3 月 29 日),眼疾不出门。晤田玉。

《赴皖日记》:"晴,目疾不能出门,晤田蓝生上舍,湖北谷城人,唐中丞聘主书记,年二十馀。"(《孙衣言孙诒让父子年谱》,396 页)

二月十二日(3 月 30 日),李鸿裔来访。

《赴皖日记》:"晴,李梅生太守来,潼川人,己酉拔贡,辛亥举人,兵部主事。"(《孙衣言孙诒让父子年谱》,396 页)

二月十三日(3 月 31 日),田玉来,谈及胡林翼之事。蒋嘉棫太守来,周学浚来。

《赴皖日记》:"晴。蓝生来谈,极言胡永之宫保之干略,尤言其善于知人,每僚属来,必连见数见,不甚与谈公事,但凝视良久,退则各书其甲乙,并其状貌记之,视其所长而用之,无不各当其才也,以咯血卒,年五十一,而无子。其尊人云阁祭酒尤笃于学,所著《弟子箴言》十六卷,体用赅备,余从蓝生借读,信如其言,而后知其高曾以来皆隐学不仕,为乡里长者,故笃生文忠,遂为一世伟人也。蓝生又言,去岁贼由均房一带逼武昌,省中文武皆不为守计,独郭太守者厉声言于官相国曰:'此地胡文忠数年心血,一旦贼来,遂谋弃去,何以对文忠,且何以对主上?'相国曰:'君能守耶?'太守曰:'但以见委,即能办。'相国檄令守城,太守即募勇五百人,指挥登碑,而百姓欲迁去者皆□□之,既而□□稍至,贼知有备,遂不犯省城,而唐方伯某者忌其功,谮之,幸相国不为所惑也,今官宜昌府知府。蒋醇卿太守、周缦云侍御来。"(《孙衣言

孙诒让父子年谱》,396—397 页)

二月十四日(4 月 1 日),李榕来访。晚在李鸿裔处饮,与李榕、方宗诚、皮宗瀚、黄锡彤、万启琛在坐。

《赴皖日记》:"晴,李申夫都转榕来。申夫,保宁人,丙午举人,壬子进士,以礼部从事曾相国军中四年,以功擢江宁盐道。晚在梅生处饮,申夫及方澄之孝廉宗诚,桐城人,能古文、皮筱舫户部宗瀚、黄小岱太史锡彤在坐,晤万麓轩廉访启琛。"(《孙衣言孙诒让父子年谱》,397 页)

二月十五日(4 月 2 日),眼疾加剧。

《赴皖日记》:"晴,风,目疾转剧。是夜雨。"(《孙衣言孙诒让父子年谱》,397 页)

二月十六日(4 月 3 日),莫友芝、徐子苓和邓瑶来访。

《赴皖日记》:"晴,子偲、毅甫偕邓伯同年瑶来,知曾香海毓芳孝廉尚在湖南。"(《孙衣言孙诒让父子年谱》,397 页)

二月十七日(4 月 4 日),周学浚来,谈及安徽南北废田之事。

《赴皖日记》:"晴,缦云前辈来,谈及皖南北废田之多,而无人议及屯田者,池州守者其乡人也,尝至会垣谋于上官,谓池之田凡三十万,而耕者才及十万,充民之力,可及二十万,而苦无牛具谷种,万廉访许为发钱数千缗,然尚未能行也。"(《孙衣言孙诒让父子年谱》,397 页)

二月十八日(4 月 5 日),黄锡彤、皮宗瀚来访,以眼疾未见。

《赴皖日记》:"晴,黄小岱太史、皮筱舫农部来,以眼疾不能见。"(《孙衣言孙诒让父子年谱》,397 页)

二月十九日(4 月 6 日),田玉来谈。

《赴皖日记》:"雨,田蓝生书记玉来谈,言及襄阳谷城田宅风俗之美。"(《孙衣言孙诒让父子年谱》,397 页)

二月二十日(4 月 7 日),大风。陈潏太守招饮,以眼疾未赴。

《赴皖日记》:"雨,晓时大风,楼摇荡如身在巨浪中,为之心悸。心泉前辈招饮,以目疾不能赴。"(《孙衣言孙诒让父子年谱》,397 页)

二月二十二日（4月9日），见过李临驯。

《赴皖日记》："雷雨，李宝斋侍御前辈临驯见过。侍御为戊戌前辈，江西南安上犹人也，年五十一矣，尚无子，时以节相聘主忠义局事，在皖下榻于马学使署中。"（《孙衣言孙诒让父子年谱》，397页）

二月二十三日（4月10日），同年龙璇侄子来访。

《赴皖日记》："微雨，望江龙秀才昆仲见访，同年龙紫垣广文犹子也。广文名璇，以归班铨选，改就教职，得池州府教授，不能赴任，方家居授徒，两秀才以应敬敷书院试至省。又闻倪豹岑同年文蔚亦奉讳出都，今在楚北严中丞幕中。"（《孙衣言孙诒让父子年谱》，397页）

二月二十四（4月11日），黄秩林之子传焘来谈。

《赴皖日记》："大风雨，复寒，前数日极暄暖，已换夹衣矣，而今日复重裘。黄署正传焘，子干大令子过谈，始知树斋侍郎遗书已刻者，板皆被毁。子干卒，家襄阳，宦况萧然，其弟子先亦为古人，相对惘然。"（《孙衣言孙诒让父子年谱》，397—398页）

二月二十五日（4月12日），与林用光、李梦莲散步。

《赴皖日记》："阴，与若衣、梦莲散步，至书肆小坐。"（《孙衣言孙诒让父子年谱》，398页）

二月二十八日（4月15日），曾国藩回省。

《赴皖日记》："大雨，是日节相回省。"（《孙衣言孙诒让父子年谱》，398页）

二月二十九日（4月16日），谒见曾国藩。访钱应溥、柯钺，均未遇。晤江忠瀎、马恩溥、郭柏荫、冯元一、李临驯。访莫友芝。晤徐子苓。

《曾国藩日记》："旋见客廿一次，内坐见者九次，孙琴西谈最久。"（中册，617页）

《赴皖日记》："二十九日，谒见节相。予自庚戌馆选一见，至今十三年矣，是时予年三十六，节相四十，尚为内阁学士也。谈次，极言张海门侍讲视学湖南时，爱才若渴，至今楚南人士犹喜言之。海门予故人也，工诗词及骈俪之文，视学未竣，而以奉讳，旋为古人，可惜也。访钱子密同年应溥、柯少泉京卿钺，均未遇。晤江达川方伯忠瀎、马慰农学使恩溥、郭远堂前辈柏荫、冯莲溪大令元一、李葆斋前辈临驯。过莫子偲寓斋，子偲架上富有书帙,予戏之曰:'足下无半顷之田,而有百城之富,可谓□□之雄也。'相与大笑。晤徐毅甫,见示以所作呈曾相国诗,有'皖江两丐行'者,毅甫自谓与子偲之依节相也。毅甫极言皖北弃土流民宜及早布置,又谓今日富强之术具在于此,真确论也。"（《孙衣言孙诒让父子年谱》,398 页）

三月初一日(4 月 18 日),赴曾国藩府午饭,与刘子淳、陈士杰、程鸿诏、钱应溥、柯钺同席。

《赴皖日记》:"阴,节相席上,晤刘养素廉访子淳、甲午陈廉访士杰己酉拔贡、程伯孚太守鸿诏、钱子密主政、柯少泉京卿。"（《孙衣言孙诒让父子年谱》,398 页）

《曾国藩日记》:"请养素、俊臣、琴西等中饭,未正毕。"（中册,618 页）

三月初二日(4 月 19 日),钱应溥来访。

《赴皖日记》:"雨,钱子密同年来。贼扰东流及彭泽,护军营喻总兵渡江。"（《孙衣言孙诒让父子年谱》,398 页）

三月初三日(4 月 20 日),李实斋前辈来访。

《赴皖日记》:"雨,李实斋前辈来。"（《孙衣言孙诒让父子年谱》,398 页）

三月初四日(4 月 21 日),访周学浚新家。晤范先谦。访程鸿诏,未遇。晤陈潏太守。是日,曾国藩借阅王拯《龙壁山房诗草》。

《赴皖日记》:"阴,访周缦云前辈新居,在任家坡,正对大江,有登高眺望之乐,缦云约予与若衣同居。晤范子嘉刺史先谦,始知子嘉曾在寿州围城之中,不得食者十日,城中饿死者一日或二百餘人,至以青草充饥。访程伯孚未遇,晤心泉太守。"（《孙衣言孙诒让父子年谱》,398 页）

《曾国藩日记》:"阅王少鹤《龙壁山房诗草》,至二更四点睡尚未阅毕;本日从孙琴西处借得本也。"（中册,619 页）

三月初五日(4 月 22 日),得江西寄来家书。得二弟孙锵鸣汉口来书。柯钺、陈潏来访。

《赴皖日记》:"雨,得江西家书。得蘷田汉口来书,以二月二十九日抵汉口。襄河以上均无事。柯少泉比部来,陈心泉太守来。"（《孙衣言孙诒让父子年谱》,399 页）

三月初六日(4月23日),莫友芝来访。马恩溥招饮,不及去。寄安报给江西家人。

《赴皖日记》:"晴,莫子偲来。马慰农学使招饮,不及去。发江西安报。"(《孙衣言孙诒让父子年谱》,399页)

三月初七日(4月24日),闻庐江事急,曾国藩调鲍超兵来江北。

《赴皖日记》:"风,闻庐江事急,节相调鲍春亭军门兵来江北。"(《孙衣言孙诒让父子年谱》,399页)

三月初八日(4月25日),闻沈葆桢在江西扼制太平军。

《赴皖日记》:"风,闻贼窥江西者,为沈中丞所遣兵扼之,不得进。"(《孙衣言孙诒让父子年谱》,399页)

三月初九日(4月26日),曾国藩下令求言。

《赴皖日记》:"大风雨,节相下令求言。"(《孙衣言孙诒让父子年谱》,399页)

三月十一日(4月28日),晤郭承绅、马恩溥、莫友芝、邓瑶、徐子苓、方宗诚、陈士杰、钱应溥、李鸿裔等人。皮宗瀚来访。

《赴皖日记》:"雨止见日,晤郭笏山明府承绅,江西临江府峡江县人,辛酉拔贡,朝考得县令。出晤马慰农学使、莫子偲孝廉、邓伯昭观察、徐毅甫孝廉、方存之上舍、陈俊臣廉访士杰,桂阳州人、钱子密吏部,李眉生兵部。伯昭为余言,今直隶总督刘公云渠长佑,己酉拔贡。之忠城精干,晓练军务,能讲吏治。江忠烈公殉事庐城,榇返乡里,刘公为之护送,遇土贼,疑非尸棺,胁开视,公俯伏棺上大哭,观者为之感激,相率击贼去之,棺得不开。又言其在粤西某府,猝遇大伙贼万馀人至,公知其不敌,即出见之,席地而坐,为言祸福,盗感动愿降,公即受其降,谕以人多宜遣其半,而留其可用者,贼唯唯,公挑选四千馀人,即令随行一副将统之以战,贼皆乐为用,其才识胆略如此,可佩也。又言筠仙太史之弟名昆焘,字意城,廪生,其才过于筠仙,在湖南严中丞幕中,知兵事,尤熟湖南军情,严中丞倚重之。时刘制军方请于朝,召邓伯昭,伯昭无去意,而言意城之可用如此。皮筱舫户部来。"(《孙衣言孙诒让父子年谱》,399页)

三月十二日(4月29日),黄锡彤、陈士杰来告别。杨沅来访。

《赴皖日记》:"雨,黄小岱编修、陈俊臣廉访皆来告别。小岱将还朝,以北方道梗不欲行,适俊臣廉访来视节相,将还桂阳,遂与同归。杨孝廉沅来。孝廉能演禽以卜休咎,因问以仲弟北行及二弟媳产事,云皆吉。"(《孙衣言孙诒让父子年谱》,399页)

三月十三日(4月30日),李梦莲来访,谈起郑魁士治兵之严,江长贵善战,云南回民起事等。

《赴皖日记》:"雨,李梦莲刺史上楼来谈,言前在庐州,见郑总兵魁士号令严甚,合肥兵变时,抚军逃走,郑部勒士卒,禁官吏无得出城,卒赖以安。及调赴皖南,每战即胜,而负气刚甚,浙抚胡兴仁恶而劾去之。又言江提督长贵在皖南,亦善战,所部皆宁国人,得士心,每战即胜,尤能爱民,皖人士极爱之,今皆退归田里,可惜也。又言云南省城为逆回所陷,总督以下各官皆殉节死,独藩司岑毓英广西人也,由从九品擢至方伯,竟降贼。其伪檄自称征东大将军大都督二人皆马姓,而奉据大理之逆酋杜文秀者为主,称镇西大元帅,自此由大理移据省垣矣。又言有提督林自清者,回人畏之,遂胁抚军徐之铭,奏令出防湖南,林不肯去,曰:'我去则云南为贼有矣。'朝廷不之知,如抚臣奏,令往湖南,故有此变。"(《孙衣言孙诒让父子年谱》,399—400页)

三月十四日(5月1日),派人送黄锡彤、陈士杰行。

《赴皖日记》:"雨,遣人送黄小岱太史、陈俊臣廉使行。"(《孙衣言孙诒让父子年谱》,400页)

三月十五日(5月2日),何璟来谈。

《赴皖日记》:"颇寒,风劲甚。何小宋观察来,极言屯田之宜行。"(《孙衣言孙诒让父子年谱》,400页)

三月十六日(5月3日),陈濬、杨沅来访。致函李鸿章。

《赴皖日记》:"雨止犹寒,陈心泉太守来,杨孝廉沅来。致李少荃中丞笺。"(《孙衣言孙诒让父子年谱》,400页)

三月十七日(5月4日),与林用光访钱应溥新家。李鸿裔来访。

《赴皖日记》:"晴,然犹寒甚,与若农访子密新居。梅生来。"(《孙衣言孙诒让父子年谱》,400页)

三月十八日(5月5日),访莫友芝,不晤。晤李临驯。访周学浚,亦不晤。

《赴皖日记》:"晴,访子偲。子偲他出,晤葆斋前辈。访缦云,亦他出。"(《孙衣言孙诒让父子年谱》,400页)

三月十九日(5月6日),访郭柏荫、陈潏、钱泰吉、王延长、曾国藩。晚上至莫友芝处饮,与邓瑶、徐子苓、马恩溥、李鸿裔同席。

《赴皖日记》:"晴,回拜各友人,晤郭远堂前辈、陈心泉前辈、钱警石先生泰吉、王少岩大令延长,溧阳人,丙午举人,江西候补县,时为粮台委员。谒见节相,语及刘筠渠制府事,言其护送江忠烈灵榇时遇土匪,胁令开棺,刘公俯伏榇上气绝,及贼退始苏,真义士也。伯昭云:刘云渠忠臣义士、孝子悌弟也。晚至子偲处饮,晤伯昭、毅甫、慰农、眉生。时黎莼斋明府庶昌新至,莼斋上书言时事,特旨发交制府者,人甚沉劲。"(《孙衣言孙诒让父子年谱》,400页)

《曾国藩日记》:"中饭后,孙琴西来久坐。"(中册,623页)

三月二十日(5月7日),访周学浚,晤李善兰,谈论时事、夷务。

《赴皖日记》:"晴,至缦翁处小坐,晤李壬甫善兰,海宁人,精算学。言及时事,缦云以为此时无须纷更,但须循名核实。又言夷务,缦云曰,夷务亦不必管他,但求自强,此亦老成简要之语。"(《孙衣言孙诒让父子年谱》,400页)

三月二十一日(5月8日),与周学浚一同访黎庶昌,晤李临驯于莫友芝斋中。

《赴皖日记》:"晴,与缦云偕访莼斋,并晤葆斋前辈于子偲斋中,询莼斋以都中光景,曰颇有中兴气象,询以言事后枢廷及宰相颇相见否?莼斋曰,但见文园先生而已,盖近日诸公贵人之不知下士如此,可叹也。"(《孙衣言孙诒让父子年谱》,400—401页)

三月二十二日(5月9日),携黎庶昌奏折草稿归。皮宗瀚户部将赴沪来告别。致函孙锵鸣、王凯泰。

《赴皖日记》:"晴,携莼斋奏草归。皮筱舫户部来告别,将以二十五日由轮船至上海矣。寄书与蕖田,又托吴莼伯寄书王补帆。夜间大雨。"(《孙衣言孙诒让父子年谱》,401页)

三月二十三日（5月10日），胡昌铭来谈。

《赴皖日记》："雨，午后晴，胡又新庶常昌铭，南丰人，庚申翰林来。庶常携家避地南通州，以奉讳回南丰，言及准扬间事，极称吴仲宣漕帅之朴实。又言其所部有黄开榜者，湖南人，由军功荐任总兵，勇敢善战，其养子黄国瑞者，故粤贼也，降于胜克斋，开榜养为子，亦能战，而善约束其下，今僧邸召令随军，亦官至副将矣。又言都将军兴阿，亦善于守。又言水师范启纶之暴掠为患。"（《孙衣言孙诒让父子年谱》，401 页）

三月二十四日（5月11日），赴马恩溥招饮，晤李小霞、胡昌铭。

《赴皖日记》："晴，马慰农学使招饮，晤李小霞户部、胡又新太史。"（《孙衣言孙诒让父子年谱》，401 页）

三月二十五日（5月12日），范先谦来。方宗诚来。

《赴皖日记》："晴，是日皇上万寿节。范子嘉刺史来。闻苗沛霖叛据怀远。方存之来。家信交褚爽斋家人。"（《孙衣言孙诒让父子年谱》，401 页）

三月二十七日（5月14日），移寓小南门内潜水仓边吴氏之居，与林用光、李梦莲同寓。莫友芝、徐子苓来贺。

《赴皖日记》："晴，移寓小南门内潜水仓边吴氏之居，与若衣、梦莲同寓。是日子偲、毅甫皆来。"（《孙衣言孙诒让父子年谱》，401 页）

三月二十八日（5月15日），马恩溥来访。

《赴皖日记》："晴，马慰农学使来。"（《孙衣言孙诒让父子年谱》，401 页）

三月二十九日（5月16日），听闻左宗棠任浙闽总督，为之喜。

《赴皖日记》："雨，闻左季高中丞擢督浙闽，耆九峰内召，自此闽浙无畛域之患，可喜也。"（《孙衣言孙诒让父子年谱》，401 页）

三月三十日（5月17日），胡昌铭来访。莫友芝来函，馈赠龟胶。

《赴皖日记》："晴，胡又新太史来。子偲惠龟胶。"（《孙衣言孙诒让父子年谱》，401 页）

莫友芝函云："孙大人侍者：昨索龟胶，偶忘。今晨忆之，悚仄！遣致上，唯察入不一一。莫友芝顿，三十日。"（《瑞安孙家往来信札集》，69 页）

三月，代曾国藩撰《乾州杨氏族谱序》。

《乾州杨氏族谱序》(代曾相国作):"同治二年三月"(《孙衣言集》中册,482—484页)

三月,邓瑶观察以所著《双梧山馆文草》出示,为书其后云:

> 予喜读桐城方先生文,窃谓其奇恣变化,或未足以尽文家之长,而发明义理,感悟人心,则自韩欧曾氏皆不能及,非独高出震川以来诸名能文者也。今年来客安庆,新化邓君伯昭亦客方伯所,得相见,严正之气令人肃然,继以近文数篇见示,则俨然方先生之文也。伯昭为言其乡江忠烈之为人笃于至性,又言今直隶总督刘公长佑,忠臣义士,孝子弟弟也。予顷见善化胡氏弟子箴言,述其高曾以来累世笃行,知胡文忠公所得于父兄之间亦如此。而湘乡相国亦为予言近日乡里后进,往往知崇风节,重廉耻,盖湖湘人士所以能以名业相见于当世者,其根柢固若是。今天下才能之士岂少也哉,然往往逐于势利,易变其志节,或至不可问,皆无本之患也。余既慕伯昭之为人,读其文,盖知其学之所本,他日树立,又当为湖湘闻人。而还视予辈,殆方先生所谓好文而不好学者也,其乌能无惧也耶!癸亥三月。(《孙衣言孙诒让父子年谱》,45页)

四月初一日(5月18日),访钱泰吉、马恩溥、莫友芝、杨沂孙、黄开元。午刻,赴曾国藩招饮,与钱泰吉、邓瑶、方宗诚、徐子苓、莫友芝同席。饭后偕莫友芝访向师棣,晤赵烈文。

> 《赴皖日记》:"晴,访警石封翁、慰农学使、子偲孝廉、杨泳春太守沂孙,常熟人,癸卯举人、黄春山大令开元,金溪人,孝廉。午刻,节相招饮,同席者警石封翁、邓伯昭观察、方存之茂才、徐毅甫孝廉、莫子偲孝廉也。存之言庚申之变,大臣纷纷辞避,驾既幸热河,首揆彭蕴章托病而去,即赴保定,属总督谋山西、河南、陕西、山东书院,制府饬首府议之,首府议覆曰,首相而谋书院,无可位置,一时传之为笑。又言天津之战,辱国诸臣以瑞麟、德兴阿为尤甚。天津守石赞清,伉直有风骨,向得民心,夷酋既入天津,逼各官退出衙署,镇道以下惟命是听,石太守厉声叱之曰:'取我头去,即可据吾衙门,我头尚存,则衙门固吾衙门也。'夷不敢动,已而以众拥至夷舟,太守不食,酋知不可动。而天津民大哗,围夷舟,索还太守。酋惧,欲送还,太守不肯行,曰:'如欲送我去,须大张以仪卫乃行。'酋曰:'好官也。'即如其言送归。臬司孙治者,怯甚,夷甫攻炮台,即投降,书有'大国用兵如神,吾国情愿输服'之语,可恨也。存之又言,夷闯

217

天津时，惟石太守一人可用，如朝廷与以数十万金，当令太守一人办贼，可尽灭也，卒以用旗员偾事，而总督以下皆先遁，故至于败，可惜也。饭后偕子偲访向伯常，晤赵惠夫，伯厚赞善从弟也。存之又言庚申之变，许滇生、彭泳莪等皆以大臣托病而去，事既平，而彭相复出，汤通副修以告病被议，永不叙用。然汤之去，尚为有故，当夷务急时，上诏有杀夷一首级赏百金，汤首捐五千以备赏，及诏下，而实不许妄杀夷人，汤愤愤，遂谢病去。通副为淳甫先生次子，尚为不愧其父云。"（《孙衣言孙诒让父子年谱》，401—402 页）

《曾国藩日记》："请客吃便饭，钱警石太翁、莫子偲、孙琴西、徐毅甫、方存之、邓小芸，皆有行谊文学者也。"（中册，627 页）

《赵烈文日记》："饭后访洪琴西、向伯常、潘聚垣并晤莫子偲。识邓伯昭瑶，永州人、孙琴西严州人，又晤徐毅甫子苓。"（樊昕整理，中华书局 2020 年版，第二册，984—985 页）

按：赵烈文（1832—1893），字惠甫，江苏省阳湖县人。曾入曾国藩幕府。历任磁县知县、易州知州。著《天放楼集》《能静居日记》。日记中"孙琴西，严州人"，有误，应为"瑞安人"。

四月初二日（5 月 19 日），访刘金圃。黄开元来访。

《赴皖日记》："晴，访能占六壬者刘金圃。黄春山来。"（《孙衣言孙诒让父子年谱》，402 页）

四月初三日（5 月 20 日），周学浚来访，李蕴章来访。许石甫与徐宗亮来。是日，郭嵩焘来函。

《赴皖日记》："晴，周缦云来，李和甫来。和甫，少荃中丞弟，警而慧，精心计，少荃家事皆其一手经理也。许石甫偕徐椒岑昭亮来，椒岑能古文，徐观察丰玉子也，未晤而去。"（《孙衣言孙诒让父子年谱》，402 页）

郭嵩焘函云："六年之别，念想为劳，自从者假归后，遂不复相知闻。去秋抵沪，始知浩然出山之思，相国得延致之，以赞益军事，闻信而已欣然。重以德星之聚，近在咫尺，睹贤人之出，而知国运之将昌，思有道之光辉，而觉山川之非阻也。随奉章门枉寄一书，度赴皖有期，望之尤勤，而早莫待高轩之至，旷日弥时，无一书相报，念之转益惶然。江浙之乱已亟，以大势揆之，贼必无久存之理，荡平之期必犹可冀。天苟无意东南之民，曷为使当事诸君子贤豪鼎峙。高情远量，与尘世相违，若吾泰山先生者,亦幡然起应当时之聘。方存之、邓伯昭两君先后俱至,皆文辞斐然,品洁行芳,阁下与相处,必欢相得。念诸贤之会合,感时事之推迁,安得使身有羽翼,翩然一往从之游也。弟精力短乏,日苦牵牵无暇,友朋书问,多不一报,见伯昭兄幸达此意。军事一切,当已详知,无足陈述。手此敬颂道安。年愚弟郭嵩焘顿首。四月初三日灯下。"(《小莽苍苍斋藏清代学者书札》,陈烈主编,人民文学出版社2013年版,中册,723页)

四月初四日(5月21日),门人周尚实来。

《赴皖日记》:"雨,门人周诚之大令尚实来,言广西渐平,惟浔州有贼耳。"(《孙衣言孙诒让父子年谱》,402页)

四月初六日(5月23日),马恩溥来。

《赴皖日记》:"晴,马慰农学使来。"(《孙衣言孙诒让父子年谱》,402页)

四月初七日(5月24日),韦运煌来。

《赴皖日记》:"韦朗斋广文运煌来,丁酉拔贡同年,己亥举人。"(《孙衣言孙诒让父子年谱》,402页)

四月初八日(5月25日),己亥同年周启源来访。

《赴皖日记》:"周广文启源来,己亥同年。"(《孙衣言孙诒让父子年谱》,402页)

四月初九日(5月26日),晤周启源,谈及先师刘礼章。

《赴皖日记》:"晤周广文,谈及先师刘心斋太守礼章,始知心师嗣君需次湖南,师兄霞城大令尚无恙。又云,心斋师封翁卫千总也,乐善好施,家饶于资,以施予罄其大半,庐州人皆称其为善人也。"(《孙衣言孙诒让父子年谱》,402—403页)

四月初十日(5月27日),收到二弟锵鸣及子诒让来函。

《赴皖日记》:"得仲弟二月十八日樊城来书,涵儿三月十八日江西来书。"(《孙衣言孙诒让父子年谱》,403页)

四月十一日(5月28日),托李临驯寄家信。

《赴皖日记》:"晴,李葆斋前辈有江西之行,属寄家信,并寄大人安禀一封。"(《孙衣言孙诒让父子年谱》,403页)

四月十三日（5 月 30 日），得江西家人来信，得三弟来信。

《赴皖日记》:"得江西信，知二弟妇于三月十九日申时举一子。又得三弟二月中来信，知亦举一男也。"（《孙衣言孙诒让父子年谱》，403 页）

四月十四日（5 月 31 日），晤钱应溥、蒋嘉榖。在蒋嘉榖处晤曾国藩。

《赴皖日记》:"晴，晤钱子密、蒋醇卿诸君，在醇卿处晤节相师，知吴南屏家居甚乐，又知其甥在节相所，其子亦将来此矣。"（《孙衣言孙诒让父子年谱》，403 页）

四月十五日（6 月 1 日），晤李凤章。

《赴皖日记》:"晴，晤李穉泉刺史，少荃中丞弟也，时在鲍春霆军门幕中。"（《孙衣言孙诒让父子年谱》，403 页）

四月十六日（6 月 2 日），与林用光至四方城看新居。姚濬昌偕弟姚声来。

《赴皖日记》:"晴，与若衣偕至四方城看新居。姚慕庭及其弟声来，慕庭为薑塢先生玄孙，声则惜抱先生曾孙也。雷雨。"（《孙衣言孙诒让父子年谱》，403 页）

四月十七日（6 月 3 日），朱允成来函，云:

琴西先生大人阁下:接奉廿五日手书，就谂起居万福，慰甚。所示出处，深为钦佩。先生风节矫然，前事在人耳目，中外固自一体。且节相师眷望甚殷，自以静待为是。饶防虽紧，而江省人心尚定，尊府未欲移动。现有席观察一军由湖南来，似更无虑。允成以舍弟子吉病故，诸事棘手，至早须月底动身，并恐有须回金一行之势，唯于节相师立志须定之谕，深觉惭负，所遭不幸，进退难以自主，奈何奈何！若翁现有差委否？乞为致候。椒畦现在省城，嘱为请安，另有禀俟允成带奉，肃此，敬请钧安，诸惟垂照。朱允成谨上，四月十七日。附竹报若翁一函，褚爽翁处三信，祈饬交。（《瑞安孙家往来信札集》，30 页）

四月十八日（6 月 4 日），移居四方城李氏屋。

《赴皖日记》:"晴，移居四方城李氏屋，面城而居，望大龙山如在咫尺间。"（《孙衣言孙诒让父子年谱》，403 页）

四月十九日（6 月 5 日），赴周学浚招饮，与莫友芝、林用光、钱应溥等同席。

《赴皖日记》："晴，缦云招饮楼上，偕仁叔、子偲、若衣，子密后至。"
（《孙衣言孙诒让父子年谱》，403 页）

四月二十二日（6 月 8 日），送林用光赴江西行。马恩溥来。

《赴皖日记》："晴，若衣赴江西。马慰农学使来，言李君保贤，湖南人也，从涤帅剿贼，颇骁勇，克安庆时，炮断其指而为火药所焚，创甚，节相令暂归养伤，李语学使曰：'吾既在杀贼，而大帅令我归，非吾愿也。'现为总兵。"（《孙衣言孙诒让父子年谱》，403 页）

四月二十三日（6 月 9 日），徐子苓来函。

《赴皖日记》："雨，毅甫书来，以皖南人相食，议捐赈，助以白金八两。"（《孙衣言孙诒让父子年谱》，403 页）

四月二十五日（6 月 11 日），为邓瑶书扇。方宗诚与许硕甫等来。

《赴皖日记》："晴，为伯昭书扇。方存之与许硕甫及其弟子方某来。"（《孙衣言孙诒让父子年谱》，403 页）

四月二十六日（6 月 12 日），己亥顺天乡试同年刘方惠来谈。

《赴皖日记》："晴，刘小越太守来。小越，江西人，为己亥顺天乡试同年，予与小越皆中副车，而在都不相识，在杨厚庵军门中掌奏记，保举至知府，去年诏水师奏报归制府，故小越来省候补。小越极言杨军门智勇可恃，可为北岸陆师总统，而其水师则可统归彭侍郎。而予亦谓今安庆南北同紧，而调度未得其人，宜分用杨、鲍二将，鲍统南岸兵，杨统北岸兵，同时并举，庶可扫荡而清之。又言杨军门部将中有蔡国祥者，水师奇才也。"（《孙衣言孙诒让父子年谱》，404 页）

四月二十七日（6 月 13 日），谒曾国藩。晤蒋嘉械、马恩溥、莫友芝、邓瑶、江忠濬、周学浚。同年韦运煌赠食。

《赴皖日记》："晴，谒节相。晤筱卿太守、马慰农学士、莫子偲孝廉、邓伯昭观察、江达川藩使、周缦云前辈。韦朗斋同年馈食。"（《孙衣言孙诒让父子年谱》，404 页）

四月二十八日(6月14日),招马恩溥、莫友芝、周学浚、李善兰、徐子苓、邓瑶小饮寓中。张凤翙来访。

《赴皖日记》:"晴,招慰农、子偲、缦云、壬叔、毅甫、伯昭小饮寓中,毅甫谈至夜分始去。毅甫为言筑寨之法,须得平地,忌外有山阜。又言寿州办寨有韦时安,有才可用。张练渠太守凤翙来,江西武宁人,己酉拔贡。"(《孙衣言孙诒让父子年谱》,404页)

四月二十九日(6月15日),王必达来函,云:

琴翁年伯大人阁下:章垣侍教,备把春风。适奉惠书,莫名忻感。敬维道履勋祺,一一佳胜,曷罄颂私。江省饶、景防军,初有岌然难保之势,殆韩营屡经报捷,士气差强,而段、刘各军得祁门劲旅为之屏蔽,遂无贼阑入昌江上游,以撼我诸军之志,遂觉边围渐安。今则席观察已可抵饶,江军门不久亦当到此。如天之福,或者竟足支撑。然而军情百变,利钝尚不可预知。瀁眷侨寓于兹,自当审图行止。昨与绎庭兄妥商之处,谅经函布。大抵安仁一域为表里深浅之分,设此县竟尔扬尘,而又无南来之师可以扫荡,则行止之计应为代决,否则动不如静,明鉴以为何如?前月十九日小阮诞生,蓸翁年伯心愿是偿,至深快慰,未识何日到京?皖中已接安音否?念念。前寄九家叔一缄,即经递去,俟有回件,谨即转呈。晋阶理少,仍值枢垣,来书谓欲退不能,而羼躯愈艰报称,亦至情也。江北之贼自六安解围,下窜何处,此间尚乏的音。闻少翁兵已抵苏州城下,该逆讵不回顾耶!苗逆不能留,发逆为援,彼亦孤注,我军纵手剪之肘腋之间,或遂可无事。见闻所及,尚祈时示一二,无任佩祷。来谕以闽军实后路一层,极中机要。未审中丞办及之否?手肃,即敬请勋安,伏希崇照。年愚侄王必达顿首,四月二十九日。(《瑞安孙家往来信札集》,3—4页)

初夏,门生文辂来函,云:

敬禀者:久瞻师范,时切孺私。客冬由夏镜人同门处寄呈寸丹,未识已否上尘钧览。日昨蓸田世叔抵都,当即趋谒,敬谂夫子大人提躬康适,履祉绥安,知慈旆于客秋前赴皖省军营料理出山之举,从此我夫子大人载昭亮绩,荣迓温纶,倘能入觐来都,得以躬侍绛帷,面聆教诲,此辂所昕夕祷切者也。辂供职都门,幸无陨越。现在营缮司符,年终可望卓荐，凡进步之有阶皆栽成之所赐。慈云翘跂，感激弥殷。舍间自祖严以次亦俱托庇顺平，堪以告慰。再，本科榜眼龚承钧者为辂壬戌分校所得士，渊源有自，特此奉陈。专具丹禀，敬请钧安，伏乞慈鉴。受业制文辂谨禀。(《瑞安孙家往来信札集》,10 页)

四月，题项傅霖校本《止斋文集》后。

《书项几山舅氏止斋文集校本后》:"陈石士侍郎所刻《止斋集》,予往尝得之，恨其讹缺，欲求善本校补而未能。今年客游安庆，嘉兴钱警石先生亦避地在此，出侍郎刻本相示，则我舅氏项几山先生据先生所藏旧本校正者，警石先生博闻君子多藏书，乱后往往散去，其尝有校勘者幸皆携以出，而此集为我家乡先辈书，又先舅氏之手泽，可贵也。舅氏笃学能文词，尤喜校书，此为咸丰癸丑去富阳校官寓居杭州时为警石先生校者，然缺讹亦未能尽补，盖所据旧本亦非宋椠原书也。先生自言知我舅氏久，而相见甚晚，校此书后不久即别去，遂不复相见矣。南宋时永嘉学者如薛士龙、蔡行之、叶正则与陈文节公皆我瑞安人，尤能通知古今治乱之故为有用之学，而陈公最为醇博。今日我乡人士汩没流俗，能闻乡先生之风兴起为学者，盖亦鲜矣，而我舅氏家居，亦黯默闭户，少与人通。今舅氏卒五六年矣，后生子弟鲜有知其可爱惜者，独予与警石先生相从羁旅中，每一言及，辄相向叹息也。同治二年四月。"(《孙衣言集》中册,515—516 页)

五月初一日(6 月 16 日)，茹晋、范先谦来谈。

《赴皖日记》:"茹雪帆大令晋、范子嘉刺史来。子嘉言淮濡各部，宜择有干力而熟于其地者以为守令，乃可有为。又言淮河为皖中利源，如苗逆就擒，官自运盐，而以数月之厘税为运本，年可得二百余万，又厘税亦可得百余万。又言诸从逆各寨，不能尽灭，宜击其渠首数寨而抚诸小寨，其事自定。又言鲍军不可作用之淮北，盖诸寨剿抚兼施，而鲍提军御士不严，恐必不能得各寨之心，则不可下也。此语有见。"(《孙衣言孙诒让父子年谱》,404 页)

五月初二日(6 月 17 日)，为萧穆作八言联。方宝善来，周筠坪来。徐子苓以杨岘所和《两丐行》见示。寄江西沈葆桢、王必达函。

《赴皖日记》:"晴，为萧敬孚作八言楹帖。敬孚名穆，桐城人，存之弟子也。方明府宝善来,松江太守麟轩传书子。周筠坪大令来。徐懿甫以杨君见山岘所和《两丐行》见示,嘲诮奇恣,亦诗才也。发江西信,交王少厓转交娄梅汀,内沈、王二函。"(《孙衣言孙诒让父子年谱》,404页)

五月初三日(6月18日),得周成民四月十九日来函。得朱允成来函。张璲持余杏藩函来。同年雷翊青馈赠食物。

《赴皖日记》:"阴,得周绎庭四月十九日信,桢侄弥月后书也,始知贼犯饶州,防将韩鼎春溃退。又得朱子钦驾部书。张子冈少尉璲自江西至皖,持余椒畦书来,知椒畦尚在省城。又闻席观察兵已至江西。子冈言兰溪徐丙魁,在苏御贼有胆勇,而言何伯凝之大言无实。伯凝有重名,余领安庆出都时,潘伯寅学士嘱予访之,比至苏,而伯凝已为胡永之中丞招至湖北,其后随李迪轩方伯死事桐城,子冈所言如此,不知孰是。韩鼎春亦沈幼丹中丞所识拔者,然竟不能一战何也?雷学博翊青同年,馈时鱼、角黍、桃卵。"(《孙衣言孙诒让父子年谱》,404—405页)

五月初四日(6月19日),徐子苓来谈,并馈赠猪肝,谱主赋诗为问。

《赴皖日记》:"雷雨,徐懿甫来谈至夜分。懿甫馈猪肝,戏酬以诗。"(《孙衣言孙诒让父子年谱》,405页)

《毅甫送猪肝并有诗来毅甫自言豢一猪将卖以助赈今自食之矣戏用其韵为问》:"君云卖猪活百姓,鼓刀乃付屠家屠。权卑智小固无术,且办一饱为欢娱。为怜病守遣送似,馀屦童仆群歌呼。作诗相报更相谑,眼花字大如墨猪。睢阳不食今几月,或羹其妻自啜之。那得风流如二老,坐忘相向大宗师。"(《孙衣言集》上册,200—201页)

五月初五日(6月20日),遣仆人为友人贺端午节。周尚实来。

《赴皖日记》:"雨已天晴,遣仆人为友好贺节。周诚之大令来。"(《孙衣言孙诒让父子年谱》,405页)

五月初七日(6月22日),收到钱应溥来函。

《赴皖日记》:"霁,子密书来,知菉田于三月二十七日有请安折子,前数日已到京矣。"(《孙衣言孙诒让父子年谱》,405页)

五月初八日(6月23日),与李鸿裔、钱应溥、林廷杰、周尚实集饮寓斋。闻黄体芳中会元,大喜。

《赴皖日记》:"晴,李梅生兵部、钱子密枢部、林师堂同年大令廷杰,广丰人、周诚之大令,集饮寓斋。闻黄漱兰中会元,喜甚。"(《孙衣言孙诒让父子年谱》,405页)

五月初九日(6月24日),收到王必达来函。

《赴皖日记》:"晴。得王霞轩太守江西书。"(《孙衣言孙诒让父子年谱》,405页)

五月初十日(6月25日),晤陈潚。

《赴皖日记》:"晴,大风,陈心泉太守见过。"(《孙衣言孙诒让父子年谱》,405页)

五月十一日(6月26日),许硕甫来访。褚维垲偕许康甫来访。

《赴皖日记》:"晴,许硕甫来,褚爽斋名维垲,馀杭人,著《人境结庐诗集》偕许康甫来。"(《孙衣言孙诒让父子年谱》,405页)

五月十二日(6月27日),王仪凤来访。

《赴皖日记》:"晴,王大令仪凤来。"(《孙衣言孙诒让父子年谱》,405页)

五月十三日(6月28日),马恩溥招饮,因腹疾未赴,赋诗为解。

《赴皖日记》:"晴,马慰农学使招饮,未赴。"(《孙衣言孙诒让父子年谱》,405页)

《竹醉日雨农学士招饮以腹疾未赴学士似嫌其嫚赋此为解》:"仙人怜我谪蓬莱,每解金龟共酒杯。最喜瀛壶同笑语,谁教鸾凤失追陪。凉生霜雪调冰椀,梦入风漪恋笛材。有约幔亭他日会,吹笙骑鹤要重来。"(《孙衣言集》上册,235页)

五月十四日(6月29日),谒曾国藩,晤李鸿裔、钱应溥、李善兰、钱泰吉、周学浚、梁春亭等。曾国藩见示杨彝珍新刊诗文集,互相议论古今文章得失。

《赴皖日记》:"晴,谒节相,晤梅生、子密、壬叔、警石先生、缦云侍御、梁药洲太守春亭。节相见示杨性农新刊诗文集,遂相与议论古今文章得失,欢谈竟日。"(《孙衣言孙诒让父子年谱》,405页)

五月十五日(6月30日),大雷雨。

《赴皖日记》："晴，夜间大雷雨。"（《孙衣言孙诒让父子年谱》，405 页）

五月十六日（7 月 1 日），谒曾国藩。翻阅会试题名录，得知许振祎中进士。

《曾国藩日记》："旋见客，立见者三次，坐见者三次，方存之，孙琴西坐颇久。"（中册，639 页）

《赴皖日记》："晴，阅题名全录，知许仙屏振祎获隽。"（《孙衣言孙诒让父子年谱》，405 页）

五月十八日（7 月 3 日），徐子苓来访。马起升来访。

《赴皖日记》："晴，毅甫来，马秀才起升来。"（《孙衣言孙诒让父子年谱》，405 页）

按：马起升，字慎甫，号慎庵，一号趣园，桐城人。清咸丰间县学生，议叙同知，未仕。生平治学，服膺韩愈、欧阳修、朱熹、王守仁四家。著《趣园诗文稿》等。马其昶之父。

五月十九日（7 月 4 日），姚斌桐之子姚恭自桐城来访。同年刘方惠来访。

《赴皖日记》："故人姚秋士兵部斌桐之子恭字元理自桐城来。秋士，汉军旗人，故桐人，能诗词，旋卒于官。其子娶于桐城方氏，将迎其妇还京师，于是由京师至桐，始知姚子连孝廉无恙，伊霭堂则已卒矣。刘小越太守同年方惠来，将奏调赴湖北。"（《孙衣言孙诒让父子年谱》，405—406 页）

五月二十二日（7 月 7 日），林用光从江西来。妻叶夫人、子诒让及弟妇、侄子均来。

《赴皖日记》："晴，若衣自江西来，妻子及弟妇幼侄辈均来。"（《孙衣言孙诒让父子年谱》，406 页）

五月二十三日（7 月 8 日），收到二弟锵鸣来函。

《赴皖日记》："晴，得蓻田四月初七日都中书。姚元理移居客店。"（《孙衣言孙诒让父子年谱》，406 页）

五月二十五日（7 月 10 日），苏绳甫来。

《赴皖日记》："晴，苏绳甫来。厚子征君子也，贫甚，将谋砚食，故来

视予。"（《孙衣言孙诒让父子年谱》,406 页）

五月二十六日（7 月 11 日）,张凤翥来访。

《赴皖日记》:"晴,祷雨。张炼渠来。"（《孙衣言孙诒让父子年谱》,406 页）

五月二十七日（7 月 12 日）,徐子苓来访。

《赴皖日记》:"晴,雷而不雨。毅甫来。"（《孙衣言孙诒让父子年谱》,406 页）

五月二十八日（7 月 13 日）,致二弟锵鸣函。

《赴皖日记》:"晴,由折弁寄家书与蘷田。"（《孙衣言孙诒让父子年谱》,406 页）

五月,沈葆桢来函,云:

琴西世伯大人阁下:日前叠奉赐函,均经祇复。顷得端节前二日来谕,拳拳爱注,感泐奚如! 世兄弥月,薄肛贺忱,乃荷齿芬,益滋颜汗耳。日来皖南悍贼尽趋湖口,味根军门十九日一战,枪伤黄老虎,群逆胆落。然总以皖南无粮,誓不返顾。幸都昌之逆屡为江军所挫,而鄱、都之路尚通,惟青山桥等处逆垒尚多。克弇廉访已约各营会期逼攻,以断其文桥后路,未知能收夹击之效否? 知关锦念,并以附陈。肃泐祇复,顺请台安,统希涵鉴不备。世愚侄沈葆桢顿首。（《瑞安孙家往来信札集》,40 页）

六月初一日（7 月 16 日）,同年何承熙之子何石琴来访。

《赴皖日记》:"晴,何同年承熙之子石琴茂才见访丁酉拔贡同年。"（《孙衣言孙诒让父子年谱》,406 页）

六月初二日（7 月 17 日）,大雷雨。是日王必达来函。

《赴皖日记》:"辰刻,龙见南方,雷,大雨如注,未午而止,然已需足矣。"（《孙衣言孙诒让父子年谱》,406 页）

王必达函云:"琴翁年伯大人阁下:昨泐一函,谅登青照。近惟勋祉胜常,定符远祝。黎召民兄来,带到京邸安报一件,并阿胶一封,适有赣饷委员之便,即交其寄呈,祈查收。寿春竟陷,令人发指。幸水陆布置已定,当可徐图收拾。以戈船入淮水,此种军载为亘古争淮北者所未有。该逆灭亡之期,正复不远耳! 江境贼踪尚踞扰如故。闻江军门有奇捷,轰毙逆首黄文金,而未甚的确,实虞再有大股趋来,后患致不可

227

问,如何如何?各郡雨泽不齐,尚有丰稔之处,岁收约及八成,是犹可慰者。少仲同年入省,拟即前来,然有家事尚未能速了云。馀容再陈。匆匆上请升安。年愚侄必达顿首。六月初二日。"(《瑞安孙家往来信札集》,5页)

六月初三日(7月18日),蒋嘉械来访。

《赴皖日记》:"晴,蒋莼顷太守嘉械来。"(《孙衣言孙诒让父子年谱》,406页)

六月初四日(7月19日),晤钱应溥、李鸿裔、程鸿诏、蒋嘉械。访张凤翥。晤邓瑶。

《赴皖日记》:"晤子密、梅生、伯孚各同年,莼顷太守,始知吴同年台寿以疏救胜保褫职,并其弟台朗亦落职。子密言:恭邸初议雇用西夷火轮船七,配以水师,使蔡副将国祥统之,夷人不与其事,亦不用夷勇也。及夷人既得雇值,遂变其计,自配洋勇六百人,而月索饷七万,议者无以沮也。夷不为我用,夫人知之,而朝廷无人知此,可叹也。至张练渠观察寓斋,留予饭。练渠为言李希庵中丞奉讳时,不受赙赠,其部曲私致赙于其子弟,亦不敢受,湖北诸达官亦先以三千金赗其家人,时其家适困乏,耗其大半,中丞归而知之,即以所得廉俸补足,遣人送还。抵家,即寝枢畔,既葬,则庐墓上,今逾年矣,未尝一入内室。中丞之本行过人如此,而以病乞休,可惜也。晤邓伯昭,伯昭谈及惜抱先生之曾孙声,曰此斯文一脉也,如其贫困,吾辈当供养之,伯昭之古谊如此。"(《孙衣言孙诒让父子年谱》,406—407页)

六月初五日(7月20日),姚恭又来同住。

《赴皖日记》:"晴,姚元礼复来同居。"(《孙衣言孙诒让父子年谱》,407页)

六月初六日(7月21日),宋垚金来访。晚上,张凤翥来访。

《赴皖日记》:"晴,宋丽卿大令垚金来。张炼渠夜来访,予已睡矣。"(《孙衣言孙诒让父子年谱》,407页)

六月初七日(7月22日),洪汝奎、曾纪泽来访。

《赴皖日记》:"晴,洪琴西同年、曾劼冈公子来。"(《孙衣言孙诒让父子年谱》,407页)

六月初八日(7月23日),郭柏荫来访。

《赴皖日记》："晴,郭远堂前辈来,闻苗逆陷寿州。"(《孙衣言孙诒让父子年谱》,407 页)

六月初九日(7 月 24 日),邢春第来访。

《赴皖日记》："晴,雷,小雨。邢晓庄观察春第来。"(《孙衣言孙诒让父子年谱》,407 页)

六月初十日(7 月 25 日),范先谦来,听闻马恩溥母亲去世消息。

《赴皖日记》："晴,范子嘉太守来,闻马学使母卒。"(《孙衣言孙诒让父子年谱》,407 页)

六月十一日(7 月 26 日),唁马恩溥。过言南金,用午饭。遇周学浚、李善兰。晤张文虎。留徐子苓用餐。

《赴皖日记》："晴,唁马慰农学士。过言卓林,留午饭。遇缦云、壬叔。晤张啸山文虎。留徐毅甫饭。"(《孙衣言孙诒让父子年谱》,407 页)

按:言南金,字卓林,昭文人。诸生,官安徽知县。著《可亭诗稿》。

六月十四日(7 月 29 日),周学浚、李善兰、杨岘、张文虎来。

《赴皖日记》："晴,是夜雨,周缦云、李壬叔、杨见山、张啸山来。"(《孙衣言孙诒让父子年谱》,407 页)

六月十五日(7 月 30 日),方宗诚来,以曾国藩文章见示。

《赴皖日记》："大雨,夜尤甚,存之以节相文见示,盖兼有汉宋之长者。"(《孙衣言孙诒让父子年谱》,407 页)

六月十九日(8 月 3 日),谒曾国藩。晤钱泰吉。

《赴皖日记》："晴,谒节相,始知冯鲁川太守在蒙城,道梗不能来,节相飞檄招之,但恐围城无以自拔耳。节相有《十八家诗抄》,近体如苏、黄、遗山皆全抄,不遗一首,放翁诗过多,则择取之,本朝则姚惜抱先生七律亦全抄。节相极爱惜抱诗,谓直接苏、黄,明以来无出其右者。予向与少和亦有此论,可见嗜好固不甚相远也。晤警石先生。"(《孙衣言孙诒让父子年谱》,407 页)

《曾国藩日记》："巳刻,孙琴西、方宗诚先后来畅谈,劳倦甚矣。"(中册,648 页)

六月二十日(8月4日)，方宗诚以孙鼎臣诗文集见示。

《赴皖日记》："晴，存之以孙芝房诗文集见示。"(《孙衣言孙诒让父子年谱》,407页)

六月二十一日(8月5日)，方濬颐来。

《赴皖日记》："晴，方子听濬颐自李申夫营中来。"(《孙衣言孙诒让父子年谱》,407页)

六月二十二日(8月6日)，夜访杨岘、徐子苓。

《赴皖日记》："晴，夜访杨见山，过毅甫。"(《孙衣言孙诒让父子年谱》,408页)

六月二十三日(8月7日)，林用光以王峻函见示，得知临淮已实施屯田。

《赴皖日记》："晴，若衣以王秀峰大令峻书见示，知唐中丞在临淮已举屯田，秦子仁观察荣综其事，中丞仅发二千金，买牛百馀头，开田八千亩矣。而春间捻匪之乱，牛半被掳，临淮捻匪营堡太多，屯政颇不易行，而庐滁一带则又可行而不行，可惜也。"(《孙衣言孙诒让父子年谱》,408页)

六月二十四日(8月8日)，方宗诚来。参将文芳来。

《赴皖日记》："晴，方存之来，文春圃参将芳来。"(《孙衣言孙诒让父子年谱》,408页)

六月二十五日(8月9日)，至马恩溥处吊唁，晤邓瑶、陈濬、何璟、莫友芝。访参将文芳。

《赴皖日记》："晴，至马学使处吊，晤伯昭、心泉、小宋、子偲，为言临淮办屯田之举。访文春圃参将。"(《孙衣言孙诒让父子年谱》,408页)

六月二十六日(8月10日)，咳嗽。得邵亨豫来函。

《赴皖日记》："晴，风咳。"(《孙衣言孙诒让父子年谱》,408页)

邵亨豫函云："琴西仁兄同年大人阁下：前在新安，屡通音问。比东南糜烂后，直无从再致一书，浙东贼势，日逼珂乡，时深悬念。幸军务渐定，东浙肃清，又以身伏海滨，不得一闻近况。夏初渠田前辈到京，始知从者已安抵皖中，以师门之桃李，参上将之戎机，相得益彰，无任欢抃。特未知几时起疾，引领何如。弟自皖北返，节节遇贼。辛春始达东昌，又适值群盗如毛，辗转迁移，始暂卜居东海之滨，彼处人心风俗颇厚。自去年春后，烽火之信亦稀，竟得安居一载，今春仍置眷口于波。先自入京销假，圣恩宽大，于本月十八日除授原官，仍在实录馆当差，囊空如洗，家眷亦未能骤来。惟自艰难久历，眼昏齿豁，日非一日，涓埃未报，岁月日增，徒深浩叹。去使殊促，挑灯伸纸，一部廿七史从何处说起。草草数行，所怀百不得一，东南军务时时赐示一二。若衣闻亦到皖，近况何似？泐请台安，统惟心鉴。六月二十六日雨中寅初刻，年愚弟豫顿首。"（《瑞安孙家往来信札集》，87页）

六月二十八日（8月12日），收到孙锵鸣来函。

《赴皖日记》："晴，蕖田五月二十三日书来，知四月二十二函已到。蕖田极言朝廷厉精求治，而左右大臣无慷慨任事之人。又闻养心殿说书之旨，派出满汉八人，汉员则李文园尚书、单地山都宪、沈经笙侍郎、徐荫轩太史也。予谓主上尚在冲龄，而蒙养不在求速，且说书多至八人，则其中贤否互出，意见必不能同，非涵养圣德之道，且精力亦所不及，但责弘德殿师傅从容教导之为得也。蕖田又言本科进士第三人张君香涛之洞，廷对策直陈时务，痛砭旧时陋习，读卷置之第四，太后擢置第三，当此改法求才之际，得贤如张君，士气当为之一振也。"（《孙衣言孙诒让父子年谱》，408页）

六月，校读明刻茅鹿门评本《欧阳文忠公文抄》五卷。（《孙衣言孙诒让父子年谱》，46页）

七月初一日（8月14日），得王拯来函。

《赴皖日记》："晴，王定甫都中书来。"（《孙衣言孙诒让父子年谱》，408页）

七月初二日（8月15日），莫友芝来、黎庶昌来。

《赴皖日记》："晴。莫子偲、黎莼斋来。"（《孙衣言孙诒让父子年谱》，408页）

七月初四日（8月17日），何璟来。

《赴皖日记》："晴。何小宋观察来。"（《孙衣言孙诒让父子年谱》，408页）

七月初五日（8月18日），李临驯来，持曾国藩《古文抄目录》、王柏心《经论》见示。

《赴皖日记》："晴，午后雨。葆斋来，持节相《古文抄目录》见示，又

231

以王子寿刑部柏心进呈《经论》见示,取《伊训》《太甲》中精语为论八篇,皆辅导幼主之意也。又言子寿朴诚无匹,学有根柢,颇有当世之志,而年已六十,朝廷不甚知之也。"（《孙衣言孙诒让父子年谱》,408页）

七月初六日（8月19日）,谒曾国藩。晤曾纪泽、钱应溥、周学浚、何璟。

　　《赴皖日记》:"晴。谒节相,知冯鲁川为唐中丞所留,在临淮不能来。晤劼刚公子、子密同年、缦云、小宋两前辈。"（《孙衣言孙诒让父子年谱》,409页）

　　《曾国藩日记》:"午初温《诗·宫》。孙琴西来畅谈。"（中册,652页）

七月初七日（8月20日）,朱允成来函,云:

　　琴西先生大人尊览:允成五月间本欲赴皖,忽患肝气,一切情形谅经若翁面述。另有椒畦一信,求将允成患病代禀节相师,定蒙照拂。即辰敬维起居万福,曷胜企颂。闻到皖后,节相师与作文字交,不知近稍烦以俗事否?若翁曾否得委,念念。允成病不久而总不复元,殊堪焦急,近乃以作文消遣,已得十八篇,然全无门逕,兹录呈三篇。椒畦等所谓似古文者,敬求训诲,不知尚可学否?舍间多故,允成虽病愈,亦恐不能久在皖,但此心未肯便灰,月内总当一行。拙作阅后望留函丈,允成到皖面受提命也。椒畦前曾寄文,又寄《皇朝经世文编》一部,谅收到矣。渠现尚在省,嘱代请安。肃此,敬请勋安,并颂潭祉。朱允成谨上,七月七日。若衣先生处即此请安。（《瑞安孙家往来信札集》,30—31页）

七月初八日（8月21日）,闻郭嵩焘任广东巡抚,李榕任江宁盐运使的消息。

　　《赴皖日记》:"晴,闻筠仙拜粤东巡抚之命,李申甫擢运使。"（《孙衣言孙诒让父子年谱》,409页）

七月初九日（8月22日）,大雨。

　　《赴皖日记》:"晴,晚间大雨如注,月来颇患旱,至此始得沾足。"（《孙衣言孙诒让父子年谱》,409页）

七月初十日（8月23日）,闻莫友芝生病消息。

　　《赴皖日记》:"雨,闻子偲病。"（《孙衣言孙诒让父子年谱》,409页）

七月十二日（8月25日）,杨岘来访,一起往访徐子苓,未见。

《赴皖日记》:"晴,夜间又雨。杨见山来,与访毅甫,不得见。"《孙衣言孙诒让父子年谱》,409页)

七月十三日(8月26日),曾国藩来访。与林用光访徐子苓,晤杨岘。

《赴皖日记》:"晴。节相枉驾草堂。闻杨朴庵同年卒。夜与若衣访毅甫,见山先至。"《孙衣言孙诒让父子年谱》,409页)

《曾国藩日记》:"出门拜客,至孙琴西处小坐。"(中册,654页)

七月十四日(8月27日),闻彭玉麟来安徽。

《赴皖日记》:"晴。闻彭雪琴侍郎来此,以欲援湖口也。"《孙衣言孙诒让父子年谱》,409页)

七月十五日(8月28日),新任池州教谕的同年龙璇来访。

《赴皖日记》:"晴。龙同年璇来自望江,年六十馀矣,新选池州教谕,将之官也。"《孙衣言孙诒让父子年谱》,409页)

七月十六日(8月29日),邢春第来,周学浚来。

《赴皖日记》:"邢晓庄观察来,缦云前辈来。"《孙衣言孙诒让父子年谱》,409页)

七月十七日(8月30日),秀才徐宗亮来。

《赴皖日记》:"晴。徐椒岑茂才昭亮来,年三十,颇俊爽,能古文。"《孙衣言孙诒让父子年谱》,409页)

七月十八日(8月31日),彭玉麟来访,未见。

《赴皖日记》:"晴。彭雪琴来,未见。"《孙衣言孙诒让父子年谱》,409页)

七月十九日(9月1日),拜谒曾国藩,晤李鸿裔、钱应溥、程鸿诏。晤钱泰吉,出《玉枕兰亭》拓本索诗。又晤龙璇、周学浚。莫友芝、张庆安来访。访彭玉麟,不值。

《赴皖日记》:"晴。谒节相,晤李梅生、钱子密、程伯孚。晤警石先生,出新得《玉枕兰亭》索为诗,此刻故为先生曾祖文端公陈群所藏,此其拓本之一也。晤龙紫渊同年璇、缦云前辈。子偲孝廉、张仙舫庆安来。访彭雪琴侍郎,不值。"《孙衣言孙诒让父子年谱》,409页)

《钱警石先生泰吉以所藏玉板兰亭拓本见示云其先文端旧存此刻久

亡之命为之诗》:"宝墨相看近百年,名门儒硕旧婵嫣。金沙雁去空遗恨,玉匣龙腾自昔传。文物几经天宝后,风流愁说永和前。且摩老眼消清昼,莫更兴怀重慨然。"(《孙衣言集》上册,236 页)

《曾国藩日记》:"孙琴西来久坐。"(中册,656 页)

七月二十日(9 月 2 日),收到王必达来函。

《赴皖日记》:"雨。王霞轩太守江西书来。"(《孙衣言孙诒让父子年谱》,409 页)

七月二十三日(9 月 5 日),收到沈葆桢来函。

《赴皖日记》:"晴。沈中丞江西书来。"(《孙衣言孙诒让父子年谱》,409 页)

七月二十四日(9 月 6 日),李榕来访,得知江西消息。杨沂孙、李善兰、张文虎、方宗诚来访。

《赴皖日记》:"晴,李申夫都转自湖口来,知江西肃清,湖口、彭泽之贼皆下,官军移驻东流。杨泳春、李壬叔、张啸山、方存之来。"(《孙衣言孙诒让父子年谱》,409 页)

七月二十五日(9 月 7 日),范泰亨来。

《赴皖日记》:"晴。范云吉员外泰亨来自蜀中。云吉为百崇教谕之弟,己酉拔贡,与王少鹤善,胡文忠抚鄂时,尝以人才荐。"(《孙衣言孙诒让父子年谱》,409 页)

七月二十六日(9 月 8 日),晤邢春第、邓瑶、范泰亨、李榕。龙湛霖来访。晤李鸿裔、杨沂孙。

《赴皖日记》:"晴。晤邢晓庄观察、邓伯昭同年、范云吉员外、李申夫都转。龙编修湛霖湖北攸县人,壬戌翰林新自京浮海至此。晤李梅生、杨泳春。夜间雨。"(《孙衣言孙诒让父子年谱》,410 页)

七月二十七日(9 月 9 日),宋垚金来访。是日曾国藩上《孙衣言病痊请免引见仍留皖差委补用片》。

《赴皖日记》:"雨。宋礼卿大令垚金来。"(《孙衣言孙诒让父子年谱》,410 页)

《孙衣言病痊请免引见仍留皖差委补用片》:"前任安徽安庆府知府

孙衣言,于咸丰九年三月赴浙劝捐,行至苏州途次患病,经前抚臣翁同书奏请开缺调理在案。嗣闻该员在籍旧病渐愈,本年二月间由臣札调来皖委办营务。数月以来,察其学问淹雅,器识闳通。查病痊人员例应赴部投供,坐补原缺,惟皖省军务正紧,差委需人之际,合无仰恳天恩,准将开缺安庆府知府孙衣言免其送部引见,仍留原省酌量补用,俾资指臂之助。"(《曾国藩全集·奏稿之六》,岳麓书社2011年版,374—375页)

七月二十八日(9月10日),言南金来。

《赴皖日记》:"晴。言卓林来。"(《孙衣言孙诒让父子年谱》,410页)

七月二十九日(9月11日),得钱应溥函。

《赴皖日记》:"晴。子密书来,知节相奏请起病留徽补用。"(《孙衣言孙诒让父子年谱》,410页)

七月三十日(9月12日),晤钱应溥、蒋嘉械。

《赴皖日记》:"晴。晤子密、莼顷。"(《孙衣言孙诒让父子年谱》,410页)

八月初一日(9月13日),访徐子苓、杨岘。

《赴皖日记》:"晴。访徐毅甫、杨见山。"(《孙衣言孙诒让父子年谱》,410页)

八月初三日(9月15日),韦明斋、周莲塘两同年赠胙肉。

《赴皖日记》:"韦明斋、周莲塘两同年致胙肉。"(《孙衣言孙诒让父子年谱》,410页)

八月初四日(9月16日),程光国来谈。

《赴皖日记》:"绩溪程观甫刺史光国来,言其县令娄森贪污之状,至抽牛税,每牛一头责令岁输钱一千文。又言歙县令钟泰之勤廉,每日坐堂皇,与民相见,有讼者面剖其曲直,即断遣之出,则二人异以行,胥役仆隶皆困甚,而民爱之。"(《孙衣言孙诒让父子年谱》,410页)

八月初五日(9月17日),得孙锵鸣六月二十七日函。

《赴皖日记》:"晴。蕖田六月二十七日京中书来,知于六月二日派充讲官。又知邵汴生补赞善。何都司贵奏自京回来访。"(《孙衣言孙诒让父子年谱》,410页)

八月初六日（9 月 18 日），邵懿辰之子邵顺年来借《朱子全书》。

《赴皖日记》："晴，大热，邵世兄顺年来借《朱子全书》。"（《孙衣言孙诒让父子年谱》,410 页）

八月初七日（9 月 19 日），谒曾国藩。得邵亨豫来函。晤蒋嘉棫、韦运煌、程光国、方宗诚。方宗诚见示黄彭年函。沈丽文来。

《赴皖日记》："晴。谒节相。接汴生都中来信。晤菀顷、朗斋、观甫、存之。存之见示黄子寿太史蜀中书，极言篑门尚书及刘霞仙方伯蓉之汲汲求治，而夷人传天主教者颇肆，且有所挟，骆、刘皆悒悒不自得，有去志，蜀为要地，又今日所望以为乐土者，而事势如此，可叹也。沈少卿县佐来，将以明日赴金陵大营。少卿名丽文，甲辰同年、笠湖吏部之侄笠湖名鍟、鹭卿前辈锡庆之子，而原总宪之孙也。是夜风。"（《孙衣言孙诒让父子年谱》,410 页）

八月初九日（9 月 21 日），徐堂赓来。

《赴皖日记》："风止。徐明府堂赓来。"（《孙衣言孙诒让父子年谱》,410 页）

八月初十日（9 月 22 日），刘中孚来，孙庆恒来，邢春第来，张凤翥来。

《赴皖日记》："刘鱼门明府中孚来，湖南湘阳人，以茂才得教谕，为胡文忠所知，俾司榷于枞阳关，极称杨军门之将略，又言其营有吴贞陵观察炳塈者，湖北人，练达安祥，军门故人也，以微嫌辞去为可惜。孙百泉明府庆恒自湖口来。刘小粤太守自湖北返皖。邢晓庄来。张炼渠来。"（《孙衣言孙诒让父子年谱》,410—411 页）

八月十一日（9 月 23 日），与林用光至徐子苓处小坐。

《赴皖日记》："晴。与若衣至毅甫处小坐。"（《孙衣言孙诒让父子年谱》,411 页）

八月十二日（9 月 24 日），莫友芝来。

《赴皖日记》："晴。莫子偲来。"（《孙衣言孙诒让父子年谱》,411 页）

八月十三日（9 月 25 日），得上谕批复，准谱主留营差委。

内阁奉上谕："曾国藩奏请将病痊知府免其送部引见，仍留原省酌补等语。前任安徽安庆府知府孙衣言，前因告病开缺，病痊后例应赴部投供坐补原缺。惟皖省军务方殷,该员现经曾国藩札调到营委办营务,正资差委。着照所请,孙衣言免其送部引见,仍留安徽酌量补用。该部知道。钦此。"(《曾国藩全集·奏稿之六》,375 页)

八月十四日(9 月 26 日),赴林用光招夜饮,与钱应溥、周学浚、沈鹤鸣同席。

《赴皖日记》:"夜雨。若衣招同子密、缦云、沈访莲明府鹤鸣夜饮。"(《孙衣言孙诒让父子年谱》,411 页)

八月十五日(9 月 27 日),招林用光、姚恭、薛仁甫饮。

《赴皖日记》:"大风雨。招若衣、元礼、仁甫少饮。"(《孙衣言孙诒让父子年谱》,411 页)

八月十六日(9 月 28 日),桐城胡纯来访,以文章相质。

《赴皖日记》:"风。桐城胡伯良来,名纯,居桐城北乡唐家湾,以文相质。"(《孙衣言孙诒让父子年谱》,411 页)

八月十七日(9 月 29 日),桐城萧穆来。

《赴皖日记》:"晴。桐城萧敬孚来,名穆,居桐城东乡,力田读书,能为古文辞,藏书颇多,而人甚朴实。"(《孙衣言孙诒让父子年谱》,411 页)

八月十八日(9 月 30 日),谒曾国藩,晤陈世镕。

《赴皖日记》:"阴。谒节相,坐上晤怀宁陈雪庐乙未进士,自湖南归,始知房师蒋申甫先生主讲石鼓书院,何子贞太史亦自山东归湖南矣。"(《孙衣言孙诒让父子年谱》,411 页)

八月二十日(10 月 2 日),访钱泰吉、邓瑶。吊唁马恩溥丧偶。刘方惠来辞别。

《赴皖日记》:"晴。访钱警石太翁、邓伯昭同年。唁马慰农学使。时新丧偶。伯昭言,江达川方伯之太夫人避兵新宁时,忽贼十数万围城,方伯兄弟口城守,请太夫人出城避,太夫人不许,城卒无恙。又言方伯家故贫,兄弟数人不能皆就塾,太夫人独遣忠烈就学,而束修仅足以给半年,太夫人自佣针黹以助之,诚贤母哉!闻筠仙中丞由上海航粤东,不来皖矣,为之怅然。刘小粤太守来告别,将有桐城履亩之役也。"(《孙衣言

孙诒让父子年谱》,411 页)

八月二十二日(10 月 4 日),马起升来。

《赴皖日记》:"雨。马慎庵起升来。"(《孙衣言孙诒让父子年谱》,411 页)

八月二十三日(10 月 5 日),寄京师函。

《赴皖日记》:"雨。作书寄京师。"(《孙衣言孙诒让父子年谱》,411 页)

八月二十四日(10 月 6 日),龙德中及弟德元来。

《赴皖日记》:"雨。龙蕴文德中及其弟鹤汀德元来。"(《孙衣言孙诒让父子年谱》,411 页)

八月二十八日(10 月 10 日),同年王家璧来。

《赴皖日记》:"晴。王孝凤同年家璧来。孝凤为丁酉、己亥同年,官户部,特旨来皖。"(《孙衣言孙诒让父子年谱》,412 页)

八月三十日(10 月 12 日),谒曾国藩,晤王家璧、莫友芝。

《赴皖日记》:"晴。谒节相师,晤王孝凤同年、莫子偲孝廉。"(《孙衣言孙诒让父子年谱》,412 页)

九月初二日(10 月 14 日),晤江忠濬。访钱应溥。晤何璟。

《赴皖日记》:"晴。晤达川方伯。访子密同年,贺赘婿。晤何小宋观察。"(《孙衣言孙诒让父子年谱》,412 页)

九月初三日(10 月 15 日),门人殷先正来。

《赴皖日记》:"晴。门人殷先正来。余在定远时,先正之父虬为校官其邑,蒉田乙未同年也,命先正问业于予。及归甫三阅月,定远破,城中官皆殉贼,予疑先正死矣,至是以应试来见,始知自其父外皆得免,以先避出城,在吴开会堡中也,相对惘惘。"(《孙衣言孙诒让父子年谱》,412 页)

九月初四日(10 月 16 日),何璟来,王家璧来,吴询来。

《赴皖日记》:"晴。何小宋来,王孝凤来。候补县吴询来,云尝在惠绂□总戎处,相见于明光驿中,予忘之矣。"(《孙衣言孙诒让父子年谱》,412 页)

九月初五日(10 月 17 日),刘履中来,程光国来,程振生来。

《赴皖日记》:"晴。刘子坦大令履中、程观甫刺史光国来。程昌斋观察振生来。"(《孙衣言孙诒让父子年谱》,412页)

九月初六日(10月18日),王璪来,方宗诚与许丙椿来。许丙椿持所著《敩园诗谈》见示。言南金、龙嘉麟来。

《赴皖日记》:"晴。王鲁园太守璪来。方存之与许若秋广文丙椿及植之先生文孙来。鲁园太守,壬辰进士,由户部郎出守汝州,谢病归,年七十九矣。若秋广文年亦七十九,存之戏谓予曰:二老者,安庆之大老也。若秋持所著《敩园诗谈》八卷见示,亦甚风雅。二君皆老态,而若秋犹能健步,自谓夜间尚能于灯下作蝇头细书也。言卓林、龙嘉麟来。"(《孙衣言孙诒让父子年谱》,412页)

九月初七日(10月19日),许丙椿赠诗章,并以所作时文见示。

《赴皖日记》:"晴。许若秋惠赠诗章,并以所作时文见示。"(《孙衣言孙诒让父子年谱》,412页)

九月初八日(10月20日),陈世镕来访。

《赴皖日记》:"晴。陈燮楼刺史世镕来。燮楼,怀宁人,丙子举人,乙未进士,尝宰甘肃,荐升知州,年七十七矣,邃于经史,能诗,避地潇湘间,新自楚归,而来访予。"(《孙衣言孙诒让父子年谱》,412页)

九月初九日(10月21日),李鸿裔、朱允成来访。是日李鸿章来函。

《赴皖日记》:"晴。李梅生来,朱子钦来。"(《孙衣言孙诒让父子年谱》,412页)

李鸿章函云:"琴西世伯大人执事:前奉六月初五日手书,硕画闳谟,目光如炬,杜老有徒以诗史称矣,钦仰曷极!童圭农观察过沪,接药师手书,雅不欲逐队少年终有载笔归来之想。窃谓京朝官后起人才殊日薄弱,如吾师之深心卓识,扬历华资,必播为济时霖雨,盍不以'少安毋躁'讽之耶!昨见节相咨奏,已留办营务,可免引见坐补之厄。从此润泽枯焦,发抒伟抱,董佐贤相,福我皖氏,为颂无量。皖南青阳、皖北蒙城似均难保,铤走之寇仍益恣猖,不独荡灭无期,抑且支持费力。忠、侍两悍酋回援苏州、无锡,日与我军搏战,虽屡获胜,而贼气仍未大衰。左军克富阳后亦与杭逆相持。但冀明年甲子大运将转,或有成功之一日耳。劲年遽请开缺,可谓高蹈。盛名之下,实不易居,惟此着最为藏

239

身之巧，但恐未必如愿。复叩勋祺，匆匆示叩。世愚侄李鸿章顿首，重阳日。前奉馈百金计当察收。"（《瑞安孙家往来信札集》，35—36页）

九月十一日（10月23日），黄冕来访。

《赴皖日记》："晴。黄南坡观察冕来，时议整淮南醶务，节相檄令来此。"（《孙衣言孙诒让父子年谱》，413页）

九月十二日（10月24日），生病。

《赴皖日记》："晴。病痢。"（《孙衣言孙诒让父子年谱》，413页）

九月十三日（10月25日），病稍好。

《赴皖日记》："晴。痢小愈。"（《孙衣言孙诒让父子年谱》，413页）

九月十四日（10月26日），谒曾国藩。访黄冕，未遇。

《赴皖日记》："谒节相，访南坡观察未遇。"（《孙衣言孙诒让父子年谱》，413页）

《曾国藩日记》："孙琴西来久坐。"（中册，670页）

九月十五日（10月27日），周学浚偕张文虎、李善兰来访。

《赴皖日记》："晴。缦云前辈偕啸山、壬叔来。"（《孙衣言孙诒让父子年谱》，413页）

九月十六日（10月28日），杨彝珍侄杨子苓持梅仙泉函来，说起杨彝珍现状。访徐子苓。

《赴皖日记》："晴。杨子苓光□持梅仙泉书来，性农同年犹子也，为言性农林下之乐，心甚慕之。过毅甫。"（《孙衣言孙诒让父子年谱》，413页）

九月十七日（10月29日），李士棻来。

《赴皖日记》："晴。李芋仙大令士棻来。芋仙，惠州人，己酉拔贡，以教习得官县令，分发江西，摄彭泽，不乐，节相召之来军中。芋仙博雅好书，而无仕宦情，有二子，名之曰松存、菊存，盖以见其志也。"（《孙衣言孙诒让父子年谱》，413页）

九月十八日（10月30日），赴江忠瀎招饮，与吴大廷、邓瑶同席。吴大廷来访，持所作古文见示。

《赴皖日记》："晴。江达川方伯招饮，同吴桐云观察_{大廷}、邓伯昭运同。是日，桐云由临淮来见访，云能古文，以佐唐艺衢中丞临淮军，不合去，持所作古文见示。"（《孙衣言孙诒让父子年谱》，413 页）

九月十九日（10 月 31 日），访黄冕、吴大廷、李士棻。是日，嘉兴钱泰吉撰《逊学斋文钞序》。

《赴皖日记》："晴。访南坡、桐云两观察、芋仙大令。芋仙引入其室，书史拥左右，一小几供菊二盆，一大铜炉香烟缭绕其上，可以想其趣矣。"（《孙衣言孙诒让父子年谱》，413 页）

《逊学斋文钞序》："永嘉先儒文集，余独未见薛常州耳。陈文节以下，皆尝寻览，大都深厚质实，不为过高难行之论，展卷静读，儒者气象恍在心目间。有宋永嘉之学与金华并为吾浙大宗，所以世无异说也，今虽稍衰，承学之士犹未艾。余凤闻瑞安孙琴西兄弟能文章，登上第为清华选，心窃慕之。今与琴西相遇皖中，既读其刊行《逊学斋古今体诗》十卷，又出其文稿相示，皆自成机杼，无所依傍，不必与文节诸公同而宗旨无异。碑版述事之文，造句尤似昌黎，为近时所罕见。假令久居禁近，簪笔侍从，记事记言成一代巨制，岂异人任？乃去承明之庐，出领大郡，虽为朝廷分忧重寄，然琴西恋阙之思，遥望五云，能无慨叹。虽然，以琴西之学行政事文章，任所施设，无所不宜。政事须假手事权，琴西既不乐持手版谒监司，暂卸郡符，闲居乐志，吾意斯时也可专事文章矣。琴西以我为然乎？我于琴西愿有进。百馀年来，古文家竞推桐城，桐城诚为正宗，然为学各有家法，文章流别，不必一途，先哲遗型，近而易习，琴西于其乡先生之文，童而诵之矣，吾愿益专其业而推广之，昌明永嘉之学，俾世之人知吾浙之学犹有永嘉，永嘉真脉乃在瑞安，不亦美乎？琴西以我言为然乎否耶？同治二年岁在癸亥九月既望三日，嘉兴钱泰吉拜识于皖城寓舍，时年七十有三。"（《孙衣言集》中册，287 页）

九月二十日（11 月 1 日），吴大廷来告别，以所作新文见示。

《赴皖日记》："雨。吴桐云来告别，复以所作新文四首见示。"（《孙衣言孙诒让父子年谱》，413 页）

九月二十一日（11 月 2 日），与邓瑶、徐子苓饮吴大廷舟中。

《赴皖日记》："雨。与伯昭、毅甫集饮吴桐云舟中。桐云英锐有为，

为予言淮北军事，颇以唐中丞急战为非，竟以意见不合而去，可惜也。"（《孙衣言孙诒让父子年谱》,413 页）

九月二十三日（11 月 4 日），赴金安清招，与邓瑶、徐子苓、朱允成于连升店。

《赴皖日记》："雨。金眉生招同伯昭、毅甫、子钦连升店中，眉生豪健如昔，亦一奇也。"（《孙衣言孙诒让父子年谱》,413 页）

九月二十四日（11 月 5 日），金安清以诗见赠。谱主有和诗。

《赴皖日记》："雨。眉生以诗见赠。"（《孙衣言孙诒让父子年谱》,413 页）

金安清诗："难后□逢怆鬓丝，吴阊夜雨别君时。尚馀腹笥储诗卷，各有新愁对酒卮。岩壑当门甘吏□，□稜天上感经师。何时宣室蒲轮召，不厌闲云出岫迟。琴西仁兄别五年矣，皖江握手，口占一律奉赠，即祈和正。傥斋愚弟金安清呈草。"（温州博物馆藏原件）

谱主《和答金梅生》："秋老江城黯雨丝，相逢那复似年时。更无远梦依三殿，且共诸公覆一卮。盐铁几人持国论，旌旃满地望王师。文章事业君休羡，便计归耕亦恨迟。"（《孙衣言集》上册,236 页）

九月二十五日（11 月 6 日），金安清以所作《理财论》《与刘询孙论漕务书》见示。

《赴皖日记》："雨。眉生复以所作《理财论》及《与刘询孙论漕务书》见示。"（《孙衣言孙诒让父子年谱》,413—414 页）

九月二十六日（11 月 7 日），邓瑶见示新诗二首。谱主戏和一首。

《赴皖日记》："阴。伯昭见示新诗二首。"（《孙衣言孙诒让父子年谱》,414 页）

《伯昭见示呈湘乡相公诗戏和》："手书圣德三千牍，误受朝恩二十年。岂有文章能报答，独遭离乱幸安全。重窥东閤诚何事，徒步江干或有缘。群盗如毛阊阖远，每搔蓬鬓即茫然。予与修《宣宗实录》。"（《孙衣言集》上册,236—237 页）

九月二十七日（11 月 8 日），陈世镕来，刘玉辉来。寄京都信札及王拯信札。

《赴皖日记》："雨。陈燮楼刺史世镕来。刘韫山刺史玉辉来。发京信

并小鹤信。"(《孙衣言孙诒让父子年谱》,414 页)

九月二十八日(11月9日),朱允成来。接孙锵鸣来函。

《赴皖日记》:"阴。朱子钦来。蘽田八月都中书来,知苏赓堂先生以道员发往河南,殆出之于外也。"(《孙衣言孙诒让父子年谱》,414 页)

九月,得永嘉张元彪《松涛阁诗》各种及其子正宰《柿园集》合写本二册,徐莒生茂才学诚为之搜求。(《孙衣言孙诒让父子年谱》,46 页)

十月初二日(11月12日),谒见曾国藩,晤钱泰吉。

《赴皖日记》:"晴。谒见节相,晤警石先生。"(《孙衣言孙诒让父子年谱》,414 页)

《曾国藩日记》:"旋见客,坐见者二次,立见者七次。"(中册,674 页)

十月初三日(11月13日),同年王家璧来。

《赴皖日记》:"晴。王孝凤同年来。"(《孙衣言孙诒让父子年谱》,414 页)

十月初四日(11月14日),杨岘来。

《赴皖日记》:"晴。杨见山来。"(《孙衣言孙诒让父子年谱》,414 页)

十月初五日(11月15日),赴江忠濬招饮。晤欧阳兆熊。

《赴皖日记》:"晴。达川方伯招饮。晤欧阳小岑。夜间雨。"(《孙衣言孙诒让父子年谱》,414 页)

十月初六日(11月16日),徐子苓送行。

《赴皖日记》:"阴。毅甫送行。"(《孙衣言孙诒让父子年谱》,414 页)

十月初七日(11月17日),陈濬来,闻沈葆桢复出视事。

《赴皖日记》:"晴。陈心泉来。闻沈中丞复出视事,以中旨慰留也。"(《孙衣言孙诒让父子年谱》,414 页)

十月初九日(11月19日),朱允成以新上节相文见示。洪汝奎来。

《赴皖日记》:"晴。朱子钦以新上节相文见示。洪琴西来。"(《孙衣言孙诒让父子年谱》,414 页)

十月初十日(11月20日),慈禧太后生辰,随曾国藩在文庙行朝贺礼。晤许振祎,晤蒋嘉械、钱应溥。

《赴皖日记》："晴。慈禧太后万寿，随节相在文庙行朝贺礼。晤许仙屏太史。仙屏新自都中出，坐火轮船六日至上海，言在都屡晤藐田，又言藐田在都中颇购书，亦可喜也。晤莼顷、子密。"（《孙衣言孙诒让父子年谱》，414页）

《曾国藩日记》："是日恭逢慈禧皇太后万寿，黎明至万寿宫拜牌。"（中册，676页）

十月十一日（11月21日），勒方锜来。许振祎来谈。

《赴皖日记》："晴。勒少仲同年来，少仲以节相檄办粮台来皖。仙屏太史来谈，至上灯而去。"（《孙衣言孙诒让父子年谱》，414页）

十月十二日（11月22日），王家璧来，以新诗见惠。赵烈文来访。是日，吴大廷在黄州舟中致函谱主。

《赴皖日记》："晴。王孝凤同年来，见惠新诗。"（《孙衣言孙诒让父子年谱》，414页）

王家璧诗云："同咏霓裳一弹指，不堪追忆道光年。当时文物劳珠记，此日关河几瓦全。"其"共听铙歌也慨然"句下注："琴西为余丁酉、己亥同年，自侍讲出守安庆，乞病归，摅帅奏起来皖，余亦奉命至营获聚于此，君时有《师友集》之选。"诗末署云："连日过琴西尊兄同年大人城西草堂，承赋诗见赠，次韵奉答，即求正定，同治二年十月十二日年愚弟王家璧呈稿。"（《孙衣言孙诒让父子年谱》，46页）

《赵烈文日记》："次候孙琴西太守。衣言，温州遂〔瑞〕安人，风雅士，相国屡言之，欲余往晤。"（第二册，1046页）

吴大廷函："琴西尊兄先生史席：别廿馀日矣，良朋间隔，可胜泂溯！少鹤奉贵文稿三本，在皖忘记面缴，兹附还，乞检收。集中《向忠武碑铭》《池司业庙碑》《送高丽使臣序》皆大文字，虽间有芜累，不可弃也，幸酌之。拙集可录者几篇？望严为抉择，有未洽者，乞痛改之。大约操选政有二：以文存人，以人存文。舍是则虽据要津，通款洽，不可阑入，以取世讥。阁下有道者，当不河汉斯言也。拙集仍望交节相内银钞所洪琴翁寄还，弟仍当归之敝门人周生耳。舟中作文三篇，惜不获录呈斧政，并毅老、伯昭兄共订之，为愧恨也。归里后再当详致，希叱致。相见何时？伏惟为道珍重，不宣。弟大廷顿首。十月十二日黄州舟中。令亲若衣尊兄承枉顾，未及答拜，乞致拳拳。"（《小莽苍苍斋藏清代学者书札》，795—796页）

十月十三日(11 月 23 日)，王家璧来。杨岘来，以其兄《抱山诗文集》见示。

> 《赴皖日记》："晴。王孝凤来。杨见山来，以其令兄《抱山诗文集》见示，由沪渎寄来者。见山有移居之说，且云新自其家致书数十种来。"（《孙衣言孙诒让父子年谱》，414 页）

十月十四日(11 月 24 日)，雷翊清来，朱孔彰来。

> 《赴皖日记》："晴。雷石岑广文翊清来，朱仲我孔彰来。仲我，上元人，其尊人艽丰广文骏声精许氏学，著有《说文通训定声》《夏小正补传》《离骚补注》《仪礼郑注一隅》。《说文通训》以咸丰初元进呈，蒙恩授国子监博士，咸丰八年卒，以与节相有旧，故仲我来此，其家尚在祁门也。雷石岑同年言，桐、怀官洲芦课之利，自陷贼后，民乾没之。桐城一洲，每年课银二千两，怀宁两洲不下二千两，此自然之利，而官不知也。"（《孙衣言孙诒让父子年谱》，414—415 页）

十月十五日(11 月 25 日)，赴万启琛招饮，晤勒方锜、陶鹤汀、陈小坡，席间勒方锜诵翁心存《秋日杂感》八首。访赵烈文，因病未晤。

> 《赴皖日记》："晴。万簏轩方伯招饮，晤勒少仲、陶鹤汀、陈小坡。主人以病不能见。少仲在坐为客诵翁二铭相国《秋日杂感》八首，不遗一字，盖数年前见于都中，其强记可畏也。"（《孙衣言孙诒让父子年谱》，415 页）
>
> 《赵烈文日记》："孙琴西太守来答候，以疾未晤。"（第二册，1046 页）

十月十六日(11 月 26 日)，赴何璟招饮，晤席宝田。又晤周学浚、李宝斋。

> 《赴皖日记》："晴。何小宋观察招饮，晤席颖香观察宝田。观察剿贼江西，自湖口至青阳，所向皆克，言及收降之事，谓此时贼党皆欲散而不得，如能开以恩信，勿可杀掠，则皆有资以归，不必忧费之无措也。是日，晤周缦云、李宝斋两前辈。"（《孙衣言孙诒让父子年谱》，415 页）

十月十七日(11 月 27 日)，谒曾国藩，与许振祎、朱允成同席。晤何璟、钱应溥、蒋嘉械。

> 《赴皖日记》："晴。偕仙屏、子钦在节相处饮。晤小宋、子密、莼顷。"（《孙衣言孙诒让父子年谱》，415 页）

按:《曾国藩日记》十月十六日:"孙琴西来,与许仙屏、朱紫卿共便饭。席间,潘云阁河帅来,谈论颇久。"(中册,677页)未知孰是。

十月十八日(11月28日),招许振祎、王家璧、勒方锜、朱允成、周尚实饮。

《赴皖日记》:"晴。招仙屏、孝凤、少仲、子钦、诚之饮。"(《孙衣言孙诒让父子年谱》,415页)

十月十九日(11月29日),送许振祎返江西。

《赴皖日记》:"晴。是日仙屏返江西。"(《孙衣言孙诒让父子年谱》,415页)

十月二十日(11月30日),寄周成民、侯鸾书、万方焜、张启煊信。

《赴皖日记》:"晴。发绎庭、翰园、序东、焕堂信。"(《孙衣言孙诒让父子年谱》,415页)

十月二十一日(12月1日),张文虎来。

《赴皖日记》:"朱久香学使到皖。张啸山携其文来。"(《孙衣言孙诒让父子年谱》,415页)

按:朱兰(1799—1873),字久香,号耐庵。浙江馀姚人。道光九年(1829)探花。授翰林院编修,同治二年任安徽学政。官至内阁学士,署工部左侍郎。

十月二十二日(12月2日),晤安徽学政朱兰。朱允成携方宗诚文来。

《赴皖日记》:"晤久香学使。朱子钦携方存之文来。"(《孙衣言孙诒让父子年谱》,415页)

十月二十三日(12月3日),邓瑶来,方骏谟来。

《赴皖日记》:"伯昭来,方元征骏谟来。"(《孙衣言孙诒让父子年谱》,415页)

十月二十四日(12月4日),得金安清来函。

《赴皖日记》:"晴。金眉生泰州书来,以诗笺见寄。"(《孙衣言孙诒让父子年谱》,415页)

十月二十五日(12月5日),见过学政朱兰。得孙锵鸣来函。

《赴皖日记》:"晴。久香学使见过。蕖田八月初四日京中书来。"

（《孙衣言孙诒让父子年谱》,415 页）

十月二十六日(12 月 6 日),李士棻来。谒见曾国藩。赵烈文来访,未晤。

《赴皖日记》:"晴。李芋香来。谒见节相。"(《孙衣言孙诒让父子年谱》,415 页)

《曾国藩日记》:"旋见客,坐见者三次,立见者二次,陈虎臣、孙琴西谈皆甚久。"(中册,680 页)

《赵烈文日记》:"候张仙舫辞行,次候李芋仙,次候方元翁、叶湘雯,次候孙琴西、万麓轩。李、孙、万不晤。"(第二册,1049 页)

十月二十七日(12 月 7 日),晤曾纪泽。寄京中信。

《赴皖日记》:"阴大风,晤劼刚主政。发京中书。"(《孙衣言孙诒让父子年谱》,415 页)

十月二十八日(12 月 8 日),王家璧来。方宗诚与何世俊来。是日湘乡李续宜卒,年四十一。

《赴皖日记》:"阴。王孝凤同年来。方存之偕何太守世俊来,耕六之宗人也。"(《孙衣言孙诒让父子年谱》,415 页)

《曾国藩日记》(十一月二十日):"申正接信,知希庵于十月廿八日子刻弃世。苦战多年,家无长物,忠荩廉介,可敬可伤。"(中册,685 页)

十一月初二日(12 月 12 日),钱应溥来。

《赴皖日记》:"晴。子密来。"(《孙衣言孙诒让父子年谱》,415 页)

十一月初三日(12 月 13 日),雷翊清之子锡裕来受业。是日,得孙锵鸣函。

《赴皖日记》:"晴。雷石琴令嗣锡裕来受业。得葵田书。"(《孙衣言孙诒让父子年谱》,416 页)

十一月初四日(12 月 14 日),为朱允成、邓瑶设宴饯行,与杨岘、莫友芝、黎庶昌、李士棻同席。

《赴皖日记》:"晴。为子钦、伯昭设饯,同见山、子偲、筱斋、芋仙,芋仙后至。"(《孙衣言孙诒让父子年谱》,416 页)

《题邓伯昭同年瑶雪堂图时伯昭将入蜀》："东坡昔年思子由，风雨联床夜萧瑟。今君何为雪堂图，令我愁忆彭城夕。东坡当时一子由，我更双亲头雪白。成群鸿雁各东西，枉得友朋皆胶漆。远行别我邓云山，千里潇湘亦未还。人生苦爱高官职，风雪江干落木寒。"（《孙衣言集》上册，202页）

十一月初五日（12月15日），沈诚西来。

《赴皖日记》："福建沈诚西明府来。"（《孙衣言孙诒让父子年谱》，416页）

十一月初六日（12月16日），晤柯小泉、程鸿诏二同年。访学政朱兰。晤王家璧。

《赴皖日记》："晴。晤柯小泉、程伯孚二同年，访久香学使。晤王孝凤同年。"（《孙衣言孙诒让父子年谱》，416页）

十一月初七日（12月17日），朱允成将返江西，嘱寄沈葆桢函。

《赴皖日记》："晴。朱子钦返江西，属寄幼丹中丞书。"（《孙衣言孙诒让父子年谱》，416页）

十一月初八日（12月18日），闻苏州克复消息。

《赴皖日记》："晴。闻官军克苏州。"（《孙衣言孙诒让父子年谱》，416页）

十一月初九日（12月19日），闻苗沛霖被歼消息。

《赴皖日记》："闻苗沛霖被歼于蒙城，寿州、怀远皆隆。"（《孙衣言孙诒让父子年谱》，416页）

十一月初十日（12月20日），朱允成始返江西。寄孙锵鸣函。

《赴皖日记》："晴。朱子钦始成行。寄书舍弟。"（《孙衣言孙诒让父子年谱》，416页）

十一月十一日（12月21日），谒曾国藩。

《赴皖日记》："晴。谒节相。"（《孙衣言孙诒让父子年谱》，416页）

十一月十二日（12月22日），得杨彝珍来函。赴李士棻招饮，同勒方锜、莫友芝、李鸿裔。

《赴皖日记》："大风。是日长至，杨性农武陵书来。芋仙招饮，同少

仲、子偲、梅生。"(《孙衣言孙诒让父子年谱》,416页)

十一月十三日(12月23日),韩懿章来。门人殷先正来。

《赴皖日记》:"大雪。韩聪甫大令懿章来。门人殷□冒雪来。"(《孙衣言孙诒让父子年谱》,416页)

十一月十四日(12月24日),陈艾来。

《赴皖日记》:"晴。陈虎臣艾来。"(《孙衣言孙诒让父子年谱》,416页)

十一月十五日(12月25日),赴莫友芝招,同李士棻、李鸿裔、邓瑶、黎庶昌饮。晤马恩溥。

《赴皖日记》:"晴。子偲招同芋仙、梅生、伯昭、莼斋饮其斋中,晤慰农学使。"(《孙衣言孙诒让父子年谱》,416页)

十一月十六日(12月26日),勒方锜来访。林用光来。

《赴皖日记》:"晴。勒少仲来,若衣留饮。"(《孙衣言孙诒让父子年谱》,416页)

十一月十八日(12月28日),谒曾国藩。晤洪汝奎、蒋嘉械。探视钱泰吉,晤钱应溥、曾纪鸿、罗公子。与曾纪泽同访周学浚。

《赴皖日记》:"晴。谒节相。晤洪琴西、蒋莼顷。视警石先生疾,晤子密、曾二公子、罗公子。与劼刚同访缦云书房中。"(《孙衣言孙诒让父子年谱》,416页)

《曾国藩日记》:"孙琴西、马雨农来,各谈二刻许。"(中册,684页)

十一月十九日(12月29日),晤陈艾、方宗诚、周学浚前辈。

《赴皖日记》:"晴。晤陈虎臣、方存之、周缦云前辈。"(《孙衣言孙诒让父子年谱》,416页)

十一月二十日(12月30日),同年王家璧来。是日钱泰吉卒于安庆旅社,年七十二。

《赴皖日记》:"晴。王孝凤同年来。"(《孙衣言孙诒让父子年谱》,416页)

曾国藩《海宁州训导钱君墓表》:"同治二年十一月廿日卒于安庆旅社。"

《曾国藩日记》:"旋又闻钱警石先生仙逝。"(中册,685页)

十一月二十二日（1864 年 1 月 1 日），署庐凤颍道。林用光赋诗志喜。

《赴皖日记》："晴。奉节相饬，署庐凤颍道。"（《孙衣言孙诒让父子年谱》，416 页）

林用光《琴西兄擢庐凤道志喜》："共说真名士，深知大耐官。苍生今慰望，白发远承欢。学岂身家计，治惟士庶安。贤臣关国运，不独庆弹冠。"（《瑞安清民国诗词集》第二册，84 页）

十一月二十三日（1 月 2 日），谒曾国藩。晤万启琛、何璟。

《赴皖日记》："谒节相谢委。晤万麓轩方伯、何小宋前辈。"（《孙衣言孙诒让父子年谱》，416 页）

十一月二十四日（1 月 3 日），谒见曾国藩。

《赴皖日记》："谒见节相。"（《孙衣言孙诒让父子年谱》，416 页）

十一月二十五日（1 月 4 日），上庐凤颍道署办公。

《赴皖日记》："上署。"（《孙衣言孙诒让父子年谱》，416 页）

十一月二十八日（1 月 7 日），赴万启琛招饮，晤王家璧、江忠濬、何璟。

《赴皖日记》："晴。万麓轩方伯招饮，晤王孝凤、江达川、何小宋。"（《孙衣言孙诒让父子年谱》，416 页）

十一月二十九日（1 月 8 日），分别赴邢春第和李鸿裔招饮，均为江忠濬、邓瑶饯行。

《赴皖日记》："晴。邢晓庄观察招饮，李梅生太守招饮，皆饯达川、伯昭也。"（《孙衣言孙诒让父子年谱》，416 页）

十一月间，曾国藩在"密举人才折内，曾以孙衣言奏保。钦奉谕旨，交军机处存记。"（《曾国藩全集·奏稿之十二》，552 页）

十一月下旬，朱允成来函，云：

琴西先生大人阁下：侍教正殷，忽复言别，甚怅怅也。十九甫抵江西，不见已旬日矣。未审起居何似，伏维万福。允成于厘务未知端绪，须与局中从容商问，约在腊初出省。贱体偶感风寒，脚筋掣痛，舟中卧床一日，近已全愈。中丞书已面交，谈次及请假情由，中丞深感先生厚意，嘱允成代致区区，盖请假非悻悻也。居位不尽其职，无补地方，徒增愧耳。以中堂知我最深，平生佩服无二分，当知无不言。然中堂日益撝谦，间有所陈，意见未洽，本望有所指驳，得以复申其说，而往往置之不答。尝因商贾把持钱价，江西钱日益少，厘捐改解银两，似无大碍。当时率意函商，覆书一言不及而严切申饬总局，是进言无补，徒使局员为难，故后于厘务不赞一词也。委员贤否，屡蒙垂问，然所谓认真办事者以为贤，则不可以为不贤，则众谁适从故仍嘿嘿，间遇委员禀事，大都先已迳禀节辕，欲准者多驳，欲驳者反准，是以候督部堂批示而已。且往往中堂准后始行禀，知更无庸置喙矣。委员由皖来者，不论品级，隐然以大员自视，独断独行。甚有本系江西知县，一奉督委，便与上官抗衡，生事激变，反卸过地方官，指参本府，更为该管知县开脱，其视江西抚、藩如无物耳。江西百货抽厘，民已安之，非大不平，何致滋事。今年各处力求生色，翻箱倒箧，铢较寸量，以求罚款，肩挑手业无幸免者，毁卡殴官之案，相继而起，习风不可长，众怒又不可犯。身任巡抚，坐视境内日生乱阶，如之何则。可中堂事事躬亲，兼听博采，然事烦地大，不能无壅蔽遗漏之处。抚、藩专管江西局员，专司厘务，才智虽短，闻见较真，倘不胜任，则参撤数人足矣，必越俎而代之庖，使堂属无别，事权旁挠，恐纲纪由此日坏，非中堂整饬吏治之意也。允成乘间言节相师命，允成有词因述，用舍偶歧，本无成心之意。中丞谓某某虽以废事劾去，假使中堂召置左右，固无大害，如某某之不善，中堂知之最明，会计之才何处无之。乃用此人入幕，使江西重足而立。又某某虽不谨赠款，何至如此（数万）之多。无以服其心，反使平日怨之者，今更谅之矣。中堂意本宽厚，而批行文字每多深刻，谁实为之？中堂视为无足轻重，而属员得之如泰山之摧，雷霆之震，无所措，其（下缺）（《瑞安孙家往来信札集》，31—32 页）

十二月初一日（1月9日），赴曾国藩招饮，为江忠濬、邓瑶饯行。傍晚偕勒方锜、王家璧为江忠浚饯行，并招王少厘、张西垣同饮。是日，奉札会办营务。

《赴皖日记》："节相招同万麓轩方伯、何小宋廉访，为江达川、邓伯昭饯行。是夕偕勒少仲、王孝凤，为江方伯设饯于少仲寓斋，并招王少厘、张西垣二大令同饮。是日奉札会办营务。"（《孙衣言孙诒让父子年谱》，417 页）

十二月初二日（1月10日），赴何璟招饮，为江忠濬、邓瑶饯行。

《赴皖日记》："何小宋为达川、伯昭设饯招饮。"(《孙衣言孙诒让父子年谱》，417页)

十二月初三日(1月11日)，寄家书。至江忠濬舟中送行。

《赴皖日记》："寄家书，由上海转寄。至达川方伯舟中送行。"(《孙衣言孙诒让父子年谱》，417页)

十二月初四日(1月12日)，邓瑶来辞别，招徐子苓、杨岘同饮。

《赴皖日记》："伯昭来告别，留宿，并招毅甫、见山同饮。"(《孙衣言孙诒让父子年谱》，417页)

时，谱主有《送邓伯昭入蜀序》，略云：

夫蜀之为蜀，以其为利于天下也。我不能资为利，而人乃从而利之矣。至于人从而利之，而天下之害又将在于蜀矣。今方伯新宁江公奉天子命移藩三川，我同年生新化邓君伯昭实辅以行，于是骆公秉章为总督，牛公树梅为按察使，皆贤者也。今江公又贤也，而伯昭实与俱西蜀之利，其遂不能兴，而害其遂不可已乎？伯昭与江公至蜀，其为我深思而熟谂之也。(《孙衣言集》中册，345—346页)

十二月初五日(1月13日)，谒曾国藩。

《赴皖日记》："上节相署，节相极言现办抵征，地方官失其本意，于定例每亩四百之外多所求取，恐贻害安徽，有改征丁漕之意。是日，定皖南九县给发牛种之议。"(《孙衣言孙诒让父子年谱》，417页)

十二月初六日(1月14日)，郑心雅大令来。房师袁雪舟太守自山东来。

《赴皖日记》："郑心雅大令来。心雅祖母年九十一，明年正月十六日其生辰也，将由海道归为寿，言自此至闽不过十日。心雅年甫二十一成进士，其入庠年甫十二耳，予同年少研编修，其从父也。房师袁雪舟太守自山东来，泊舟西门。"(《孙衣言孙诒让父子年谱》，417页)

十二月初七日(1月15日)，谒袁雪舟师，即为送行。

《赴皖日记》："谒雪舟师，即为送行。雪舟留其从子鹤亭寿芝在此，将就马方伯求官也。"(《孙衣言孙诒让父子年谱》，417页)

十二月初八日(1月16日)，彭广锺来访。寿州刘本忠、霍邱潘垲来访，言及各地情况。县丞梁廷翰来。

《赴皖日记》:"彭少泉大令广锺来,昌堂九子,躬庵先生七世孙也,以《耻躬斋集》见示。时大令将赴霍山任。寿州刘孝廉本忠、霍邱潘军功垲来,言颍寿一带,土圩甚毁,可以一清乱本。又言苗党降贼李万春、朱万隆等皆在僧军,并无各守故土之说。又言宿州、蒙城、亳州匪圩极多,河南则惟光州之叶县为匪圩,其馀皆良圩也。梁县丞廷翰来,言泗州五河县为李世忠私党蟠踞之害,不特尽专商贾之利,至于知县不敢复理民事,此可慨也。"(《孙衣言孙诒让父子年谱》,417页)

十二月初九日(1月17日),晤杨光明镇军、徐仙崖太守。

《赴皖日记》:"晤杨光明镇军于东门迎江寺塔。晤徐仙崖太守。太守新自池州解任,言青阳令杨岳乔明府明顺之才能,于无可设法之中有所措施。"(《孙衣言孙诒让父子年谱》,417页)

十二月十一日(1月19日),查阅营垒,至王谨堂营中少坐。

《赴皖日记》:"雨。查阅营垒,至王谨堂营中少坐。"(《孙衣言孙诒让父子年谱》,417页)

十二月十二日(1月20日),林用光迁居。

《赴皖日记》:"雨。若衣移居近圣街。"(《孙衣言孙诒让父子年谱》,417页)

十二月十五日(1月23日),蒋静轩明府来访。

《赴皖日记》:"晴。蒋静轩明府来,极言杨庆伯前辈守四川顺庆时之刚毅有为。"(《孙衣言孙诒让父子年谱》,418页)

十二月十九日(1月27日),与张文虎、王家璧、陈庆瀛、刘翰清、林用光、方骏谟、叶圻、杨岘、李善兰、李文杏、吴文通、张绚同集周学浚蛰庵,祝苏东坡生日。张文虎等有诗纪事。

张文虎《东坡生日与王孝凤员外家璧孙琴西观察衣言陈小舫庆瀛刘开生翰清两太守林若衣郡丞用光方元微少尹骏谟叶云岩游戎圻杨见山孝廉岘李壬叔善兰少石文杏吴颍仙文通三文学张元素布衣绚同集缦云侍御蛰庵缦老先倚哨遍词为寿予与孝凤壬叔颍仙元素用归去来词韵和之拘于律意有未尽复继长言》:"天与东坡意何厚,特散天花为公寿。

253

先一日大雪。坐公琼楼玉宇间，天女擎觞献天酒。东坡先生笑开口，坎壈平生命缠斗。谁知身后七百年，岁岁恼人月十九。诸君借我作诗题，消遣残寒聚宾友。君不见前日之雪已无有，今日之雪长在否。文辞变灭类如斯，立德立功乃不朽。君不见相公忠勇荡群丑，众材效命骏奔走。馀蟹痴顽尚坚守，入蔡奇功付谁某。又不能效鲁连一纸下聊城，闲此飞书草檄手。冻僵十指和尖叉，毋乃酸寒呼负负。小子前致词，公语殊未剖。大海纳百川，贤俊此渊薮。即如坐中岂乏文武才，帷幄戎机参左右。其馀三五少年辈，乘运跃鳞纷蚴蟉。书生事业未可量，游戏文词此其偶。惟有小子拙且衰，壮不如人老成叟。雕虫结习亦未工，敢向王卢论前后。中兴天子威德兼，誓扫蚩尤任风后。先生倘或遭此时，无虑龃龉强掣肘。何以正人心，何以绝粮莠？流亡何以集财用，何以阜立功，岂必输后人，惜哉当年未大受。空言传世虽不用，衣被儒林亦非苟。公不见前日之雪丰其蔀，今日之雪光彻牖。入地能令螟种消，上发英华滋畎亩。勿言变灭在须臾，豫作丰年饱黼黻。先生闻言头不回，此子狂简无所裁。安民活国大人事，老生常谈真可咍。雪月江山何妙哉，<small>前与诸君唱和有雪月江山夜词。</small>有酒饮我流霞桮。醉负大瓢归去来，一声鹤唳天门开。"（《舒艺室诗存》卷五，17—18叶，《清代诗文集汇编》630册，505—506页）

十二月二十日（1月28日），上署办公。

《赴皖日记》："晴。上署。"（《孙衣言孙诒让父子年谱》，418页）

十二月二十一日（1月29日），查阅营垒封印。谒曾国藩。吴崇庵、孙子佩来访。是日，手录曾国藩所作《孟子要略》序跋二文，编入《师友集》中，并附识于后。

《赴皖日记》："晴。查阅营垒封印，均至节相处贺。吴崇庵协戎来，固始人，吴瀹斋前辈从孙也。孙子佩自盐川来。"（《孙衣言孙诒让父子年谱》，418页）

识曰："《孟子要略》一书，钱塘丁君松生见示，凡五卷，每卷之首，湘乡相国各为标明大旨，深得朱子之意。松生仅有此本，不能与人，他日当从湘乡求之也。因录湘乡序跋二篇，将以入之《师友集》中。十二月二十一日，某记。"（《孙衣言孙诒让父子年谱》，48页）

十二月二十三日（1月31日），刘方惠知府招饮，晤李鸿裔。刘方惠介绍镇军李济清、万化林的情况。袁鹤亭移居谱主寓所。

《赴皖日记》："晴。刘小越太守招饮，晤梅生。小越言：杨军门所撤统带水师副中营之李镇军济清，勤勇可用，而万镇军化林则浮滑不足取矣。袁鹤亭世兄移居予寓。"（《孙衣言孙诒让父子年谱》,418 页）

十二月二十五日（2 月 2 日），李济清、万化林两位镇军来访。

《赴皖日记》："晴。李忍斋镇军济清、万石臣镇军化林来。"（《孙衣言孙诒让父子年谱》,418 页）

十二月二十六日（2 月 3 日），刘成业来访。

《赴皖日记》："晴。刘明府成业来。"（《孙衣言孙诒让父子年谱》,418 页）

十二月二十七日（2 月 4 日），杜文澜来访。

《赴皖日记》："杜小舫文澜来。是日立春。"（《孙衣言孙诒让父子年谱》,418 页）

十二月二十八日（2 月 5 日），上曾国藩官衙。

《赴皖日记》："晴。上节相署。"（《孙衣言孙诒让父子年谱》,418 页）

十二月三十日（2 月 7 日），到曾国藩官衙辞岁。

《赴皖日记》："晴。上节相署辞岁。"（《孙衣言孙诒让父子年谱》,418 页）

《曾国藩日记》："本日辞岁之客，皆谢不见。"（中册,694 页）

是年，李鸿裔太守以宋荦重刊宋施元之注《东坡诗集》并冯景补注苏诗续补合刻本凡十四册见赠，谱主圈点一过，并赋诗以谢。

《李眉生惠坡集予此来携山谷诗无坡诗得之甚喜赋此为谢》："峨眉又见出群雄，苦爱黄州老秃翁。闻有篇章如往日，忽瞻眉宇向披风。平生坡谷皆心许，得意江山自眼中。独恨新诗无笔力，十年前已笑龙钟。予今年四十九，故云。"（《孙衣言集》上册,235 页）

是年，读汲古阁本《后汉书》，随笔为札记，云：

尚书郎即今所谓军机章京也，今由各部院保送考试小楷，所得皆浅竟庸鄙之人，而通今知古，能识政体者无闻焉，岂独诏文之不足以示天下后世，其为误于国家大事多矣。四十五《周荣传》"尚书陈忠疏荐荣子兴为尚书郎"一段今之刑名幕客,何尝不以律讲授,而无进身之路,故徒资为利而已,若欲救其弊,其以责之刑部曹司官可乎?四十六《郭躬传》"躬父弘习小杜律,躬少传父业,讲授徒众常数百人"一段

枢臣绝知友,则何以知天下之人才,时事之得失?今日军机大臣绝正人,而通私客,则又一变矣。四十六《陈宠传》"宠自在枢机,谢遣门人,拒绝知友"一段

今日宰相循资平进,而事皆决于枢臣,亦此弊也。四十六《陈忠传》"三府任轻,机事专委尚书,忠上疏谏"一段

发此三难,可见当时用兵之详。今日出师命将,欲以一纸诏书,冥冥决事,诚危道哉!四十七《班超传》"超少子勇议复敦煌,郡营兵与尚书、太尉再三论难"一段

今日淮北诸劲兵处,宜用此法,稍稍解散之。五十八《虞诩传》"诩说李修谓凉州扰动,人心不安,忧有非常之变,宜令四府九卿各辟彼州数人,其牧守令长子弟皆除冗官,外以劝厉答其功勤,内以拘致防其邪计"一段

今日皖南北新复州县,宜急用此法。《虞诩传》"诩占相地势筑营壁,招还流亡,假贩贫人,二三年间遂增四万馀户,盐米丰贱"一段

户增而米盐转贱者,招集流亡之效。武都近盐池,诩必别有术以致之也。同前篇段

今日乡会试,或数郡不举一人,则教化不下逮矣,岂特无以厌其心而已哉!予尝议废乡试,而令学使者每三年一拔贡,即令会试,亦此意也。《虞诩传》"诩上言:台郎显职,仕之通阶,宜令均平,以厌天下之望"一段

九月二日校毕此卷,是日闻杭城克服。五十九

今日新复州县,率以军功为令长、监司,其虐甚于豺狼,弊盖类此。六十一《左雄传》"雄上疏言,典城百里,转动无常,各怀一切,莫虑久长,视民如寇仇,税之如豺虎,监司与同疾疢,不举不发"一段

今日荐举人才,宜知此意,盖使轻视处士,则非国家之福也。举其才德兼优者于朝,而束修自好之士,则长吏各礼之于其所属,斯为两得之道也。予尝谓御史不可轻言事,大臣不可轻荐人,岂不言不荐之谓哉!六十一《黄琼传》"公车徵琼,称疾不进,李固以书逆遗之"一段

此乃为害后世,今日回民之乱,盖自汉晋以来矣。六十五《段颎传》"颎上言,今榜郡户口单少,数为羌所创毒,而欲令降徒与之杂居,是犹种积棘于良田,养虺蛇于室内"一段

今日言抚降盗贼,皆不虑此何也?《段颎传》"颎以春农百姓布野,羌虽暂降,而

县官无廪，必当复为盗贼，不如乘虚放兵，势必殄灭"一段

同治二年甲子立春后一日，读至此卷。某记。十二月二十八日。七十三（《孙衣言孙诒让父子年谱》，47—48 页）

同治三年 甲子 1864 年 五十岁

正月初一日（2 月 8 日），保和殿朝贺，孙锵鸣以讲官传班，凡四人，先时入立殿内。

正月初二日（2 月 9 日），孙锵鸣以劾周开锡，被勒令休致。

正月十四日（2 月 21 日），谒曾国藩。

《曾国藩日记》："午刻孙琴西来一谈。"（中册，698 页）

正月二十二日（2 月 29 日），李鸿章来函，谈起孙锵鸣被罢官等事。

去冬两奉手教，倥偬久阙报章。侧闻权篆庐凤，钦慰良殷。浙帅于奉查温守一节，师门竟干严谴。元规尘污人，居是邦者未经却避，廿年清望，两浙正人，因当道一言遂被摧沮，岂独吾党之不幸也？身虽可隐，家无所归，吾师何以为怀？念之焦切。此间军事粗称顺手，欲保苏、沪，不得不分攻常、嘉，而左公娼忌之深，不以保土相谅，乃以越境为嫌，揆古例今，殊非情理。拟令程、潘、刘诸军将禾郡攻克，置守少稳，即移并常、丹、宜、溧之交，与沅、霆二军互相击应，冀金陵可早得手。然二三月间众贼必趋江西，幼丹恐难独支，未知皖、浙能否分救耳。（《李鸿章全集·朋僚函稿卷五》，时代文艺出版社 1998 年版，3206 页）

正月二十七日（3 月 5 日），曾国藩在《檄催皖藩马新贻急速回省视事江宁藩司万启琛迅赴本任片》中，举荐谱主署庐凤颖道，"……所遗庐凤颖道一缺，查有候补知府孙衣言器识闳通，能知体要，堪以升署，仍留省兼办营务"。（《曾国藩全集·奏稿之七》，24 页）

二月二十一日（3 月 28 日），赴曾国藩招，与叶云岩等陪朱兰饮。

《曾国藩日记》："午正请朱久香前辈便，孙琴西、叶云岩等作陪，未正散。"（中册，708 页）

二月二十三日（3 月 30 日），谒曾国藩谈。

《曾国藩日记》:"马果山、孙琴西先后来一谈。"(中册,708 页)

三月初一日(4 月 6 日),向曾国藩辞行。

《曾国藩日记》:"江军门、孙琴西各来辞行。"(中册,710 页)

三月初二日(4 月 7 日),冒雨就途。

《致曾国藩书》:"某以初二日辰刻冒雨就途,一路踯躅泥中。"(《孙衣言孙诒让父子年谱》,53 页)

三月上旬,行至舒城,手发《劝学札子》,通饬三府(庐州、凤阳、颍洲)、四州(六安州、泗州、滁州、和州)及舒县。文云:

> 军兴以来,吾皖士民不得从事弦诵,逾十年矣。夫文士之习,或薄其浮华,儒家者流,或疑其阔远,然以变化气质,讲明义理,舍此无由。孟子曰:"上无法,下无学,而乱民兴。"盖学之不讲,则不知尊亲义分之严,与夫礼让雍容之乐。于是闾巷鄙夫,始得挟其桀骜恣睢之气,争为长雄,而胶庠之士亦且折而从之,此大乱所由作也。今以国家威德,淮壖群恶,次第骈诛,亟宜道以诗书,共销患气。近日言治皖者,皆谓非武健严酷,无能为役。本署道以谓不教而诛,民无以服,且身为人上,而以豺狼虺蜴待其民,于心独无愧乎? 是以未及下车,首先劝学。今发去四书题两道:一、君子学道则爱人,小人学道则易使也,子曰:"二三子,偃之言是也。"一、上好义则民莫敢不服。策论题六道:一、招流亡垦荒废之法,一、淮南北置兵留勇之利害,一、淮南北水利,一、关榷积弊,一、淮湖增水师之利,一、汲长孺不乐治郡论。诗题一道,赋得铸剑戟为农器,得平安五言八韵。以上各题,凡在举贡生童,各献尔能,藉觇所学,如果言之有本,行与文符,本署道当特加优接,以劝硕儒。其或词采可观,亦当分别示奖。士为秀民,教乃政本,本署道有厚望焉。(《孙衣言孙诒让父子年谱》,49—50 页)

三月上旬,抵六安,见州牧何家骢(字秩九,高要人)治行循良,为发一通褒美札子。文云:

> 吾皖寇乱之馀,疲茶残黎,依官为命,而稽诛遗孽,亦复阴伺官之邪正昏明,以为动静,是讲求吏治,视他省完善之区,尤难尤急。本署道参幄省垣,即喜与士大夫上下议论,阴求人才,每见六安绅士好称太守何

君,心甚倾慕,顷者道出潭河,入城接见,视其被服儒素,恂幅无华,酬对之馀,真气可挹。继复躬诣所居,则四壁萧然,几榻粗具,及与地民相见,询以异迹云何,咸谓该守以爱民洁己为心,以勤职慎位为事,听断如流,政平讼理,验视命盗巨案,迅捷明察,弊绝风清;至于斩艾莠民则又毫无回避,痛断根株。综其治行之凡,居然龚、黄之吏,本署道甫临所部,即见好官,诚属我民之福,而相助为理,本署道与有幸焉。十馀年来,东南祸乱,士大夫出于忧劳患难之馀,渐见本心,不为恶习,而或者过崇操切,喜用剽轻,虽以趣就功名,实恐有伤元气。今观贤如何守,岂徒众寮寀矜式所存,实亦本署道师资之益。盖人之才质,万有不同,但使诚心向善,建树必有可观,即或偶涉庸流,感激亦得自拔,是宜亟加奖励,树之风声。本署道官中禁者七年,领外郡才数月,理民之务愧未深知,所望藉同气之芝兰,去斯民之稂莠。在贤守固宜始终勤奋,使黄颍川声望加隆,在同官尤当效法循良,俾汲长孺卧治以理。(《孙衣言孙诒让父子年谱》,50 页)

三月,至怀远,有《通饬申明法纪》告示。文云:

滨淮祸乱已逾十年,其始不过无识顽民,为暴乡曲,岂敢犯上作乱。徒以贪庸之吏,姑息因循,酿成大变,误国误民,谁实阶之。本署道谒告里居,目睹会匪之祸,当时数十乡愚敛钱聚会,三五武夫可以缚致。而不才州县,畏发难端,无能府道,乐为讳饰,半载之间遂成□□。至于动大兵,糜巨饷,仅乃戡定,不特良民死于无辜,即胁从入会之徒,岂非为官所误,本署道至今思之,犹有馀痛。今奉朝命,权摄监司,淮南北三府四州,义得专制。窃念欲杜乱萌,必先明法,今为吾民重申约束:如有杀人劫夺及一切暴行残民祸国者,小则追捕,大即移兵,务在尽法惩治,不稍宽贷。该管州县,应即严密查察,有无劣胥痞棍武断横行,或乡村豪强势成伏莽者,禀报以闻。其一时失于觉察,亦须随后举发,以便遇事翦除,消弭隐患,倘或存心讳饰,或任情回护,将来别经发觉,咎有攸归。本署道读书爱民,法所不及,不敢稍溢丝毫,法所不容,亦不敢稍宽一线。尔百姓有室家性命之谋,幸勿身试吾法。尔州县有社稷人民之寄,毋得自弃其权。(《孙衣言孙诒让父子年谱》,50—51 页)

三月十六日(4 月 21 日),抵临淮,安徽巡抚乔松年在此治军,颇倚仗谱主。

《孙衣言孙诒让父子年谱》："抵临淮驻焉，是时皖抚徐沟乔鹤侪中丞松年治军于此，倚衣言如左右手。政事馀闲，尤极唱酬之雅。"(51页)

乔松年读谱主癸丑革字韵诗，喜和两首，云：

> 诗教堕荆莽，深旨谁与析。君能为雅言，贱子意所适。始知鸣凤孤，果胜鸷鸟百。声名葩采流，节行圭璋特。光辉幸相接，歌泳动营壁。一 接裾司牧养，公才倍我百。六条既峻整，九能更殊特。经术饰吏事，循良迈古昔。药石赖交修，方隅岂自画。二。(《孙衣言孙诒让父子年谱》51页)

谱主继作两首。

> 《鹤侪中丞见和革字诗韵依韵为答》："五年卧青山，一官复陈迹。但自谋斗升，安足展寸尺。行年已五旬，黑发渐半白。窃自惟平生，岂得复低抑。青青大龙山，新交意偶得。忧时古大臣，坐论每相惜。深朋聚二三，妙义互推析。但恨大江南，倔强此馀贼。十载喧钲铙，何时偃戈戚。淮上今裴公，幕下又高适。新诗唾手成，珠琲烂盈百。巴腔既幸谐，郢和岂孤特。滔滔股肱郡，烽火恨在昔。大将屡包荒，千里谬筹画。遂令南亩民，荡为远乡客。存者如鸡栖，我见尽菜色。自惭拥旌麾，无力厝墙壁。书生多空谈，饥腹乏奇策。但愿文学臣，永息征戍役。雅歌时相从，患气或可革。"(《孙衣言集》上册，202—203页)

> 《中丞复次前韵予亦继作》："公诗天马驹，飞行不可迹。我才如跛鳖，进寸或退尺。云何折杨歌，和以白雪白。得无特假借，大度自敛抑。此谊思古人，今日那可得。我尝为近臣，一出最自惜。张海门林颖叔王定甫孙芝房陈梁叔，死别生离析。咸丰癸丑，定甫以梁叔迹字韵为诗，予与海门、颖叔、芝房各和之，得诗二十馀首，刊为一卷，谓之《晨灯酬唱集》。今海门、芝房、梁叔皆为古人，定甫官京师，颖叔在陕，予在此，不相见七年矣。从军来淮阳，几辈办逆贼。但闻将矜骄，不问国休戚。美人能歌舞，壮士日宴适。公从三吴来，风动连城百。纵令农锄耕，慎拔吏狷特。执法请自今，论过不问昔。信知剥上九，已伏复下画。我今居幕下，非官殆类客。陆游诗酒狂，杜甫偃蹇色。但爱黄绢辞，坐对雪色壁。长淮波汤汤，大旗风策策。军旅固未学，文字聊为役。作诗非报章，持莛扣鼍革。"(《孙衣言集》上册，203页)

札饬七府州，取具各州县教官杂职切实考语，以资甄别。文云：

> 安民之道，察吏为先。我皖北新戢千戈，善后事宜千端万绪，非居

心廉静，无以休息疲民，非念虑精详，无以勤求治理，非天资沉毅，无以狝薙遗顽，简慎乃僚，殊非易易。本署道入境以来，务求民隐，兼访人才，每与士大夫从容议论，言及郡邑长官之善，即为吾民欣庆，其或不然，往往蹙额相向，诚以淮南北壤地千里，非一手一足之所能胜任而无惭也。本署道驻于临淮，所属同僚未能朝夕相见，因念各府州皆有表率属吏之责，即皆有分别贤否之心，自宜各言所知，相助为理，为此饬仰各该府州，迅将所属各县官教职佐杂人员，一一出具详切考语，限文到一月内，密禀备查。无得以到任未久，例不出考为辞，其实在并未接见尚待考问者，准其随后补陈。本署道虚衷博听，非敢仅凭一面，轻用激扬，实以各该上司闻见较真，欲借片言以资核证。且有此一举，则各上司之能留意人才，及其是非好恶之真，亦可藉见崖略，固不可稍参私意，亦毋得应以虚文。（《孙衣言孙诒让父子年谱》，52页）

札饬七府州查报荒熟田亩大概情形。文云：

　　本署道自舒城入境，满目荒芜。及抵六安，即据何守面称，六安一州荒田多至二十万亩，以此推之，各属大略可知。现在皖南青阳、石埭等九县，业蒙宪准每县拔银三千两，筹备牛种，且有推及皖北之谕，仰见上相勤民，先求本富。惟各州县幅员之大小不同，被寇之重轻亦异，而现在皖北各属，仅据六安州禀报荒熟实数，其馀尚乏明文，将来筹办劝农，何所据以为酌盈济虚之术耶！当此残敝之馀，非力复农田，无以补养元气。本署道关心民瘼，早晚当有筹备耕本济助农民办法，陈请大府，言之朝廷，别留巨款，兴此地利。该州县各子其民，亟应遴委公正绅耆，分乡查访，务悉大凡。至于招徕绅富，以辅经用之穷，暂缓催科，以广归农之路。贤大夫留心民事，皆宜早有成章，仰即转饬所属，迅将各该管荒熟田数目大概情形，及有无在外富户，如何酌减粮租之处，限于文到两月内，详悉禀闻，以备查核。惟不得因有此举，轻言履口，致扰闾阎，是所至嘱。（《孙衣言孙诒让父子年谱》，52—53页）

在临淮，上书曾制军，于兵事、吏治、民政有所论列：

　　某以初二日辰刻冒雨就途，一路踯躅泥中，至舒城，改道六安，意在避雨，而舟中阻风，十六日始抵临淮。中丞已于先一日旋节，相见甚慰，仍俾为行军司马，日月所入，略可自瞻。中丞虚衷明决，可与有为，于某

261

亦不以俗吏相御。此间善后事宜，千端万绪，大约镇以重兵，抚以良吏，日渐月摩，自当有效。抚营有兵万人，分布临淮、定远、怀远、正阳各要隘，足以互为声援，惟颍郡略虚，顷拟调朱淮森之二千人，由正阳移驻其地，以固西防。至六安一军，前晤曾璞山，谓蒋之纯实能独当一面，而苦于兵分力单，六安为楚豫陆路之冲，尚须置议。长淮首尾千里，天堑之固无异大江，而向来不设水师，殊不可解。现虽有张得胜水勇五百人，新调六安炮船六十号，而得胜乃陆地战将，非水师人才，如于军饷略裕之时，再添炮船百数十艘，驭以外江得力之将，尽据淮险，则西北一隅，蒋军足以当之矣。在省垣时，颇疑淮防尚可减兵，至此察看民情，殊不如是。盖馀氛密迹，伏莽未清，必须人心大定，而后农工商贾乃可复业也。皖北吏治之阘茸，无异皖南，其病总在正途太少，而营员佐杂承乏其间，往往不学无术。某所属守令，亲见其人，而实知其操持坚定，才气有馀者，无过六安之何秩九，馀如庐州之唐鹤九、颍州之李恕皆、合肥之桂中行、寿州之施照、阜阳之尹霈清、巢县之蔡家馨、无为之穆其琛、灵璧之姚光鑫、泗州之李衔华，颇皆闻其官声，尚能振作自爱，而深明治体、私欲净尽者，实亦未易其人。近日含山有变卖荒田之请，颍上有变卖逆产之请，皆已严予驳斥。而各州县纷纷皆言善后，请设局，以营缮兴造为词，以设卡劝捐为事。某以皖省残破之馀，譬如大病初起，有力之家继以参茸大补，充壮固速，否则节饮食，慎起居，不使再受风寒，元气亦当渐复，若恶其肩背之疧瘠，而刲髀肉以益之，岂不愈加痛楚，而卒至于不可救药哉！今日州县所为，何以异此。某某之愚，意欲酌量情形，略加资给，而尽禁其培克求利之谋，安静省事，专意务农，而悉去其粉饰太平之举，虽不必有速效，亦不致有他虞也。给发牛种，皖南善政，断可以推广行之。皖北荒废情形，除凤阳、定远、盱眙数县外，其馀州县转似轻于皖南，约略计之，亦非两三年内所能尽复，必须别筹一款，厚集其资，乃为有济。现在办法，于青黄不接之时而筹种，于犁锄竞举之时而买牛，不但缓不济急，亦恐耗费愈多，似宜别开农本捐输或农本厘卡，取民与民，人情所乐。如果厘捐并行，收入有款，则于安庆、临淮各设一局，分道买牛，分道备种，俾各州县核实请领，随到随发，无失其时。今春耕已误，一意筹备冬种，其势尚可有为。仲宣漕帅，顷有就淮徐一带劝捐麦种之议，此说施之凤颍，甚属可行，盖近北府分，所重尤在麦收也。但其要总在专有一款，专办其事，若徒于军饷之中，取用其□，仍不

免彼此瞻顾之心,左右支吾之患耳!(《孙衣言孙诒让父子年谱》,53—54页)

四月二十五日(5月30日),姚燮(梅伯)孝廉卒,年六十。

　　蒋敦复《例授文林郎即选知县姚君墓志铭》:"和其天倪,寡疾难老;忽蒙霜露,遽雁鞠凶。泛海来沪,遘疾归治,竟以不起,同治三年四月廿五日卒。"(《姚燮年谱》,汪超宏著,中国社会科学出版社2011年版,343页)

为凤阳关之事,上书总督曾国藩、巡抚乔松年,力请蠲缓。书云:

　　凤阳关务,某在省垣时即虑其难,及抵临淮,检阅旧案,乃知朝廷之取于民者甚轻,而体恤招徕亦无微不至,至其豢养官吏,则自巡道委员以至胥徒走卒,无不有以养其廉耻,恤其身家,如果谨守成章,亦何至遂为民害。而二百年来,言利小人,赓续代嬗,日新月异,其弊渐积渐深,以至于穷而不可复返。大约各关之弊,官与吏两分其利,吏以其小利饵官,因得恣取其大利,而民则独受其害,国则未尝有益也。至正阳时,吏胥数十百人投刺谒见,欢声如雷,盖此辈虎狼,乐得一官以为之伥,而后可恣其吞噬,而询诸士大夫,则无不深矉太息,动色相戒者,某以此决意请停,已于前月二十四日上禀,计日可达听览。今日淮河一节虽已疏通,而所见江南秦豫之源委填淤,淮南淮北之脂膏竭尽,即悉力稽征,岁入不过二三万,国家富有四海,亦何必争此二三万金,而使商民受数十倍之诛求哉!如果幸蒙奏可,则诚淮民无穷之福。所可虑者,今日主事,权在胥吏,关吏与部吏声息相通,其力能巧致部檄以相督。如万不得已而必至于设关,则惟有尽去在官之利,略留在吏之利,而严禁其格外无名之求取,然后恪守国家之定法,以取之民,即谨藉商民之正供,以奉之国,而后稍可自行其志,稍可无忝于心。然以二百年根深柢固之积弊,一旦欲刮而去之,侥幸者必有所不便,而朝廷用人,又苦常待以不肖之心,御以无情之法,必责以足额,必苛以官亏,则其觝牾束缚之苦,非当代之大臣宰相深知而力持之,恐无以善其后也。以某之不才,如能稍假时日,使得专心壹虑,以从事于察吏安民,尚不致于一无所用。而欲使与群小人之徒,角其无穷之智巧于财利闇昧之间,则力实有所不能,心亦有所不乐,所望垂察及之。(《孙衣言孙诒让父子年谱》,54—55页)

四月二十九日(6月3日),读《后汉书》至七十八卷。

　　《孙衣言孙诒让父子年谱》:"续读范史至七十八卷。"(55页)

263

五月初二日（6 月 5 日），曾国藩改复谱主信稿。

《曾国藩日记》："改复孙琴西信稿。"（中册，730 页）

五月，致函安徽按察使英翰，云：

前月中旬遣人迎取妻子，日内当可到此，此间善后事宜，讫难动手，再四思维，总以兴农为第一要义。现在中丞所颁条谕，法简易行，然可救有力之农，不能及极贫之户，必须筹一专款，厚集其资，使给发牛种之外，酌给搭盖佣雇之资，庶几流民来归，不致坐成饿莩。而日前厘金政法，军食且不能周，何暇及此。鄙见欲请中丞奏开一农本捐输，先发部照，以三年为度，其现办寄籍绅富捐输，亦请归入农本。并奏请皖省巨绅，如仲宣漕帅、少荃中丞等二三人总司其事，而令四品以上各省皖绅分任之，以皖人办皖捐，即资皖农，似亦人情所乐。但此时流亡甫集，待哺嗷嗷，又恐缓不济急。窃思颍、寿、蒙、亳、凤、怀各属，逆产甚多，除胁从党与，虽经正法，仍宜给属领种，以存宽大，其馀著名渠魁，自当尽没其产。且此等捻首，往往田连阡陌，而籍其土圩徒党之势，类皆未付荒芜。以今年麦收计之，当不下数十万石，似宜即饬各地方官实力清查。其原有佃户者即令照旧交租。其捻逆自种并无佃户者，即令就近穷民认收，官六民四，当可得麦一二十万石。又向来各州县切近捻巢者，其田实未荒弃。现在捻踪既远，农民收入转胜善良之区，而各州县皆以未能开征为词，其中亦恐别有情弊。（《孙衣言孙诒让父子年谱》，55—56 页）

五月十七日（6 月 20 日），曾国藩复函，云：

琴西仁弟馆丈阁下：初二布复一函，初七接展惠书，被饰增愧。就谂政优禄道，因时集祜，得枌榆之问讯，庆椿萱之曼绰，瀛眷抵临，壹是多福，至以为慰。此间近事，金陵首逆坚韧如前，援尽而粮未绝，我军百道环攻，尚未得手。昨奉中旨，饬少荃派队会剿，并谕其亲赴金陵，未知何时始能西迈，同力合作，了此一段。江西之贼，伪侍王踞南丰、崇仁两邑，听、康等党尚在铅山一带，其后股之在湖州者，冲破围城三营，分窜埭头、武康、新城、临安，有过梅溪、四安屯扎者，或谓其欲犯杭垣，或谓其欲窥金华，实则欲由四安、广德、徽州以达江西，与前股合耳。杨厚帅新授陕甘总督，留办江西、皖南军务，即日率鲍军西行，有此大枝劲旅，当足了之。湖北自舒都统阵亡后，贼氛日炽，刻下已窜距汉口三十馀里。水师节节扼守,断无飞渡长江之理。惟陆路已至黄陂、孝感,不久必东入皖境。英、霍、潜、太,守备空虚,已咨请少荃派兵换溧水、高淳、建平之防,腾出各营北渡,扼要置守。昨接陈镇国瑞函报,已派郭镇宝昌二千五百人驰抵寿州、下蔡,仍亲督全军前进。拟属令驻军寿州,处于淮南、江北适中之地,作为游击之师,未知果否有裨?皖北风气悍忮,仇杀报复不已,自应严饬牧令严办。必使生杀之权操之于官,民气乃靖,实为名言。义帅任事实心,与皖省亦呼吸一气。惟鄂中两院以水济水,诸将略无忌惮,深恐鄂军不振,鄂民亦不堪命,可为长虑。菓田之事,眉生已为函致受三矣。《望溪集》《存庄遗书》均未觅得,王船山先生全书俟刻竣印出再行奉寄。复问台安,顺颂节祺。国藩顿首。(《曾国藩全集·书信之六》,632—633页)

五月,致函漕运总督吴棠,云:

月前由五百里接奉谕书,期许既深,忧勤尤甚,洛诵再三,感激无量。以初到头绪茫然,未即修复,孤负盛意,得无相诃。某来依节相,于去岁八月奏起复,仍留安徽补用,而得旨之后,既为其官,即不能不思其职。吾皖祸乱之兴,论者皆咎百姓,某则不能无恨于官。国家承平日久,自督抚大吏以至州县,无不自尊若神,而视民殆如草芥,其不肖者至于肉食其民,以自封植。愚民善良,无以自存,而奸民不胜其愤,乃各自树党徒,图为旅距。官既自知其所为不足以服民,而平时又于民寡恩,角之则无以相胜,遂一切不敢复问。奸民既以自憙,良善之民知抗官之可以自全也,遂皆折而从之,于是豪暴之势成,大乱之端启矣。故某此来,未言治民,先言治吏。过六安时,见州牧何君家聪,眈恳得民,为发一通行奖札,以示鼓励。又通饬各府州责取所属密考,意在稍寓激扬。至怀远时,又发申明法纪告示,实以今日皖民玩法已甚,而民之不知法,实由于官之先不守法也。吾皖吏治之衰已非一日,而近来营员佐杂承乏期间,尤苦不学无术,非以苟安无事为得计,即以锋颖生事为快心。所见州县公牍,纷纷皆言善后,皆请设局,其用意不过劝捐抽厘,苟图自利,而绅士因复渔猎其间。某窃谓皖省近日情形,譬如大病初起,既无力补以参茸,则日进适宜之饮食,谨慎起居,不使再受感冒,自当渐渐康复,若恶脊肩之胝瘠而刲两股以益之,岂不反加痛苦哉!故一切严予驳正,但为申明约束,省事勤民,无求速效。承谕禁止讦告,诚为安民第一要义。此间讼风颇炽，在署所收词状，无非追讦前情。窃谓民间旧案惟占夺田地房屋，掳掠子女，事有左证，而恩义未绝者，地方官不可不为申理。……不独胁从党与咸予自新已也。此事屡奉恩诏，各大令亦已三令五申，某顷者又复示禁，但责州县察访，不准民间讦告。盖察访之权操之在我，自有是非之公论，讦告之权操之在彼，不无仇怨之私心也。皖境荒芜满目，十室九空，近闻逃亡渐集，如能遂清遗寇，自当日有所增。中丞顷颁条谕，恣民开种荒田，一年之内概免公私租税，田主来归，俟收过一季，再行给还，立法简易，实可以广招徕。惟此策可以劝有力之农，不能及极贫之户，则发给牛种，诚难置为后图。现在皖南办法，县给三千金买牛买种，而农夫得牛得种，苦于枵腹相从，终无实效。是非专筹巨款，专办此事，不能日起有功。某某以为似可奏开一农本之捐输，以二三十万缗为数，请部先发执照，或可厚集其资，否则于各厘卡抽提一二成，别行存储，专事劝农，于凤、定、盱眙荒废较甚之区，设一垦局，多备种粮，多收牛畜，而其搭盖佣雇之资，亦一一略为筹及，乃克有济。若但于军饷之中取用奇□，则支吾顾惜之情，必无挹注灌输之用也。承谕盱人颇望设关，某前过正阳、怀远，询之士民，亦有此语。惟当此榷算如林之会，突增五关，加以十口，不能无累于商，且恐物价踊贵，则疲民生活益加困苦。而私心所尤顾虑者，向来各关积弊，私收之浮于公入不翅数倍，大约官与吏两渔其利，而商与民则大受其害。物力丰阜之时，官吏穷奢极欲，自济其私而已。至咸丰中年以来，则不独以私济私之患，而又有以私济公之苦矣。朝廷定额务在取盈，虽使伯夷、柳下惠之为关，亦必疑其侵欺，亦必责以弥补，于是官不能不与吏比以求自全，而商与民所不暇顾也。某某受事之始，即知国家定制未可久停，特思二百年来之积弊，纵不能一朝抉去，亦拟稍稍轻之以为民利，极望督抚大吏，悉言圣主之前，略宽其法，俾图补救。尝为节相言之，节相深以为然。及乔中丞来皖，亦曾语及。中丞尝管扬关，尤知其难，许为奏请停缓，已于前月上票。然出奏后部议必不见允，万一决当设关，鄙意欲效刘晏用士人法，择取本地读书练达之绅士，使之易地稽查，不复更遣家丁。尊谕所谓诚悫之人，必有深知而笃信者，尚望指示三四，相助为理，□□□□不独激扬士类，实□固结人心。承谕地方公事，力所能为，更当见助，尤感盛心。某遇事务求民隐，各州县则时嘱其与民相见，无隔下情，自维志大才疏，且为吏日浅，诚恐闇于治术，所愿不惜尽言教

诲，幸甚。(《孙衣言孙诒让父子年谱》,56—58 页)

六月初八日,乐清徐献廷(聘堂)卒,年七十六。

　　徐德元《聘堂公行述》:"以同治三年六月初八日申时无疾而卒,距
生于乾隆五十四年乙酉五月十四日午时,享寿七十有六。"(《徐德元集》,
212 页)

六月二十六日(7 月 29 日),戌时,母亲丁太夫人卒于家,享年七十四岁。

　　《显考鲁臣府君妣丁太淑人行述》:"太淑人以六月二十六日卒。"
(《孙衣言集》中册,457 页)

六月,在临淮军中撰《淮阳正气录序》,纪念寿州凤台死难之士。

　　《淮阳正气录序》:"同治三年春,予以权庐凤颍道,从中丞乔公治军
临淮,于是知凤阳府事胡君玉坦上其所属寿州凤台各死事者册,将以请
卹于朝。盖自张乐行、宫德、张隆之变,及苗沛霖之再叛,寿州凤台之官
若民死于贼者凡五千馀人,可谓惨矣,而其忼慨赴义、备极毒虐以死者
又数百人,则尤可闵者也。庐凤颍道所属三府四州,其被祸大约相类,
独寿州凤台之人能以其事闻,则其他之死而遂至湮没者,不尤可哀也
乎?予既上其册于大府,复采取其死之尤烈者别为一编,而为序之如
此,既以表章仗节效义之人以为世劝,而又以著人性之善,虽当狭隘酷
烈之馀,未尝泯然尽丧,而为吏者慎无谓吾民之真不可教也,且以警夫
皖民之习于乱者,使知一时暴桀之徒如张乐行、苗沛霖等卒皆屠灭以
死,死而为世诟辱曾狗彘之不如,而民之抗贼以死者,虽极惨虐于一时,
而其事赫然昭于斯世,其姓名炳然列于史册,虽死而无异于生也。然则
皖之乱民,其亦何乐而为贼也哉?甲子六月,书于临淮军中。"(《孙衣言集》
中册,484—485 页)

六七月间,读翁方纲覃溪刻天社任氏青神史氏三注本《黄山谷诗集》,以
朱笔圈点。(《孙衣言孙诒让父子年谱》,58 页)

夏秋间,张文虎来函。

　　《与孙勤西观察》(甲子):"惠顾次日,即订壬叔,晨兴趋送,而旌旆
已发,深悔愆迟。别来六阅弦望,中间与令弟藁田学士,一再往还,藉谂
道履清豫,少慰驰仰。前月壬叔出际手简,感荷存问,许氏说文温习一
周,心力就衰,就向所见及者,都已忘失,奖论新得,不足副盛注,甚愧。

去腊,社集十四人,去留各半,缦老常在馆,相见颇稀。黄文节生日,与李梅生、见山、少石、壬叔、周孟舆同集蛰庵,寥寥七人,少石旋即赴沪,半载之隔,离合不常如此。日颖仙自望江来,舍馆未定,兼病后意兴萧索,计欲就试,而为日尚远。暂求一席而不可得,宜其悒悒。爵相将移节金陵,虎等亦拟九月中为淮王之鸡犬,相去日远,何时重聚,能不怃然。闻台从已驻寿州,想公馀著述与日俱进,此间纷传捻酋复然,幸盗魁已获,无难瓦解,谈笑挥之而有馀也。拙膏已领回检阅,觉无可录者,又懒畏书,容迟求政。近作《孝丐传》、《山谷生日诗》写呈一噱。又朱友寄来新刻《许烈姬遗词》一卷,附上。"(《舒艺室尺牍偶存》,《清代名人尺牍选萃》29册,国家图书馆出版社 2017 年版,139—140 页)

七月,续读《后汉书》至八十二卷。

《孙衣言孙诒让父子年谱》:"续读范史至八十二卷。"(58 页)

七月十六日(8 月 17 日),曾国藩来函,云:

琴西仁弟馆丈阁下:立秋日接手书,见贺金陵之捷,并示大著,重贶名言。借谂中元前后,台从将赴寿春,荩劳益笃,动定增绥,至以为慰。此次克城之夜,贼逸数百骑,追及于湖熟镇,尽数围歼。旋于山内民居搜获伪忠王等酋,幸无狡脱。详细情形,二十三日具奏。国藩拜疏东行,二十五日抵江宁省城,饬将伪天王逆尸掘出戮之,讯录伪忠王逆供,就地正法,传首四边。比日周阅内外城池,钟阜秦淮,山川如故,名都文物,荡然无存,不知何年始得挽回元气?来书谓江南民情异于江北之浮剽,其农工商贾之善因地利以自生殖而相为委输者,亦略倍于两淮,诚得亲民之官拊循噢咻之,而不使武夫俗吏参错于其间,不数年而气象当有可观,询为名论。国藩在安庆时,私拟贤员数人,储为金陵之用,惟苦雕残太甚,循吏无多,而慈祥岂弟之君子,又多不能权时济变,于仓皇抚攘之中,暗寓生聚教训之法。毛羽不丰,不能高飞,恐鄙人之不得行其志者,正多矣。江西之贼,顽梗如前。杨帅近又添调许将云发等七营由金陵赴江。鲍军门由抚郡进兵,初四在许湾大获胜仗,杀贼数万,当可迅扫寇氛。鄂边之贼,尚麇集于麻城之白果,分窜安、岗、蕲、罗。楚师逼贼而垒,秦师姜、萧、谭、蓝步卒二十二营,马队千五百骑,已自襄阳东发。郎帅驻师申、息,遣苏、张各部自光山赴援,并饬英臬司、陈庆云分捣麻、罗。乘此首逆伏诛,群酋震詟,合力痛剿,当可了此一段。霍、舒、潜、太诚无可恃之兵。金陵各部冒暑苦战,须稍予休息,以示体恤。酌量缓急,徐令北渡。建平之防,苏军志字二营昨已接替,腾出李都转钧字营,即可移赴桐、舒也。复问台安,诸惟心鉴,不备。国藩顿首。(《曾国藩全集·书信之七》,63—64页)

八月二十一日(9月21日),曾国藩来函,云:

琴西仁弟馆丈阁下:接七月杪手书,猥以渥邀异数,远荷揄施,而颂不忘规,独敦古谊。自惟德薄能鲜,忝窃非分。值圣代中兴,百灵效顺之际,而不才会逢其适,一门之中,两膺懋赏,又复天语褒崇,重于泰华。非常之荣以碌碌者当之,恐塞翁不以〔为〕福,而候人转以为讥。抚己思危,敢忘祗惧!前月二十八自金陵回皖,上游军事布置稍定,即当移驻江宁,筹办一切。劳人草草,不得宴处静观,媚我幽独。切盼薄海息兵,戌卒归农,芟藻循良,衽席黔首。鄙人得幅巾还里,养拙息机,重理经生之业,稍增炳烛之明,则幸甚也。藕田兄接对数次,好学不倦。机同堕甑,谁能遣此情怀;事异戴盆,更耻言夫昭雪。庄生之善刀而藏,必先为之四顾,为之踌躇,古今亮有同心欤?专泐复谢,敬问台安,不备。(《曾国藩全集·书信之七》,132页)

八月二十六日(9月26日),收到父亲手谕,得悉母亲去世消息。

《甲子行记》:"奉家君手谕,惊悉我母丁太淑人以六月二十六日弃养于家。"(《孙衣言孙诒让父子年谱》,418页)

八月二十八日(9月28日),率家人为母亲守孝。

《甲子行记》:"奉家君手谕,惊悉我母丁太淑人以六月二十六日弃养于家。越二日,率妇子辈成服于官舍。以母忧闻于上官,中丞乔公以军务未解,议夺情,令徐总兵鹍来致意。予持不可。"(《孙衣言孙诒让父子年谱》,418页)

八月二十九日(9月29日),辞官。

《甲子行记》:次日以关道印送寿州,而宦况萧然,不能行。驰讣于同官。(《孙衣言孙诒让父子年谱》,418页)

秋,得知母亲去世消息后,致函曾国藩,云:

受业孙衣言谨禀中堂夫子钧座:窃衣言自来寿州,曾一修禀具贺,旋蒙赐答,教诲备至。而衣言先于八月二十六日接到家君谕书,惊闻慈亲之殁,肝肠崩裂,痛何可言。窃念衣言兄弟不能守古人之节,当二亲垂暮之年,犹复悍然出山,苟求禄仕,因循数载,罹此鞠凶,遂为万世罪人,悔何可逭,恨何可追?然衣言兄弟家居事亲时,方以谋诛土匪,取怨庸吏,以为发其讳,匿酿乱之覆,乡邑奸人向与贼比者,又欲借以自脱,相与构扇其间,积成仇怨,几不相容。而兵火之后,室庐什器、衣服亦实无丝豪之存,父子兄弟至于赁借以居,其势甚无聊。赖其时亲戚有自皖归者,为述吾师之言,因思乡邑既不可居,而幸见收录于钜人长者,既可以自拔于忧患之中,而苟得所依归,稍稍以自树立,亦可少偿其平日读书涉世之心。而窃窥父母虽皆年逾七十,而视听皆尚未衰至,老父之心则尤似以此行为可喜者。于是不再计而出而,岂知其有今日之痛哉!先慈与家君食淡攻苦,垂数十年,最为能自强力。六十以后躯体渐肥,颇不良于步履,常静坐一室。自遭寇乱,流离迁徙,屡受忧危。又以长孙诒谷御贼徇难,心尤痛之。饮啖为之顿减。衣言兄弟时以为忧,衣言既至安庆,家君寓书训勉,辄谓慈亲体已健复。去秋九月,家君书来,知先慈偶患痿疾,有渐成瘫痪之势,其时甫蒙奏留在皖,未可言归。不数月,又奉权道淮壖之檄,益为官守所牵。然春夏屡得家书,皆云所患如昔,而食啖殊佳,意谓可占勿药。孰料数月之间,遂遭大故哉!衣言以吾师知遇非常,付之重任,适当公私交亟之时,一切未敢多事,常恨半载以来毫无建白,犹幸去官之际,不为官民所弃。中丞过爱,意在奏留。衣言以为名义所关甚大,且老父年已七十八矣,岂可再误?以故未敢曲从。舍弟来书相约同行,而陆路太多,资斧过费。兹拟令舍弟由皖赴苏,而衣言下舟淮湖,取道扬镇,亦达于苏,相与回里。惟不能迁道金陵,一见吾师,心窃耿耿。衣言此去跧伏,空山别无所望,惟冀偏亲康健,长年得以少尽孝养,赎其前愆,而数十年来,兼受母氏之教,无可报答,惟诔幽之文不能无求于长者。抵家之后,谨当譔次实行,寄呈左右。傥以怜悯衣言兄弟之故,锡之片辞,衣言兄弟感且不朽,苫块昏迷,语不能尽,伏惟矜鉴。衣言稽颡。(《瑞安孙家往来信札集》,79—80页)

十月,重刊《逊学斋诗钞》十卷。吴棠撰叙,刘履芬书后。(《孙衣言集》上册,第3页)

《逊学斋诗钞》牌记:"同治三年十月重刊。"

吴棠叙:"咸丰戊午之岁,与孙君琴西遇于毗陵道中,君方以侍从出守安庆,连夜雨之舟,击渡江之楫,慷慨形于颜色,篇什戢于巾箱,伟其言论,笃申契好,维时红羊劫重,青犊气狂,东南数州,震飚尤厉,君既策杖以从戎,仆亦枕戈以待旦。疮痍载路,嗟流涕以何言。烽火亘空,几望远而目断。戎马仓皇,音书阔别,盖六载于兹矣。君之摄庐凤监司也,承雕劫之馀,集流亡之族,蠲缓关榷,辑录孤忠,驭吏首廉,治民不扰。时余督师袁浦,击柝相闻,抽毫可纪,邮书所达,惠政常流。适缘巨憝就歼,生民欢庆,公馀多暇,载理旧编。望玉堂而留梦,只在人间;挽银河而洗兵,又逢今日。郑重以远征元晏,检校以重付手民。写山川之胜概,未倦轮蹄;溯京洛之清游,难忘尊俎。寥寥往昔,历历前尘。辄以小言,附缀简末。至其词句之工,风骨之古,匪俟言传是望读者。同治甲子孟冬盱眙吴棠。"(《望三益斋诗文钞》杂体文卷三,19叶,《清代诗文集汇编》653 册,88 页)

刘履芬书后:"鹤叫秋霜,霏幽迥之致;兰茁空谷,写馨逸之怀。味淡而指蜇于酸咸,思苦而诣穷于锦悦。韵流轸外,意蓄弦中。俗嗜不谐,真性弥适矣。往与琴西观察相识京华,观察方入值上书房,授诸王子读,所居澄怀园,水木清华,林亭邃秀,沿堤而望,雅侣游仙,步屟相从,辄至移晷,事虽前尘,景犹畴曩。迨履芬改官江左,观察亦摄庐凤监司,旬月之间,屡承简牍,善政所传速于邮,置诗集十卷,刊自吴阊,出守以前所作悉在,属以兵燹,涉经覆加检校,乔柯振响,尚郁于寒林,璇水流辉,悉钦为瓌宝。远承寄示,重念旧游。折春明之柳丝,望皖公之山色。翦灯披诵,良用怃然。同治甲子刘履芬书后。"(《逊学斋诗钞跋》,清同治三年刻本《逊学斋诗钞》)

十月初六日(11 月 4 日),上父亲禀,告知行程及回家后的安排等,云:

父亲大人□安:儿于八月廿六接到慈亲讣音,即于九月初间发一家信,由马明府署中转递,想已收到。二弟在皖,本约儿到省同行,而儿以行资无措,一时难以束装,只好分道而归。二弟于前月十七由皖启程,南京、苏州略住数日,大约十月内外可以至瑞。儿定期以本月十二自营启程,坐船走清江浦,亦须到南京一见中堂,到家总在十一月矣。儿蒙中丞见爱,仍留总理营务,大约明春仍须回营,此时且送妻子归侍,并为慈亲安厝,不知明年山向利否,宜于明年正月择一吉期。至丧葬之事

□□称□有无，不可作虚体面，以图俗人观美。许宅房屋大而无当，儿兄弟此次回里，必不能总住一处，且城居亦太奢华，儿拟与二弟仍在乡间赁一二进五间以便同住，如二弟先归，且嘱其在城暂行借住，切不可轻行赁屋。如木料不甚昂贵，则于老屋基起两小五间连轩六间亦可住矣。如二弟可在许宅同住，则儿自于老屋基起一小五间，许宅房屋统行让出与二弟、三弟，父亲性情亦似不乐居城，将来可与儿同居为妙。外一信交项宅亿年相系若衣家信，并代儿借屋暂住也，二弟诸侄女可令与项宅订一老亲，更妙。切切送去。宝仁禀。十月初六日。（瑞安市博物馆藏原件）

十月十二日（11月10日），挈眷归家，途中有《甲子行记》。途中点勘汲古阁本《后汉书》卷八十三以后各册，又间取渔洋《古诗选抄》重读，逐日有记。

十月十二日（11月10日），挈家以行。

《甲子行记》："挈家以行。于是庐州守冯君志沂权庐凤道，亦至寿州。是日予先登舟。"（《孙衣言孙诒让父子年谱》，418页）

十月十三日（11月11日），入城，辞别巡抚乔松年及同人。

《甲子行记》："入城，别中丞及诸同人，家人辈皆登舟。"（《孙衣言孙诒让父子年谱》，418页）

十月十四日（11月12日），自寿州出发，晚上至下蔡。滁州牧廖新、全椒知县、来安知县张志学、亳州劝捐候补直隶州刘兰馨派人送礼物。

《甲子行记》："自寿州舟行，东风，晚至下蔡集，凤台令驻处也。滁州牧廖君新、全椒令□君元□、来安令张君志学，遣人来致赆。亳州劝捐候补直隶州刘君兰馨，亦遣人来致赆。"（《孙衣言孙诒让父子年谱》，418页）

十月十五日（11月13日），在下蔡逗留。

《甲子行记》："仍在下蔡。"（《孙衣言孙诒让父子年谱》，418页）

十月十六日（11月14日），从下蔡出发，离洛河十馀里停泊。

《甲子行记》："自下蔡行，风逆，未至洛河十馀里而泊。"（《孙衣言孙诒让父子年谱》，418页）

十月十七日（11月15日），将至怀远，停泊。

《甲子行记》："舟行风稍顺，将至怀远，风复逆，遂泊焉。"（《孙衣言孙诒让父子年谱》，418—419 页）

十月十八日（11 月 16 日），至怀远，县令崔秀春、典史于本廉等官员来舟相见。

《甲子行记》："舟至怀远，令君崔君秀春、典史于君本廉、司榷务凌君椿年、委员沈君守愚、张君凤岐、杨君式薄、武弁施君得贵、魏君大用、□君万程、周君瑞来见于舟次，风逆不得行。"（《孙衣言孙诒让父子年谱》，419 页）

十月十九日（11 月 17 日），至沙沟，孙汝铨来见，并送礼物。致函林用光。

《甲子行记》："自怀远行沙沟，孙君汝铨来见于舟，并致赙。孙君者，予同年凌少南内翰焕之姻也。咸丰八年，予自定远归，遇诸高林涧，至是闻予来，故来见，始知少南尚在苏也。在怀远发书与若衣。是日风逆，去怀远十馀里复泊。"（《孙衣言孙诒让父子年谱》，419 页）

十月二十日（11 月 18 日），至长淮卫。

《甲子行记》："舟至长淮卫。"（《孙衣言孙诒让父子年谱》，419 页）

十月二十一日（11 月 19 日），至临淮，胡荔坪太守、王纯如大令、张缄瓶观察、高鼎卿广文、陈春坪总戎皆晤于舟次。

《甲子行记》："至临淮，胡荔坪太守、王纯如大令、张缄瓶观察、高鼎卿广文、陈春坪总戎皆晤于舟次，在春坪处晚食。"（《孙衣言孙诒让父子年谱》，419 页）

十月二十二日（11 月 20 日），顺风至五河。

《甲子行记》："西南风利，舟至五河。"（《孙衣言孙诒让父子年谱》，419 页）

十月二十三日（11 月 21 日），逗留在五河，晤汪菊林大令、汪镜汀大令、云舫刺史。

《甲子行记》："犹在五河，汪菊林大令、汪镜汀大令□□、□云舫刺史□若皆来晤于舟次。吴崇庵协戎来，未见。"（《孙衣言孙诒让父子年谱》，419 页）

十月二十四日（11 月 22 日），仍逗留在五河。致函巡抚乔松年。

273

《甲子行记》:"犹在五河,吴崇庵赴寿州,致书中丞。"(《孙衣言孙诒让父子年谱》,419页)

十月二十五日(11月23日),大风,寒冷。

《甲子行记》:"大风甚寒。"(《孙衣言孙诒让父子年谱》,419页)

十月二十六日(11月24日),至双沟。

《甲子行记》:"舟人易樯而行舟,日入至双沟。"(《孙衣言孙诒让父子年谱》,419页)

十月二十七日(11月25日),在双沟口。

《甲子行记》:"大风,在双沟口,风至双沟始大。"(《孙衣言孙诒让父子年谱》,419页)

十月二十八日(11月26日),顺风至旧县。

《甲子行记》:"顺风至旧县,淮流阻浅。"(《孙衣言孙诒让父子年谱》,419页)

十月二十九日(11月27日),顺风至盱眙,知县潘治等来见。

《甲子行记》:"顺风至盱眙,潘钧侯大令治、王典史□□、武弁吴德儒、许廷镰、委员许廷珍、潘福辰等,来见于舟次。闻仲宣在清河,尚未回也。"(《孙衣言孙诒让父子年谱》,419页)

十月三十日(11月28日),顺风至高林涧,又至老子山。

《甲子行记》:"顺风至高林涧,离盱眙二十里,有龟山,禹锁巫支祈于此,舟人谓之水母庙,庙在□中。又三十里,至老子山,上有庙,舟人祀湖神于此。"(《孙衣言孙诒让父子年谱》,419页)

十一月初一日(11月29日),在高林涧,遇李虹桥刺史。

《甲子行记》:"在高林涧,遇李虹桥刺史,将携家赴寿州。"(《孙衣言孙诒让父子年谱》,419页)

十一月初二日(11月30日),水路改陆路,至清河县。派人送信给漕运总督吴棠。晤钱振伦,有诗。

《甲子行记》:"舍舟而以车,是日更馀,至清河县。吴仲宣漕帅赴苏州巡抚任,以初三日早赴临淮,遂不及见,而舟楫皆随以去。遣人致书仲仙,仲仙遣人来为觅舟。晤钱仓仙少司成前辈,时主清河之崇实书院,别近二十年,须亦白矣。"(《孙衣言孙诒让父子年谱》,419 页)

《至淮浦晤钱榜仙前辈时主崇实书院》:"十载蓬莱旧列仙,江湖蓬梗各飘然。幸从扬子求奇字,恨少桓谭识太玄。桑下偶留三宿地,巢痕空记九重天。挂帆明日遂南去,万树江干锁碧烟。"(《孙衣言集》上册,238 页)

十一月初四日(12 月 2 日),在清河逗留。

《甲子行记》:"在清河。"(《孙衣言孙诒让父子年谱》,419 页)

十一月初五、初六日(12 月 3—4 日),仍在清河逗留。

《甲子行记》:"犹在清河。"(《孙衣言孙诒让父子年谱》,419 页)

十一月初七日(12 月 5 日),吴棠派人送来三艘舟,登舟启行。

《甲子行记》:"仲仙遣人以舟三艘来,遂登舟。"(《孙衣言孙诒让父子年谱》,419 页)

十一月初八日(12 月 6 日),至淮城。赴钱振伦、吴昆田、高均儒饯吴棠宴,与丁晏、何俊卿中翰同坐。

《甲子行记》:"未午至淮城,仓仙先余到,方与吴稼轩郎中、高伯平茂才饯仲仙于□蒲,适余来,遂亦为客。仲仙与余别亦五年矣。稼轩,四农弟子也,尝于清河令席上一见,亦久别矣。伯平则未见也。坐客为丁俭卿封翁、何俊卿中翰,余及仲仙四人耳。伯平方为予校刻诗稿,邀余上岸,而予以即欲解维,未从也。"(《孙衣言孙诒让父子年谱》,419—420 页)

十一月初九日(12 月 7 日),赴高均儒与殷霭士刺史招饮,与吴棠、钱振伦、吴昆田等同席。

《甲子行记》:"伯平与殷霭士刺史招饮,坐客则仲仙与仓仙、稼轩也。"(《孙衣言孙诒让父子年谱》,420 页)

《至淮安喜晤高伯平均儒时客仲宣漕帅所》:"十围荒柳万葭芦,中有幽人寂寞居。狭巷诸侯时送酒,深灯弟子坐细书。相逢客路嗟缘浅,怕说交朋惜乱馀。且把一杯拚尽醉,要知吾道未全疏。"(《孙衣言集》上册,238 页)

十一月初十日(12 月 8 日),赴吴棠招饮,与丁晏、吴昆田、钱振伦等同座。相约联舟共行往南京见曾国藩。

　　《甲子行记》："仲仙招饮,坐客则俭卿、稼轩、仓仙、伯平及□□、孙明府。仲仙与予约联舟赴苏,并自丹徒往南京,同见节相。适于是时得回本任之信,而予遂独行矣。"（《孙衣言孙诒让父子年谱》,420页）

十一月十一日（12月9日）,辞别吴棠、高均儒。

　　《甲子行记》："别仲仙、伯平以行。"（《孙衣言孙诒让父子年谱》,420页）

十一月十二日（12月10日）,至界首。

　　《甲子行记》："至界首。"（《孙衣言孙诒让父子年谱》,420页）

十一月十三日（12月11日）,至召伯。

　　《甲子行记》："到召伯。"（《孙衣言孙诒让父子年谱》,420页）

十一月十四日（12月12日）,至扬州。

　　《甲子行记》："至扬州。"（《孙衣言孙诒让父子年谱》,420页）

十一月十六日（12月14日）,至瓜步,晤李梅坪总戎。

　　《甲子行记》："至瓜步,晤李梅坪总戎,以炮船护余舟,而大风不能渡江,饮梅坪舟中,始闻福建厦门之警。"（《孙衣言孙诒让父子年谱》,420页）

十一月十八日（12月16日）,泊新丰镇。

　　《甲子行记》："渡江泊新丰镇。"（《孙衣言孙诒让父子年谱》,420页）

十一月十九日（12月17日）,至丹阳。

　　《甲子行记》："至丹阳。"（《孙衣言孙诒让父子年谱》,420页）

十一月二十一日（12月19日）,宿同兴镇。

　　《甲子行记》："肩舆赴金陵,是日宿同兴镇。"（《孙衣言孙诒让父子年谱》,420页）

十一月二十二日（12月20日）,宿淳化镇。

　　《甲子行记》："宿淳化镇。"（《孙衣言孙诒让父子年谱》,420页）

十一月二十三日（12月21日）,至金陵,谒曾国藩,宿总督府。晤钱应溥、周学浚,得知曾国藩上书论功奏请以道员遇缺即选。

《甲子行记》:"至金陵,谒节相,馆予于署中。晤子密同年、缦云前辈,始知节相论金陵功,奏请以道员遇缺即选。又闻乔中丞奏调赴皖,同调者金观察以诚也。此二日寒甚。"(《孙衣言孙诒让父子年谱》,420 页)

《曾国藩日记》:"中饭后,孙琴西来久谈。"(中册,781 页)

十一月二十四日(12 月 22 日),谒李鸿章,不得见,晤其弟李昭庆及凌焕、庞省三、蒋嘉械、程鸿诏等人。与曾国落久谈。

《甲子行记》:"谒少荃宫保,□□□□不得见,见其弟幼泉及凌少南同年,□□□□□予在定远□□□□主人也,别五年矣。晤庞省三、李玉亭、孙子珮、蒋纯顷、陈小坡、程伯孚诸故人。"(《孙衣言孙诒让父子年谱》,420 页)

《曾国藩日记》:"酉正至幕府,与孙琴西久谈。"(中册,782 页)

十一月二十五日(12 月 23 日),辞别曾国藩。夜宿土桥。

《甲子行记》:"别节相行,宿土桥,是日稍暖。"(《孙衣言孙诒让父子年谱》,420 页)

是年,得明正德刻本《陈止斋文集》十册。(《孙衣言孙诒让父子年谱》,59 页)

点勘武原张宗松刻本李璧笺注《王荆公诗》五十卷,并对王士祯《古诗选抄》山谷七言卷补评语。(《孙衣言孙诒让父子年谱》,61 页)

同治四年　乙丑　1865 年　五十一岁

正月初一日(1 月 27 日),舟行至兰溪,于《后汉书》志二十三后记:"元日,舟在兰溪。"(《孙衣言孙诒让父子年谱》,61 页)

正月初五日(1 月 31 日),抵金华。在金华逗留旬日。

《孙衣言孙诒让父子年谱》:"以小舟至金华,无水不能复进。"(61 页)

胡凤丹《逊学斋文钞跋》:"甲子奉讳旋里,余亦以丁母艰归,道出婺郡,聚晤旬日。"(《孙衣言集》中册,580 页)

正月中旬,与子珣、谦甫同登金华婺江畔八咏楼。

《与子珣谦甫登八咏楼》（乙丑）："谢篇颜笔旧才名，辞赋江关各有情。自许文章垂异代，漫将时运感平生。神仙楼阁诸天回，浩荡山河夜月晴。更与谁言凭眺意，白云鸿雁自南征。"（《孙衣言集》上册，239页）

正月，在金华时，与浙江学政吴存义相遇。

《王梅庵先生遗集序》："同治三〔四〕年正月，予自寿州旋里，过金华，遇学使吴和甫前辈，极称黄岩王子庄之贤，予心识之。"（《孙衣言集》中册，497页）

正月十八日（2月13日），至武义。于《后汉书》志三十后记：

舟至武义。同治癸亥，在安庆军中始点阅范史，至此始毕，将二年矣此。（《孙衣言孙诒让父子年谱》，61页）

正月下旬，过丽水石门洞，谒刘诚意祠堂，有诗。

《石门洞谒诚意祠堂》："布衣又作帝王师，多病留侯殆继之。早识天心归日角，不闻汉鼎赖周椎。明祖用儒，一反元政，青田、金华诸公之力也。空山宴坐观千古，儒者经纶盛一时。渭钓莘耕均此尔，纷纷阴素傅神奇。"（《孙衣言集》上册，239页）

二月，抵家居丧。

《显考鲁臣府君妣丁太淑人行述》："明年二月，始抵里居丧。"（《孙衣言集》中册，457页）

三月初六日（4月1日），与赵钧谈起南京城情形。

赵钧《乙丑过来语》："孙琴西自南京归，言彼地情形，城内外一望萧条，尽成赤土，官吏衙门皆草舍，盖造悉出己资，冷落不堪言矣。时琴西摄道篆丁忧回里。"（《赵钧日记》，陈伟玲整理，中华书局2018年版，682页）

五月二十七日（6月20日），父孙希曾卒，享年七十九。

《显考鲁臣府君妣丁太淑人行述》："府君生于乾隆丁未八月初五日亥时，卒于同治乙丑五月二十七日子时，寿七十有九。"（《孙衣言集》中册，453页）

两江总督曾国藩以下同官皆致赙赠。（《孙衣言孙诒让父子年谱》，61页）

闰五月，开始读康熙本《归震川集》，用蓝笔评点，而以黄笔重录癸丑传

抄《王氏大全集》所有梅伯言评语于其上,至腊八日止。有记云:

> 予京师所校本,卷首列王敬哉序,次董序,次徐序,次牧斋序,而附以熙甫从孙起先跋,次牧斋编次凡例,次元恭所定凡例,而附以熙甫元孙玠跋。此本佚去牧斋序、牧斋凡例及起先跋,卷首则先徐序而次以王、董,其实予所校本即此本。而予所校本为熙甫六世从孙景灏、景浔乾隆年间重修本,凡遇牧斋名字皆铲去,而目录前一行亦铲去"虞山后学钱谦益选定"九字,有景灏、景浔跋附刻卷末。此集既为元恭重订,自不必更称牧斋选定,而牧斋序与凡例则不可废,卷首三序,按其年月,亦宜先王、董,而后健庵也。予所校本,附录梅伯言先生所点定及位西员外抄目,在京师时常置案头,咸丰十一年,会匪之祸,幸而获存,旋复为鼠所毁。此本自江西购得之,纸墨尤胜,丧居无憀,复取前校残本重录一过。乙丑后五月识。(《孙衣言孙诒让父子年谱》,63—64 页)

七八月间,吴大廷寄所著《读易随笔》《孝经古今文传注辑论》二书索序。

> 《吴桐云孝经古今文传注辑论跋》:"去岁七八月间,桐云自闽以所著《读易随笔》及《孝经古今文传注辑论》寄示予于瑞安,属为之序。适予有杭州之役,未遑暇也。……同治丙寅五月,紫阳书院跋。"(《孙衣言集》中册,516 页)

八月初二日(9 月 21 日),赵钧来函,云:

> 比年旧朋凋谢,弥觉索处寒怆,曷胜忉怛。初四日尊大人设奠日,礼应躬叩裹赞。缘老拙不善酬应,先此告□,统祈鉴谅,即请阁下昆仲顺变节哀,以济盛业,是所至望。临颍依依,另容面叙。外附香烛出入。八月初二日寄。(《赵钧日记》,687 页)

八月初四日(9 月 23 日),为父设奠。

> 赵钧《乙丑过来语》:"孙琴西尊人,八月初四日开祭。"(《赵钧日记》,687 页)

九月十五日(11 月 3 日),游五美园,有诗。

> 《九月十五日重至五美园》:"廿载重来缚屐寻,白云依旧抱遥岑。却看山色羞苍鬓,最爱泉流送玉琴。留客老僧煨芋熟,避人惊鼠入萝深。扶筇欲下犹回首,要借禅机一洗心。"(《孙衣言集》上册,240 页)

九月十六日（11月4日），与同人游仙岩，有诗。

《次日同人游仙岩》："浮图百尺远迎人，却倚轻桡更问津。烟树犹藏山蕴藉，丹黄忽对壁嶙峋。当时殿屋雄千柱，此去人间隔几尘。饶舌老僧夸识我，不知我已坐忘身。"（《孙衣言集》上册，240页）

九月，同曾良箴登郭公山，有诗。

《同秋眉登郭公山》："华盖松台到眼中，白云亭子倚天风。我闻开国传勾践，人道游仙有郭公。一雁南来秋色老，大江西上酒尊空。古今无限登临感，独有当时塔影同。"（《孙衣言集》上册，240页）

秋，黄体芳来函，云：

受业黄体芳敬启夫子大人函丈：今春于厦河寓次获迓台旌，正雪消三尺之时，被以春风煦煦，既聆榘训，复荷隆施。所恨南北程分，宫墙日远，每怀师范，曷罄翘瞻。六月杪接故乡来函，惊悉太夫子大人于五月间仙游，然寿已八旬，且闻无疾而逝，是古来折伯式、陶道明一流人，岂寻常福寿所可比絜。又况不先不后，而适值夫子挈眷远归，屡征未起，得以留视含殓，未始非天之所以佑善人而矜孝子也。独念夫子负栋梁之望，婴此重忧，岂家国不可以兼顾，故不愁遗一老，俾之内无所依慕，而后致其身以竟其用耶？抑以彼都吏民延颈孔亟，故使斯人不遽出，以甚其望君望岁之想耶？闻葉翁师叔赴少荃宫保之聘，主讲紫阳书院，是退闲绝好位置。近接此耗，必又费一番跋涉，事不如意，令人索然。芳四月间应散馆试，名列二等第七，蒙圣恩宽大，尚不夺我凤池。留馆后化日舒长，木天闲暇，在寓终日简出，可以翻阅缥缃。以菲材膺此清福，自问殊为过望。家兄承乏西曹，月至署五六次，但以无事为福，岂敢言功。惟是长安不易居，米盐琐屑之外，酬应如麻，而囊中已渐渐告罄。屡托知好代觅一馆，久之寂然。此后手抱铅椠，力图寸进，未知赵北燕南，能否与星轺之使？至芳于诗文两途，当专致力于何者，知弟莫若师，伏祈时惠南针，俾开芳塞，庶鲁公衣钵传之枌乡子弟，较为一瓣相承。芳老母今年七十有五矣，冀藉椽笔为蓬荜光，前曾泥首奉求，幸蒙钧诺，如丈席多暇，早赐寿言，附舍下竹报寄来，以便觅都下名手缮写，将来一品集成，附传不朽，荣幸为何如也。皖江之行，当在何日？仲珊、稚菊辈尚许其附骥否？便中乞为示知。肃此肃布，恭请钧安，统希垂鉴。受业

芳谨启师母大人闻安,世兄近祉。家兄附笔敬请礼安。(《瑞安孙家往来信札集》,72—73 页)

秋,致函俞樾,云:

昨寄一函,并子高信件,想均收到。《平议》已浏览大略,真近来闳制,有此书数十卷,不复知有千户侯矣。子高何日移馆金陵? 凌少南同年不可不见,如他往,先投书可也。缦云也不可不见。见缦老则彼中友可见与不必见者皆了然矣。子高极推重永嘉学人,大可感。某欲略考永嘉学派,苦于俭陋,幸属子高为一搜讨,晚宋、元、明以来,有非永嘉人而私淑郑、陈、蔡、薛者,尤可贵也。(《孙衣言孙诒让父子年谱》,64 页)

十月初六日(11 月 23 日),戴望来函,云:

年愚侄戴望敬启劭闻年伯大人侍右:前月十二日肃奉寸缄并金氏《求古录》一部,从信局寄上,至今未得覆函,岂中有浮沉邪? 永嘉诸先哲遗书,在苏遍访,唯有止斋先生文集,又非旧刻。闻阮文达于焦山藏书,兵燹后尚有存者,俟它日访之,冀得一见薛、叶诸公全集也。偶见夏弢甫《读朱质疑》,于陆学尚为持平,于陈学肆其偏诋,彼目不见止斋遗书,而放论如此,可谓轩渠。望意以为南宋儒者,实推永嘉为最,上不淆于心性之空言,下不杂以永康之功利,非建安、金溪所得而盖之也。项先生傅霖云:"永嘉之学,超于宋而不为空谈,方之汉而少其附会。"知言哉! 敬述所闻,以质长者。王子庄兄何日来杭? 此间移局约在望后,它日通书,当寄江宁聚宝门外报恩寺前制造炮局总办刘公转交。俞年伯客沪上去矣! 专此,即颂钧安。望再拜上。十月六日。

回信如在十五前,当寄苏州齐门内老君堂西洋炮局,十五后则寄金陵可也。"(《小莽苍苍斋藏清代学者书札》,933—934 页)

冬,门人李春龢(煦斋)代理瑞安知县,来借叶适《水心别集》旧抄本,欲重版。会代去,未果。

《孙衣言孙诒让父子年谱》:"门人遵义李煦斋大令(春龢)以名孝廉摄瑞安县篆,来假旧抄本宋叶适《水心别集》,此书系同治三年诒让于杭州购得。欲为重墨诸版,会代去而不果。"(62 页)

十月,应浙江巡抚马新贻聘请,主讲杭州紫阳书院。(《孙衣言孙诒让父子年谱》,62 页)

十月底，离家赴杭，道中读姚鼐选《五七言今体诗钞》及毕沅校本《吕氏春秋》，日有手记。（《孙衣言孙诒让父子年谱》，62页）

十月，途经丽水，诗赠知县陶鸿勋和教谕潘藩。

> 《丽水赠陶策臣大令鸿勋》："相见喜君瘦，他人得禄肥。山民窥客座，巷草掩庭扉。问过向予切，求心任俗非。斯才满天下，已乱还庶几。"（《孙衣言集》上册，240—241页）

> 《戏赠潘东屏同年藩》："有官差寡过，最好此浮沉。永昼一灯近，无人高馆深。门生稀载酒，傲吏独携琴。谓策臣。何事忧天下，如余霜霰侵。"（《孙衣言集》上册，241页）

> 按：潘藩，字东屏，玉环人。道光拔贡生。历任丽水、宣平县学教谕。卒于官。

十一月初三日（12月20日），舟抵富阳，书姚鼐先生《今体诗钞》序目后云：

> 予谓五言当止于贞元，七言唐当止于玉溪生，宋当但取苏、黄、放翁，而以金之遗山附之，乃能成一家之风旨，示后世以途辙。阮亭能弃杜、韩五言，而惜翁不能荟去杂家，故阮亭真汉廷老吏也。乙丑十一月三日富阳舟中记。

> 阮亭五言不钞王、孟，非无见也，不钞老、杜，则将置大小雅于何地耶？又记。

> 阮亭七言之取吴立夫，亦非予所解，又记。（《孙衣言集》中册，545页）

十一月初五日（12月22日），冬至日，抵杭州，主讲杭州紫阳书院。（《孙衣言孙诒让父子年谱》，63页）

时，俞樾主讲苏州紫阳书院。东南人士有"庚戌两紫阳"之目，俞樾寄诗述怀：

> 廿年得失共名场，余旧有赠琴西诗云廿载名场同得失，谓丁酉甲辰庚戌三次同年也。今日东南两紫阳。乱后须眉都小异，狂来旗鼓尚相当。主盟坛坫谁牛耳，载酒江湖旧雁行。寄语执经诸弟子，莫争门户苦参商。（《春在堂诗编》六《壬戌编》，11叶，《清代诗文集汇编》684册，521页）

谱主以琉球贡纸书诗和答，俞樾受而读之，以谓即其生硬之致，可知其瓣香所在，言琴西诗似山谷也。（《春在堂随笔》四）

谱主《次韵答荫甫》：

> 握手重来翰墨场，莫嫌髭鬖异青阳。承明旧事都如昨，项领群公不可当。垂老中兴思衮职，远方消息畏戎行。河汾要及当时用，欲借元经更熟商。（《孙衣言集》上册,242 页）

《又次韵寄荫甫苏州时钟六英同年适来托为寄此》：

> 青山无恙旧战场，国故有合儒紫阳。朗博士议我何望，楚大师位君可当。越吴两叟五百里，文字一目十数行。赏音忽得子期去，异义更就康成商。（《孙衣言集》上册,242—243 页）

十一月初七日(12 月 24 日)，琉球门人东国兴奉其主命迓封京师，过杭州来访。

> 《予至杭甫二日而琉球门人东子祥国兴以充贡使过此得相见并得阮生宣诏来书时东生为其国耳目官阮生为其国总理唐营司矣》："万里来相见，今生殊未期。片时留笑语，垂老惜颜髭。有道堪王传，谈经尚本师。远谟犹藉手，衰茶竟何为。一　与汝昔重见，仳离又几年。吾生饱忧患，之子日腾骞。绝国犹儒重，中朝早弃捐。寄诗何日达，愁望海东偏。二"（《孙衣言集》上册,243 页）

> 东国兴函云："敬禀者：睽违绛帐，不觉二十矣，缅想教育深恩，时萦梦寐。本月初一日路经兰溪，肃函驰请金安，不意钱塘道中得接夫子大人钧翰，欣识斗山在望，可以趋叩程门，殊深快慰。闻夫子大人于初五日安抵紫阳书院，因思前年奉和诗章'何得身随明月影，安昌堂上奉金卮'，知早为诗谶也，以万里之师弟廿年之别离，敬瞻宫墙伊迩，曷胜仰慕之至。虔请钧安，诸唯仁照不既。受业东国兴百拜具，十一月初七日。"（瑞安市博物馆藏原件）

十一月，东国兴离杭后，谱主召画工绘《重谈瀛海图》，以纪其事。

> 《重谈瀛海图跋》："始予为教习，尝有《海客授经图》以纪其事，一时士大夫题咏甚众。今既与子祥别，乃复召工为图，命曰《重谈瀛海》，以见人生离合之数，皆有前定，固有沮于咫尺之地，而海外万里之遥反若期之使会者，此予与子祥之所不能忘也。丙寅冬至，遂叟自记。（《孙衣言集》中册,527—528 页）

> 《门人东子祥附勤院来书赋此为答》注："子祥既行，予召画工为图，

谓之《重谈瀛海图》,以纪其事。"(《孙衣言集》上册,247 页)

十二月二十一日(1866 年 2 月 6 日),读毕沉校本《吕氏春秋》毕。(《孙衣言孙诒让父子年谱》,64 页)

十二月二十二日(2 月 7 日),读《山谷内集》毕,自六月初五日起。(《孙衣言孙诒让父子年谱》,64 页)

十二月二十七日(2 月 12 日),读《山谷外集》一卷。(《孙衣言孙诒让父子年谱》,64 页)

除夕,王拯请假归桂林,过江来见,以诗索和,谱主有诗。

　　王拯《岁除过江喜见琴西杭州以诗索和》:"衣裘懒逐五陵车,风止相看每座哗。忆掷金龟在天上,偶听翠羽又湖涯。几人岁晚同携醉,十日春先未放花。老大并离更惆怅,百年身世一惊嗟。"(《龙壁山房诗草》卷十四,《清代诗文集汇编》659 册,449 页;《王拯系年》,256 页)

　　谱主《喜王九定甫来杭别十年矣抚今追昔感而作此》:"貂裘乍脱下朝车,高馆论诗各笑哗。永夜歌呼欺岁月,几年愁梦剧天涯。谁教共作湖头客,便合同看雪后花。却恨应刘侪辈少,尊前长笛易成嗟。"(《孙衣言集》上册,242 页)

冬,张金镛弟张炳堃以《抱山楼词录》见示,有诗。

　　《张渌仙前辈抱山楼词卷渌仙乃海门侍讲弟也》:"对酒银釭向晓红,十年凄断寺楼钟。把君诗卷频开阖,苦忆黄州秃老翁。一　黄绢新词写侧厘,赏音深愧异钟期。却看汉水葡萄绿,付与儿童唱竹枝。时以道员将赴湖北。二"(《孙衣言集》上册,241 页)

　　按:张炳堃,字鹤甫,号鹿仙,浙江平湖人。道光二十七年(1847)进士,散馆授编修。官至湖北粮道。著《抱山楼诗词录》。

冬,谒见浙江布政使蒋益澧,得赠《陈文恭公手札》及阮元辑《皇清经解》,谱主赋诗以谢。

　　《蒋布政以所刊陈文恭公手札及阮文达公所辑皇清经解见赠以诗为谢》:"入坐雄谈最起予,多情更送一车书。盛时将相原能学,吾辈迂疏愧命儒。金镜蛛丝思岭海,玉杯虫篆竞江都。须君事业兼文武,铅椠犹当任老夫。"(《孙衣言集》上册,241 页)

冬,与布政使蒋益澧、同年王凯泰、丁绍周泛舟西湖,有诗。

《蒋芗泉方伯招同王补帆观察丁濂甫太仆两同年泛舟西湖》："青山无恙水澄鲜,又上西湖六柱船。几处亭台留劫后,廿年诗酒忆尊前。空摩大树思名将,欲掬寒泉荐水仙。倚醉戏谈天下事,临流须鬣笑苍然。"

（《孙衣言集》上册,243页）

是年,叶肇封来函,云：

琴翁世叔大人尊前：溯自先严曾叨兰谊,望风怀想,寤寐为劳。恭惟世叔大人内外丁艰,痛而旋府,想当服阕,定卜升华。世侄肇封本当赴瓯登堂叩奠,聊申薄礼,无如先严殉难之馀,离别为悲。上年驰赴福镇,遍寻骸骨无着,终天抱恨,莫可言宣。兼之在宁告假多时,尚未回守戎署任,羁栖俗务,不克脱身,想世叔大人定能原宥,谅不以□礼而见罪也。至先严当在福山之时,冲锋遇害,已沐皇恩,三代都骑尉,世代云骑尉罔替。蒙云西先生函嘱,乞世叔大人作墓志,以表扬光国典而传家乘,一时千载,望世叔大人勿吝翰墨之需,挥赐于封,不特封感世叔之德,铭沏五中,即封之先严,灵其有知,亦感云情于无既矣。惟是先严殉难之后历年,以前俸银约有万馀金,向领不准,及恤赏祭葬银两均未能领,乞世叔大人指示如何设法可领,或有交好在苏者,可函致代托,即烦修书赐掷商求,帮领为感。耑此拜托,并候尊安,伏惟钧照不备。世教侄叶肇封顿首拜恳。二家叔命笔请安。葵田世叔大人均此候安,不另。

（《瑞安孙家往来信札集》,12—13页）

是年,苏松太道永康人应宝时(敏斋)观察来函,述及"自睽芝宇,忽忽廿年""项由荫甫同年处寄到手书,并拜赐著""今读来教,语语印合,崇论宏议,益足以张吾道,得真学政、真校官,笃信程朱,讲明正学,以挽人心风俗,诚为中兴第一要策"等语。（《孙衣言孙诒让父子年谱》,65页）

是年,林鹗画刘基像,嘱谱主为诗,谱主赋《林迂谷叟画刘文成像命之曰景行图属为诗》：

留侯美妇人,古今有相似。经生固温温,佐帝非得已。明祚二百年,风节此根柢。为国有纲维,视睫眜千里。太任坐斋宫,万事今待理。南金辇荆衡,矿厉或跃起。大变思异才,迁翁亦奇士。（《孙衣言集》上册,204页）

是年,为泰顺陶祖翼题图。

《为陶香圃题图》:"万牛回首重邱山,云壑谁知独立闲。亦欲从君扶杖去,故乡犹在白云间。白云山在泰顺吴谏议隐处。"(《孙衣言集》上册,243页)

歙县王茂荫子怀侍郎卒,年六十八。

邓瑶伯昭卒,年五十五。

同治五年　丙寅　1866年　五十二岁

正月初四日(2月18日),出所著古文示王拯定甫。王拯手评于册端。是日续读《山谷外集》卷二。(《孙衣言孙诒让父子年谱》,65页)

正月,薛时雨索诗,谱主有和诗。

《去岁浙闱薛慰农观察时雨与王补帆同年凯泰皆为监试作步月图以纪事慰农索诗》(丙寅):"荇藻风林望渺然,浙江潮满月初圆。鹑袍同队八千士,驹隙回头三十年。予甲午、乙未、丁酉三应浙闱后,遂应顺天试矣。"(《孙衣言集》上册,244页)

正月十七日(3月3日),以父母葬事,由杭归瑞,舟抵文家堰。

《孙衣言孙诒让父子年谱》:"舟次文家堰,时以先人葬事,由杭归,雨中甚寒。"(65页)

正月十九日(3月5日),舟抵严滩。

《孙衣言孙诒让父子年谱》:"顺风,舟至严滩。"(65页)

正月二十六日(3月12日),从兰溪到永康,再到金华,改陆路。

《孙衣言孙诒让父子年谱》:"舟至安溪,予自兰溪将以小舟赴永康,至金华,水涨湍甚,不可行,乃自金华陆行度岭。"(65页)

按:《孙衣言孙诒让父子年谱》中为廿八日,据行程应为廿六日。

正月二十七日(3月13日),抵括州,改乘梭船。

《孙衣言孙诒让父子年谱》:"至括州,乃以梭船归,于是不能看书者六日矣。"(65页)

二月二十一日(4月6日),合葬先父母于瑞安二十五都茂德里盖竹山之原。

《盖竹山阡表》:"同治五年二月二十一日,我显考通议府君、妣丁太淑人既合葬于祖茔之次。"(《孙衣言集》中册,412页)

二月底(4月中旬),离家赴杭州。途中仍日读《吕氏春秋》。

三月初五日(4月19日),抵杭。

三四月间,在紫阳书院读毕吕氏六论,复续温康熙本《归太仆集》六七八三卷。(《孙衣言孙诒让父子年谱》,65页)

春,浙江布政使蒋益澧出任广东巡抚,谱主作《送蒋侍郎巡抚广东序》以送行。

《送蒋侍郎巡抚广东序》:"同治五年之春,天子命今广东巡抚湘乡蒋公以浙江布政使视师于粤,浙之士民相率吁留于巡抚马侍郎,侍郎为请于天子。未一月,复命以蒋公为广东巡抚,于是浙士民复走相告曰:'始天子命公视师其可留,今为巡抚则封疆之臣,蒋公必行,浙之人其何赖焉?'瑞安孙衣言曰:'此天下之望也,浙之人何私焉?夫英吉利之为中国患也,夫人而知之矣。……而蒋公以天下名将为封疆大臣,适当其时。蒋公之治兵也严,而其藩吾浙也得民心,得民心与治兵严皆制夷狄之道也。然则雪中国之耻,去天下之患,于是乎在,浙之人何敢私焉于是! 蒋公将行,遂书以送之。"(《孙衣言集》中册,343—344页)

四月初一日(5月14日),张振夔于乐清梅溪书院去世,泰顺林鹗寓书杭州告知谱主。

《张先生墓志铭》:"同治五年,张先生磐庵卒于乐清梅溪书院,于是予友泰顺林教谕太冲寓书杭州,语衣言曰:'四月一日,永嘉张先生卒矣。'"(《孙衣言集》中册,393页)

林鹗《与孙琴西观察书 时孙在杭城书院》:"琴西大兄大人阁下:君行后,蕖田亦归,竟未一见,殊觉闷闷,加之阅卷劳倦,遂病十日,服重药始愈。市中物贵且稀,无可滋补,思食鲥鱼,财力不及,酌淡酒而已。三月神会后,市静如夜,大街各铺竟不见有人问货,大可诧异。询之行中人,云不但大街自正月至四月城内外又歇业二百余家矣,下文又当奈何。顷闻中丞公又推恩减厘金二成,而群贾毫无起色,何也? 其病不在坐贾,而在行商,亦不在行商抽厘,而在行商不能脱货,不能买货回头故也。自来南北商货到郡,皆有落地税,由行抽算,不能隐匿。今欲抽厘金底,差

287

一妥员坐关,就落地税加厘金若干,一报一验,分行给单,与各行各铺每月结帐,既无侵渔,亦无糜费,可矣。今乃多设卡房,一水之地节节拦截,遍布巡丁,客货过地,已报验给单矣,而路中又两起两验,留难需索,解包倒篋,百物狼籍蹧蹋,虽北□□渚无此苛法。坐卡者多官亲闲幕,夤缘入卡,徒糜薪水,尺布寸丝未报,留货拘人,重罚入已十倍厘金。巡丁非白役即游棍,又包货偷关,以为出息,病民病公,此何为者?温州气魄本小,全恃处州十县及平阳、瑞安、泰顺杂货店到郡分货,客商山货来郡中,洋钱小钱皆各县所不用,全赖与各县坐贾汇兑,□□钱分郡货而归,方两不伤本。而各县富户吉凶大事皆到郡办货,此郡贾之出路也。论理郡贾既税其入货,不宜更税其出货,各县商贾既税其来货,似不宜又税其回货。而置物家用,非商非贾,税之尤为无名,加之路中节节受气破财,虽各县土薄人满,不得不逐末,富户不能不贪,郡物之多,而出入吃亏,只得坐困而已。此近来各县商贾多歇业,使郡商贾不得不歇业之由也。今读史者皆咎介甫新法,不知北宋盛平宽大病,正在度支日绌,虽使周公作相,不能不理财。吾特憾其不达民情世故,一相情愿耳。一介甫作法,使天下承行者千百人皆介甫也,何病于民?一人主之,万人行之,随地换形,新法增新,必且加密加严,以求道地,则百弊踵生,民不堪命矣,何以知之?今之厘征,即新法之浮财手实也。尝阅《丽水县志》,南宋时犹用此法,故地狭而用足,盖是时承务管勾者,非科目人,即世家任子,藉此出身,守法自爱。在上者既革其苛而存其实,间有不肖作弊,贤者来不难立革,时未尝病民也。前月小儿书来,云制府因厘局激变,有意择人重加整顿,闽中坐贾已全免商税,他处未详。福宁则日有起色,而商民皆悦得人。可知□吾温则虽坐贾全免,亦无益,何也?譬之人身加之剥削,又过瘦弱,尚可勉强支持,断其血脉,塞其气窍,有立毙耳。故吾谓厘金不减亦无害,今截其出货之路,则□人免,复加奖赏,亦无补也。见在东南虽肃清,兵勇难散,又须天下大局,厘金岂能骤免?愚谓能整旧章、除苛细、用正人,将见散财货通流,厘金必且日旺一日。若听地方官私情用人添卡,商贾失业,尚可别路营生,若兵勇失养生变,天下且无平日,吾辈亦无生路矣。奈何!奈何!风闻杭人欲复书院,及各项修善经费,此自当年丰盛时杭俗好善,故人间好事作尽,在今日欲谋此,旱凶岁求肉糜也,况欲取之外郡遗黎膏血耶?吾料此必绅士所请。见在遗民寥寥,多本复业,各大宪抚恤疮痍之不暇,未必急急及此。其他粉饰太平之事，更可缓待他年矣。本朝名臣有言曰：'不爱钱原非异事，太要好亦是私心。'阁下以为然否？世兄制义功夫尚浅，而多读书，经古丰富，胜人宁馨，定数千里。吾每抑置二三以激励之，阁下云导永嘉人学□，昨出红花、鲋鱼二题，不拘体韵，未见佳篇。四月初一日张磬庵竟终于乐清书院，郡城难为继者矣。芳草日稀，耳目所及，都无快人意事。我本退闲□，勉强□此为女孙嫁斯迟缓，明年春尽，方能归去，奈何！"（《望山草堂文稿》，温州市图书馆藏乡著会抄本）

四月，为侯绍裘《癖石山房印谱》作序，云：

业有专则不精，即艺事类然矣。世之学者，以坌浊之胸，奔走世故，间执一业，作辍不恒，一事无成，大都坐此。平邑侯君星舫，工篆刻，其所学大小篆以下无不窥也。尝以所刻石赠余，见其雄劲苍古中时露妍媚之态，盖浸淫于古者深矣。君自言习此已历八年，始虽规摹未及变化，后乃渐进，则信乎业之专也。又言生平百嗜无以逾此，因颜其居曰"癖石山房"，尽裒生平所刻，无虑数千百方，勒为《癖石山房印谱》，其中体制不一，而一衷于古。余尝见君体俊而神清，又能优游毕力以成其业，盖以专而得精，非夫奔走世故，作辍不恒者之所能为也。兹因君匄余文以弁谱首，故乐为之序其事如此云。同治丙寅清和月。（《孙衣言孙诒让父子年谱》，65—66页）

四月，撰《蒋氏莫如楼时文后序》。（《孙衣言集》中册，489—491页）

四月至六月间，以蓝笔评点《山谷外集》。（《孙衣言孙诒让父子年谱》，66页）

五月，在紫阳书院，应吴大廷之请，为其著《孝经古今文传注辑论》题跋：

去岁七八月间，桐云自闽以所著《读易随笔》及《孝经古今文传注辑论》寄示予于瑞安，属为之序。适予有杭州之役，未遑暇也。今陶册臣司马自兰溪来，复以《孝经辑论》见示，云将刻而传之，于是桐云以福建盐法道移巡台湾矣。予谓《鲁论》一书首教人以为学之道，其次章即述有子之言，以孝弟为为仁之本，且以为孝弟则不犯上作乱。然则孝弟者，教之始也，今之为民上者患在不学，而为民者苦于无教。桐云笃于学，而台湾道实兼学校之事，虽曰海外强悍，然予尝为桐云言之矣，曰"治悍民易，治柔民难"，桐云诚推此书之意，躬行以教之。异日言台湾之民易漳泉而邹鲁者，必自桐云始矣。同治丙寅五月，紫阳书院跋。（《孙衣言集》中册，516—517页）

六月,撰《紫阳书院十六咏》,即乐育堂、五云深处、春草池、凌虚阁、簪花阁、别有天、寻诗径、巢翠亭、螺泉、鹦鹉石、笔架峰、垂钓矶、校经亭、观澜楼、景徽堂、听经岩,前有序。

《紫阳书院十六咏》:"紫阳书院南墙壁有阮文达公《观澜楼记》石刻,其略曰:'康熙四十二年,浙江盐法道高公熊征建紫阳书院于杭州紫阳山下,有诗十二章分咏其地。'今之听事北向者,为乐育堂,堂后高屋三楹,拾级乃登者,为五云深处,折而东有池广一亩,湛然清深,曰春草池,池上水阁南向,今名凌虚者,曰南宫舫。东向者曰簪花阁也。池南有山如重巘,山之空明处皆南宋人所抉剔,曰别有天,曰寻诗径,曰巢翠亭,曰螺泉,曰鹦鹉石,曰笔架峰,曰垂钓矶。鹦鹉石侧之校经亭为元所建,山之最上者曰看潮台,台久圮。嘉庆八年巡盐使者某建高楼五楹以冠此山,名之曰观澜楼。盖是时以看潮台故址改建观澜楼,文达为之记。而梁山舟学士书以刻石。同治四年之冬,衣言来此主讲,喜其山水台榭之胜,而所谓巢翠亭、校经亭者,仅存遗址,高公所为诗亦不可复得。因思此地自高公十二诗之后,至文达时而有校经亭,又南宫舫为凌虚阁,看潮台为观澜楼。比予之来,则今方伯杨公昌浚又以俸钱买地辟新堂于其东,前后凡二十楹,名曰景徽堂,而堂前岩石林立,诸生读书环石以居,予为命之曰听经岩,则其地之可咏者又多矣。因为小诗十六章以继高公之后,将使同志者和之,以示余与诸生虽更寇乱,犹得相从讲诵为文章,共此山水游息之乐,不可谓非幸。且使后之人有所考见,以时修葺增广之,毋废前人之遗迹,则此十六咏者或即为书院异时掌故,是亦文达作记之意也。丙寅六月瑞安孙衣言记。

四载官太学,谈经立海客。三年西掖居,温藉聊塞责。今者登此堂,汗背面发赤。人无韩愈贤,坐愧戴凭席。授业岂能然,有惑庶予释。

<small>乐育堂</small>

堂前两梅花,堂后万修竹。高楼启八窗,面面纳山绿。是间真山林,有客亦冰玉。标题彼何人,蓬莱忽在目。回首旧巢痕,岁月如转毂。

<small>五云深处</small>

青山叠重巘,石穴吐清流。三日春雨馀,渌净苹萍稠。云何集腥秽,相视如沟洫。我欲召舂锄,返此璇沼幽。日长了无事,坐看儵鱼游。

<small>春草池</small>

便坐南面山,临池乐清泚。画船托南宫,或曰语近鄙。仪征为易

名，凌虚差有理。其间设短榻，客来心所喜。有时坐谈玄，游鱼出深水。水阁有扁曰南宫舫，今犹揭于楣间。春初王定甫见之大以为俗，读文达记，乃知已易名凌虚也。

凌虚阁

　　大贤不违俗，簪花宴闻喜。高阁有嘉名，息壤亦在此。殿前胪句传，上殿见天子。回首二十年，报恩竟何似。诸生学日新，不才我老矣。

簪花阁

　　池南山畏垒，细路蛇蜿蜒。石磴拾级上，巉岩纷我前。去地不十丈，已觉心超然。灵区孰搜剔，一瞬垂千年。我来不肯去，风袖行翩翩。

别有天

　　经年不作诗，作亦不复佳。故交死大半，存者行天涯。今朝蹋涧石，欣然写我怀。乘兴聊自适，与众安能谐。索之复无有，有得非安排。

寻诗径

　　孤亭无遗基，山翠犹如滴。大槐堕层阴，高梧摭丹壁。修纤万琅玕，轻风相盪激。我来看山光，独坐人境寂。珍禽时一鸣，林深不可觅。

巢翠亭

　　螺泉何涓涓，仰出苍石穴。润物不自知，终古此凛冽。黄河万里流，东趋涨溟渤。要其初发源，本此一勺洁。诸生来问道，我复何言说。

螺泉

　　斯飞复戢翼，千年栖云峰。苍苔上丹碧，毛羽何丰茸。陇鸟不回头，人间争鸡虫。孰知顽与慧，赋予皆天工。汝幸不能言，差免送笼中。

鹦鹉石

　　奇石若植戟，三峰镵青天。移玩入几席，我笔若修椽。酒酣忽感愤，怒草垂天云。飞书责海外，单于敢嫚言。奈何毛锥子，相对使声吞。

笔架峰

　　盘陀一卷石，下浸苍波根。上平广可肘，有谁来垂竿。连鳌设六鳌，此间多鲵桓。羊裘不受召，五月富春山。沄沄演溪水，怀哉旧考槃。予所居旧庐曰演溪草堂。垂钓矶

　　江都五经师，朝阳始鸣凤。后生日纵横，闻道在洛诵。岂知圣人经，身世两致用。寂寞元亭馀，著书覆酒瓮。我为斯民虞，孔情发周梦。

校经亭

　　曾楼俯百尺，大江动我前。青山不可极，滥觞谁寻源。群流既汇合，八月为波山。海门更东去，遂纳百谷宽。诸生无闭户，来此共凭阑。

观澜楼

新构堂东偏,开门纳闲敞。南望文公祠,高山近可仰。大贤为道忧,荣名安能奖。中朝不相容,林壑宜独往。回首慢亭峰,临风发遐想。_{壬戌九月游武夷,尝一拜文公书堂。景徽堂}

堂前数立石,头角何嵚崎。峨峨伟丈夫,侪伍相因依。六经声贯珠,诸生堂东西。至静涵大妙,太璞岂不移。生公昔都讲,亦有点头时。_{听经岩}"(《孙衣言集》上册,205—210页)

时,薛时雨有《和孙琴西山长衣言紫阳书院十六咏》:

出山期泽民,在山期造士。绛帐扇春风,咿唔诵声起。虚堂此静坐,无言契桃李。_{乐育堂}

蓬莱海中山,可望不可即。辉辉浮五云,近在讲堂侧。抗尘十二载,此门那易得。_{五云深处}

池塘久无梦,池草空复春。春草遍天涯,所思梦草人。_{悼先仲兄。}拈题泪忽坠,起看长空云。_{春草池}

凌虚起危阁,地迥万象幽。山岚扑人面,清泉涓涓流。中有苏长公,高寒怀琼楼。_{凌虚阁}

功名图凌烟,腰插大羽箭。何似曲江滨,压帽宫花艳。阿婆今老矣,头白文章贱。_{簪花阁}

文心幻不测,突兀见眼前。斯境亦如之,石磴盘空悬。时清恣歌啸,安用寻仙源。_{别有天}

闲中爱谋雅,寻诗苦无路。有时偶得之,缥缈飔花雾。此迳本清幽,勿被终南误。_{寻诗径}

万绿围孤亭,幽人欣有托。市远嚣不闻,书声出林薄。古欢结同社,言寻巢居乐。_{巢翠亭}

山翠比螺黛,兹泉胡得名。出山复入山,永此一泓清。潢汙积行潦,蚌蛤潜相争。_{螺泉}

慧舌有时默,顽性安能灵。聪明敛听视,幸葆魂礴形。此石何人化,毋乃祢正平。_{鹦鹉石}

濡笔补造化,阁笔横云峰。久阁不肯投,露颖摩苍穹。忽复幻生花,青天金芙蓉。_{笔架峰}

荒矶坐垂钓,时作濠濮想。志岂在得鱼,遗世成孤往。我家襄河曲,春水鱼苗长。_{垂钓矶}

六经如日月，昭然行天中。训诂如牛毛，皓首义难穷。自惭簿书吏，羽翼曾无功。校经亭

万流同一源，万派分一线。登楼眺江海，湍急奔如电。回澜大贤挽，静观参众变。观澜楼

陟彼紫阳山，瞻言紫阳祠。前徽不可作，景仰有馀思。春风油然来，庭草生意滋。景徽堂

岩静似太古，铿铿闻说经。诸生环而前，石室罗衿青。泠然杂雅乐，飞泉鸣琮琤。听经岩（《藤香馆诗钞》卷四，9—10叶，《清代诗文集汇编》671册，636—637页）

六月，作《盖竹山阡表》，略云：

显考通议府君、妣丁太淑人既合葬于祖茔之次。又三月，其孤衣言始得具其世谱，次其行事，以表于阡，以示我子孙，曰：呜呼！府君与太淑人同处困约之中，攻苦食淡，躬自勤厉，以缔造有家，七十馀年如一日，其所以佑启我后人甚大且远。……府君年二十三而丧父，奉母居山中，务农以为养，日辨色兴，即料检内外，至田间，畜牧耕获必躬为要约，不以顷刻自暇逸。而太淑人连举衣言兄弟及大妹，每晨起，襁一子，抱一子，就厨下执炊，夏日汗涔涔循肩背下，衣常半湿，僮捃敛木棉芋归，太淑人必手自练治纺织，未尝以任人。府君始穷空，至中年，有田百八十亩，每岁出谷，必手选乾隆、嘉庆钱别置之，以应官赋，未尝俟期会。不饮酒，不事佛，不为禨祥祈祷，而以读书督诸子极严。不妄费财，而延师未尝惜厚修。其居乡，未尝轻入城府，及居城，未尝一见官长。府君至老未尝畜仆，太淑人亦至老未尝畜婢。衣言兄弟既服官，府君、太淑人受两朝恩宠，然自奉未尝稍加于曩时，见人声气未尝稍日异，人亦未尝见其有异也。盖昔之言人先德者，常喜称其爵位之隆与事功声望之美，以为可以示后世。自衣言思之，爵位之隆赋于天，而不可必得，事功声望之美，遇时而后有者，亦非子孙之所能效也。求之而必得，可以为法而传后，惟此勤俭醇谨之家风而已矣。呜呼！我孙氏自宣义府君以好义轻财见称前世，至我祖赠君复以能施予闻，而府君、太淑人以俭德承之，以有今日，此固我子孙所当深思也。衣言兄弟亲奉父母之教，未敢失坠，后世子孙其勤身刻志以耕先人之田乎？抑奢靡逸欲以败德乎？其闇闇默默以自全乎？抑赫赫隆隆以速灭乎？其宽洪惇大以益绵其传

乎？抑苛刻缴绕以贼人而自贼乎？此府君与太淑人无穷之虑也，我子孙其恶可忘之。……同治五年六月，孤子衣言表。（《孙衣言集》中册，412—414页）

时，俞樾来函，谈《紫阳十六咏》为浙江紫阳生色，并询问《群经平议》刻书进展情况。函云：

> 顷由谭君克仁交到手书，书无月日，然云到杭后补行二课，则作此书，当在六七月间，远哉遥遥矣。天下事多有名无实，而山长必看文章，诚哉怪事。虽然其名山长，其实止看文章，是亦有名而无实也。樾在此已举六课，每课卷约计三百左右，率以六日了之，一月之中尚有二十四日，可以读我书也。承示《紫阳十六咏》，洵足为浙紫阳生色，然苏紫阳竟无一可咏者，不太减色乎！昔元白以州宅相夸，今孙、俞讲舍，则悬绝矣，如何如何！拙著《群经平议》，究已刻成几卷？筱堂调严州，伯平卧病，无人经理其事。若将未刻者寄吴下刊刻，有三便焉，省刻赀，一也；速时日，二也；便校雠，三也。有此三便，老兄何不为吾力言之？（《春在堂尺牍》卷一，20—21叶，《清代诗文集汇编》686册，534—535页）

夏，偶检箧衍，得同里门人黄体芳所纂《钱房爱书》稿本一册，撮其大要，参以所闻，为《会匪纪略》。而别为瑞安北乡、平阳雷渎、瑞安湖石、永嘉塘后四处团练义民表叙，以彰死事者之遗烈。（《孙衣言孙诒让父子年谱》，67页；表叙见《孙衣言集》中册，486—489页）

夏，吴恒司马赠海宁西瓜，赋诗感谢。

> 《仲英惠海宁西瓜》："海昌陈安雪练瓜，温州芦浦未能加。骄阳门外行炎火，不碍冰盘对绿沙。瑞安瓜以芦浦为最，仲英自云此真陈安寺雪练瓜也。"（《孙衣言集》上册，245页）

> 按：吴恒（1826—1895），字仲英，号颂音，晚号鹤翁，杭州人。光绪年间曾任松江海防同知。嗜金石，善书画。

七月，自赞小像云：

> 立朝十年而无功于君，守地千里而无德于民，行年五十有二而未尝有善于其身。幸与当世贤士大夫游，而区区乃欲以言自文。行駸駸以将老，恐碌碌其无闻。不知天下后世，当以汝为何等之人？丙寅新秋，逊叟自赞，仲英书。（《孙衣言集》下册，859—860页）

七月中旬，从丁丙借阅黎谅本《水心先生文集》。

予自七月中旬借丁松生所藏黎谅本《水心先生文集》校读此本，凡五阅月而毕。(潘猛补《<水心文集>孙衣言批注辑录》，《温州历史文献集刊》第一辑，南京大学出版社 2010 年版，第 39 页)

七月，与薛时雨、章鋆、吴恒游灵隐。次年补作诗。

《复忆去岁秋初与慰农采南仲英有灵隐之游亦未为诗复以前韵补之》："大火西流秋七月，酷暑渐退始可袯。飞来灵鹫如相呼，入山更得峰泉娱。人间风日此已绝，应真五百何言说。西方变相犹当年，不知谁与我有缘。高皇宝章琢珉玉，小臣跪读跼双足。当时几费水衡泉，天上尧舜挥五弦。草间愁吟真可哂，巢痕久扫徒食笋。予直上书房，所居园庐程春海侍郎食笋斋也，尝请祁春浦相国重书三大字，揭之壁间。予既出守，庚申之变，园亦无存。"(《孙衣言集》上册，212 页)

八月初四日(9 月 12 日)，俞樾来函，云：

琴西我兄同年大人阁下：月之二日，曾布一笺，托少仲寄笏堂转交，未知已入青照否？昨日由谭君克仁处交到惠书。书无月日，然云返杭后连补两课，则作此书，尚在六七月间，相距遥遥矣。天下事皆有名无实，而山长必看文章，诚哉怪事。虽然其名山长也，其实止看文章也，是亦有名而无实，老兄勿怪也。弟自二月至今，已举六课。每课卷约计三百率，以六日了之。一月之中，尚有二十四日可以读我书也。夏暑太酷，入秋来厢中多病，弟亦因感受湿气，脚指肿烂，经旬不出矣。大著足为浙紫阳生色，然苏紫阳竟无一人可咏者，不太减色乎。昔元白以州宅相夸，今孙、俞讲舍，则县绝矣。此所以欲作和章而踌躇不能下笔也，容徐图之，幸勿督责。拙著究竟已刻成几卷。笏堂补严州，伯平又病甚，无人经手，奈何。弟意若将未刻者寄来吴下刊刻，其便有三：苏刻一百字，止用泉一百四十，连刻并写及版价在内矣。其价较省于杭，一便也。苏州刻工稍多，不难刻期藏事，二便也。弟在苏可以校对，三便也。有此三便，老兄何不为弟力言之？如笏翁以为可，或将未刻者全寄苏刻，或分一半来，均可。希即示知是所切盼。手此复请吟安。年如弟俞樾顿首，八月四日。

再，笏翁之补严州久矣。然见署首府自是紧要，或未必即交卸。其必须到严州任否？亦望示知。笏翁不交卸前，说自无庸矣。然区区诊痴之意，急于观成，分半至苏，未始不可，希酌之。"（瑞安市博物馆藏原件）

八月，撰《紫阳书院景徽堂记》：

> 杭州紫阳书院建于康熙四十二年，在紫阳山下，而输材为之者，徽州鹾商也。徽则朱子之故乡，故曰紫阳书院，而为祠以祀朱子。寇乱之后，书院尝再葺，而斋舍少，不足容学者。今年春，衣言来此主讲，方伯杨公昌浚方为按察使，以奉钱买地东偏，与都转高公卿培请于巡抚马侍郎出公帑，增屋二十楹。既讫工，杨公名其堂曰"景徽"，以南望朱子祠也。自元明以来，天下读经者皆尊用朱子说，可谓甚盛。夫朱子之于经勤矣，其自谓不能俯仰就功名，而欲求圣人立言之意，以待后人者，用心何其至耶？今天下皆知读经皆宗朱子，然自取富贵利达外，若无用于经，此岂朱子之教也哉？汉之中世，经始稍出，大义犹未著，不及今日远甚。然当时儒者守一师之说，可以终其身，而一言一篇之所得，常可以持身决事。然则今日之所谓宗朱子者，何耶？《诗》曰："高山仰止，景行行止。"方伯之所以名堂，盖可思已。同治丙寅八月。（《孙衣言集》中册，309—310页）

八月，从钱塘丁丙借得文澜阁本陈傅良《止斋集》、薛季宣《浪语集》、朱希晦《云松巢集》三种。《止斋集》旧藏有之，《浪语集》缺二十馀卷，惟《云松巢集》为完书。录副寄徐愖士，属并朱玄谏《荡南集》刻而传之。（《孙衣言孙诒让父子年谱》，67—68页）

八月，书乐清朱希晦《云松巢集》后。

> 《书云松巢集后》："衣言顷从友人丁君丙假文澜阁残本求吾乡先辈书，仅得《止斋集》《浪语集》《云松巢集》。《止斋集》予故有之，《浪语集》缺二十馀卷，惟《云松巢集》为完书，乐清朱先生希晦诗也。其诗固已清亮可诵，然予观其七世孙谏后序，称先生隐居瑶川，不乐仕进，有田数十亩，悉以入祠堂，独以所作《云松集》一册，端砚一方，古本《文选》一帙，付其五子，曰：'汝可守此。'於戏！先生高致如此，诗亦安得不佳哉！今之人，岂徒文辞可传者少，抑其自得于心者不同也。闻乡先生之风，可以慨然兴矣。其七世孙谏者荡南先生，尝为郡太守，有《荡南集》，未乱时，予家亦有之，今其板不知尚在乐清否。予同年徐愖士文而好义，为先生乡后学，故以此书寄之，庶并《荡南集》刻而传之。同治五年八月，

瑞安后学孙衣言书于紫阳书院。"（浙江大学图书馆藏《云松巢集》抄本；《孙衣言集》中册，517 页）

传抄阁本宋起居郎刘安节（元承）、给事中刘安上（元礼）二集，合四册，以为脱误改窜甚多，殊非善本。（《孙衣言孙诒让父子年谱》，68 页）

八月，与薛时雨、丁丙、吴恒游云栖。次年补作诗。

《因忆去年八月与慰农松生仲英有云栖之游尚未为诗复以前韵补之》："晚眠窗前见落月，早闻打门起索袜。杭州退守来相呼，骤雨不碍人欢娱。入山五里幽邃绝，孤山灵隐那复说。劫馀乔木犹昔年，参天不受藤萝缘。山僧爱客饭炊玉，一饮百杯酒亦足。烹茶更就竹间泉，坐听松籁吟风弦。日晡忘归仆夫哂，一杆蒲牢吼龙笋。"（《孙衣言集》上册，212 页）

九月初一日（10 月 9 日），读毕《山谷外集》，于册尾记云：

《芗室传》亦宜补入以还其旧。（《孙衣言孙诒让父子年谱》，68 页）

九月十四日，祁寯藻去世。

九月二十一日（10 月 29 日），邵亨豫来函，云：

琴西仁兄同年大人阁下：音信久疏，正深驰系。昨展惠书，并读大著，再三盥诵，如接容仪。敬谂道履凝和，吟祺协吉，适惬颂私。寿阳师相新于本月十四日骑箕归天，子和乔梓赏给侍读、举人，饰终典礼，备极优崇。大稿容俟稍迟当致子和也。湘吟、振甫陆续到京，晨夕共数颇以为乐。定子久闻北来，迄今未到，芙卿已自关中动身入都，想不甚远。弟株守如常，一无善述。今夏适逢廷试，不能力争上游，升转之途甚形梗塞。自维患难馀生颇不甚以功名为念。忍贫苦度亦复安之，近以实录全书将次告成，督催功课商榷典礼朝夕驰驱，刻无暇晷，前在皖中吟咏甚多，但终不能作古。自入春明，此事久废，年儿虽博一衿，学问甚少进境明年拟为毕姻，此后便当将儿女之事逐渐了去，惟妙手空空儿谈何容易耳。灯下拨冗书此奉复即颂台安，惟察不尽，渠田前辈现在何处，念念。年愚弟邵亨豫顿首，九月二十一亥刻。（瑞安市博物馆藏原件）

九月，为仁和训导陶祖翼（泰顺人）祖母作《陶孺人九十寿序》，略云：

今年春，予来主杭州书院，居紫阳山。泰顺陶君香圃为仁和训导，时来就予相从饮酒，间为予言其大母吴孺人年九十。……今香圃以大母之寿,将自杭州假归,率其子孙彩服称觞,此其乐又神仙人所无者。予每自恨兄弟二人不能常侍父母,今且欲为有父母之人已不可得,而香圃乃能寿年几百岁之大母,疑天下无如香圃乐者,予他日倘效昭谏之游,挐舟江上,过斗龙之山,以抵陶氏之隐居,未知所谓白云山人后山人者尚在人世否? 而陶氏寿母其必能为扶杖一见也,是为序。 同治丙寅九月。(《孙衣言集》中册,354—355页)

按:陶祖翼(1821—1876),原名大端,字子诒,又字紫彝,号香圃,泰顺人。以赀铨授仁和县训导兼署教谕,以功升太常寺博士。

九月,应仙居吴琮之请,为撰《仙居忠义祠碑记》,略云:

同治二年,浙东平。 大帅上其事于朝,皆如例卹,而仙居以(吴)琮为首功,又(吴)克明之以身殉也,乃建祠于田市,以祀(吴)幹及克明,民之死者皆附焉,其十一月祠成。 又三年,琮在杭州,乃请于瑞安孙衣言为文以记之。(《孙衣言集》中册,367—369页)

七月至十月,校读《叶水心集》,以丹笔圈点乾隆乙亥永嘉刻本,对文章义法、字句异同加以评注。 其议论处有关古今得失利病者,偶触时事,发为感言,并缀识简端,用资申证。 识云:

吏胥之患,今日无异于宋,然其患非不可去,苦于官惰而任吏耳。今使部以主事,外省以试用知县各主其政,则一切所谓案而不见则例者,皆勿援以断事,则其患庶或可去。秦议《吏胥篇》

今日上冢之游,永嘉尤盛,盖自宋已然。 以窭从奢,则至今亦未改,而暴令豪胥之虐,乃有出于饮酒之外矣,可叹。《醉乐亭记》

太守如子耕,则风俗可以厚矣。 今日治台州者,以为非武健不可也,岂知治体哉。《上蔡先生祠堂记》

此即今日所谓由单,其法最善,而吏往往匿之,不肯以予民,此可恨也。《平阳会书序》"能为民推校其赋之当输,铢合必实,色第别异,多寡贫富,不妄赢缩,板以付之,使自至,民不求吏,官不失职"一段

人情大抵如此,予尝荐一贤知县于马中丞。 曰:此等官,惟百姓及贤上官爱之耳,同僚亦不喜也,盖深有慨乎其言之也。《刘起晦志》"建翁为上下信服,而同时为邑者诬奏罢之,举一世所爱,不能胜一人所忌"一段

今国家之事,其须深讲者多矣,而枢臣亦寻常文书首肯而退耳。呜呼! 其何以为之。《刘颖志》疏言"今日之治,要须深讲,今不过寻常文书首肯而

退尔"一段

今武臣兼州，军功杂流为知县，弊亦甚矣，亦宜有此举动也。《刘弥正志》"公则力绳武将之兼州者，使奉法，奏罢军功杂流之为县者，悉注文臣"一段

今日之患，不独人主日圣，大臣亦日圣矣，此可忧也。《徐谊志》"公谏曰：若是则人主日圣，人臣日愚，陛下谁与共功"一段

开禧之役，叶文定知建康，徐忠文知江州，寇始不能大入。当日吾温州人能自树立如此，然亦事权在己故也。《徐谊志》

光宁危疑之际，首定计以安社稷者徐公，为之者蔡公，皆吾温平阳人，亦伟矣哉！《徐谊志》

今日之待外夷亦宜知此。然恃其未动，而玩不为备，一旦祸发，则其事有不可言者矣。《何澹志》"自复仇之议出，恳恳论奏，谓须家计牢实，彼必不可以进，而后我可以不退，且盟约久矣，必彼破坏而后我徐应之，不然，前直掩而较后曲，藩墙扰而堂奥摇矣"一段

今日黄岩之俗，稍粗犷矣，然以予所见，如王子庄、蔡仲吹皆所谓异才也，世无以取之耳。《夏庭简志》

十室之邑，必有忠信，此言诚然。今日温、括诸郡皆限于进士科耳，所谓绝其人使不得为仕者也。大郡益浇，而下州益野，今之法为之也。《夏庭简志》

一命为进士，亦今之弊法。必欲得人才，则今之所谓优贡、拔贡，犹古人乡举里选之遗意，得其人而实行之，乡试可废也。《夏庭简志》

今之殿试策问，亦所谓不当通者也。同治初元，始诏直言得失，然考官终以旧法定优劣，盖古法不可复矣。《滕宬志》

予在淮北，亦力主屯垦之议，而卒无助予以成者，至今犹以为恨也。《代人上书论》"农田"一段

必县治而后天下治，必能治县而后能治天下。今儒者往往鄙薄州县，而国家之用州县，又不能尽出于儒者，则两失之矣。《长州政事录》（《孙衣言孙诒让父子年谱》，68—69页）

十一月初二日（12月8日），自杭旋里，道中仍读《水心集》。（《孙衣言孙诒让父子年谱》，70页）

十一月，抵家后，续以蓝笔点康熙本《归有光集》九、十两卷。时傯居瑞安城南。晋江龚咏樵来访，互以诗文相示，谱主赠诗留别。（《孙衣言孙诒让父子年谱》，70页）

十一月十三日（12月19日），张文虎收到谱主所寄《逊学斋诗稿》。

《张文虎日记》:"孙琴西观察寄致新刊《逊学斋诗稿》。"(陈大康整理,上海书店出版社 2001 年版,70 页)

十一月十六日(12 月 22 日),冬至日,撰《重谈瀛海图跋》:

> 同治乙丑仲冬,予主讲紫阳书院,以冬至日来杭州,而琉球门人东国兴奉其主命逵封京师,后予二日至杭,来谒于书院,于是予与子祥别二十有二年矣。初道光庚子,琉球弟子四人奉命入学,予官国子监,为其教习者四年。其后咸丰丙辰,门人阮宣诏勤院为其国贡使,至京师来谒于澄怀赐园,时予方官翰林,直上书房。子祥之来,则予方奉讳家居,其势无繇相见,而三日之间先后皆抵杭州,固非意料所及,而此后之再见与否,则尤不可以豫期也。始予为教习,尝有《海客授经图》以纪其事,一时士大夫题咏甚众,今既与子祥别,乃复召工为图,命曰重谈瀛海,以见人生离合之数皆有前定,固有沮于咫尺之地,而海外万里之遥反若期之使会者,此予与子祥之所不能忘也。丙寅冬至,逸叟自记。(《孙衣言集》中册,527—528 页)

十二月十三日(1867 年 1 月 18 日),读毕《水心集》,记云:

> 予自七月中旬借丁松生所藏黎谅本《水心先生文集》校读此本,凡五阅月而毕。黎本与此本互有讹缺而黎本较善,凡此本讹而黎本是者,皆即改注于旁,此本与黎本可两存者,注曰黎作某。此本与黎本两讹者则审其文义,以意改定之,旁注曰当作某。其文之佳者,各以圈点表之,而以朱规次第于其题之下方,异日得暇,拟别为《水心文钞》,以附鹿门八家之后,固卓然大家也。同治丙寅十二月十三日,逊叟读毕记。(潘猛补《〈水心文集〉孙衣言批注辑录》,第 39 页)

是年,薛时雨离杭,谱主作诗以送。

> 《送慰农别》:"怕送使君五马行,风荷烟柳若为情。河东凤去三霄回,海上鸥浮万里轻。秋草吴山馀废垒,夜潮明月见空城。道旁每坠遗民泪,未免伤心向首程。"(《孙衣言集》上册,245 页)

是年,尝致书巡抚马新贻,建议续修《浙江通志》。复以本籍郡志邑乘亦年久失修与锵鸣同向官方提出续纂意见,巡抚及郡邑官绅各咸以为然,顾以费繁款绌,尚难着手进行。谱主与锵鸣鉴于乡邦文献日就湮没,爰先计划私事采访遗闻,并就所见书籍摘录资料,草为《温州备志长编》,且俟搜辑略有成绩,再请由地方设局,公同审议,纂为志书。当时订有《采访条例》十七条,条例中于宋末遗民、明时倭寇、明季兵事之旧闻,以及地方方言谚语、私家谱牒皆兼致意及之。其末条云:

> 录寄各件,务须统用卷格纸,每页十八行,每行二十格,端楷誊写,以便合订。并须查阅本条例,以类相投,如金石艺文不可与科第职官等事并抄一纸,其志传长篇,每篇另写,勿接抄,以便分类汇订。如以谱牒及大部著作一切粗重器物送示者,由本宅给与收据,订期缴还,并给来人饭食路费。其诗文巨帙无力抄写者,送阅后酌助写资。(《孙衣言孙诒让父子年谱》,70页)

是年,与同郡人士曾贤、陈璲、周锦川、胡垠、徐德元、林大椿、沈洺澜、林鹗、董庆瑞、潘藩、叶楚材诸君有《征刻瓯海还珠集公启》。是集为书凡一百二十卷,平阳杨诗纂辑,诗字葩园,道光间诸生。所著《温州府志补正》二卷、《平阳县志考》三卷、《谏果窗文存吟草》各一卷外,则搜罗温州一郡先哲遗文佚诗,及外地人撰作有涉温州掌故者,汇集是编。当时刻资未集,故仅有抄稿本传世,今缺十六卷。(《孙衣言孙诒让父子年谱》,70—71页)

是年,王景澄来函,云:

> 昨二□诗本,知已接到,如经阅定,即望检下付梓,遇便望知照鳌峰,以免重刻。兹有敝房师胞兄杨简侯先生之胞兄近为其哲嗣新科鼎甲上年探花杨名霖事,渐访旧有手卷,求诸名公题咏,特送上,祈大作赐书以光斯卷,感切感切。费心容谢,即请琴翁尊兄同年大人晨安。弟景澄顿首,初八早。
>
> 再者,敝世伯行期,伊□求题之件,如暇并祈速藻,尤感。弟又启。

(《瑞安孙家往来信札集》,6—7页)

是年,题姚大令《好风相从图》。

> 《姚大令好风相从图》:"六月火云蒸肉山,洞房华叶自清闲。更乞使君白羽扇,遍吹秋爽到人间。"(《孙衣言集》上册,244页)

是年,代马新贻撰《密陈夷务疏》。(《逊学斋文编年录》丙寅条下,温州市图书馆藏稿本)

是年,写《会匪纪略》和《又书会匪纪略后》。(时间据《逊学斋文编年录》丙寅条下,温州市图书馆藏稿本;内容见《孙衣言集》中册,318—331页)

是年,袁昶借卷投考杭州紫阳书院,谱主为指示文章利病。

《黄丈作金匮马烈女诗借题发抒刺时寓愤盖不仅为烈女言之也吾师孙太仆年丈和之许仙坪丈又和之皆次元韵其词影摇劲折危然有伤世之意昶未见烈女传状故不复妄缀一字独念诸老意绪忼慨不佞则处卑且贱于近事亦未能忘漆室之忧凤昔黄许两丈雅辱知厚时方敷历中外藏智俟时而太仆自解官后年垂八十优游田里不相见十馀年矣今展此卷字画磬纡劲可屈铁喜其老健胜昔尤有乡关邻郡耆旧风流之思是又不能已于言也遂作诗仍用黄丈均聊以为长者抚掌之资云尔光绪丁亥仲冬月十又四日夜书》小注:"同治丙寅,昶年尚少,客游杭州,借吴生书院卷投考。琴西师时为山长,大帅批卷尾数行,云其气古异,似不从人间烟火来。第场屋文字,宜有法度,切须讲究云。"(《袁昶年谱长编》,朱家英撰,中华书局2023年版,50—51页)

同治六年　丁卯　1867年　五十三岁

二月,跋永嘉张元彪、正宰父子诗集后。

《跋张虎文父子诗集后》。(《孙衣言集》中册,517—518页)

二月,题谢天塓《坦斋诗文集》后,略云:

《跋谢坦斋诗文集后》:"先生名天塓,字亦潜,永嘉人,康熙庚辰进士,官终河南杞仓武阳令,包京之孙也。……予顷以蒐采乡先辈书,徐君莒生从其友张君处得此本,凡诗古文及令杞时宦牍文字都为一帙,未有事实一篇,载其在杞政绩,而邑人《去思碑》附焉。集中文多近俗,诗亦未为深诣,而冲和真朴处乃有似元次山、白乐天者。……同治丁卯二月,城南寓庐。"(《孙衣言集》中册,519页)

二月,赴杭州之前,赋诗诒徐学诚,应其前年所请。

《前年在徐莒生家看菊花莒生乞为诗久无以报今又将有杭州之行莒生索诗甚急赋此诒之即以为别》(丁卯):"忆昔寻君看菊花,二年诗责未应赊。新从残雪移归棹,又见天桃斗岁华。一水深围浮泟宅,三秋谁就野人家。回头却蹋吴山去,千里松台隔暮霞。"(《孙衣言集》上册,245页)

二月,思念老友林鹗,赋诗寄之,并示徐学诚。

《抵家以来极思太冲将赴杭州书此寄之并示莒生》:"七十衰翁为世谋,腾书剀切念诛求。自惭今日儒冠贱,未解斯民杼柚愁。遂作闭门甘寂寞,可能对酒更风流。无因细和猗兰操,独其徐翁坐白头。去春,太冲遗书极言温州榷税之苛,其意不能无望于余,而余无能为力也,至今耿耿。"(《孙衣言集》上册,245—246页)

二月,乐清徐德元来访,适紫阳书院弟子王荩自黄岩来见,以临海宋世荦辑刊《台州丛书》相诒,把酒言欢,酒后赋《乐清徐惇士同年见访寓庐莒生携尊共饮适王子庄自黄岩来相见喜甚然尤念太冲也酒后赋示三子兼寄太冲泰顺》:

百二峰峦说小徐,大徐君亦共轩渠。一尊就我能狂饮,千里来人见异书。且纵笑谈欺白日,却看天地在蓬庐。掉头独恨林迁叟,自抱青琴作隐居。子庄顷以临海宋犊山大令所刊《台州丛书》七种见惠。(《孙衣言集》上册,246页)

二月二十二日(3月27日),抵丽水,答访王荩于莲城书院,遂同游南明山,有诗。

《二月二十二日至丽水访王子庄山长于莲城书院却赠》:"我乘春水上,来看括州山。静意含太古,东风吹笑颜。故人深讲学,幽径一开关。明日遂言别,问君谁往还。"(《孙衣言集》上册,246页)

《与子庄子春同游南明山》:"三日帆溪舟,千岩竞妍丑。看山意未倦,入城求我友。竹舆声呷鸦,乱流遂登阜。古洞犹轩皇,丹台或葛叟。神仙我不知,泉石幸有偶。岚作翠霏霏,瀑送声浏浏。山门启修榛,一佛笑开口。石梁如卧鲸,风雨忘腾吼。两崖古题名,其人骨已朽。岂不图无穷,大半昧谁某。始信今日娱,何似千载后。攵径屡折旋,危楯凭绝陡。渐入禅堂深,喜对吾州酒。子春携越酒来,实吾瓯酿也。却看泉两泓,坐得心无垢。此中可坐忘,世上徒疾走。明日我当行,为君屡回首。"(《孙衣言集》上册,210—211页)

二月,在金华,晤程炳藻,有诗。

《喜晤程子春广文炳藻戏赠》:"金华山中客,作客又山中。不有官能归,谁知道未穷。烹茶好溪水,新笋洞山风。试听隔墙醉,歌呼大不同。"(《孙衣言集》上册,246页)

按：程炳藻，字芷春（子春），金华人。著《就菊居诗存》二卷。

二月二十八日（4月2日），金华舟中，重阅王士禛《古诗选》之王安石《七言钞》，补评语。（《孙衣言孙诒让父子年谱》，71页）

四月初一日（5月4日），俞樾来函。

《春在堂日记》："四月甲申，与王补帆书、孙琴西书。"（《春在堂日记　曲园日记》，孙炜整理，凤凰出版社2021年版，20页）

四月，浙江巡抚马新贻、学政吴存义奏设浙江书局于杭州之篁庵，聘谱主和薛时雨为总办，以主持其事，议订章程十二条，于四月二十六日开办，集剞劂民百十人，以写刊经史兼及子集。于是谭献及秀水高均儒、山阴李慈铭、钱塘张景祁为总校，仁和胡凤锦、陆元鼎、陈豪、汪鸣皋、钱塘张预、王麟书、嘉兴张鸣珂、秀水沈景修为分校，而张鸣珂为作《校经图》，以纪一时之盛。（《孙衣言孙诒让父子年谱》，72页）

四月二十八日（5月31日），薛时雨招谱主游灵隐，谱主以事不至，赋诗以呈，薛时雨次韵戏答，谱主有复诗。

薛时雨《四月廿八日招吴和甫学使存义沈念农少司成祖懋沈菁士太守丙莹高伯平院长均儒谭仲修广文小集灵隐禅院学使有诗即和原韵二首》："只有孙子荆，坐啸冠慵整。迟孙琴西不至。"（《藤香馆诗钞》卷四，22叶，《清代诗文集汇编》671册，643页）

谱主《薛慰农招游灵隐以事不果往却赋呈慰农和甫先生》："日坐湖楼看湖月，已办青鞋与布韤。长鬣走马更相呼，招我山水为嬉娱。云林西湖最幽绝，怪石深丛我能说。羊胛才熟已隔年，重游不到非无缘。冷泉亭边散珠玉，天竺三山雨初足。诸公相与临清泉，耳边谡谡琴鸣弦。先生懒眠弟子哂，床上文书如束笋。"（《孙衣言集》上册，211页）

薛时雨《迟孙琴西院长不至以诗见贻次韵戏答》："山中石镜明如月，黛色苍茫染巾韤。山花满路山鸟呼，命俦啸侣同嬉娱。马上看山倍幽绝，变幻灵奇不可说。香厨小集客忘年，佛因仙果诗酒缘。先生胡然客金玉，门掩紫阳清睡足。有人相对品螺泉，君携姬人同住紫阳书院，螺泉在书院内。绛帐昼静调幺弦。器之不来子瞻哂，此老怕参玉版笋。"（《藤香馆诗钞》卷四，23叶，《清代诗文集汇编》671册，643页）

谱主《慰农次前韵见答复作一首》："湿云蒸雨吞明月，夜睡倒床脱汗韤。提壶上树朝相呼，城门甫开寻我娱。隔船歌呼醉叫绝，新诗妙句逢人说。君言诗酒盛今年,我亦行乐聊随缘。华堂五丈面如玉,万家待哺嫌未足。何为嗜好从林泉,醉翁但听琵琶弦。纍纍五十老可哂,如我当归就苦笋。<small>是日步梅招与研农、菁士、少霞、仲修饮湖上,慰农适与淡如、湘文亦在别船。</small>"(《孙衣言集》上册,211 页)

五月十二日(6 月 13 日),是日起,校读明正德林长繁刊本《止斋集》,至除夕,校至四十卷。<small>(《孙衣言孙诒让父子年谱》,75 页)</small>

五月,在杭州紫阳书院,应钱子奇之请,为武进谢畹季所集《十家语录摘要》作序。

> 《十家语录摘要序》:"武进谢君畹季集宋杨龟山、真西山至前明刘蕺山、来瞿塘凡十先生集中平正切要之言为《十家语录摘要》,而以述所自得者谓之《常惺录》,附之于后,将刻以示人。人介于江都钱君子奇索序于予,予何足以知学? 顾谢君之意则美矣。夫人日与正人君子居,接其容貌,闻其议论,虽不必其遂为正人君子也,而放僻邪恣之心或往往而遏矣。十馀年来,士大夫洊更丧乱忧患之馀,渐见本心,而内外钜公亦有以身心义理之说为之倡者,于是宋儒之书复为世所宗尚,如十先生之言,其精微广大非必遂尽于是,而其平正切近之言存于是录者,独非所谓正人君子之助乎? 抑余思之十先生者所遇之常变,其行之显晦不必尽同,要其处则有以持其身,出则有以施于世,凛凛然于是非廉耻、出处取予之大节者,十先生固无不同也。进而质之古之圣贤,亦无不同也。是则欲学十先生之学,又非徒以言而已,有所自得如谢君者其必有以知之矣。同治六年夏五月,杭州紫阳书院。"<small>(《孙衣言集》下册,582—583 页)</small>

夏,阮宣诏勤院以谢封赴京师,道出杭州,携其次子克绩、通事成勋来谒,见于紫阳书院,两人相见,喜不自胜,谱主赋诗示之。

> 《琉球门人阮宣诏勤院以谢封赴京师道出杭州来谒于紫阳书院三十年师弟子中外万里之别复得相见予与勤院喜可知也赋诗示之》:"槐舍经声弟子员,御园嘉客再朝天。螺车弱水今三渡,鹤发苍颜忽卅年。老去兰陵犹祭酒,别来晁监几诗篇。相逢万里兼悲喜,却看登程益悯然。<small>咸丰丁卯,勤院尝充贡使至京,相见于澄怀园。</small>"<small>(《孙衣言集》上册,247 页)</small>

> 《勤院赴京其次子成勋克绩以通事从行亦修刺来见并赠以诗》:"予已龙钟老,汝如雏凤清。却从大瀛海,来作小门生。柳色登皇路,兰羞

共客程。殊荣兼盛事,稽古有馀情。"(《孙衣言集》上册,247页)

《门人东子祥附勤院来书赋此为答》:"吴山十月早梅时,重话瀛洲事绝奇。海外凤麟犹画壁,春来燕雁偶差池。同治乙丑,余来主紫阳书院,以十一月五日抵杭,又三日子祥适充贡使,过此相见,予与子祥别将三十年,而以数日间先后至杭,亦异事也。子祥既行,予召画工为图,谓之《重谈瀛海图》,以纪其事。丙寅三月,子祥使旋复过杭州,则予以先人葬事先回里矣。相思姑米传书札,独共彭宣对酒卮。万事有缘难著意,寸心无语自题诗。"(《孙衣言集》上册,247页)

时,琉球学生阮宣诏赠谱主琉球折扇五十枚,有诗。

《阮行人惠折扇五十枚用山谷高丽松扇韵》:"高丽櫂扇鱼网纸,琉球摺叠剧相似。海东万里远见及,想见斐然二三子。天风泠泠五月寒,坐我如在蓬莱山。但恨洲中晁秘监(东生子祥),不来相对画图间。"(《孙衣言集》上册,214页)

谱主以琉球扇分赠薛时雨(慰农,主讲崇文)、谭廷献(仲修)、沈祖懋(念农,主讲敷文)、沈丙莹(菁士,主讲诂经精舍)及吴存义诸先生,并系以诗,叠用山谷高丽松扇韵。

谱主《以琉球折扇赠慰农叠前韵》:"明珠三百诗满纸,昨日长鬛持送似。报君素箧海外来,为有清风比君子。西湖楼阁如广寒,知君坐卧楼前山。试遣小鬟时拂拭,何似拥盖趋尘间。"(《孙衣言集》上册,214页)

薛时雨《孙琴西院长以琉球弟子阮宣诏行人所赠折扇题诗见贻用山谷高丽松纸韵次韵赋谢》:"书生事业蝇钻纸,老我青毡与君似。白袍问字门外多,海外又来诗弟子。螺洲蟹屿烟波寒,行人爱看中华山。清风有价世谁识,只合相携怀袖间。"(《藤香馆诗钞》卷四,26叶,《清代诗文集汇编》671册,645页)

薛时雨《再叠前韵赠琴西》:"兴来浓墨写黄纸,内翰风流毋乃似。弓衣蛮布织君诗,而今老作村夫子。紫阳风物本高寒,吟情何似皖公山。皖公山下有孤鹤,他日相逢云水间。"(《藤香馆诗钞》卷四,27叶,《清代诗文集汇编》671册,645页)

谱主《以琉球扇赠谭仲修廷献三叠前韵》:"峨冠大带谒两纸,都雅不与蛮荒似。紫巾大夫老门生,从行长鬛彼孺子。小箧风前清昼寒,鹅毛千里来唐山。琉球人以中国为唐山。亦知苦热韩退之,持送摇拂双松间。"(《孙衣言集》上册,214—215页)

谱主《以琉球扇赠沈菁士院长丙莹四叠前韵》:"谈天进士弄故纸,眼花如雾最无似。昨来海客谈瀛州,颇喜造物哀老子。蒲葵却暑生清寒,知君绝忆道场山。平头奴子坐拂汗,如在万壑清冰间。"(《孙衣言集》上册,215页)

谱主《以琉球扇赠沈念农山长祖懋五叠前韵》:"使者儒官衔诏纸,门阀清华世相似。海东侍子来观光,当时鼓箧随胄子。鲰生都讲四暑寒,异闻颇记姑米山。聊致素篗当挥麈,却怜风日犹人间。"(《孙衣言集》上册,215页)

谱主《以琉球扇呈吴和甫前辈存义六叠前韵》:"太常文学日万纸,六月闭门良无似。卢仝睡起两腋风,腰腹颇笑子韩子。聚头小扇能轻寒,我昨有客来中山。却学郑群持送簟,清飔肃肃坐窗间。"(《孙衣言集》上册,216页)

六月初四日(7月5日),访李慈铭。

《越缦堂日记》:"孙琴西侍读来。"(国家清史编纂委员会·文献丛刊,广陵书社2004年版,第6册,3807页)

六月初七日(7月8日),以《逊学斋诗钞》赠李慈铭。

《越缦堂日记》:"琴西侍讲以所作《逊学斋诗钞》见贻。"(第6册,3807页)

六月,传录宋薛师石、薛嵎二家诗,记云:

《瓜庐》《云泉》二集,吾乡已无传本,偶从友人处借得嘉善曹六圂廷栋《宋百家诗存》,则各存诗一卷。按《四库著录》景石、仲止诗皆止一卷,则六圂所抄,当亦几于全矣。景石与四灵同时,多唱和之作,仲止盖稍后,然其诗亦四灵之派。郡志经籍有《瓜庐集》,不言卷数,《仲止集》则并未著录,而《文苑传》亦无其名,甚矣志之疏也。丁卯六月某记。(《孙衣言孙诒让父子年谱》,73页)

六月二十九日(7月30日),俞樾收到谱主来函。

《春在堂日记》:"辛亥,……是夕,得孙琴西书。"(《春在堂日记 曲园日记》,31页)

七月初二日(8月1日),俞樾复函。

《春在堂日记》:"癸丑,与王补帆亲家、许子原女婿、孙琴西、应敏

斋、蒯蔗农三同年书。"(《春在堂日记 曲园日记》,31 页)

七月初六日(8 月 5 日),于紫阳书院,为丁丙题《书库抱残图叙》。

　　《书库抱残图叙》:"西湖文澜阁向藏四库赐书,咸丰十年毁于粤贼。后三年,贼弃杭州去。予友钱塘丁君竹舟、松生兄弟,甫入城即购求残本,得其十之三四,移庋郡学,而为图自纪其事。大帅某为之名曰《书库抱残图》。丁君复属予为文以纪之。予谓丁君曰:唐安史之乱,郭子仪、李光弼以诸道兵讨贼,克复两京,再造唐室,功烈伟甚。其麾下牙爪往往起屠沽,躐将相,天下之势一折而趋于藩镇。武夫悍卒,偭然肆于人上,以至唐亡,而其祸遂延于五代,迄宋初而后止。盖自唐之衰,人君渐不悦学,而士大夫方竞于进士浮薄之习,不复深求大道,虽以陆贽、韩愈、李翱、刘蕡之贤,不能少行其志。至五季之乱,则礼义廉耻荡然尽矣。此其势之所以一变而尽归于藩镇,而武夫悍卒之所以能祸天下也哉。今日粤贼之祸,无异于安史。然自湘乡相国以文学大儒倡义乡里,而胡文忠、江忠烈、罗忠节皆一时儒者,左提右挈,卒夷大难。虽同时后先扳附,类多汗马之劳,然每克复省会,守土官即以兴学为务。天子复下诏书风谕之使,求遗书、刻经籍,与学者更始。虽杭州受祸最惨,当时所谓达官贵人,张皇戎马,日在搴旗斩级之间,而于丁君之蒐罗散佚,亦若有深喜焉。岂太史公所云识时务者耶!然或谓董晋、裴度辟用退之、于頔,以礼聘温、石二处士,未尝不崇重儒雅,而卒无救于唐之亡,岂势之所趋,固不可返耶?抑虚声浮慕,彼固不足以知之耶?要以明天子在上方,以崇儒重道纲维国本,而士大夫忧危患难之馀,孳孳务学如此,此则国家气运之隆,所以异于唐之季世者矣。而丁君此举,又能深惟祖宗右文之泽,首为士林读书之倡,则其事尤可书已。同治六年岁在丁卯七月六日,瑞安孙衣言书于紫阳书院。"(杭州博物馆藏原件;《孙衣言集》中册,485—486 页,文字小异)

　　《孙衣言孙诒让父子年谱》:"丁松生与其兄竹舟先生申,即收拾文澜阁残书于兵燹之馀,移庋杭郡学,因作《书库抱残图》,衣言为文以纪之,于是征集题墨,极一时之盛,而时论者独以衣言文、莫友芝篆额、李鸿裔、王先谦之诗,称四美焉。"(76 页)

七月十五日(8 月 14 日),为王拯《出都留别诗》题跋。

　　《王定甫诗跋》:"此予友定甫通政《出都留别诗》以寄赵给谏元卿

者。乙丑冬,予在紫阳书院,定甫假归桂林,过杭相见,出以示余,因索得之。咸丰五六年间,予直上书房,定甫亦直军机,定甫每入直即过予所居食笋斋,谈艺欢甚。予与定甫皆不能与时俯仰,定甫与人尤少所可意。定甫卒以言事去官,将出都,定甫既自为诗,元卿及诸君子复赋诗以惜其行,俨然范希文、司马涑水去国时也,可谓甚盛。而定甫方欲为广州之行,予甚欲尼之,谓定甫曰:'如定甫者异时,岂可不为国家之用?然益当宁心志,远势利,若少有不慎,则此诗及元卿诸公之作何以自信于后世哉?'定甫颇以为然,出此见赠,而别书以寄元卿。元卿名树吉,亦予同年,为谏官有声,尤深于诗,送定甫诗三章,尤人所难言也。丁卯七月之望。"(《孙衣言集》中册,528页)

七月十六日(8月15日),致函李慈铭,云:

> 莼翁仁兄大人阁下:匆匆把晤,未罄所怀。旋府后,惟兴居安善为颂。局中事一切照常,惟刻手稍疲耳。委书团扇,早已涂上数行,因未悉何处可寄,以致迟迟。兹仍交书局,或当时有便人。秋爽后鼓棹渡江,当更畅所欲言。涤楼先生于言谅已释然。能为求得《躬耻斋集》否?即颂礼安,不具。小弟衣言顿首,七月十六日。(《清李慈铭等信札集卷》,浙江省博物馆藏)

七月,重阅王士祯《古诗选抄》,于苏东坡、黄山谷、晁无咎、陆放翁诸家七言诗各补评点,而书于各卷中云:

> 东坡作景语,具有造化,此盖由于天得。丁卯。
>
> 山谷诗善用侧笔,横空而入,又每于颓放中见精神,此乃人工到极至处,与东坡纯以天行者不同,此等诗一目了然可辨也。丁卯。
>
> 无咎才思富于具茨,而亦不免寒涩,乃知苏之天才,黄之学力,真一时无两也。丁卯。
>
> 放翁刻意为诗,其精到有过东坡处,而浑然真趣亦远不及东坡,予今于题下略为区别,大约宜删去大半,则真东坡劲敌矣。丁卯七月十六日,紫阳山。(《孙衣言孙诒让父子年谱》,75页)

七月二十三日(8月22日),李慈铭收到谱主函。

> 《越缦堂日记》:"得孙琴西侍讲书。"(第6册,3831页)

七月二十八日(8月27日),李慈铭来函。

《越缦堂日记》："作书致琴西侍讲。"（第6册，3833页）

八月初一日（8月29日），序《紫阳书院课艺》，云：

同治乙丑之冬，衣言来主紫阳书院。是时距贼平未二年也，然吾乡人士已勤勤向学，其明年大比期近，外郡学者往往来省垣，三书院学舍几不能容。紫阳在城内，尤为多士所辏，弦诵之声彻阛市，夜则林樾间灯火荧然。每朔望考校，阅卷无虑六七百篇，盖吾乡人士于科举之学可谓勤矣。于是谋刻课艺，乃取二三年来课试之文，择其雅者百篇，以属监院骆君金藻、陆君宗瀚，编而刻之。昔五代时，以礼部所放进士中书有覆落者，下学士院，作诗赋贡举格。学士李恽曰，予少年举进士登科，盖偶然耳，安能与英俊为准格，当时以为知体。而宋欧阳永叔知贡举，其时文章方竞为新奇，永叔黜其尤怪僻者数人，首拔子瞻兄弟，数年后文体遂正。然则贡举之文固不必有定格，而嗜好风气之所趋，不能无弊，则固恃乎有以持之也。今诸生之文，揣词设色，务为圆熟可喜，可谓善趋时矣。而持其嗜好风气之所趋，使不至于弊之太甚，则必有衷之经史，循之矩矱者焉。况于思朝廷设科之意，为天下有用之才，其事更有进乎！则是编之刻，岂第以为课试之文章而已哉。丁卯八月朔，瑞安孙衣言序。（《紫阳书院课艺》，同治六年刻本；《孙衣言孙诒让父子年谱》，72页）

八月初六日（9月3日），访李慈铭。

《越缦堂日记》："孙琴西侍讲来。"（第6册，3840页）

八月十七日（9月14日），生日。莫友芝来访，谱主喜而赋诗为赠，并怀曾国藩。

《莫友芝日记》："访孙劭闻衣言于紫阳书院，适其生日。"（张剑整理，凤凰出版社2018年版，221页）

谱主《喜莫子偲友芝自金陵来赋此为赠并怀涤生先生》："门前倒屣一轩渠，但恨秋花照鬓须。狂客吴中重对酒，经师汉相尚勤书。子偲时为涤生先生来浙买书。三年东阁疏行马，万卷西湖老蠹鱼。语满腹中无奏记，因君聊为问何如。"（《孙衣言集》上册，248页）

八月二十一日（9月18日），莫友芝来访。

《莫友芝日记》："过书肆，遂过琴西谈。"（221页）

秋,王棻来杭州参加乡试,居谱主寓。

《王梅庵先生遗集序》:"又二年,予在杭州书院,子庄以乡试来杭,与予同居,喜其儒雅温粹,以谓虽其为学之勤,而渊源所渐盖必有得于父兄师友之益。"(《孙衣言集》中册,497页)

九月十五日(10月12日),浙江乡试揭榜,子诒让中第四十四名举人。

《越缦堂日记》:"是日浙江乡试揭榜,共放二百三十三人。"(第6册,3883页)

九月二十日(10月17日),李慈铭抵杭州,晤谱主。

《越缦堂日记》:"上午抵西兴,午渡江,下午抵杭州,仍寓书局中,晤孙琴西、谭仲修。"(第6册,3885页)

九月二十一日(10月18日),李慈铭来,贺子诒让中举人。

《越缦堂日记》:"诣琴西侍讲,贺其子诒让新得乡举。侍讲居紫阳山房,颇擅泉石竹树之胜,因留午饭。"(第6册,3886页)

九月二十五日(10月22日),李慈铭来函。谱主往访李慈铭。

《越缦堂日记》:"作书致琴西侍讲。琴西侍讲来。"(第6册,3886页)

九月二十七日(10月24日),李慈铭收到谱主来函。张之洞邀李慈铭赴湖北,谱主劝李慈铭挈家人一共前往。

《越缦堂日记》:"得琴西侍讲书,即复。……香涛编修欲邀予至楚北襄校文事,予以家人为累,琴西侍讲劝挈之以行。"(第6册,3887、3889页)

九月二十九日(10月26日),李慈铭来函。

《越缦堂日记》:"晨起作书致香涛,致琴西。"(第6册,3890页)

九月,撰王乐雠《炳烛斋诗草》序,云:

炳烛斋诗草者黄岩王乐雠璧桥之遗稿,今年秋初予友王子庄优贡持以视予。盖璧桥陷贼后,其弟乐骨所辑,又采其少作为拾遗一卷,而以同人酬赠及其思兄之作附于卷末。璧桥诗俊爽有奇气,甚似其乡前辈戴石屏,苟天假以年,必可几于古之作者,不幸遭寇被虏,而所存乃仅此寥寥数十篇,可谓诗人之厄。然自丧乱以来,士大夫肝脑涂地,所在多有,有莫能举其姓名者矣。而璧桥独以其弟之贤,犹有此数十篇者留于天壤,不可谓非幸至。乐胥之于其兄,骨肉天性之感,时时流溢于篇章,其缠绵凄切,直如孤雁丧群,悲鸣嘹唳,有令人耳不忍闻者。世教日薄,兄弟爱衰,有聚处一室,而以妻子计较之私相弃如路人者。观于乐胥之诗,其亦可以少愧矣。然则璧桥之存亡虽不可知,而此数十篇者必足以存璧桥,乐胥爱兄之心,又必有以存其兄,是则犹可为璧桥慰者矣。同治六年九月,瑞安孙衣言书于杭州紫阳书院。(温州市图书馆藏清同治八年黄岩王氏活字印本)

秋,袁昶以文章蒙谱主激赏。

《黄丈作金匮马烈女诗借题发抒刺时寓愤盖不仅为烈女言之也吾师孙太仆年丈和之许仙坪丈又和之皆次元韵其词影摇劲折危然有伤世之意昶未见烈女传状故不复妄缀一字独念诸老意绪忼㦹不佞则处卑且贱于近事亦未能忘漆室之忧夙昔黄许两丈雅辱知厚时方敭历中外藏智俟时而太仆自解官后年垂八十优游田里不相见十馀年矣今展此卷字画磐纡劲可屈铁喜其老健胜昔尤有乡关邻郡耆旧风流之思是又不能已于言也遂作诗仍用黄丈均聊以为长者抚掌之资云尔光绪丁亥仲冬月十又四日夜书》小注:"同治丙寅,……次年秋,叨与师公子诒让为同年生,以文为挚,复垂激赏非分。昶畸僻支离,至不足齿录,独先辈奖掖士类之意,为深可感耳。"(《袁昶年谱长编》,58页)

十月初二日(10月28日),李慈铭收到谱主来函,劝其入楚。

《越缦堂日记》:"晨得孙琴西侍讲书、谭仲修书及香涛关书,皆力劝入楚。"(第6册,3897页)

十月初八日(11月3日),李慈铭来函。

《越缦堂日记》:"夜作书致琴西侍讲,致谭仲修。"(第6册,3899页)

十月十一日(11月6日),李慈铭得谱主来函。

《越缦堂日记》:"王元自杭归,得琴西书。"(第6册,3899页)

十月十九日(11月14日),俞樾收到谱主来函。

《春在堂日记》:"戊戌……得王补帆书、杨石泉方伯书、孙琴西同年书。"(《春在堂日记 曲园日记》,43页)

十月二十七日(11 月 22 日),李慈铭收到谱主寄来联件。

> 《受礼庐日记》中集:"得张玉珊、陈蓝洲书并孙琴西所寄联件。"(《越缦堂日记》第 6 册,3906 页)

是年,应浙江巡抚马新贻之请,为其父马兰藻撰《赠资政大夫马府君神道碑铭》,略云:

> 今兵部侍郎、都察院右副都御史、浙江巡抚菏泽马公,既以天子登极推恩,追赠三代,各如其官,于是考江畹府君得赠为资政大夫,妣皆得赠为夫人。已而复以赠资政君之行状,授其友孙衣言曰:"我先君躬行笃厚,逾七十年卒,以诸生老乡里。……先君之卒以寇警故葬速,墓隧之碑至今未有辞以刻,以表先君之遗烈,以垂示我子孙,则新贻之痛滋甚。子,我故僚也,其未可以辞。"衣言既受其状而读之,曰:"衣言旧史氏也,又闻资政君笃行久矣,敢不铭。"公马氏,讳兰藻,自号曰江畹,其先盖出扶风。……(《孙衣言集》中册,375—378 页)

十月,再应马新贻之请,为其父马兰藻撰《马府君墓表》,略云:

> 既而侍郎以赠公府君之行状命衣言为文,将刻之隧道,衣言既为之铭矣。……公自以承祖宗累世之泽,尤孜孜读书行义,其在家事父母、事伯兄,兄亡事孀嫂,无一不出于诚。其于姑姊妹及期功亲属,无一不出以厚。其居乡里,遇人能宽,处横逆能忍,处困乏能疏于财。及侍郎第进士为安徽知县,则益勖以廉慎节俭,无烦刑,无苛敛,无始勤终怠。侍郎官日起,公尝以盛满为惧。……同治丁卯孟冬表。(《孙衣言集》中册,406—407 页)

十月,序黄岩邬慕东《竹坡诗钞》,云:

> 诗之所谓妍丑者,技也,而能见一时之景物与其人之性情,则有道焉。此固不能离乎技,而实有进乎技者存焉。黄岩邬竹坡先生未尝求工于诗,而兴之所触,洒然成咏,其所遇之景物见焉。其所蕴之性情亦见焉。此可谓诗之道也。文孙佩之求学于杭,抱其遗集以索序于余,久而无暇,然先生之有托于诗如此,佩之因诗而有念于先人,如此皆诗教也。今将自杭返里,故为之缀数言于简端。同治丁卯十月。(《黄岩县志》卷二十九《艺文书录》,38 叶)

十一月初一日(11 月 26 日),宗稷辰卒,年七十六。

313

十一月初五日(11 月 30 日),莫友芝来函,云:

> 琴西先生执事:湖山秋爽中,数得招寻往复,谈谐偃仰,无不尽之
> 怀,盖自皖城分手,无此乐矣。匆匆为别,寤寐企想无已。冬晴伏惟起
> 居佳善,宋京陈迹万千,更搜剔出新诗几卷耶? 世兄妙年获解,可喜之
> 甚,其器宇清华,造就决能跨灶,开春桥梓偕行,以送场为入觐,诚至乐
> 也。友芝九月半抵苏,寻有沪上之役,上月下旬,驰晤典浙两试使于锡
> 山,仍至苏,留雨生方伯许,为检勘所藏四部文籍二百有若干篚,期以今
> 月了功,著成目录,乃返秣陵度岁。老境颓唐,终日为纸堆生活,岂不可
> 笑! 差幸眠食未损,足告慰耳。呵冻走笔,上颂著安,伏惟为时珍摄。
> (《莫友芝有关持静斋藏书手札六通考释》,张剑,《文献》2008 年第 3 期)

《莫友芝日记》:"作字寄孙琴西并越中诸友,明日并付信局去。"(228 页)

十一月,跋张振夔《介轩文钞》,略云:

> 今得张先生《介轩诗文集》,既尽读之。其文则欧、曾也,五七言古
> 诗则韩、杜也,而言行之笃实平正,亦不失为程朱之徒,益喜乡先辈流风
> 遗韵尚有存者。……同治六年十一月,瑞安孙琴西衣言记。(《孙衣言集》下
> 册,845—846 页)

冬,丁绍周典福建乡试还朝过杭,来访谱主。

《丁濂甫墓志铭》:"先是予主讲紫阳书院,濂甫以典丁卯福建乡试,
还朝过杭,与予一相见。"(《孙衣言集》中册,399 页)

冬,从同里王旬宣(叔劢)借得王允初(元甫)《开禧德安守城录》写本一
册,犹宋本之旧,惟原抄缮录未精,文褫句榍,不可卒读。谱主命诒让悉心雠
正,订其踳误。(《孙衣言孙诒让父子年谱》,76 页)

是年,方宗诚自金陵来杭州,一见即行,谱主赋诗以赠。

《方存之自金陵来一见即行却赠》:"昨别邵亭翁莫君友芝,今来龙眠
叟。始知诸儁豪,未弃我顽朽。应门误谢客,危失此嘉友。乍见一掀髯,
论事欲闭口。羡君气犹强,恨我老益丑。最思苏源生,读书日奉母。墓
庐守松楸,吾辈真浪走。老徐亦无恙子苓,但苦缺升斗。犹幸贤中丞,乞
钱与沽酒。萧生穆来求书,亦无暇下手。问业得师资,新功颇进否。旧
游各在心,渐老几聚首。与君谋一醉,索客复无有。或随湖云深,直凌
鹫峰陡。投诗难为怀,持归际某某。"(《孙衣言集》上册,217 页)

是年，从丁丙处借阅明正统黎谅刻《水心集》残本，以校箧藏旧勘乾隆重刻本，补正百馀字。又索得丁氏所藏旧本陈埴（潜室）《木钟集》，辄以邮寄温州知府江右陈思煜，属为重谋锓木，以继弘治邓刻之后。（《孙衣言孙诒让父子年谱》，75 页）

是年，谱主就年来搜访所得之温州史料中，采辑诗文，成《永嘉集》数十巨册，分为文内外各编和诗内外各编。（《孙衣言孙诒让父子年谱》，76 页）

是年，永嘉张氏谋刻其先人张振夔先生《介轩诗文集》，以其手自编写本寄示，谱主详阅一过，为订定之，并杂识于各篇文后，云：

> 予所见十数年来温州官府，独畏顽民，而喜与士争胜，大约自护其短，以求便于私而已，此会匪之乱所由成，而士习之所以日靡也，可叹也夫。文抄三《送周奕轩赴乐清救谕任序》
>
> 言之痛切，然陈令非其人也。台勇之祸，陈令方依违其间，而平阳会匪之变，则又有迎合庸懦上官之意旨，酿而成之，而先期乃巧于自脱者，此岂可与言地方利弊也哉！文抄五《与陈明府请善遣台勇书》
>
> 其后台勇撤于观察支公，而支公所以敢撤去之者，则以闽师已至郡也。然会匪既平，支公旋被劾去，而闽师之功如张、吴、秦三公者，大帅某徒以意见之私，尽没其劳，则天下安得有真是非哉！此有赖于儒者之笔削矣。同前篇
>
> 黄治字琴曹，能诗，予在京师识之李侨农方伯所。其兄则壶舟大令濬也，以进士为县，博学多闻，著书甚富，其谪戍非其罪也。琴曹从兄出塞，复侍以归，其高义今人所少见也。非筑岩之请，则学使者循例斥之矣。今之为大官者，可谓愦愦哉！文抄七《太平教谕筑岩周君家传》（《孙衣言孙诒让父子年谱》，75—76 页）

是年，张振夔子张硕有函致谱主，请撰墓志铭或文集序。函云：

> 客腊，家小石叔自郡归，盛称先生意气勤勤恳恳，以先君遗稿亟宜付梓，而深虑不孝孤弗克负荷，欲为邀集亲知，分任校刊，并许赐序以寿其传。且告我小石叔曰："吾近来古文之作甚少，以无佳题，不轻涉笔，今为汝兄撰志传，庶不负我著作耳。"呜呼，先生负山斗之望，擅迁、固之才，慨然以发潜阐幽为己任，非有所私于先君而阿所好也，非欲慰不孝之私愿而使之知所感也。然而鄙贱如不孝，欲求此于当世之大人先生，虽呼抢饮血、长号乞怜而不可必得，乃先生于绝无请托之先，既令家叔

预传谕意，又属徐莒生、陈宝之两公先后征其行状。其宜衔哀志感、沁人心脾也为何如？其宜急切捧状、葡匐奔命也又当何如？而迁延至今、久稽奉答者亦非无故焉。

不孝才质猥琐，自少为制举业已龌龊不能出人头地。洎稍有知识，辄为饥所驱，不能下沉潜功以世其家学。一旦失怙，伥伥然不知所适。回忆先君之学术性情，有哕肝鉥肾而未能髣髴其万一者，即行事之迹有目共睹，亦且心知其然而若嗫于口。故旧在苫块之馀，亦曾拟有《行述》一篇。私心窃念以为：为人子者，无不欲竭力表扬其亲，乃或铺张过当，撰记失实，适以启有识者之訾议。矧以不孝之媕陋无闻，加以痛肠割裂而率尔操觚，其果能罄所欲言，以取信于大君子之前，而不疑其诬，不嫌其僭耶？

昔方望溪先生语人曰："吾为志文不能多述状中语。"不孝固知先生之所见亦犹是矣。是以迟之又久，而未敢冒昧以进也。抑又思先君之志鬱而不得试，试仅其少者，非不孝所能尽述其底蕴也。至其论议之所及，与感慨而发为歌诗，无非自抒其所见。今诗文稿具在，得虚怀高识如先生者，稍为涉目，试一推求，谅无不本末具见，而生平可想矣。则所谓《行述》者，不过因以考其行藏，稽其岁月焉耳。

乃若先君在日，希与先生相见而心交神契者，不孝亦尝窃窥其意。犹忆先君主讲东山时，曾为七古长篇，题先生《海客受经图》以寄意。及得逊学斋大著，反复雒诵，叹其命意之高，直造古作者之堂，然犹以未读文集为恨。迨先生以御夷之策不附时议，至外迁而不悔，先君尤为慨慕。后闻先生回籍守制，即令不孝趋调崇阶，而不孝碌碌无成，不及列于门墙。前年乙丑，先君在宗文讲席，手录诗文钞成帙，不孝请缮写以求叙于左右。先君曰："吾诗文甫定稿，不欲急于问世。惟拟修宗谱，关一族要举，汝可录我所撰《谱例》《小序》持以请质。"时不孝奉命惟谨，曾嘱洪舍亲为之先容。值大驾应中丞聘，远赴武林，不获如愿。至去岁锦旋之日，不孝已惮惮在疚，不遑他及矣。

呜呼，痛哉！先君心慕先生之文，不能读全集于生前，而特获铭序于身后，夫岂先君所及意哉！今先生不待不孝之哀恳，而辄为议梓遗稿，谆谆致嘱，谓非于先君有无言之契欤？使先君有知，其慰藉于九原者为何如也！

兹者诗文钞已全录，谨托赍省，恭求鉴定。其《谱例》《小序》亦缮呈一册，而附以不孝所述《行状》。先生观览之馀，或撰志传，或为文集序、宗谱序，择其便而为之可矣。至《行述》之言词芜冗，序次无伦，傥蒙大加郢削，俾得附刻于简末，以当年谱之作，庶使后之读我先君遗集者，亦有所稽考焉，则尤不孝之私愿而未敢以请也。书不尽言，伏惟裁察。（《龙湾诗文七人集》，方长山校注，中国文史出版社 2011 年版，152—154 页）

按：函中"前年乙丑"，乙丑为同治四年（1865），故函作于同治六年（1867）。

是年，应张硕之请，为其父张振夔撰墓志铭，略云：

同治五年，张先生磬庵卒。……越一年，先生弟庆生以先生所著《介轩集》寄予于杭，属为之序，既而先生之硕复以状来请铭。先生于予虽同郡，顾踪迹疏甚，独记七八年前一见先生于东山书院。……先生名振夔，字庆安，号磬庵，世居永嘉场高原。……嘉庆戊寅举人，道光丙戌大挑一等改教职官，终镇海教谕，其卒时年六十有九，盖自镇海引疾归二十有二年矣。（《孙衣言集》中册，393—395 页）

是年，《书煦斋山水画扇即送其之官遂安》："江流直接三天子，山色高悬一客星。却把瑶琴随鹤去，凤凰峰顶倚风听。"（《孙衣言集》上册，248 页）

《为乙巢题观稼图》：

天下几人安畎亩，丈夫只合把锄犁。莫嫌仲玉求田作，我亦因君梦演溪。（《孙衣言集》上册，248 页）

《苏公祠图秦小岘先生观察杭州修祠时所作也今喆嗣淡如为浙运使而重修苏祠适成出此索题》：

苏子祠堂傍水仙，风流淮海自当年。绿林铜马今方已，秋菊寒泉复俨然。旧日壶觞追盛宋，新诗珠玉美斜川。江心楼阁空瞻拜，不独文章忆昔贤。小岘先生尝分巡吾郡，有石刻画像在江心孤屿。（《孙衣言集》上册，248 页）

《宗湘文以所藏倪文正元璐黄忠端道周瞿忠烈式耜三先生墨迹卷子见示索诗》：

颓墙标运那能文，人物瑰奇尚可思。感激顾厨犹抗论，崎岖梁益已非时。百年乔木遗衰凤，几幅月珠拾睡骊。太息元成肩汉业，更无温藉数经师。（《孙衣言集》上册，249 页）

同治七年　戊辰　1868年　五十四岁

正月,续读明正德本《止斋集》,于是全帙五十二卷毕校一过,有朱笔圈点及考校语。(《孙衣言孙诒让父子年谱》,77页)

二月初一日(2月23日),以保升道员赴部引见,由杭赴沪,航海北上。携子诒让同行,有诗纪之。

> 《二月一日由杭州泛舟赴沪将航海入都舟中风雨连日寄怀涤生先生》:"少壮年华过半百,客行风雨湿泥途。每怀阊阖真天上,却望师门更斗墟。再造已安唐社稷,中兴须得汉规模。相公犹有云台议,莫遣青青鬓益疏。"(《孙衣言集》上册,249页)

二月初二日(2月24日),于嘉禾舟中阅旧校汲古阁本《史记》。(《孙衣言孙诒让父子年谱》,77页)

三月初三日(3月26日),抵京。

> 《戊辰南行日记》:"予以三月初三日,挈儿子诒让应礼部试至都,与林星樵孝廉、王仲兰表弟、青田叶昆山孝廉,同居杨梅竹斜街长升店者逾月。礼闱榜开,诒让暨诸同人皆报罢。"(《孙衣言孙诒让父子年谱》,420页)

三月二十五日(4月17日),翁同龢来访,不晤。

> 《翁同龢日记》:"再谒琴西前辈,不晤。"(陈义杰整理,中华书局2006年版,第2册,598页)

三月三十日(4月22日),抵京后购得周行己《浮沚集》三册,文七卷,诗二卷,乃与旧藏杭本互勘,而以奏议各卷脱误较多,复检所藏永乐本《历代名臣奏议》,据以补正,于是日读毕,手记于册。是日,翁同龢再次来访,不晤。

> 记云:"予初官京师时,求得《浮沚集》,已而毁于火。丙寅在杭州,求得残本,缺前二卷。今年重至京师,于琉璃厂书贾处复得此卷,盖闽聚珍版本也。以杭本校正二字:卷七《代祭金华县君》文"相顾顾戆"句之颠字校改作辇。《祭亲友》文"我有季友"句之友字校改作女。恭叔铭墓之父,平实雅正,极似永叔,诗则有意于杜老,盖不独开永嘉学派之先,其文章亦卓然陈、叶先声矣。读毕记,三月晦日。"(《孙衣言孙诒让父子年谱》,77—78页)

《翁同龢日记》:"三谒孙琴西前辈,不晤,归写字。"（第2册,599页）

三月,孙锵鸣校刻《礼记集解》六十一卷完成,以《尚书顾命解》一卷附后。谱主编入《永嘉丛书》。

孙锵鸣《礼记解集序》:"庚申六月开雕,中更寇乱,迄同治戊辰三月始成,集赀鸠工,借同人之力为多。"（《孙锵鸣集》上册,21—22页）

夏初,得王轩赠诗。

《孙衣言孙诒让父子年谱》:"夏初,得王顾斋先生轩赠诗,首云:'十载繁须眉,苍然道气胜。'下跋:'琴西观察仁兄,十年不见,神骨益充,大著已经世矣。'"（78页）

四月十一日（5月3日）,翁同龢来,久谈。

《翁同龢日记》:"谒孙琴西前辈,皤然一老矣,谈良久。"（第2册,601页）

四月十六日（5月8日）,翁同龢来,求作先父墓志。

《翁同龢日记》:"敬诣孙琴西前辈,求作先公墓志。"（第2册,602页）

四月十七日（5月9日）,翁同龢招饮,未至。

《翁同龢日记》:"午刻招袁小午、钱辛伯、黄孝侯、马雨农、孙燮臣、张午桥、赵粹甫饮,为小午饯行,许海秋、孙琴西未至。"（第2册,603页）

四月二十六日（5月18日）,命子诒让出都先归。

《戊辰南行日记》:"诒让与星樵、仲兰、昆山航海南归。"（《孙衣言孙诒让父子年谱》,420页）

四月二十七日（5月19日）,移寓达子营同乡黄体立、黄体芳寓居。

《戊辰南行日记》:"次日,移寓达子营黄卤芗、漱兰昆仲寓居。"（《孙衣言孙诒让父子年谱》,420页）

时,谱主寓所与常熟翁同龢同巷,相见亲洽,尝属翁同龢觅乡先生遗书。翁同龢以所藏写本许及之《涉斋集》十八卷出示,法式善祭酒诗龛旧藏四库副本也。谱主录副,并为校勘所疑者。翁同龢以其尊人文端公心存之状畀谱主为铭幽。状中牙厘事未详,以书询之。月底,翁同龢答云:

退直辱手教,询牙厘事,敬陈其略。先公在农部,事事以塞利孔、养

319

民气为急。而肃公管部，倡议清查近畿黑地，及提湖北牙厘悉数解部，及弛鸦片禁而收其税。先公持不可，前两事遂寝，惟鸦片事肃公以为亲受上旨。先公知其妄，廷叱之，已而于上前流涕固争不能得，遂引疾去，此己未四月事也。是年五字狱兴，明年以换宝钞事，遂请解任严讯矣。五字之狱，所必欲置之死者，司官王振谊耳。其实王君操守峻洁，无与商为奸利事。同治初年，昭雪复官。驳江苏巡抚傅绳勋请改折漕，停京城内外铺租，罢铸当千当五百钱，驳阿拉善盐行销内地，驳山西省富户借饷，争内务府工程不应于户部借款，以上数事，并部臣公疏，先公实主其议，奏稿皆手定，故附及。翁同龢叩头谨复。（《孙衣言孙诒让父子年谱》，81页）

四月，读袁昶文并识：

诗古文辞，金刻之思，奇伟之气，皆迥绝一时，妙年得此，异日必为传人，深为吾浙庆幸。惟用意务在力趋平实广大，则不但为文章大宗功名福泽亦必不可限量矣。倾倒之极，敢献忠言。戊辰孟夏，瑞安孙衣言读过谨识。（《袁昶友朋书札》，谢冬荣等整理，凤凰出版社2021年版，第1册，170页）

闰四月十六日（6月6日），与王轩、许宗衡、董麟、祁之镠五人集米市胡同之酒楼，赏景抒怀。酒后复与许宗衡、祁之镠一起过王轩、董麟之庐。之后祁之镠作《市楼话雨图》，诸人即以五字分韵赋诗。谱主赋《与王霞举许海秋祁叔和董芸舫饮米市酒楼得雨字》：

城南十丈尘，高楼看飞雨。绿槐交轻风，新阴荡平楚。谁谓近市嚣，疏旷若埜处。故人有招邀，新知亦俦侣。无端百感深，相对此杯醑。十年落江湖，兵戈几回阻。羯来路三千，重见天尺五。太行犹龙蟠，雄鹜日拥辅。当时金银台，烟霭迷处所。醉翁久沈泉（谓祁文端公），白发陈君举。新诗聊唱酬，百年几宾主。（《孙衣言集》上册，217页）

事后谱主又撰成《市楼话雨图记》：

同治七年后四月既望，故人王霞举兵部，以予与许起居海秋相见于米市胡同之酒楼，同集者董刑部云舫、祁太守叔和凡五人。楼在阛阓之交，而八窗洞开，四顾无阻，城南万瓦鳞次，新槐碧柳相与蔽亏，如在郊外，城西浮图矗立，烟际若近若远，而西山蜿蜒迤逦，自西而北其高仅及浮图之半。予与霞举注视久之，慨然有怀。既而风自北来，飞雨骤集，檐瓦有声，遥望塔影渐微，而西山遂不可见。于是予与霞举有久别复聚之乐,与海秋诸君有新知相见之幸,而兹楼适有高明眺望之宜,凭阑据榻,纵谈深论,所谓身世之感,不酒而忘,既醉极欢。雨犹未止,复与海秋、叔和偕过霞举、云舫之庐,夜漏将半,乃各别去。窃谓海秋、霞举、芸舫服官京朝,可以时时相从饮酒,而予与叔和方有四方之役,行将舍去,且事变无常,即三君子者合离淹速,亦殊未能自知,而时移势易,欲使后之揽者知有今夕之欢,则惟托之文字可以无穷。于是叔和素有荆关之好,洒然挥翰,命之曰《市楼话雨之图》,复即所以名图者,人取一言以为之诗,而予复为之记云。(《孙衣言集》中册,312页)

闰四月二十日(6月10日),以所撰《光禄大夫体仁阁大学士赠太保文端翁公墓志铭》示翁同龢。

> 《翁同龢日记》:"夜孙琴西前辈以所撰先公墓志铭见示,铭辞古雅,文亦遒劲。"(第2册,609页)

> 《光禄大夫体仁阁大学士赠太保文端翁公墓志铭》:"公翁氏,讳心存,字二铭,明永乐中有自长洲迁常熟者,遂为常熟人。……公以嘉庆丙子举人,中道光壬午进士,由翰林院庶吉士历官编修、右中允、翰林院侍讲、左右庶子、国子监祭酒、奉天府府丞兼学政、大理寺少卿、内阁学士、工部、户部侍郎、工部、刑部尚书兼管顺天府尹,吏部尚书,以户部尚书协办大学士,体仁阁大学士,历充文渊阁校理,上书房行走,日讲起居注官,经筵讲官,教习庶吉士,实录馆、国史馆、武英殿总裁,上书房总师傅,广东、江西学政,福建、四川、浙江、顺天乡试考官,弘德殿行走,两赐紫禁城骑马,而国子监祭酒、户部侍郎、工部尚书皆再任,吏部侍郎、都察院左都御史皆兼署,年七十有二,以同治元年十有一月初七日薨于位,天子予谥曰文端。……今年再至京师,与侍讲尤亲洽。衣言游公父子间几三十年,自谓粗足以知公,而侍讲以公之状畀为铭,衣言虽不文,其安可以辞也?遂书而铭之。"(《孙衣言集》中册,384—388页)

闰四月二十二日(6月12日),翁同龢来谢,商量墓志铭中用词。

> 《翁同龢日记》:"谢孙琴西前辈,与商墓铭中数语。"(第2册,609页)

闰四月二十三日(6月13日),移寓南横街袁保恒处,为其父袁甲三(端敏公)编辑年谱。

> 《戊辰南行日记》:"复移寓南横街袁筱坞同年_{保恒}处,时筱坞从李少

荃宫保军德州,而属予为其尊甫端敏公编辑年谱。"(《孙衣言孙诒让父子年谱》,420页)

闰四月至五月间,吴敏树游浙拟来见,时谱主已于正月启程入觐。吴敏树赋诗并序。

《浙中寄孙琴西观察》:"曩在都门,仁和邵位西郎中与余交善,后没于杭州壬戌之难。而瑞安孙琴西观察初官翰林,亦于壬子、癸丑间以文字见顾为密。前此二岁,观察邮示诗集,诗中道及鄙人乃有数篇,而余诗及观察者顾未能寄达也。闻其主杭州紫阳书院,余来浙游拟得见之,而以起官先春入都,留械并诗且述伤悼位西之意。

往在都门语文字,秋郎邵君有高契。后来又见翰林孙,飞步诗仙未凡弃。二子两浙东西家,笑言他日寻天涯。天台雁荡或奇导,钱塘西湖须酒赊。烽烟楚粤事方起,念我南归戒行李。那识同忧异地人,十年了不闻生死。邵亡五载才一伤,丙寅入梦端难详。今年金陵视孤寄,恨不流落存他乡。孙侯镌诗前寄将,披读三叹何汪洋。中多见记远思句,野夫姓字缠名章。思见孙侯讲紫阳,起官已去无门堂。徽南寇盗犹充斥,吴越扁舟空路长。"(《吴敏树集》,86—87页)

《吴敏树年谱简编》:"闰四月十四日,先生告别曾、赵等一众友朋,经嘉兴前往杭州,又自杭州至绍兴,经谒禹陵,再由杭州至嘉兴、苏州、太湖、无锡、惠山,然后于七月初四日返回金陵。"(黄去非著,《古籍研究》2019年下卷(总第70卷),264页)

五月初三日(6月22日),翁同龢来访,不晤。

《翁同龢日记》:"访孙琴西,不值。"(第2册,612页)

五月初六日(6月25日),翁同龢以谱主和杨所撰碑铭问庞宝生,庞宝生认为杨文胜。

《翁同龢日记》:"以杨、孙两君所撰先公碑铭质之宝生前辈,宝生以杨文远胜,可改为墓志。"(第2册,612页)

五月二十八日(7月17日),顾亭林生辰,与同人集祭于慈仁寺之顾祠,与会者有秦炳文、王轩、董麟、鲍康、阎汝弼、王应孚、汪元庆、戴燮元、刘淇煦、王堃、端木埰、张师甸、许其光、孙勋烈、董文灿、徐士銮等。谱主摄祭事,且有跋。

《亭林先生生日会客记》:"今年五月二十有八日,亭林先生之生辰,同人集祭于慈仁寺先生祠。会者:无锡秦炳文、洪洞王轩、董麟、歙鲍康、寿阳阎汝弼、河间王应孚、乐平汪元庆、丹徒戴燮元、盐山刘湝焆、仁和王堃、上元端木埰。始与祭者:泾阳张师劭、番禺许其光、无锡孙勋烈、洪洞董文灿、天津徐士銮、瑞安孙衣言,而大农罗公惇衍有事未至,使衣言摄祭事。……同治戊辰七月,书于袁氏居。"(《孙衣言集》中册,310—311页)

《董比部所藏亭林先生大像跋》:"亭林先生小像卷在慈仁寺者,顾氏家藏物,此则洪洞董比部麟所藏,朱埜云笔,盖就小像展拓为之,其笔墨不及顾氏卷之精,而儒重秀伟之气令人肃然矣。同治七年五月二十八日,先生之生辰,鲍子年侍读集同人致祭于先生祠堂,而比部亦移奉此像于慈仁寺之北堂,同人皆得瞻仰焉。先生之卒,于今垂二百年,而其遗儿之传犹令人敬爱思辟呷,请业于其旁而不可得,盖古之正人庄士其有遗思于后世,类如此也。……"(《孙衣言集》中册,520页)

六月初九日(7月23日),翁同龢来访,并赠皮帛二身。

《翁同龢日记》:"访孙琴西前辈,赠以皮帛(珠毛筒一身,袍褂料一身)。"(第2册,620页)

六月初十日(7月24日),奉旨以道员归部,遇缺即选。

《戊辰南行日记》:"以前在皖营时,曾相国为报病瘁,又以克复金陵时,保升道员,由吏部带领引见,奉旨以道员归部遇缺即选,然铨选实无期也。"(《孙衣言孙诒让父子年谱》,420页)

六月二十二日(8月10日),翁同龢来访,商量墓志铭中用词数处。

《翁同龢日记》:"晚访孙琴西前辈,与商墓铭中数处。"(第2册,622页)

六月二十五日(8月13日),乐清徐德元卒。

《徐惇士墓志铭》:"惇士讳德元,其卒在同治七年六月二十五日,得年六十岁。"(《孙衣言集》中册,433页)

七月初四日(8月21日),晚,翁同龢来访,商墓志铭用词。

《翁同龢日记》:"晚谒琴西长谈,复商定铭文数字。"(第2册,625页)

七月十三日（8月30日），晤翁同龢。

《翁同龢日记》："晤黄翔云太守、孙琴西前辈。"（第2册，626页）

七月十六日（9月2日），翁同龢来访。夜，跋今本《水心文集》。

《翁同龢日记》："晚访陈小舫、庞宝生、张词甫、孙琴西，所谈皆南归事。"（第2册，627页）

《跋今本水心文集》："此本刻于乾隆乙亥，学使雷宪副鋐得黎氏残本于叶氏后人，以属教授王君执玉为求善本重刻之，其卷帙篇第一如黎氏之旧，而易其卷首标题曰《水心文集》，去下方'前集'二字。又黎本有总目，此本有子目，为小异，而黎氏本其自跋下一字，系于赵序之后，字亦略小，盖以示谦，而此本乃悉如其旧，为非是。至集中铭墓文，水心往往自书作文年月于篇末，此本间脱漏，《赵师𧶽墓铭》则竟削去之，盖以师𧶽小人，水心不宜予以文耳？然刻古人集，固不宜轻有所弃，而以水心意气之盛，自处之高，师𧶽又同时，诚使其才能政事一无取，水心必不谇之以文，且鸡鸣狗吠之事，周密《齐东野语》固谓其以挞武学生怨家构成之，非事实，然则师𧶽固不若是之，甚也，而又何嫌于水心之文哉？今此板尚存叶氏。予去年在紫阳书院尝携一本置行箧中，因从丁君丙借黎本校之，补正百馀字，今年在京师复于厂肆购得一今本，而同年钱樨庵侍御乃有黎氏本，予以为此我乡先生书，请以今本易黎本，侍御不予靳也，乃书数语以归侍御。戊辰七月望后一日夜二鼓。"（《孙衣言集》中册，531—532页）

七月十八日（9月4日），于双树斋跋邵懿辰手书诗册三首。

《跋邵员外手书诗册三首》："位西员外诗二十一篇，道光己酉手书以诒方君勉甫者。咸丰戊午，予直书房，居澄怀园，勉甫以相示予，为题诗其后，以忽遂十年矣。道光二十一二年，予初至京师，位西与予舅氏项几山先生皆以博闻好古相爱，故予知位西最早，然方以从事科举，未敢亲位西。及道光之季，予与王定甫、戴存庄辈稍稍为古文词，时一见位西，然终不敢以所作示位西，而位西颇知予，其贺予入翰林诗极良友镬切之意，盖相爱甚至也。初，位西以中书直军机处，历刑部员外郎，深识伟论，往往惊其侪辈，朝廷出宰相经略广西，位西决其十不可，语尤骇人，大臣某恶之，会河工需人，即以位西名上，位西得东河，而位西母已老,遂奉以如工次。已而粤贼渡河北犯,遂言位西守不力,镌二级罢去,位西飘然归矣。咸丰己未,予由安庆引疾归,位西在杭州,未能一相见。明年,杭州陷,位西遂及于难。位西自重守古谊,固宜与流俗不相中,而天之阸之顾亦如是哉!今年春,予重至京师见勉甫,问位西诗,勉甫复出此册,予至不忍视,虽然位西虽遭寇乱死,然竟能以名节自完,可传于后世,而当时所谓大臣挤位西以至于死者,今亦果安在哉?呜呼!此不足为位西憾矣。独以予之无似承位西相爱之深,而自顾无所树立,犹多有愧于位西之言,此可叹也。戊辰七月十八夜半,书于双树斋。"(《孙衣言集》中册,532—533 页)

七月十九日(9 月 5 日),续跋邵懿辰手书诗册三首云:

此册凡诗三十有四篇,位西自书以贻沈尚书者,今亦为勉甫所藏。位西既没于贼中,其平生所为文字遗稿,皆不得出。乱后,其友今相国湘乡曾公、张君君鼎、高君均儒蒐索,方仅得十之一二,今可见者《仪礼通论》上卷古文三十馀篇,吴仲宣制府刻之淮安,其读书日记所谓《怵行录》者,丁君丙刻之杭州,而予所见尚书大意,遂不可得,诗则仅此二册及别纸草稿不及百首。顷闻朱修伯学士云亦尝得其一册,有诗十馀篇,又勉甫言其友人处亦尚有诗十馀篇,大约百馀篇而已。予于位西所著书,最服其说礼之精博,而诗古文之雅洁超远,自梅先生伯言、孙侍读鼎臣外未见,其比天既不能使竟其学,而其书又几于无传,此可叹也。古之文人如欧阳永叔、王介甫皆极遭遇之盛,韩退之、柳子厚、李习之、归熙甫之徒虽坎轲抑塞未能尽其用,而文字之可垂于后者固具在也。而位西所遇如此,然则士之抱道绩学欲托文字以自存者,亦必视乎其世哉!

别纸七言律诗三十首,盖位西感事之作。其云紫虚道人邯郸题壁者,寓言也。又一纸七言古诗三首,有伯言先生湘乡相国评隲语,皆手书,相国论诗之谨于此可见,而前辈朋友之相爱好主于直谅镌切,而不苟为谀,亦殊非后人所及矣。予既得位西遗诗,欲为刻之而未暇,一日以语潘侍郎伯寅,侍郎慨然任之,因各书数语以归勉甫,俾为别写副本,致之伯寅,位西诗或不至遂无传矣。七月十九夜半。(《孙衣言集》中册,533—534 页)

七月二十一日(9 月 7 日),访翁同龢。

《翁同龢日记》:"孙琴西、庞宝生、杨湘云、彭芍亭、汤古如、程罩叔来。"(第 2 册,628 页)

七月,龚显曾太史以新得《李诗选注》十三卷、《辨疑》二卷凡十册见诒。明乐清朱谏荡南所著,而荡南犹子守行,依荡南子守宣嘉靖初刻本,复梓于隆庆间者。(《孙衣言孙诒让父子年谱》,81 页)

七月,跋明黎谅刻《水心先生文集》。

《跋黎刻水心先生文集》:"《水心集》,陈氏《书录解题》不著录者二本:一本二十八卷,拾遗一卷;一本无拾遗,陈所称淮东本也,二本今并不传。此正统戊辰章贡黎谅公允为处州推官时所刻本,自言幼时尝读先生策场标准集,及官括访求遗集所得,曰《文粹》,曰《叶学士集》,曰《水心先生文集》,合之所谓标准者,其总目有四而自为编次为二十九卷,其所著经传子史编为后集,总名曰《水心文集》,然则明时先生传本尚不止一种,而公允重刻,轻为变乱,又不能标别其文之原在何集,使后人略识旧本梗概,此为可惜。然观所载宋赵汝谠序,谓集起淳熙壬寅,又曰一用编年,则先生集汝谠所编者实以年为次,而公允所称前三种何者?为汝谠编年集,今亦无可考。又尝见黄东发日抄有《读水心文》一卷,所录目次与此本迥异,然亦分类,岂宋时所传二本之中固有分类之一本耶?抑赵蹈中序所谓编年者特于分类之中略寓编年之例耶?惜不得宋本一核之也。此本卷首标题皆曰'水心先生文集',其下皆有'前集'二字,盖以别于后集,似公允已并后集刻之,然后集他无所见,而予尝得《水心别集》十六卷、《习学记言》五十卷,皆藏书家写本,别集多论时事,今间有见于此集者。又有读《经史诸子》二卷,而公允访求先生书时,不言有别集,则公允或未之见,抑明人剽取议论之文以便科举,而更目之曰策场标准耶?未可知也。至《习学记言》,实皆考论经传子史之词,而公允采书时不言有此,则亦未见其书矣。水心先生之文在南宋时,最为世所推服,几与欧阳、苏氏比并,而其门人编定之本,至明时即为人所窜乱,文字之获传于后,诚难矣哉!予求公允刻本数年未得,前岁在杭州借得丁君松生藏本,亦残缺。今于同年钱侍御桂森所见此本,独完善,乃以所藏乾隆间叶氏后人刻本易之以归,盖汝谠编年集既不可见黎氏此刻,乃独为旧本也。戊辰七月,京师袁学士寓居。"(《孙衣言集》中册,530—531 页)

七月,撰《亭林先生生日会客记》：

> ……始顾先生祠初成,余实在京师,予友孔绣山、叶润臣、朱伯韩屡要予一拜先生,予未敢往也。咸丰八年,予自内廷出领郡,先师祁文端公屡召予与王侍郎茂荫、王户部拯、林工部寿图、蒋府丞达在慈仁寺饮酒,因得一谒顾祠,然皆未及与祭。今年春以选人至京师,则文端公下世已二年,王侍郎、蒋府丞亦先后亡,工部官秦中,户部归桂林,适逢先生之生辰,得从诸君子后以祭先生。既卒事,同年鲍侍读子年以故事出先生画像卷,命为题名,展卷读之,则文端公及旧游诸君子之遗墨多在,而二十年来题名卷中者类多文章卓荦之士,衣言亦往往得见之,何其盛也! 昔李固为汉太尉,每大朝会,见左右侍中多少年,而旧时老臣无一存者,即欷歔感叹,以为国家之忧。今兹顾祠之会,盖亦不能无老成凋谢之感矣。虽然,时运不息者也,气化日新者也。先生丁明之季,其时已无可为,然未尝一日忘天下,常欲有所兴革损益,以薪复于三代两汉之盛,其具于书者往往而可行也。今国家多事,虽不能如二十年前之盛于有为,然自顾祠之初成,道光癸卯、甲辰之间,世事之变,固已萌柠其间矣,使上之人怵惕,惟厉以求贤才修政事,为心下之人发愤为雄,以崇廉耻知古今为务,至今二三十年,而谓中国之聪明材力必不足以得志于天下,谁其信之? 汉武帝雄才大略,威行绝国,我圣祖高宗武功之盛,殆有过之。至如文、景之宽仁恭俭,孝、宣之综核名实,以内自治而无伤我中国之元气者,先生三致意焉。其事固非旷绝而不可几,我君我相,其恶可不及时振厉? 而士之在下者,其亦恶可苟焉以自恕也? 今天下幅员万里,明天子在上,诸大臣奋于功业,星罗而棋布,视先生所遭何如耶? 而衣言幸得从二三子,拜先生之祠,瞻仰先生之遗貌,其当思所以无愧于先生,岂徒以为相从饮酒修饰故事而已哉? 同治戊辰七月,书于袁氏居。(《孙衣言集》中册,310—311页)

夏秋间,撰《杜清献集诗后》,略云：

> 往岁予在杭州府,黄岩王子庄莱求《杜清献集》,几一年不可得。今春,予与子庄先后至京师,而予同年御史钱樨庵桂森富藏书,问以《清献集》,樨庵有之,亟取以视子庄,子庄喜甚,既手录副本,因复求予书其后。……同治戊辰,书于京师。(《孙衣言集》中册,521—523页)

《跋钱樨庵所藏抄本杜清献集》：

> 《杜清献集》，予在杭州求之二年，不能得。今年至京师求之厂肆，亦无有，以问同年钱侍御樨庵，樨庵有之，亟假归，属台州友人王子庄荣为副墨图刻之台州，而以此本反钱氏。清献在理宗时，常以司马文正公自命，而其时人亦比之文正，今观其立朝议论与夫措施政事之大体，其恢廓俊伟视文正诚为无愧，而卒无救于宋之亡，何也？呜呼！自古及今，何尝一日无才？而遇与不遇，士亦岂能自主哉？（《孙衣言集》中册，532 页）

时，甲辰同年常熟庞钟璐以其尊人庞大堃事状及翁心存之铭来，嘱为表墓。

> 《庞先生墓表》："同治戊辰，衣言重至京师，侍郎以状及文端公之铭来属为表于墓上，以衣言与侍郎甲辰乡试同榜也。"（《孙衣言集》中册，407—410 页）

时，谱主以所为古文示许宗衡起居、周星誉侍御。许谓气直而笔曲，中间疏古简厚者尤多近震川，而震川不足贱之。周亦称气醇体洁，学震川能去其俗易之病云。（《孙衣言孙诒让父子年谱》，82 页）

谱主又以《逊学斋诗钞》示潘曾莹（星斋），潘曾莹为之题句。（《孙衣言孙诒让父子年谱》，82 页）

夏秋之间，在袁氏居，应王轩（霞举）之请，为其《西山游草》题后。

> 《书王顾斋西山游草后》："又十年，而予再至京师，每望西山，未尝不思碧云寺也。已而与故人王兵部霞举相见，霞举出所作《西山游草》以视予，则予所愿游而未极者皆在其诗中。予乃思碧云寺尤甚，而又窃叹霞举虽为京朝官，独能飘然为方外之乐，异于世之飘缨振绺、逐逐尘中以自汩没者。予见霞举，而益不能无思于定甫、颖叔也。至其诗雕琢奇伟，则杜子美入蜀以后数百年无此作矣。霞举之友许起居海秋将刻而传之，予因书其后以还之。时同治七年，在袁氏居，书于是，予将南归行，与西山别矣。"（《孙衣言集》中册，520—521 页）

八月初一日（9 月 16 日），读毕杨浚（雪沧）《冠悔堂诗钞》后，为题云：

> 闽诗人，昔见张亨父，后乃得交林颖叔。亨父不可作，颖叔远宦秦中，殊不得有所施为。今年至京师，颖叔来书为我言雪沧，遂得相见。示以新诗，盖才华似亨父，格律似颖叔也。同辈多才，深为斯文庆慰，不

独闽中山水之光。戊辰八月朔,瑞安愚弟孙衣言读毕记。(《孙衣言孙诒让父子年谱》,82 页)

同日,许宗衡送谱主南归序云:

同治戊辰夏五月,孙琴西观察诏选来京师。秋八月,不待选而归,将行,属为文赠之。宗衡入词馆后于君,及改官,君亦由上书房出守皖中,间兵备庐凤,复监督凤阳,既又还浙,主讲于乡,今始来京师,而即归去,君之出处略如此。君其无意于世乎?方咸丰岁戊午,津沽戒严,君以翰林禁近之官,抗疏言海上事独激切,未几出守戎马倥偬之地,虽遭时假扰,不以飘摇乞外鳏其官,盖君不遽归也。今东南无事,而燕赵齐鲁近且削平,君可不归,顾归者何也?然则君非不能有所为于世,今岂无意于世乎?《小雅·正月》之诗曰:"瞻彼阪田,有菀其特。"言崎岖硗埆之处,而有菀然茂特之苗,喻贤者之间辟也。独其三章则曰:"彼求我则,如不我得。"言征求之初,有如恐不得之情。而卒章则曰:"执我仇仇,亦不我力。"仇仇犹謷謷,言好贤而无用贤之实。今君归诚间辟,然始而为翰林禁近之官,复出典大郡,近又以观察可待使于四方,是征之既恐不得,得亦未尝謷謷无用贤之实也。乃君必欲归者何也?君神致萧散,被服儒素,弹琴歌风,旷然无尘壒之累,不知君官皖时,尚有意于世否?自与君谈宴,及今将行,无一言及官事。《北山》之诗曰:"四牡彭彭,王事傍傍,嘉我未老,鲜我方将。"世不乏膂力方刚之人,君或以经营四方非所任耶!盖君年亦五十馀矣,可出可处,今虽归,或以燕燕居息不足见生平之志,瞻彼阪田,若将终身,又奚为者,然问之君终无言是,岂有不待信者乎?而要非宗衡之所能测者矣。序言奉送琴西仁兄老前辈南归,即乞教正。同治戊辰八月朔,上元许宗衡拜撰。(瑞安市博物馆藏手卷;《孙衣言孙诒让父子年谱》,83 页,文字小异)

八月初三日(9 月 18 日),许宗衡为《逊学斋文钞》题跋,云:

气直而笔曲,中间疏古简厚者尤多谓近震川,震川不足贱之。《演下村居记》乃极似震川,然亦未尝不似孙可之也。《送倭国叙言夷务》第二疏《密陈夷务疏》《澄怀十友图记》《爱日堂记》《乾州杨氏族谱序》《永康县学碑记》义理充足,根本盛大,必非近时所有,非特波澜意度不异于古人,亦学术之正也。同治戊辰秋八月初三日,许宗衡识于宣武城南我园之意隐斋。(《孙衣言集》中册,579 页)

时，许宗衡出《玉井山馆文稿》相示，谱主为识其端云：

> 见理之精到，行文之奇矫，均非时流所有。人事促促，不能久从我海秋以自益，殊可恨也。(《玉井山馆文略》，温州市图书馆藏清同治四年至九年许宗衡刻本)

八月上旬，为顾之逵《艺苑捃华》撰序，云：

> 夫以网罗散佚意林存七十一家，斧藻群言，说海广一百册卷，登诸秘阁，载在杂家丛书之刻，由来尚矣。《艺苑捃华》者小读书堆顾氏刊本也。汉廷博辨名物，不遗楚国孤忠，风雅所在，旷世衍其馀绪，后贤作其功臣，于是取《小尔雅》一卷、《离骚集传》一卷、《离骚草木疏》四卷。抱残守阙，补宋氏之新书；荣古振今，录鲍家之善本，于是取《唐阙史》二卷。五行妙理，常在田家；八辈奇珍，独主妇事，于是取《农书》三卷、《蚕书》一卷、《耕织图诗》一卷。金门执戟，诙谐托于神仙；珠海扬舲，忠信行于蛮貊，于是取《海内十洲记》一卷、《八纮绎史》一卷。豫章出地，异间岂曰衋言；芭蕉有山，确证可资乐府，于是取《南方草木状》三卷。辞工鐾悦，世传记室之评；笔架珊瑚，人诵徐陵之序，于是取《司空表圣诗品》一卷、《唐人本事诗》一卷、《若夫虞初》一册。犹存古书齐谐数言，尚在子部，大抵闻闻见见当正史之外编，怪怪奇奇陋小儒之一孔，于是取汉晋及国朝人小说三十四种凡六十六卷。幽都暘谷，中天已有，著俪辞刻羽，引宫终古，岂荒律学，于是取《俪体金膏》四卷、《竟山乐录》一卷。凡兹心赏都付手民，散作碎金，分为积玉。蔡邕帐里，故应有此奇书，镏安枕中，乃许汇其秘宝，标为目录，耀此牙签。呜呼盛矣！属以涉历传烽，甫闻洗甲桑田，有感枣木如新，告我轶闻，以石鼓摩挲之日完其故物在玉篇撰述之家用广流传，为书缘起。时在同治七年八月上澣，瑞安孙衣言劭闻甫序于升州官舍。(《艺苑捃华》，浙江图书馆藏清同治七年刻本)

在京期间，谱主颇思搜采乡邦轶事、史志所未详者，随时辑录以补国闻之缺，于是始编《瓯海轶闻》。(《孙衣言孙诒让父子年谱》，77页)

在京得徐自明(号愒堂)《宋宰辅编年录》一帙，前之缺者皆在，于是遂为完书。购南雄本项乔(迁之)《瓯东私录》。(《孙衣言孙诒让父子年谱》，77页)

八月初，南下前夕，许振祎、龚显曾、夏子镭、陆尔熙、黄体立、黄体芳为谱主饯行于天宁寺，谱主即席赋诗。

330

《将出都门许仙屏龚咏樵夏路门陆广甫黄漱兰卣乡兄弟为予饯于天宁寺即席赋别》："国门帐饮数贤豪,酒好无如客思劳。岂有青黄还致用,多惭珠玉竞挥毫。山河几阅金仙古,日月长悬汉殿高。壮士百忧无可说,但馀归兴向林皋。"(《孙衣言集》上册,250页)

《戊辰南行日记》："端敏公年谱既成书,即决计南归。不欲复由海道,而畿辅水潦未降,车不能行,遂买舟由潞水以南。而筱鸥妹婿张念慈工部师劭,亦有江右之役,亦买舟同行。先数日,许仙屏振祎、夏路门子镯、陆广甫尔熙、龚咏樵显曾四太史、黄漱兰洗马、卣芗比部,饯予于城西天宁寺,以诗送行。张午桥太史丙炎、许海秋起居宗衡,饯予于我园。王霞举兵部轩、董云舫比部麟,饯予于所居。海秋以文送行。"(《孙衣言孙诒让父子年谱》,420—421页)

八月初六日(9月21日),告别袁保龄。恽鸿仪、谢增、许振祎、吴可读来送别。至通州登舟,与王庆馀同舟行。

《戊辰南行日记》："是日早,与筱鸥弟子久舍人别,同年恽伯方比部鸿仪、谢梦渔给谏增,许仙屏太史、吴柳堂兵部可读来送别。申刻至通州登舟,镇海王友林庆馀附予舟行。友林善为柳诚悬书,在都常为予写书,故招与同舟。时张七观察树炎为其师蒋霞舫少京兆护榇至扬州,有舟二艘亦同行。而翁叔平侍讲以治葬请急归常熟,已先三日行矣。"(《孙衣言孙诒让父子年谱》,421页)

八月初七日(9月22日),舟中校许及之《涉斋集》抄本。

《戊辰南行日记》："晴,逆风,以顺水行颇速,抵杨家湾,宿水路,去通州百二十里而近。是日校《涉斋集》二卷。《涉斋集》乡先辈许深甫诗也,在都时假之叔平,友林为予写,而原本已多讹误,故在舟重为校正,然其疑者仍无可考,写本书不足恃大抵如此。"(《孙衣言孙诒让父子年谱》,421页)

八月初八日(9月23日),继续校许及之《涉斋集》抄本。

《戊辰南行日记》："早阴,午后雨,然时得顺风,过河西务数十里,询其地名,则舟子不能知也。念慈舟后至。校《涉斋集》三卷。"(《孙衣言孙诒让父子年谱》,421页)

八月初九日(9月24日),抵天津。与张师劭入城看袁保恒。访陈元禄,不值。逛东门城下故书铺。校《涉斋集》三卷。

　　《戊辰南行日记》："雨止，薄暮抵天津。闻袁筱鸥同年北来已至此，在其戚陈少帆司马_{重所}。予居筱鸥所，以端敏年谱将成，欲在京候筱鸥，又以河水易落，则舟不可行，故不及待，不意遇诸途也。念慈船后至，即入城看筱鸥矣。故人陈小铁司马_{元禄}不见二十馀年矣，适一友持一废纸至，视之小铁名刺也，问其人，则曰在东门杨氏花园，以办粮台总局，在此久矣。喜甚，即命舆以往，以谓必可一见，而小铁适他出，小铁亦竟不为予答拜也，咄咄怪事。复至东门城下故书铺中，以为当有旧板书，然殊寥寥，惟一明刻《青田集》尚佳，而丹笔涂抹几一卷，殊可惜也。校《涉斋集》三卷。"（《孙衣言孙诒让父子年谱》，421页）

　　八月初十日（9月25日），仍在天津，袁保恒来久谈，并馈编辑其父年谱酬金二百。午后到陈重寓答拜袁保恒，袁保恒已行。继续校《涉斋集》九卷至十二卷。

　　《戊辰南行日记》："晴，仍在天津，筱鸥同年来访，与谈久之。筱鸥以予为端敏编辑年谱，馈二百金，予不能辞也。午后至陈司马处，为筱鸥答拜，筱鸥已行矣。是日校《涉斋集》九卷至十二卷。"（《孙衣言孙诒让父子年谱》，421页）

　　八月十一日（9月26日），至天津独流镇，与张师邰上岸。校《涉斋集》第十三卷至第十五卷。

　　《戊辰南行日记》："晴，顺风行九十里，至独流镇泊。已更许，与念慈上岸求茶馆不得，奴子市肉亦不得，询诸土人，则曰捻贼尝一过此，贼退而官军中所谓毛勇者至，则皆掠鸡豕以食，故遂荡然。独流民居极稠密，咸丰三年，粤贼李开芳等尝据此，今民居皆乱后新构也。校《涉斋集》第十三卷至第十五卷。"（《孙衣言孙诒让父子年谱》，421—422页）

　　八月十二日（9月27日），夜抵河北沧州流河镇。巧遇李梦兰太守，登舟久谈。校《涉斋集》第十六卷至十八卷。

　　《戊辰南行日记》："晴，西风甚劲，夜抵流河宿，去静海七十里矣。李梦兰太守以池州守来京引见，遇于舟。梦兰予在临淮寿州时故人也，而与念慈亦旧交，不期于途中晤也，因与念慈诣其舟中谈，久之而别，颇得皖中诸旧人消息。是日校《涉斋集》第十六卷至十八卷毕，凡校改百馀字。涉斋五古极学山谷,七古极效东坡,而七古尤为遒峭。《钦定四库书目》谓其辦香荆公,异于江湖诗派之纤碎,诚笃论也。然抄宋人诗者皆不及,盖以别无椠本故也。深父失身韩氏,其人不无遗议,而不能掩其文字之工。犹忆周密《齐东野语》,谓由窦屈膝之说,乃为怨家所诬,非其事实。然则深父盖竟于功名,如柳子厚之于王叔文,而其文辞可传,亦如子厚之不可以人废也。人能托于文章诚可贵矣,惟五七言近体,颇少变化,然亦异于晚唐时人之庸弱也。"(《孙衣言孙诒让父子年谱》,422 页)

八月十三日(9 月 28 日),中午抵沧州青县,与张师劭上岸。晚停泊在沧县兴济镇。

《戊辰南行日记》:"晴,无风,中食时过青县,与念慈上岸。青县夫子庙在城外临河。晚泊兴济镇,是日顺风行九十里。兴济故县也,明孝宗张皇后所生里,后既贵,即降诞所建崇真宫以祈福,有弘治十七年敕赐祀田碑尚存,字画端劲,而庙则仅存大门,询之土人,但知为娘娘宫,询以张氏后人,亦曰无有矣。"(《孙衣言孙诒让父子年谱》,422 页)

八月十四日(9 月 29 日),遇李鸿章舟,与张师劭登舟拜访,得赠百金。晚上抵沧州。

《戊辰南行日记》:"晴,自兴济行约二十里许,遇李少荃相国舟,自沧州来,相国于予为甲辰乡举同年,而念慈亦有旧,乃偕念慈造其舟访之。予始出守安庆时,至淮浦,相国将赴湘乡,相国于江右,亦在淮浦,时相国犹编修也,甫十年,而相国勋名与湘乡伯仲,亦奇矣,然蔼然犹儒者,无近日功臣浮浅之习,则可敬也。临别承馈百金。是晚顺风,抵沧州。夜间大风雨,念慈船先行,予追之不及,仍泊沧州城外,而念慈次日相见,乃云以孤舟泊强家坟,相离二三里许。"(《孙衣言孙诒让父子年谱》,422 页)

八月十五日(9 月 30 日),夜泊冯家口。

《戊辰南行日记》:"早起犹雨,舟行久之,始追及念慈船,然以雨不能相见。巳午之间复风,予谓雨势方未已,已而风止雨亦止,薄暮则四望无云,月色皎然矣。是夜泊冯家口,午后颇得顺风,行五十四里。昨以中秋,在沧州市鱼肉,而皆不可食,以白菜下酒而已,可笑也。"(《孙衣言

孙诒让父子年谱》,423 页)

八月十六日(10 月 1 日),午过泊镇,夜至阜城县霞口镇。

《戊辰南行日记》:"晴,颇寒,顺风,中食时过泊镇,交河境也。夜至霞口宿,去冯家口八十餘里矣。泊镇市肆颇盛,而霞口殊寥落,盖此次捻扰,西河东皆被寇,河西皆无恙也。"(《孙衣言孙诒让父子年谱》,423 页)

八月十七日(10 月 2 日),行五十餘里,宿十五里口。与张师劻会面。

《戊辰南行日记》:"晴,风逆,行五十餘里,宿十五里口,离连镇十五里。连镇东岸民房半为贼所毁,仅存者亦无居人,有以船载家具泊岸旁者,盖流民始归也。十五里口始有官军炮船。而念慈性畏炮,自云生平见小爆竹,即掩耳恐不及,声稍大,则不啻闻疾雷矣。每闻枪炮声即入室闭户,以被自覆,令仆数辈夹持而护其心,乃得无事。舟将至十五里口,予见炮船排列,笑谓友林曰,念慈必大窘矣。及念慈船到,果不敢泊,促舟子益前行,而船上连开两炮,予大笑。已而予令引船近之,见念慈,问曰如何,念慈曰早知途中有炮船,我必不出京矣,顷闻炮时,真求死不得也,予与友林复大笑。"(《孙衣言孙诒让父子年谱》,423 页)

八月十八日(10 月 3 日),舟行百十里,在离刘智庙三里处停泊。

《戊辰南行日记》:"晴,顺风,由十五里口行百一十里,野泊,去刘智庙三里。刘智庙,车行必由之路也。"(《孙衣言孙诒让父子年谱》,423 页)

八月十九日(10 月 4 日),至德州,致函袁保恒、李鸿章。午后行五十里,至萝荸湾宿。

《戊辰南行日记》:"晴,逆风,巳刻至德州,发书附念慈寄袁筱鸥同年、李合肥相国。午后复行,至萝荸湾宿,凡五十里。闻东昌以南无水,叔平船尚未行也。"(《孙衣言孙诒让父子年谱》,423 页)

八月二十日(10 月 5 日),停泊在故城县,上岸访己亥房师贾臻故居,遇其从孙贾厚宜。夜间,贾厚宜来访,谱主赠以《逊学斋诗钞》。

《戊辰南行日记》:"晴,逆风,行五十五里,泊故城。己亥房师贾运生中丞,故城人,今年春间,卒于大梁。过故城泊舟,方欲一访所居,有数书生散步河上,或云内一少年贾氏子弟也,询之,则中丞从孙也,年十八,业儒,人甚温雅,略叙数语别去。至夜间,则衣冠而来,乃与晤于念慈舟。念慈之尊甫文毅公,中丞辛卯乡试同年也。贾君名厚宜,号可亭,其尊人年六十馀,号甫田,上舍生也。予赠以《逊学斋诗》,可亭云:中丞橥将以九月归,公子辈皆在官所,所居盖空舍。可亭之居在西门外临河,即离予泊舟处数百武耳。中丞居城内。"(《孙衣言孙诒让父子年谱》,423—424 页)

八月二十一日(10 月 6 日),抵张家口,与张师劭上岸休息。

《戊辰南行日记》:"晴,风顺,行八十里,至张家口,与念慈上岸,就一市肆中小坐。张家口颇繁富,乃胜于故城,有游击、县丞分防。"(《孙衣言孙诒让父子年谱》,424 页)

八月二十二日(10 月 7 日),行五十里,至夹马营泊。与王友林、张师劭上岸。

《戊辰南行日记》:"晴,风递,行五十里,至夹马营泊。此处河道甚曲,由夹马营北至其南,陆行不过一里,而船行则自西而南约八里,乃与友林、念慈各上岸,至一山西贾人所,坐以待舟至,比舟抵岸,则已昏黑矣。"(《孙衣言孙诒让父子年谱》,424 页)

八月二十三日(10 月 8 日),行五十里,至护香庄。

《戊辰南行日记》:"阴,已而小雨,午后复霁,时闻临清入闸以南无水,颇望雨也。风递,行五十里,至一庄,村农数家,颇殷实,询以地名,曰护香庄也,去□□驿、去临清,尚百十二里。"(《孙衣言孙诒让父子年谱》,424 页)

八月二十四日(10 月 9 日),行一百里泊,与张师劭上岸。于舟中跋翁同龢所藏写本《许及之集》。

《戊辰南行日记》:"晴,颇得顺风,行百里泊,有村民数家,询之土人,曰去临清水程十里而近,曛黑中与念慈上岸,以野径崎岖,又无月色,废然而返。"(《孙衣言孙诒让父子年谱》,424 页)

《跋翁叔平庶子所藏写本许及之集》:"许深甫《涉斋集》十八卷,《四库全书》据《永乐大典》旧题许纶,考定为及之作,援据甚确,而疑及之初名纶,其后更名,或史未及详。……此集仅有四库本,今年予在京师居南横街,同年袁筱隖学士所与翁叔平庶子同巷,偶属庶子觅乡先生集,庶子以此集见示,盖法时帆祭酒诗龛所藏四库副本,既命友人录副,复为校勘,所疑者仍以归之庶子,深甫依附韩平原,《宋史》所载颇为可丑,然颇记周密《齐东埜语》言赵师睪、许及之谄媚侂胄之事,皆怨家诬之,不足深信,但侂胄盛时,吾乡诸正人如徐子宜、陈止斋、薛象先、陈寿南辈皆遭贬斥,而深父乃反擢官至知枢密院,则附侂实所不免,意文士急功近名如柳子厚之于王叔文,特《宋史》言之太甚耳。予以其为乡先生书,甚喜得之,而其诗用功之深,尤有令予不能漠然者,然则文字之托亦恶可已哉。同治七年八月二十四日,临清舟中书。"(《孙衣言集》中册,534—535页)

八月二十五日(10月10日),至临清。钱宝常来访。

《戊辰南行日记》:"早起,至临清,始知翁文端公灵榇已于二十二日由陆路南行矣。湘吟同年之弟梅仙主政宝常来,以阻浅尚在此相待,时扶其兄萍矼宪副枢南行,始知同年陶缵臣刺临清,以事赴济南,其嗣君孚初适自淮上来居署中,梅仙以将由陆路行,觅车不可得,乃属孚初求车于乡民,然皆犊车也。午后往访孚初,适他往。孚初寻来答拜,亦属以觅车,然不能即得也。贵筑李桐生醼尹,于日内始相见,并属孚初为觅车,而张听庐观察为师蒋霞舫少京兆送枢,亦到此,又有同来叶刑部眷属及一户部郎,一顺天西路厅,船五、六艘接踵而至,此间求车益难矣。缵臣为予庚戌同馆同年,改官知县,今得太守矣。临清城外市肆稍盛,城内则弥望皆荆榛,咸丰三年粤逆之祸也。"(《孙衣言孙诒让父子年谱》,424页)

八月,在途手抄邵位西遗诗一册二十一叶,凡五言古诗六首,七言古诗十三首,五言律诗十六首,排律一首,七言律诗四十六首,五言绝句五首,七言绝句二首,并圈点一过,间作评语。校阅旧写本林德旸《白石樵唱》一册。(《孙衣言孙诒让父子年谱》,83—84页)

九月二十六日(11月10日),时闽浙总督马新贻移节两江,接授两江总督两淮盐政及钦差大臣关防任事。随后上疏举荐谱主和袁保庆等。兹录于下:

两江总督统辖三省兵、刑、吏治而外,加以盐漕河务,政务之繁甲于他省。经督臣曾国藩绥辑疮痍,振纲挈领,兴废举坠,数年以来诸务始有端绪。以臣驽下,猥承其后,力小任重,履冰滋惕。念安民必先察吏,为政首重求贤。臣先由皖藩擢抚浙江,曾请调保升道员之编修王凯泰,赴浙差委,果能宣力襄猷,叠邀简擢,臣深以为国得人自慰。兹初莅江

省,政务殷繁,现任司道均经圣明特简,各有专司,此外候补道府中虽不
乏可用之才,而性情才具骤难尽悉,必得一二体用兼备之员为臣所深知
者,方可收指臂之助。查有候选道孙衣言,老成忠亮,秉正不阿,前在安
徽庐凤道署任,首务去扰崇廉,培养元气,曾国藩许其器识过人,屡登荐
剡。嗣丁忧回籍,前安徽抚臣乔松年复以为守兼优,夺情奏调。而守礼
自重,未肯出山。臣微察该员,实有处为名儒、出为名臣之志。……可
否仰恳天恩,准将候选道员孙衣言发往两江补用,山东候补道袁保庆、
安徽候补知府桂中行并准交臣差遣委用。出自逾格鸿慈,为此专折陈
请,伏乞圣鉴训示。奉旨如所请行。(《马端敏公年谱》,《近代中国史料丛刊》一辑
0323,138—141页)

十月,于瓜洲舟中撰成《袁端敏公年谱序》。(《孙衣言集》中册,491—493页)

十月二十一日(12月4日),访曾纪泽,并晤赵烈文。

　　《赵烈文日记》:"到劼刚处,并晤孙琴西观察衣言,浙人,在皖识之少谭。"
(第三册,1655页)

十月二十二日(12月5日),赵烈文来谈。

　　《赵烈文日记》:"候孙琴西久谭。"(第三册,1656页)

十月二十三日(12月6日),应李文杏之招,赴飞霞阁午宴,与李鸿裔、周
学浚、陈方坦、钱应溥、刘恭冕、唐仁寿、张文虎在座。

　　《张文虎日记》:"李少石招同孙琴西观察、李眉生廉访、缦老、小浦、
子密、叔俛、端甫飞霞阁午宴,端甫以书院课不与。琴西本皖北旧交,以
丁艰回籍,起复引见,马制军奏调江苏。五年不相见,须发加苍而貌加
充。"(160页)

十月二十四日(12月7日),朝廷应两江总督马新贻之请,特旨将谱主发
往两江,以道员补用。是日,谒曾国藩,久谈。访赵烈文,久谈。

　　李慈铭《越缦堂日记》(十一月二十三日):"阅十月廿三至三十日京
报:……诏候选道孙衣言发往两江,以道员补用。山东候补道袁保庆、
安徽候补知府桂中行均交马新贻差遣委用,从马新贻请也。(廿四日)"
(第6册,4229页)
　　《曾国藩日记》:"魏荫庭来久坐,孙琴西来久坐。"(下册,1146页)
　　《赵烈文日记》:"孙琴西来答候,久谭。"(第三册,1655页)

337

十月二十五日（12月8日），曾国藩阅谱主近作诗文。赵烈文来访。

《曾国藩日记》："阅孙琴西近作诗文二十馀叶。"(下册,1147页)

《赵烈文日记》："又访朱春舫、杨子穆,又访孙琴西,各久谈。"(第三册,1657页)

十月二十六日（12月9日），张文虎来访。

《张文虎日记》："阴。回看陈右铭、孙琴西,并拜林若衣大令。"(160页)

十月二十七日（12月10日），赵烈文来访。致函赵烈文。

《赵烈文日记》："傍晚访孙琴西观察久谭。……接六姊廿一日信,又孙琴西本日信。"(第三册,1657页)

十月，谱主抵金陵后，即参督幕。与幕友项城袁保庆（笃臣）观察志趣相投，观察以兄事谱主，谱主亦以弟视之。观察慕其乡先辈吕宁陵、汤睢州之为学，束身自好，好议论天下事，洞见利弊，每与论古今治乱之故，痛切言之，无所回避。(《孙衣言孙诒让父子年谱》,84页)

十一月初一日（12月14日），曾国藩临行前，篆书联句并系跋，赠别谱主：

大笔高名海内外，君来我去天东南。琴西仁弟重来金陵,而余将北行,篆句奉赠。琴西有琉球弟子,东洋盛传其诗,故首句及之。戊辰冬月,曾国藩并识。

按:《曾国藩日记》同治七年十一月初四日:"余启程北上入觐。"此跋有"余将北行",即十一月初四日之前所写。又据《曾国藩日记》十一月初一日:"写对联六付,内篆句者二付,直幅一张,约百四五十字。"(下册,1148页)此联即曾国藩篆句,故系于此。

谱主亦有《送湘乡先生移节入觐》:"头白门生击楫来,更从便坐奉深杯。欣闻分陕将前席,恨未平淮与勒碑。帆叶远移江树出,舻棱寒望曙云开。莫教风雪侵双鬓,夜夜台辉照斗魁。"(《孙衣言集》上册,251页)

十一月初二日（12月15日），访张文虎。

《张文虎日记》："孙琴西来拜。"(161页)

十一月十九日（1869年1月1日），访张文虎。

338

《张文虎日记》:"孙琴西来拜。"(163页)

十一月二十日(1月2日),张文虎来贺迁居之喜。

《张文虎日记》:"至东牌楼贺孙琴西观察迁居之喜。"(163页)

十一月,被两江总督委任办理善后局事务。谱主条议善后十要,马新贻深然之,盖知无不言,言无不行。(《孙衣言孙诒让父子年谱》,84页)

十一月,子诒让由家乡来金陵。

《孙衣言孙诒让父子年谱》:"同月,诒让由家乡去金陵,随侍乃父衣言。"(84页)

十二月十九日(1869年1月31日),与张文虎、陈庆瀛、陈方坦、钱应溥、郭阶、叶圻、周学浚、赵彦修、唐仁寿等同祝东坡生日于飞霞阁。谱主先成长篇,颇述聚散之感。张文虎亦有诗。

孙衣言《十二月十九日雪后周缦云侍御招集飞霞阁为东坡生日时湘乡先生新移镇北行侍御亦将归主杭州书院矣》:"城头青山皓娟洁,何似清虚堂前雪。堂中各焚知见香,千载东坡原不灭。坡之始生宋中天,文富杜韩在御筵。庐陵文章如政事,谓坡兄弟皆谪仙。高贤命世世恒有,几个同时扶台斗。弁阳诗翁今白头,我亦十年困奔走。诗翁欲归西湖旁,何况当年林与王。往在京师与林颖叔、王少鹤屡为此集,今颖叔官秦中,少鹤归桂林矣。庙堂已失祁寿阳,祁文端公卒亦数年。旌节复移曾湘乡。杯酒浇胸我犹热,此怀安得与坡说。却思当日周公瑾(用遗山句),更数坐间几豪杰。"(《孙衣言集》上册,219页)

《张文虎日记》:"小雨,微雪。孙琴西、陈子舫、陈小浦、钱子密、郭慕徐、叶云岩、周缦老、赵季梅、唐端甫同祝东坡生日于飞霞阁竟日。"(165—166页)

张文虎《东坡生日孙琴西观察衣言陈子舫庆瀛郭慕徐阶两太守叶云岩副镇圻庄守斋司马祖基暨缦老子密小浦端甫季梅同集飞霞阁时缦老将归湖州而孙陈两君皆癸亥冬在皖城同此会者相隔五年矣琴老先成长篇颇述聚散之感抚今追昔不能无言》:"江楼荐芷忆衔栿,山阁宾莚又几回。自乙丑至此四祝东坡。六载朋欢凭地主,一时游宴见人才。魁垣转建晨星散,湘乡公北行,富公渐稀。萍水重逢旧雨来。为诵雪泥鸿爪句,东西踪迹信难猜。"(《舒艺室诗存》卷六,16叶,《清代诗文集汇编》630册,522页)

十二月二十二日（2月3日），俞樾来函。

《春在堂日记》："乙亥［丑］，……与马谷山制府书、孙琴西书。"（《春在堂日记 曲园日记》，97页）

函云："昨少仲同年言，兄已抵金陵，东山复出，为同谱光，幸甚！吾榜虽落寞，然颇多盛事：湘吟以中允得学士，补帆以编修得臬使，枢元以候补道得巡抚，皆近来所罕见；继之者其在老兄乎！龙生九子，应龙好飞，鸱吻好望，各成一种，诸君子飞而鄙人望焉可也。弟今年主讲浙中，而仍寄孥吴下，颇拟于武林觅屋数椽，为移居之计而不可得。吴下有潘文恭公旧居，玉泉观察属弟修葺而居之，果从其议，竟作"吴下阿蒙"矣。兄以为何如？拙诗删存六卷，杨石泉方伯刻之于杭州，明春可以毕工。《诸子平议》已刻成小半，明年得二百金，便可全付剞劂矣。此外零星各种，尚颇不乏。区区酱瓿上物，岂亦吾榜之盛事乎？书至此，哑其笑矣。子高在金陵书局，想常见。闻伊近患末疾，颇念之。金陵近年来名流翕集，得老兄为敦盘长，是亦一盛事也。随笔书布，天寒幸自爱。"（《春在堂尺牍》卷二，17—18叶，《清代诗文集汇编》686册，545—546页）

冬，为李鸿章母七十寿辰作序。

《李太夫人七十寿序》："今皇帝同治七年之秋，……衣言顷以天子命，亦为吏于江南。……及衣言兄弟再出从湘乡公安庆，则相国已抚江苏，中丞公已抚湖南。太夫人适在安庆，与其四子居，而衣言所居即相国妹婿之室也。太夫人时时携诸孙甥来视衣言，诸妇扣摩幼稚如家人，尤亲厚。"（《孙衣言集》中册，357—359页）

冬，为赵烈文题《先世传家耕读图》《岱顶看云图》。

《赵惠甫烈文属题其先世传家耕读图》："太史好言文景时，先畴旧德国丕基。多赀吏杂缗钱急，图画于今最可思。"（《孙衣言集》上册，251页）

《张文虎日记》同治七年九月三日（10月18日）："题赵惠甫《耕读传家图赞》。"（153页）

《赵烈文日记》同治七年十月十三日："汪梅村先生来访，并代题《先世图卷》，诗文皆高淡。"（第三册，1651—1652页）

《惠甫又出其先公晦庐先生仁基岱顶看云图》："秀绝徂徕五尺童，登高须到丈人峰。大云触石雨天下，它日来支九节筇。"（《孙衣言集》上册，252页）

时，江宁设有官书局，于冶城山之东北隅修葺"飞霞阁"，为勘书之庐，与其事者皆四方硕彦之士，若张文虎（啸山）、戴望（子高）、仪征刘毓崧（北山）及其子寿曾（恭甫）、宝应刘恭冕（叔俛）、海宁唐仁寿（端夫）辈，朱墨之馀咸耽文咏。而周学浚（缦云）、莫友芝（子偲）及武昌张裕钊（濂亭）亦来客金陵。江宁宿儒汪士铎（梅岑）方自鄂归，授徒讲学。谱主官事之馀，偕诒让从诸先生游，相与议论为文章，或宴饮歌诗为笑乐，诒让因得识诸先生。（《孙衣言孙诒让父子年谱》，84—85 页）

是年，各地学者云集金陵，而东南战事初息，故家秘藏多散出，谱主极力罗致各种古籍秘笈。（《孙衣言孙诒让父子年谱》，85 页）

是年，常熟杨沂孙（咏春）观察，尝以新刻孔昭孔双钩本宋徐鼎臣《临秦碣石颂》一册，持赠谱主。（《孙衣言孙诒让父子年谱》，85 页）

是年，龚显曾（咏樵）太史以抄本《水心别集》四册，寄赠谱主，册尾有许祖涝和龚显曾跋语二则：

> 《水心别集》十六卷，宋龙泉叶适撰。按陈振孙《直斋书录解题》，载适正集二十八卷，拾遗一卷，别集十六卷。别集分三类，前九卷为制科进卷，后六卷号外稿，皆论时事，末卷号后总，专论买田赡兵。历年既久，流传寖渺。乾隆间校录《四库全书》，所收《适集》二十九卷，乃明正统中黎谅所编，非元本也。后阮文达太傅抚浙，采访佚书进呈，得贤良进卷四卷。其所撰拟提要，虽言与《黄氏日钞》篇目吻合，然尚疑进卷与外稿实系一种。则分卷次第当大非旧观矣。此本出于南安吴氏家藏，其部首总目与《书录题解》合，卷中篇目与《黄氏日钞》合，信为宋时足本无疑。吴氏家中落，是书归陈茂才树春，予辗转借得，因请人影写一部，以备观览。独惜移誊脱略，蹖驳特甚，顾安得善本一为考证也。晋江许祖涝跋。

> 秋九月，假得《叶正则别集》，与许又旂师各影写一部，至冬十一月抄成。咏樵甫识。（《孙衣言孙诒让父子年谱》，85—86 页）

是年，谱主另有诗作多首。

> 《张广文赤壁残字卷其孙午桥太史索诗仅存"举网得鱼"以下二十字，而笔法酷似欧阳率更》："长史临池似率更，珠光二十颗湖晴。秋风吴下能乘兴，明月黄州各有情。满地江湖惊乱后，几家翰墨似平生。馒𫗦雄笔皆千古，独向伊川忆老成。有祁寿阳题跋。"（《孙衣言集》上册，249 页）

《答毕星楼同年应辰见赠》："近荷嘉章及，猥言句可传。却思尊酒会，如在十年前。白发江湖远，青蒲雨露偏。更应虎观议，润色帝京篇。"（《孙衣言集》上册，249页）

《答陈砚芗同年文田砚芗顷相见于梦渔席上旋蒙见过并示新诗而予适他出走笔为答》："昨来乘兴失羲之，却忆清谈共客儿。青眼相看吾老矣，高歌幸在中兴时。春风消息吹兰芷，永日情怀爱柳枝。砚芗诗意。各自清狂各坦率，经过莫作应门迟。"（《孙衣言集》上册，250页）

《钱樨庵侍御索诗桂森》："玉貌先生尚自如，青骢无事闭门居。尊前花石围高馆，帐里烟煤得异书。同辈声名谁早达，后人富贵只才疏。秋风更切将离感，昨日论文最起予。"（《孙衣言集》上册，250页）

《周叔云侍御索诗星誉》："太史才名旧琐闱，惠文柱后更光辉。酣嬉白日频中酒，槃礴青山自解衣。叔云工画。儒者岂无当世感，圣朝偏喜谏书稀。年来我已愁衰鬓，莫作先生杜德机。"（《孙衣言集》上册，251页）

《胡侍郎某母熊太夫人于夫疾亟时投井死夫寻愈寿至八十二武陵胡侍讲焯为文表之》："修短彭殇各有期，秉圭陈璧久然疑。谁知玉女沈珠魄，能作檀郎续命丝。楚血已随香草化，蜀魂犹有杜鹃知。武陵瓌笔如奇烈，试为贤□雒诵之。"（《孙衣言集》上册，251页）

同治八年　己巳　1869年　五十五岁

正月初四日（2月14日），访张文虎，送来东坡生日诗。

《张文虎日记》："琴西以东坡生日诗来。"（167页）

正月初五日（2月15日），张文虎与唐仁寿、戴望、成孺、刘寿曾公饯周学浚于飞霞阁，招谱主作陪。

《张文虎日记》："与端甫、子高、芙卿、恭甫公饯缦老于飞霞阁。招琴西观察奉陪。"（167页）

正月初六日（2月16日），张文虎来借陈澧所著《声律通考》。

《张文虎日记》："晴。从琴老借得番禺陈兰甫澧所著《声律通考》十卷，辨古乐、俗乐，颇有条理，于姜尧章、惠天牧、凌次仲多所改正。"（167页）

正月初九日(2月19日),与曾纪泽为周学浚饯行于下江考棚,招张文虎、钱应溥、唐仁寿相陪。

> 《张文虎日记》:"是日曾劼刚、孙琴西为缦老饯行于下江考棚,招与子密、端甫相陪。饮馔颇盛,节相宴客从未有此。"(168页)

正月十五日(2月25日),赴庄祖基招饮,与张文虎、黄国光、唐仁寿同席。

> 《张文虎日记》:"庄守斋招饮,同席孙琴西、黄亮甫、唐端甫共五人。"(168页)

年初,得彭玉麐侍郎赠近作梅花屏幅四帧及梅花画轴。(《孙衣言孙诒让父子年谱》,90页)

正月,在钟山草堂撰《旌表烈妇录序》,记绩溪两烈妇胡氏、冯氏,略云:

> 同治二年,予依湘乡先生安庆军中,绩溪程生光国观甫亦避寇来安庆,与弟二人奉父以居。观甫年少,诚笃向学,甚为湘乡先生所喜,观甫故来就予学。……去年冬,来官金陵,旧时皖中友往往在,询以观甫,则殁已数年。……复遇歙汪君士珍,为予言观甫仲弟某、季弟光辅皆先后卒,而光辅妇胡氏殉夫事甚烈。……胡氏绝粒七日以徇之,年甫二十一,湘乡先生既为请旌于朝。……汪君又言绩溪烈妇冯氏者,冯明伦女文童,石承万妻,承万御贼受伤死,冯氏亦不食死。……己巳正月,钟山草堂。(《孙衣言集》中册,493—494页)

二月初二日(3月14日),张文虎来访。

> 《张文虎日记》:"访孙琴西、陈子舫。"(170页)

二月十六日(3月28日),访张文虎。

> 《张文虎日记》:"倪豹岑、李小湖、丁友云、孙琴西来。"(172页)

二月二十日(4月1日),新任两淮盐运使方浚颐来访。

> 《北行日记》:"晴。出门拜客,行青溪一带,荒凉满目,回念旧游,忽忽如梦。与孙琴西衣言观察谈最畅。"(国家图书馆藏同治十二年刻本,28叶)

> 《北行日记》二月十九日:"二十里至江宁省,朝阳门入城,住彩霞街恒升栈。"(28叶)

二月二十六日（4月7日），移居周学浚旧馆，张文虎、陈作梅等来贺。

> 《张文虎日记》："大风，阴。孙琴西移居，道喜，即缦老旧馆也。陈作梅后至，剧谈，追述李熙庵中丞将略，从容应变，有周公瑾、陆伯言风。"（172页）

二月二十八日（4月9日），访张文虎，答谢。

> 《张文虎日记》："大风，细雨。孙琴西观察来答谢。"（172页）

二月二十九日（4月10日），邀方浚颐饮，并示以《逊学斋诗续钞》。

> 《北行日记》："雨。午刻琴西招饮，出示《逊学斋诗续集》，学坡、谷居多。"（30叶）

二月，两江总督马新贻奏准谱主归江苏，以道员补用，并暂缓引见。盖先是吏部曾饬奏明指定一省补用，又须照章带领引见也。（《孙衣言孙诒让父子年谱》，90页）

二月，代布政使李宗羲撰《重建江宁布政使署记》：

> "江宁布政使之署在城南大功坊，前明大将军徐中山王达之故邸也。……同治八年岁在己巳仲春之月。"（《孙衣言集》中册，313—314页）

三月初七日（4月18日），应韩弼元、赵彦修、唐仁寿之招，赴飞霞阁，为张文虎饯行。

> 《张文虎日记》："雨。韩叔起、赵季梅、唐端甫招同李小湖、孙琴西饮飞霞阁，兼为予饯行。"（173页）

三月初八日（4月19日），张文虎来访。

> 《张文虎日记》："访琴西。"（173页）

春，致函朱学勤，云：

> 修伯仁兄大人阁下：前接环章，极蒙关爱，深感大君子爱人以德。言自惟疏懒性成，深恐平生知己数人，怅其落落，故略为此世故应酬之举，而所以求阁下转达者，正欲爱我者之酌其可否也。备承直谅之益，纫佩奚如。都中知好久无音问。椒林守江右，将迁道向下，适马帅验工赴杨，遂于途中一见而行，竟未获一把晤，殊为怅怅。雨亭中丞在都想必相见，首重神寒，真大器也。此翁它擢，阆轩继去，此间甚觉正气之

孤,然山海严疆用人如此,则又深服圣天子明见万里也。大内火灾,殊为变异。闻上斋诸公疏请修省,不知能应之以实否。

南中大潦,两湖、江右来源盛涨,皖江南北两岸被灾尤重,江宁一属稍为次之,而苦圩田太多,及此晴霁,亦不过四分收成。现制府已据情入告,近地流民渐已入城,现虽设局收养,按户散米,并多支棚屋,收当灾牛,亦不过张皇补苴而已。秋后上游灾民穷无可归,必将纷纷就食,又不知如何了局。衣言尝谓今日吏治宜首筹蓄积,而又必以躬行节俭为蓄积之所由来,如得诏书剀切痛戒浮华,果能力持朴素,即所以渐致富强也。留心国计者想不河汉斯言。

前在都时知武林何君有薛常州《浪语集》一书,一载以来常在梦寐,前阁下与子密书云可为言录副,感何可言,祈即转求杏农前辈展转借得,即倩一佳手抄一精本。佣雇之资,言有门人万礼部培因者可为先垫,衣言已谆谆致意,但问敝乡人漱兰侍讲,必无误也,望切望切。耑此布颂崇安,统祈垂鉴,不宣。孙衣言谨肃启,十六日。(邹晓燕整理《孙衣言、成林、杨昌濬、蒋益澧致朱学勤手札》,《历史文献》第十八辑,上海古籍出版社 2014 年版,115—116 页)

春,徐维城有春雨怀人诗四十五首,其三即怀谱主。

《春雨怀人诗四十五首》之三《孙琴西观察》:"寿春握手八年逾,飘忽分携郁不愉。今日名山登幕府,仵君江左作夷吾。"(《天韵堂诗存》卷七,3叶,《清代诗文集汇编》661 册,610 页)

四月初四日(5 月 15 日),访莫友芝。

《莫友芝日记》:"孙琴西相过。"(269 页)

四月上中旬,作《送曾劼刚纪泽奉太夫人北行》诗。

诗云:"卧虎他年范庆州,岂徒醇谨似恬侯。每承上坐同深语,却恨风樯起客舟。驿柳作绵随候骑,江鱼如雪入晨羞。从来宰相忧天下,去为吾公佐箸筹。"(《孙衣言集》上册,252 页)

《曾国藩日记》四月二十:"辰正后,送眷属来者陆续进署,巳正,全眷俱到。内人病后失明,孙儿元七、孙女宝秀俱有小疾,既喜室家之团聚,亦因此增郁损也。"(下册,1198 页)

四月二十一日(6 月 1 日),再致函朱学勤,云:

修伯仁兄光禄大人阁下：春中由子久中翰处寄奉一函，想已早蒙青睐。嗣于子密同年备闻起居安胜，并知屡荷垂询，旧雨情深，曷胜驰企。衣言重涉此途，诸多阻折，现虽已蒙格外恩施，改定省分，暂缓赴部，而捐省银两势不能免，力又不能即交，殊觉进退无据。顷以雨亭方伯入觐，督府暂檄代庖，不但于例未协，亦恐非才所堪，爱我者何以教之。雨翁此行，必有它擢。其人光明正大，识力皆有过人处，而和平持重，于培养元气尤宜，此间失之，殊为可惜。目前功名浮浅之士以纷更操切为材能者，往往不免琢削真元，所望此人仍回东南，实为三吴之福，伏惟留意。再者，前承谕谓薛常州《浪语集》都中可以抄得，深以为快。常州为永嘉大儒，而敝郡独无传书，去岁在都至孙氏家，有一藏本，力求而不能得，其人则周杏农令坦也。如能辗转录副，实为敝乡文献之幸。佣雇之费，此地寄上甚便，可以先时示知，即由摺弁附缴也。又去岁在都，蒙诸邸垂念旧人，不胜感激，前曾各修一禀为谢，而子久同年谓未便投递，但恐诸邸以为无情，不知事体究应何如，如礼宜致谢，则求阁下转取，得便一呈，如果有窒碍，则亦不必，见面时幸道愚忱耳。种种琐渎，恃爱勿诃，不具。衔版想亦不以为无礼也。敬颂台安，不具。衣言谨肃，四月廿一日。（邹晓燕整理《孙衣言、成林、杨昌濬、蒋益澧致朱学勤手札》，《历史文献》第十八辑，116—117页）

四月，因李宗羲入都陛见。由两江总督奏明，谱主在任六阅月，清积牍，澄吏治，凡事循照定章，实事求是，而清理道咸以来藩司所属交代，尤费必力，升署江宁布政使。（《孙衣言孙诒让父子年谱》，90页）

谱主《署江宁布政使谢恩摺子》："奏为恭谢天恩，仰祈圣鉴事。窃臣接奉两江总督马新贻行知，江宁布政使一缺以臣暂行署理，奉旨知道了，钦此。当即恭设香案，望阙叩头谢恩讫。伏念臣瓯海庸材，衡门下士，壮岁倖登上第清班，遂历讲帷三载，侍书久趋陪，夫朵殿一麾领郡，徒梦想乎？玉堂旋以戎幄之劳，滥荷监司之擢，自念江湖之迹，新幸趋朝，讵谓雨露之恩，屡邀破格。兹复渥承简命，权摄藩条，窃念江宁兼淮扬徐海之繁，藩司有理财用人之责，当民气甫苏之后，固以休养为先，在官方丛杂之时，尤恃激扬有术。如臣愚昧，徒切兢惶，惟有本勤俭以率先，屏浮华而务实，庶稍信平日读书所得，冀无负皇天造物之慈。所有微臣感激下忱，理合缮摺具陈，伏乞皇太后皇上圣鉴。（《孙衣言集》中册，290页）

《张文虎日记》五月十六日:"雨楼来,知江藩李雨亭入都陛见,孙琴西署事。"(181 页)

五月二十三日(7 月 2 日),俞樾来函。

《春在堂日记》:"甲午,……与孙琴西同年书、戴子高书。"(《春在堂日记 曲园日记》,118 页)

函云:"客腊致一书,而不复得函,忙欤忘欤!项得吴中信,知摄行方伯事,因思枢元同年,亦先摄藩条而旋拜节钺,阁下必与同之,弟前言为有验矣。夫人鱼轩,闻适于前三日戾止,慰农山长因以为戏弟谓行中书省,止是先为之兆耳,他日右丞大拜,其亦由夫人裙带乎?此善颂善祷之词,勿以戏言为罪。弟四月中来杭,即作山阴之游,旬日而返,日内仍寓湖上,或乘篮舆,或棹扁舟,放浪于西湖山水间,以自娱乐。此月之末,仍回苏州。西湖虽好,销夏湾固在吴中耳。"(《春在堂尺牍》卷二,25 叶,《清代诗文集汇编》686 册,549 页;《瑞安孙家往来信札集》,60 页)

六月初六日(7 月 14 日),张文虎来访。谱主回访答谢张文虎。

《张文虎日记》:"阴。访黄子慎。拜盐道、制台、藩台,时孙琴西方署藩司也。……孙方伯来答谢。"(183—184 页)

六月初九日(7 月 17 日),邀莫友芝等过金陵瞻园玩月,杨昌浚在座。

《莫友芝日记》:"孙琴西招过瞻园玩月,园在布政署西,李雨亭监葺之,成而奉召即行,琴西摄事。在坐有杨石泉方伯,自京还浙。是夕新晴,凉月极可意,园中池上台,登眺尤胜。"(270 页)

六月十九日(7 月 27 日),访张文虎长谈,同登飞云阁。

《张文虎日记》:"骤凉,时雨。孙方伯便服来长谈,复同登飞云阁。飞云阁本在飞霞阁上,同治甲子初至金陵时,尚有基址可寻,后则并无瓦砾矣。曾侯本欲复此,以属桂观察,比以府学工竣馀事,及即在园中御碑亭西北建楼房,上下各三间,右侧一亭,踞此城最高处,下视回廊曲槛,金碧辉映,群山环绕,皆在几席,他日当为金陵第一名胜矣。然飞云、飞霞名皆尘俗,予请琴老另易新名书扁。琴老曰,马制军意亦如此,然一时思之未得也。"(184—185 页)

六月二十一日(7 月 29 日),张文虎来访。

《张文虎日记》："晴。访孙方伯。江藩署本明中山王府,中为瞻园,极大。乱后榛莽久矣,然湖石尚存。今署重建,园亦稍修葺,布置无法,未免点金成铁。琴老亦以为憾。"(185页)

七月十三日(8月20日),张文虎来函。

《张文虎日记》："写孙琴西信。"(187页)

七月二十日(8月27日),俞樾来函。

《春在堂日记》："庚寅,……与马谷山制府书,与孙琴西同年书,与戴子高书。"(《春在堂日记 曲园日记》,124页)

七月二十六日(9月2日),访张文虎。

《张文虎日记》："阴,寒,晡后晴。洪琴西、孙方伯、桂方伯、庞观察、倪豹丞山长来。"(189页)

八月,刘恭冕出示其先世刘永澄万历辛丑会试硃卷,为跋其后。

《跋刘练江先生会试硃卷后》："此宝应刘先生永澄万历辛丑会试硃卷。同治己巳,予在金陵,先生八世孙恭冕以见示,卷式视今乡会试誊录卷无甚异。……然先生所对策第一篇与终篇皆直攻神宗之失,其言宦官之害与开采权税之患,语尤激切,则明之言路未可谓尽废也。夫朝廷方恶直言,而试士发策犹以时务为问,士之有志者犹敢直言得失,则明之制为犹善矣。己巳八月。"(《孙衣言集》中册,536—537页)

九月初六日(10月10日),叶晋卿邀明日飞云阁午饮。

《张文虎日记》："叶晋卿观察邀明日飞云阁同孙方伯及王、庞、勒三观察、钱子密午饮,辞之。"(192页)

九月二十日(10月24日),约张文虎等廿二日瞻园小饮。

《张文虎日记》："孙方伯约至瞻园小饮,订以廿二日夜招赵季梅小饮。"(193页)

九月二十二日(10月26日),招张文虎、赵彦修、唐仁寿、戴望饮瞻园。

《张文虎日记》："孙方伯招与季梅、端甫、子高小饮瞻园,畅谈颇洽。"(194页)

九月二十三日（10 月 27 日），张文虎来函。

《张文虎日记》："写孙方伯、钱子密两函。"(194 页)

九月二十七日（10 月 31 日），曾国藩来函，云：

琴西仁弟大人阁下：接八月十七日手书，具悉一一。少君颖迈好学，去年曾闻语及，近于考据一途。南邦又文物所聚，多博闻君子相与观摩，日进无疆。来示云山林之气入于骨髓，兹尤可喜。方今俗尚浮华，目染耳濡，不患于趋于文，只患不葆其质。植基朴拙，乃大器也。大小儿前在途次颇多磨折，到署后眚口多病，日与医药为缘，不克肆力于学。二小儿攻制举业，现请敝同乡贺君麓樵为之阅文。贺君戊子举人，本一老斫轮手，惟年逾七旬，精力不免衰迈。今年省垣书院李山长铁梅，因与诸生不洽辞馆。亦拟另请一品端学赡、兼长诗文者主讲此讲席，并教礼贤馆所留人才。而延访经时，迄未能得，未审尊意中有其人否？来函所论节俭，中外奏疏亦颇有以此为言者，朝端亦有刻苦自励以转移风气者。兵燹之后，十室九空，物产之丰，大不如昔，人心宜何如警畏敛抑？乃所闻所见，近时人家婚丧应酬，其缛节繁文卒未能稍为减损。"俭"之一字，实亦言之甚易，行之极难。国藩平日好以此字劝人，而自计今日衙门用度较之在安庆时已奢，较在营时尤奢，较之在京供职时更奢，弥用愧悚。盖不能事事立一规条，时时检束，则浪费且不自觉。惟华靡究非拙性所安，徒愿以俭为宝，拳拳然持之终身，与二三知己交相勖勉耳。夏秋之间金陵水潦，皖江南北尤甚。圩田冲破者颗粒不登。谷帅及诸君子已为筹款抚恤，并设局收当牛只，谅灾黎可获安全。直隶则苦旱干，夏秋两收多有不及三四成者。州县报灾七十馀属。八九月少雨，宿麦复难播种。而部库支绌，又不敢依照六年之例多请帑金以筹赈济。将来嗷鸿遍野，无术抚绥，焦灼何极！前此大作七言长句未及快睹，尚有原稿可录示否？国藩昔亦颇好讽玩古人诗文，而懒慢因循，终年不一下笔为之。今暮齿衰颓，百无一成，殊用自悔。此间案牍山积，公私多不适意，即讽玩之功亦已废阁，尤增怅歉。知注并及，复请台安，不具。国藩顿首。(《曾国藩全集·书信之十》，54—56 页)

秋，再致函朱学勤，云：

修伯仁兄光禄大人阁下：接诵手书，伏谂即日台候万福，为慰。《薛常州集》竟能录副,欣喜无量,但卷数何以少于阁本,而首尾却又完具,岂此集亦有二本耶?抄毕时能于退直馀闲略加考订,缀一跋尾,亦此书之幸。常州乃陈文节弟子,南宋时敝郡人才如此,后生者可为愧恧矣。近欲编《永嘉经籍志略》,存旧时文献,欲觅叶忠定适《水心别集》十六卷、《习学记言》五十卷,戴肖望《合溪集》,郑景元《归愚翁集》,陈子上《不系舟渔稿》,李孝光《五峰集》,陈秀民《寄亭集》,黄文简淮《介庵集》《省愆集》,张逊业《瓯江集》《使郢集》《鸣玉集》等书,此皆向有镂本、抄本而未之见,浏览之便如或得此,幸示知也。三史两汉现已可印,《史记》则校修未竣,冬抄必为先致二种。近来各省刻书之举甚佳,但恨未能多刻秘本为丛书耳。雨生中丞秘本颇多,然竟不示人,言尝倩莫子偲贵州名士从臾其刻丁氏丛书,不知能言之否也。金陵水潦甚剧,现已秋深,而时落时涨,冬麦恐不能种,冬春之间不堪设想,顷虽已筹款抚恤,并委员至裹下河,宿州、灵璧一带采办谷石杂粮为不虞之备,而内府上供,西方馈饷不啻竭泽而渔,独不能稍留馀地为民生计耶。此言所以反覆思之,为有昧乎"节俭"二字也。若谓军兴必不可乏,则近日淮湘诸将坐拥数十百万,骄溢偃蹇,饱而飏去,不为我用者,其于兵果何与乎?金陵片士承湘乡恭俭之馀,谷帅持之甚力,言与二三同志矢志淮(下缺)(邹晓燕整理《孙衣言、成林、杨昌濬、蒋益澧致朱学勤手札》,《历史文献》第十八辑,117—118页)

冬,丁丙来函,云:

琴西先生大人阁下:自睽道范,岁琯两更。每企鸿仪,时殷鹤跂。嗣闻旌旗南下,屏翰北淮,远瞻薇署之尊严,惧上草野之简牍。乃蒙手谕亲颁,得使心仪浣诵。辰下敬维禔躬多福,勋业增隆,定符忭祝。丙蓬巷卑栖,竟日孤陋。今夏伯平先生遽归道山,悽动心脾。所幸讲舍及门,疾则就养无方,殁则殓含共视,私谥崇为孝靖,祀社群奉瓣香,不独慰泉壤之灵,弥以见风格之厚。而嗣君叔迟五兄倚庐读礼,卜窆有期,归兄骨于旅中,搜丛残之手泽,可谓克承先志矣。其遗稿至多两卷,俟编成后,叔迟必求鐍政,丙当任校字之役。此间书局,七经已成其六,《通鉴辑览》闻明年仍拟刊行。《金陵三史》既已雕竣,未审续镂何书?粤板全史果能购出,即万金亦属便宜。承示,目前所亟,尤宜萃刻秘籍。卓论实足维系书城,丙处宋元人遗集亦近二百种,惟棉力何能任重,深有待于振兴斯文者也。永嘉著作《习学记言》《戴浣川集》,茗上陆存斋观察均有其书,想从者必与相识,自可假录。馀如《薛浪语集》三十五卷,丙四处搜罗,至今尚短一卷,不知尊处有全书否? 有则当拟借补也。杭州自先生与慰农山长移席之后,坛坫顿形閴寂,回首景徽侍教,云栖问禅,不胜停云之感尔。肃此,祇请崇安。伏维霁察,不具。丁丙顿首谨上。家兄嘱笔请安。(徐颖《丁丙致叔迟、琴西手札释读》,《东方博物》第五十九辑)

十月二十日(11月23日),张文虎来访。

《张文虎日记》:"访孙方伯。"(196页)

十月二十六日(11月29日),卸署江宁布政使。

《张文虎日记》:"孙琴老卸藩司事。"(197页)

十月二十八日(12月1日),俞樾收到谱主致函。

《春在堂日记》:"丙寅,……得孙琴西同年书。"(《春在堂日记 曲园日记》,135页)

十月,读宋林杲所为其父《季雅公淳厚墓表》,书其后云:

案林氏谱,有道光壬寅光禄二十世孙太学生玉泰跋云:'此碑在莘洋祖墓屋后,前明屋毁于火,碑亦断裂,岁久没泥中,土花剥落,文益不全。辛丑修族谱,得断简,字多残缺,因取断碑对读,始移置宗祠焉。先祖手泽,世远日湮,咎将奚诿耶。噫!'此跋此碑尚在林氏家祠,惜未得其拓本读之。杲官至江东提刑,见《郡志·选举》,惟所称同邑居要路者,莫知其为谁也。己巳十月某跋。(《孙衣言孙诒让父子年谱》,91页)

十一月十八日(12月20日),访张文虎。

《张文虎日记》:"孙琴老来拜。"(199页)

十一月十九日(12月21日),俞樾来函。

《春在堂日记》:"丙戌,……与马谷山制府书,与孙琴西同年书。"(《春在堂日记 曲园日记》,137页)

十一月二十四日(12月26日),张文虎来访。

《张文虎日记》:"答拜孙琴西。"(199页)

十一月三十日(1870年1月1日),读传录林懿成佚作《林永年妻孝妇柳

夫人墓志铭》、许少伊佚作《平阳林仪甫居士韶墓志铭》,各书其后云:

> 此篇碑首列衔曰:右朝议大夫提举江州太平观赐紫金鱼袋陈桷书
> 碑,左朝散大夫直秘阁主管洪州玉隆观林季仲撰文,右朝请大夫新权知
> 台州军州事赐紫金鱼袋王昇篆额。按《宋史》陈桷传,桷为广南东路经
> 略安抚使,以疾乞祠卒。《郡志·林季仲传》,据《两浙名贤录》,言其忤
> 秦桧罢去,久之,起知婺、处州,复以直秘阁奉祠。则二公一撰一书皆其
> 退老家居时事,惟王昇无可考见。林淳厚后跋,所谓正奉,即通直郎永
> 年,盖其后加封正奉。又言二碑皆再勒之石,而光泰跋则云柳夫人碑尚
> 有印本,竹轩、季任皆吾乡大贤,如石本尚存,林氏子孙其宝惜之哉! 同
> 治己巳十一月晦日,某跋。

> 林氏文数篇,皆余友林太冲广文鹗自其谱中抄出以见寄者。此篇
> 题曰《芛岩居士仪甫府君墓志铭》,盖其子孙标题之词,若在《忠简集》当
> 不如是。碑首列衔,曰承议郎前权大名□□管句提学事兼管内劝农事
> 赐绯鱼袋许景衡撰并书,承议郎发遣宣州军州管句事兼管内劝农事借
> 紫金鱼袋刘安节篆额。按《宋史·许景衡传》,不言其尝官大名,《郡志》
> 仅据《宋史》,遂无可考。又《郡志·儒林·刘安节传》,亦但言其由饶州
> 徙宣州而不详,此可以补史志之缺。凡私家谱中所收前人文字多伪作,
> 而此篇词文义厚,可以决其真为宋人之文。《横塘集》余觅数年不能得,
> 而此文乃赖林氏家谱以存,然则吾乡先辈遗文见于诸巨姓谱牒,如吾邑
> 胡氏、薛氏、蔡氏、永嘉王氏、张氏者,必尚有可采,惜未能尽见之也。同
> 治己巳十一月晦日,书于金陵仓巷寓斋。(《孙衣言孙诒让父子年谱》,91—92 页)

冬,归安陆心源(存斋)观察来书论永嘉学派。(《孙衣言孙诒让父子年谱》,
92 页)

十二月初三日(1 月 4 日),复函陆心源,并以温州乡先生遗书目一帙寄
答,属觅求之。函云:

> 存斋仁兄大人阁下:心仪数载,未敢通书。去岁来此,与贵乡蔡通
> 守往还,具悉收藏闳富,健美尤深。不揣冒昧,即求转觅遗书。兹奉手
> 教先施,过承奖饰,并以《忠定别集》寄示,就稔兴居安胜,慰颂奚如。所
> 论永嘉学术,极足以挽近来穿凿空疏之弊。衣言少小废学,通籍后溺于
> 词章。近数年来,始读陈文节、叶忠定、薛氏、郑氏遗书,稍稍知好,而乡
> 居僻陋,鲜有藏书。既不能尽识先辈为学次第,又恐年代久远,放失益

多，颇欲搜集永嘉学者之书，俾存什一，而杭、扬兵燹之后，阁本羽化，物色更难。月前武林丁松生来书，谓《浪语》《浣川》二集，邺架有之，曾嘱通守转询。兹读来教，则知尊所收藏永嘉遗集尤多，而《浪语集》尚未有也。此书已承朱修伯光禄在都中录副，并云敏斋廉访必为携出，但云只卅卷，则尚少五卷。丁松生所藏，亦尚少一卷，俟寄到时，必先呈清览也。但不知能并松生书为之补足否耳。横塘，吾乡伟人，其集尤望先寄，当速录速奉纳。李五峰、陈子上、《习学记言》三书亦求速为分别觅寄。二刘集及各宋人集，皆弟所无，即如尊议购定。兹先由通守处寄去廿番，馀再补上。《忠定别集》，弟所藏本较精于尊书，当为细校一过，签出奉缴，大约写本总须得三数本参互考订，乃渐佳耳。近来各省书局，但刊习见之书，而仅存秘本，未有能为传刻者，恐久而愈少。前晤雨生中丞，力从臾其刻《丁氏丛书》，闻渠处颇多未见之书，亦恐未必能行耳。兹呈上敝乡书目一帙，邺架所有，幸详以见示。通守所示尊处托购书目，弟偶有数种，亦别纸奉阅，如须副墨，亦可次第寄去也。即颂著安，不具。小弟衣言顿首，十二月初三日。(清末石印本《潜园友朋书问卷第六》，1—2页)

十二月十五日(1月16日)，访张文虎。

　　《张文虎日记》："孙琴老来。"(201页)

是年，应德清蔡纬之请，为其母李宜人撰墓志铭，略云：

　　同治丁卯，衣言客授杭州，德清蔡纬自江西来，见访于紫阳书院，衣言与纬故未相识也，接其容温然，听其言简而有理，知其为君子人。又二年，来官金陵，纬复自江西致书，以丧其所生母告，述其母之事甚详，其为辞甚哀，将以求为铭，久而未有以报。已而门人唐子嘉德以书来速铭，曰："嘉德之友纬，贤者也，其母葬有日矣，而以不得先生之文为戚，惟先生幸终赐之。"呜呼！纬之于衣言其勤如此，其所以事母可谓无愧，而衣言之不敏不能无愧于纬也，曷可以弗铭？……及宜人卒，纬别为兆于茔侧，同治八年某月日也。(《孙衣言集》中册，388—389页)

是年，张硕接到谱主所撰介轩文集序后，致函谱主，云：

　　中秋日接到金陵所寄赐撰先君文集序，循诵再三，感泣惭汗，莫可名状。伏念古人著作等身，其穷老空山，罕有过问，及身以后遂至湮没者何限？即精光魄力磊落轩天地，有终不可磨灭者，亦或至数十年数百年，始遇一巨儒识拔于沉埋缺堕之馀，为之郑重刮磨，表而褾之，以显于世。若是乎有心赏识之难其人也。

今先君捐馆舍方一二年，先生辄录其义行以铭诸幽，又论定其遗集，以为文则欧、曾，诗则韩、杜，而言行亦不失为程、朱之徒。且虑乡曲之士习于所见，或未信为然也，复申其说以为之序，谓士有读先君书能得其意而深求之，可以为水心、止斋，即可以为子长、永叔、贾生、苏氏也。则是一言而使我先君遂与诸大儒、乡先哲并垂不朽。先君虽抱道不遇，郁郁无所试以终，亦无可恨于九原矣。

然推先生之意，若不仅为发微阐幽，独令先君有所藉以传也，益愿吾乡之士，尽务为古人之学，故引之以近时作者如先君，使欣动感慕，去其畏难之私，知精深变化，固可以学而能焉。非尽盛德，其孰有此诏往开来之至意，独惓惓为后进告者乎？且夫称人之学，即以其学为人人劝，大君子之用心如此，宜无不敬而听之也。乃诏以古人之学，则以为不可几及；示之以生同乡里者，又以其近而忽之。先生言及之，不啻责之深矣。矧硕也身为人子，不能读其父书，夙昔庭训，渺焉不复记忆，而悠忽半生，颓然日废，其见斥于先生者固当百倍于他人。此硕所以捧读再三，感激彷徨，至于涕汗交下，而不能自已也。

夫硕何人，斯先生独矜而怜之，采其状语为铭先人之墓，序家藏之集。虽先君文行诚有当于仁心，而先生之所以宠锡于硕者亦厚且重矣。而硕曾无一事足以仰报涓埃。私心揣念，寤寐何安？惟有仰天嘿祷，愿郭令公之勋业复见于今日，且使华封人遂其私祝焉耳。至集中所赐评语，俱照刻。示查错韵，知者改之，馀阙疑。其骈体词曲及未入正集之文，录奉令二先生鉴定，附刻外集二卷，约腊尽春初可以蒇事，容俟刷订专寄。谨将奉到序文，私鸣谢悃，先缮禀闻，统求垂鉴不尽。(《龙湾诗文七人集》154—155页)

是年，捐赀重修明中山王徐达墓。(《孙衣言孙诒让父子年谱》,92页)

是年，门人王棻(子庄)孝廉书来，告《杜清献集》已付剞劂，黄岩令吴县孙憙(欢伯)任其资，孝廉与其乡人蔡篪(仲吹)、王咏霓(子裳)为总校，而杨晨(定旉)及吾邑黄体立(卣芗)、体芳(漱兰)兄弟亦与分校。(《孙衣言孙诒让父子年谱》,92页)

孙孟晋按：此集初以传抄钱本付刊，后经子裳取蒋继栻氏手校南城吕氏赐书堂写本残帙，旁刺群籍，校正钱本。子庄复得陆存斋氏据明刻手校本，亦多斟补。衣言又寄示初刻《清献集》一书，依明椠举正其误脱。子庄序曰："非琴西先生之广为搜求，则不获睹此书之美；非存斋之勤于寄示，则不能订此书之全；非子裳之参互考证，亦安能覆审而笺释之耶？古之人为学所以必求贤师友云。盖琴西既表彰乡学，而益推斯旨以勉望于人，此黄岩诸君子所以闻风兴起，共谋兹刻之完成。"（《孙衣言孙诒让父子年谱》，92 页）

是年，许宗衡（海秋）卒，年五十九。

高均儒（伯平）卒，年五十八。

同治九年　庚午　1870 年　五十六岁

正月初七日（2 月 6 日），跋沈枢仙岩题名拓本。

《沈枢仙岩题名拓本跋》："沈持要重修南塘事，止斋先生为之《记》，在淳熙十四年三月。……儿子诒让游仙岩，尝为拓一本，予既深慕太守之贤，而又喜其字法劲整，有似颜清臣，或止斋先生为之书耶？恨未得先生它书以证之也。同治庚午人日，书于金陵冶城山麓。"（《孙衣言集》中册，543—544 页）

正月十四日（2 月 13 日），张文虎来访。

《张文虎日记》："拜孙琴老。"（211 页）

正月二十日（2 月 19 日），与薛时雨、钱应溥、陈方坦、赵彦修、戴望、唐仁寿等集飞霞阁祝白居易生辰，以苏轼陪祀。

《孙衣言孙诒让父子年谱》："同薛慰农山长（时主讲尊经书院）、丹徒吴莘农学博（绍伊）及赵季梅、张啸山、钱子密、陈小浦、唐端夫、戴子高诸先生，集飞霞阁，祝香山生日，以东坡配之，盖去岁未修祀坡之典。季梅出旧椠白、苏二集以代画像，衣言先成长篇，兼白、苏之概。"（93 页）

《张文虎日记》："晴。孙琴老、薛慰农山长、钱子密、陈小浦、赵季梅、戴子高、唐端甫同集飞霞阁祝白文公生日，以苏文忠配之。"（211 页）

张文虎《正月二十日孙勤西观察邀同薛慰农山长时雨季梅子密小浦端甫子高集飞霞阁祝白香山生日以东坡配之以去腊未祀故补行》："大裘愿不遂，乃以诗人名。鬓发闲中白，愁肠乐处生。忧时杜子美，述酒陶渊明。其后三百载，东坡同此情。

古今屹相望，每恨不同时。郁郁孙知谏，良深千载思。玉堂残梦冷，江海宦游迟。观察以侍从忤当事改外。亦有杭州守慰农，风流欲继弦。

官梅初放萼，已过落灯风。敬为香山老，仍邀玉局翁。高情牵幕府，冷署附黉宫。天意开晴旭，连阴初霁。清晖满阁中。

身世无穷感，当前且勿孤。诗篇兼二妙，观察先成长篇，兼白苏之概。酒兴临千觚。旧约迁延役，新盟主客图。春波通四水，请为寄潜夫。乙丑正月与缦老曾有是约而未果，今缦老已归苕上。"（《舒艺室诗存》卷六，19—20叶，《清代诗文集汇编》630册，523—524页）

薛时雨《正月廿日张啸山明经文虎招同孙琴西钱子密陈小圃方坦赵季梅彦修戴子高望唐端甫仁寿集飞霞阁庆白公生日并以苏公陪祀长歌纪之》："白公遗爱留西湖，后之继者惟鬓苏。苏公为政雅慕白，祠祀遂与白公俱。七百年后流风徂，我适奉命守此都。仰苏希白窃有愿，前贤追配何敢乎。岁时伏腊堂庑趋，寒泉手酌明区区。每逢生日亦展拜，守土之职罔敢渝。挂冠忽复栖菰芦，一椽孤寄孤山孤。两公怜我老落拓，许我祠畔为台舆。吴兴有客思归欤，谓周缦云侍御。莫愁西子交相输。诣祠敬与两公别，湖滨离绪萦鸥凫。金陵文物东南无，主持坛坫多鸿儒。瓣香循例祝坡老，诸君每岁作苏公生日。大裘遍覆胡忘诸。维孟春月公悬弧，大历迄今千龄逾。教主广大永不朽，骖鸾驭鹤来相于。眉山长公陪座隅，治行相若才名符。荐馨设醴在高阁，两公灵爽留斯须。是日雨后春光舒，玉梅作花香满株。良辰胜境集群彦，一觞一咏彬彬如。礼成列坐心欢娱，兴酣更唤提壶沽。文人慧业足千古，我辈异世谁追摹。鲰生薄醉同歌呼，湖山旧梦尤萦纡。岁终笠屐宜补图，冶城山侧重联裾。"（《藤香馆诗续抄》卷一，38—39叶，《清代诗文集汇编》671册，681—682页）

正月二十七日（2月26日），方浚颐、袁保庆、潘筠基来访，留晚饭。

方浚颐《征途随笔》："阴。二十里入朝阳门，寓府东街甘露庵。……最后至孙琴西同年处，留晚酌，同座有潘鄂生筠基、袁笃臣葆庆两观察。鄂生年已六十四，精神甚健。忽闻门外金鼓箫管声，问之则有

龙凤师子灯闹于市,邢上今年竟无此景也。"(国家图书馆藏本,1—2叶)

正月,砾笔点《明史》。(《孙衣言孙诒让父子年谱》,93页)

二月初四日(3月5日),招张文虎、唐仁寿、刘恭冕、戴望等夜饮。

  《张文虎日记》:"孙琴西招夜饮,同席唐端甫、刘叔俛、戴子高、汪仲仪、陈绍先陈子鹤孙。"(212页)

二月初九日(3月10日),赴际庭招饮,同何绍基、方浚颐等。

  方浚颐《征途随笔》:"往见筱翁及马制军。未刻际庭招同子贞、述安、琴西便酌。"(国家图书馆藏本,4叶)

二月,诒让偕从妹夫黄岩杨晨(定夑)来金陵从学于谱主。(《孙衣言孙诒让父子年谱》,93页)

二月,跋《怀仁集王羲之书圣教序》拓片。

  《跋怀仁圣教序》:"平生所见《圣教集》,字虽形体具存,而每恨其枯槁,所谓刻残字细者也。此帖波磔精绝,而姿韵流溢,其为数百年前旧拓无疑,可宝哉!昔王元美既得定武《兰亭》,复得此帖,深以自幸,不知元美所见之本更何似也,为之神往。予思唐时释子多精八法,高闲、怀素几于凌轹千古,怀仁徒以集右军遗迹偃然伯仲其间,然则成天下之善者,亦何必皆自为之也哉!同治九年二月。"(《孙衣言集》中册,541—542页)

二月十五日(3月16日),作《补拙斋诗存书后》:

  近来自云能作诗者,不但李杜诗未曾说得来,即东坡、放翁诗亦何尝首首解得透彻,更何论其妙处矣。今阅君诗,尚近苏、陆,须取东坡、放翁各古人全集多读之,可望成就此道,当益勉之。庚午二月望日,弟孙衣言读评。(《瓯海谱牒文献汇编》,陈光熙、林伟昭校编,上海印书馆2016年版,第277页)

二月二十七日(3月28日),访张文虎,以白居易生日诗索和。

  《张文虎日记》:"孙琴老以白香山生日诗来索和。"(214页)

三月初十日(4月10日),访张文虎。

  《张文虎日记》:"孙琴老、吴莘农来。"(215页)

春,陆心源寄来从《永乐大典》中采出的《戴文子集》抄本。

《跋抄本戴文子浣川集后》:"《戴文子集》人间绝少传本,阁本从《永乐大典》采出,次为十卷。今年春,吴兴陆心源存斋以所藏写本见寄,既倩友人为副墨。"(《孙衣言集》中册,538页)

三月,于金陵冶城山庄撰成《勅建义民坊记》,纪念在对抗金钱会、太平军中死难的义民。

《勅建义民坊记》:"同治元年正月,平阳会匪既平。又一月,粤贼自青田犯吾温,由永嘉上河乡扰吾邑河乡。丽岙团董吴君一勤集团练先为之备,得无事。其自白沙岭扰吾邑港乡诸村者,吾子诒谷以团练逆战败死。其次日闽帅观察张公启煊自平阳来赴,复以团练逆战于雷桥,斩贼目白老三。贼遁去,而其据上河乡者如故。四月乙丑(十三),闽师溃于桐岭,贼蹑官军后,遂攻城。河乡团练数千人急据城外隆山,贼知不可攻,舍去,而麕聚于港乡之二十五六都。丁卯(十五),贼东北越十二盘以窥河乡。十二盘者,走郡城间道也。吴君自督团守险,而纠东、西乡团练以击贼,再战再捷。越数日,贼大队自慈湖、长陇、大山出,分掠丽塘、丽岙、沙渎各村,团练击走之。戊寅(廿六),贼度牛卧岭,南乡团董缪君国宾击却贼。贼既不得志于乡,乃悉锐逼瑞城,城中民婴城固守。二十八日庚辰,攻益急。河乡团练二万人来援,直抄贼后,城中民开门出,夹击之,贼大创。五月丁亥(初六),团练夜乘雨袭破贼垒,贼大惊溃,遂去。自是贼望见团练旗,辄走。河乡义民声大振。

先是,咸丰十一年秋,会匪初起,即袭破郡城,署巡道志勋、署知府黄惟诰与平阳令翟惟本皆讳言贼,贼益炽,吾邑湖石团董张君家珍独集练数千人剿之,战屡捷,贼稍敛,家珍屡请官兵夹击贼,志勋、惟诰不敢应,家珍竟战死。贼遂以十月辛巳(廿六)率党渡飞云江,围瑞安,屯于隆山,百计环攻,期必破。河乡民相率赴郡,哭乞援,志勋、惟诰犹观望,城乡消息绝不通,讹言城陷者数矣。十一月庚寅,河乡诸村民潜粉其眉以为号,约杀贼,遂斩贼目朱秀山,复毙贼二千余人,而其据飞云江上流各村者如故。十二月丁卯,贼扰二十五都会桐。后二日,吴君集练万余人西越十二盘,疾驰焚祇陀寺贼巢,乘胜蹂桐乾、花井头诸村,遂会闽师守程头。明年正月,复从闽师渡江攻小篁竹,破金谷山,遂平贼。会匪之灭,河乡义民与有力焉。方义民之再退贼也,署令某驰报大府,以瑞安民素忠勇,剿匪剿贼,屡著奇功,请建义民坊以示激厉。大府为请于朝,谓"俾两浙士民有所观感",此坊之所由建也。

　　夫激厉观感之说,则诚然矣。然当会匪之初起,予弟锵鸣方在籍治团,即力劝道府速办贼,道府不能用也。及其焚劫平阳,自乡而城,渐及瑞安,民之奔告于道府者无日无之,道府未尝问也。既而破郡城,劫印信,巡道志勋跣走免,其为乱不可掩矣,而迁就粉饰以闻督抚者,犹不敢言讨贼也。黄维诰之在瑞安,未知郡城之破,犹与士民力争,而谓贼为好百姓也。其约期攻郡,瑞令孙杰飞书告变,志勋犹夜拥倡听歌酣饮。次日,城门甫开而贼入,当时之道、府,其于吾温之民用心果何如也? 水陆分道来援,卒灭贼者,闽师之力耳。沐猴而冠之师,踽踽浙鄙,曷尝知有温州哉! 民出死力自扞卫,既灭土匪,又却粤贼,如吴君诸人可谓好义之士,团练数万人可谓知义之民。幸而成功,得以沾沐旌异,而横罗锋镝死于非命者,其惨尚忍言哉! 城既无恙,守令觍然言功,而所谓义民者徒赖有坊以垂空名,民亦何乐有此名哉! 方乱之初起,官之视民如秦越人之相视肥瘠,及其既脱于万死一生之中,官徒以空名相为慰藉,民亦安赖有此官哉! 呜呼! 吾温之民可谓无负于官,而志勋、黄惟诰等之疾视吾民,其罪何可胜诛也! 故吾于吾温前事,每一念及,辄为于悒,而于义民之事,特为流涕书之,而非敢以为吾温之民荣也。同治九月三月,书于金陵冶城山庄。"(《孙衣言集》中册,314—316页)

四月初二日(5月2日),读石刻本李东阳《瑞安柳公信墓志铭》,书其后云:

　　此志为吾邑姜太仆书,其系衔曰奉政大夫吏部验封郎中直内阁经筵官预玉牒国史事,惟其文不见《怀麓堂集》,盖非文正用意之作。所云居邻者,盖京居同巷也。东溪书在明时甚有名,当时以为诰勒体,今国子监明进士题名碑,尚有东溪书者数碑,而吾乡所见绝少。此志庄重有法,尚可以见姜字大略。石刻本在平阳苏石缘璠大雅山房,其子孙以付平阳质库,遂为吾邑项氏物矣。同治庚午四月二日记。(《孙衣言孙诒让父子年谱》,93页)

五月初四日(6月2日),张文虎来访。

　　《张文虎日记》:"访孙琴老。"(220页)

五月初八日(6月6日),钱应溥母胡太淑人八十大寿,代撰《胡太淑人八十寿序》。

《胡太淑人八十寿序》:"同治庚午五月八日,钱枢部子密之母夫人
胡太淑人八十设帨之辰,与予同官江南者将举觞称贺于子密之堂,而予
当为之辞。"(《孙衣言集》中册,359—360页)

《张文虎日记》:"钱子密太夫人八十寿,与叔起、赓庭、季梅、莘农、
叔俛、恭甫、杏士、公轴往祝。"(220页)

五月二十四日(6月22日),致函曾国藩,云:

中堂夫子钧座:去岁中秋,上达一笺之后,忽忽半载,承赐班、范两
史,未及陈谢。月前又闻以元日得第三孙,亦未及上贺,岂真一忙至此?
实以簿书促促,毫无清机,不乐握笔,此事惟长者有以谅之。每从子密
吏部询悉兴居万福,公事之馀,看书如旧,所见两《昭忠祠记》,皆博大深
远,极文家之致,而又能尽当世之变。衣言常疑庐陵、涑水皆致身宰相,
勋业烂然,而文辞之工又不可及,何其精力绝人?读吾师文,乃知天下
伟人皆如是耳。衣言在此都无建白,惟私心所存,时以辨别邪正,力遏
浮竞为主,而亦殊未易。言衰态益增,须发之白更甚,虽往往乘闲读书,
而文字几于尽废,可谓两失之矣。两宋文士,往往有外历监司,卒以馆
职致仕者,以衣言之不才,如有此遇,即当拂衣五湖,从我所好,岂后世
遂无此度外之事乎?谷帅在此,持重有体,嗜好之正,实乃天资过人,可
为地方之幸,而苦于求取太多,无复馀力以待地方缓急。去岁潦后,工
赈并举,城内外河道、东西两水关上、上方桥七瓮九龙,内外五龙积年壅
底之处,一旦豁然,而糜钱亦将五六万缗矣。数日内因病在假,觉方寸
稍净,谨修寸笺,上请崇祺,并贺大喜不庄。门下士孙衣言百拜上,五月
二十四日。(《瑞安孙家往来信札集》,82页;《昭代名人尺牍续》)

五月二十八日(6月26日),跋陆心源所藏《浣川集》抄本于金陵仓巷
寓斋。

《跋陆存斋所藏抄本浣川集》:"此吾乡戴文子集写本,吴兴陆存斋
观察所藏。存斋富于藏书,予蒐访乡先生集,往往求之存斋,存斋所有
者不予靳也。存斋既以此本假予录副,而钱唐丁松生大令丙复以文澜
阁残本见寄,盖存斋抄本亦出阁本,故阁本讹缺者存斋本亦然,而阁本
较善,因并为存斋校勘一过而还之,惜阁本自卷四至卷八皆缺,未能悉

正讹误,其确知为何字者,以予意记之上方,云'某当作某'而已。存斋方锐于购书,幸益求善本,校之于此集,乃为无恨耳。同治庚午五月二十八日,记于金陵仓巷寓斋。"(《孙衣言集》中册,538页)

五月,代马新贻撰《卞忠贞公庙碑》:

> 晋侍中骠骑将军开府仪同三司忠贞卞公庙在今江宁天子庙埂西,故公葬所,古所谓冶城山也。……某于同治戊辰之秋,奉命督江东西。……然当苏峻之乱,公独能策之于先,及逆战而败,遂以父子徇节。……同治九年五月。(《孙衣言集》中册,369—370页)

> **按**:卞忠贞为东晋卞壶。

五月,为庞钟璐父庞大堃撰墓表。

> 《庞先生墓表》:"先生自祖父以来,以治经世其家,至先生益能博通诸经。既举乡试,久不第进士,故于经益明,诸经皆有论著。晚年乃独专心《说文》,其于音韵之说尤自喜也。先生之言音韵,曰:不明等韵不可以读书,不明古韵不可以读古书。……先生又谓欲明古音,必先究《唐韵》,乃可定其分合。……先生音韵之学,其用功之久至于如此,后世言古韵者不可以不知之,而其书之多,世或不能尽见,故特撮其大旨表而著之,庶后之人有所考焉。惜乎予之薄陋,不足以知先生之书也。先生讳大堃,亦字厚甫,侍郎今为都察院左都御史,其世家及它行义具于文端之志者,不复书。同治九年五月表。"(《孙衣言集》中册,407—410)

六月初二日(6月30日),又跋陆心源所藏《浣川集》抄本于金陵仓巷寓斋。

> 《跋抄本戴文子浣川集后》:"文子从叶忠定为文词之学,故其诗特矫健,文亦极似忠定,然徒用力于字句雕琢,而理不足以植其根,气不足以为之运,故遂去忠定远甚。予之所喜,独定海《云雾庙记》、王次点《东岩记》诸篇而已,骈文最为用心,而其病亦犹是也。抑予思忠定尝语,蜀僧居简云林下名作将垂不朽,不可使千载之后,集中有上生日诗,忠定不苟为文如此,文子亲受业其门,而集中乃多贡谀权臣之作,何其不用师法耶?无异乎为后世所诟病也,然则吾辈欲以文章稍稍自见,顾可以不慎也哉。同治庚午六月二日,大热中书于金陵仓巷斋。"(《孙衣言集》中册,538—539页)

六月初五日(7月3日),致函朱学勤,云:

> 修伯宗卿大人阁下:春杪接诵手示,旋奉尊先公之讣,不胜惊骇,适惠湿疾,展转逾月,未及即具慰笺,悚仄无似。窃念人子之痛,非说辞所能宽解,然以阁下行修名立,事养之礼、欲扬之志,皆可无恨,以视衣言之碌碌无状,有愧于为子之职而不堪自问者何如耶。伏惟勉强节哀,为家国远大之计。承惠补钞《常州先生集》及所寄《陈子上集》,陈氏所藏《常州集》全本均已收到,为惠甚大。《子上集》尚不无谬误,《常州集》并丁松生本、阁本及此本已具三种,当可一精校之,《水心别集》项已付刊,如力尚能为,则《常州集》必谋为刊板也。此处新刊《史记》大佳,已恳谷帅寄上,或即留敏斋,秋凉过苏可携以行,明年或可一作白下之游也。即颂孝履,不具。衣言再拜,六月初五二鼓。(邹晓燕整理《孙衣言、成林、杨昌濬、蒋益澧致朱学勤手札》,《历史文献》第十八辑,118—119页)

六月十二日(7月10日),访张文虎。

> 《张文虎日记》:"孙琴老来。"(223页)

七月十三日(8月9日),俞樾来函。

> 《春在堂日记》:"丁丑,……与孙琴西同年书,与戴子高书。"(《春在堂日记 曲园日记》,165页)

七月十四日(8月10日),张文虎呈来《香山生日》诗。

> 《张文虎日记》:"补写《香山生日》呈孙琴老。"(226页)

七月二十二日(8月18日),张文虎来访。

> 《张文虎日记》:"晴。出门拜客。晤孙琴老、徐雨棠、庄中白、吴梅心、张十洲、章韵之、顾秋岩、奚介眉父子,其不见吴蓉圃、黄子九、俞恕堂三人。"(227页)

七月二十六日(8月22日),两江总督马新贻被刺。

> 《张文虎日记》:"午刻,马制军为刺客所中,小腹受刃,甚危,人心皇皇。"(228页)
>
> 《翁同龢日记》八月初三日:"江宁将军魁玉六百里报,两江总督马新贻于七月廿六日阅箭由马道步行回署,实被人刺中右肋,越一日殒

命，获犯河南人张汶祥供词颠倒等语。"（第2册，793页）

七月二十七日（8月23日），马新贻伤重身亡。

《张文虎日记》："马制军竟以伤重身故。据闻，昨日制军于教场阅兵讫，带数亲兵步行，将入后园，忽一人拦前称冤。制军方接状，一人自后至刺刃，亲兵急救不及，其刺刃者被获，称冤者遁去。众舁制军回上房，已不能言，气息如丝，刃处无血而口中反流血，医者束手，有以辰州符治者，竟不效，仅一周时而绝。鞫凶人，绝无口供，但言将军知之，声似湖北人，与以猪肉面，不食，疑为回教也。验其刃，乃寻常佩刀，意以药煮，故伤而无血。制军沈静和平，接任以来谨守曾侯旧章，无少更动，遽罹此厄，真不可解。"（228页）

七月，在金陵，撰《介庵文集序》。介庵，张振夔也。（《孙衣言集》中册，494—495页）

八月初三日（8月29日），俞樾来函。

《春在堂日记》："丁酉，雨。与孙琴西同年书，与子高书。"（《春在堂日记　曲园日记》，168页）

八月初八日（9月3日），俞樾来函。

《春在堂日记》："壬寅，……与孙琴西书，与子高书。"（《春在堂日记　曲园日记》，168页）

八月，与梅启照、袁保庆一同致函曾国藩，谈马新贻生平之事，请将其事迹宣付国史馆。函云：

敬禀者：马谷山制军於七月廿六日突被行刺，因伤出缺，业由将军飞章入告，朝廷眷念重臣，必有俞旨优恤。惟此等创见罕闻之事，非得鸿笔力为表白，不足以昭一时之信，而释千古之疑。窃思谷帅居官行政，卓然有古大臣风，且心地极为和平，办事极为平正。今忽遭此惨祸，无论知与不知，闻者莫不骇叹。启照等与谷帅相从较久，知之尤深，敢为宫太保中堂详晰陈之。谷帅以进士即用知县，分发安徽，叠宰剧邑。咸丰二年，分校江南，得士称盛。三年粤逆变作，随福宫保袁端敏诸钜公转战皖北，克复庐州凤阳等城，办理粮台营务事无钜细，处置精当而尤以廉洁著称，声名遂骎骎起矣。同治二年苦守蒙城，力保危地，苗逆就歼，军威大振，维时僧亲王驻军皖豫之交，亦深加器异，盖驰驱军旅者前后十有二年至同治三年始赴皖藩之任，皖省兵燹之后，公私荡然，百废待举，秉承宫太保中堂指挥次第经营，绰有条理，旋即开府两浙，总制八闽，复调任两江，兼办通商事务。倚畀日隆，感激图报。每莅一任，从不轻议更张，而补偏救弊，遇事变通，则于无形之中默为转移，其政事之大端可举者，如兴办要工前在浙江之修海塘，在两江之筑河隄，皆力求撙节，涓滴归公；整理营制，则在浙江之裁兵增饷，在两江之挑兵练营，皆苦心训练，实事求是；办厘务，则慎选委员，力杜中饱，而于商民绝不苛刻；榷盐务，则恪守定章，虽言利者众口消感，而毅然不移；崇文教，则浙江三书院及诂经精舍皆兴复旧规，优给膏火，在江宁课士亦然。至于讲求吏治，孜孜不倦，接见属僚，随事询问，凡地方之刑名钱漕，能以一人周知十百州县之事，而牧令于一邑专责，或转茫然不能对，以是人多畏而服之。平日僚友通问，凡关涉公事者，大半手自缮发，不假手书记。严寒盛暑，笔不停披。本年五月□天津民教滋事，迭奉谕旨垂询，海口防守事宜，两月来调派水陆各营□□各省同僚密筹商办一切，公牍信函，尤加慎□□，至更深漏尽，挑灯起草，默诵凝思，必求事之妥帖而后已。其忠荩恳款之忱，求之古人，亦不多觏。生平绝无嗜好，即文墨娱情之事，亦视之泊如。上年夏，冒暑阅视隄工，归而染患喉疾，时作时愈，有劝以静养消遣者，则曰："古人游艺之事，皆以馀力及之，自问尽当官之职，维日不足敢他鹜哉。"盖其专治官事，昼夜宣勤，自县令以至封圻，廿馀年如一日也。综计谷帅一生，处事力持其大，而于细务亦丝毫不苟，待人如饮以和，而于政体，则纪纲必肃持躬，一出以俭，而于公帑尤出纳维谨，虚衷访问，而内断于心，声色不形，而万端就理，实于居敬行简之中，兼具扶危定倾之略。从前在营时，备尝险阻，皆得转危为安，金谓宽厚载福，履险如夷，岂意变出非常，突遭凶阨，走魑魅于日中，陨大星于白昼，远近震骇，中外惊疑，不特为二百年来未有之事，即稽诸史册，亦惟唐丞相武元衡被害事相类，唐书传赞曰福善祸淫之训有时而挠，今以谷帅之温厚端凝而罹此奇祸，岂真天之不佑善人耶？抑会逢其厄，而可诿诸适然之数耶？伏维宫太保中堂为当代伟人，负天下重望，一言定论，比量岱嵩，用敢据实胪陈，上达钧德，伏乞俯赐采择，奏恳天恩，从优照阵亡例赐卹，并将事迹宣付国史馆，以慰东南黎庶之哀思，以彰圣朝褒忠之盛典。启照等无任延企，待命之至，敬请钧安，伏祈垂鉴。受业启照、受业衣言、职道保庆谨禀。（同治九年八月十八日到）（台北故宫博物院藏原札）

秋，江南乡试，充文闱提调。《《孙衣言孙诒让父子年谱》，94 页）

九月初一日（9 月 25 日），文闱中，续点《明史》，又温翁本《黄诗内外集》一过，用紫笔补圈点，并传录姬传评语，而书于外集卷八之尾云：

> 姚惜抱云："此卷史容注《别集》已去之，当亦山谷所自删者。以下四卷颇有佳诗，而前七卷劣诗可去亦不少，山谷自订，岂为当耶？"按陈守城刻《山谷集》中第八卷姚评如此。而陈本与翁本卷数不同，姑附于此。至于自订尚不能尽惬人意，则以后人论古人之诗，安得遂为定论耶！各识所见而已。庚午吴闱九月初一日。《《孙衣言孙诒让父子年谱》，94 页）

九月初七日（10 月 1 日），以乡试中和诗寄示张文虎。

> 《张文虎日记》："孙琴老以闱中和副主试林锡三宫赞七律四首寄示。"(233 页）

九月，薛时雨和诗兼致谱主。

> 《奉和典试林锡三宫赞天龄闱中即事原韵兼致提调孙琴西监试倪再轩宝璜两观察四首》："秋风三度入奎垣，乙卯、己未浙闱分校，乙丑浙闱提调。联步欣瞻斗望尊。一自安车归广德，遂令讲舍老房元。洞霄提举惭非分，文字因缘别有恩。巨典抢才储国用，敢争桃李出私门。一　卅年游迹古台城，休沐仍留贺四明。百战论功残劫尽，六朝如梦暮烟横。虫沙感旧心常恻，卿相同时宜早老。老卧江干无远志，槐街闲听读书声。二　文运重开日月光，无端乔木悼惊霜。马制帅之变先入闱十日。兴贤燕启笙簧盛，制帅举行宾兴奖赏极渥。分野星占贯索长。如此怜才虚望眼，有人埋笔作收场。镇江庄生忠械闻制帅变，痛哭囊笔归，竟不应试。群仙各赴霓裳会，记取扶风一瓣香。三　玉宇琼楼一色秋，高寒佳什续歌头。洛阳纸贵钞将遍，巴里肠枯俭亦搜。闲局偶窥棋黑白，虚舟不碍浪沈浮。兴公赋笔倪迂画，想见辁轩美并收。四"《藤香馆诗续钞》卷一，43—44 叶，《清代诗文集汇编》671 册，684 页）

九月十六日（10 月 10 日），题童二树《梅花梅幅》。

> 《童二树梅花横幅庚午江南闱中作次日出榜》："重帘复幕闭新妇，矮鸭高鹅哗老翁。一枝晴雪山阴道，明日寻诗我欲东。"《孙衣言集》上册，252 页）

九月十七日（10 月 11 日），乡试出榜。赠张文虎乡试闱墨。

365

《张文虎日记》:"出榜,乃月破日也,亦一奇。……孙琴老送全录及闱墨。"(234页)

九月二十日(10月14日),曾国藩复函,云:

琴西仁弟大人阁下:前接与筱岩方伯、笃臣观察公寄一函,具承一一。续又接八月二十八日惠示,即维台候绥愉,兴居多福,至为心颂。谷山制军和平中正,简畀方隆,岂料罹此奇祸!其平日居官行政可法可传,鄙人素所深佩。来函胪举见示,若惟恐叙列未备,循绩就湮,风气尤为可敬。惟谷帅被弑后,已由魁将军、英中丞先后陈奏,敝处相距较远,未便再有渎陈。朝廷饰终之典至优极渥,亦不宜更有干请。前袁端敏公薨逝,其家函请专疏胪陈勋绩,亦未上陈,亦以业奉恩旨,难更措辞也。津案顷已就绪,府县后仍追摄入狱,现发遣黑龙江。该员等初无大过,远戍北荒,虽朝议似早有成谋,究由敝处初奏过重所致,抱愧无已。津民滋事之众先后审明,应正法者二十人,拟办军徒者二十五人,办理已属过重,洋人似不致再有要求,馀事当可次第定议。来示以战为危事,谓万一挫败,则张皇失措有甚于宋开禧之事者,洵属卓见。大约时贤之论皆有见于木兰北狩、淀园被焚,以为高文宿愤未纾,不应弃仇修好,又谓津民出于义愤,不应过事摧抑,此皆众著之正论,鄙人亦非懵然无见。特以中国兵力目前实不足制御洋人,沿海各口防务全未讲求,而海关洋税尤为饷源所出。一开兵端,此源立断。今日西洋各国穷年累月讲求战事,约从连衡,窥伺衅隙,乃前古未有之局,与汉之匈奴,宋之辽、金迥然不侔,更不敢以津民一朝之忿,贻国家累世之忧。所以低首下心曲全邻好者,盖以大局安危所系,不敢轻于一试。第因身旁未带一兵,料敌不审,遂致气象过柔,措辞失当,此则无所辞咎,聚铁不能铸错者也。兹将八月二十八日附奏一片抄稿呈览。国藩近年衰病日甚,不堪驱策。前奉调任两江之命,疏辞不获,腼颜赴官,内疚滋甚。现经拜疏请觐,业奉俞旨,拟二十二三启程入都,二十五六当可入对。目疾既已深痼,两腿近复浮肿,不惟登降拜跪深以为苦,即大庭酬对,精神亦断难支持。拟下月初六七日即行陛辞出都,不识能如所料否。良晤不远,欣慰何似!复颂台安,不具。(《曾国藩全集·书信之十》,384—385页)

九月二十五日(10月19日),访张文虎。

《张文虎日记》:"孙琴老来。"(234页)

十月,继充江南武闱内提调,分校东闱。闱后撰《江南武乡试录后序》。

《江南武乡试录后序》:"同治庚午,江南武科臣以内提调分校东闱。既毕役,署督臣恭进试录,因得缀言其后曰:臣不才,幸用文学致身,未能少出智虑谋议,朝廷猥以素所未学,从虓暴之间求将帅之选,诚未足以知之。然窃见国家定制骑射,取士程以膂力。美哉!圣人之法,百王之所不能易矣。赵武灵变服,取楼烦、林胡,汉武定滇,亦凿昆明习水战,因时便利,有宜有不宜。且汉与匈奴同居西北广野,而当时谋臣以谓外国长技三,中国长技五,人各有能有不能,不以相强。卫青骠骑扫穴犁庭,立功万里之外,彼所用者独非汉之利兵耶?毕昴之间,天为之限,中国神明所居,人民禀五行之正,聪明才力超绝异类,摩厉为用视乎其人,兵家者言奇正无常,要之勿诱于敌,世衰道浇,机智日出,险毒愈甚,然皆徼幸一时,非所谓长策胜算而浅。夫耳食方藉口于武灵,昆明之事,乌足以知祖宗圣人之微意乎?天子神武中兴,必有远略大度之士,为之折冲御侮,庶得其人,臣虽疏远,尚欲得而议之。江苏候补道臣孙衣言谨序。"(《孙衣言集》中册,499—500页)

闰十月初四日(11月26日),赴际庭招饮,席上有方浚颐等。

方浚颐《征途随笔》:"早阴,午晴复阴。出门辞行,……酉刻,际庭招饮,座有述安、晦如、荻洲、琴西。"(国家图书馆藏本,63叶)

闰十月初七日(11月29日),张文虎来访。

《张文虎日记》:"答拜孙琴西、蒯子范、钱子密。"(237页)

闰十月初九日(12月1日),张文虎得谱主来函,函中言及曾国藩的行程。

《张文虎日记》:"孙琴老字来,言湘乡公于上月卅日由济宁解维,约月圆时可抵清江也。"(237页)

闰十月十六日(12月8日),袁昶来拜。

《袁昶日记》:"拜胡式佳、孙勤西丈、张啸山、戴子高、唐敦夫、赵子湘。"(《袁昶年谱长编》,96页)

闰十月二十一日（12月13日），曾国藩抵金陵。

《曾国藩日记》："登岸至接客厅，漕帅与将军、织造、司道等迎接，恭请圣安，礼毕，小坐。"（下册，1328—1329页）

闰十月二十二日（12月14日），访吴大廷。

吴大廷《小酉腴山馆主人自著年谱》："二十日，抵金陵下关。二十一日，进城。寓甘露庵，洪琴西（汝奎）、周渐逵（玉鸿）来见。晚，谒曾相，商议公事。次日，孙琴西（衣言）、勒少仲（方锜）、梅小岩（启照）、张艺堂（福年）、凌晓南（焕）、贺幼村（绪蕃）来。"（卷二，清光绪五年刻本）

闰十月二十三日（12月15日），访张文虎。

《张文虎日记》："孙琴老、李山长来。"（238页）

闰十月二十六日（12月18日），曾国藩来谈。

《曾国藩日记》："旋拜孙琴西，一谈。"（下册，1330页）

十一月初八日（12月29日），访张文虎。

《张文虎日记》："孙琴老、徐辛伯来。"（240页）

十一月十一日（1871年1月1日），访曾纪泽。

《曾纪泽日记》："王子蕃来谈，朱修伯来久谈，黄昌岐来久谈，孙琴西来谈，龚熙亭来谈。"（刘志惠点校辑注，岳麓书社1998年版，上册，78页）

《曾国藩日记》："坐见之客四次，朱修伯坐最久。"（下册，1333页）

十一月十四日（1月4日），俞樾收到谱主来函。

《春在堂日记》："乙巳，……得孙琴西同年书。"（《春在堂日记　曲园日记》，182页）

十一月十五日（1月5日），俞樾复函。

《春在堂日记》："丙午，……与孙琴西同年书，与戴子高书。"（《春在堂日记　曲园日记》，182页）

十一月十八日（1月8日），谭碧理祖父八十寿，为撰寿序。

《谭封君八十寿序》："予友谭君青崖以武勇从相国毅勇侯军中，立战功，官至记名提督，而封赠其祖父三世皆建威将军。青崖既贵显，犹统偏师驻金陵,其大父建威君独与诸子若孙居湘潭。今年十一月十八日,建威八十之生辰。青崖复从相国金陵,相国以次皆为青崖庆,谓青崖以异军特起,积累功阀,官几一品,而堂上乃有八旬之大父,为人生极难得之事。青崖幸与相国乡里,有所附托,致功名,尊显其祖父。今相国重来节制三吴,适当建威之生辰,旧时诸将帅尝从相国者,皆与青崖兄弟交,视建威若大父,行相与奉羊酒为建威寿,此尤人生难得之事。……"(《孙衣言集》中册,361页)

《曾纪泽日记》:"至南门城楼拜寿,谭青岩之祖父八十生日也。"(上册,79页)

十一月二十二日(1月12日),谒见曾国藩。

《曾国藩日记》:"旋坐见之客六次,立见者一次,尚斋及孙琴西谈颇久。"(下册,1335页)

十一月二十六日(1月16日),访曾纪泽。

《曾纪泽日记》:"孙琴西来久谈。"(上册,81页)

十一月二十八日(1月18日),曾纪泽来访,不值。

《曾纪泽日记》:"入城,访孙琴西,不值。"(上册,81页)

十一月,丹笔点勘明刻茅坤(鹿门)评本《曾文定公文抄》,十七夜读过三卷,随加评语。(《孙衣言孙诒让父子年谱》,96页)

十一月,李春龢为《水心别集》撰序:

宋乾淳间永嘉之学盛于东南,屹然与新安、金华鼎足而立,其诸儒纂述之传于世者若薛文宪之渊雅、陈文节之醇粹、叶忠定之闳博,可以想见一时之盛,而文章之工尤以忠定为最。同时讲学诸儒自东莱吕氏外,莫能及也。忠定所著《水心集》,明时已无完本,正统间章贡黎谅掇拾散佚,重为编刻,遂复显于世。至别集十六卷,则仅见于陈伯玉《书录解题》,自黎氏编正集时已不获见其全,乾隆间朝廷开四库馆,广搜天下遗籍,而著于目录者亦仅黎编正集,则是书之湮没,盖已久矣。春龢自乙丑冬摄令瑞安,瑞安为先生故里,时吾师孙琴西先生方奉讳家居,所藏永嘉诸先生遗书至伙,因从假得别集写本读之,叹其论治之精,有益于经世,欲为重墨诸版,会代去,未果也。逮今年春,春龢复摄江山,而

369

吾师亦以观察需次江宁,因寄赀请校刻之。盖世之学者自此可以读先生之全书矣。此集凡进卷九卷、廷对一卷、外稿五卷、后总一卷,盖论治之言为多,其论宋政之敝及所以疗复之方,至为详备。春龢每读此书,至于资格、铨选、科举、学校、新书、吏胥诸篇,盖未尝不掩卷叹息,以为古今之有同患也,然则先生此书岂徒以救宋之弊哉!士之有志经世者,诚能熟复而精择之,上观宋政以通之时务,而勿徒悦其文章之工,此则春龢与吾师校刻此书之微意尔。同治九年十一月遵义后学李春龢谨序。《水心别集》,温州市图书馆藏清同治刻本)

以无意轩旧抄本《水心别集》十六卷,编入《永嘉丛书》,刊于金陵。时李春龢大令摄篆江山,寄刻赀来助成之。《孙衣言孙诒让父子年谱》,96页)

十二月初九日(1月29日),招张文虎、张莲卿、韩弼元、薛时雨、唐仁寿、庄祖基饮。

> 《张文虎日记》:"孙琴老招饮,同席张莲卿、韩叔起、薛慰农、唐端甫、庄守斋。"(242页)

> 按:韩弼元(1822—1905),字叔起,号艮叟,室名翠岩室,江苏丹徒人。咸丰二年(1852)进士,授刑部主事。

> 庄祖基(1843—1890),字守斋,号印兆,别号兰味轩主。祖籍江苏武进,迁居浙江秀水。以军功入仕,官武宁、江宁、六合、上元等知县。

十二月十三日(2月2日),跋北宋元祐五年陆松书《达磨论经卷》。

> 《元祐五年陆松书达磨论经卷跋》:"此卷旧藏扬州平山堂,阮文达公家物也。平山堂为欧、苏二公遗迹,嘉庆丁卯六月二十一日,欧公生日,寺僧邀客为寿,文达因以此卷施之,以谓为其与苏公同时,楷法最精,且属寺僧岁岁为二公举此故事,盖文达自记如此。乱后此卷为李太守某所得,今年太守至秣陵,出以示予,予谓陆松此书佳恶真伪皆非予所能知,特以文达所藏又在欧苏旧游之地,宜为名人胜士流观护惜。卷中题识,自嘉庆丁卯至今,无虑三四十人,前辈中予独识前怀庆太守汪君孟慈,最后黄雅州所记十人则大半为予雅故,而回首京洛亦复渺若天涯,又何论文达?何论欧苏二公哉?太守为予言俟堂复时,当以此卷还之,其意甚善。今转运使方定远,予友也,好事而能文章,其持此卷以谋之,可乎?同治庚午十二月十三日,仓巷寓居。"《孙衣言集》中册,542—543页)

十二月十九日（2月8日），苏东坡生日，与薛时雨邀集飞霞阁，出席有张文虎、赵彦修、唐仁寿、钱应溥、陈方坦、王棻、戴望、杨晨、钱华荣、钱贻元、刘寿曾、孙诒让，共十四人。谱主赋诗纪之。

《东坡生日同人集飞霞阁赵学博彦修出所藏苏斋画像悬之阁上即次翁覃溪学士诗韵》："虬须但觉古画好，马齿已逐新春加。十九[五]日立春。文章公自有千古，楚越我知皆一家。会者多吴越人。酒人几个黾十斗，诗敌当年温八叉。举杯酹坡坡乐否，堂前怒放红梅花。"（《孙衣言集》上册，252页）

《张文虎日记》："晴。孙琴老、薛慰老招同人集飞霞阁祝东坡生日，季梅、端甫、子密、小浦、王子庄黄岩人、戴子高、杨蓉初、钱怡甫、莘甫、刘恭甫、孙仲容及予，共十四人。"（242—243页）

张文虎《勤西观察慰农山长移席飞霞阁招同子密小浦季梅端甫子高刘恭甫学博寿曾王子庄棻杨蓉初晨两孝廉钱怡甫文学华荣莘甫明经贻元及观察喆嗣仲容孝廉诒让祝东坡生日用翁覃溪学士题像诗韵》："随堂又祝坡公寿，老境羡唐髯雪加。五日入春梅破萼，十年残腊客为家。福星依旧临牛斗，湘乡公复督两江。佛力终期定药叉。几个闲身无恙在，寒泉岁岁荐香花。

气节文章自千古，富韩相业亦何加。坐中公等皆作者，此后几人堪大家。便欲铸金同贾岛，敢矜即席效刘叉。苏斋绘像见斯帧，昔闻外舅姚坚香先生言：嘉庆丁丑东坡生日集苏斋悬像十六幅，以陈老莲作为最，今此非也。愁绝覃溪老树花。诗颇见老态。"（《舒艺室诗存》卷六，21—22叶，《清代诗文集汇编》630册，524—525页）

薛时雨《十二月十九日偕琴西子密小圃季梅啸山子高端甫王子庄棻杨蓉初晨孙仲容诒让三孝廉钱怡甫文学华荣刘恭甫寿曾钱新甫贻元两明经集飞霞阁作坡公生日用翁覃溪学士题公遗像韵》："春到江南刚五日，十五日立春。称觞应觉岁华加。紫裘腰笛新吟侣，碧瓦飞甍旧道家。大好楼台供笠屐，各开怀抱□尖叉。侑公一盏杭州酒，余携杭州宿酿荐公。我亦曾看湖上花。"（《藤香馆诗续钞》卷一，57叶，《清代诗文集汇编》671册，691页）

刘寿曾《十二月十九日孙琴西观察招集飞霞阁祀东坡生日和翁覃溪学士题像韵》："神弦奏曲腊鼓和，华筵呼馔寒羞加。胜地三宿刹那影，高阁十仞仙灵家。宋室党人得孟博，苏门学士无刘叉。瓣香手荐为公寿，云阴欲雪山梅花。"（《传雅堂诗集》，21叶，《清代诗文集汇编》737册，88页）

十二月二十三日(2月12日),以东坡生日诗示张文虎。

> 《张文虎日记》:"孙琴老、薛慰老以东坡生日诗来,用翁覃溪题像七
> 律韵,因与端甫、季梅、子高同和之。"(243页)

十二月,黄岩王棻赴京师过江宁来访,以孙憙所撰其母王太宜人殉难事
略见示。

> 《书孙欢伯大令母王宜人行述》:"去岁十二月,子庄将之京师,先过
> 予于江宁,以欢伯所为其母王太宜人殉难事略见示,属为之题跋。……
> 时同治十年辛未正月,书于金陵。"(《孙衣言集》中册,540页)

冬,致函陈豪,云:

> 兰洲贤弟大人史席:秋间在闽,接诵手书,并承寄局刻新书,深为感
> 荷。浙闱名录到宁,欣悉松溪、元同、菀客诸公均登奎榜,而吾弟独不获
> 预,令人不快。所喜先见优贡名单,则此科乃小鸿博也,岂优于此顾绌
> 于彼哉! 尊体近来何似? 幸不以是为郁郁也。北上之期能与松溪诸公
> 得行否? 若不以海道所速,则京口至此不过二百里,尚望与诸故人作十
> 日饮也。衣言栗六如昔,无善可陈。秋间制府之变为数百年所未闻。衣
> 言亦与谳局招以不准用刑,不敢与闻,继以专衍入奏,不敢画诺,颇以此为诸□人所怪,幸朝廷
> 清明,得见□□,或纪纲尚可一振也。近已草草入奏,朝廷疑其不实不尽,又书重
> 从来谳矣。湘乡既来,人心大定,亦东南之幸也。小儿与杨蓉初晨拟以
> 开正由陆入都,并此附闻。即颂元喜,惟照不具。愚兄孙衣言顿首。慰
> 老又丧其儿,现尚在全椒未回。爽秋在此数日,亦回杭矣。(《瑞安孙家往来
> 信札集》,45页)

冬,周春暄来访,出示其父周南屏诗卷,为跋其后。

> 《跋固始周南屏铁衣吟草》:"今年冬,春暄自皖来此夜访予,于仓巷
> 寓斋出君所为诗二卷见示,则春暄方摄令全椒。……时同治庚午,冶城
> 山庄。"(《孙衣言集》中册,539页)

是年,在冶城山庄作《霁山诗跋》:

> 霁山名某,江宁驻防旗人,其诗今体胜于古体,五言又胜于七言,如
> "晴日一帘人意懒,落花满地燕泥香""我来苍霭外,僧揖翠微中""僧归
> 黄叶迳,树杂夕阳山""时有桃花落,方知涧水通""有书关塞杳,无地稻

梁肥",皆清警可诵。予同年进士湘帆太史寿昌亦江南驻防,治经能文,尤喜许氏之学,著书数种,乱后略无存者,而君子某独能抱君遗诗,以乞序于予,于是益为湘帆叹矣。同治庚午,冶城山庄。(《孙衣言集》中册,540页)

是年,仁和朱修伯宗丞学勤寄《浪语集》一帙与谱主。(《孙衣言孙诒让父子年谱》,96页)

是年,向丁日昌借《刘给谏集》抄本,以校所藏旧抄本,并跋。

《跋丁中丞所藏刘给谏集抄本》:"此丰顺中丞藏本,予假得之以校所藏《给谏集》旧抄本,中丞本盖与予新抄本同出一家,其讹脱及臆改处大略相似,皆不如旧本之善,而亦有可互相补益者,且间有新旧本皆误,独中丞本得之者,以此知写本书非多数本无繇是正也。予既取以校所藏两本,复为中丞本校补一过,大约以旧本为主,而文义可通者则两存之,庶使昔贤遗书多一善本。予闻中丞藏书甚富,宋元以来传钞秘本几近二百余种,如能仿毛子晋、鲍亦文故事,合而刻之为一巨丛书,则岂徒艺林之幸?将使前人文字在若存若没间者,有以赫然著见于后,即中丞与之不朽矣。同治庚午。"(《孙衣言集》中册,537页)

《孙衣言孙诒让父子年谱》:"衣言从丰顺丁雨生中丞日昌假得抄本《刘给谏集》,以校旧藏两本。丙寅传抄文澜阁本及诒让丁卯所得卢抱经旧藏本。复为中丞勘补一过。时中丞收藏宋元以来传抄秘本二百余种,衣言劝其合刻为丛书。又假吴兴陆氏抄本戴文子《浣川集》二册,录其副。适丁松生以文澜阁残本缺卷四之八见寄,陆抄亦出阁本,而阁本较善,互勘一过。阁本残缺未能悉正者,间以己意,校记眉上。复从陆氏得写本《永嘉二刘集》二册,署其册端云:《刘给谏左史集》。同治庚午,吴兴陆存斋购赠。"(《孙衣言孙诒让父子年谱》,94—95页)

又得陆心源仪顾堂抄本《许横塘集》之副帙四册,亦出诸阁本。(《孙衣言孙诒让父子年谱》,95页)

致函陆心源,云:

存斋仁兄大人阁下:久未奉笺,时深驰念,惟台履万佳为慰。承假乡先生集,已令儿辈校勘一过。叶忠定别集已付手民,冬间必可刷印。另于尊书中粘附札记,千虑一得,如有可采,似可略行改正,以成善本。《横塘集》二册,亦已校毕,匆匆未及签出,先以奉上,祈仍惠假后两册,并祈以速为妙。俾得卒业,幸甚幸甚。永嘉学者,薛常州最为硕儒,而右丞名节尤照灼千古,此二集宋以后竟无鋟本,殊为缺典。弟既幸见全书,必欲勉为重刻,当更与乡人谋之,明年亦必动手为之矣。史文玑《四书管窥》,邺架有否? 其他敝乡人要有所见,幸随时见示。兹附已新刻乡先辈书两种,聊备沧海一粟,再祈照入。此间事变非常,而迂拘识见,处处凿枘。勉强在此,皆亦徒为文字之事耳。即颂台安,不具。小弟衣言顿首。(《潜园友朋书问卷第六》,3页)

十二月,致函王凯泰,述及刺马案的情况。

函云:"再者,前捧谕函,适此间酬应纷纷,致稽奉复。马帅之事,数百年所未闻,当时实恐必有不轨之谋,故于廿六日即力劝将军、方伯分头防守,并饬各营统带各守其垒部勒以待,并谓此贼必须于初到案时,乘其计谋未定,严用酷刑,究出主谋与党。而当道诸公深畏仓卒致毙,摇手动色,以用刑为不可,遂为此贼所窥,竟敢倨坐肆骂,不但狂诋制帅,而且嬉笑问官。逆贼声色俱厉,而堂上官噤不敢一出声也。言当此时不胜愤懑,入闱后子房旋来,优游一月,赏花作画,于是物议沸腾,将出榜时又礼派二等四人,其意以为马帅私人可以从中缓颊,而岂知此事关系国法,国法既伸,人心方服,岂民间命案可以调处者哉? 言初出闱,谒见当事,即回明不准用刑,即当缴札,当事者不准缴札,而始终不肯说出用刑二字,言遂决计不到堂上。故定案时亦与袁笃臣皆不画诺,以此事所关太大,不敢苟同,非好为立异也。此时星使重来,正气稍振,惟狱久而疲,有无确供,殊未可必要之。此贼既为长毛伪官,又作此等大逆,若不使备受诸刑,骈诛子女,朝廷大吏岂复可为? 天下乱民岂复知惧? 以言鄙见,窃谓有供无供,皆不必论,但能破去援比例文陋习与朝廷□大道理,务使四海之内□知朝廷命官不可干犯,则国法自伸,人心自靖。若徒令刑名朋友执笔,岂能决服人人意耶? 马四先生号右农愤不可言,自是天性宜然,湘乡师相来此,亦极不以为然,但今日为而又须星使作主矣。星使约于廿四五到省,言等总算原问官,想可不与,然所望者天道不远,此贼当不至竟得便宜也。不论勿作官套,而正禀假手侍史故,仍是供问套头,若此两纸,知又狂奴故态矣。又及。"(《清末四大奇案之首——"刺马案"始末》插图,https://www.163.com/dy/article/GK9DOEEO051485NJ.html)

《曾国藩日记》(十二月廿九日):"出城迎接钦差郑筱珊尚书敦谨,来讯张汶祥之案者,恭请圣安。"(下册,1343页)

同治十年　辛未　1871 年　五十七岁

正月十四日（3 月 4 日），张文虎来长谈。

《张文虎日记》："访孙琴老，长谈。"(245 页)

正月十八日（3 月 8 日），与蒋吟舫、钱应溥一同谒见曾国藩。赴张文虎之招午饮，与赵彦修、吴绍伊、都芸仙、黄子颂、唐仁寿同席。

《曾国藩日记》："蒋光焴吟舫自浙江来，与子密及孙琴西并来一谈。"(下册，1347—1348 页)

《张文虎日记》："姚仲阶送席，招孙勤老、赵季梅、吴荦农、都芸仙、黄子颂、唐端甫午饮。"(245 页)

正月十九日（3 月 9 日），曾纪泽来谈。

《曾纪泽日记》："至孙琴西处一谈。"(上册，94 页)

正月二十日（3 月 10 日），白居易生辰，与张文虎、唐仁寿、赵彦修、薛时雨、庄忠棫、钱应溥、戴望等集祀飞霞阁，并以阮元为配。

《正月二十日香山生日张啸山文虎唐端甫仁寿招同赵季梅彦修吴荦农绍伊二广文钱子密吏部应溥薛慰农山长时雨集祀飞霞阁》："东坡生平慕乐天，古人自视常歉然。后世论诗薄元白，好恶随俗非能贤。御园荷花荐欧子，屡陪六一招坡仙。香山生日事久缺，使坡有知亦恨焉。去岁祭坡复不举，官事束缚殊可怜。昨者张子走语我，吴兴寄诗来相镌。缦云书来，时以祭坡之举为问。新年造请更无暇，偶来携客凌苍烟。瓣香一集对长庆，配以苏氏眉山篇。季梅出旧椠白苏二集，以代画像。诗翁有知容补过，一举乃能使两全。酒酣客乐笑相视，坐觉两翁来翩翩。更草新诗遣属和，欲留故事传他年。却思两载西湖边，两翁游迹如眼前。荒祠临水照古木，长隄夹镜行画船。一朝误出婴世网，坐阅流景如奔泉。岂知古人有不死，衰年俗虑徒相煎。何况我诗真漫与，得句聊就厨妪论。"(《孙衣言集》上册，220 页)

《张文虎日记》："与季梅、端甫、恭甫招孙勤老、薛慰农、庄中白、沈载门、钱子密、庄守斋、叶晋卿、戴子高、吴荦农、陈小浦、钱怡甫、辛甫集飞霞阁祝白文公生日,以阮文达配之,文达与白公同生辰也。叶以江西会馆团拜,少坐即去。辛甫以疾辞。莘农以他约,命其嗣君至。"(245页)

张文虎《白公生日勤老慰老子密季梅端甫子高恭甫怡甫庄中白庄守斋沈戟门学博棨同集飞霞阁以阮文达为配文达亦同生日也集中有和白公白发诗韵因亦用其韵》:"白公烈丈夫,本陶毅《影堂记》。志与千载期。何图强仕年,戚戚感鬘丝。我读白发诗,外宽中实悲。所悲非白发,此意谁则知。一茎两茎中,无限兴与衰。阮公抚两浙,方在全盛时。生朝偶嗣音,夫岂忧瓶罍。以诗论公学,譬若体一肢。白公青田鹤,公其为长离。昔岁我谒公,甲辰。颇恨识面迟。而今拜几筵,二老肩相随。应怜穷老生,头白学未治。"(《舒艺室诗存》卷六,22叶,《清代诗文集汇编》630册,525页)

正月二十六日(3月16日),致函朱学勤,云:

金陵别后,闻在维扬数日,想日内早旋武林矣,惟即日兴居安善为祝。兹寄去新刻《杜清献集》《叶忠定别集》各一部,《忠定集》乃在此校刻,而讹误亦尚不少,《清献集》有言一跋,过于激发,然平生作文遇此等即有不能自已者,亦无如之何也。金陵地图再奉上四分。此间谳事亦惟浊日,然仍无所建明,大约今日之事,苦于知有例不知有理,亦无如之何也。何日北行?假校薛、陈二书尚望留二三日也。即颂修伯宗丞仁兄大人孝履。小弟衣言顿首,正月廿六。(邹晓燕整理《孙衣言、成林、杨昌濬、蒋益澧致朱学勤手札》,《历史文献》第十八辑,119页)

正月二十八日(3月18日),访曾纪泽。是日,俞樾来函。

《曾纪泽日记》:"孙琴西来一谈。"(上册,96页)

《春在堂日记》:"戊午,……与勒少仲、孙琴西、钱子密三同年书。"(《春在堂日记 曲园日记》,191页)

正月,撰孙希旦行状,末及南宋以来永嘉学派,而溯其源流。

《敬轩先生行状》:"先生孙氏,讳希旦,字绍周,自号曰敬轩。……昔水心叶氏言吾乡之学,自周恭叔首闻程、吕遗言,郑景望出,明见天理,笃信固守,而后知今人之心,可即于古人之心。故永嘉之学,必就省以御物欲者,周作于前,郑承于后也。薛士隆愤发昭旷,独究体统,陈君举尤号精密,而后知古人之治,可措于今人之治。故永嘉之学,必弥纶以通世变者,薛经其始,陈纬其终也。予尝由水心之言考诸乡先辈之遗书，盖我乡儒术之兴，虽肇于东山浮沚，而能卓然自成为永嘉之学，以鼎立于新安、东阳间，虽百世后不能强为轩轾者，必推乾、熙诸儒。至叶文修、陈潜室师事朱子，以传新安之学，元儒史伯璿实其绪馀，以迄于明之黄文简淮、张吉士文选，而项参政乔、王副使叔果，当姚江方炽之时，不能无杂于陆学，而永嘉先生之风微矣。先生之生在南宋六百年后，当学术衰熄之时，独能奋其孤踪，仰追逸轨。间尝综其生平论之，其敦内行，厉名节，非水心所谓兢省以御物欲者欤？明庶物，知古今，非水心所谓弥纶以通世变者欤？百年论定如先生者，可谓行方景望，学媲艮斋矣。……同治十年辛未正月谨状。"（《孙衣言集》中册，439—444页）

正月，应黄岩王彦威之请，在冶城山庄撰成《焦尾阁诗序》，云：

《焦尾阁诗》一卷，予友黄岩王禹堂渠城母卢恭人之所为也。渠城既辑其母之诗，以求予序，而复述其母之遗行，以致其思母之意，其辞甚悲，予不忍卒读也。盖自粤寇之乱，黄岩既为贼陷，渠城父母奉其大母转徙避寇，流离奔走，不遑安处者几一年。及寇去，得返，而恭人不久即病，渠城方以试事出。比归，则孺人已卒，此其所以悲也。然渠城虽以应试不能日侍母疾，致有终天之痛，而渠城之出，实母命之行。其母之始病，渠城固尚在左右，及其卒也，渠城近在杭州，父召之即反，母卒未一月也。渠城少小笃学，为名诸生，登贤书为名孝廉，凡母之所以属望于渠城者，渠城皆有以慰之。渠城固不胜其悲，而在母固可以无憾也。吾家之被寇，先大夫与丁太淑人仓皇出避，其事与渠城父母无异，而予兄弟之再出，太淑人实不乐其行。及太淑人有疾，予方在凤阳，予弟方在京师，太淑人病且久，予兄弟犹不得知。及闻太淑人之丧，数千里匍匐以归，而太淑人已就殡矣。呜呼！此其远去父母之罪，上通于天，视渠城何如也？予母初未尝以仕宦望予兄弟，及其病也，又甚望予兄弟之归而不得，则予之无以慰母心者，视渠城又何如也？渠城痛母之切，以谓天下之悲，无有过于渠城者，而岂知予兄弟之所遭其可悲又有甚焉者乎？渠城敦行好学，方且取甲第显名业，以大慰其母之望，又能编辑遗诗，以寄其杯卷手泽之感，而顾命予以一言而岂知天下岂有无母之人哉？亦聊以塞渠城之请而已矣。卢恭人，孝廉埙孙，处士肃炟女，警敏通书史，而性尤孝，其父之疾，尝割臂肉以愈之。及归王氏，顺于翁姑，和于妯娌，视诸子如子，皆妇人所难能也。其生以嘉庆庚辰，卒以同治

乙丑,年仅四十有六云。同治辛未正月,冶城山庄。(《孙衣言集》中册,495—496 页)

正月,王棻手抄其先人遗训六篇成集,谱主取而读之,在冶城山庄撰成《王梅庵先生遗集序》。(《孙衣言集》中册,497—498 页)

《梅庵先生遗集序》:"同治辛未正月瑞安孙衣言书于冶城山庄。"(黄岩区图书馆藏清同治五年稿本)

正月,应王棻之请,书黄岩知县孙憙之母王宜人行述。

《书孙欢伯大令母王宜人行述》。(《孙衣言集》中册,540—541 页)

按:孙憙,字欢伯,自署宋井斋,江苏吴县人,监生,历署宁海、黄岩、鄞县县令。在黄岩任内,建书院,设义塾,发展教育,政绩颇丰。工诗文,嗜书画,著《宋井斋集》。

二月初三日(3 月 23 日),访张文虎。

《张文虎日记》:"孙勤老、刘恭甫、钱怡甫来。"(246 页)

二月初四日(3 月 24 日),翁同龢收到谱主来函,及孙希旦《礼记集说》一书。

《翁同龢日记》:"得孙琴西书,并寄其族祖《礼记集说》一部。"(第 2 册,834 页)

二月初七日(3 月 27 日),曾纪泽来函。

《曾纪泽日记》:"写片缄三纸,一与孙琴西,一与欧阳子明,一与刘功甫。"(上册,第 98 页)

二月初九日(3 月 29 日),张文虎来访,谱主示以《张文毅墓志铭》。

《张文虎日记》:"回访孙勤老。出示所作《张文毅墓志铭》,精神圆结,笔意颇伉壮,盖据行状为之耳。"(247 页)

二月十八日(4 月 7 日),访曾纪泽。

《曾纪泽日记》:"孙琴西来一谈。"(上册,101 页)

二月二十三日(4 月 12 日),吴大廷撰《逊学斋文集序》。

吴大廷《小酉腴山馆主人自著年谱》:"二月二十三日,游虎邱。成

孙琴西《逊学斋文集序》。"（卷二）

《逊学斋文集序》："曩者瑞安孙琴西观察官翰林，独弃俗尚，以从事于古文辞之学，用术业与吾友王通政少鹤互为切劘，意相得也。其时余亦在京师，而未获过从。嗣君出守安庆，余始获与通政交，因得悉君之为人，君亦用通政言夙知余。越数年，同治癸亥，余自临淮军假归，过安庆，始识君，因相与劳问，如平生欢，遂得尽读其文章。其意近而势远，词浅而旨深，渢渢乎初月楼之嗣音也。甲子，余从戎浙江，君用丁忧，自皖归过武林，仅一再见，遽别去。明年，通政解官归来武林，而余又用荐赴闽，自时厥后，吾三人者徽特踪迹，不得合并，而或出或处，积岁经年，虽求书问之常通，而亦不可得则甚矣。交游聚散之无常，而志同道合之朋，造物之于会合，若尤为靳惜焉，岂不重可慨哉？后又七年，余以今相国曾侯荐，操兵海上，过金陵，幸重与君见。余固荼然，而君亦须发半白，追思通政，远隔桂林，邈不可得，相与剪烛夜谈，欷歔欲绝。濒行，君出近著，属为弁言，将梓全稿以行世。余读之，其文日以富，其体日以充，议论证据今古，出入经史百子，不屑为詹詹小言，而务反复驰骋，以曲尽事理，盖兼有其乡先辈永康永嘉之遗风，而与沈果堂文相上下，盖文境又一变焉。不知通政比来造诣，视君若何？若余之谫劣，又因鞅掌王事，率经岁不得宁居以力探古人之闳奥，今执笔序君文，盖深喜君之精进未已，而尤以发余之愧也。同治辛未二月，沅陵吴大廷撰。"（《孙衣言集》中册，288—289页）

二月，读《梅溪文集》至第四卷止。

《孙衣言孙诒让父子年谱》："衣言读《梅溪文集》至第四卷止。以明正统何潢刻本校勘清雍正唐传甡重编《王忠文公诗文集》，两本篇目及标题颇有异同，用朱笔记出，其字句误夺自明已然，相沿未改者，并举正之。奏议各卷，复取明永乐本《历代名臣奏议》互勘。盖梅溪前后集并奏议五十四卷，宋明以来传本如此。自经唐氏重编，捣合移易，承伪臆改，旧本之面目尽失矣。"（98页）

三月初六日（4月25日），莫友芝来访，不值。

《莫友芝日记》："黄子寿托买局中书，即托琴西寄之于鄂城。孙琴西已委署盐巡道，候之不直。"（285页）

三月十一日(4月30日),新任两江总督曾国藩来访。张文虎来贺,谱主出示所作《马端敏墓志铭》。

> 《曾国藩日记》:"出门至黄军门处送行,又至孙琴西处一坐。"(下册,1359页)

> 《张文虎日记》:"孙琴老署盐巡道,贺喜。示所作《马端敏墓志铭》,据实直书,气亦流畅。"(249页)

三月十九日(5月8日),曾国藩会同江苏巡抚张之万上《孙衣言接署江宁盐巡道片》,奏请以谱主接署:

> 再,署江宁盐巡道凌焕,学识轶伦,熟悉洋务,经臣与直隶督臣李鸿章会商,饬令交卸署篆,前赴天津禀商防务及办理中外交涉事件。所遗员缺,应行委员接署,以专责成。查有江苏补用道孙衣言,公明详慎,堪以署理。除檄饬遵照外,谨会同江苏巡抚张之万附片陈明,伏乞圣鉴。谨奏。(《曾国藩全集·奏稿之十二》,291—292页)

但被朝廷以"该员补交分发银两后尚未赴部引见,核与定章不符,行令另拣合例人员请补等因"否决。(《曾国藩全集·奏稿之十二》,542页)

三四月间,致函朱学勤,云:

> 修翁宗卿大人阁下:前捧还云,备承雅爱,感荷难名,并知旌斾即当北行,不即修复,想蒙鉴及,日内计已安抵都门矣。此间盐巡一缺适因凌筱南同年赴荃相津门之约,暂为代庖。湘乡雅意殷拳,而都例殊多不符之处,只好听其自然。此间盐筴之度,非吴楚同心,则淮万不足以敌川,而二百年之旧章、数百万之课饷皆不可问。湘乡虽已恳切言之,恐公论不足以夺私心耳,所望它日为此地主持大局也。小儿入都,极思一瞻邺架,而其人草埜,不知能来谒否。若来见,幸子弟畜之。即颂孝履,不具。衣言谨肃。外枢廷各贺禀如宜递则为一投,又及。(邹晓燕整理《孙衣言、成林、杨昌濬、蒋益澧致朱学勤手札》,《历史文献》第十八辑,119—120页)

四月初九日(5月27日),读明崇祯刻茅坤评本《欧阳公文钞》至二十七卷。

> 《孙衣言孙诒让父子年谱》:"衣言续读明刻茅评本《欧阳公文钞》,九日阅毕二十七卷。"(99页)

四月十二日(5 月 30 日),谒曾国藩。

《曾国藩日记》:"坐见之客二次,孙琴西谈颇久。"(下册,1366 页)

四月十六日(6 月 3 日),撰徐朝宾传。

《徐蔗洲明府传》:"君姓徐氏,号蔗洲,名朝宾,名汸,字石舟,东嘉上乡人。……同治十年岁在辛未孟夏既望,前史官愚弟孙衣言顿首拜撰。"(《孙衣言集》下册,837—838 页)

四月十八日(6 月 5 日),曾纪泽来函。

《曾纪泽日记》:"饭后写孙琴西片缄。"(上册,117 页)

四月二十日(6 月 7 日),俞樾来函。

《春在堂日记》:"己卯,……与孙琴西同年书。"(《春在堂日记 曲园日记》,201 页)

四月二十二日(6 月 9 日),倭仁卒。

《薛福成日记》五月十六日:"四月廿二日,文华殿大学士倭仁卒。诏赠太保,入祀贤良祠。"(蔡少卿整理,吉林文史出版社 2004 年版,上册,74 页)

四月二十六日(6 月 13 日),访曾纪泽。

《曾纪泽日记》:"孙琴西来一谈。"(上册,119 页)

四月,儿子孙诒让会试不第。

四月,朱笔评点明刻茅本曾巩文。

《孙衣言孙诒让父子年谱》:"又朱笔评点明刻茅本曾子固文。时假居金陵察院行馆之东轩。"(99 页)

五月初二日(6 月 19 日),赴曾国藩宴请李瀚章,与梅启照、子范等作陪。

《曾国藩日记》:"未末,请李小泉小宴,请小岩、琴西、子范陪之。申初登席,客散已戌初矣。"(下册,1370 页)

五月初六日(6 月 23 日),曾国藩读谱主《逊学斋文稿》。

《曾国藩日记》:"夜阅孙琴西近日所作古文,名《逊学斋文稿》,约十馀首。"(下册,1371 页)

六月初二日(7月19日),张文虎来访。

《张文虎日记》:"回看莫偲老、孙仲容。晤勤西。"(254页)

六月初三日(7月20日)起,至十二月廿八日,续点《明史》。(《孙衣言孙诒让父子年谱》,100页)

六月初八日(7月25日),与梅启照邀曾国藩、薛时雨、桂嵩庆游后湖赏荷花。

《曾国藩日记》:"是日,梅小岩、孙琴西请游后湖。辰正出署,至太平门城楼小坐。同游者为薛慰农山长、桂芗亭观察。旋出城登舟,行七里许,登岸至老洲湖神庙一看,小坐半时许。午初二刻返棹。清风徐来,一散炎熇之气;荷香扑鼻,不以盛暑为苦。回至太平门,升舆进城,至妙相庵。未初二刻登席,酒半,大雨。席接荷池,雨盛荷喧,景物清快。席散,又在庙中游览。"(下册,1378页)

七月十一日(8月26日),访曾纪泽,久谈。

《曾纪泽日记》:"孙琴西来久谈。"(上册,139页)

七月十三日(8月28日),阅王士禛所选《韩欧及东坡七言诗钞》,各补评语。

《孙衣言孙诒让父子年谱》:"衣言阅渔洋所选《韩欧及东坡七言诗钞》,各补评语,而书于欧诗卷中云:欧公自言:'吾诗《庐山高》,他人莫能,惟李白能之;《明妃曲》后篇,则李白亦不能,惟杜甫能之;《明妃曲》前篇,则杜甫亦不能,惟吾能之。'按李、杜能否不必论,然其笔墨超远,明以后人实无能为之者矣,此中蹊径惟道园可与言也。辛未察院七月十三日夜二鼓。"(99页)

七月十八日(9月2日),谒曾国藩,久谈。

《曾国藩日记》:"坐见之客八次,其中孙琴西、张廉卿坐甚久。"(下册,1386页)

七月二十一日(9月5日),袁昶来访,不值。

《袁昶日记》:"访孙仲颂同年诒让、戴子高望、刘肃父恭冕、莫子偲丈友芝,均会面。孙盐法丈琴西先生、胡式嘉同转裕燕……均不值。"(《袁昶年谱长编》,110页)

七月二十二日(9月6日),张文虎来访。

《张文虎日记》:"拜孙勤老、李山长、张莲卿。"(257页)

七月二十四日(9月8日),访袁昶。

《袁昶日记》:"孙盐法道枉过。"(《袁昶年谱长编》,110页)

七月,创立江宁劝学官书局,附于惜阴书院,取江宁、江苏、浙江、湖北四局新刊经籍,每部四份,藏于书院楼上,俾东南寒士得诣局借读,事领于官而簿钥、出纳由上元杨绅长年、秦绅际唐掌之。(《孙衣言孙诒让父子年谱》,101页)

《续纂江宁府志》:"劝学官书局 同治十年七月立。江南盐巡道孙公衣言以江宁士子寒畯者多,难于得书,请于总督曾文正公取江宁、江苏、浙江、湖北四书局新刊经籍,每部四分,藏于惜阴书院,凡本籍士子得诣书院借读,事领于官而簿钥、出纳则绅士掌之。(附章程)"(汪士铎等纂,卷六实政,8叶,《中国方志丛书》,成文出版社1970年版,56页)

八月初六日(9月20日),袁昶来谒。

《袁昶日记》:"出门,舆谒前刑部右侍郎六安吴竹如先生廷栋、武昌张廉卿举人裕钊、孙盐法丈、中颂同年,均见。"(《袁昶年谱长编》,110页)

八月十一日(9月25日),谒曾国藩,久谈。

《曾国藩日记》:"坐见之客五次,立见者一次,内孙琴西、范鹤生、李小湖、薛季怀四起坐甚久,客去已黑矣。"(下册,1392页)

八月十四日(9月28日),曾纪泽来访,久谈。

《曾纪泽日记》:"拜孙晋(琴)西,久谈。"(上册,148页)

夏秋间,桂文灿从京都回乡过金陵,曾访谱主,以今年五月初一日,张之洞、潘祖荫招集都下名士于龙树寺为蒹葭簃雅集之事向谱主索诗。谱主有和诗。

《辛未五月之朔张孝达太史之洞潘伯寅侍郎集诸名士于龙树院为蒹葭簃雅集图人各有诗南海桂皓庭文灿儿子诒让皆与焉皓庭来金陵索为诗》:"高槐深柳蔼风烟,胜事城南思渺然。帝里春光犹杜曲,秦淮明月自尊前。每怀丹禁多华发,又看青云接妙年。四海晁张同辈少,诗成吟与小斜川。"(《孙衣言集》上册,253页)

按:《张文虎日记》六月二日:"薛慰农、桂皓亭广东举人、吕文卿来。"
(254页)八月廿六日:"送桂皓庭回广州。"(259页)说明桂文灿于六月至八月间在金陵,姑系以此。

九月初四日(10月17日),访曾纪泽,久谈。

《曾纪泽日记》:"孙琴西来久谈。"(上册,153页)

九月初九日(10月22日),袁昶来拜。

《袁昶日记》:"谒吴少司寇竹如先生。……又拜孙琴西年丈、仲颂同年。"(《袁昶年谱长编》,115页)

九月十四日(10月27日),莫友芝去世,享年六十一。

《曾国藩日记》十月十六日:"旋至莫愁湖吊丧,莫子偲以九月十四死于兴化,柩停该处。"(下册,1413页)

张裕钊《莫子偲墓志铭》:"子偲之卒以同治十年九月辛丑,春秋六十有一。"(《濂亭文集》卷六,《清代诗文集汇编》694册,54页)

九月十九日(11月1日),曾纪泽来谈。

《曾纪泽日记》:"巳初起身,过孙琴西处一谈。出朝阳门,行十馀里,在孝陵卫小坐。"(上册,157页)

九月二十三日(11月5日),访曾纪泽,久谈。

《曾纪泽日记》:"孙琴西来久谈。"(上册,158页)

九月,校读陆本二刘文集毕,书于卷末《左史墓志》后,云:

案:此志《横塘集》不载。而《宣义刘公墓志》:'其孤相与谋曰:昔我起居兄之葬,已问铭于许氏。'则志实横塘所作,盖亦佚矣。《伊洛渊源录》所载不全,而字句亦多同异,或朱子所删节。其子名诚,与《宣义志》合。而《二程遗书》卷十八所载陈几叟跋,言见刘元承之子县丞诚,盖字讹也。辛未九月在金陵察院书。(《孙衣言孙诒让父子年谱》,99—100页)

九月,查办江宁酱园认缸一案,拟定章程,刊刻给发各铺户收执,永远遵守。

《两淮盐法志》卷八十一督销门江宁食岸:"同治十年九月署盐巡道

孙衣言等申查办江宁省城酱园认缸一案,见据各酱园及杂货店分别具结遵认,并经札饬江宁府,督同县委各员,妥议简明章程,于疏销之中,仍寓便民之意,刊入县照,给发遵守。兹据呈拟章程及县照式样,前来除经司道等酌定札发江宁府,转饬上江二县刊刻给发各铺户收执,永远遵守,并饬将发过各户花名缸数造具清册,另行通送查考。

附刊入照内章程:

一、酱坊缸只按照大中小三则派令认销,官盐每年大缸每只二百斤,中缸每只一百二十斤,小缸每只八十斤,醃缸每只九十斤,各酱坊永远遵章办理,由岸商于年终汇核销数缺溢呈县,申报盐院司道查考,日后生意赀本或有畅滞长落,则缸数自有增减,准其随时报明岸商,由岸商验实禀县办理,以杜弊混。

一、酱坊例不准摆设盆盐见在城乡大小腐坊均已出具切结不得另设盆匾希图影射贩私如敢阳奉阴违,查出拿究不贷。

一、各酱坊自此次认定缸数后,如有续行禀开者,照章取具各结,由岸商加结请给执照,并须立有铺面方准开设,不得在家私造,违者拿究。

一、城乡杂货铺户带售零盐零酱,见经出具遵销官盐官酱,切结均须取有岸商官酱园发票以凭查考不得私造私贩并责成岸商官酱园随时觉察,违者禀明究办。

一、杂货行囤卖私盐私酱,尤宜严禁,见在定章各酱园既认定缸只杂货店又带售零盐均系遵销官引如有杂货官行私售盐酱准各官酱园盐店报明岸商禀请拿究。

一、清厘酱缸每年夏季运司衙门本有例差其各衙门差票挨查有查弊之名无查弊之实,徒滋需索,嗣后毋庸差查,以示体恤。"(29—32 叶)

十月二十日(12 月 2 日),访张文虎。

《张文虎日记》:"孙勤老来拜。"(263 页)

十一月初七日(12 月 18 日),读毕曾巩文。

《孙衣言孙诒让父子年谱》:"衣言续点曾子固文,初七日读竟十卷。"(100 页)

十一月十三日(12 月 24 日),访曾纪泽,久谈。

《曾纪泽日记》:"孙琴西来久谈。"(上册,171 页)

十一月二十日(12 月 31 日),曾纪泽来函。

《曾纪泽日记》:"写一函答孙琴西。"(上册,172 页)

十一月廿六日(1872 年 1 月 6 日),阅王士禛所选《山谷七言诗抄》,于卷尾王拯戊午题跋之后又题,抒写思念之情。

《孙衣言孙诒让父子年谱》:"此予友马平王通政锡振跋语。戊午为咸丰八年,时余犹在翰林,其次年遂出为安庆守矣。定甫后改名拯,官至通政司通政,权副宪,旋以言事罢归。今忽忽十三年矣,久不闻问,闻亦老而多病矣,阅此为之惘然。同治辛未记于金陵察院寓居,时十一月廿六夜二鼓雨中。"(100 页)

十二月初一日(1 月 10 日),访曾纪泽。

《曾纪泽日记》:"饭后孙琴西、桂香亭、云□□来一坐。"(上册,175 页)

十二月十二日(1 月 21 日),谒曾国藩,久谈。

《曾国藩日记》:"坐见之客三次,孙琴西、吴小轩谈甚久。"(下册,1426 页)

十二月十九日(1 月 28 日),招同人集飞霞阁,祝苏东坡生日,到者有张文虎、应宝时、勒方锜、薛时雨、赵彦修、吴绍伊、钱应溥、孙文川、唐仁寿、戴望。

《张文虎日记》:"阴。孙勤西观察招同应敏斋廉访、勒少仲观察、薛慰农山长、赵、吴两学博、钱子密京卿、孙潋之大令、唐端甫、戴子高集飞霞阁祝东坡生日。"(267 页)

张文虎《东坡生日勤老招同应敏斋廉访_{宝时}勒少仲观察_{方锜}吴莘农学博_{绍伊}暨慰农山长_{季梅}子密_澂之端甫子高集飞霞阁次勤老韵》:"钟阜数峰馀积雪,似与群山斗高洁。群山崛强气未降,地逦昂头赴天阙。东坡诗句百态新,飘然画像如生存。孙侯炉锤与苏敌,妙合铁锡铜金银。招邀众宾来阁上,纵饮高谈喜天放。诗成浩气压时贤,几辈高才色惆怅。宦游落落三四公,平生出处同不同。湖山樽俎大可乐,烟蓑莫羡多牛翁。明年还祝白公寿,高会不限香山九。请约当前十二人,宾筵日和阳春。"(《舒艺室诗存》卷六,26 叶,《清代诗文集汇编》630 册,527 页)

十二月二十二日(1 月 31 日),曾国藩再上《孙衣言仍请补授盐巡道缺折》,称:

唯查孙衣言久任京秩,入直上书房,由翰林院侍讲京察一等简放安庆府知府。咸丰年间屡觐天颜,迭蒙召对,嗣在军营出力保奏道员。又于同治七年七月遵例引见一次,究与未经引见全无誉望之员迥不相同。其补交银两后,又经前督臣马新贻奏明留办善后,暂缓赴部在案,似与别项不合例人员又有区别。臣等为缺择人,再四筹商,合无仰恳天恩准以孙衣言补授江宁盐巡道员缺,实于盐务地方均有裨益。(《曾国藩全集·奏稿之十二》,543页)

同日,曾国藩上《密保孙衣言片》,称:

该员孙衣言,学识闳通,办事果决,绝无依违瞻顾之习。若畀以实缺道员,练习吏事,即可备藩、臬之选。此次请补盐巡道一缺,合无仰恳特旨补授,以励人才。臣将来遵保藩、臬之折,即不复开列该员矣。谨附片密陈,伏乞皇太后、皇上圣鉴训示。(《曾国藩全集·奏稿之十二》,552页)

十二月二十五日(2月3日),俞樾收到谱主来函。

《春在堂日记》:"庚辰,得孙琴西同年书。"(《春在堂日记 曲园日记》,231页)

十二月三十日(2月8日),除夕,张文虎和谱主《东坡生日诗》原韵。

《张文虎日记》:"和孙勤老《东坡生日诗》元韵。"(267页)

冬,周星诒以传抄《刘左史集》及郑景望敷文《郑氏书说》各一册寄示。《刘集》为吴翌凤校写青芝张氏本,《书说》为晋斋赵氏旧本。《刘集》册尾有周星诒题记云:

右诒藏吴枚庵校写本,命胥拓呈逊学斋主人。辛未大冬廿七日校讫,星诒在汀州记。(《孙衣言孙诒让父子年谱》,100页)

是年,从锵鸣假抄王季中《雁山游草》《湖上草》《松鹤斋草》《友声草》《游燕草》《舫斋草》《白鹿社草》《赤城草》各一卷,王光经《黄石草》一卷,王继明《遗诗文》一卷,王积石《玄对草》二卷,王钦豫《翼正初编》《经德录》《序略》一卷,合装一册,《序略》后原有锵鸣跋记,并移录于帙尾。又从锵鸣假抄王旸谷《玉介园存稿》残帙二册,王子扬《鹤山集》一册,姜平仲《岐海琐谈》二册及归、方评点《史记》,均录其校语。(《孙衣言孙诒让父子年谱》,100—101页)

是年,怀宁方朔以汉代"至万世"砖砚一方题赠,砚之侧面刻有方朔铭辞并跋:

苏黄诗,汉魏裔。韩欧文,班马制。宜此池,助笔势。卓哉逊学斋,自可至万世。同治九年得此砖于金陵盘龙山麓,与瓦当合,汉物也。琢砚呈琴西观察大人正,属吏方朔并铭。(《孙衣言孙诒让父子年谱》,101页)

方朔又手拓砖之全形一幅,附跋见诒。

《孙衣言孙诒让父子年谱》:"汉富贵、富且贵、至万世砖。同治九年稽查神策门,于其城外盘龙山麓得此砖,玩其篆与瓦当合,又列钱饰麻布纹,六朝以下无此制也。说者谓恐系晋之陵葬砖,然陵砖有"千秋万世"字样,曰"富贵",曰"富且贵",未免自小之矣。悉心审之,当为汉之王侯将相冢中物。再汉世多吉祥文字砖,或另制此砖以为厌胜之具,亦不可知。同时得者,有"富贵"二字,有"富且贵"三字,有"至万世"三字,皆此砖破损之遗,悉制为砚,殊可玩已。越次年六月望日,怀宁方朔小东并题于秦淮水阁。"(101页)

是年,重校《水心集》,用墨笔评点乾隆刻本又一部,并有校语。(《孙衣言孙诒让父子年谱》,101页)

命诒让校勘《浪语集》。诒让精校毕《浪语集》三十五卷,拟别为札记一卷。(《孙衣言孙诒让父子年谱》,101页)

是年,有诗寄彭玉麟。

《寄彭雪琴侍郎》:"目光如电气如云,汗马功名昔有闻。始信萧何知国士,谁言灞上是将军。江中龙去愁无水,谓杨厚庵制府。海畔鸥浮回不群。我为楼船谋将帅,两翁何事对乡坌。"(《孙衣言集》上册,253页)

是年,王棻来函。

《上孙琴西夫子书》:"客冬谒侍,饮食教诲,感泐不忘。五月廿二日敬辞南下,六月十一日抵舍,途中叨庇安稳,惟小仆病仍痊,至今增剧,谅难瘳矣。前承逾格关垂,百方疗治,其将何以报德耶?敝县文运之阨,今岁为甚,三月中曾朴岩溢逝,同人已为扼腕。前月晦日蔡仲吹又物故,仲吹学问文章拔出侪辈,即置之金马玉堂,亦无愧色,乃天既厄其遇,又促其年,岂造物者固忌才耶?抑有命存焉?彼造物者亦无如何耶?母老妻稚,子女俱无,惟所遗诗文若干卷,拟为之编次成帙,缮呈删定,并丐序文,梓行于世,以冀其传而已,他无可为力也。棻自归后,俗冗羁靮卒卒无暇,欲如侍座之日,终朝闭户之乐,不可得矣。年齿日增,学问日退，师友日远，故旧日凋，俯仰身世之间，真觉可愧而可惧者矣。吾师得时行道，乐育群才，上有贤相国为之主持，下有贤公子为之绍述，一时大江南北为道德经术文章之学者，莫不毕萃于兹，诚使枿去好名好胜之习，而各致其勿忘勿助之功，以同归于有体有用之学，今日培为人材，他日郁为风俗，岂非儒者经国之远图异于寻常万万者哉？菜鄙陋之见，妄测高深，惟夫子不鄙而重赐之教，幸甚不宣。"（《柔桥初集》卷十三书启上，杭州图书馆藏稿本）

同治十一年　壬申　1872年　五十八岁

正月初三日（2月11日），曾纪泽来函。

《曾纪泽日记》："写片缄答孙琴西。"（上册，185页）

正月初九日（2月17日），赴曾国藩宴。

《曾国藩日记》："未正，请司道小宴。二席，十二客。酒半，梅方柏、王、孙二观察辞席，渠亦于是日请将军小宴也。"（下册，1433页）

正月初十日（2月18日），特旨补授江宁盐巡道。

《穆宗毅皇帝实录》卷三二七："谕内阁：前据曾国藩等奏，请以候补道孙衣言补授江宁盐巡道，经吏部以与例不符奏驳。兹据曾国藩等奏称，盐巡道事烦任重，非资望素著之员，不足以资治理，请仍以该员补授等语。江宁盐巡道员缺著准其以孙衣言补授。"（《清实录》50册，330页）

正月十二日（2月20日），谒曾国藩，久谈，曾纪泽在座。

《曾纪泽日记》："至大人签押房，观玩良久，孙琴西来谈极久。"（上册，187页）

《曾国藩日记》："坐见之客六次，立见者一次。"（下册，1433页）

正月二十日（2月28日），白居易生日，招汪士铎、杨长年、赵彦修、吴绍伊、薛福成、戴望、唐仁寿、庄祖基、刘寿曾、张文虎集莫愁湖妙岩庵，有诗。

《正月二十日香山生日同人集于莫愁湖》："峨峨新散府中趋，堆案如云困墨朱。却召深朋游汗漫，更携名酒听歌呼。几人官向杭州老，百

卷诗犹小雅馀。我欲与公同挂笏,隔江山色似西湖。"(《孙衣言集》上册,
254页)

《张文虎日记》:"孙勤老招同汪梅岑、杨朴庵、赵季梅、吴莘农、薛叔
芸、戴子高、唐端甫、庄守斋、刘恭甫集莫愁湖妙岩庵祝白太傅生日。"
(269页)

张文虎《香山生日勤老招同杨朴庵孝廉长年薛叔芸观察福成汪梅岑
刘恭甫庄守斋季梅莘农端甫子高集妙岩庵用白集庚楼晚望韵》:"奇怀
畅好值良晨,胜境流光一例新。佳约重寻添白发,同游几辈在青春。杨
枝未信牵情障,只树何缘著色尘。庵供莫愁像。脉脉湖波愁不绝,欲将杯
酒酹陈人。谓莫偲老。"(《舒艺室诗存》卷六,26叶,《清代诗文集汇编》630册,527页)

汪士铎《正月二十日白香山生日孙琴西观察召祀公于莫愁湖上》:
"旧传说论满蛮坡,管领湖山足醉歌。早岁鸡林诗价贵,晚来龙树法缘
多。琴尊幸有高贤接,香火无如旷代何。我愿续公新乐府,胜棋楼下伴
渔蓑。"(《悔翁诗钞》卷十三,8—9叶,《清代诗文集汇编》612册,664页)

《薛福成日记》:"孙琴西观察招宴莫愁湖,同会者为赵广文、吴广
文、汪孝廉梅邨、杨孝廉朴庵、张茂才啸山、戴茂才子高、唐茂才端甫、刘
明经恭甫、孙仲容孝廉。盖明日为香山先生生日,先一日设像集会焉。"
(上册,97页)

正月二十七日(3月6日),访曾纪泽。

《曾纪泽日记》:"饭后徐五峰、蒋萃峰、孙琴西、邵子晋、易笏山、萧
廉泉、洪琴西先后来谈。"(上册,192页)

正月二十八日(3月7日),访曾纪泽。

《曾纪泽日记》:"孙琴西、洪琴西来一谈。"(上册,192页)

正月,申请缉私费三百两,用于瓜洲一带巡缉私盐办公经费。得曾国藩
批允。

《两淮盐法志》卷六十二转运门缉私四:"同治十一年正月江南盐巡
道孙衣言等详案,照瓜洲及泗源沟、沙漫洲一带为私盐丛集之区,前奉
派委黄军门候补道杨钟琛、师荣光驻扎各该处巡缉,叠获功盐多起,私
枭敛迹,上江各岸销市渐有起色,惟经费支绌,不敷办公。见拟于瓜栈
栈用项下每月拨给杨道银二百两,师道、黄军门各五十两,以资办公,理

合详请示遵。经盐政曾国藩批允。

> 谨按：此项缉费前由金陵军需局及岸商何公远筹垫，至是停止。"
> （10—11叶）

二月初二日（3月10日），张文虎来访。

> 《张文虎日记》："答拜叶云岩、庄中白、孙观察。"（270页）

二月初四日（3月12日），曾国藩去世，年六十二。谱主为文祭之，复挽以联云：

> 人间论勋业，但谓如周召虎、唐郭子仪，岂知志在皋夔，别有独居深念事；天下诵文章，殆不愧韩退之、欧阳永叔，却恨老来湿轼，更无便坐雅谈时。（《孙衣言孙诒让父子年谱》，103页）

二月初七日（3月15日），重阅姚氏《古文辞类纂》七十五卷毕，记于帙尾云：

> 蓝笔从龙翰臣本录出，时咸丰二三年间也。小鹤云：翰臣依旧言先生点定本。同治十一年二月初七，追记于江南。（《孙衣言孙诒让父子年谱》，102页）

二月，手题"思食笋斋"扁额，而系以跋云：

> 予直上书房时，所居园庐为黄勤敏公旧居，所谓食笋斋也。勤敏手植丛竹犹存，祁文端公尝为重书斋额，悬之斋中。自去禁廷，忽忽十馀载，犹有瞻顾玉堂如在天上之感。今春在江南盐巡道署中，种竹五六百竿，因书此额，揭之竹西之堂，以寄予怀。时在同治壬申二月，瑞安孙某并记。（《孙衣言孙诒让父子年谱》，102—103页）

三月二十四日（5月1日），张文虎来拜。

> 《张文虎日记》："拜孙观察、欧阳晓岑。"（274页）

三月，校读明刻茅评本《王文公文钞》三卷。（《孙衣言孙诒让父子年谱》，103页）
春，王拯闻王必达赴金陵的消息，赋诗兼寄谱主。

> 王拯《闻霞轩自豫章往金陵消息兼寄琴西》："闻君孤棹向江东，愁见孙郎酒盏空。谁更南州问徐孺，百年尘榻亦匆匆。"（《龙壁山房诗草》卷十七，《王拯系年》，287页）

四月初一日(5月7日),访曾纪泽,久谈。

《曾纪泽日记》:"卯初起,梳发,朝奠后晨饭。答拜吊客数起,章作堂来久谈,孙琴西来久谈。"(上册,194页)

四月十一日(5月17日),张文虎来访。

《张文虎日记》:"拜孙观察。"(275页)

四月十五日(5月21日),访曾纪泽,久谈。

《曾纪泽日记》:"答客拜甚久,孙琴西、洪琴西谈均甚久。"(上册,197页)

四月十六日(5月22日),俞樾来函。

《春在堂日记》:"己巳,……与孙琴西、应敏斋两同年书。"(《春在堂日记 曲园日记》,247页)

四月,检阅旧校汲古阁本《史记》补校语。(《孙衣言孙诒让父子年谱》,103页)

五月二十五日(6月30日),俞樾来函。

《春在堂日记》:"戊申,……与孙省斋前辈、孙琴西同年两观察书,与戴子高书。"(《春在堂日记 曲园日记》,252页)

六月初七日(7月12日),张文虎来函。

《张文虎日记》:"又写与孙观察信。"(279页)

六月初八日(7月13日),访张文虎。

《张文虎日记》:"孙观察来。"(279页)

六月二十八日(8月2日),张文虎来函。

《张文虎日记》:"写信送孙观察。"(280页)

七月初二日(8月5日),俞樾来函。是日俞樾收到谱主来函。

《春在堂日记》:"甲申,……与孙琴西同年书,得琴西书。"(《春在堂日记 曲园日记》,256页)

七月十六日(8月19日),张文虎来访。

《张文虎日记》:"晴。回拜孙观察,代致黄子慎来件。"(281页)

七月,续读明刻本《王文公文钞》,十八夜雨,读毕十六卷于金陵之复园。

（《孙衣言孙诒让父子年谱》,103 页）

七月,详明督销以缉私为第一要务。

《两淮盐法志》卷六十二转运门缉私四:"同治十一年七月江南盐巡道孙衣言详督销以缉私为第一要务,见在营船屡被惩办,颇知畏惧,而差使船只仍然不服盘查,自下关委员办理不善,各卡望风而靡,渐就松懈,访闻五月间湖口盐卡即有盘获大员船只夹带多私之事,其船系由下游各卡驶过,何以沙漫洲下关卡员毫无觉察,其为依违迁就已可概见。至考生以盐斤为土仪藉卖盐为川资,恶习已成,转瞬科场势必有加无已,尤须及早整顿,惟有责成南北分司及各场官实力查缉灶私,其淮扬一带缉私各卡务令严禁江广空船不得驶入里河各港,庶可稍杜私源。

经盐政何璟批:转瞬科场,尤须及早整顿。拟令江广空船不得驶入里河,系杜绝考私最要之策。淮盐出场,断难不胫而走。盐无船装,私自禁绝,但仅责成缉私各卡不足以资弹压,来岁应由该道先期禀请,选派文武大员酌带炮船驻札孔家涵等处要隘,从严扼堵。"(11 叶)

八月初五日(9 月 7 日),俞樾寄谱主函。

《春在堂日记》:"丁巳,……寄孙琴西书。"(《春在堂日记 曲园日记》,259 页)

八月初十日(9 月 12 日),袁昶来辞行。

《袁昶日记》:"谒辞盐法瑞安孙丈、仲颂同年,同饭讫,陪游复园。……登舟,开至下关宿。"(《袁昶年谱长编》,139 页)

八月二十三日(9 月 25 日),俞樾来函。

《春在堂日记》:"乙亥,……与孙琴西同年书。"(《春在堂日记 曲园日记》,261 页)

八月,周星诒以影写明叶道熹抄本《习学记言序目》五十卷手校寄赠。册尾有周星诒题记,云:

壬申正月,命书院肄业生影写家藏明抄本,原为叶、孙两氏旧藏,均钤有印记。顾雠校颇略,舛落不免,转录益增谬误,迫于贱事,未暇勘也。秋初复出两本对阅一过,略为改正,原误者阙之,不敢臆改也。七

393

月廿九日记,时在汀州。壬申八月十四日覆勘讫。

先有门生墨笔勘校诸册,以足病未校。（《孙衣言孙诒让父子年谱》,103 页）

又得周星诒传抄文澜阁本《竹轩杂著》二册。（《孙衣言孙诒让父子年谱》,103 页）

九月十五日（10 月 16 日）,跋曹振镛自书所作诗后二首。

《跋曹文正公自书所作诗后二首》:"诗凡五十三纸,歙曹文正公小楷自书,以呈其座主覃溪学士,其复重者则改定后复书以呈,而学士又为加墨也。诗皆当时台阁体,不为佳,而书法特稳秀,六十馀岁人犹能作此,殊不易。及覃溪在当时固为老宿,而文正已为宰相,犹勤勤以文字求正如乡曲子弟,覃溪亦抗颜为之钩抹涂改,或直攻其疵颣。不少假借,前辈为学不自满,假而师弟子之间诚意相与如此,殊非后人所及矣。予闻文正在政府时,宣宗眷注甚厚,而文正谔谔,务持大体,军机考试僚属例糊名,而文正务取人望,往往其人可用,辄不为上所录,必力争用之。又其将卒也,先自定其时刻遗疏千馀言,手自缮稿,附折至十馀件,皆当时切要事务。于戏！承平时,宰相识度过人如此,然则此数纸又岂徒文字之可玩也耶？壬申九月之望。"（《孙衣言集》中册,542 页）

十月初六日（11 月 6 日）,擢安徽按察使。

《穆宗毅皇帝实录》卷三四二:"丁巳,……以江苏盐巡道孙衣言为安徽按察使。"（《清实录》51 册,506 页）

《癸酉瞻天日记》:"以壬申十月初六日蒙恩补授安徽按察使。"（《孙衣言孙诒让父子年谱》,425 页）

十月十五日（11 月 15 日）,传录姚鼐点校《荀子》,记云:

此惜抱先生所点《荀子》,间有驳注及校正章句处皆精当。桐城萧敬甫有传录本。今年七月,敬甫至金陵以见示,因以丹笔照录,盖阅两月而毕。同治壬申十月之望,记于盐法道署复园。（《孙衣言孙诒让父子年谱》,104 页）

同日,致函朱学勤,云:

顷阅邸抄,知以大婚成礼,章服加隆,莫名额贺。自此显秩日惇,新猷益懋,自在意中,惟所仰望,总以维持善类、调和宫府为天下根本之计,则真大贤事业也。亲政有期,仰见两宫盛德突过前朝,而初政尤以不轻变更,务持大体为国家之福,想众正盈廷,必能深计远虑也。衣言碌碌无状,不足为知己者告,吏事之馀,不敢废学,然远不如京居时之颛一矣。雪琴侍郎郁郁京期,必非其性所宜,如能以本官寄禄,专司稽察长江水师,则隐然有猛虎在山之效,似公必苦留之也,何如?即颂修伯宗丞大人勋安,不具。衣言拜状,十月之望夜二鼓。(邹晓燕整理《孙衣言、成林、杨昌濬、蒋益澧致朱学勤手札》,《历史文献》第十八辑,125 页)

十月二十四日(11 月 24 日),奉吏部檄,知迁安徽按察使。

《癸酉瞻天日记》:"十月二十四日,既奉吏知檄知。"(《孙衣言孙诒让父子年谱》,425 页)

十月二十五日(11 月 25 日),张文虎来道贺。

《张文虎日记》:"贺孙观察升安徽臬司之喜。"(288 页)

十月二十八日(11 月 28 日),答拜张文虎。

《张文虎日记》:"孙廉访来答拜。"(288 页)

十月,校读钱唐丁丙藏明抄本《习学记言序目》,校毕记于册端云:

松生此本,写手恶劣,视予所得两残本。明秦四麟抄本,传录明叶道毂抄本。不逮远甚。予既据松生本抄补缺卷,因以两残本互相校勘,订其伪谬,又为松生本通校一过。松生本之讹,有一条分为数条,数条合为一条,又有此条错入彼条者,文字讹夺则几不可枚举矣。幸其离合错乱处显而易见,因就两残本为之校正,残本所无,则姑以予意正之,而别为标识。予本及松生本可两存者,则但曰某作某而已。松生本抄虽不精,而两残本缺误,亦间有赖松生本订正者,以此益知藏书不厌多也。官下冗杂,几及一年,始得毕事。此书差为可读,然尚恨未获一精抄全本尽正之也。予尝为修伯言此书难校,修伯答书,言其同年海蕙田所有影宋抄本,许为借之,而远在京师,恐不可必得。今姑以书归松生,如蕙田书来,我犹当为松生复校也。壬申十月之吉,瑞安孙衣言记于金陵思食笋斋,是夜二鼓。(《孙衣言孙诒让父子年谱》,103—104 页)

十月,应刘方蕙之请,为撰《宜春刘氏石笋坑墓表》。(《孙衣言集》中册,410—411 页)

十一月初五日(12 月 5 日),接奉署江苏巡抚张树声转来的任安徽按察使部咨,上谢恩摺。

《升授安徽按察使谢恩摺子》:"奏为恭谢天恩,吁请陛见,仰祈圣鉴事。窃臣于同治十一年十一月初五日接奉署江苏巡抚臣张树声行知接准部咨,同治十一年十月初六日内阁奉上谕安徽按察使著孙衣言补授,钦此。当即恭设香案,望阙叩头谢恩讫。伏念臣草茅下士,瓯海庸材,壮岁甲科,幸列清华之选,中天讲帷,勉参侍从之班。荷圣德之裁成,屡邀破格,备监司于盐筴,方愧持筹,岂谓一岁而再迁,复莅两淮之旧治?窃惟安徽居吴楚中权之要,臬司为刑名总汇之区,读律而兼读书,贵探其本,济宽亦宜济猛,务持其平。臣任重材轻,深虞陨越,惟有吁恳天恩,俯准入都陛见,跪聆圣训,俾获重趋禁近,仰瞻有喜之天颜,庶几宣布皇仁,上企无刑之郅治。所有微臣感激下忱,并恭请陛见缘由,理合缮摺具陈,伏乞皇太后皇上圣鉴训示。"(《孙衣言集》中册,290—291页)

十一月初八日(12月8日),专差赍谢摺入都。是日,致函朱学勤。

《癸酉瞻天日记》:"即于十一月初八日专开赍摺入都。"(《孙衣言孙诒让父子年谱》,425页)

函云:"修伯宗丞大人阁下:前由庆云峰尚衣寄去《晋书》《三国志》各一部,并附菲意一函,又于前月十九日寄上一函,想均得彻清睐。盐道任内未领教书,不知可补领否?前有小小意思致王小铁同年,已收到否?二十二日又接初六手书,尤荷注饰,此地先二日得敏斋书,知有此擢,颇怪得信之速,而尊函亦仅半日到此,可谓神速。衣言自惟思拙,盐巡一席,时以孜孜未逮为惧,乃更畀以风宪纪纲之任,何以克堪,爱我者尚祈有以箴之。本日专差赍谢摺入都,以部文由安徽、江苏而来,稍迟数日。出都五载,适当亲政之时,极思瞻望天光,惟资斧甚不容易,现在百计搜掘,赶于腊尾春初束装北上,临行时仍先函达。素荷不弃,一切均当求教,握手非遥,诸容面罄。汪梅村《水经图注》,先寄上一部,其馀诸书俟自携以来。三邸禀已收到,然实无一语及时事也。即颂台安,惟照不具。愚弟孙衣言顿首。"(邹晓燕整理《孙衣言、成林、杨昌濬、蒋益澧致朱学勤手札》,《历史文献》第十八辑,127页)

十一月十一日(12月11日),俞樾来函。

《春在堂日记》:"壬辰,……与孙琴西同年书。"(《春在堂日记 曲园日

记》,271 页)

　　函云:"自湖上归,始知拜皖臬之命,此时陈臬之邦,即昔年领郡之地,皖公山色,青苍如故,回忆十五年前之事,可以掀髯一笑矣。平生读书不读律,骤居刑名总会之区,似乎耳目一新,然大才宜无所不可,且臬事藩条,亦皆借径耳,异日坐镇封疆,主持运会,宏奖风流,此兄之所优为,而鄙人所望于兄者也。入觐何时首涂,雨雪北辕,幸自爱。"(《春在堂尺牍》卷四,11—12 叶,《清代诗文集汇编》686 册,568 页)

十一月二十六日(12 月 26 日),周星诒以抄本《横塘集》寄示谱主,并附题记,云:

　　壬寅正月,以家藏本付胥转录,十月,属门生邹、刘、段诸子勘校讫寄呈。十一月廿六日。(《孙衣言孙诒让父子年谱》,106 页)

十一月二十七日(12 月 27 日),阅黄钺诗集,撰《黄礼部诗序》于金陵思食笋斋。

　　《黄礼部诗序》:"同治壬申十一月二十七日,书于金陵思食笋斋。"(《孙衣言集》中册,498—499 页)

十一月,见黄钺三十四岁小像,回忆往事,怃然题诗,前有序。

　　《黄勤敏公钺三十四岁小像》:"道光戊戌,予以选贡至京师,黄勤敏公已退老江上,年八十馀矣。咸丰甲寅,予入直上书房,则勤敏已卒,所居园庐即勤敏食笋斋也。予既不得久居中,而园中所种竹今亦不知存否,乃于此图得见公妙年风采,为之怃然。同治壬申十一月,新有淮南北提刑之命。请觐将行,倚装书此。

　　黄发青云隔后尘,更谁潇洒认风神。御园细竹愁回首,我亦先皇老侍臣。"(《孙衣言集》上册,254 页)

十一月,为胡凤丹《退补斋诗存》撰序。

　　《胡月樵退补斋诗存序》:"予与月樵不相闻将十年。去岁秋间,月樵自鄂州以新刻诗一卷见寄,又以所为近诗四巨编索予序,予始知月樵为诗。今年,月樵以省其故人何侍郎来金陵,就予馆,辄连日夜论诗不倦,复出所为乐府古诗数十篇,则知月樵为诗已久,诗又多且工。……予与月樵皆居浙东千里外,而永康在金华万山之巅,古之所谓洞天福地,仙人黄初平之所游,予每度括岭望仙都求轩辕鼎湖之遗,见其云山宵远,竹树深蔚,溪壑交流映带,若隐若显,出于苍翠丛灌之间,辄低徊不能自已。月樵其亦慨然念之乎? ……同治壬申十一月。"（《孙衣言集》中册,500—501页）

十一月,应冯卓如、吉云兄弟之请,为其父狱中画册题辞,前有序。

《冯尹平刺史狱中画册其嗣君卓如吉云兄弟索题》:"咸丰之初,刺史宰某县,逆奴诬以通粤贼大帅某奏,逮入诏狱,要人罗织成之,刑部不敢争,遂以无罪遣戍,在狱中四年,日作山水杂画,以自娱适,且谓其喆嗣竹儒、吉云当善藏之。盖其意若不知在患难中也。今卓如以孝廉起家,吉云以军中功阀,皆积官至监司矣。予相见于金陵,出此册索诗。壬申仲冬。

即墨大夫毁者多,曾参乃有杀人祸。生平那知狱吏尊,四顾无人槃礴赢。春风落笔生暄妍,海棠明媚桃腮嫣。花间并坐暍相视,枝头独宿牢双拳。菰蒲沙石满江水,渔父移舟帆半起。此间光景似家乡,桄榔椰叶风前靡。羡君下笔天机多,岂识当年雉在罗。中朝大官坐阴拱,玉关逐臣行荷戈。东风不识康居王,赖君点笔回春阳。春阳满怀天亦笑,白日能向覆盆照。初萌断枬皆开花,花底双雏双黄鹂。石头城下勾新篇,文章复见小斜川。惠州饱饭渊明酒,莫恨苏卿十九年。"（《孙衣言集》上册,221页）

十二月初二日（12月31日）,俞樾收到谱主来函,即复函。

《春在堂日记》:"壬子,……得孙琴西廉访同年书,与琴西书。"（《春在堂日记 曲园日记》,273页）

十二月初九日（1873年1月7日）,张文虎来访。

《张文虎日记》:"拜孙廉访。"（291页）

十二月十五日（1月13日）,交卸江宁盐巡道。是日,张文虎改定谱主所撰《黄礼部集序》。

《癸酉瞻天日记》:"遂以十二月十五日交卸道篆。"（《孙衣言孙诒让父子年谱》,425页）

《张文虎日记》:"改定孙勤老《礼部集序》。"（291页）

十二月十九日（1月17日）,东坡生日,张文虎、唐仁寿、赵彦修、刘寿曾、庄祖基、吴绍伊、杨长年、戴望、张盛藻、周葆昌、都国樑于飞霞阁集祀,兼为谱主北行入觐饯行。谱主赋诗二首。

《张文虎日记》:"晨起雪盈寸。与端甫招孙廉访、张侍御、杨朴庵、赵季梅、吴莘农、庄守斋、周星堂、都芝仙、戴子高、刘恭甫集飞霞阁祝东坡生日。廉访请用予《曾文正公生日诗》序韵。"(291页)

《东坡生日集祀飞霞阁》(壬申):"前年雪中寿诗翁,竞爱城头山娟洁。今年看雪复再来,万瓦琼瑶瞰银阙。天容野色常清新,亦似公诗万古存。独恨我衰颜貌丑,两鬓雪白鬓如银。幅巾翩翩画堂上,想见湖头几疏放。三年误落尘土中,薛侯相对亦惆怅。慰农与予皆主讲杭州,予来官金陵,慰农移主钟山书院。犹幸一樽时从公,坐中贤豪今昔同。弇阳词客虽不见,清绝犹能成两翁。少仲新与此会,与予为同年。鞠躬满堂为公寿,何必秦七与黄九。更忆西陵白发人,辛勤谁为唱阳春。"(《孙衣言集》上册,220—221页)

《东坡生日张啸山唐端夫招集飞霞阁并为予祖道啸山诗先成季梅恭甫慰农皆用其韵予亦继作即以别诸同人》:"梅花四绕天无风,琼楼瑶阙森当中。钟山玉立更修罏,连朝点缀烦天公。故人折简走相召,却喜胜览年年同。予在此凡四与此会,皆在雪后。三堂更饮无事酒,百篇欲策搜诗功。苏斋画本犹高阁,玉京谪吏仍仙翁。重衔甫脱喜骧首,丰刍坐饱羞扪衷。诏书昨下有迁擢,迂儒何术甦罢癃。客行有日长安近,驿路遥指江流东。东坡昔年遍杭颍,潮阳迁客胆祝融。一朝卧对郭熙画,玉堂正与金銮通。清虚堂前复看雪,新恩侍宴思兴龙。平生读书鄜城旦,颇复有志陈愚蒙。旧巢犹在御园竹,佳气不改长陵松。怀抱十年臣愤切,瞳晓初日天亶聪。却念诸公久相爱,五载一别殊匆匆。鬐翁相向亦惆怅,瓣香手焚深鞠躬。新词丽句况屡辱,离情别思真无穷。虽然且就文字饮,烂漫莫遣樽罍空。绿萼满庭寿白傅,荷筒万柄斟文忠。有诗莫忘千里寄,相望不隔三山重。"(《孙衣言集》上册,222页)

十二月二十二日(1月20日),张文虎赋《东坡生日》诗赠谱主。

《张文虎日记》:"午晴。作《东坡生日》送孙廉访。"(291页)

张文虎《东坡生日张春陔侍御盛藻周星堂大令葆昌庄守斋观察赵季梅吴莘农杨朴庵都芝仙戴子高刘恭甫唐端甫同集飞霞阁即送孙勤西廉访入觐廉访约用前诗韵率赋呈同人》:"孙侯绰有湘乡风,节概正在冲和中。主持风雅侯也在，有似坡老承欧公。忽将陈枭移皖北，攀辕惜别群情同。固知素抱在经世，要以文章兼事功。离筵草草还小聚，岁例仍效罨溪翁。人生离合亦常事，出处各自全其衷。坐中少长皆俊彦，我亦自忘罢且癃。吴门归櫂阻风雪，此会所惜无河东。薛慰农山长赴苏未返。当年抗疏争国是，谁其继者惟张融。侍御亦以言事辞官。直声先后动海内，辞章学行元相通。天涯楚越忽相遇，神剑妙合延津龙。勿嗟玉堂在天上，岂有明镜尘长蒙。残冬凛冽万木槁，凋敝不到南山松。今皇献岁大亲政，首明四目达四聪，一麾出守逾十稔，朝天车马宜匆匆。邮程冰雪春未暖，王臣蹇蹇匪为躬。丹墀陈策九叩首，盗贼未息闾阎穷。移风易俗自上始，补救有术言非空。荐贤报国岂私党，进退不愧师门忠。使车南下经颍尾，欧苏旧迹今游重。廉访前署庐凤巡道。壬申嘉平，啸山张文虎稿。"（《舒艺室诗存》卷六，28—29叶，《清代诗文集汇编》630册，528页）

张文虎《再沓前韵送孙廉访赴皖》："爰居止鲁偶避风，黄鹄一笑青云中。海边若士卷龟壳，把臂忽遇浮丘公。忆昔相逢皖伯国，踪迹虽异襟期同。是时元老正专钺，大雪待奏平淮功。书生束手无武略，蛰庵共荐苏髯翁。江山雪月夜奇绝，有作各自鸣私衷。十年以来屡沿例，岁月磨我成衰癃。朋欢新旧互离合，远或闲隔天西东。公来白下再聚首，渐喜幽蛰回春融。读书台边觅险韵，冶城左为郭文举读书台故址云。往往径绝风云通。用行舍藏天所命，丈夫何者为蛇龙。公登廊庙为稷皋，我将甫里寻龟蒙。空山樗栎亦千载，颇复自比徂徕松。所叫牙旷有深契，耻与俗耳争聋聪。惜哉良会别太易，五年握手犹匆匆。遗忧身后赖公等，元侯尽瘁先鞠躬。澄清有日酬素志，滋恐责备来无穷。即今骅骝备闲厩，勿谓冀北群真空。迂儒于世百无用，以言为赠庸非忠。鹪鹩一枝吾已足，遥看扶摇天九重。"（《舒艺室诗存》卷六，29—30叶，《清代诗文集汇编》630册，528—529页）

十二月三十日（1月28日），张文虎致杨岘信，托谱主转寄。

《张文虎日记》："写寄杨见山信，托勤老转寄。"（292页）

十二月，撰《薛浪语集序》。

《薛浪语集序》："衣言顷官江东，笺牍之暇，辄以先生遗集为请。相国览而善之，遂捐奉属桂莅亭观察刊之金陵书局，而以其版归衣言。……今所据以校刊者，钱唐丁大令丙所藏明钞残本及朱宗丞学勤所藏旧钞本也。刊既成,谨述先生学业传授之略,与相国嘉惠来学之意,以诏读者。同治壬申十二月,后学瑞安孙衣言谨序。"(《孙衣言集》下册,841—842 页)

冬,胡凤丹来金陵,下榻巡署,连日夜论诗不倦。

> 胡凤丹《逊学斋文钞跋》:"去冬(壬申)游白下,下榻君官廨,剪烛话旧,倒樽论文,夜恒至午弗休。"(《孙衣言集》中册,580 页)

冬,在金陵,彭佩双与庄祖基约谱主与胡凤丹游莫愁湖。

> 胡凤丹《彭佩双庄守斋二公约孙琴西及余游莫愁湖遇风漫赋》:"呼车同出水西门,狂飚卷沙天为昏。满目榛芜迷古道,荒凉何处卢家村。卢家有女名莫愁,伶俜弱质沦青楼。声价当时重白下,舞裙歌扇矜风流。往事至今千百载,美人黄土湖犹在。眉黛依稀湖上山,脸波想像湖中水。六朝金粉斗繁华,江南多少女如花。独有香名传不朽,游人万口争矜夸。人生悔不作女子,似此须眉世有几。我来访古缘偏悭,聒耳风涛声四起。主人载酒开华筵,山殽野菽肥鲜。白日秉烛齐大笑,闭置僧舍严关楗。是日风狂,无一躲避之所,乃命寺僧牖户扃闭,燃以灯烛。一杯一杯醉酩酊,猎猎寒风打窗紧。莫愁湖上偏多愁,岂是香魂煞风景。"(《退补斋诗存》卷八,14—15 叶,《清代诗文集汇编》693 册,72 页)

冬,与方浚颐、薛时雨商议创办长江诗筒,胡凤丹有诗。

> 胡凤丹《方子箴薛慰农孙琴西创议长江诗筒命余首唱赋此为第一集》:"大江东去通金焦,酒龙诗虎相招邀。衮衮名公谁抗手,当今苏海兼韩潮。愧我齐竽亦滥厕,欲结因缘惟文字。恨不聚处同一方,北辙南辕各异地。一昨曾经白下游,喜逢知己胜封侯。半居廊庙半泉石,风晨月夕争唱酬。雄才首届方君锡,笔扫千军人无敌。登坛老将援枹鼓,坐拥百城破坚壁。子箴官两淮运使,公眼尤嗜吟咏,著有《二知轩诗集》行世。箕山守节推薛方,脱却朝簪归梓乡。著作等身关名教,岂徒棠荫留钱唐。慰农官杭州太守,署杭嘉湖道,爱民重士,创设东城讲舍,士民感之。今主江宁惜阴书院讲席。博学交称孙叔炳,绮岁上书入兰省。文章经济达九重,日下名流皆引领。琴西登词苑后入直上书房有年,擢安庆太守,任江宁盐道。今授皖臬,循声卓著。吁嗟乎!风云遇合原有时,人生聚散亦何奇。自从冀北十年别,萍踪乍合仍乍离。我愿岁寒结三友,重与论文倾樽酒。长江鸿雁相代飞,雨雪依依咏杨柳。"

（《退补斋诗存二编》卷一，9—10 叶，《清代诗文集汇编》693 册，303 页）

冬，胡凤丹将回湖北，赋诗留别。

胡凤丹《余将回楚赋诗留别用子箴赠孙琴西招饮复园原韵上琴西并柬子箴》：“我将赋骊驹，离筵朝夕饯。旧雨兼今雨，欢笑恣谈宴。佳日逢长至，流光驶如箭。惟有金石交，不随寒暑变。昨诵君诗篇，百忙手抄缮。未展浣花笺，先涤龙尾砚。掷地声琅琅，吟哦殊未倦。韩杜腕底驰，苏黄毫端见。故人不我弃，芝兰香满院。惭余龟蛤喧，亦受群公眷。衣体集百家，痕迹灭针线。得此文字乐，欲去心犹恋。孟郊忘其寒，毛锥耻自荐。七年客楚水，归装计难办。骐骥看腾云，驽骀终恋栈。苦恨归期促，白门游未遍。明日挂轻帆，遥情渺天堑。”（《退补斋诗存》卷八，15 叶，《清代诗文集汇编》693 册，72 页）

冬，胡凤丹又赋诗赠别。

胡凤丹《赠瑞安孙琴西衣言廉访三叠前韵》：“剔尽鱼盐弊，持网答九阍。持躬还质朴，处世绝逢迎。徐孺忘宾主，苏髯有弟兄。令弟渠田学士十年未晤。调梅膺帝简，三接握钧衡。由江南盐道新授安徽臬司。

瘦鹤怜多病，声闻药杵春。日昨偕游莫愁湖，因风感冒服发散药始愈。寒凉风刺骨碨磊酒浇胸。北上君迎诏，南归我曳筇。君将赴都陛见。甘棠留白下，蔽芾荫方浓。”（《退补斋诗存》卷十六，10 叶—，《清代诗文集汇编》693 册，125 页）

胡凤丹《逊学斋文钞跋》：“去冬，游白下，下榻君官廨，剪烛话旧，侄榑论文，夜恒至午弗休，余出旧作就正，辱赠弁言。”（《孙衣言集》中册，580 页）

冬，致函朱学勤，云：

修翁宗丞大人阁下：差回接诵环章，具承注爱，并悉即日起居万福，为慰。北行约在明正望前数日，计花朝前后当可至都，但不知上陵在何时耳，大约望见国门时拟先遣人至贵寓一问也。天气大寒，颇惮就道，而西林宫保屡函促令迅速来回，不敢过缓。然区区之私，实望得一闲散京秩，十年以来，气节消缩，正不殊东坡所叹也。汪梅村年逾七十，单独一身，衣言每以公馀时相过从，此后恐益落莫矣。子高多病，叔俛将就馆武昌，此间儒者独张啸山文虎、唐端甫仁寿、刘恭父寿曾三数人矣。馀容面罄，即颂勋安。衣言谨上。（邹晓燕整理《孙衣言、成林、杨昌濬、蒋益澧致朱学勤手札》，《历史文献》第十八辑，128 页）

冬,方浚颐《贺孙琴西衣言同年擢任安徽提刑四叠前韵》:

　　文章蕴经济,外肆亦中闳。咸更蒲鞭肃,欢同竹马迎。植禾穫厥
蓼,去弟长其兄。八皖俄开府,朝廷倚鉴衡。

　　乱后宜蒐讨,蓬辛臼受春。乞君编辑吾皖诗文。蓬壶曾著籍,云梦况吞
胸。争击催诗钵,偕抡步月筇。大观亭上客,酣醉正春浓。(《二味轩诗续
钞》卷十四,15叶)

冬,谱主招方浚颐饮复园,方浚颐即席赋诗。

　　方浚颐《琴西招饮复园即席赋呈》:"君将去朝天,我辈须作饯。顾
乃宾夺主,连朝举觞醮。园中众卉枯,森然唯竹箭。贞筠贯四时,肯为
雪霜变。名复义可思,乱后甫葺缮。亭榭待题额,破冻且呵砚。君书得
柳骨,挥豪日弗倦。示我五言诗,赠月樵二律。浣花今再见。清高迈尘俗,
终当返禁院。三天必重到,顾盼腥渥眷。憨予五月长,材短犹鞁线。外
台久浮沈,蓬山梦魂恋。庖丁解君意,腥羶屏勿荐。固知澹泊甘,羹难
呫嗟办。明春到扬州,招君陟云栈。蜀冈有双峰云栈。还过宝米斋,琳琅请
观遍。惜哉武昌客,谓月樵。遥遥隔天堑。"(《二味轩诗续钞》卷十四,16—17叶)

是年,将儿子诒让校注本《王允初守城录》编入《永嘉丛书》,刻于金陵。
并命诒让作叙,附刊诸简末。略谓书中所纪事实斟之史文,旁稽群籍,彼此
钩核,可相参证,足与汤璹《建炎德安守御录》、赵万年《开禧襄阳守城录》二
书并传,为读宋史者拾遗补阙,毋以晚出疑其诬伪云。(《孙衣言孙诒让父子年谱》,
104页)

是年,诒让代父撰新刻《永嘉丛书》本《浪语集序》,略述南北宋间永嘉诸
儒研治经制之精,与艮斋先生学业传授统绪,以诏读者。(《孙衣言孙诒让父子年
谱》,107页)

是年,金陵书局刻《薛常州集》成,此为谱主所汇刊《永嘉丛书》之一种。
而由合肥李鸿章捐俸,属桂芍亭观察付梓,自辛未二月开雕至是工竣,以版
归衣言。(《孙衣言孙诒让父子年谱》,108页)

是年,重修江浦县茅塘桥。

　　《续纂江宁府志》:"茅塘桥在县治北三十里后圩,皆通驿路要道,并
同治五年知府涂宗瀛建,十一年巡道孙衣言重修。"(卷七建置,20叶,《中国方
志丛书》,69页)

是年,周榆楼来南京,谱主有诗。

《周六兵部榆楼问字图兵部之兄莲伯孝廉^{学濂}缦云侍御^{学濬}岷帆学士^{学源}皆以文学知名而侍御学士与予尤相好莲伯既徇难岷帆旋卒缦云家居不出独兵部父子官京师今来金陵属为诗》(壬申):"君家兄弟尽如龙,每向蓬山忆弁峰。浩劫成灰遗几个,旧游似雪竟无踪。却看芳树城南杜,又见新葩镜里蓉。^{兵部子以进士官吏部。}今日乌衣仍济美,两翁相对得春容。"(《孙衣言集》上册,253页)

同治十二年　癸酉　1873年　五十九岁

正月初三日(1月31日),方浚颐寄诗谱主索和。谱主收到后有和诗。

方浚颐《客腊东坡生日白门诸子集祀飞霞阁兼为琴西作钱琴西次张啸山文虎茂才韵留别将过邗上缄诗索和》:"使君奄有名臣风,抗怀元祐熙宁中。白门四度举高会,心香虔奉苏长公。经济要从学问出,后儒直与前贤同。金章犀带佐帝治,减弊储美时乃功。朝天且喜作过客,祖道争欲觞诗翁。祝君此去见我后,嘉谟入告输葵衷。拔除稂莠福桑梓,遏抑强暴扶衰癃。斯民尽登衽席上,大力遂挽狂澜东。侧闻内相数陆赟,行见手勒颂崔融。子瞻延和再入侍,管领玉局仙五通。院外宠分六闲骏,雪里辱赐头纲龙。蓬山一别劳梦想,十年未得离尘蒙。不才仰跂蚕负蠡,无用自惭蒿倚松。黄钟大吕铿巨响,顿令双耳为之聪。蜀冈尽可恣游眺,白驹维絷休匆匆。卢曾风雅孰堪伍,久蝨其间怜眇躬。耽吟幸获簿书暇,习嬾奚至鞭算穷。友朋深情旧雨恋,宇宙幻态浮云空。平山谷林两师弟,伊昔悃款惟朴忠。把杯莫动离索感,巢痕依约窥九重。"(《二味轩诗续钞》卷十五,4叶)

谱主《正月三日方子箴前辈自扬州寄诗索和因思去年月樵诗来亦未及和并以寄酬》:"劲吴千里楚,我屏居中坚。有若金张邻,庇风缚茅廛。两军屡摩垒,旗鼓纷相先。大鹏奋万里,下视穷方圆。春风一扬煦,红紫皆芳妍。今朝驿使至,乾鹊声喧阗。开缄见元白,落笔惊刘钱。又闻文字饮,五酒兼三菍。珠擘瞥湖蚌,雪研汉江鳊。坐觉谈笑豪,如在耳目前。我今偶无事,樽前山蜒蜒。羽衣洞庭客,玉带参寥禅。散人

无畦町，东坡今千年。得诗各一笑，吴楚东南天。"(《孙衣言集》上册，222—223 页)

正月上旬，汪士铎有诗送谱主进京入觐。

汪士铎《送孙琴西廉使入觐即谢其酒肉之惠》："江城晓霁雪初残，菊酿兰薰慰岁寒。处士四星依斗极，大夫五传入长安。北门重访鵷鸿翼，南国聊峨獬豸冠。即日汉廷索皋尹，爱才知不叹才难。— 觚棱新霭满皇都，重访承明御柳无。三殿近光瞻日月，十年去国梦江湖。治经能决春秋狱，述职惟陈益稷谟。幸为吴民言疾苦，当筵不敢唱骊驹。二"
(《梅翁诗钞》卷十三，10 叶，《清代诗文集汇编》612 册，665 页)

汪士铎《送孙琴西观察之官皖江》："春郊祖帐且从容，先向宾筵束带从。俎豆齿蒙推犬马，文章望久属夔龙。觚棱再仰星云近，灉霍重邀雨露浓。遥识柏台清燕日，雅谈应忆后凋松。"(《梅翁诗钞》卷十三，11 叶，《清代诗文集汇编》612 册，665 页)

正月十二日（2 月 9 日），自金陵启行入觐，携王友林、门人李绍衣同行。黄昌岐元戎、富陞（桂卿）都护、庆云峰尚衣、梅小崖方伯、王大经、袁保庆、桂嵩庆三观察及同僚友送行。庄祖基、李传黻太守、蒋萃峰刺史以舟随行，将送至下关。因夫人生病，遣子诒让回署。刘珮香饯行，与田象乾、郜荻舟同席。赋《江干留别》《珮香饯席却赠》两首。途有《癸酉瞻天日记》。

《癸酉瞻天日记》："某某以壬申十月初六日蒙恩旨补授安徽按察使，于是承乏江宁盐法道一年又七月矣。书生迂拙，方以无所补报为惧，而乃过荷主知，有此迁擢，才轻任重，非所克堪。窃念某某自道光庚戌通籍翰林，咸丰乙卯入直上书房，戊午以京察一等出守安庆，实获屡觐天颜。同治二年，由摄庐凤颍道奉太淑人讳回籍，继遭先通议大故，家居持服者五年。同治戊辰，服除入都见，两江总督马端敏公奏调江苏。辛未十一月，前两江总督曾文正公奏请补授盐道。铨曹屡趣引见，皆以事未果也。兹蒙恩擢授桌使，例得奏请圣训，入都陛见。十月二十四日，既奉吏部檄知，即于十一月初八日专弆赍折入都，十二月差回，奉旨入觐，遂以十二月十五交卸道篆，今年正月十二日由省启行。盖某某睽违阙廷又五年矣，属当亲政之初，适有对扬之庆，孤踪疏远，复得瞻仰云天，稍抒诚悃，可谓厚幸，因为纪行之录，自启行日始，逐日书之，因颜之曰《癸酉瞻天日记》。

正月十二日，自署启行，巳刻登舟。黄昌岐元戎、富桂卿都护、庆云峰尚衣、梅小崖方伯、王晓莲、袁笃臣、桂芗亭三观察及同僚友，皆送予于江干。庄守斋观察、李佛生太守、蒋萃峰刺史以舟随行，将送予至下关也。以妇病，遣儿子诒让先回署。

《江干留别》：十载金门远，朝天又此行。东风留客好，钟阜向人明。春水方生候，诸公送我情。远献劳劝勉，我已愧廷平。

是日雨，风逆，申刻，刘珮香总戎饯予于红山嘴营中，田象乾总戎、同年部获舟观察亦来送，遂同饮珮香营中。

《珮香饯席却赠》：我识奇男子，怀才孰用之。未能问貔虎，且为问狐狸。狡窟蜂房聚，荒江鹤泪疑。藏奸防藉寇，曲突赖先思。

酉刻回舟，夜间舟行数里，未至下关而泊。友人王友林县佐、门人李谷士孝廉，皆从予入都。"（《孙衣言孙诒让父子年谱》，425—426页）

正月十三日（2月10日），舟抵下关。庄祖基观察、李传黻太守、蒋萃峰刺史的舟亦至，并携酒上谱主舟上用饭。是日，刘小舫刺史来送别。

《癸酉瞻天日记》："东北风益厉，午刻舟抵下关。萃峰、佛生、守斋舟亦至。佛生携酒与萃峰、守斋皆在予舟饭，二鼓后，予先就寝，而三君者与谷士申旦不寐。是日，刘小舫刺史来别。"（《孙衣言孙诒让父子年谱》，426页）

正月十四日（2月11日），泊下关。遣人回署探夫人病。与蒋萃峰等同饭，之后李传黻、蒋萃峰告别而去。

《癸酉瞻天日记》："雨，风犹逆，仍泊下关。遣人至署看妇病，稍愈矣。萃峰复携具同饭。守斋随予赴扬州，佛生、萃峰皆别去。申刻晴，遂约横云轮船以明早行。"（《孙衣言孙诒让父子年谱》，426页）

正月十五日（2月12日），横云轮船拖舟行，至瓜洲。

《癸酉瞻天日记》："晴，顺风，辰刻横云轮船拖予舟以行，申二刻至瓜洲，以江口舟多，进口甫三里而泊，已更许矣。"（《孙衣言孙诒让父子年谱》，426页）

正月十五日，舟中赋诗寄两淮盐运使方浚颐。

《癸酉瞻天日记》："上元日，得顺风，舟行甚速，先以诗寄方子箴都转：晓日晴霞积水东，长鲸掉尾一帆风。千山龙虎犹云表，两点金焦又眼中。瓜步潮来明月满，竹西花暖夜灯红。故人词赋今枚叟，想得今宵笑语同。"（《孙衣言孙诒让父子年谱》，426 页）

正月十六日（2 月 13 日），方浚颐约游平山堂。抵扬州，冯弁云、谭东湖、李小峰、项书巢、高行笃、李祖望（宾嵋）等来。与方浚颐、薛世香、杨子穆同饮平山堂。

> 《癸酉瞻天日记》："晴，自江口行，方子箴都转遣人约游平山堂。申刻抵扬州，甘泉令冯弁云、江都令谭东湖来，李小峰太守、项书巢运判及诸同人皆来，高叔迟茂才、李宾嵋上舍来。宾嵋名祖望，年五十馀，精许氏学，其婿刘恭父寿曾在金陵与予善。酉刻，子箴前辈召同薛世香、杨子穆两观察饮于平山堂。戌刻回舟。"（《孙衣言孙诒让父子年谱》，426 页）

正月十七日（2 月 14 日），晤晏端书、钱振伦、厉云官、程敬之观察。中午与庄祖基、李绍衣在马紫蓉所饮，曹耕之、彭珮双为主人。后又赴李小峰、项书巢、魏平泉召饮于城下花圃。又饮王守愚所。夜里回到舟上。

> 《癸酉瞻天日记》："晴，晤晏彤甫、钱楞仙两前辈，厉伯符方伯云官、程敬之观察。午刻与守斋、谷士饮马紫蓉所，曹耕之大令、彭珮双同年皆为主人。申刻，李小峰、项书巢、魏平泉召饮于城下花圃。圃小而修洁，有花竹可喜。戌刻，饮王守愚所，即何氏居也。遂先一哭廉昉，廉昉之子方十三龄，而秀颖解事矣，此可慰也。是日许次苏同年之子星翼来，星翼号秋槎，亦少年解事。子箴与张屺堂、薛世香、程敬之，皆以疏河事赴仪征，遂不往别。是夜自守愚所回舟，已三鼓矣。"（《孙衣言孙诒让父子年谱》，426—427 页）

> 按：晏端书（1800—1882），字彤甫，一字巢芸，晚号蜕叟，江苏仪征人，道光十八年（1838）进士，历任杭州府知府、福建汀漳龙道、浙江宁绍台道、浙江按察使、江西布政使、山东布政使、浙江巡抚、大理寺卿、督办江北团练大臣、左副都御史、署两广总督兼署广东巡抚等。

正月十八日（2 月 15 日），与杨子穆赴晏端书、厉云官招饮。厉云官赠其父《茶心诗集》。回舟后即航行至湾头泊。庄祖基与彭珮双同行。

> 《癸酉瞻天日记》："晴，晏彤甫前辈、厉伯符方伯招饮，同集者子穆一人。伯符为茶心太守同勋哲嗣，酒次，出《茶心诗集》见赠，所居在扬

城南河下，园馆极胜，故鹾商某氏屋，伯符赁居之。在伯符处饮既散，回舟，即乘间解缆，城中人未之知也。是夜泊湾头，离扬州十五里耳，友人犹有追送者，守斋复与珮双随予行。"(《孙衣言孙诒让父子年谱》,427页)

正月十九日(2月16日)，行五十里后，与庄祖基、彭珮双告别。

《癸酉瞻天日记》:"晴，顺风行五十里许，风逆而止。守斋、珮双别去。"(《孙衣言孙诒让父子年谱》,427页)

正月二十日(2月17日)，受大风影响，舟不能行。

《癸酉瞻天日记》:"晴，西北风狂甚，舟不能行，连日大寒。"(《孙衣言孙诒让父子年谱》,427页)

正月二十一日(2月18日)，路过高邮县露筋祠，泊高邮北关外。

《癸酉瞻天日记》:"晴，风少止，辰初过露筋祠，庙额为"贞应"。道光中，陶文毅公督两江时，漕艘为冰所阻，文毅祷之神而冰开，奏请赐额，有《祷冰图》及文毅记石刻在庙壁。庙中联词猥冗，惟郭频伽集坡语云，'江淮君子水，山木女郎祠'稍工，陈曼生为之书，笔法尤奇宕。是日，泊高邮北关外。"(《孙衣言孙诒让父子年谱》,427页)

正月二十二日(2月19日)，至宝应，晤赵玉生太守、陈德斋大令。接到儿子诒让来函，即复函交来人送扬州。

《癸酉瞻天日记》:"晴，顺风至宝应，晤赵玉生太守、陈德斋大令。诒让书来，知妇病渐愈，惟尚未能眠耳，即作复书与来人持回扬州。"(《孙衣言孙诒让父子年谱》,427页)

正月二十三日(2月20日)，到达淮城，孙汉章大令来访。晚在汉章署用餐。

《癸酉瞻天日记》:"晴，顺风抵淮城，孙汉章大令来，晚在汉章署饮。连日骤暖。"(《孙衣言孙诒让父子年谱》,427页)

正月二十四日(2月21日)，到达袁浦，宿王丹庭所。晤庞际云、漕运总督文彬、欧阳利见、路崇、许寿门等人。

《癸酉瞻天日记》:"晴，顺风至袁浦，移寓王丹庭所，晋阳子钱家也，时方托其寄会子入都。晤庞省三观察、文质夫漕帅、欧阳健飞总戎、路

礼门观察、许寿门少尹。省三方持服,主讲崇实书院,其园中梅花下生
芝数茎紫色,因导予往观,其殆圣人亲政之瑞欤!"(《孙衣言孙诒让父子年谱》,
427 页)

正月二十五日(2 月 22 日),赴路崇、庞际云、欧阳利见、许寿门招饮里河
厅署斋。晚间,赴王丹亭招饮。陈福庆投刺来见。庞际云、欧阳健飞来访。

> 《癸酉瞻天日记》:"晴,路礼门观察招同庞省三观察、欧阳健飞、许
> 寿门少尹,集饮里河厅署斋。礼门为闰生先生文孙,筱洲观察子也,顷
> 为蜚语所中,将谒告去官矣。晚间丹亭召饮。陈二山之子福庆,字子
> 寿,自江西解饷亦来此,投刺相见,几昧生平矣。予同治元年遇之江右,
> 子寿方将摄新淦典史去,今则荐升至府倅矣。阅邸抄,知李雨亭中丞得
> 两江督,奉旨即赴任,三月间可于金陵相见。省三、健飞来。"(《孙衣言孙诒
> 让父子年谱》,427 页)

> 按:路崇,号礼门。闰生指路德,筱洲指路慎庄,陕西周至人。

正月二十六日(2 月 23 日),路崇和张海仙来送行。路崇为觅马车,于未
刻登上马车,行七十里至重兴集。桃源知县孙梦麟已安排好住宿,少尹许梅
生亦在坐。

> 《癸酉瞻天日记》:"阴,路礼门来,张海仙来。礼门为予觅车马,遂
> 于未刻登车,途间东北风作,稍寒,七十里至重兴集。桃源令孙励庵梦麟
> 已为予设馆馈食。许梅生少尹亦来,坐谈久之。励庵、梅生旋别去还
> 县,已更许矣。"(《孙衣言孙诒让父子年谱》,428 页)

是日,同治皇帝亲政。

正月二十七日(2 月 24 日),抵顺河,宿迁知县李湘溥馈赠食物。李诵尧
来晤。

> 《癸酉瞻天日记》:"微雨,五十里仰化集午餐,入宿迁境。五十里顺
> 河集,李湘溥大令馈食,李子林诵尧自湘浦幕中来晤,遂留宿。是夜雪。"
> (《孙衣言孙诒让父子年谱》,428 页)

正月二十八日(2 月 25 日),仍住顺河。

> 《癸酉瞻天日记》:"晨起,则门外雪深寸馀,仍住顺河。申酉间雪已
> 有晴意,夜则隐约见星矣。"(《孙衣言孙诒让父子年谱》,428 页)

正月二十九日（2月26日），李诵尧告别去。由顺河出发，至峒峿宿。游全潮庵。致诒让、刘咸、万青选各一函。

> 《癸酉瞻天日记》："子林别予去。由顺河集行，雪后泥泞，所过多溪涧，车行颇艰。未刻，至峒峿，遂宿焉。峒峿乃小山，而冈陇绵衮数十里，遥望山脊，隆起一庙，相去里许，丛柏中有庙甚壮，环以雉堞，至峒峿，询之土人，则山脊者三仙祠也，丛柏中者玉华顶也，遂拉谷士骑马从予访之。去驿约二里至寺，有老僧六七十岁矣，迎客，询以庙所由起，则曰寺名'全潮庵'，康熙年间建，有碑二：一里人刘杏书，一则今宿迁令李湘浦德溥重清寺基公牒耳。而僧云，三仙洞寺乃元建，当有古碑，以日暮不及往访矣。此庵山势环抱，庙门有山泉，砌石二重以为防，境极静深，寺僧瀹茗饮客，水亦极甘冽，泥淖踯躅中有此一游，殊为洒然。是夕寄安书与诒让，又诒刘绶廷观察咸一函、万小云大令青选一函。
>
> 《二十九日雪后行峒峿道中舆夫颇以为困》：
>
> 峒峿知古驿，继续见遥山。雾气鸿濛里，天容解驳间。细泉随涧曲，残雪露屏颜。嗟尔锄犁弃，来为掭埴艰。"（《孙衣言孙诒让父子年谱》，428页）

是日，为孙烈女、李烈女作墓表。孙烈女，许寿州方长庆，长庆死后，绝食而死，年甫十九；李烈女，李绍衣之妹，许字王曰钊，曰钊病笃，女先死之，年甫二十一。

> 《孙烈女墓表》。（《孙衣言集》中册，416—417页）
>
> 《李烈女墓表》："烈女黄岩李氏，名德音，父恩贡生苑西。……李烈女之事，其兄绍衣为之状，而孙烈女，予识其夫之从弟希孟，故两烈女，予皆欲为之文久矣，以事冗未遑暇也。今年春，提刑淮南北，奉命入觐，而绍衣从予行，至宿迁道中，大雪止，逆旅中檐冰下垂尺许，寒凛凛逼人，绍衣曰：'今日先生无事，可为我妹墓文矣。'遂为书之。复取徐君所为传，摘其大略为《孙烈女表》一篇。昔归熙甫在舟中，为陶氏二烈妇墓志，自谓如嚼冰雪，予之为文，未能效熙甫，若二烈女之节，其视此冰雪何异也？正月二十八日记，峒峿客次。"（《孙衣言集》中册，417—419页）
>
> 《癸酉瞻天日记》："是日，为李烈女作墓表。"（《孙衣言孙诒让父子年谱》，428页）

二月初一日（2月27日），由峒峿行六十里至红花埠。郯城知县杨景文安排午餐,再行六十里,至郯城十里铺宿,途晤沈熊祥。杨景文招饮。

> 《癸酉瞻天日记》:"晴,辰初刻由峒峿行六十里,未刻至红花埠,郯城令杨竹泉景文,天津监生为具午餐。未正,由红花埠行六十里,至郯城十里铺宿,已昏黑矣,东道主仍为杨竹泉。道中晤沈少尹熊祥。出峒峿驿行十馀里,西方冈陇始尽,而东望小山,平远曼衍,极望几数十里不绝。土人云,马陵山也,自蒙阴一带而来,绵亘七八百里云。"(《孙衣言孙诒让父子年谱》,428—429 页)

二月初二日(2 月 28 日),行六十里至李家庄午餐。午后行四十四里至沂州城南,再至兰山县。

> 《癸酉瞻天日记》:"晴,六十里至李家庄午餐,兰山境自红花埠至此多溪涧。李家庄濒溪而为村,民居有为水所蚀者,其水盖自蒙山来,村中居民多李姓。午后行四十四里,至沂州城南关外住兰山令周士溥少莲也。自李家庄始无厨传矣。至兰山,周令仍为馆置,以与舆夫约不就也。"(《孙衣言孙诒让父子年谱》,429 页)

二月初三日(3 月 1 日),行四十五里,至伴城。午饭后行五十里,至青驼寺宿。与李绍衣于寺旁碑林访碑。

> 《癸酉瞻天日记》:"晴,行四十五里,至伴城,亦作半程,仍兰山境。自沂州行,东北有小山,冈陇起伏,不知其名,西望大山,颇峻拔,询之伴城居民,曰蒙山也,去此可七八十里。午饭后行五十里,至青驼寺宿。自伴城始入山路,车行随坡陀上下,荦确有声,四面皆山,而蒙山特为高。青驼桥二十一孔,沿溪皆大青石,上坡后,石如牛豕卧者盖数百,土人云,以溪旁卧石有似青驼,故以为名。寺旁碑林立,与谷士往访之,冀得寺名所由起,及视碑,则俚言恶札,皆檀施姓名耳,为之哑然。碑言沂州即古琅邪,而溪之上流则汶水也,志之以俟考。"(《孙衣言孙诒让父子年谱》,429 页)

二月初四日(3 月 2 日),清晨从青驼寺出发,至垛庄午餐。午后行五十三里,至公家城宿。沂水知县周庆熙招饮,未赴。途遇陆君,托寄家书。

> 《癸酉瞻天日记》:"晴,早发青驼寺,行数里入费县境,又数里仍兰山境,既而出兰山入沂水境,至垛庄午餐,去青驼寺四十五里。午后行五十三里,至公家城宿。沂水令张春儒庆熙,绍兴监生亦为具馆,未赴。公

家城居民皆公姓。舆中饱看名山,蒙山积雪皓然。遇一陆君者,由都赴金陵,托寄家书。"(《孙衣言孙诒让父子年谱》,429 页)

二月初五日(3 月 3 日),行五十五里至鳌阳午饭。入新泰县境,知县左宜似于道路旁迎接,相谈甚洽。再抵翟家庄宿。

> 《癸酉瞻天日记》:"早起大雾,发公家城,五十五里鳌阳午食。鳌山秀耸而多石,颇异于众山。入新泰境,邑令左颖士宜似桐城人,明都御史忠毅公后人也,以为皖中官至境,出迓于道左,庞眉皓首,殆如七十馀岁,问其年,则甫长予一岁耳,尝官刑部,改就知州,在此七八年,人悃幅有真意,自言阎丹初中丞尝以循吏荐之,又言极望丹翁再出,必有好督抚,乃有好守令也,其言甚为平实,盖齐鲁间好官。在南关盐店中设榻以待予,为之小坐,茶话而别。申未抵翟家庄宿,去鳌阳四十五里。"(《孙衣言孙诒让父子年谱》,429—430 页)

二月初六日(3 月 4 日),行三十五里至羊流店午餐,又行六十里至崔家庄宿

> 《癸酉瞻天日记》:"大风,早发翟家庄,三十五里至羊流店午餐,又行六十里至崔家庄宿,始望见泰山。颇寒。"(《孙衣言孙诒让父子年谱》,430 页)

二月初七日(3 月 5 日),行四十五里至泰安,同黄岩李绍衣、泰安知县苏名显一起登山,历斗母宫、万仙楼,过中天门,度南天门,至岱顶,谒碧霞元君庙,宿岱顶。

> 《癸酉瞻天日记》:"风止,晴,早发崔家庄,行四十五里至泰安。泰安令苏炳臣(名显)遣人为予供顿,而予已自投逆旅矣。询其官履,则癸亥进士,己亥同年也,乃听移具以来,并为予觅山轿,遂与谷士约登泰山。既而炳臣来视予,复遣人具馆于岱顶,予与谷士舆轿上山,历斗母宫、万仙楼,过中天门,度南天门,至岱顶,谒碧霞元君庙,遂就馆,已曛黑矣。五大夫松者,在中天门下三里许,松高不及二丈,而偃盖蟠屈,围数丈,行人皆出其下,然可见者三松耳,亦不类数千年物,疑后人补植也。而近南天门十数里山,左右多松,松皆偃盖,南天门路稍峻,而左右皆旁山,故峻而不险。元君庙已倾圯,仅留神龛数间耳,方议重造。石路亦多圯,舆夫云今年皆将修葺矣。山轿亦类南方竹舆,而旁两木特短,贯以皮绳,两人肩皮绳横行以上下,故上磴时虽极峻,舆中人仍端

坐,此胜于南人矣。炳臣为具馔甚精洁,饭毕已迫二鼓。"(《孙衣言孙诒让父子年谱》,430页)

二月初八日(3月6日),在泰山日观峰观日出,因有雾不得见。下山后,作题记:"同治癸酉春,由金陵入觐,二月六日至泰安,遂登泰山。是夕宿岱顶,明日登日观观日出。同游者黄岩李孝廉绍衣谷士,时己亥同年苏进士名显炳臣作邑于此,实为主人。瑞安孙衣言勤西书。"嘱苏名显刻于泰山。遂辞别苏名显,行五十里,至垫台宿。且有诗纪之。

《癸酉瞻天日记》:"晴,未明,急呼舆夫登日观,以有雾,良久乃见日出,则与平地所见无异,盖初出时为雾所掩也。复由日观下谒元君庙,至斗母宫小坐,下山返寓。炳臣又为具馔甚丰,作纪游题名数十字,属炳臣磨崖于岱顶,遂往别炳臣。行五十里,至垫台宿。长清界,道间多大溪,多顽石,其山则犹泰山之支山也。"(《孙衣言孙诒让父子年谱》,430页)

《道出泰安新泰令苏君名显己亥同年也招为岱游遂至日观峰下宿次早观日出不得见》:"北极天颜近,东方岱色雄。旌麾从历览,河济此朝宗。海日三山外,鸿濛一气中。云端留宿去,壮观要从容。寺僧言必欲见日出,须在寺旬日,适逢四表无云,乃得见也。"(《孙衣言集》上册,254页)

二月初九日(3月7日),行百十里,至杜家庙午餐。又行五十里,至晏城宿。途遇苏松粮道英朴。与李绍衣、王友林往村中观剧。

《癸酉瞻天日记》:"晴,是日四鼓发垫台,倍道行百十里,至杜家庙午餐。又行五十里,晏城宿。齐河界,遇苏松粮道英茂文观察(朴)。是日来往客车甚□,逆旅无空房矣。村中演剧,与谷士、友林往观,而优人久不上台,遂归。是日渡黄河。"(《孙衣言孙诒让父子年谱》,430页)

二月初十日(3月8日),行五十五里,禹城午餐。又行五十五里,宿平原县二十里铺。

《癸酉瞻天日记》:"晴,早发晏城,行五十五里,禹城午餐。又行五十五里,宿平原县二十里铺。谷士召歌者来,友林不得眠矣。"(《孙衣言孙诒让父子年谱》,430页)

二月十一日(3月9日),行七十里,至黄河沿午餐。又行五十里,至刘智庙宿。

《癸酉瞻天日记》："晴,行七十里,至黄河沿午餐。又行五十里,至刘智庙宿。一小娃张珮兰来歌两阕,郏城农家女也,年十二,其父以遣负倬女作此,可谓计之左矣。"（《孙衣言孙诒让父子年谱》,431 页）

二月十二日（3 月 10 日）,行七十里,午餐。又行六十里,宿交河县富庄驿。

《癸酉瞻天日记》："晴,早由刘智庙行七十里,午餐。漫河道中多积水,犹去岁河决之余也。又行六十里,宿富庄驿,交河境,去县治廿五里。是日经景州、阜城、交河凡三县,皆河间地也。歌者素芬年十三、素娥年十二,皆兰山人。连日午后极暖,狐裘渐不可御矣。"（《孙衣言孙诒让父子年谱》,431 页）

二月十三日（3 月 11 日）,行七十里,商家林午餐。又行五十里,河间二十里铺宿。

《癸酉瞻天日记》："晴,早行七十里,商家林午餐。又行五十里,河间二十里铺宿。过渡一次。"（《孙衣言孙诒让父子年谱》,431 页）

二月十四日（3 月 12 日）,行七十里,任邱早餐。行五十里,雄县宿。晤河间冯士壎。因渡口渡船太小,致函布政使孙观、按察使范梁。

《癸酉瞻天日记》："阴,行七十里,任邱早餐。行五十里,雄县宿。任邱之北多积水,汪洋几百余里,有村庄在水中者,渡船甚小,不能载马,从行者已至此岸,而牲畜皆尚隔水。谷士、友林皆在小李村野店中寄宿,独予一人至雄县也。晤河间冯晓亭孝廉士壎,知李相已赴天津。任邱积水,即北宋何承矩所开淀泊故地。李相拟开其下游拒马河引以入海,予谓春水已生,此工恐不能成,而津渡处渡船狭小,渡夫皆操柳桿,行人不免意外之患,必须速造大船,及募雇谙练渡夫五六十名,给与口粮,专司其事,乃可以资利涉。即于客次作书诒孙省斋方伯、范梅孙廉访,不知其能行否也。"（《孙衣言孙诒让父子年谱》,431 页）

二月十五日（3 月 13 日）,行九十里,至曲沟宿。

《癸酉瞻天日记》："晴,行九十里,至曲沟宿。谷士、友林均以辰初由小李庄到雄县,即在雄县一饭而行。自此以北,则皆坦途无水矣。"（《孙衣言孙诒让父子年谱》,431 页）

二月十六日(3月14日)，与王友林行五十里，至榆垡午饭。过永定河，宿黄村。

　　《癸酉瞻天日记》："晴，谷士先行进城，予与友林早行五十里，至榆垡午饭。过永定河，流冰大下，而水甚浅，过渡约须二、三刻工夫。午后风起，车行积沙中，与泥淖无异，至黄村已酉正二刻，本欲遣家人等进城，以晚皆止黄村，恐谷士不免翘望矣。"(《孙衣言孙诒让父子年谱》,431页)

二月十七日(3月15日)，抵北京城，进右安门，旋进内城，寓金鱼胡同贤良寺。

　　《癸酉瞻天日记》："晴，由黄村行三十里，进右安门，至三台馆，车子上务未来，旋进内城，寓金鱼胡同贤良寺。"(《孙衣言孙诒让父子年谱》,431页)

二月十八日(3月16日)，朱学勤、袁保龄、张瀛来晤谈很久。

　　《癸酉瞻天日记》："晴，朱修伯宗丞、袁子久侍读、张石洲同年均来，晤谈久之。请安折已具，以十九日日辰不吉，改于二十日早递。"(《孙衣言孙诒让父子年谱》,432页)

二月十九日(3月17日)，钱宝廉、潘祖荫、孙诒经、方恭钊、恭铭兄弟来访。夜宿内阁。

　　《癸酉瞻天日记》："晴，钱湘吟同年、潘伯寅侍郎、孙子授侍讲来，方勉甫、寿甫昆仲来。是夕宿内阁，袁子久侍读为予具餐。"(《孙衣言孙诒让父子年谱》,432页)

二月二十日(3月18日)，诣宫门递折请安。蒙同治皇帝召见于养心殿西房，跪请圣安，回答皇帝的提问。午后，拜见恭亲王奕䜣。于景运门内迎谒惠敬郡王奕详、惇勤亲王奕誴、醇贤亲王奕譞、孚郡王奕譓。

　　《癸酉瞻天日记》："晴，诣宫门递折请安。辰正一刻，蒙赏克食，蒙召见于养心殿西房，跪请圣安，又免冠叩头谢恩讫，上问汝以何日到京？奏曰：'臣以十七晚到京。'又问汝现住何处？奏曰：'臣寓东安门外一庙曰贤良寺内。'又问汝前在上书房授何人读？奏曰：'臣初入直书房，授惠郡王弟兄三人读书，后改照料惇亲王读书，凡在书房三年。'又问安徽民情如何？奏曰：'臣此时未到安徽，须陛见后方能赴往，而安徽情形却亦知道，大约民情比前平静，而地方残破不堪。'又问汝今年多少年纪？

奏云：'臣今年实年已五十九。'上御宝座正中，天颜清瘦，而有威有神，仿佛宣宗皇帝，垂问时玉音清亮，惟出语稍快，故亲政以来，诸大臣往往应对失措，而圣人宽大，臣工有未能随问而对者，上即申言再三，臣此次敬聆天语，亦有一时不及领略者，上皆申谕一再，惟最后上问所办何事，不知是问臬司所办抑或在金陵办事，不敢妄对，上亦申谕一次，臣乃奏对前在安徽，近在金陵，历办各事，上凝视片刻，即额之，令出，臣遂复冠兴退。午后诣谒政府诸公，均未得晤。获见恭亲王于邸第，备蒙谦接，并令两王子衣冠出见，略询以从师读书之事，坐语移时而退。是日，于景运门内迎谒惠、惇、醇、孚四邸，皆蒙询近状甚悉。醇邸则云，已见所刊诗集，此次有携来否，当有以见赠也。然予诗实未敢以呈诸王，不知醇邸何从见之也。"（《孙衣言孙诒让父子年谱》，432 页）

二月二十一日（3 月 19 日），出城拜客，晤王孝凤、吴玉叔、李贻良、敖册贤、庄晋阶、温葆琛、殷兆镛、方恭铭等。惇勤亲王奕誴来视。

《癸酉瞻天日记》："晴，出城拜客，晤王孝凤少廷尉于武昌馆。晤吴玉叔员外、李枚卿贻良、敖金甫册贤、庄晋阶三比部，皆秋审坐办也。又晤温明叔尚书葆琛、殷谱经侍郎、方寿甫户部恭铭。明叔先生年七十四，须眉皆白，而驼颜善笑，宛然一仙真人也。酉初刻回城寓，惇邸来视，并惠肴馔六品，而予以看客事忙，诸邸皆未往见，甚为歉然。"（《孙衣言孙诒让父子年谱》，432 页）

二月二十二日（3 月 20 日），至杜太师宅，晤其孙杜廷珪。至门人文辂家，得知正月十六去世，吊唁其太夫人，为之惨然。晤晋小谷、新任驻藏办事大臣希凯。随后出城至文昌馆，赴江苏京官公请之局，晤潘曾莹、潘曾绶、宋晋、殷兆镛、温葆深、谢增、杨庆麟、钱桂森、蔡砚农。黄体芳来访。

《癸酉瞻天日记》："晴，至杜太师宅，晤其文孙廷珪。卓文端宅，则诸孙皆尚高卧。又至门人文子乘家，子乘以正月十六卒，吊其太夫人，见其子女皆幼少，为之惨然。晤晋小谷同年，希虞臣阁读、花文定公师子也，时有西藏帮办之行，去官万八千里，无以为行，而予又无力助之，相对惘惘。出城至文昌馆，为江苏京官公请之局，晤潘星斋侍郎、绂庭封君、宋雪帆阁部、殷谱经宗伯、温明叔尚书、谢梦渔、杨振甫、钱樨庵三同年、蔡砚农兵部。星斋昆季，十馀年不见，须发皆皓然矣。黄漱兰来。"（《孙衣言孙诒让父子年谱》，433 页）

二月二十三日（3 月 21 日），朱学勤、黄体芳、张之洞、朱迺然、龚显曾、陈彝来访。访李慈铭，不晤。

> 《癸酉瞻天日记》："晴，朱修伯来，漱兰、香涛、肯夫、咏樵、六舟来饮斋中。"（《孙衣言孙诒让父子年谱》，433 页）

> 《越缦堂日记》："孙琴西按察来，尚卧不晤。"（第 8 册，5691 页）

二月二十四日（3 月 22 日），晤许应骙、吴可读、宝鋆诸同年。得儿子诒让函，知妻子病已愈。李慈铭来访，不晤。

> 《癸酉瞻天日记》："晴，晤许筠庵、吴柳臣、宝珮蘅诸同年。诒让书来，知内子病已早愈矣。"（《孙衣言孙诒让父子年谱》，433 页）

> 《越缦堂日记》："作书致肯夫，约公饯孙琴翁。……下午答拜孙琴西，不值。"（第 8 册，5692 页）

二月二十五日（3 月 23 日），到西城访友。赴同年唐壬森、余子春、方竟吾招宴宾斋。

> 《癸酉瞻天日记》："晴，拜西城各友。唐根石同年、余子春刑部、方竟吾工部招集宴宾斋，二鼓回寓。"（《孙衣言孙诒让父子年谱》，433 页）

> 按：唐壬森（1805—1891），字学庭，号根石，兰溪人。道光二十七年（1847）二甲进士，授庶吉士，擢国史馆编修，江南道监察御史，累官至都察院左副都御史。

二月二十六日（3 月 24 日），继续访友。晤冯誉骥、钟骏声。晚在潘祖荫寓斋饮，与张小洲、吕耀斗等同集。是日戴望去世，年仅三十七。

> 《癸酉瞻天日记》："晴，午后补拜城外各友。晤冯展云少詹，嘱看禄命。晤钟雨人修撰。晚饮伯寅待郎寓斋，与张小洲、吕定子诸同年同集。"（《孙衣言孙诒让父子年谱》，433 页）

> 《越缦堂日记》："得肯夫书，言已邀陈六舟及予共三人，公请孙琴西，即复。"（第 8 册，5694 页）

> 《春在堂日记》（三月十一日）："己丑，……是日，知戴子高卒于金陵。"（《春在堂日记　曲园日记》，286 页）

二月二十七日（3 月 25 日），访友。晤李鸿章、章鋆。午后赴朱学勤招饮，与宋晋、程恭寿等集于馀庆堂。

《癸酉瞻天日记》："晴,午后补拜城东各友。晤李少荃爵相、章采南同年。知琉球官生林世功欲来谒见,以门人阮宣诏、东国兴访予近状也,因订以二十九日辰刻出城,其教习徐明经干与之偕来。午后,朱修伯宗丞招饮。宋雪帆阁学、程容伯鸿胪诸同年,集于馀庆堂。"(《孙衣言孙诒让父子年谱》,433 页)

二月二十八日(3 月 26 日),与黄体芳至马德风处问卜。午后赴贾桢师招饮谢公祠,与王又沂、杨书香、钟六英、朱雪臣、吴可读诸同年。又赴袁保龄召饮,晤钱桂森、许应骙诸同年。绍兴同乡招集乡祠,不赴。

《癸酉瞻天日记》："与漱兰至马君德风处问卜,马君善六壬。同治戊辰,马端敏公由浙抚得兼圻,欲奏调予至闽,劝予以服阕引见。予既引见,而端敏移两江,予意不欲行,就马君卜,马君曰:'事虽变局,奏调如故,且君官自此起矣。'予未以为然。而予以八月出都,十月至维扬,则端敏已留书要予于路云,已奏调两江矣。予至金陵后,明年摄江宁藩司,又二年,曾文正公奏权盐法道,遂由盐道得皖臬,马君之言验矣。兹复叩以此行何似,马君云:'课甚吉,明后年当更有升擢。'旋叩以禄命,则云:'六十五交辰运不佳,以退闲为妥。'予生平未究星家言,然以予之辰运,人皆以为不吉,马君此言或不虚欤,志之以俟异日。午后贾筠堂师招饮。王又沂、杨芸坪、钟六英、朱雪臣、吴柳堂诸同年,招集谢公祠。袁子久侍读召饮。晤钱樨庵、许筠庵诸同年。绍兴同乡招集乡祠,不及赴。"(《孙衣言孙诒让父子年谱》,433—434 页)

二月二十九日(3 月 27 日),琉球官生林世功随其师徐干来见,谱主问及阮宣诏、东国兴近状。徐干以所辑《琉球入学见闻录》属为之序。入城住内阁。

《癸酉瞻天日记》："琉球官生林世功随其师徐教习干来见,自言三十一岁,为新垣李之子,其父为正议大夫。询以旧门人阮宣诏、东国兴近状,则云阮为法司街紫巾大夫唐营总理司、东为紫巾官,皆为国王师傅,世功在其国学,亦出阮、东门下。予笑谓之曰:'然则汝亦我小门生也。'徐教习,邵武人,以优贡充。此次官生来者四人,一在道卒,入学后馀二人又卒,惟存世功一人,而予为教习时,官生四人皆无恙,一郑学楷,官正议大夫,阮、东则现为紫巾大夫,独向克秀早卒耳。徐教习云,自国初至今,琉球弟子入学凡七次,无如予为教习时之盛者也。留饮,

少顷始去。申刻复入城,住内阁,以明日请训也。"(《孙衣言孙诒让父子年谱》,434 页)

《琉球入学见闻录序》:"今年二月,臣以提刑淮南北奉命入觐,适琉球弟子林世功学成将归,来谒于客邸,世功在其国时,尝从宣诏国兴学,故修再传弟子之礼,随教习臣徐干来见,而干复以所辑见闻补录,属为之序。"(《孙衣言集》中册,501 页)

二月,胡凤丹于湖北退补斋跋《逊学斋文钞》。

《逊学斋文钞跋》:"右《逊学斋文钞》十卷,余友孙琴西廉访著也。琴西籍瑞安,与金华毗连,而吾邑永康又舟车孔道,以故琴西自瞻道光丁酉选拔及庚戌通籍入翰苑,每省试北上,必过吾乡。余虽早耳琴西名,以未得一见为恨。咸丰乙卯余赴都,始晤琴西。丙辰供职兵曹,朝夕过从,质疑问难,友而兼师,用是与琴西益亲。同治纪元君出守安庆,权庐凤颍道。甲子奉讳旋里,余亦以丁母艰归,道出婺郡,聚晤旬日。别后不相闻者殆将十年。去冬游白下,下榻君官廨,翦烛话旧,倒樽论文,夜恒至午弗休。余出旧作就正,辱赠弁言。今春君入觐,而余复邮诗以送。盖余与琴西文字之缘深矣。君诗十卷已梓行,兹复嘱刻是集,因得尽读其文。夫文者,载道之器,自非衷忠孝贞廉之性,而又沈浸于经史,磨砻于世故,与夫上下古今、理乱得失之由,一皆贯彻于吾胸,则其发而为文者,纵抽秘骋妍,穷极工巧,徒震耀庸俗人之耳目而已,要于道术无关也。读琴西集,无论阔篇短幅,必寄意深远,于世道人心足相维系。凡一切酬应及世俗导谀献媚之词,澌洗殆尽,斯不愧载道之文矣。或谓琴西文似熙甫,似望溪、惜抱,余独以谓是数公者何足以限琴西?琴西之文严洁而渊懿,盖上以追步子长,而下则希踪班范也。世有知言,当不以为阿好。同治癸酉二月,永康胡凤丹跋于鄂垣之退补斋。"(《孙衣言集》中册,580 页;《退补斋文存》卷十,7—8 叶,《清代诗文集汇编》693 册,263 页)

在都时,尝为《顾祠听雨图》题诗:

烟丝雨絮一时新,俎豆亭林迹已陈。旧雨来人今又至,与君同赏帝城春。同治癸酉以提刑淮南北入觐,重至都门,距戊辰顾祠之会匆匆六年矣。筱铁同年出此属题,率占二十八字以应,即正之。(《孙衣言孙诒让父子年谱》,109 页)

三月初一日(3月28日),觐见皇上。在朝房晤唐壬森、欧阳保极。出后晤钟宝华。午后至安徽馆,晤朱学勤、许庚身、朱智、陆䝮棠等。赴诸友公饯于馀庆堂,与贡又山、俞烈等。谒李鸿藻尚书。

> 《癸酉瞻天日记》:"晴,丑初赴宫门口递折请安,遂于九卿朝房伺候,辰初蒙恩召见,赏克食。上问汝何时行? 奏曰:臣拟于初五以前出京。又问汝此去由水路耶由旱路耶? 奏云:臣此行由直隶、山东一带陆路入江南境,仍由水路至金陵,由金陵赴安庆一水可达。又问由京至安庆须若干日? 奏云:若无风雨阻隔,四十日可到。又谕云:汝到安徽须实心办事。奏云:臣当凛遵圣训。上复熟视片刻,复谕曰:汝可于今日跪安。仰见上在御座略略一俯,即起退行数步,复跪请皇上圣躬万安,上复略俯,即退出。在朝房晤唐根石前辈、欧阳用甫太史保极,出东安门,晤钟花士学士宝华。午后至安徽馆,晤朱修伯宗丞、许星叔庚身、朱茗生二京卿、陆憩云工部䝮棠。是日枢廷诸友公饯也,贡又山比部、俞内翰烈招集馀庆堂。谒李兰孙尚书,自述家运之蹇,又言时事之艰,并细询江南北情形。"(《孙衣言孙诒让父子年谱》,434—435页)

三月初二日(3月29日),晤同年徐郙、陈廷经。入城谒枢廷诸公,晤沈桂芬尚书。至安徽馆,赴宋晋、龚自闳、陈廷经招饮。又偕张瀛赴程恭寿饮。

> 《癸酉瞻天日记》:"晤徐李侯同年郙、陈小舫给谏廷经。李侯年甫五十八,而其哲嗣致祥已以会元官至侍讲,其弟郿方以状元直南斋,可谓一门文学之盛。入城谒枢廷诸公,晤沈经笙尚书,亦细询江南北情形。又晤宜春宇前辈振。申初出城,至安徽馆,宋雪帆阁部、龚叔雨太常、陈小舫给谏招饮,安徽全省京官亦招饮。酉刻,偕张石洲廉使同年,就程容伯鸿胪饮,容伯肴馔精甚。数日来困于酒食,大抵皆草具耳,容伯处一食颇不负腹,然亦不能终席而散。"(《孙衣言孙诒让父子年谱》,435页)

三月初三日(3月30日),赴单懋谦相国、黄恕皆侍郎、殷兆镛侍郎、章鋆祭酒招集馀庆堂。

> 《癸酉瞻天日记》:"晴,单地山相国、黄恕皆侍郎、殷谱经侍郎、章采南祭酒招集馀庆堂。庚戌同年在文昌馆团拜,晚集冯耆云宫詹宅。胡小蘧都宪、杨简侯方伯招集文昌馆,乙未同年也。闻斌子廉调任嘉义,政声甚好。子廉亦乙未孝廉,能诗,不见二十馀年矣。"(《孙衣言孙诒让父子

年谱》,435 页)

三月初四日(3 月 31 日),赴门人陈彝、郑嵩龄招集扬州馆。赴同年钱宝廉招饮。晚集张之洞所,晤陈彝、龚显曾、朱逌然、吴大澂、王懿荣、李慈铭。是日诣别枢密诸公,晤宝鋆同年。

> 《癸酉瞻天日记》:"晴,门人陈六舟太史,己亥年任郑太史嵩龄招集扬州馆,钱湘吟同年招饮。晚集张孝达太史所,晤六舟、咏樵、肯夫、清卿诸太史、李苑客郎中。是日诣别枢密诸公,晤宝佩蘅同年。"(《孙衣言孙诒让父子年谱》,435 页)

> 《越缦堂日记》:"傍晚诣香涛,同孙琴西及漱兰、六舟、清卿、廉生、肯夫夜饮,至三更后始归。"(第 8 册,5698 页)

三月初五日(4 月 1 日),赴谢公祠,甲辰同年团拜。赴湖广馆,杨庆麟、许应骙、钱桂森三同年召集。

> 《癸酉瞻天日记》:"晴,甲辰同年在谢公祠团拜。杨振甫、许筠庵、钱樨庵三同年召集湖广馆。"(《孙衣言孙诒让父子年谱》,435 页)

三月初六日(4 月 2 日),至国子监答教习徐干、琉球官生林世功,见庭中大槐,睹物思人。再赴张之洞招饮。

> 《癸酉瞻天日记》:"晴,至国子监答徐教习干、琉球官生林世功,在琉球学小坐,庭中大槐,予所为作诗者,今已半枯,询旧时隶役,则皆其子孙,相距三十年,恍如隔世也。香涛太史召饮。是日上谒东陵。"(《孙衣言孙诒让父子年谱》,435 页)

三月初七日(4 月 3 日),赴龚显曾招集怡园。

> 《癸酉瞻天日记》:"晴,龚咏樵太史召集怡园。"(《孙衣言孙诒让父子年谱》,435 页)

三月初八日(4 月 4 日),赴朱逌然、陈彝、吴大澂、李慈铭招集松筠庵。

> 《癸酉瞻天日记》:"朱肯夫、陈六舟、吴清卿三太史、李苑客部郎招集松筠庵,崇谦六上公移尊来饮,并与晋小谷同年来。
> 为星斋题十三燕星堂便面。堂在滇之马龙州,星斋使滇时,尝宿此。吴清卿太史为之写于扇上。
> 碧鸡金马汉词臣,回首巢痕入战尘。今日南方频送喜,重帘香对帝

城春。"(《孙衣言孙诒让父子年谱》,435—436 页)

《越缦堂日记》:"肯夫来,因坐其车偕至松筠庵,以今日与肯夫、六舟、清卿同饯孙琴西,并邀孝达、麐伯、漱兰共饮也。……入晚,琴西始来,饮至二鼓,散归已三更矣。"(第 8 册,5702—5703 页)

三月初九日(4 月 5 日),琉球门人郑学楷之子郑辉煌偕林世功来访,赠郑辉煌《逊学斋诗集》及《水心别集》。

《癸酉瞻天日记》:"晴,琉球门人郑以宏学楷之子辉煌元功,偕官生林世功子叙来。辉煌随其贡使向德裕、王兼才、蔡大鼎等至都,闻予在此,遂出城来谒,留与小饮,以《诗集》及《水心别集》赠之。"(《孙衣言孙诒让父子年谱》,436 页)

三月初十日(4 月 6 日),为琉球教习徐幹编《琉球入学见闻补录》《琉球诗录》《琉球诗课》撰序。

《癸酉瞻天日记》:"雨,是日不复拜客,为琉球教习徐小勿明经草《见闻补录》及《诗录诗课序》凡三首,时知好索书者纷纷,亦以一日了之。京师不雨者数月,至是始得一雨也。"(《孙衣言孙诒让父子年谱》,436 页)

《琉球入学见闻录序》:"琉球自国初以来,子弟入监读书者七,乾隆间教习臣潘相始为《入学见闻录》一书,所载朝廷恩数及其国世系、风土、人物,文字言之綦详。嘉庆间教习臣黄景福复为《见闻辨异》一卷,考订讹误皆足与徐葆光、周煌诸志互为质证。道光二十一年,琉球弟子向克秀、阮宣语、郑学楷、东国兴四人入监,臣以副贡生充教习,时与诸弟子询考谣俗,大约无异前录,而其在学所为诗文别为剥刻,故不复著论。今年二月,臣以提刑淮南北奉命入觐,适琉球弟子林世功学成将归,来谒于客邸,世功在其国时,尝从宣诏、国兴学,故修再传弟子之礼,随教习臣徐幹来见,而幹复以所辑《见闻补录》,属为之序。狩与盛哉!我国家声教覃敷,无远弗格,而海外藩邦能以礼义文学接于上国,其子弟又能循习儒雅,知中国所谓师弟子之礼,皆为可纪。昔子思之书,推言圣人教化之盛,至于身车所至,人力所通,日月所照,霜露所坠,凡有血气者莫不尊亲。盖其盛德沾被,非疆域所能限隔,而四荒绝域,言语之不通,文字之不同,乃有事袄神逞怪诞以自绝于圣人者,夫圣人之教所弗及,则亦非帝王之权所能治矣。然臣窃见载籍以来,如汉之冒顿,晋之刘石,唐之吐蕃、回鹘,皆能骋其凶鸷为祸中国,而其弃礼蔑义自相倾夺以取灭亡，大率远者百年，近者数十载，辄种类绝灭，归于乌有，殆与草木禽兽无择，而琉球独以海外小邦被服冠带，诵法诗书，为中国儒者所纪，比于春秋邹鲁，岂独天子文治之美，亦其涵濡圣教者深也？是固宜保守藩服远有历年者矣。故臣于幹之所编，乐为之言，而独惜夫言语之不通、文字之不同者，未能使之与读是书也。"（《孙衣言集》中册，501—502页）

《琉球诗录序》："中山人士往往能为诗，然多为五七言律绝，以资酬答而已，鲜有为古诗者。予为教习时，颇令弟子辈泛览汉魏唐人以来诸家作者，间语以古人作诗格法蹊径，皆洒然有得，其所为诗亦往往可观。予尝择其雅者录而刻之，谓之《琉球诗录》。今年春，琉球学生林世功在监期满，其师教习徐君幹亦有诗录之刻，取而阅之，则皆驯雅可诵，而林生又来乞予《逊学斋诗》，谓将归诒国人。徐君又言琉球人极重予前录，几于家有其书，其好文而勤学皆可尚也。圣天子在上，方以文章礼乐陶冶天下，俾各安其性命之正。而荒洲穷岛狂榛蒙昧之民，犹有奋其角牙，含沙嘘毒，自外王化者，而琉球礼义相承三四百载，士之北学中国者，独能以扬扢风雅，自托于中朝俊秀之伦，殆所谓蓬莱、方丈，秦皇、汉武之所望而不见者欤！於戏盛矣！同治癸酉三月，瑞安孙衣言序。"（《琉球诗录》，清同治刻本）

《琉球诗课序》："教习徐君既选琉球弟子之诗以为诗录，又取所作帖体诗别为一编而刻之，大抵仿予前刻意也。予谓试律之作，始于唐人，至今日而朝廷儒臣硕望，下至山陬海隅乡曲之士，无不揣摩声病妃红俪白，以求合于应试之体，而海外文物之邦如琉球者初未尝有场屋取士之法，乃亦效而为之信乎，风尚之所趋，有莫知其所以然者矣。予尝闻中山人士，虽尚试律，然其国人所为大率四韵而已，阮宣诏等入监读书，始有八韵之作。而徐君此录所载林生诗尤为妥帖详雅，有中朝馆阁气象，则其文教之开而日新，尤可喜也。昔宋人言词科之敝，一时竞为俪偶，至有以一联之佳终身富贵者，今殿廷考试皆用八韵，而馆阁之士毕精壹志以求工于声韵对偶，其弊殆亦类此，独琉球幸而无之，则其所谓试律或犹近于古诗之流也欤！徐君其必有以取之矣。"（《孙衣言集》中册，503页）

三月十一日（4月7日），为友人写字。黄体芳、潘自强、殷鸿畴来。答拜范鸣和。

《癸酉瞻天日记》:"雨,仍为友好作书。黄漱兰侍讲、潘荻渔农部、殷萼汀比部来。答范鹤笙吏部鸣和拜。鹤笙为香涛太史房师,而诒让出香涛门下,于予为通家,去岁入都相见于金陵,予至京竟忘往访,而鹤笙先来,至是乃得答之,殊以为歉也。"(《孙衣言孙诒让父子年谱》,436 页)

三月十二日(4月8日),琉球官生林世功来送行,谱主手抄与琉球有关五篇文与之,并致函阮宣诏、东国兴。又寄家书金陵及瑞安。未刻起程,殷鸿畴、黄体芳、潘自强、吕耀斗来送行。行二十五里,至余家汇宿。

《癸酉瞻天日记》:"晴,琉球官生林世功来送行,并索予未刻诗稿中诗之有涉琉球者,予手抄五篇与之,盖将入《见闻录》也,并作书属寄阮、东二生。又发家书寄金陵、瑞安。未刻自都起程,萼汀、漱兰、荻渔、定子皆来送别。申刻,行二十五里,至余家汇宿,从车皆未到。同年张石洲廉访亦于今日出都,先行数十里,闻已抵张家湾矣。"(《孙衣言孙诒让父子年谱》,436 页)

三月十三日(4月9日),途中寻旅馆不得,只得持名片叩本汛把总王兆奎,才得以解决。

《癸酉瞻天日记》:"早阴晚晴,早行八十里至南屏,食已申正,复行十八里至河西务,日已映,欲觅宿处,而天津各营方迓李相,纷纷据递旅,再行十二里至王家庄,舆夫亦倦,欲止宿,及入一店,则不能具人马食,不得已复前行二十里,至蔡庄,已三更许,居人皆闭户,店亦人满,几无宿处,始令舆夫持名纸叩本汛把总,少顷,把总王兆奎来,请予宿其塾中,而别为友人辈假一庙曰兴仁禅寺以居,遂各得一宿,殊为可感。兴仁寺颇壮伟,而倾圮太甚,不可复修矣。"(《孙衣言孙诒让父子年谱》,436 页)

三月十四日(4月10日),行二十五里,至杨村午餐。又行六十里,至天津西关宿。

《癸酉瞻天日记》:"大雾,已而晴,行二十五里,至杨村午餐。又行六十里,至天津西关宿。"(《孙衣言孙诒让父子年谱》,436—437 页)

三月十五日(4月11日),行六十五里,至梁王庄午餐。又行七十五里,至静海唐官屯宿。

《癸酉瞻天日记》:"晴,早行六十五里,至梁王庄午餐,又行七十五里,至唐官屯宿,皆静海境。自天津来,皆沿河堤行,堤以西积水如湖,时见风帆,询诸土人,则皆民居,连岁大潦,遂至一望汪洋耳。由梁王庄来二十里,至静海县,无城,市肆冷落,仅如一村落耳。自静海来村落,梨花盛开,皎如散雪,杏花掩映其间,殊可赏玩。"(《孙衣言孙诒让父子年谱》,437 页)

三月十六日(4 月 12 日),行六十五里,兴集午餐。又行五十五里,捷地宿。

《癸酉瞻天日记》:"早晴,午后东北风起,晚雨。早行六十五里,兴集午餐。又行五十五里,捷地宿。未至兴集十五六里,过沧州,城陋甚,多积水。"(《孙衣言孙诒让父子年谱》,437 页)

三月十七日(4 月 13 日),行六十里,至泊头午餐。又行六十里,至连镇宿。

《癸酉瞻天日记》:"雨霁而风,颇寒,复御皮衣。早行六十里,至泊头午餐。又行六十里,至连镇宿。未至连镇二十里许,过东光城,亦多圮者。连镇前为粤贼所据,今烟火尚盛,而环村无大木矣。"(《孙衣言孙诒让父子年谱》,437 页)

三月十八日(4 月 14 日),行五十里,至桑园镇午食。又行五十里,至德州南关宿。

《癸酉瞻天日记》:"又雨,早行五十里,至桑园镇午食。又行五十里,至德州南关宿。雨中颇患泥淖。"(《孙衣言孙诒让父子年谱》,437 页)

三月十九日(4 月 15 日),行三十里,食黄河沿。又行七十里,至平原南二十里铺宿。

《癸酉瞻天日记》:"雨霁大寒。早行三十里,巳刻食黄河沿。又行七十里,至平原南二十里铺宿。过平原城外。谷士又呼歌者葵仙来,年二十六七矣。"(《孙衣言孙诒让父子年谱》,437 页)

三月二十日(4 月 16 日),行五十里,禹城桥午餐。又行五十里,至偃城宿。

《癸酉瞻天日记》:"晴,早行五十里,禹城桥午餐。又行五十里,申初一刻至偃城宿。歌者金梅、金魁,年皆十五六。"(《孙衣言孙诒让父子年谱》,437 页)

三月二十一日（4月17日），行五十五里，杜家庙午餐。又行五十五里，张夏宿。

> 《癸酉瞻天日记》："晴，行五十五里，杜家庙午餐。又行五十五里，张夏宿。自偃城南行二十五里，齐河县渡河，泰安诸山渐渐可见。歌者桂花年十六，颇有色。"（《孙衣言孙诒让父子年谱》，437页）

三月二十二日（4月18日），行百十里，至泰安午餐，遣仆人至泰安知县苏名显索泰山摩崖拓本，尚未刻成。行四十五里，至崔家庄宿。

> 《癸酉瞻天日记》："晴，趱程半日，早行百十里，至泰安午餐，遣仆至苏炳臣大令索磨崖拓本，尚未刻成也。又行四十五里，至崔家庄宿。"（《孙衣言孙诒让父子年谱》，437页）

三月二十三日（4月19日），行九十五里，至翟家庄午餐。又行四十五里，至螯阳宿。

> 《癸酉瞻天日记》："晴，趱程半日，早行九十五里，至翟家庄午餐。又行四十五里，至螯阳宿。"（《孙衣言孙诒让父子年谱》，437页）

三月二十四日（4月20日），行百十里，至埠庄午餐。又行四十五里，至青驼寺宿。

> 《癸酉瞻天日记》："晴，早行百十里，至埠庄午餐。又行四十五里，至青驼寺宿。青驼寺村藏家秘传膏药，治跌打损伤及无名肿毒极效，状若油纸，患者取片纸以津唾润之，贴患处，即效，为购十张以备施送。是日午后阴，南风大作。"（《孙衣言孙诒让父子年谱》，437—438页）

三月二十五日（4月21日），行九十里，沂州府南关外午餐。又行四十五里，渡沂水，李家庄宿。

> 《癸酉瞻天日记》："迟明时微雨，日出后雨止遂霁。早行九十里，沂州府南关外午餐。又行四十五里，渡沂水，李家庄宿。天气益暖，可换夹衣矣。"（《孙衣言孙诒让父子年谱》，438页）

三月二十六日（4月22日），行六十里，郯城十里铺午餐。又行六十里，红花埠宿。

> 《癸酉瞻天日记》："晴，早行六十里，郯城十里铺午餐。又行六十

里,红花埠宿。是日客车甚多,予后至,几无住处。自此南行不数十武,即江南界。"(《孙衣言孙诒让父子年谱》,438页)

三月二十七日(4月23日),行六十里,峒嵋午餐。行六十里,至顺河夜宿,李子林来,约同赴安徽。是日,致函朱学勤。

《癸酉瞻天日记》:"晴,早行六十里,峒嵋午餐。又行六十里,顺河宿。李子林自宿迁来,约同赴皖。知李雨亭制府以三月初九接印,张振帅以三月十二日回苏抚任。"(《孙衣言孙诒让父子年谱》,438页)

《致朱学勤函》:"修伯仁兄宗丞大人阁下:在都两旬有馀,深语数次,而别来总似有怀未央,比惟台候万福为颂。衣言以十二行,本日已至顺河,再二日可达袁浦,如无风雨阻滞,四月下旬可以抵任,惟既少读书又未读律,任大责重,陨越可质,伏望时有以教之。世兄把晤数次,书味盎然,真君家千里驹也。史文玑《四书管窥》及《管窥外编》、明刻《李五峰集》、正德本《陈止斋集》、黎刻《水心集》,闻尊架所存皆在敏斋同年处,切祈嘱其寄皖,俾得借校,此数书欲重刊之耳。尊体时须以省事安神为祝。即颂台祺。衣言谨状。三月廿七二鼓。"(邹晓燕整理《孙衣言、成林、杨昌濬、蒋益澧致朱学勤手札》,《历史文献》第十八辑,120—121页)

三月二十八日(4月24日),行五十里,仰化集午食。又行五十里,至重兴集宿。桃源知县江尔炽来见。与陶鹤汀、黄祖络晤谈。夜半,许庆均来见。是日,再致函朱学勤。

《癸酉瞻天日记》:"晴,早行五十里,食仰化集。又行五十里,至重兴集宿。是日村人方赛祀泰山神,陈百戏,士女观者如堵。桃源令江尔炽来见,始知许少尹煌已亡。前令孙瑞麟亦来。陶鹤汀、黄幼农两观察引见入都,自金陵来,亦宿此,晤谈久之。夜将半,许少尹之子庆均来。友林舟行,谒粮道。"(《孙衣言孙诒让父子年谱》,438页)

《致朱学勤函》:"昨至顺河,附便差寄呈一函,想日内可以送到。前在都承谕舍弟,请仍举日讲密摺,尚可检寻,深以为幸。此摺约在咸丰元、二年间,措辞极为切至,如能检得,妙甚妙甚。又舍弟在粤西间尚有密陈贼情一摺,亦极切当时情势,约在道光廿九、三十年间,得便一检更佳。再此拜恳。即颂修翁宗丞大人道安。衣言顿启,明日抵袁浦矣。兹有陶、黄二观察来都门,见有信可托寄也。"(邹晓燕整理《孙衣言、成林、杨昌濬、蒋益澧致朱学勤手札》,《历史文献》第十八辑,121页)

按：黄祖络（1837—1903），字幼农，江西庐陵人。广东巡抚黄赞汤之子。

三月二十九日（4月25日），行七十里，抵清江浦，寓王丹庭处。欧阳利见、路礼门、田鼐臣、万小灵、许寿门、许庆埏都来。

《癸酉瞻天日记》："大雾，行四十里，至渔沟山坐。谷士辈以车先行。又行三十里，至清江浦，仍寓王丹庭处。欧阳健飞总戎、路礼门观察、田鼐臣参戎、万小灵大令、许寿门少尹、许子安少尹庆埏皆来。"（《孙衣言孙诒让父子年谱》，438页）

三月三十日（4月26日），谒漕运总督文彬，晤丁仲山侍御、庞际云、张翰仙、路礼门三观察。晚在健蜚处饮，晤王翚翎、沈子梁。

《癸酉瞻天日记》："晴，谒文质夫漕帅，晤丁仲山侍御、庞省三、张翰仙、路礼门三观察。在鲤门处午酌。晚在健蜚处饮。晤王克斋观察，合肥人，名翚翎，荃相姻戚，以办李营转运，驻袁浦慈云寺。沈子梁，刑名友人，品学兼优，现在苏州发审局，岁修千金，又其弟子某亦有文学，礼门云。"（《孙衣言孙诒让父子年谱》，438页）

三月，《逊学斋文钞》刊印于武昌书局。

《逊学斋文钞》牌记："同治十二年三月刊。"

《孙衣言孙诒让父子年谱》："以所著《文钞》十卷，属胡月樵观察刻于武昌书局。观察读过，以谓严洁渊懿，上以追步子长，下以希踪班、范，而熙甫、方、姚不足以限之云。"（118页）

四月初一日（4月27日），赴漕运总督文彬招饮，晚赴张翰仙招饮。二更许登舟，路礼门、施培增来送行，王丹庭同舟行。

《癸酉瞻天日记》："谷士、友林辈皆上船，文漕帅招饮。晚张翰仙招饮。二更许登舟，路礼门、施培增来送行，王丹庭同舟赴淮。"（《孙衣言孙诒让父子年谱》，438页）

四月初二日（4月28日），午刻至淮上。知府存秀岩、章仪林、通判张德、知县孙汉章来，晚饮湖上草阁。

《癸酉瞻天日记》："由清江解维，午刻至淮上。存秀岩太守、章秋亭观察仪林、张通判德、孙汉章大令来，晚饮湖上草阁，秀岩、汉章为主人。

复乘小舟至一僧寺，皆极水木清华之致。是日在山阳泊。微雨。"《《孙衣言孙诒让父子年谱》，439 页）

四月初三日（4 月 29 日），午刻至宝应，戌刻至界首宿。

《癸酉瞻天日记》："晴，顺风行，午刻至宝应，戌刻至界首宿。界首水浅，闸员为下数板，乃得行。"《《孙衣言孙诒让父子年谱》，439 页）

四月初四日（4 月 30 日），抵高邮，至露筋祠宿。

《癸酉瞻天日记》："晴，申刻抵高邮，亥刻至露筋祠宿。"《《孙衣言孙诒让父子年谱》，439 页）

四月初五日（5 月 1 日），至召伯小泊，剃头。夜抵扬州城北。途遇王大经。

《癸酉瞻天日记》："晴，午刻至召伯小泊，剃头，夜抵扬州城北，去城里馀，以北风甚厉，止泊，谷士先赴扬州。王晓莲北行，遇于召伯镇之南。是日扬州官始换凉帽，闻李制军在瓜州查看仪征及六濠口一带地势，以春间所开仪征盐河，御史有言也。"《《孙衣言孙诒让父子年谱》，439 页）

按：王大经（1811—约 1883），字经畬，号晓莲，亦作筱莲，浙江平湖人，道光二十三年举人。同治元年入李鸿章幕，总办江苏牙厘局、江苏忠义局。同治四年署理江苏按察使，五年任江苏江安粮道。十二年五月迁湖北按察使，光绪四年七月迁湖北布政使。著有《哀生阁初稿续稿》。

四月初六日（5 月 2 日），午刻至扬州钞关门，访晏端书、钱振伦、厉云官。访蒋超伯同年，未晤。晤高行笃。袁昶来访，未晤。是日，汪士铎赠五言长歌。

《癸酉瞻天日记》："阴，北风未已，天颇寒，午刻至扬州钞关门，城中各官以制府来看盐河情形，皆在瓜步。访晏彤甫、钱楞仙两前辈、厉伯符方伯，晤谈久之。访蒋叔起同年观察，未晤，晤高叔迟世兄。"《《孙衣言孙诒让父子年谱》，439 页）

《袁昶日记》："往谒孙提刑不值。"《《袁昶年谱长编》，146 页）

汪士铎《送孙琴西廉访三十韵》："平生读儒书，万事一吹唉。妄希段泄风，闭门甘卧雪。何期蓬莱仙，下交竟折节。涓涓沟浍流，望洋叹渤澥。授我两卷诗，琳琅霏玉屑。丽本賡卿云，读恐误雌蜺。骨高鹏欲骞,采晕鲸新掣。狟狟节制师,尽浴两甄铁。缀文遍门子,贯诗及椎结。才名翰林公,远罩海外戢。三天侍桓韦,四海仰稷偎。殷忧逮小雅,忠奋近臣舌。期以一寸心,建策安阢隍。借才例补外,安问轼与辙。皖公媲高寒,雷池照清洁。好贤值功宗,缁衣互欣悦。符绾竹使尊,篇肆蓼莪阕。凤德仪高冈,乌台肃旧列。求才泾渭判,衡文云汉抉。骨宜市马骏,意乃容鸠拙。清德闻紫垣,晋秩诏陈爇。独此樗散人,依依恋明哲。往者失夷吾,虽忧台星折。嗣音吐握诚,犹幸倚英杰。油幢肃圣政,去我若赐玦。江东孤寒多,谁复肝肠热。岂惟山水志,将为牙弦辍。无人穆公侧,桂伐甘泉竭。愁对短檠青,念此已缕绝。祝公敷皇猷,浩歌为此别。"(《悔翁诗钞》卷四,12—13 叶,《清代诗文集汇编》612 册,609 页)

《孙衣言孙诒让父子年谱》:"汪梅村先生祖以五言长歌(墨迹,末署'癸酉四月六日汪士铎拜稿'。"(116 页)

四月初七日(5 月 3 日),晤两淮盐运使方浚颐、英式梁太守等。午在谦吉升、李怀寅处饭。晚在王守愚处饭,晤吴礼园部郎、薛澍生。李晓峰太守来。

《癸酉瞻天日记》:"微雨,晤方子箴都转、英式梁太守、谭东湖、冯弁云二大令,及书局盐局诸公。午在谦吉升、李怀寅处饭。晚在王守愚处饭,晤吴礼园部郎,和甫前辈哲嗣也。又晤薛澍生,廉昉妻兄弟也。李晓峰太守来。庞宝笙尚书扶其太夫人枢来,同泊。"(《孙衣言孙诒让父子年谱》,439 页)

四月初八日(5 月 4 日),赴方浚颐招饮,同薛士香、徐仁山。观方浚颐藏画,内有王振鹏设色画一幅。晚在许星翼、秋槎处饮。是日,袁昶来谒。

《癸酉瞻天日记》:"晴,子箴都转招饮,同薛士香、徐仁山。箴翁出观南北宋诸家名画,相与赏玩,自北行以来,此为第一雅集矣。在箴翁处见乡先辈元时王孤云振鹏设色画一幅,极为秀丽。晚在许世兄星翼、秋槎处饮,次苏同年子也。"(《孙衣言孙诒让父子年谱》,439 页)

《袁昶日记》:"谒见孙提刑、方转运。"(《袁昶年谱长编》,146 页)

四月初九日(5 月 5 日),李少峰太守来送,坐谈久之。与友人同游金山、焦山,夜半返瓜州。

《癸酉瞻天日记》:"晴,卯刻自扬解维,士香观察招为金山之游,李少峰太守棹舟相送,坐谈久之。济生轮船以李制帅命至江干。午刻,世香至,遂与珮双、友林、谷士及管带济生轮船委员马冠卿县丞,各坐红船至金山,登绝顶,至妙高台饮,饮毕日已晡,复令轮船导行至焦山,已曛黑矣,秉烛登大观台,偏观各禅房,夜半复乘舟返瓜州。"(《孙衣言孙诒让父子年谱》,439页)

四月初十日(5月6日),自瓜州出发至南京水西门。还署。林用光来,居署中。

《癸酉瞻天日记》:"晴,卯初刻,自瓜州解维,酉初至水西门,遂还署。若衣自皖来,居署中。"(《孙衣言孙诒让父子年谱》,440页)

四月十一日(5月7日),谒两江总督李宗羲。

《癸酉瞻天日记》:"晴,谒雨亭制府。"(《孙衣言孙诒让父子年谱》,440页)

四月十二日(5月8日),赴李宗羲招饮,晤李昭庆、张绍棠。

《癸酉瞻天日记》:"雨亭制府招饮,晤李幼荃、张又堂。"(《孙衣言孙诒让父子年谱》,440页)

四月十三日(5月9日),在袁保庆处小饮。

《癸酉瞻天日记》:"微雨,在笃臣处小饮。"(《孙衣言孙诒让父子年谱》,440页)

四月十五日(5月11日),友人公饯于莫愁湖。

《癸酉瞻天日记》:"晴,同寅诸公饯于莫愁湖。铁皮轮船来。"(《孙衣言孙诒让父子年谱》,440页)

四月十六日(5月12日),赴张文虎、唐仁寿、庄祖基、李传黻招集曾文正公祠。是日,张文虎跋《浪语集》。

《癸酉瞻天日记》:"晴,张啸山、唐端夫、庄守斋、李佛生招集曾文正公祠。"(《孙衣言孙诒让父子年谱》,440页)

张文虎《跋浪语集》:"同治癸酉,瑞安孙琴西廉访将移任皖江,以此集见诒。薛艮斋于永嘉诸子中尤矫矫,其学主于实事求是,坐言起行,非空谈性理,自托程朱者所可同日语。惜乎早逝,未竟其用也。廉访公子仲容孝廉校订精审,闻别有札记,未刊。予检第十三卷有《八阵图赞》

431

并序,其三十二卷又重出之,惟'新都'作'广都',三见。阵形'虽八'作'维八',馀皆相同。据后跋,乃其从孙师旦所编,何疏忽乃尔!未知札记中曾及此否?四月十六日,是夜月食,甚时正如初四五夜月耳。"（《舒艺室杂著》甲编卷下,36叶,《清代诗文集汇编》630册,335页）

四月十七日(5月13日),赴谭碧理招饮。晚,与蒋萃峰饮于署中。谒李宗羲,并至各友人处辞行。

> 《癸酉瞻天日记》:"晴,谭青崖招饮。晚,萃峰移尊饮于署中。谒雨亭制府,并至各友好处辞行。"（《孙衣言孙诒让父子年谱》,440页）

过金陵时,得张裕钊赠序。张文虎复沓前送入觐诗韵赋赠,又得徐维城(韵士)大令寄诗二律。（《孙衣言孙诒让父子年谱》,116页）

四月十八日(5月14日),辞别凌焕、方伯雄、汪士铎。各友人来送于江干。李传黻、庄祖基、孔静山、蒋萃峰等送至下关。

> 《癸酉瞻天日记》:"别凌少南同年、方伯雄前辈、汪梅村孝廉,未刻登舟,各友好相送于江干。戌刻至下关,李佛生、庄守斋、孔静山、蒋萃峰等送至下关。"（《孙衣言孙诒让父子年谱》,440页）

四月十九日(5月15日),至芜湖。

> 《癸酉瞻天日记》:"晴,卯刻,铁皮轮船拖以行,戌刻至芜湖。"（《孙衣言孙诒让父子年谱》,440页）

四月二十日(5月16日),至大通。文卿及燕亭等来访。

> 《癸酉瞻天日记》:"晴,卯刻开行,戌刻至大通。文卿及燕亭等来。"（《孙衣言孙诒让父子年谱》,440页）

四月二十一日(5月17日),抵安庆,谒见巡抚英翰,晤布政使裕禄、王思沂、陆乃普、裕庚等。定以明日接印。

> 《癸酉瞻天日记》:"晴,舟抵安庆,遂进城,谒西林宫保,并晤裕寿山方伯、王与轩、陆秋丞、裕朗西观察,定以明日申刻接印。戌正回船。"（《孙衣言孙诒让父子年谱》,440页）

四月二十二日(5月18日),晤刘小松,接安徽按察使印信。陈烺、裕禄、王思沂、陆乃普来。上谢恩折。

《癸酉瞻天日记》:"晴,晤刘小松同年,申刻接印。时安庆久不雨,予接印礼毕,而雷雨大至。陈午峰观察来,寿山方伯及与轩、秋丞诸公均来。"(《孙衣言孙诒让父子年谱》,440页)

《安徽按察使到任谢恩折子》:"奏为恭报微臣接印任事日期,叩谢天恩,仰祈圣鉴事。窃臣渥承恩命,补授安徽按察使,当即趋赴阙廷,瞻觐天颜,荷蒙召对两次,温谕周详,莫名感激。遵即陛辞就道,于本年四月二十二日行抵安徽省城,准署按察使、安庐滁和道王思沂将臬司印信文卷移交前来,臣即于是日恭设香案,望阙叩头,祗领任事。伏思皖省为江淮扼要之区,臬司有综理刑名之责,当此兵氛甫靖,民气渐舒,弼教明刑,既贵宽严之相济,安良戢暴,尤须整饬之有方。臣自揣庸才,深虞陨越,惟有益持勤慎,勉竭驽骀,随时随事禀承督抚,务在上维国法,下达民情,以期仰答高厚鸿慈于万一。所有微臣接印任事日期,并感激下忱,谨缮摺叩谢天恩,伏乞皇上圣鉴。"(《孙衣言集》中册,291页)

四月二十四日(5月20日),巡抚英翰招饮观剧。

《癸酉瞻天日记》:"晴,西林宫保招饮观剧。"(《孙衣言孙诒让父子年谱》,440页)

四月二十五日(5月21日),答拜友人,至林用光处小坐。

《癸酉瞻天日记》:"答拜各同人。至若衣处小坐。"(《孙衣言孙诒让父子年谱》,440页)

四月二十六日(5月22日),徐子苓来谈。裕禄招饮。

《癸酉瞻天日记》:"徐毅甫来谈。寿山招饮。"(《孙衣言孙诒让父子年谱》,440页)

四月二十七日(5月23日),答拜友人。裕庚、程鸿诏来访。

《癸酉瞻天日记》:"晴,答拜诸同人。朗西来,程伯孚来。"(《孙衣言孙诒让父子年谱》,440页)

四月二十九日(5月25日),得胡凤丹来函及《大泌山房集》。

《癸酉瞻天日记》:"雷雨,胡月樵鄂州书来,以《大泌山房集》见寄。"(《孙衣言孙诒让父子年谱》,441页)

四五月间,再致函朱学勤,云:

　　修翁宗丞大人阁下：春明聚晤，游从极欢，祗以酬应纷纷，未能深谈衷曲，别来时以为念，惟即日台候有相为颂。尊体总以静摄为宜。衣言于十二日出都，二十九至袁浦，四月初十日至江、全，十八日由江越皖，廿一日至皖，即于廿三日接篆任事。此间本为旧游之地，西林宫保又系故人，相视甚厚，各同事亦多朴实头地。惟淮北民气鸷强，尤可恨者带牛珮犊，动手即相刺刃，以故命案略多。衣言既未读书又未读律，不知何以为治。初到颇患旱干，幸随得透雨，早收必当丰稔，可以告慰。史文玑《四书管窥》、李五峰等集前所求者仍祈嘱敏翁见寄。附上《浪语集》一部，不知能为一校否。津门传闻异辞，殊为虑也。即颂台安，不具。衣言顿首。同人均为道意。（邹晓燕整理《孙衣言、成林、杨昌濬、蒋益澧致朱学勤手札》，《历史文献》第十八辑，120 页）

五月二十一日（6 月 15 日），公事之馀，读毕《临川集》卷七十七，有题记。

　　《孙衣言孙诒让父子年谱》："抵皖后，在官斋以丹笔续校《临川集》卷七十七以后各册，而在七十七卷尾记云：癸酉五月二十一日，大雨甫霁，读毕此卷。时莅皖臬将一月，公事稍暇，又得读书，亦一快也。"（116 页）

七月十四日（9 月 5 日），胡凤丹来皖，谱主遣仆迎接。胡凤丹有诗。

　　胡凤丹《七月十四夜抵皖城简琴西廉访时任安徽按察使》："朝辞黄鹄矶，暮饮皖江水。海舶何迅速，一日走千里。况遇石尤恶，艨艟不能驶。独让轮舟飞，昼夜靡停止。仰视明月高，又听秋风起。计候夜将半，独立江之涘。阮生叹途穷，我今胡类此。踟蹰复踟蹰，天涯有知己。知己不我遗，呼僮款行李。琴西廉访遣仆出城迎接。一入枞阳门，鸡声已盈耳。"（《退补斋诗存二编》卷一，2 叶，《清代诗文集汇编》693 册，299 页）

七月十六日（9 月 7 日），胡凤丹辞行谱主，有诗。

　　胡凤丹《别孙琴西》："去冬游白下，君治凤沙政。今秋来皖江，柏府悬明镜。决狱多平反，为民辄请命。遥听来暮歌，舆论有公评。我生泛萍梗，霜雪催两鬓。听鼓楚江头，八年贫兼病。今复踏輭红，岂为功名竞。欲归无可归，松菊荒三径。

　　昨日晤君面，欢笑情何亲。今日与君别，握别语酸辛。天涯秋草绿，萋萋怆我神。白露送早寒，是日十六白露节。西风辞故人。愿尽一杯酒，东下大江滨。岁月去如驶。遄问百年身。惆怅燕台远，素衣化缁尘。此行计殊拙，徒为猿鹤嗔。"（《退补斋诗存二编》卷一，2—3叶，《清代诗文集汇编》693册，299—300页）

七月，取诒让所校《刘左史集》四卷、《刘给谏集》五卷，覆勘一通，编入《永嘉丛书》，刻于武昌。

> 孙诒让《二刘文集》跋："……丁卯秋试，于杭州购得卢氏抱经堂所藏旧钞本《给谏集》，家大人又从祥符周季贶司马所录得吴牧庵校本《左史集》，命诒让以家本对勘，刊补颇伙。会武昌开书局，刊布经史，永康胡月樵丈实总其事，因属为重刻，以广其传。卢、吴二家抄本，行款不甚符合，所出盖非一本，今亦不敢专辄改定，以存宋椠之旧云。同治十二年癸酉七月。"（《孙衣言孙诒让父子年谱》116—117页）

又覆勘诒让所校《蒙川遗稿》四卷，《补遗》一卷，编入《永嘉丛书》。复从区士衡《九峰先生集》觅得《九峰讲院记》，从李富孙《括苍金石志》觅得《顺斋先生王公墓志铭》，并质翁佚文也，写入《补遗》，并传刻之。（《孙衣言孙诒让父子年谱》117页）

七月，张文虎来函，言有辞归之意。

> 《复孙勤西廉访》："伏自旌旆登程，未遑谒送，正拟肃丹申悃，顾蒙瑶简先颁，藻饰逾隆，益滋惭悚。敬谂棠阴好在，竹马欢迎，时雨至而康阜歌，清风来而烦溽解。江鸥识面，记投饮水之钱，山鸟窥人，重睹劝农之骑，下尘欣抃，颂慰莫名。此间诸务大抵如恒，惟常郡以南迄浙西一带，夏雨不能霑足，均苦熯干，即遇滂沱，只期补救晚稻耳。文虎等数载萍依，饫闻尘诲，今则如时禽失树，鸣息皆非。仁寿即日赴杭，为下车之冯妇。文虎以制军慰留暂住，俟试装旋局，再图力告也。皖省民风吏事，大都北不如南，所喜辙迹环经，可以驾轻就熟，莅公之暇，尚冀为道自怡。"（《舒艺室尺牍偶存》，《清代名人尺牍选萃》29册，151—152页）

九月二十九日（11月18日），俞樾来函。

> 《春在堂日记》："甲戌，……与孙琴西廉访同年书。"（《春在堂日记　曲园日记》，314页）

九月，致函朱学勤，云：

> 修伯宗丞大人阁下：两接手书，备蒙垂爱。蕙田处《习学记言》如可

借,祈为精抄一分。此处已校出一部,尚未善也。朗轩廉访过金陵,又得代购《名臣奏议》一书,书价当由敏老转寄。此书求之数年不得,格外为幸。观厂肆时如见有永嘉先辈遗集,幸不时致之,望切。并询悉兴居多福,庆慰庆慰。枢庭重赞,益可大展所怀,惟扶植善类,广树人才,是所祷祝。承询盐务、江防,须有变通,实今日一大节目。盐法视物力为转移,尚可缓议。长江一带之水,当此南北一家,本无所谓访。曾文正创立水师,原因百战之士,散无所归,不得已而为之。而其见于《金陵水师昭忠祠记》者即极言其宜随时变通,盖早有远虑矣。五六年来,弊端已见,大约辖地太广,设兵太多,分汛太散,而镇将弁勇湘人十居八九,聚一省数郡之武夫悍卒,而令客居数千里之外,驾驭非人,其患有不可胜言者。此次雪翁查阅,可以补偏救弊,而正本清源尚未遑暇,此事尚须细讲也。衣言夏来多病,以致久未通书。雪翁到京曾嘱其一访我兄,彼此皆当有益,不知有相见否。皖事又在谳局,敏翁亦不日当来,人证不齐,殊难为定论耳。手此,布请勋安,诸维亮照,不宣。愚小弟孙衣言顿首,九月之吉。(邹晓燕整理《孙衣言、成林、杨昌濬、蒋益澧致朱学勤手札》,《历史文献》第十八辑)

秋,致函朱学勤,云:

兹有新刊《二刘集》二册,刻手劣甚,聊以存乡先辈遗书耳。前求向敏斋同年处借史文玑《四书管窥》《李五峰集》两种,卷帙不多,尚易为力,而久未寄到,幸嘱文郎一催也。衣言夏间颇患不得佳眠,今始稍可,想台候自当万佳。月樵观察来都,嘱其寄呈此件。即颂修翁宗卿大人台安。言顿首。(邹晓燕整理《孙衣言、成林、杨昌濬、蒋益澧致朱学勤手札》,《历史文献》第十八辑)

十一月二十四日(1874年1月12日),题《戴文节公熙山水》:

吴山立马望烽烟,浩气凌虚已上天。自合清风留宇宙,人间槃礴漫纷然。

及跋:

画之佳恶,予不能知。然闻文节直南斋时,贵王某索画,公不与也,王颇以为恨,公遂翩然引疾归矣。有此胸次,笔下亦安得复有尘俗耶?今日慕效公为画者,纷纷呿毫染墨,不知方寸间,视公何若也?呜呼!

天下岂有无本之艺哉？癸酉十一月二十四日夜半，又记。《孙衣言集》上册，255页）

十二月初二日（1月19日），应布政使裕禄招，与王思沂、李应棠、陆乃普、孙振铨、范先谟、陈烺、威麟、丁峻、裕庚等十一人集于藩署之成园，并摄影留念。

《孙衣言孙诒让父子年谱》："大寒前一日，寿山方伯裕禄召同归安王与轩观察思沂及同官八人，集于藩署之成园，摄成园雅集图。衣言为之记。"（117—118页）

《成园雅集图记》："同治癸酉十二月大寒前一日，寿山方伯招同安庐观察使者王公与轩及同官李公葶楼、陆公秋丞、孙公树人、范公子嘉、陈公午峰、威公龙友、丁公恬生、裕公朗西集于藩署之成园。有粤客某能用泰西法，以镜写人形貌，方伯呼之来，予与与轩各照衣冠象，既易便服，复令合照宾主为一图，以志一时之事。"（《孙衣言集》中册，335页）

十二月初七日（1月24日），撰《成园雅集图记》：

图中凡十有一人，最前而左右对坐举杯若相酬者，右与轩，左朗西也，中坐而左睨者，子嘉也。子嘉之后，拱手凝伫若有深思者，寿山也。寿山之次立，而其容甚庄者，午峰也。倚于朗西之坐后，而手执湘竹管者，树人也。又后凭几而微笑者，恬生也。恬生之次侧立，右视而举手者，龙友也。龙友之右，傑然独坐，若前视三人饮者，葶楼也。而予与秋丞偶立于最后之正中，长身而瘦、手举茗碗者，秋丞也。须髯皓然，志气颓然，望之若七八十岁老人者，予瑞安孙衣言也。……图既成，复命拓为十一纸，人各藏其一，而予复为之记，以为此亦一时之盛。游从之乐，久而不可忘也。后五日孙衣言并书。（《孙衣言集》中册，335—336页）

冬，致函朱学勤，云：

修伯宗丞大人阁下：月前接奉环章，欣悉即日兴居绥胜，为慰。承示《常州集序》，语着痕迹，可谓见爱之至。此文乃儿子诒让捉刀，其所指不知何人，似是孙芝房议论误移之湘潭耳。大约其所恶乃是菲薄汉学者。然如此措辞，亦于文义不相贯串，刻已换去重刊矣。其文笔似尚可，学古文而总以零星考索为事，至举业则竟阁起不谈，尤属可怪。来年入都必令其登堂谒见，并与世兄辈为昆弟之交，以便时受教诲也。衣

437

言莅事数月，都无建白。前承教治当尚众，极中窾要。项子密书来，亦恐弟或用法外之仁，而不知治淮北一带须用仁外之法也。各州县尚沿乱时习气，刑名案牍大率卤莽从事，命盗巨案草草招解，尤属可恨。开垦荒芜之说，吴竹庄奏定章程，以此定为州县考成，各属往往强荒作熟，农民裹足不前，现虽不甚遵用其法，而名目尚存，州县总有所苛求，吏胥即有所需索。鄙意颇欲一切驰去，然尚未能骤改，幸制府先有所向，或可渐渐从宽也。光、固、霍、六一带又有蠢动，现已派兵令剿。洋使求觐，闻颇为天威所慑，幸甚，然益宜恩惠预防，不可以为可狎也。史文玑《四书管窥》一书总求嘱敏翁见借，欲并《习学记言》刻之耳。即颂勋安。衣言拜状。

星叔远使，想枢府亦不止一二人也。金陵失一笃臣，却可惜此人可谓一片血诚也。皖中雨旸尚顺，当得中稔，惟苏、常尚未得雨，湖南亦大旱，此可虑。晓莲得楚臬，大妙，此等皆挽回风气举动也。

前奉手书，知患痹湿之恙，冬间想已霍然。天堂白术适嘱便友觅得斤徐，虽其人云实为野生，恐仍是种术，聊以奉上，择其稍佳者用之可耳。在此已大半年，无所建明，殊以为愧。此间亢旱之后幸得大雪，人心稍定，惟讼风过炽，累人尤在京控，至有轮奸掳抢之案，本省未尝控告一次，而直□提督府、都宪两衙门者，一奉奏交咨交，则照例提人，及讯明坐诬，而无辜者已拖累月半载矣。维经衣言详定，京控原告到案，由司讯明大概，再行指提，人证到后随审随释，而民困总不能甦也，可叹。外致微芹，所谓秀才送礼，一笑。两同乡亦略尽微意，瘠苦之区，无不见谅，幸为曲折道之。厂肆有徐常博《宋宰辅编年录》，幸为一览。言顿首。（邹晓燕整理《孙衣言、成林、杨昌濬、蒋益澧致朱学勤手札》，《历史文献》第十八辑）

按：孙衣言四月二十二日接任安徽按察使，"在此大半年"当在冬季。

是年，因同治皇帝亲政覃恩，谱主以现官貤赠，三代考皆通议大夫，妣皆淑人。（《孙衣言孙诒让父子年谱》，118 页）

是年，徐维城《寄琴西廉访》：

"春明文宴早联欢，今日卿云仰面看。凤诏沂公羞喫著，应怜绛老坐衰残。因心茆屋穷黎活，回首蓬山瑞霭蟠。滚滚皖江东下疾，嵯峨一柱截飞湍。— 垂绅正色剂刚柔，耆艾精神少壮侔。漏网覆盆天卓日，冰壶霜简夏生秋。读书我辈初心见,察吏群僚实事求。美报岂惟台鼎陟,象贤雏凤蔼瀛洲。谓哲嗣仲容孝廉诒让。二"(《天韵堂诗存》卷八,6 叶,《清代诗文集汇编》661 册,618 页)

同治十三年　甲戌　1874 年　六十岁

二月初四日(3 月 21 日),翁同龢读谱主《逊学斋文集》。

《翁同龢日记》:"读孙琴西《逊学斋文集》。"(第 2 册,1023 页)

二月二十日(4 月 6 日),三弟嘉言(字子俞,附贡生)卒。(《孙衣言孙诒让父子年谱》,119 页)

二月二十四日(4 月 10 日),撰《林恒轩诗序》。林恒轩,名大椿,乐清人。

《林恒轩诗序》:"吾乡诸儒莫盛于南宋,而予尤慕薛文宪、陈文节之为学,喜读其书,时时访求其轶事,每见后生秀士,即欲导以永嘉之学,然苦无有应者。夫永嘉之学之盛,岂有它术哉?使郡邑间皆得如恒轩者一二十人,其为乾淳之盛无难耳。独无如知此者鲜也,则于恒轩之诗,其乌能无言也哉?同治甲戌二月二十四在安庆序。"(《孙衣言集》中册,504—505 页)

三月,林鹗去世,年八十二。

春,唐仁寿自金陵来书,以去岁东坡生日诗见示。谱主即叠次其韵,为诗四首,分寄唐仁寿及薛时雨、钱应溥、张盛藻、李传黻、庄祖基诸君。同时又征得在皖诗人和作若干首,并联写装成一大轴寄金陵,以存一时文字交游遗事。(《孙衣言孙诒让父子年谱》,119 页)

《唐端夫书来以去岁东坡生日诗见寄余在金陵五年常有此会辄为诗留冶城山飞霞阁去年来此乃遂不能有诗为之怃然即次其韵却寄端夫》:"我昔浮槎来一叶,一叶槎来宦海浮,予庚午闰中句。五年饱看钟山雪。飞霞高阁山满窗,雨翁相对真清绝。君与啸山同居阁上。年年召客拜东坡,每辱幽人简屡折。壁间横卷我留题,纸上龙蛇今未灭。去年作诗犹自书,但恨老来手频掣。官居日日龙眠山,远望白云生眼缬。今朝鹊噪得君书,正对檐花落瑶屑。诗用聚星堂韵,而今日适大雪。颇闻胜会犹七贤,却忆前游渺一瞥。喜君对酒尚能狂,顾我有情谁与说。怀人更望海东云,独注虫鱼磨青铁。书来言啸山已归沪上。"（《孙衣言集》上册,223 页）

《慰农最豪于诗而此会未有诗来用前韵问之》:"万树瑶花交玉叶,乘兴欲看龙山雪。唐侯一纸来新诗,开缄快读复愁绝。连年高阁寿诗仙,危磴飞霞凌百折。壁间狂句我犹记,襟上酒痕今已灭。平生颇喜物外游,一别殊苦人事掣。薛侯酒豪诗尤捷,杰句华清浮林缬。诗成何不写寄我,持似俗人恐未屑。回思残腊又深春,坐阅长洪真飘瞥。有田阳羡归未能,浙水滁山况难说。浩歌聊为寄相思,檐冰声动琅玕铁。"（《孙衣言集》上册,224 页）

《复用前韵寄子密春陔佛生守斋》:"钱侯才饮数蕉叶,李侯相对面玉雪。张侯懒骑五马骢,春陔由谏垣引疾而归。拍手庄生欲叫绝。有时连骑能过我,开门一笑屐齿折。澄江高阁空怀人,予园中阁名。望远但送飞鸿灭。李侯昨来诒我书,笔法犹认错刀掣。佛生善书,李重光作字喜为颤掣势,当时谓之金错刀,故以为况。端夫寿坡即坡语,珠玑百琲锦千缬。想见胜会凌飞霞,坐听雄谈竞霏屑。诸君能为髯翁欢,念我应惜流光瞥。古来贤达皆未死,人世妍媸那须说。但烦作诗继秦黄,更扣洪钟跃沈铁。"（《孙衣言集》上册,224 页）

《数诗既成辄思湘乡先生不已复用前韵示子密并呈慰农》:"东坡遭际宋五叶,太守风流复咏雪。当时尤念六一翁,风度真觉九龄绝。滁山滁水诗雍容,杭州颍州湖清折。百年宾客此师生,万古姓名岂磨灭。今时亦有庐陵贤,岁月无奈飞电掣。相公大度多门庭,群骏文章灿锦缬。数君殆欲坡后先,知我亦与教不屑。钟山客散今几年,湘水云去才一瞥。亦知此感古来同,但恨我怀无人说。夜阑诗就更沈吟,隔窗风动檐牙铁。"（《孙衣言集》上册,225 页）

程鸿诏《孙琴西廉访次唐君端夫东坡生日诗韵追念湘师属和奉呈并怀钱君子密》（甲戌）:"校书正苦扫落叶,谁唱阳春和去白雪。天台掷赋声忽闻,广桑证道路云绝。犹幸坡公在眼前,曾见醉翁为心折。冶城山阁昔游宴,桂管妖氛刚破灭。昨年公持使节至,迤来我恰闲身掣。许从芸笈借缇油,莫陪花坞吟宫缬。安昌旧客盟石交,建章群仙饮玉屑。千里命驾病未能,八载流光去如瞥。子密别八年矣。何时更共阿戎语,谓新甫。新诗且与黄九说。谓黄襄男大令。明当踏春大观亭,健行不藉拄杖铁。时清明前一日,余病初起。"（《有恒心斋诗》卷二,24 叶,《清代诗文集汇编》678 册,312 页）

五月初九日（6 月 22 日），俞樾收到谱主来函。

> 《春在堂日记》："庚戌，……得孙琴西书。"（《春在堂日记　曲园日记》,340 页）

六月，陕甘总督左宗棠奏，谱主筹饷出力，加布政使衔。谱主上《加布政使衔谢恩折子》：

> 奏为恭谢天恩，仰祈圣鉴事。窃臣接准办理西征粮台、内阁学士袁保恒咨转，奉吏部咨开遵旨议覆陕甘总督左宗棠奏保筹饷出力各员一折，内开升任安徽按察使、前江南盐法道孙衣言请加布政使衔，同治十三年六月十三日奉旨依议，钦此。转行到臣，当即恭设香案，望阙叩头谢恩。伏念臣浙东下士，江左备员，凤领醹筹，既愧无禅于军食，谬陈臬事，尤虞莫补于民生，涓报未图，冰兢正切。兹乃渥蒙宠命，滥晋头衔，瞻丹宸而拜恩，戴山知重，映朱缨而增耀，捧日抒诚，非微臣梦想所敢期，实圣主荣施之逾格。臣惟有力求报效，勉竭驽骀，随时谨懔夫官箴，遇事益勤夫职守，以期仰答高厚鸿慈于万一。所有微臣感激下忱，谨缮折恭谢天恩，伏乞皇上圣鉴。（《孙衣言集》中册,292 页）

六月，孙锵鸣以谱主旧冬自皖寄归之《玄秘塔临本》锓板，公诸同好，跋云：

> 余兄勤西中年好柳书，日课三百字，寒暑无间。自来淮南，尝告余：案牍之繁十倍江宁，然每早起，盥漱毕，必课三两纸，乃治事见客。此癸酉冬日自皖寄归，为家塾模仿本，许君笑梅见而爱之，永嘉郭熙堂善摹勒，遂属其锓板，公诸同好。甲戌六月，孙锵鸣跋。（《孙锵鸣集》下册,768 页）

夏，书张敬堂所藏汉唐帖后：

> 同治甲戌夏间，谨堂观察持示汉碑篆隶各一、同州本《圣教序》二，汉之奇古，唐之精严，皆临池家不可不历之境。窃叹壮年不学，今忽忽遂六十矣，腕力益退，无能为役，独于人事丛杂时，辄一翻阅，犹觉意惬关飞动也。（《孙衣言集》中册,546 页）

八月，生辰。谱主先期自为通启辞寿，盖追念资政公、丁太夫人六十尚缺称觞，而又新有孔怀之痛也。时皖抚西林宫保英翰太夫人生日同在一旬。谱主别为手札，密谕诸僚属，止其来贺及馈送，并断贺牍。于是，抚署宾客甚盛，而无一人敢见臬司。宫保亟索公札观之。而札首言世俗祝寿之礼，惟人子事亲为盛事,宫保亦为欣然。谱主辞寿,府厅州县官及文武僚吏遂未敢言贺,惟两江总督李雨亭制府宗羲、皖抚西林中丞及众文友、门生,各以故旧之雅,制序为赠。

　　两江总督李宗羲撰寿序(节录):"永嘉之学出于伊川、考亭,渊源最正。叶水心论次诸儒,以'竞省物欲,弥纶世变'分为二派。近儒黄梨洲、全谢山编《宋元学案》又别而为五。然诸儒宗旨,大率敦崇实学,由明体以达于用,文章风节,卓然皆有以自植,元丰九先生提倡之风盛矣哉! 其学至元而微,至明姚江之徒出而愈微,盖六百年无赓之者矣。琴西孙君,生永嘉诸儒之乡,以修明绪言为己任,自其幼时,已有慕于宗人敬轩先生。敬轩之学,溯伊川、考亭而沿波于永嘉者也。永嘉诸儒传书希,君博访而约取,精探而切究,于心性几微之防,名义进退之节,往复绅绎,必得其所安,发为文辞,雄奇浩瀚,而世顾未甚知。宗羲尝谓君疏简乐易,而台省有大议,引谊侃侃,不少回屈。论政以礼教风俗为先,而略于簿书期会之末。调辑兵民,兴利除害,似薛士龙;通知古今,练达政要,似陈君举;其议论博辨,深切事情,则导源于水心,而弥近昌黎。昔钱警石先生序君文曰:'吾浙之学,犹有永嘉,真脉乃在瑞安。'诚知言哉! 君既振兴乡先生之学于举世不为之日,宜乎知之者希。而遭逢清时,恢张儒效,勋名德业日进无疆,上以酬主知,下以洽民望,后之读永嘉学派者,将不疑儒术为迂疏,而知修齐治平之一贯也,斯则宗羲寿君之意也。"(《孙衣言孙诒让父子年谱》,120—121页)

　　黟绅程鸿诏《瑞安孙琴西先生六十寿序》:"皇上御极之十有三年秋八月,日躔寿星之次十有七日,为我琴西先生六十之生辰。鸿诏将为文以称寿,客有闻而笑者曰:'是犹持布鼓而献雷门也,不如其已。'鸿诏亦以谓然。既而思之,有不可为文者一端,而工拙不与焉,有不可不为文者数端,而世俗颂祷富贵福寿之词不与焉。闻先生豫以生辰,檄府厅州县官吏毋得徇俗来贺。至日,但许令子仲容孝廉率妇孺辈为父母庆,而无征乐觞宾之事,所谓可不为文者,仅此耳。然而鸿诏,安徽部民也,自先生按察安徽以来,为时非久,而同寅协恭和衷,平反者几狱,惩创者几人,纠举者几辈,乃至豪胥健吏藉赋纳以肥其家、长其子孙者,又划其积弊殆尽,徽人尤颂之。在先生,居其位、尽其职而已,吾民则身受其赐,此不可无文者一也。自古文之说兴,秦汉唐宋截分门户,断断如也,皆不无流弊，近复剿取语录讲章，而命之曰载道之文，读先生《逊学斋集》，博大精深，诚足湔祓庸音矣。尤善论学、论治、论兵，确然可见诸施行，又孝友忠爱之诚，勃然而不可遏，而固非袭道学之似。至哉文乎，亦其一也。始教习琉球生，名播海国，及入史馆，直内廷，为诸王子师，预修《宣宗成皇帝实录》，稽古之荣，不朽之业备矣。出守安庆，备兵庐凤颍，权江宁布政使，真授江南盐巡道，历官俱能不负所学。先生中遭时多故，杞人之虑展转于怀，而一发之于诗，有大小雅遗音焉，又其一也。安徽兵燹后，古籍荡然无存，鸿诏承乏纂修通志，赖通一瓻之借，不惮再三之烦。先生时复辱临，商榷得失，获益为多，又其一也。自代州冯之湘乡文正公后，鸿诏久失师资，伥伥乎若声瞀无相，夙仰先生道德文章，幸获亲炙，并觇善政，谓能已于文乎，否乎？今先生春秋才六十，而道德文章政事已如是矣，由是而弥高弥劲，比于老彭，著述之富，岂有涯涘哉？独念鸿诏再阅五年，亦且六十，而德未加进，业未加修，宜学未成，以视先生，岂第泰山邱垤而已哉？此则真未免为客所窃笑也已。"（《孙衣言集》下册，920—922）

南汇张文虎《孙琴西廉访六十寿序》："当咸丰、同治间，寿阳祁文端公、湘乡曾文正公以德业学问文章焜耀海内，章甫缝掖之士莫不仰首希望，以为泰山北斗，而二公独推许今皖臬瑞安孙公不置。惟公以名翰林直上书房，出人承明金马间，擒华掞藻，风采蔚然，金调台阁之极选。既而论事触讳，一麾出守，于是寇氛方炽，佐筹戎幕，一摄庐凤观察，旋以家难去，展转十年，与公先后起开府封圻为大帅者比比，而公始拜今职之命，或以为滞，而公孜孜焉。方推溯永嘉之学，究极其义理文章，将上追古人，下启来哲，而自成一家著述，仕途之利钝非所计也。或者谓公端醇长厚，本以词臣为京朝官，盖宜文学侍从衡文之任，而刑官簿书为屈，是又不知公也。儒者之业，兼本末内外而贯之者也，见之于素守，即可施之于事功，修齐治平举而措之，岂徒为诵说而已？且夫古大臣歊历中外，借以上稽吏治，下悉民隐，岂有所择哉？今陈臬之职，不为不尊，所系不为不重，三载考绩，外擢方面，内陟卿贰，以跻宰执，非异人任，由是上承文端文正之绪，而益剂其未及为，以报当日所期许，合义理、学术、文章、事功而一之，诚无忝于永嘉之学哉！公于古文法桐城，于诗法苏黄，于书法颜柳，皆本之文正而绝不同，盖各自其诣力所造，而不必袭其迹，其于治事当亦如之。然则使公督两江，未必屑屑焉，循涂守辙以为萧规曹随,而当求其不尽之意,其斯为善学文正而已矣。昔在癸亥之岁,文虎以文正招至皖,与公以诗文相契,明年公赴庐凤任,后六年,公来金陵,益相习,而公子仲容孝廉好许郑之学,亦常商榷疑义,凡六阅岁,交不为浅矣。今岁八月之吉,为公六十寿辰,迥隔千里外,不获预称觥之列,而礼不可嘿而已,又不当以浮辞导谀,辄述公所以为学者,以为序。同治十三年甲戌秋仲,愚弟南汇张文虎拜撰。"(《孙衣言集》下册,922—923页;《舒艺室杂著》乙编卷上,15叶,《清代诗文集汇编》630册,351页)

英翰《诰授通议大夫廉访孙君六十寿序》:"皇上亲政之年,瑞安孙君琴西以新授安徽按察使陛见,夏四月,来皖陈臬事。今年八月,六十之生辰,德配叶淑人,亦五十有九矣。余与君既相得甚欢,我太夫人又爱敬叶淑人之礼法,欣逢眉寿,宜以文词寿君。而君以季弟之服辞,且以谓封公六十之生辰,君与仲弟薇田学士皆官京师,太淑人六十生辰,薇田又视学广西,时贺客满堂,而封公太淑人方恻然有游子之思也,用是尽厥心,益固辞,礼也,孝友之至也。虽然,僚友之礼亦不可废,而文字之称祝,固殊于笙簧酒醴,抑藉以广君之意,其可乎!若庸俗富贵寿考之说,仍未敢以陈焉。

余闻瑞安山奇而水清,民俭而勤,敦朴而畏法。孙氏自五季时由闽长溪迁居瑞安之盘谷,迨明初逾四百年,十世祖宣义君好义轻财,祖赠公为名诸生,隐学不仕,复好施予,家因以中落。封公、太淑人同处困约中,以俭德承之,缔造有家,然封公亦名诸生也,念累世老名场,益以读书科第期君昆仲,羁丱授经,督课严密甚,及长为求师,步行往复数十里,不胜愈。君昆仲益自刻励,俱以甲科翰林官于朝,视学典试,治郡备兵于外,封公、太淑人皆及见之。今君令子仲容又已举于乡,能文章,通汉学,以读书科第世其家,可告慰封翁、太淑人之神明矣。君何不自喜耶?

惟君与薇田学士相友爱,若子瞻、子由。当会匪初起时,薇田在籍治团,筑安义堡,力主办贼,取怒于祖祢熊文灿之府君县官,卒为所中,几不免,家亦被燬。君长子穋民秀才率数千南亩之民欀鉏白梃,首捍贼冲,而遂以身殉。由斯二者,无异于君之耿耿不能去怀也。然薇田方有以自得于山之巅,水之湄,壹似子由退居颍川,著书传世,况圣天子方修中兴之政,宿儒介节岂遂终老岩阿哉?若穋民之以战为忠,身陨而名存,视彼畏避以苟活者,荣辱何如也?然则君又何不自喜耶?

宣宗成皇帝之十有七年，君以选拔贡于京师，即以能古文词为杜文正公知识，以谓摘髭科第无难也。己亥乃得，复得副贡，甲辰始举乡试，庚戌始成进士，选庶常，距选拔时已十有四年矣。及于文宗显皇帝初元授编修，文校礼闱，在史馆者数年，直上书房者又三年，荐升侍读，盖骎骎向用矣。未几，而被命出守安庆，时安庆尚陷贼中，侨省庐州，驻军定远，乃于定远受事，人莫不以失职漂摇为君叹也。皇上御极之二年，湘乡曾文正公疏请留办营务，旋奉命摄庐凤颍道，将以次设施，乃遽连遭家难，归主浙之紫阳书院，君之遇可谓蹇矣。然自君官国子监时，教习琉球生者三年，门人阮宣诏、东国兴等学成而归，皆官于其国，而来使于京师，是君之教泽名望既施及于海外。及在史馆时，纂修《宣宗成皇帝实录》，垂之万年，为史馆不朽之业，而且历讲帷侍三天，居澄怀园，又极儒臣稽古之荣。至于所著《逊学斋诗文》，自成一子，有识者比诸子长、退之，而夷务两疏与论学、论治、论兵诸篇，尤非时贤所易而几，然则天之所以厚君者，在此不在彼也。君又何不自熹耶？

曩者起复两江道员，命权江宁布政使，提调江南文武闱，权江南盐巡道，即真历官所致，政绩襮著。今东南息战七八年矣，天子念蛮夷寇贼之隐患未已也，复以虞舜之命皋者，命君明刑以弼教，而余亦得倚君以同济时艰。夫民出礼以入刑，刑之大者则用甲兵，故刑者以补救夫礼之失，而遏止夫兵之源者也。迁、固知之矣，迁作吏书，固志刑法，自唐以后，史家始别志兵，知非古人意也。礼乐兴，则刑罚中，而兵端自戢。今内而部寺三法司，外而提刑按察使，皆朝廷执法之臣，而所恃以察郡县官吏者，莫切于臬司。君莅皖，今甫年馀，不事奋厉为民声，而革积弊与惩奸究数大端，余与诸君子亦获藉手共几我国家协中之化。然则君长于政事，不独文章科第副封公、太淑人所期而已。《诗》曰"夙夜匪懈"，盖卿大夫之孝也，何不黄耉？何不万年？君子亦有乐乎此也。君何不自熹耶？而余之寿君，又岂有穷期也耶？"（《孙衣言集》下册，923—925页）

海昌唐仁寿为谱主六十寿辰撰《寿序》："同治十有三年秋八月之吉，为今安徽廉访使者琴西孙先生六十寿辰。先数月，先生诒书于其所知，力辞祝嘏之礼，且曰：斯事侈靡，并令寿者不自安，吾亦无甚高论，意图俭耳！于戏！何其意之厚而语之质也。仁寿自识先生于金陵，辱引为文字交，酒尊诗卷，时时酬酢，比先生陈臬皖江，邮筒往复，亦恒以篇什相赓唱，思今兹之不可以无辞，而又不欲以寻常颂祷之辞进也。先生笃嗜其乡先正经制之学，尝欲采访永嘉诸君子遗著，其目凡数十百种。而仁寿亦尝粗涉吾浙学术之流别，辄引此意以竟其说云。当有宋庆历之际，儒志王氏，经行丁氏，唱学于永嘉，遥与安定、泰山相应。元丰时，浮沚周氏，横塘许氏，元承、元礼二刘氏，彬老沈氏，明仲戴氏，彦昭赵氏，子充张氏，元中蒋氏，皆渊源伊洛，则所称太学九先生者是也，由是学侣益众。绍兴以后，艮斋薛氏承程门袁氏之传，而学乃大昌。止斋陈氏，水心叶氏绍之，其学根极于理性，体验于躬行，上求之于六经、《语》《孟》，而旁参乎诸子百家，以经制论事功，期可出而为世用，而又留思于文章，盖永嘉之学至是而大成，遂别为经制之学，俨然与新安、金溪、东莱埒矣。同时吾浙之讲学，有若金华之说斋唐氏，亦谈经制，而所学未克自振；永康之同甫陈氏，专尚事功，而不能尽洒跅弛之习，抑又其次也。或曰：新安尝目永嘉为功利之学，何欤？曰：是盖豫防其末流之弊，而不足为艮斋诸贤病。夫艮斋为程氏之再传，其大本与新安岂有异也，心性之说亦甚幽深源远矣。而其流亦易即于禅，故必实见之于躬行，而后不致惝恍而无据，未有躬行不备而信其为尽心知性者也。观艮斋诸贤之所得，视新安何多让耶！且夫儒者之为学，非徒成己而已，当有以措之家国天下而裕如者。阐六经、《语》《孟》之奥，以窥见古圣贤之用心，固所以立其本，而旁参乎诸史百家，举凡历代礼乐兵农之略，与夫名臣伟士之论辨，罔不该通委曲，思有以变通当世之治具，救其失而一返诸正，亦吾性分内事也。而或因陋就简，矜高谈而忽实务，一旦遇朝廷有大议，典章制度，辄幽冥而莫知其源，不重为学士大夫之耻哉！若夫文者，用以发明吾学也，无文不可以行远，至如游观赠答之篇，指事托物之作，亦足以觇吾襟抱也，顾可忽欤！艮斋诸贤之学，盖合理性、躬行、经制、文章而一之，其本末内外粲然如此。先生生于其乡，以其乡先生经制之学为学，早岁登巍科，入直内廷，文名襮于远迩，琉球人来学于京畿者，以得其词翰为荣，文章之美，虽其乡先正无以远过。又尝上疏陈时务，洞烛机宜，卓荦有古人风烈。出领大郡，值军事蜂午，规画井井，及观察江南，起疮痍而休养生息之，谓非经制之学裕于平素者能之乎？先生莅皖江二载矣，岁丰民和，狱讼衰止，从容以为政，而政声四驰。祝嘏之礼，在人心固有不能自己者，以恒情度之，受之亦固其所。而先生歉然力辞，其淡定之怀殆不可及，夫人必能超然于荣观之外，而始能大有所为，先生于此志念深矣。先生以文学侍从受先皇殊眷，今数年间叠膺简擢,盖天子知其为干济之材,而将大用之也。先生出其所学以匡世,他日永嘉经制之学当大被于天下,宁独吾浙人之私幸也哉!请书之以为券。海昌后学唐仁寿谨序。"(《孙衣言孙诒让父子年谱》,121—123页)

门人黄体芳自山东济南寄骈体《孙琴西先生六十寿序》:"岁在甲戌,吾师琴西先生,于同安之法署,值大董之高年。是日也,蓬岛群仙,联辔而跻福地;麦邱老叟,称觥以上公堂。先生摈郦菊而弗餐,却商芝而不採。徵乐全之序,代桂父之方;取真率之诗,当茅君之诰。因执讯而致书与芳曰:昔莱公周甲,魏生寿以五言;坡老生辰,李委歌其一曲。雅音所奏,俪体稀传。然而,室供绥桃,骈枝志喜;筵吹斓竹,双管鸣和。余与子孔李通门,冯铫同邑。东家席上,童年早许探珠;西邸山前,客岁与聆击钵。岂以二千里关河之隔,杯酒无缘;而于三十年沆瀣之情,片辞莫赞乎?

芳谓铭松颂柏,更仆难终;敬梓恭桑,切人不媚。请删叶语,用介华觞。夫因碌砢而见奇者,栋梁之器也;经铄砻而益固者,金石之神也。人第知四达八窗,先生之身名俱泰;而未知千辟万灌,先生之盘错殊多。

方其禀秀海隅,传芬家巷。举头见日,智百常童;呵气成云,语惊长老。编贝悬珠者其状,钩河摘洛者其才。赋掷地而成声,书满楼而毕诵。陆家双璧,相率冠军;郑亚三科,先登拔萃。挟宗慤乘风之志,当士衡入洛之年。佥以谓驹来渥水,绝迹九衢,龙跃平津,腾芒万丈矣!

无何荆山之璧,三献难售;博浪之椎,贰车误中。籍明经立清望,羌授业于殊邦。送来无人,长安不易;着鞭先我,法护良难。坐皋比者七年,博京兆之一第。谓燕台既上,则市骏应多;乃龙门未登,而河鱼先避。悟升沈之有命,益醇粹以自修。各贽韦弦,大张旗鼓。或狂歌斗室,评汉魏之名流;或釂饮山斋,醉欧苏之生日。一篇跳出,四座传观。休文之服王筠,岂关强韵;梦得之凌白傅,时露森锋。于是翠羽失妍,獿牙辍响。旺谷供子昇之集,暹罗乞颖士为师。迹未云搏,名先雷灌。此先生少壮之日,树立者坚也!

既而换襕衫,辞罷罷,斗下之占第七,荣直词垣;殿中之对无双,洊升讲席。棘闱讲艺,识丹鼎之仙才;竹院传经,集银潢之贵胄。赐果则园庐日暖,看荷而水阁风清。气得春先,人真天上。

属以海氛不靖,朝议相持。荐绅之儒,闻谈虎而变色;伴食之相,止鸣蝉以噤声。而先生柴立不阿,杞忧特甚。杜少陵忠爱之意,楮墨时宣;陆剑南感愤诸篇,须眉欲动。门户根本,宋祁因以上书;肘腋腹心,江统于焉著论。遂承温诏,俾守岩疆。

念鸿野之堪矜,夺凤池而谁恤。拜子林于临晋,似应卦占;出无垢于南安,但携书去。岂知白云紫盖,早沦崔泽之中;青绶银章,远驻漆园之舍。州无斗大,城岂襄空。荒郊之鬼火来侵,近郭之人烟几绝。楼家闾巷,立受雨淋;驿路储胥,杳无云护。出则老兵共语,长史神疲;入则秋士能悲,仲宣体弱。官如疣赘,动多掣肘之虞;臣渐精亡,合作乞骸之请。及时敛德,为国留身,此先生强仕以还,權衡者正也。

且夫潘令闲居,散怀渔钓;谢公小隐,写趣笙歌。自来投绂之流,类有脱鞲之乐。先生则宫临磨蝎,辙困神鱼。采兰方谱于家;伏苓倏占于野。时先生仲弟琜田学士,先奉朝旨,督募乡兵。愤切养痾,危同累卵。四壁之烽烟不断,对床之风雨频惊。家已无归,难觅焚馀之卷帙;人皆欲杀,几撄猎者之网罗。行橐罄而卢族流离,长缨请而终童殉节。谁令滋蔓,食肉者安有远谋;弗听徙薪,焦头者竟成上客。

迨至九消赤白,局定苍黄,鹗荐重膺,虎符分领。鲁直入公麟之画,昌黎兼司马之衔。西楚东城,雪鸿可澄;巢湖肥水,风鹤无哗。凡郑浑之陂,夏侯之堰,梅公之阁,晏相之亭,新政所经,旧观斯复。方谓使君活我,临淮之雨常甘;不图薄宦思亲,太行之云已散。皖民卧辙,为一年之借而不能;尧佐登车,筑三至之堂以先待。

先生甫旋枌里,叠坐葭庐。柴骨栾心,哀缠于社日;布衣粝食,感极于禅年。既乃毕窀穸之仪,广门墙之教。奖成后进,声名每出于齿牙;甄拔单门,文字特观其首尾。听关西之指授,礼略巾帻;经汝南之品题,荣超华衮。此先生中年以后,辋录者深也!

然而,学邃则道亨,体闲则福厚。儒者遭逢盛世,先重显扬;天之报施善人,何曾差舛。其未达也,一堂星聚,其既显也,五色云开。选领词曹,韩氏梧桐之第;名传文集,李家花萼之编。佩金紫者三人,座上之椿萱色喜;醉酰醻于两序,庭前之桃李新阴。极圣代之殊恩,皆高堂所及见。而桓少君修德守约,永念先姑;荀景倩博学洽闻,无惭名父。家门之盛,海内荣之。又况大节觥觥,英声鼎鼎。掌牢盆而梅羹望重,摄藩篆而莲幕才多。裴秀为儒林丈人,汲黯是将军揖客。一时公府,交章以辟德舆;诸邸名王,握手而迎谷永。凡所撰述,不避嫌疑。为范文正立碑,则庐陵之直笔;为吕大夫志墓,则君实之危言。方诸古人,殆无愧色矣!

今者犀带围腰,扇清风于柏府;凤山识面,循旧日之棠阴。读江都决狱之书,目了三百馀事;受廷尉探怀之策,手活数十万人。獬豸之觸无庸,驷马之微已见,犹复九流遍览,百废俱兴。箸充栋书,记言纪事;作擘窠字,正笔正心。临海遗文,待云卿而锓板;襄阳耆旧,仗习氏以流芬。表忠之碣千言,遍及哀邱义冢;治事之斋四辟,兼询水利边防。时值公馀,偶为内集,榻前置笋,烛下听琴。富贵无忘,笑问微时之龙具;庆昌相袭,预知后裔之蝉联。此先生以文章寿业,以经济寿民,以识度寿其形神,以名德寿其门阀。岂若霞饴露饮,假服食以冀长生;虎顾熊申,藉吹呴而希久视者哉!

芳依依丈席,仆仆轺轩。忆江夏之家风,夙承盼饰;望寿春之山色,未与黎收。鄙夫学步邯郸,已瞠乎而道远;夫子闻歌邹鲁,或莞尔而情移。所愿道与时符,德随年进。从此齐眉眷属,永为平地之神仙;更教接脚门生,同听后堂之丝竹。"(《黄体芳集》上册,318—321 页)

商城杨铎(石卿)先生寄手写无量寿佛立轴一帧。(《孙衣言孙诒让父子年谱》,123 页)

徐维城寄寿诗二律。

《寿琴西六十初度次去岁寄赠诗韵》:"福星长驻万民欢,霁日曈曈舞蹈看。共祝耆龄开髦耋,普登仁寿起凋残。柏馨叶自冰壶酿,桃熟根从玉署蟠。回首郊祁纨绮接,年垂四十驶风湍。戊戌因哲弟菉田学士与君订交都下,于今三十七年矣。一 和平中正异优柔,鹤立青云气不俦。海国生徒瞻万里,谓君琉球弟子。词林封事炳千秋。君在翰林两上封章。政成复有文章著,诗文集并梓行。身健非关芝术求。循诵新诗同引望,子由归老卧沧洲。君六十初度寄菉田诗有"四海子由今亦老"之句。二"(《天韵堂诗存》卷八,14 叶,《清代诗文集汇编》661 册,622 页)

秋,致函朱学勤,云:

修翁宗丞大人阁下:夏间次儿回皖,道及道履绥和,深以为慰,祗以公私冗杂,未及时上笺候。数月以来,想益清健,不知曾否入直。惟我辈总以用心过劳,必资静摄,如未十分完固,且以缓出为妙。此间公事别无可述,惟讼风稍衰,皖北陋习,京控乃有专行包揽之人,原告并未一行也,可笑。京控、上控肆意牵累者,原告稍稍惩创,其非紧要人证不许妄提,讼师无从得利,习风或可略略挽回,此即去岁奉求转商不收越控之意也。淮北秋水甚大，民艰可畏，皖南则粗稔。雨帅擢督两广，新帅情形既熟，且能留心实事，地方当可无虞。制府多病，亦由太亲细务所致，阔略大度固不可少。中东已讲，又可苟安，然彼此皆可谓大泻其底。倭奴之亡可以日计，奈何堂堂中国而为此朝不谋夕之事，有心者又不知如何为计也。野术已托友人觅之，有新得秘笈否？子清世兄想已回都，前托购二书当亦取回矣。即颂台安。言顿首。(邹晓燕整理《孙衣言、成林、杨昌濬、蒋益澧致朱学勤手札》，《历史文献》第十八辑，126页)

十月初九日(11月17日)，署安徽布政使，上《署安徽布政使谢恩折子》：

奏为恭报微臣接署藩篆日期，恭谢天恩，仰祈圣鉴事。窃臣接奉督臣李宗义，升任两广总督、抚臣英翰行知，安徽藩司印务奏委臣署理，随于十月初九日准升任，安徽抚臣裕禄将藩司印信文卷移交前来，臣谨即恭设香案，望阙叩头，只领任事。伏念臣浙东下士，一介庸才，以监司忝摄江藩，由盐道洊陈皖臬，渥蒙甄擢，未报涓埃，惧负生成，正深冰惕。兹乃复奉奏委署理藩司篆务，仔肩愈重，报称弥难。窃查皖省为江淮繁剧之区，藩司有理财用人之责，整顿吏治，稽核钱粮，在在均关紧要。臣自维愚昧，弥切悚惶，惟有勉策驽骀，力图振作，随事随时禀承督抚，矢勤矢慎，董率群僚，断不敢因暂时署理稍涉因循，以期仰答高厚鸿慈于万一。所有微臣接署藩篆日期及感激下忱，谨缮折叩谢天恩，伏乞皇上圣鉴。(《孙衣言集》中册，292—293页)

十一月十四日(12月22日)，冬至日，观曾国藩为曾价侯书"勤廉敬恕"四大字后题跋。又跋曾国藩书杜甫诗后。又应曾价侯之请跋画梅花。

《跋曾文正公书勤廉敬恕四大字后》："文正公书未尝有法，而严正秀伟如王商坐汉殿廷、文忠烈见北使，令人望而起敬，中国巨人固当如是。世间文士但知弄翰墨为姿媚，不复读书养气，真无足观。此四字为其宗人价侯广文书，尤宜为我辈铭座，因属广文钩勒上石，嵌置安庆文正祠堂，俾诒同好。甲戌长至。"(《孙衣言集》中册，546页)

《跋文正公书杜诗后》："文正曾公喜书山谷诗，此书杜老五言一章亦为价侯作，而其笔法仍近山谷，亦平生刚毅正直之气发于胸襟者，自相似耳。五百年后，当与杜诗黄笔并贵天壤。甲戌长至。"(《孙衣言集》中册，546页)

《跋画梅花》："放翁《梅花诗》：'浅鬌常鄙桃李学，独立不容莺蜨觇。

山矾水仙晚角出，大是春秋吴楚僭。馀花岂无好颜色，病在一俗无由
砭。宋栏玉砌渠有命，断桥流水君何欠。"放翁奇气兀傲如此，宜其常欲
攘甲横戈为宋家雪百年仇耻。价侯求陈太守画梅，求予题诗，画之美
好，予未能知，而每读放翁诗意，辄为之感奋，因为书之。他日此画以予
书重，以放翁诗重，则予亦不能知也。甲戌长至。"（《孙衣言集》中册，546 页）

十二月，为前瑞安知县梁一峰撰墓表。

《梁先生墓表》："……梁先生宰瑞安，在道光十七八年间。先生广
东三水人，由癸酉举人为教官，由教官荐举为令浙江，既来瑞安，知瑞安
易治，遂无所事事。先生故工诗，夫人李氏名家女，亦善为诗，先生夫妇
日闭阁吟哦相唱和，时予先生犹家居，黄比部宫庶兄弟方成童，先生尤
奇予兄弟及二黄，常招入县斋饮酒谈艺。……先生字一峰，所著诗曰
《不欺室集》，李夫人诗曰《茗芬室集》，今其幼子药洲太守重刻之皖
中。……甲戌十二月，安庆大龙山房书。"（《孙衣言集》中册，419—421 页）

十二月，为袁保庆撰墓表。袁保庆，河南项城人。

《袁笃臣墓表》："予友袁君笃臣以高科为曹郎，喜读儒书，有志于经
世大事，尤慕其乡先辈吕宁陵、汤睢州之为学，束身自好，不肯苟促随
俗，已而奉特旨发往山东，以知府候补。……笃臣，讳保庆，河南项城
人，前漕运总督端敏袁公讳甲三其伯父也。始予与袁公长子保恒为同
年进士，即闻笃臣名，及在杭州书院，马端敏公方抚浙，言当世人才必以
笃臣为称首，既同官金陵，笃臣以兄事予，予亦弟视之，每与论古今治乱
之故，及当世利害，笃臣痛切言之，常见其大体。……同治甲戌十二月，
瑞安孙衣言表。"（《孙衣言集》中册，421—424 页）

是年，应丁立瀛之请，为其父丁绍周撰墓志铭。

《丁濂甫墓志铭》（甲戌）："同治癸酉六月，同年生丁太仆濂甫以浙
江学政卒于杭州。……濂甫既卒，其子立瀛等以状来乞为铭，予衰老多
病，又刑狱事冗，甚久无以报，而立瀛兄弟再三趣不已。"（《孙衣言集》中册，
399—402 页）

是年，题祝允明草书卷。

《题祝京兆草书卷》："香光居士谓京兆书如绵里铁，如印印泥，此作

殆不尽然。然顾华玉、文徵仲皆谓其晚年狂放,似徐武功,此殆其晚境耶?宜谨堂甚宝贵之,卷后有翁文勤诗,在寿春围城中。作题额则冯代州笔也。两公皆旧时文字交,为之怃然。同治甲戌。"(《孙衣言集》中册,546页)

是年,张文虎来函,论及桐城派古文。

《与孙勤西廉访》(甲戌):"文虎自客冬请假,忽忽半年,离群索居,日形衰老,虽欲振刷精神,重游白下,而支体颓废,鞭策无从。金陵七百里之遥,皖江又逾其半矣。回忆侍坐之初,恍然一昨。而云泥劳燕,迥如隔世,云如之何,端君寄颁大集,真气旁薄,厚积而发,信非世之描头画角者所可并论。近时言古文,动曰桐城,夫古文义法,盖自韩柳以来所同用,岂桐城所私造?若夫学识气度,则各随其人之浅深,桐城又安能强人以必同邪?荷知爱十馀年,昔尝以旧作诗存求正,蒙许弁言,今相去益远,会合无期,倘能不虚宿诺,附名大著之末,俾千百载下,知韩退之所交有孟郊、贾岛其人,是所幸也。世兄捷音在迩,引领以俟。"(《舒艺室尺牍偶存》,《清代名人尺牍选萃》第29册,156页)

是年,有诗酬胡凤丹。

《次方子箴前辈韵酬胡月樵观察》(甲戌):"凤掖多昕夕,鸡栖接闬闳。京居与月樵同巷。十年方惜别,一笑忽相迎。颜范夸文笔,应刘几弟兄。高歌青眼里,为尔更盱衡。— 夜柝纷如牒,邻钟偶一春。移樽还共醉,感世漫填胸。雁荡千峰月,龙岩九节筇。梅花垂满树,归兴得无浓?二"(《孙衣言集》上册,255页)

是年,有诗酬方浚颐。

《酬子箴都转用前韵》:"诗敌羞屏楚,词锋得悍闳。旌幢方伏匿,剑戟忽逢迎。儒有丈人行,才推同岁兄。予与都转皆乙亥生,予以八月,而都转二月。老来知律细,不敢说纵横。— 吴头思楚尾,玉应和金春。共放金焦眼,谁吞云梦胸。每催诗击钵,更待客移筇。去看扬州月,连天雪意浓。二"(《孙衣言集》上册,255—256页)

光绪元年　乙亥　1875 年　六十一岁

正月十八日（2 月 23 日），为苏源生撰墓表。苏源生，鄢陵人。

> 《苏菊村墓表》："道光戊戌，予应廷试至京师，菊村方主汪户部盂
> 慈，予因盂慈识菊村。时时见菊村独坐斗室，案上图史错杂，仅留隙地
> 置笔研，心窃好菊村，既而出示所为杂文，尤简古有法。予二人游日密，
> 既黜于廷试，予留京师，而菊村以母老思归，来就予别，予辄为诗四章以
> 处其行。……光绪改元正月十八日，瑞安孙衣言表。"（《孙衣言集》中册，
> 424—426 页）

正月，光绪皇帝登极覃恩，谱主以现官貤赠三代考皆通奉大夫，妣皆夫
人。（《孙衣言孙诒让父子年谱》,125 页）

二月初六日（3 月 13 日），交卸署安徽布政使篆，仍回按察使任，上折
谢恩。

> 《申报》："光绪元年三月十一日京报全录：皖臬司孙奏为交卸藩篆
> 并回本任日期折子，……布政使衔安徽按察使臣孙衣言跪奏，为恭报微
> 臣交卸藩篆并回任日期叩谢天恩，仰祈圣鉴事。窃臣接奉署督臣刘坤
> 一、抚臣裕禄行知，新任安徽布政使绍诚现已抵皖，饬臣交卸藩篆，仍回
> 臬司本任。臣当于本年二月初六日将藩司印信文案、库储钱粮移□接
> 受，即准署臬司安庐滁和道王思沂将臬司印信文卷移交前来，臣恭设香
> 案，望阙叩头谢恩，只领任事讫。伏念臣浙水庸材，知识谫陋，藩条暂
> 绾，报称毫无。兹复回臬司本任。溯自同治十二年四月莅任以来一年
> 有馀，虽告讦之风稍衰，而悍强之俗未革，安良除暴，尤为先务，臣惟有
> 益竭驽骀，倍加策励，随事随时禀商督抚，臣实力讲求认真办理，以期仰
> 报高厚鸿慈于万一，所有微臣交卸藩篆仍回臬司本任日期及感下忱，谨
> 缮折恭谢天恩，伏乞皇太后皇上圣鉴，谨奏。军机大臣奉旨知道了。钦
> 此。"（1875 年 4 月 29 日，第 4—5 页）

二月，校读《瓯东私录》。（《孙衣言孙诒让父子年谱》,125 页）

二月，增修《盘谷孙氏家谱》，自为序记，以发其凡。作《世系表识
佚》,云：

道光己酉族兄曜奎以所藏《鸿胪府君墓志铭》一纸见示，为顺治丁亥前明宫詹林公增志撰文。志言府君孙男十四，枝煌，郡庠生；桢，邑庠生；振麟，郡庠生；枝昌、汉彦、汉翀、汉章、枝晟、枝蕃、枝旲、汉翙、汉耆、枝旭。曾孙国龙、国夒。今考内六房世系表，振麟、桢皆光藻公子，汉章为吉生府君长子，仁畴府君之兄也，其馀皆无可考。盖鸿胪公六子孙曾自多，志墓时或尚未生，或在幼稚，书其少名，与后来神主所载不能尽合，故无从考。其所自出数传以后，遂有名字相犯者，此谱牒不修之患也。今既不能载之表，仅识于此，庶几异日尚有所考。志文颇为率易，必非真出法幢老人之手，丧乱后纸亦失去，今遂不可复得矣。乙亥二月。（《孙衣言集》，下册，862 页）

三月，以现官驰赠本生外王父丁公采桧为通奉大夫，外王母叶氏为夫人。（《孙衣言孙诒让父子年谱》，125 页）

三月初十日（4 月 15 日），覆勘《竹轩杂著》，乃为定本。于诗文中所载人物，有可考者，加以注明。（《孙衣言孙诒让父子年谱》，125 页）

五月，重刊费友棠纂辑的《急救应验良方》于安徽省司狱署，卷首有札饬，云：

钦加布政使衔江南安徽等处提刑按察使司按察使总理驿传事务孙：为刊发《急救良方》事，照得本司前在署藩司任内札发《急救良方》一书，饬令各府州刊印分给，实因皖省风气强悍，无知愚民动因口角细故斗殴酿命，乡僻处所又无医药，其受伤较轻者往往置之不治，正犯既须以抵，乡邻亦被株连，殊堪悯恻。而前发一书，各府州均未能遵饬刊印。兹特于省城先刊一板，发存司狱衙门，以便各属来省印送，以资疗治。庶几保全一命，即可保全两命，且使邻里乡党不致无辜受累。各该州县共切痌瘝，其勿惜此小费可也。合行札饬到该府州，即行遵照转饬毋违。（刘时觉《孙衣言刊行急救应验良方》，http://www.360doc.com/content/17/0808/14/30624544_677572142.shtml）

七月，为孙氏家谱作《行第表序》：

昆山顾氏亭林谓："兄弟二名而用其一字者，世谓之排行，如德宗、德文、义符、义真之类。"而严九能以为《左传》长狄侨如四人，即为兄弟排行之始。吾友黄岩王棻子庄又推广之，谓如荀氏之八慈、司马氏之八达、陈氏之二方、应氏之二璉，又其字之有行者，至单名而以偏旁为行，始见于李固、李圆；而姜肱兄弟伯淮、仲海、季江，又其字之以偏旁为行者。言之甚博，则行第之兴，固已久矣。盖古者男子二十冠而字，而所以别其兄弟之长幼，则曰伯、仲、叔、季，此先王之礼也。世俗之人不知所谓礼，而特以兄弟之亲不可无别于他人，故于名与字，或取一字以为行，或取偏旁以为行。侨如兄弟以夷狄而知有排行之说，而伯、仲、叔、季之为次，至后世而益少，独排行之风遍天下，所谓昧于礼者之礼也，而法亦自此密矣。近世曲阜孔氏，其名行通于海内，往往有非圣裔而诡以自托者。然真圣人之子孙，虽分崩离析，散处四方，问其名即可以知其世，其法固甚善也。而近世谱牒家又有所谓庙行者，大约始为宗祠时，择取文义吉祥者数十字以为子孙之次第，一字管一世，虽有朴鲁之子孙，名非其义，而一登之谱，则其隶于庙行者，秩然而不可紊，其法又为善矣。子庄之言曰："古者昭与昭齿，穆与穆齿，行也。父昭子穆，父穆子昭，第也。然则伯仲之次可以别兄弟，无以别父子。昭穆之伦所以异父子，无以异祖孙。又况所谓且字之云者？当世所通行，父子相循用，不病其乱且散乎？自行第兴，视而可见，闻而可知。世次之分，简而易明。古人之疏，固不若后人之密也。"诚哉言乎！吾家谱牒久佚，独宁四府君、谦十府君、恭二府君及确庵府君行诚五、常斋府君行信二十九，见于墓铭、庙祏者，尚可考识。盖庙行自祖宗以来尝有之，而名字之行则未闻矣。近来族姓蕃衍，而多不读书，取名尤无义类，甚有以兄弟叔侄而名讳相犯者。孔子曰："名不正则言不顺，言不顺则事不成，而礼乐无由兴。"然则行第不明，岂独世次之分无可辨别，其凌尊犯齿，背礼弃义，以趋于禽兽之途者，甚易也，岂不大可惧哉！故予依王氏谱法，亦为行第表。前之无行第者不可追为。故名行自予兄弟始，庙行自先大父始，各制五十六字以贻子孙，使据行以制名，即因行以别世，字毕用则续增焉。其下篇亦用王氏谱法，为人表、世经、人纬、世别、庙行，每十二世为一部。凡自祖宗以来已殁而可考，及族人之见存者，悉列之表，将以备一族之丁数，且使读斯表者，考生齿之盛衰，以验世泽之厚薄，而益思所以培护之。此则予之志也。至其长幼次第，有不可得而知者，已别具于世系、分支二表，故不复辨云。乙亥七月。

名行五十六字：

仁诒延庆，传孝笃忠。家修宜慎，身基日恭。经训惇学，文彦儒宗。清名方启，骏秩鸿功。裕先祐嗣，贵寿吉逢。源长荫远，贤毓美钟。赓培益植,受国恩隆。

庙行六十四字:

姚虞胄系,富春发祥。闽溪枝别,来瑞寝昌。蟠谷演水,德里善乡。缥缃代守,耕读愿良。勤俭和睦,祖范朝章。邑居新卜,旧庐在望。敬承宠渥,黼黻珪璋。亿万年载,似续孔长。(《盘谷孙氏族谱》,《温州历史文献集刊》第一辑,南京大学出版社 2010 年版,277—279 页)

八月初四日(9 月 3 日),升授湖北布政使。

《德宗景皇帝实录》卷一五:"丁卯,……另候简用以安徽按察使孙衣言为湖北布政使。"(《清实录》52 册,256 页)

八月十九日(9 月 18 日),接安徽巡抚裕禄行知,出任湖北布政使,上折谢恩。

《升授湖北布政使谢恩折子》:"奏为恭谢天恩,吁请陛见,仰祈圣鉴事。窃臣于光绪元年八月十九日接奉安徽巡抚臣裕禄行知,接准部咨光绪元年八月初四日内阁奉上谕:'孙衣言著补授湖北布政使,钦此。'当即恭设香案,望阙叩头谢恩讫。伏念臣瓯海迂儒,衡门下士,幸登甲第,遂陪侍于鹭班,同领郡符,复分荣于刺绣,方待次而藩条遽绾,逾格恩多,由巡醾而臬事涉陈,明刑效少,乃复渥蒙简擢,俾晋旬宣。窃维荆楚居南纪上游之重,藩司有理财课吏之权,凡民生大计所关固宜图其深远,况吏道多端之际,尤贵屏夫浮华自顾轻材,岂堪巨任? 惟有吁恩天恩,俯准臣趋叩阙廷,面聆圣训,庶获仰承德意,远随汉广以南行,犹期勉竭愚诚,益励岁寒之晚节,以仰答高厚鸿慈于万一。所有微臣感激下忱,并恭请陛见缘由,理合缮折具陈,伏乞皇太后皇上圣鉴训示,谨奏。"
(《孙衣言集》中册,293 页)

八月二十四日(9 月 23 日),俞樾来函。

《春在堂日记》:"戊子,……与孙琴西同年书。"(《春在堂日记 曲园日记》,386 页)

八月,贻书林寿图于鄂垣,告量移楚北。时林寿图方校刊张金镛之尊人《笠溪诗集》,而海门介弟鹿仙金钧复出《笠溪文集》属谱主并校。会得谱主书,则大喜曰:海王村旧侣深于文者。盖将以笠溪之文留待谱主为论定焉。
(《孙衣言孙诒让父子年谱》,126 页)

八月(9月),致函林用光,云:

> 若衣姻仁兄大人阁下:前寄一函,度已早达青睐,瞬更岁琯,弥切驰思,即惟升履吉祥,定如心祝。弟于月之十八日接奉批回,准其陛见。兹已定于正月初四日束装北上,惟此次需用浩繁,颇费张罗,现虽百计搜掘,未及五数,都间知好如云,又皆官况清瘠,实恐难以为情,然亦无可如何也。明正英老太太寿辰,如司道应有贺礼,现已函托尊县邹大令先为垫办,便晤时祈再为一言,务将用次先行开示,再由兄处寄缴也。良晤在即,统容面罄,耑此布颂年祺,并率内子、小儿辈附叩表妹夫人坤福,祁郎文好。姻小弟衣言顿首。(《瑞安孙家往来信札集》,55页)

八月,开始三校《水心集》,别取所藏永嘉刻印本一帙,再以朱笔评点,至十二月,读过十五卷。(《孙衣言孙诒让父子年谱》,127页)

秋,为六安州胡氏、程氏刻石并撰《两烈妇碑跋》:

> 光绪元年秋,予治六安州民王道隆妻胡氏狱,既直其冤已,复得州吏荣瑞妻程氏事,盖皆危为州官埋郁之矣。呜呼!此两弱女子耳,徒以恶为不洁,矢死无悔,而士大夫乃有回惑却顾,苟其生于富贵者,可耻也哉。新湖北布政使孙衣言书刻石。(《孙衣言集》中册,548页)

十月,为孙氏家谱作《贤秀表序》:

> 太史公述唐虞三代之事,讫于汉初,以为《史记》。而特列孔子于世家,与诸侯王比。其于汉之大臣,独萧、曹、绛侯谓之世家。孔子以德,萧、曹、周勃以功,表而异之,所以风厉世教之意也。嗣是修地志者,必传人物。而谱牒之兴,始于魏晋,中正之重,尤在门第。门第之所以立,必恃有行义可纪,与建立功业之人,而后可以自异于流俗,故明德达人尤言谱者之所贵矣。夫一介之士,闇修家巷,虽隐约毕世,无害其为贤;藉宝贵之势而无足称道,亦无解于其不贤也。而后世之论,颇重科名,盖人非读书仕宦,则无以通知古今,阅历事变,而欲其立名当世,垂裕后昆,其道无由。然则科第仕进之说虽出于流俗,而光耀门户,实必赖之。我孙氏自惟睦府君来居瑞安之盘谷,五传至沅州府君,始登绍兴进士第,尝以兵夺傜人侵地,载在《宋史》。沅州以后,谱既散佚,虽有显者,莫可得而纪也。至明之叔世、确庵府君,始以输粟授宣义郎。而南山府君尝官橡史,云峰府君尝官黄州,见于墓志。升初府君尝官鸿胪,见于

郡邑志。其间登庠序入太学者往往接踵，而未有以科甲为达官者。至我先大考资政府君，在县学为名诸生，我先考继之，吾兄弟遂以非才窃取上第，入陪禁从，出秉使节，圣主之恩，亦先人之庆也。而自维不肖，以视先宣义鸿胪之好义博施，先大考之笃行恭俭，邈乎未能，乌在其为贤耶！然我孙氏，自沅州府君以进士起家，吾兄弟又皆以甲科策名盛时，诸父兄子姓辈又累累游黉序、举乡闱矣，诗书之泽虽远而复兴，后之人当思所以光而大之，其不可妄自暴弃，以下侪于寒门单族之伦也乎，是在有以风厉之矣。爰取墓志及郡邑志所载，确然可据者，别为贤秀表二篇，凡举乡会试及恩、拔、副、岁、优贡有科分者，列于上篇；次封荫，次官职，次文武学，列于下篇，而捐职议叙及捐纳贡监生附焉。使我子孙知科名仕宦未足为贤，而欲有所建立以光前人之业，树后人之望，又未尝不出于仕宦科名，要之以学行为本。夫科名仕宦，国家之所以待贤者也，我子孙欲出乎此途，则必先履乎其实。衣言方与仲弟锵鸣约增祠田，创义塾，聚书延师，教育子弟，以朱子《小学》培其根本，而广之以群经诸史，杜、马之典考，天下郡国之图经，博观约取，以庶乎乡先哲薛文宪、陈文节、叶文定之徒，复振永嘉之学。至于刘向、贾、董之议论，韩、欧阳、苏氏之古文，李、杜、苏、陆之诗，古今文学之极观也。而科举之士所谓时文者，自韩氏、朱子皆以勖其子弟，亦必致勤而求精焉，则我子孙必当继有兴者，他日增修谱乘，而巍科显仕、义行卓然、政绩灿然，登斯表者，且将不一书也。是则区区属笔之意也夫。乙亥十月。（《孙衣言孙诒让父子年谱》，134—135页）

十月下旬，沈葆桢来函，云：

敬再肃者：雒诵手教，所以相期者，至深且远。当镌诸肺腑，非但书绅也。闻师连举六子，精神矍铄，不胜欣慰。临行时，曾修寸牍，邮递永嘉，未审得达否？六安刘牧，访诸皖绅，皆以为劣。害马宜去，公论昭然。侄商诸岘帅，答云：应参，毫无疑义。惟致书中丞，转似不留余地以处主人。当俟过皖时，坐谈及之，则毫无形迹。中丞公正人，必鉴执事爱民一片苦心，非浮言所能浸润云云。岘帅念二日登舟，想握晤不远矣。承示夹袋中人，不啻百朋之锡。此外有应劾者，亦恳示知。至祷至祷！侄奔走海壖，冀窃薪米于乡以老。忽奉巡台之命，不敢不贸然以行。依样胡卢，扪心滋愧。方幸台事得代，而江督之命旋来，为寐食俱废者久之。辞而不获，竭蹶从事，终必贻误大局。惟望及早获戾以去，庶造孽较浅耳。任年方五十有六，须鬓俱白，闻言辄忘。以蒲柳之资，忝梁栋之任，其何以堪？惟长者怜而教之。（《沈葆桢信札考注》，林庆元、王道成考注，巴蜀书社2014年版）

十一月上旬，沈葆桢来函，云：

顷复奉教言，辱以履新垂贺，益愧歉无以自容。得岘帅书，刘牧业已为中丞附案奏参，可见是非难逃公论。群盗如毛，欲革带牛佩犊之风，百思莫得其要领。窃意宜择贤令长而予之以权，又苦乏知人之鉴。恐轻举妄动，治丝益棼。奈何奈何！（《沈葆桢信札考注》）

冬，姚浚昌女婿马其昶以文来见，年甫二十，谱主为题其文卷后，谓其文多秋气收敛之过，宜稍纵弛之。

《题马生其昶文卷》："姚慕庭婿桐城马生其昶以文来见，喜其简古有体。继复诒予书一篇，则陈义尤高也。生年甫二十而已有意介甫，它日岂可量哉！虽然文章固有本焉，读书必多，蓄理必博，涵之为千仞之渊，而崇之为万仞之岳，则介甫不足为也。抑又闻之少年为文字须有春夏气，而生之文秋气为多，将有郁而不舒之患，则收敛之过也，宜稍纵弛之，于生之年为宜。并以质之慕庭。光绪乙亥冬日。"（《孙衣言集》中册，548—549页）

冬，汪士铎以诗贺谱主升湖北布政使。

《贺孙琴西开藩湖北》："绛节朱轓谒帝阍，遄骑黄鹤住江津。论才于古得一石，好士如公无几人。燕雀自应依大厦，烟波终是惧劳薪。旧游不尽鸡豚恋，知锡荆襄万户春。"（《悔翁诗钞》卷十三，13叶，《清代诗文集汇编》612册，666页）

冬，因升授湖北布政使，拟赴都陛见，致函告别倪文蔚，云：

豹岑仁兄大人阁下：叠展手械，具纫齿饰。就稔履祺时楙，政祉冬绥。琴鹤风清，曷胜忭慰。弟现将积牍清厘，以便交卸赴都陛见，大约新正望后能由此束装北上，到鄂总在明年夏初矣。承寄文集、图说，均已收到，谢谢。率沥覆颂勋绥，并缴谦柬不宣。愚弟孙衣言顿首。（《瑞安孙家往来信札集》，71页）

十二月,应庐州知府李炳涛之请,为其父李芝农的诗集撰序。

《李芝农诗序》:"庐州李太守炳涛以其尊甫芝农先生遗诗一册见示,属为之序,留几案间几二年,簿书丛杂,久之未有以报。忆予初识君在道光戊戌己亥间,君时为太医院属官、太医堂上官,仅五品,……芝农在京师,年已六十馀,官卑禄入薄,然甚自重,资医以赡妻子,义取外不妄有求,所居在琉璃厂东小巷,仅通车。予兄弟京居善病,时时诣君求疗治,破屋数间,排门入,残书旧帙堆叠错乱,两稚子同案读书,声琅琅然,其幼者今庐州太守也。……光绪元年冬十二月,瑞安孙衣言书于安庆。"(《孙衣言集》中册,505—506 页)

十二月,书程钰诗后。

《书程琢堂诗后》:"琢堂官皖中盖久,予初守安庆,在定远,琢堂亦在淮北,而未尝相见。后从曾文正再来此,则琢堂已归,人颇言琢堂能吏,然恨未见也。今年春,琢堂子某以其所为诗三册见示,乞为一言。予不足以知琢堂,顾其诗颇言淮南北寇乱事,所与酬和诸士友,往往有予相识者,不能无概于心,为书数语还之。光绪元年十二月。"(《孙衣言集》中册,549 页)

按:程钰,字廷璧,号琢堂,江西鄱阳人。嘉庆二十四年(1819)己卯科举人。道光二十一年(1841)任颍上知县。咸丰七年(1857)擢颍州知府,后加按察使衔徽宁池太广德州道,未任。

十二月,书郭阶《芹曝录》。

《书郭慕徐芹曝录》:"慕徐承其家学,恂恂循理,而留意世务如此,殊不可及,然天下事亦未易言,固有及之而后知者,考古读书,深藏若虚,愿为贤者进之。乙亥十二月。"(《孙衣言集》中册,549 页)

十二月,序陈勾山《制义体要》。

《陈太仆制义体要序》:"顾通副南雅先生视学云南,尝刻钱塘陈勾山先生所选时文曰《制义体要》者,以程士子。予于道光己酉得之花文定公,文定尝主滇南试也,初予先得大兴俞茗琴学使、常熟王太史刻本,皆曰《时文轨范》。学使初刻六十七篇,后从涪州陈生得总宪周东屏先生刻本,别增四十一篇,因有补遗之刻,而前刻六十七篇有勾山未刻稿十二篇,为学使之师吴通守尊盘所采入,实止五十五篇,广州本多四十一篇，而缺其十为八十五篇，以校此本篇数适合，则此本所据总宪本也。学使序跋谓此集向未有名，因以轨范为名，王氏据以刻之吴中，而通副序则以广州本，实名《制义体要》，或即勾山之旧钞。勾山为方集虚弟子，集虚实师义门何氏，时文之学渊源有自，其全集雄奇高古，卓然大家，而此选主于精切透达，盖为治举业者设也。予自戊申、己酉酷嗜此选，自觉每一往复辄有新得，至庚戌遂获一第，自入词馆出为外吏，不能复理旧业，而宦辙所至，必以此本自随，偶一翻阅，犹觉津津有味，其言盖得力所在，久而不能忘也，比年详刑皖中，考试敬敷书院，所见诸生文字词采多有可观，而说理用法往往不能尽合，则以覃思于先正者浅也，擢藩鄂渚，入觐将行，因出此本属友人姚大令慕庭为之校写，而属安庆太守孙谷廷侍御刻存院中，此选勾山原本评语最详而精，予读之既久，时有所得，辄加评注，虽所见浅鄙，而以引导初学，不无少补，不欲弃去，因附书于原评之外，示区别也。抑予闻之嘉庆间姚郎中姬传先生主讲于此，尝取方先生明人国朝人文，选择其精要，增入小题数十篇，刻板院中，今桐城尚有传本，姚先生皖之先达，其古今文尤一时之硕师也。侍御它日倘能求而刻之，以诏多士，则尤予之所厚望也哉！光绪元年十二月，瑞安孙衣言序。"（丽水市图书馆藏清光绪二年敬敷书院刻本）

是年，营新居于瑞安城北宋都桥西南之太平石，自题斋榜二：一曰"邵屿寓庐"，一曰"联床听雨之斋"。又重书先世旧额"诒善堂"三字匾，而另各为之跋。北斋三楹，为诒让归时读书之所。诒让自颜曰"述旧斋"，别署"㩆艺宦"。

邵屿寓庐匾跋："《志》言，邵公屿在县治东，前江后湖，山川环拱。有邵公者尝居之，有大榕树，盘郁其巅，又有邵公井，今皆不可复见。而今所营新居，在县治后，地势视他处特隆起，有泉上出，甘冽可食，仲弟以为即邵公屿故址，因颜其南斋曰"邵屿寓庐"，而自书扁以表之。予性爱乡居，先人敝庐本在盘谷，有山水之乐，归田后，尚拟重葺数椽，得以洒扫邱墓，与父兄子弟时时相见，共惇古□，稍避市嚣。今之所营，不过寓焉而已，非果安于此也。世衰俗薄，士大夫出而仕宦，辄不敢回乡里，且侨居数百里外，其意不过坐拥厚赀，防人觊觎而已。岂知果能睦宗族，恤邻里，何乡不可以居。若恃势强横，恣为刻薄，则高门鬼瞰，虽公孙瓒蒸土为城，亦有鼓角地中之日，岂重门击柝，遂可以自全哉！我子

461

孙其深念之。"（《孙衣言孙诒让父子年谱》，129页）

联床听雨之斋匾跋："余辞郡符去，尔为外事牵。宁知风雪夜，复此对床眠。"韦苏州寄兄弟诗也。东坡寄子由诗，喜用此语，有'联床夜雨听萧瑟'之句。盖古人兄弟离合之感，往往相似。予与仲弟蕰田，少小同学，既以求举，同居京师六年。及同官翰林，则予直书房，而蕰田方视学广西归，南北分驰，往往一别数年。每思少年之乐，殊不可得。同治戊辰以后，予既就官江南，蕰田徜徉林下，不复再出，至今遂八年矣。予今年六十有一，蕰田亦五十馀，须发皆白，而颇闻蕰田瘦削尤甚于予，白头兄弟岂可长此遥遥相望耶！草庐既成，因于□□之西，辟小斋一间，藏书其中，而颇以苏州诗意，预为归田聚处之约。予于东坡无能为役，而蕰田□□冲养，晚年又得多子，大似子由。他□□之□，兄弟二人相聚一斋，剪烛夜话，扬榷古今，有如坡、颍重见，而迟过诸子，可奉色笑，所谓两翁相对清如鹤者，何以过之？所以志也。"（《孙衣言孙诒让父子年谱》，129页）

诒善堂匾跋："此予潘埭旧庐匾额。旧庐犹明时屋，此匾亦明人书，笔法严正，极似姜东溪。予颇疑即东溪书，然无款识可考。东溪书名盛时，东南士人竞相摹效，谓之姜字，故所见吴越间坊表，往往类此。"诒善"二字，我先人垂示子孙，用意深远，不可以片言尽，然求其大要，不过忠厚朴俭，不专利，不倚势，安分守法，而子弟务令勤苦读书，则所以为善能自得之矣。新居既成，重书旧匾，揭之堂中。六十老人腕力渐弱，于书无能为役，而聪听彝训，以保身保家，则无以易此言者，所愿我兄弟子姓勿替引之也。乙亥冬日，逊学老人并识。"（《孙衣言孙诒让父子年谱》，130页）

又于新居之西，建立支祠，以祀庵公以下四世祖弥。为屋三层，每层三架，最后一层奉安栗主。左右翼以走廊，前为墙门，门楣榜曰"诒善祠"。又前大厅三架，为惇宗、尚贤二堂。又前为门房三架，大门榜曰"资政大夫孙公祠堂"，祠中堂匾楹联皆谱主手泽也。

德里善乡，万叠云峰通脊尾；长溪赤岸，千年闽峤溯源流。

甲第绍兴年，华国文章须济美；清阶宣义秩，传家仁厚更垂名。

诰赐三朝，我先人世有隐德；书藏万卷，贤孙子勿替儒风。

椒实蕃且，燕谋诒厥；棣华萼不，雁序友于。

松菊犹思盘谷乐;渔樵时忆演溪游。

俎豆惟馨昭世德;门楣大启赞清卿。*(《孙衣言孙诒让父子年谱》,130—131 页)*

于祠西筑书塾,延请经师、蒙师各一人,以课房族子弟,而兼收族外人之志愿就学者,颜曰"诒善祠塾"。盖以永嘉经制之学垂为世训,因手题楹帖,刻石以表之,云:

务求知古如君举;尤喜能文似水心。*(《孙衣言孙诒让父子年谱》,131 页)*

塾中经师所授课目,分经学、史学、诸子、舆地、掌故、历算、词章、制艺、习书凡九门。又揭明塾规十二则,课约八则,训蒙教法七则。塾中辟室藏书,其书系谱主任安徽按察使时别为购置,每部卷首钤有皖臬印信,凡五六千册,足备师生普通检查之用。*(《孙衣言孙诒让父子年谱》,131 页)*

《训蒙教法》(光绪元年订定):"一、小儿从三四岁起认字,以厚黄纸裁作方寸,取陆德明《经典释文》、张参《九经字样》中字画较少者。楷书纸之正中,再作木匣四个:一个贮未认之字,一个贮本日所认之字,一个贮前三五日所认而未极熟之字,一贮认得真熟之字。每日教生字二三字或五六字,口授数次,再令小儿自认数次,如认不清楚,再行口授。如天、地、日、月等字易于解说者,即为讲解,并令还讲,次日认生字时再令温认一次,温至三日,其聪颖者当能永记不忘,其稍钝者则温认至五日或七日,务令小儿实已认得极熟,方收入熟字匣内。

一、认字,先认字画较少者,以后逐渐由简而繁,认至一年以后,教以分别四声,将平、上、去、入注于字之四角,仍照前温认数次。

一、小儿至六岁,识字既多,可以教令读《四书》,先读《论语》,次读《孟子》,次读《大学》《中庸》,必须详加解说。说书之法,每句逐字拆开说一字,说出一字之意义与用处,再每一句合拢说一句,说成一句之话,其之、乎、者、也等虚字无义者,取其神气,以说话之虚腔表演出之,凡说话不能无虚腔,即如行文不能不用虚字也。小儿悟性未开,虽不能尽解,而如此讲授,一章中当能解得数节,一节中当能解得数句,积日既久,自能豁然贯通矣。

一、小儿读《四书》既毕,接读朱子章句集注,天资高者圈外注亦须全读,其资力不及者则可删。取正注精要处,其无关要义及引用某人之说、标出某氏某子者亦可删去,但须删得上下文理通贯,俾学生易于背诵,则亦不嫌其简也。

一、《四书》注读毕,接读《五经》,先《礼记》,次《诗》,次《左传》,次《尚书》,最后读《易经》。经义奥粹,多深僻难解之字,塾师授读后,学生如有仍未尽解之处,须令各自摘出,记于簿上,先生每日取簿就其所摘者再为解说,复令还说,以觇心得。

一、书须读得极熟,每日生书,资高者以百遍为度,资下者以二百遍或三百遍为度。熟书亦须时常温读,愈多愈好,每五日停读生书一日,单读熟书,总以口头全熟、随口即能背诵方为真熟。

一、小儿初次习字,每日将其所已认得之字用硃笔写成寸楷字,影纸令其影写数纸,须随时教以起笔、终笔及中间笔画先后。稍长,可取颜、柳帖中字画较少者,每日令临数纸,先求形似,再讲笔法结构,以后逐渐临遍全帖,总以日日用心临写、勿间断为要。十岁以后,每日并兼习小楷,写卷字数纸。"(《孙衣言集》下册,790—791页)

十二月二十四日(1876年1月20日),祭灶日,手订《诒善祠塾课约》,凡为八则:一临法帖,二看经,三看史,四看古文,五看时文,六看试帖,七看古赋律赋,八按期文课。

《诒善祠塾课约》:"每日早起临法帖二百字。刻成径寸方格,用毛太纸刷印,每日清早粥前,取颜鲁公《多宝塔》《颜氏家庙碑》《东方画像赞》《郭公家庙碑》等帖,临写两纸三纸,总以二百字为度。临时须将帖上字先自逐笔细看,求其如何结体,如何用力,再自下笔。临写后又将自己字与帖上对看一过,看出自己字与帖上字不合处,即自改正,别写于旁。久久自能合法。○作字必先从颜平原入手,方得平实有力,以后神明变化,无所不可。若无颜帖,虞永兴、欧阳率更、褚河南、柳诚悬,凡唐人楷书亦多可学。蔡君谟《万安桥碑》体兼颜、柳,宋人大字之最可学者,惟不可即学松雪、香光,走入软滑一路,亦不可但作小楷,致笔力窘弱。本朝人字则无一帖可学,切宜知之。

看经二三十页。经不必定须背诵,但必须字字解得,各视自己精力,能看若干页即看若干页,然至少亦必须过十页,《五经》《十三经》亦随其资力为之,但每年须看完二三部。诸经次第看毕,则复从第一部看起,总要时时与经见面,则虽不能熟到十分,亦必有五六分熟,自然融会贯通,无空疏谫陋之患矣。如在幼童,则每日随其资力,以十数行为度,却须背诵得尤，须字字解得。蒙养之功，与成人后不同也。

看史十页或二十页。先看《史记》《前汉书》，次看《后汉书》《三国志》，次看《明史》。《史记》《前汉书》与治经同，并注须字字看过，其句读、字义不能骤通处，皆须用意考订。史汉各表，吾乡人往往不一寓目，然具有精意，且可为考证，不可忽也。《明史》则以其时代相近，有资考镜，且其文最为有法，故即当接看。此五史看毕，即看欧阳公《五代史》，亦取其文可为法也。《五代史》看毕，晋宋至宋辽金元诸史则浏览一过，仍于前六史往复用功，则异日必能为大文章、大著作，非固陋小儒之学矣。

看古文十页或十五页。先看三苏论议之文，及乡先生《水心别集》，止斋、梅溪诸奏议，次看韩退之《原道》《原性》《讳辩》《争臣论》，柳柳州《驳复雠》《封建论》，欧阳公《本论》《朋党论》等痛快条畅之作。读过此等文后，作文自然纵横如意。若但为举业起见，即不作以后工夫可也。次看韩、王、欧阳三家铭墓之文。水心、止斋集诸墓志皆能抗衡退之、介甫，自成一家，吾乡人皆忽视之，亦不可不读。次看八家记序杂文，大约韩、王、欧阳三家须看全集，止斋、水心二先生吾乡掌故所存亦须看全集，其馀但就选本上摘看。茅鹿门八家及近时姚先生《古文词类纂》最为佳本，而姚先生论文尤精，鹿门远不能逮，须并其圈点处用心思索。诸家文集看遍后，明之归震川，本朝之方灵皋、姚姬传、恽子居、梅伯言诸家亦宜一看，皆八家以后之嫡传也。〇止斋《奥论》与《吕氏博议》最近举业，马贵与通考诸序论亦足增长识力，皆宜看。〇以上经史古文工夫限午未以前做毕，以后专治举业。

看时文四五篇。童生必须令看明人文，参以近时《发蒙》二集、《八铭》初集诸本，游庠及中举后则必令看隆、万、天、崇、本朝诸名家文，参以近科墨卷。吾乡人童生但读考卷，应科举者但读墨卷，以致室塞心源，终身诒误，不知诸名人文中但是整齐圆满者，皆考墨也。而看题谋篇说理用法，非熟看名家人文，断无入门处。近人时文选本以方望溪之《钦定四书文》为最博学者，欲观文家源流变化，不可不全看一过。而予所最得力者尤在勾山先生之《时文轨范》，其板现在京师大外廊营俞学使家，亦曰《制义体原》，则顾南雅刻本也。其诠择精要及评注之抉摘入微，启发灵性，实诸家所不及。他如吴兰陔之《天崇百篇》《八铭塾钞》初二集，陈澹岩之《名文约编》，潘芝轩相国之明文，国朝文读本。明文凡三编，国朝凡四编。何文绮

465

之《制义约钞》广东板，皆为佳本，学者但取一编置之案头，文则篇篇读过，批又字字看过，潜心玩索，一年以后文思若不汩汩然来，无是理也。再取近科墨选精本及近十数科墨卷，择其有光采机调者四五十篇，以观时尚，则于取科第如拾芥耳。惟吾乡村塾先生教学生读时文，必令手自抄写，最为枉费工夫。时文本子与经史不同，何妨多购数部，恣其涂抹。予平生不抄时文，但就刻本挨次读去，于文中每比分柱处，比中照应柱义处，讲下领起题意处，提比下出题处，各比点醒题字处，及其前后层次之浅深，通篇线索之缴应，必深思熟玩，一一注出。其旁批、尾批亦必深思熟玩，果得作者用意，用法之妙，必手加圈点，此读文不易之法也。近来塾中子弟抄写文字或竟不抄旁批，或将旁批移写眉上，竟不知此批是说文中何处，岂非谬妄，岂非孤负前人苦心，宜痛戒之。〇背诵时文亦是一谬，但须看得熟，看得精，自有领会。每文一篇，每批一字，玩索到十数次，无不精神透露。要背诵者为钞袭计耳，岂非可笑。〇看选本佳恶亦有一法，但看其批评，能指出作者用意用法，不为泛泛赞叹者，必佳本也。若批评喜用藻语泛语，及通篇无一评语者，乃坊肆俗本，断不可读。近来选本如目耕斋、听雨轩即有此弊，其文专走声采一路，用心思机法者极少，亦一病也。

看试帖十数首。先读杜诗长排三十韵至百韵者，及盛唐诸公、杜诗、玉溪生集五言律诗约一二百首，观其排比开阖之妙，充拓才思，增长笔力，以为根本。次取纪文达《我法集》《庚辰集》，篇篇读过，评注亦字字看过，一如读时文法。至近来馆阁诗法愈密，如黄树斋侍郎之《试律汇海》，徐廉峰太史之《壶园试帖》，李芝龄尚书之《闻妙香室试帖》，其评注皆能启发人心。予所评许侍御《养云山馆试帖》亦时见一斑，可以熟看。其馀坊肆俗本绝无精切评语者，概不必看，亦不必另行抄写，枉费工夫。

看古赋律赋一二篇。先读选赋，次读唐人赋。《文选》者，古赋之渊薮。唐人者，律赋之准绳也。《文选》诸大赋不能一日终篇，可分段读，再合拢全篇读，李崇贤注，须字字看过。唐赋则以律赋衡裁为佳本，鲍双五侍郎赋则持择甚精，实古律之体要。馀如吴榖人之出入六朝，顾耕石之专精唐律，近有吴顾合刻，皆不可以不看。近时馆阁巨制，则黄侍郎之《律赋汇海》，蒐采甚富，诠择亦精，皆当浏览及之。其读法亦如读时文法，至坊肆俗本，乃律赋中之庸滥墨卷也，概不必看。〇举业工夫约至酉戌时可毕，再有馀暇，则如《国策》《国语》《楚词》《老》《庄》《荀》《杨》《吕氏春秋》《淮南子》诸古书，唐宋以来诸大家之诗，各自视资力随意读之可也。

每月按期课以时文诗赋。无论生童举贡，每月均须定期为文，至多以五期为度，至少亦须三篇，诗每月约作十首，赋每月约作二篇。塾中别立课所，临期在塾诸生各携笔砚，于卯正二三刻齐集课所，其不在塾而来就课者亦然，诗韵四书外，不许携带片纸，限以日入呈卷。在乡遥课者，视其领取题目之早晚，程途之远近，作文工夫仍以一日为限，过迟者不阅。童生专做单句及截上截下虚冒枯窘题目，方能浚发心思，偏全割截偶一试之。近来村塾多做截搭，最为缪妄。应乡、会试者，亦以单句为主，兼及两截全节全章题目，扇题偶一试之。单句题须有六比柱义，六比层次，反正开合，宾主虚实，无一不备，乃能成文。如书家永字实兼八法，单句题做多，则思力必湛足，笔法必灵矫，施之他题无一不可。近来乡试诸生但做两扇三扇平实题，故中举后，往往不利会试，亦谬法也。性理、王道、典制、譬喻、援引各种题目轮流间出，务令于得题时，即知此题是何名目，应用何等机法，应作何等体格，了然于心，沛然于手，乃有实济。至批阅课卷，惟童生文略须点窜，然亦不可全篇涂改。乡、会诸生则但与圈出好处，批出疵累处，听其自阅可也。课文阅出，填明甲乙，即合一课所作，钉为一册，自城及乡以次传看，近地日传三处，远乡日传一处，不可逗留，亦不可过于促迫。传阅既遍，缴存师长，再行分散。其前列诸卷，酌赏扇纸笔墨，有杰作则刻入诒善塾课，于第二课印出分给，以示激厉。再有一语奉劝，予初至都，以所作古今体诗一巨册求教于黄树斋侍郎，及取归阅看，则全册数百首只联圈十字，予叩求其故，先生曰：'此无可说，但熟读郭茂倩《乐府》及汉魏以下至盛唐诸家诗，而禁看本朝及近时人之作，勿以入目后，当知之。'予谨奉教，遂得稍知诗法。又以举业求教于朱仁山先生，不得一句连圈者几近一年，后一二年乃得有半篇圈，甲辰遂获隽。仁山先生卒，复以所业呈杨朴庵比部，始渐渐有全篇连圈，庚戌乃成进士。若我乡诸年少，偶有一二篇不得浓圈密点，即骂先生不识文章矣，此岂求益之道哉？戒之戒之。

右课约八则，意在提唱后学，兴起科名。郡邑各生有能如我约者，均令入课。入课之后，时加询问，以稽勤惰，尤望各邑富家大族依仿我约，推广行之，但得一县之中有文社十馀所，一社之中有能文者十馀人，三五年后登科第、取仕宦，联翩接踵，岂不可乐！吾乡风俗之美、文学之

467

懿,莫盛于宋南渡时。当时如陈文节公、蔡文懿公、徐忠文公、薛恭翼公,皆以同郡师友同年登第。孙奕《示儿编》谓止斋最精于省题,省题者,省试之文,即今所谓会墨也,而止斋之《待遇集》,水心之进卷,亦即当时揣摩举业之作,风行海内,遂为永嘉文体。至明时项参政之义,则所论举业本原及各种题,则津津乎其有味也。乾隆年间,我家敬轩太史亦自谓制义则透过来矣。此七八先生者,皆理学名臣,而皆留心科举之文,亦皆以科举之文发身成名于世。今日英俊辈出,渐知向学,若能不弃予言,以继参政、太史之遗徽,复乾淳之盛轨,有何难哉? 亦在勉之而已矣。光绪元年十二月祭灶日,逊学老人书于安徽提刑使署。"(《诒善祠塾课约》,温州市图书馆藏清刻本)

十二月,订定《诒善祠塾规约》十二条:

一、祠塾每岁春首,延请经师及蒙师各一位,经师须举贡以上、文学素优者,修缮约五十千左右,蒙师须廪增附生之每考前列、略有文名者,修缮约三十千左右。各房子弟均听从学,在庠人应从经师学,幼童则从蒙师学。每于前一岁之冬月,房长会同族人预备一切,并悉心察访堪为师资者,备礼聘请,不得自荐私亲,亦不许本族人自行任教,图取束修。

一、在塾生徒下榻于西边书院,除先生供应由祠产款中支用外,其生徒茶饭油烛一切自备,书架桌椅亦自携带。塾中雇用馆童一人,为先生操作炊爨,月给辛工五百文。

一、塾中得许外人附读,亦可由先生携带生徒,但人数宜斟酌限制,且须先经甄别合选,方许入学。

一、本塾订有课约,师徒各宜遵守,经师弟子每月五课,每课各取优等一二名,次等一二名,揭榜祠门。蒙师弟子每日背诵经书古文唐诗,师授解说,弟子覆说,仿字属对,各视其材力酌为功课,每月亦各取优等一二名,次等一二名,揭榜祠门。凡三次优等为上,取给赏一千文,三次次等为中,取给赏五百文,两次优等为次优,给赏五百文,两次次等为中次,给赏一百五十文,皆于年终散馆时核计分给。其乡居不能入塾,许其每月到塾面考一次,经师考用初十日,蒙师用二十日,经师考四书文、试帖、诗赋、杂作,分门出题,蒙师挑背《四书》《五经》、古文唐诗、仿字属对,问史鉴故事,并照在塾弟子例,分别优次给奖。所有奖钱及考试日供备饭菜茶水,统由祠产款中支用。

一、本塾藏书系任皖臬时别为购置,每部卷首钤有皖臬印信,略备在塾师生普通检查之用。

一、在塾子弟以恂恂有礼为贵,每日上学向先生一揖,幼者各向长者一揖,晚间下学亦然。先生有友来塾,亦各作一揖致敬。

一、在塾子弟不许吸烟饮酒,不许聚处谈笑,不许互相谐谑,不许跛倚箕倨,不许私自出塾,不许涂画屋壁,不许折损花木。违者均于祠堂罚跪一枝香时,以示惩儆。其傲慢不遵教训者,罚跪三次,再不听,教召其父兄来塾领归,俟知改悔,再令上学。

一、在塾生徒诵读书籍,各自携带本塾所藏止应检查之用,用时可向管书人借阅,不得私行携出塾外,以致污损残缺,违者罚于祠堂跪一枝香时,并赔书籍。

一、本塾以每年正月初十前后开馆,十二月二十前后散学,端午、中秋各节给假一日,平时生徒非家有大事,不得任意告假。

一、在塾生徒每逢节到,每人给馆童奖钱一百文,乡居赴考者赏给馆童每节二百文。

一、塾中冬月裱糊窗户,夏月支搭凉棚,由祠产公款中支用。

一、塾中每年用度于产款中酌量支,应由祠产值年者司其事,年终应将收支清册呈报房长。光绪元年十二月订定(《孙衣言集》下册,800—802 页)

十二月二十七日(1 月 23 日),题王秀峰《一得斋稿》时文集。

《书王秀峰时文》:"秀峰令潜山时,时为予言天堂林壑之胜,劝予往游,又时时以诗寄予,殆有异于俗吏之为乎!今读其时文所谓《一得斋稿》者,笃实雄厚,间出奇变,无诡于义理,而务合于先正之法,亦非俗工所能为也。二十年前,喜论时文,亦喜为时文,通籍后,此事不复讲矣。今读此集,犹如冯妇复见搏虎。乙亥十二月二十七日。"(《孙衣言集》中册,549—550 页)

十二月二十八日(1 月 24 日),姚浚昌有《奉送琴西擢藩湖北奉命入朝》诗,又以其近作诗一卷见示。谱主手为点定之,书于其后云:

予与慕庭相识垂二十年,去年忽从江西来,问所以来,则已挂冠归矣。予方谓慕庭年甚盛,仕方遂,乃能轻弃富贵,心甚敬之。既诒诗三章,尤清丽拔俗。予初不知慕庭能诗,不谓其诗之工遂至是也。数月后,又以近作诗一卷见示。予虽爱慕庭诗,以官事丛积,竟未开视。既得交代,清坐颇闲,试取读之,愈读而愈不能已,乃竭半日力悉读终卷,并妄为标志。慕庭诗于鲍、谢、子美、退之、义山、山谷盖无所不学,而其沉思邃虑独异于人人,则所谓有志于道者也,宜其未五十去官若敝屣矣。予今年六十一,方将入见天子,出事大官,所愧于慕庭,岂徒文字间哉!光绪乙亥小除日,瑞安孙衣言书。(《辛馀求定稿》,天津图书馆藏清光绪十七年刻本)

十二月二十九日(1月23日),除夕,又书姚浚昌诗后。是日,应林用光之请,为王恺《蕉雪山房诗》撰序。是日,俞樾来函。

　　《辛馀求定稿》:"乾嘉以来,诗人清丽深远,无以过君家惜抱,而君诗之沉练峭拔,则又出奇于惜抱之外,非家学所能牢笼也。惟今年所作数篇乃似过于幽窅,如'江通湖水白,树补断山青',语匪不工,然如此刻画,恐为晚宋江湖一派矣。试看杜子美、苏子瞻摹写景物,便有天地开辟、万象森列之概,慕庭年壮气雄,宜其不屑屑于此也。除夜二鼓,衣言又书。"

　　《蕉雪山房诗序》:"昭文王大令恺少溪,嘉庆初以进士为令我浙宣平,后又为广东澄迈,皆以廉平称。令宣平时,尝分校浙闱,我邑前辈观察林公实出其门,观察守重庆,川督蒋相国攸铦以吏治第一荐。后备兵大名,相国督畿辅,又荐之。今观大令行述,其为澄迈时,相国实抚粤东,特为赏异,则师弟子文学政事渊源固有自矣。观察孙蒙城令君用光若衣,比居予官舍,大令之孙宗城适来皖,以通家世好来视,若衣出大令所为诗一册,属予为序。予谓大令以名进士为循良吏,惠泽在民,不必以诗传,而诗又和雅可诵,宜宗城之护惜之也。寇乱以来,故家世族沦丧多矣,其残编断简付之灰烬者,尤不胜其多也。观察遗文有《宝香山馆集》,若衣缄縢置箧中数十年,南北奔走,未尝顷刻舍去,间出展阅,纸墨如新。宗城饥驱远游,家无长物,独抱此编唯谨,皆可谓贤子孙。然则廉吏可为,其遗泽所诒亦有相似者耶。观察集久未锓板,若衣力尚能为,而宗城年壮有志,二君子文字之传,其终当有赖也哉。光绪元年除夜大雪,瑞安孙衣言书。"(《孙衣言集》中册,506—507页)

　　《春在堂日记》:"壬辰,……与孙琴西方伯同年书。"(《春在堂日记　曲园日记》,398页)

冬,方浚颐都转来函,颇致去思。函云:

不奉教言,忽忽两稔,尺一往还,罕罄衷曲。顷得大柬,知所寄淮南书局之书已收到,至所云吴中书局之书,前晤仁山观察,即属其函致子永为予两人各购一分,由仁山处转寄执事,以归简易,正无庸永老张罗也。吾皖人士兵燹之后,废书不读。今赖使君遍征典册,惠及单寒,牖啓而陶淑之,凡属部民,罔不颂扬功德,独惜有屏藩楚北之命,冲车遄发,伥悒靡依,惟冀旌节重来,福我黎庶。不审何日朝天北上,将来南下,仍道扬州否?渴欲一觌光仪,以消鄙吝也。去冬获读《逊学斋文钞》,顿开茅塞,遂奋然有志于古,罢诗为文,深以世之言派者,门户太隘,欲起故而矫之,纵笔骋辞,但期自达其意,而止如是数月,得文四百馀首,虽不合乎古,而亦不类于今,明年当就有道而正之。兹先以刊成之《丛说内篇》乞大雅匡其不逮,幸甚。古六之狱,竟荷平反,闻者同声称快。斯民直道,至今未泯。窃谓安内攘外,总以吏治为先。纷纷舍本逐末,究奚补耶?近与荫甫屡有赠答,而性农则谬赏拙诗有嗜痂之癖,迢迢二千里,两致书于广陵,拳拳问讯,并忆及足下,不知近日曾通笺奏否。公牍捉刀,乃是管君才叔,来书云似南宋掌制人,诚然诚然。日者谦斋到此,因结消寒吟社,作联句诗,已至第七集,围炉把盏,斗险争奇,往往至漏三下,颇觉不俗,所恨者未得老词宗来作主盟也。草此以当面谈。伏维珍重,不具状。(《二知轩文存》卷十八,20—22叶,《清代诗文集汇编》661册,276—277页)

是年,马其昶来函。

《上孙琴西先生书》:"其昶闻之山林闲放之士,往往以傲自高尚是大不然,公卿大臣果贤耶?是不当傲贤也不贤耶?夫安所容其傲,且公卿大臣固朝廷所贵重矣,以彼之爵不足抗吾德而傲耶?庸讵知非己无可知而故匿其短也,慢一夫且大不可将必傲,公卿大臣之贤傲,其贤固不知有贤,知有公卿大臣而已。夫公卿大臣之贤,又士庶标准也而顾可傲之哉?见其重则傲之,与媚之同一,有其贵也,不见其重,则彼与我皆贤也,彼与我皆贤,与其傲之犹有其贵,不如两忘于贤而化其迹。或曰事非其人,则失之干进,无宁傲而犹可自守。是说也,吾亦无以易之。然非所论其昶之于先生者,敢录其说以献于左右,惟垂鉴焉。不宣。"

(《抱润轩文集》卷四,1叶,清宣统元年安徽官纸印刷局石印本)

471

光绪二年　丙子　1876年　六十二岁

正月,邵亨豫赋诗赠谱主进京入觐。

《孙琴西同年旬宣楚北展觐入都索诗赋赠》(丙子):"相逢话别广陵船,已隔迢迢十九年。戊午嘉平赴皖,与君遇于宝应舟次。对面冰霜添鬓发,回头日月感烽烟。豫入皖后值贼氛正炽,屡濒于危,君在皖北所遇亦同。忧时敢幸抽身早,报国还期晚节坚。最喜春风解人意,萍踪吹聚夕阳天。

屏藩新简听鸣莺,重向鸿泥认阆瀛。尽有勋名推柱石,依然本色是书生。我忘仕隐分形迹,君索诗篇证性情。记得澄怀曾扫榻,花阴小立月华明。乙卯试御史,君留宿澄怀园寓。

双凫飞到拂黄埃,令我柴门一笑开。渐觉庭柯生意满,却逢远道故人来。艰难时事何从数,出处心情莫漫猜。剩有归装君认取,郁林片石压苍苔。从关中还,携张毗罗诸唐石。

相见难时又去时,再来莫似者番迟。官高转学晨星散,振甫同年以旬宣入粤,筠庵同年亦视学度陇。酒好惟浇旧雨宜。上巳后二日约筠庵学士、雪塍水部、梦渔给谏、胪卿侍御偕君小集于双福堂,皆同年也。鄂渚山光成小别,丰台花影感将离。知君惜墨情怀懒,莫寄鱼书只寄诗。君性笔懒,虽至好,书亦不时作答。"(《愿学堂诗存》卷十九,47—48叶,《清代诗文集汇编》671册,184—185页)

正月初,撰《羲一公六旬荣寿序》。金贞元,字茂善,号羲一,永嘉人。

《羲一公六旬荣寿序》:"丁卯岁,余掌教省垣之紫阳,次令郎偕班侯相与从学,羲翁适来谒余,乃得觇芝宇,备悉丰仪。今岁斗杓指寅,悬弧庆瑞,适余为布政于安徽时也,诸谊男合谋制锦,来乞弁言。……时光绪丙子岁正月谷旦,瑞安年眷弟赐进士出身现任安徽布政使孙衣言撰。"(《孙衣言集》下册,836—837页)

正月十一日(2月5日),以新授湖北布政使入觐,携诒让自皖启行,同行者杨晨、王友林、刘仁斋。冯孔门等送至三十里铺。是日,函致按察使王思沂。

《丙子瞻天日记》:"正月十一日午刻,携儿子诒让自皖启行,同行者杨蓉初内翰、王友林通守、刘仁斋茂才。连日大雨,幸就道后稍霁,至三十里铺宿。夜间复雨。怀宁令彭筱川为设供帐。冯孔门、陆尧松、周峻岑诸大令、徐子彝参军、徐涧南、陈小云、庄煜甫及照磨王君之屏均远送至此。作书致王与轩廉访。"(《孙衣言孙诒让父子年谱》,441页)

正月十二日(2月6日),至桐城县练潭宿。

《丙子瞻天日记》:"巳初起雨已止,而四山云气瀜郁,行数里微雪,雪止则云陈见青天矣。未刻至练潭宿。练潭四面皆山,坡陀平远,溪流明媚,民家多树竹为藩,麦苗被陇,林木葱蒨,非复兵燹后萧条景象矣。是夜月色甚好。入桐城境。"(《孙衣言孙诒让父子年谱》,441页)

正月十三日(2月7日),行三十五里,至天林庄午食。又行廿五里,抵桐城。知县王泽普为谱主馆于试院。光进修、马起升、马其昶来见。

《丙子瞻天日记》:"晴,行三十五里,未刻至天林庄午食。又行廿五里,抵桐城。遥望龙眠山,层峦叠嶂,蜿蜒数十里,山头积雪,朗如列眉。桐城令王莲舫明府(泽普)为予馆置于试院。桐城光君慎伯(进修)、马君慎甫(起升)来。慎甫能文,善分书,以石刻两种见贻。其令嗣其昶通伯来。通伯能为古文,姚大令(浚昌)婿也,在皖垣时曾以文来见,桐城后来之秀也。莲舫言:桐城绅士以慎甫为正人。慎甫言王令能听讼,而甚不满前代理知县之瞿令承吉。"(《孙衣言孙诒让父子年谱》,441页)

正月十四日(2月8日),行四十里,至大关午食。又十五里,至沙埠宿。舒城知县周岩来迎接。晤孙履材。

《丙子瞻天日记》:"早起,阴云四合,微有雨意,已而晴。行四十里,至大关午食。又十五里,至沙埠宿。舒城周大令岩来迓。自桐城至此,率在山中行,至大关,山势益合,盖安庐隘要处也。晤孙大令(履材),自太和提溍回省。"(《孙衣言孙诒让父子年谱》,441页)

正月十五日(2月9日),至舒城,宿于周令行馆。庐州知府李炳涛来访。

《丙子瞻天日记》:"行四十五里至舒城,馆于周令行馆。李秋槎太守自庐州来。"(《孙衣言孙诒让父子年谱》,441页)

按:李炳涛(?—1879),字秋槎,河南河内(今沁阳)人。历署蒙城知县、亳州知州、庐州知府。

正月十六日(2月10日),行四十里,至九十里铺午食,六安知府来见。又行十五里,至施家桥宿。

《丙子瞻天日记》:"行四十里,至九十里铺午食,六安周刺史来。又十五里,至施家桥宿。"(《孙衣言孙诒让父子年谱》,441页)

正月十七日(2月11日),抵六安州。晚,赴刘铭传招饮,晤樊恩照、李大彰。

《丙子瞻天日记》:"行七十三里,抵六安州。晚,刘省三爵帅招饮,晤樊比部(恩照)、李封翁(大彰),采臣方伯之兄也。夜间小雨。"(《孙衣言孙诒让父子年谱》,441—442页)

正月十八日(2月12日),登舟。寄家书。

《丙子瞻天日记》:"雨。畹香自寿州遣舟以来。申刻登舟解维。友林仍回安庆。以陈泰妻王氏状、北内保卫清状、颍州民胡长顺状交与恕人查办,并发安信。"(《孙衣言孙诒让父子年谱》,442页)

正月十九日(2月13日),行六十里,至马头集宿。

《丙子瞻天日记》:"晴,行六十里,至马头集宿。"(《孙衣言孙诒让父子年谱》,442页)

正月二十日(2月14日),泊正阳。寿州牧何庆钊来赠食物,霍邱知县文龙派人赠食物。

《丙子瞻天日记》:"晴,南风甚利,行百二十里,泊正阳。寿州牧何金甫大令(庆钊)来馈食,霍邱令文禹门大令(龙)遣人馈食。"(《孙衣言孙诒让父子年谱》,442页)

正月二十一日(2月15日),行七十里至颍上宿,颍上知县陶在宾来赠食物。闻祁世长亦在颍水,写一函嘱陶在宾转致。晤徐景镛。

《丙子瞻天日记》:"晴,行七十里,至颍上宿,颍上令陶在宾明府来馈食。时祁子禾学使试颍郡毕,将回安庆,尚在颍未行,闻二三日内可抵颍上,因留一函属在宾致之。晤徐韵生喆嗣景镛,时方以通守监颍上厘务。"(《孙衣言孙诒让父子年谱》,442页)

正月二十二日(2月16日),行六十里,至口子集宿。

《丙子瞻天日记》:"阴,行六十里,至口子集宿。"(《孙衣言孙诒让父子年谱》,442页)

正月二十三日(2月17日),行七十里至颍州府,晤知府续庆、知县朱根仁、司马张敷文、通判钱禄增等人。收到祁世长复函。

《丙子瞻天日记》:"大风微雨,行七十里至颍州府。晤续太守庆、朱大令根仁、张司马敷文、钱通守禄增,始知子禾以雨沮尚未行也。泥泞不能上岸答拜。子禾书来。"(《孙衣言孙诒让父子年谱》,442页)

正月二十四日(2月18日),行七十里至太和县,晤知县景瑞。

《丙子瞻天日记》:"行七十里至太和县,晤景介卿大令瑞。是日风止颇寒。"(《孙衣言孙诒让父子年谱》,442页)

正月二十五日(2月19日),行六十里,泊界首驿。练首李太守镇邦、界首卡委员桂通守中纯均来见。

《丙子瞻天日记》:"早霁,已而阴。行六十里,泊界首驿,由豫入皖之第一程也。景介卿大令辞回县。练首李太守镇邦、界首卡委员桂通守中纯均来见。李为太和人,所部乃长淮水师,有船八艘,水勇八十人。桂通守,履贞太守之弟也。"(《孙衣言孙诒让父子年谱》,442页)

正月二十六日(2月20日),行六十里,抵河南沈邱县淮店,知县李桢出迎,并馈食。

《丙子瞻天日记》:"微雪,行六十里,抵淮店,入豫境沈邱县界。沈邱令李慎斋桢来迓,并馈食。慎斋,绍兴人,向在李相国军中,以功得官,拣令于此,年三十九,甚明干,言沈邱近太和,民气强悍,儒风久不振矣。慎斋来此,为设义学六所,而读书者少,应童试者二、三百人,皆苟且应试而已,学额十二名,无登乡科者,与项城相去五十里,而项城则有以科甲为达官者矣,风气不同,不可解也。闻淮宁潘明府已为予备入都车矣。"(《孙衣言孙诒让父子年谱》,442页)

正月二十七日(2月21日),行四十五里,夜泊新站集。

《丙子瞻天日记》:"行四十五里,夜泊新站集。"(《孙衣言孙诒让父子年谱》,443页)

正月二十八日（2月22日），行四十里，抵周家口，陈郡通守陶学海、淮宁知县潘舒瀚来迎。李在铦派人来迎。宿行馆。

《丙子瞻天日记》："晴，行四十里，未刻抵周家口，陈郡通守陶少堂学海、淮宁令潘稚筠舒瀚来迓，陈州郡伯李在铦遣人来迓。少堂，南昌人。稚筠，溧阳人。李太守，直隶人。淮宁为陈附郭邑，离此六十里，远道来见，情殊可感。是日进行馆。"（《孙衣言孙诒让父子年谱》，443页）

正月二十九日（2月23日），仍在周家口行馆。

《丙子瞻天日记》："晴，在周家口行馆。夜间雨。"（《孙衣言孙诒让父子年谱》，443页）

正月三十日（2月24日），至西华县，夜宿试院。晤知县孙永治，言及河南布政使刘齐衔的情况。

《丙子瞻天日记》："雨止，巳初自周家口启行，四十五里至西华县，馆于试院。邑令孙平阶明府，汉阳人，名永治，甲子举人，戊辰进士，选授密县，调署此邑，人甚诚笃，为言楚北各州县胥差之虐，又言汉旁诸邑常以水灾蠲免，而文告但言豁免若干分之若干，愚民无从知也，追呼如故，率为吏胥中饱，未尝丝毫沾实惠，此各省通病，宜思所以救之。自入豫境，皆言刘冰如方伯之清节，平阶为予言，方伯尤善约束家人，所谓门丁者不得与闻公事，署中家人无衣绸缎者。方伯为林文忠婿，其殆有所师授，然为藩河南八年矣，顷以俸满入觐，此等好官，何其久不迁耶！"（《孙衣言孙诒让父子年谱》，443页）

二月初一日（2月25日），至扶沟县，宿知县署中。

《丙子瞻天日记》："晴，由西华行三十八里，至练寺午食。又行三十五里，至扶沟县，宿邑令杨仲和明府恩铭署中。仲和，抚州金溪人，宰此五年矣。扶沟去鄢陵五十里，颇念故人苏菊村，不知其子弟何如也。"（《孙衣言孙诒让父子年谱》，443页）

二月初二日（2月26日），至通许县，宿县斋中。

《丙子瞻天日记》："晴，行六十里，至底阁午食。又行三十里，至通许县宿。邑令吕润卿明府钟泽，同年吕定子太史族弟也，馆予于县斋。润卿尊人前官于豫，徇粤逆之难，润卿以恤荫得官，人甚醇笃。祖母年九十八矣,亲见五世,大吏为之奏请旌奖。润卿言,通许缺岁入不及九千金,而省垣应酬即须五千金,知县诚不易为也。"(《孙衣言孙诒让父子年谱》,443 页)

二月初三日(2 月 27 日),至汴梁,开封太守马伯岸、祥符知县鞠捷昌出迎。署河南布政使傅寿彤来访。

《丙子瞻天日记》:"至汴梁,开封太守马伯岸同年乙未、丁未、祥符令鞠子联明府捷昌、甲子举人,戊辰进士,汉阳人出迎,皆朴诚循吏也。署方伯傅青馀廉访寿彤来,视予于行馆。寿彤馆于城中南土街。是日北风甚寒,微雪。"(《孙衣言孙诒让父子年谱》,443 页)

二月初四日(2 月 28 日),谒巡抚李庆翱,拜布政使傅寿彤、按察使吴潮等官员。谒河道总督曾国荃,并晤曾纪鸿。

《丙子瞻天日记》:"阴,谒李筱山中丞庆翱,拜傅青馀方伯、吴学韩廉访潮,扬州人,壬子进士,由刑部出为道员、李子衡粮储汝钧、德筱峰观察馨、姚良荪、叶湘筠两同年、陈翊图大守庚戌同年,名赞,福建人。惟子衡、翊图未晤。子联为诒让甲子同年。刘兰卿侍御毓楠,祥符人来。刘秀才继孟涂先生子来。马太守以其家刻丛书见示,刘秀才以海峰《孟涂集》见诒。袁太守景曜来,不及答拜矣。谒曾沅浦河帅,并晤曾二公子栗诚孝廉,时以筠仙侍郎聘之入都也。

抚署联云:守身以璧,观物以镜;种德如树,养心如鱼。

开封府署联云:最近人情偏执法;但循天理不沽名。"(《孙衣言孙诒让父子年谱》,444 页)

二月初五日(2 月 29 日),行三十五里,新店午餐。又行廿五里,至延津县东堤宿。

《丙子瞻天日记》:"微雨,行三十五里,新店午食。又行廿五里,至东堤宿,入延津界。自祥符北行,由柳园渡河,溯流约四五里,河水甚浅,河面亦不宽,惟渡船不甚便耳。"(《孙衣言孙诒让父子年谱》,444 页)

二月初六日(3 月 1 日),行四十里,至延津县午食,晤知县蒋春洲。午后行六十五里,至卫辉府宿,晤知府李德钧、知县崇缙等。

《丙子瞻天日记》:"晴,行四十里,延津午食,晤蒋春洲大令。蒋,绍

477

兴人，以赀为令。午后行六十五里，至卫辉府宿，晤郡守李平甫太守德钧，宝坻人，滋圃先生任、崇云卿大令缙，寿山中丞叔，又同乡两少年。大令馆予于大升店，甚周至。自通许北行，一片黄沙，至卫辉尚未尽，颇荒凉。离卫辉二十余里，望见西方山色断续而东，询之土人，则太行山也，去此百余里。由卫辉可以换舟，沿卫入运，以至天津，水程二十四站，水盛时十一、二日可到。但大船皆在浚县之道口，设在汴梁定计，径趋道口为简捷耳。此行去闱期略近，不敢易车而舟也。是日大风甚寒。是日行百十里，抵郡已黑矣。"（《孙衣言孙诒让父子年谱》，444 页）

二月初七日（3 月 2 日），行五十里，至淇县午餐，晤知县陈士杰。午后行六十里，至汤阴县宜沟集宿。

《丙子瞻天日记》："风止，行五十里，淇县午食。淇令陈子俊明府士杰，清河人，附生，由实录馆眷录得官馆予于南门外客店，自言在淇八年矣。邑甚瘠苦，惟恃节用，而民间颇为差徭所苦，以地当孔道，会试年，云贵士子或一人索车数辆，不得车则索车价以去，亦恶习也。午后行二十五里，过高村桥，淇水自西来，曲折绕村以南，村有寨堡，寨门外石桥十间，即淇水桥，水自高而下，其声如雷，西望则群山起伏蜿蜒，又西不通太行，而淇水之源亦自林县诸山而来。又行五里，至大仁庄，盖即武王散财发粟处，高村则鹿台遗址也。高村桥及大仁庄皆有大店，可尖可宿。又行三十里，至宜沟集宿。地属汤阴，邑令邹少伊明府设馆于逆旅，房子皆新裱，盖河南刘方伯入觐，甫自此过也。少伊名钺，无锡人，钟泉中丞群从也。自淇县北行多石路，平地往往有岩石，盖太行支山，自西而东，其西诸山既断，而坡陀不绝，东望有数小山，不知其名。是日行百十里，抵行馆已曛黑矣。"（《孙衣言孙诒让父子年谱》，444—445 页）

二月初八日（3 月 3 日），行二十五里，至汤阴县，知县邹钺出迎，偕谒岳鄂王庙。又行四十五里，至彰德府安阳县午餐。知府清瑞、知县赵集成出迎。又行四十里，至安阳丰乐镇宿。向知县索览《安阳志》。

《丙子瞻天日记》："晴，行二十五里，至汤阴，邑令邹少伊明府出城迓，遂偕谒岳鄂王庙，岳王先墓所在。庙中有奉祀生，亦岳姓，乃王之疏属文生，少伊言其嫡子孙则在浙矣。庙中石刻甚多，不能遍阅，茶毕即行。城中有嵇侍中庙及文王羑里碑。又行二十五里，过魏家营，店大可尖可宿。

又行二十里，至彰德府安阳县午食。郡守清辑五太守瑞、赵鹤舟大令集成，泾县人出迓，肃客于行馆，供张甚丰。时彰德久旱，守令方祈雪。又行四十里，至丰乐镇宿，店大。犹属安阳，去磁州三十里。从邑令乞《安阳志》，乃偃师武虚谷亿所著，甚为详雅，末附《金石录》十二卷，尤有裨于考证。是日风而暖，西望林虑诸山，隐隐在烟霭间。安阳古相州，有西门豹、韩忠献祠，其昼锦堂今改为昼锦书院矣。"（《孙衣言孙诒让父子年谱》，445页）

二月初九日（3月4日），行三十里，至磁州午餐。又行五十里，至邯郸宿。

《丙子瞻天日记》："晴，行三十里，磁州午食。知州为程少韩刺史光滢，四川垫江人，丁酉甲辰同年，年七十二矣，三子俱先卒，有孙一人尚幼。又行二十里，至杜桥，店大可尖。又行五十里，至邯郸宿。邑令周子元明府设馆于逆旅。子元名锡章，山阴人，以捐纳得官，在此修志，见其未刻稿，又见乾隆《邯郸志》，其选举门有郭琰者，景泰六年贡，任温州府知事，当补入吾乡职官。"（《孙衣言孙诒让父子年谱》，445页）

二月初十日（3月5日），行四十五里，至临洺关打尖。又行七十里，至顺德府宿。邢台知县遣人馈食。

《丙子瞻天日记》："晴，四点钟起，五点三刻行三十里至界河，与永年县分界，此处店大可尖。又行十五里，至临洺关尖。永年令夏范卿明府设行馆于关北门内。范卿江阴人，名诒钰。又行十五里，过大粮店，店大可宿。又行廿里，至沙河县，沙地车马不便行走。又行三十五里，至顺德府宿。顺德守薛侍御斯来，同馆后进也。首县邢台令彭少渠明府美，仁斋姊之翁也，初不知有过客，仁斋往视之，复遣人馈食，而予先于市中买菜，食之甚美。邢台、沙河在顺德皆为优缺，少渠云。

庭到瑶阶，林抱琼树，营曜秋菊，华茂春松。祁文端书楹语。"（《孙衣言孙诒让父子年谱》，446页）

二月十一日（3月6日），行四十里，至内邱午餐。晤知县王福谦。遇新任广西学政欧阳保极，坐谈久之。又行至柏乡宿。

《丙子瞻天日记》："晴，行四十里，至内邱午食。邑令王纶阶明府福谦，云梦人，甚朴诚。欧阳侍读保极视学广西，亦至此。饭后相访于逆旅，坐谈久之，自言将过楚省墓，顺道长沙省父，可谓盛事。其尊人方宰长沙，亦甲辰同年也。未刻行过马峰冈，又过派水河，在小尹村瀹茗少坐，至柏乡已戌正矣，行六十里。邑令为吴熙之明府光鼎，常州人，未晤。"（《孙衣言孙诒让父子年谱》,446页）

二月十二日（3月7日），行六十里，至赵州午餐。知州存禄授餐。又行五十里，至正定栾城，宿南关行馆。知县劳辅之来晤，以所著《阜平志》持赠。

> 《丙子瞻天日记》："晴，行六十里，至赵州午餐。存刺史禄适馆授餐，意甚勤勤，予己亥同年，其兄存秀岩太守，现官淮安府，予故人也。又行五十里，至栾城，宿南关行馆。邑令劳槐卿明府来晤。槐卿名辅之，原籍山阴，今为长沙人，劳文毅公崇光三子，年四十，尝宰阜平，以所著《阜平志》持赠。"（《孙衣言孙诒让父子年谱》,446页）

二月十三日（3月8日），行四十里，至正定府南二十里铺午餐。又行二十里，渡滹沱，抵正定府，馆于南街逆旅。

> 《丙子瞻天日记》："晴，行四十里，至正定府南二十里铺午食。又行二十里，渡滹沱，抵正定府，馆于南街逆旅。郡太守为庐江卢星五太守应楷，正定令则贾叔延明府，予座主文端公从孙也。叔延名孝彰，行四。"（《孙衣言孙诒让父子年谱》,446页）

二月十四日（3月9日），行四十五里，至扶城驿午餐。又行四十五里，至新乐县南关外行馆，知县张恒吉招待。向张县令借阅《新乐县志》。

> 《丙子瞻天日记》："晴，行四十五里，至扶城驿午食，主人仍贾明府也。又行四十五里，至新乐县南关外行馆。邑令张迪斋明府恒吉，济宁州人。此馆甚小，到馆颇早，拟赶程至明月店宿，未果，以去此尚二十五里也。从邑令借阅《新乐县志》，有温州学正马健，成化丙午举人。《新乐县志·选举》：马健，成化丙午温州学正。新乐南门外二里许，有河隔之，架木铺土以渡，检《县志》，则名派河，水自县西诸山来。"（《孙衣言孙诒让父子年谱》,446—447页）

二月十五日（3月10日），行三十里，至明月店。又行二十五里，至定州午餐。知州李峨亭设馆于城西关行馆，晤州佐陈际清。得李刺史赠《定州志》一部。又行四十里，至望都县，知县吴士铨设馆于南关客店。

> 《丙子瞻天日记》："晴，早行三十里，至明月店，水路不过廿五里，店甚大。

又二十五里，至定州午食。知州李峨亭刺史设馆于城西关行馆，饮馔甚洁。刺史河南西华县人，辛亥举人，丙辰进士，同年谢梦渔门下士，甚沉笃。又晤陈州佐际清，广州人，丁酉乡榜。峨亭惠《定州志》一部，乃宝梦莲太守所辑，甚详雅。午食后行三十里，至清风店，峨亭复先遣家丁为备茶尖，小坐片刻。行四十里，至望都县。邑令吴衡卿明府士铨奉天人，庚子副车，设馆于南关客店，人亦朴谨，祖籍江苏，寄籍奉天。自定州北行，西望群山连蜷，其特峻大者恒山也。至望都，则沿途多塘水沮洳，有种荷花者，盖此邑较低下也。

长瓶磊落输郫酿，轻骑联翩报海棠。何子贞书楹。语甚佳，在定州行馆所见。

睡熟素书横竹架，吟馀犀管阁铜蟾。年一樵书楹语。"（《孙衣言孙诒让父子年谱》，447 页）

二月十六日（3 月 11 日），行九十里至保定府，河北布政使孙观、按察使范梁、清河道叶伯英、保定知府李培祜均来，晤于行馆。

《丙子瞻天日记》："晴，早行三十里，方顺桥午食。又行六十里，申初至保定府。方伯孙省斋前辈、廉访范楣孙同年、清河道叶冠卿观察伯英，丁酉同年，叶湘筠令嗣、保定府李静山前辈培祜，均来晤于行馆。楣孙不见将三十年，静山亦别来二十馀年，须发皆皓然矣。清苑令邹明府家岳，辛亥庶常也。"（《孙衣言孙诒让父子年谱》，447 页）

二月十七日（3 月 12 日），拜谒李鸿章。访孙观、范梁、李培祜、叶伯英、邹岱东等。访黄彭年，未晤。午后行五十里，至安肃县宿，知县叶祖韩馆于南关客店。

《丙子瞻天日记》："晴。谒合肥相国，并为孙省斋前辈、范楣孙同年、李静山前辈、叶冠卿观察、邹岱东明府家岳答拜。访黄子寿前辈彭年，未晤。子寿时主莲池书院。午后行五十里，至安肃县宿。邑令叶介之明府祖弟，四川成都人，军功班，馆予于南关客店，介之人甚谨饬。"（《孙衣言孙诒让父子年谱》，447 页）

二月十八日（3 月 13 日），行六十里，至北河店午食，定兴知县朱乃恭赠送食物。行四十里至西关，夜宿。

《丙子瞻天日记》："阴，已而大风，行六十里至北河店午食，定兴令朱明府乃恭，奉天人，馈食。午后雪，由北河改道，趋新城，行四十里，路多沮洳，更后方到，在西关递旅宿。"（《孙衣言孙诒让父子年谱》，447页）

二月十九日（3月14日），至固定，渡永定河。作书至河道李观察，嘱其整顿渡夫。再至榆坊，夜宿。

《丙子瞻天日记》："晴，行五十八里至小店尖，入固安界。此处店小，应在新桥尖，而新桥去新城仅十八里，复多走三十五里。又行三十里，至固安，渡永定河。渡夫甚狡，作书致河道李观察，嘱其稍加整顿。又行十二里，至榆坊宿。"（《孙衣言孙诒让父子年谱》，447—448页）

二月二十日（3月15日），行五十里，抵黄村。

《丙子瞻天日记》："晴，行五十里抵黄村，拟以明日进。"（《孙衣言孙诒让父子年谱》，448页）

二月二十一日（3月16日），进北京城，至兴胜寺。王友林、吴玉叔、王蕖城、陈桂生、管作霖、万培因来访。

《丙子瞻天日记》："晴，巳刻进南西门，至兴胜寺。王友林、吴玉叔、王蕖城来，陈侍卫桂生，号子香、管员外作霖来，万莲初来。"（《孙衣言孙诒让父子年谱》，448页）

二月二十二日（3月17日），移寓内城贤良寺。周鉴湖来访，未见。万培因来。

《丙子瞻天日记》："晴，移寓内城贤良寺。周鉴湖来，未见。莲初来，拟以廿四日请安。"（《孙衣言孙诒让父子年谱》，448页）

二月二十三日（3月18日），在贤良寺，周鉴湖来访。晤同年山西布政使张瀛。

《丙子瞻天日记》："晴，在贤良寺，周鉴湖来。晤张石洲方伯同年，时以病请假。予以同治十二年二月，由安徽皋使陛见入都，十七日抵都城，石洲以十六日抵都，先后召对。此次石洲擢晋藩先予半年，而石洲入都以病不克请训，留此数月，又得把晤，殊非意料，石洲以为此殆前缘也。"（《孙衣言孙诒让父子年谱》，448页）

二月二十四（3月19日），觐见光绪皇帝、慈禧太后，奏对。谒见恭亲王、宝鋆、沈桂芬、李鸿藻等人。又谒见沈桂芬于私第。

《丙子瞻天日记》："晴，丑初至宫门口伺候，卯初蒙召见，带见者为六额附景寿。太后御养心殿东暖阁，外垂黄幔，皇上坐幔外正中，皆坐东面西，六额驸跪于幔之南，面太后。予进门，先东面跪，向太后、皇上跪请圣安，再免冠叩谢天恩，复起就幔前南向跪。太后问：汝从何路来？奏云：臣由汴梁、保定一带入都。又问在途若干日子？奏云：臣走了四十一天。又问：汝在安徽几年？奏云：臣在安徽三年。又问：安徽尚平静否？奏云：平静。又问：安徽有无会匪？奏云：现在安徽并无会匪。又问：漕粮已北来否？奏云：安徽现未收漕，各省漕粮向来均于二月间起运北来。又问：汝年纪若干？奏云：臣履历六十，实年已六十二耳。又问：汝前在何处当差？奏云：臣前在翰林院上书房当差。又问：授读何人？奏云：臣授惠郡王弟兄三人读。又问：汝遇见卫荣光否？奏云：臣未遇见。太后语音甚轻，予又左耳重听，帘中语殊不能辨，幸六额驸为之传述，得以无误，惟所问尚似有安徽藩司好不好一语，额驸传旨亦不甚明，予以问及同寅，难于奏对。又似问防务，因即奏云：尚办得好，究不知太后是问何事，只好浑融言之也。是日在宫门外谒见恭邸。卯正二刻，出乾清门，蒙赏克食。又见宝、沈二中堂、李大司空。又谒见沈经笙相国于私第。"（《孙衣言孙诒让父子年谱》，448—449 页）

二月二十五日（3 月 20 日），谒恭亲王、宝鋆、李鸿藻于府第。谒文祥相国，因病未见。至兴胜寺小坐。

《丙子瞻天日记》："晴，谒恭邸、宝佩蘅相国、李兰孙大司空于私第。惠邸、恭邸遣人馈食。文伯川相国以病在告，投刺而未得见。至兴胜寺小坐。"（《孙衣言孙诒让父子年谱》，449 页）

三月初一日（3 月 26 日），访李慈铭，不晤。

李慈铭《越缦堂日记》："孙琴西布政来，不晤。"（第 10 册，6893 页）

三月初九日（4 月 3 日），陛辞，复蒙召对。慈禧太后问归期、路途时间、安徽的情况等问题。

《出都日记》："陛辞，复蒙召对。皇太后问：汝将以何日行？奏云：臣拟以十五日出都。又问：若干日可以到湖北？奏云：臣此行仍由河南陆路赴鄂,约须一月方可到鄂。又问:汝在安徽几年? 奏云:臣以同治十二年四月到任,元年十二月卸任,首尾将近三年。又问:在安徽是官桌司? 奏云:是。又问:安徽民情尚安静否? 奏云:安徽民情近来尚为安静,但极困苦耳。又问:安徽营政何似? 奏云:现在巡抚裕禄,操练甚勤,营政较前整顿。又问:裕禄何如? 奏云:裕禄办事老成。又问:汝近来尚能作小字否? 奏云:臣现在眼力尚好,能作小字。又云:汝去须妥筹京饷,源源接济。奏云:筹饷是臣专责,臣此去总当先其所急,悉心筹划。又云:左宗棠军饷亦随时筹解。奏云:但有款项可解,总当筹解。又云:须留意察吏,留心安民。奏云:臣当恪奉圣训。又云:如有道府不妥者,亦只管参奏。奏云:臣总不能含糊。奏毕,太后谕带见大臣景寿曰:可传谕即令今日跪安。景寿奏云:是。即起就南向北面跪请圣安而出。"(《孙衣言孙诒让父子年谱》,449 页)

三月十一日(4 月 5 日),与尹寿衡谈,言及湖北官员刘炳荣、罗泽长的情况。

《出都日记》:"施南府京官尹寿衡言,有刘炳荣者,由刑幕捐职知县,尝官建水,甚贪,现调补孝感。又言有罗泽长者,官声甚好。"(《孙衣言孙诒让父子年谱》,449 页)

三月十七日(4 月 11 日),出都。孙诒让、杨晨等送到草桥之南。夜宿黄村。

《出都日记》:"未刻登车,出永定门,诒让偕杨蓉初、潘荻渔、殷蓂亭、王蕖丞送至草桥之南。是夜宿黄村,行三十里。"(《孙衣言孙诒让父子年谱》,449 页)

三月十八日(4 月 12 日),至固安境内。

《出都日记》:"晴,行五十五里,固安县北关午食。又行四十里,曲沟宿固安境。夜间尚凉,而午后颇热,一路柳花榆荚,春光明媚,惟麦苗出土尚止数寸,而旱犹未已,深为民食忧耳。"(《孙衣言孙诒让父子年谱》,449—450 页)

三月十九日(4 月 13 日),抵固安县,知县方宝善来晤。又行至任邱,夜宿,知县金绍先来晤。

《出都日记》:"晴,行七十里,固安县午食。县令方益斋明府宝善来晦,前知太仓州方临轩令嗣也。临轩名传穆,与予有旧。又行七十里,至任邱宿。金支馨明府绍先来晤。明府,历城人,河南李少荃中丞女夫,知此处。以明日换凉帽矣。"(《孙衣言孙诒让父子年谱》,450页)

三月二十日(4月14日),行至河间府,太守札克丹及县令凌颐德来晤。又行三十里至商家林宿,献县陆时言明府来馈食。

《出都日记》:"晴,行五十里,至河间二十里铺午食。又行二十里,至河间府,札太守札克丹及县令凌颐德来晤。太守为前江宁将军魁时若玉令嗣,凌则河南西华人,均甚笃实。闻钱学使按临河间,当以廿一日至郡,而予先一日至此,学使为予同年至交,恨不得见也。又行三十里至商家林宿。商家林并赵王河地洼下,虽旱久而陇麦尚觉青葱。献县陆明府时言来馈食。此处离城尚三十五里也。"(《孙衣言孙诒让父子年谱》,450页)

三月二十一日(4月15日),行七十里,富庄驿午食。又行四十里,阜城县宿。县令孙清穆(子和)明府馈食。寄家书。

《出都日记》:"晴,行七十里,富庄驿午食。又行四十里,阜城县宿。县令孙子和明府清穆馈食。明府,云南首郡人,由史馆誊录得官。发安谕,由霁亭大京兆交与阿涵。路过柳林桥,在仆人王升之兄店中□□,王升子七岁,亦读书矣。"(《孙衣言孙诒让父子年谱》,450页)

三月二十二日(4月16日),行九十里,刘智庙午餐,德州牧蒋锡纶来馈食。又行五十里,宿黄河涯。

《出都日记》:"早起行九十里,刘智庙午食,德州牧蒋锡纶来馈食。又行五十里,黄河涯宿。"(《孙衣言孙诒让父子年谱》,450页)

三月二十三日(4月17日),行五十里至平原县,县令范崇垣(星阶)明府出迎。行二十里,至平原县二十里铺午食。寄家书给诒让、杨晨。又行五十里,至禹城桥宿。县令袁泉祥(牧庵)明府馆予于逆旅,见壁间有汾阳女史阿珠三绝句。

《出都日记》:"晴,早起行五十里至平原县,县令范星阶明府崇垣出迎,为小坐片刻,茶毕,行二十里,至平原县二十里铺午食。发安信与阿涵、蓉初。又行五十里,至禹城桥宿。县令袁牧庵明府馆予于逆旅。明府名泉祥,江苏人。星阶则范楣孙廉访同年胞侄也。二十里铺逆旅壁间,有汾阳女史阿珠《和宋芷香禹城题壁诗三绝句》云:'无端打鸭累鸳飞,力薄情长似藕丝。侬比嫦娥尤寂寞,初三已过不伸眉。''镇日凉飔翠袖尝,别来褪尽领巾香。个人句里伤心甚,我亦多愁压太行。''乐绪随娘共织麻,谁教千里又辞家。殷勤分付春来燕,窠里休衔落树花。'情词悱恻,殆姬妾之不容于嫡者,然深于诗,如此女子我见亦少矣,惜而录之。"(《孙衣言孙诒让父子年谱》,450—451页)

三月二十四(4月18日),行五十里,至晏城午餐,齐河令王宝仁(晋臣)为东道主。又行二十里,渡黄河,齐河令王宝仁来晤。又行二十五里,至杜家店宿,长清郑永祥明府馈食。

《出都日记》:"阴,南方颇有雨意。行五十里,至晏城午食,齐河令王晋臣大令宝仁为东道主。大令庚午、辛未联捷进士,云南人。自出都来至此,始见一进士知县,吏选之杂可叹也。又行二十里,渡黄河,齐河令王晋臣来晤。浙方伯卢午峰同年亦入觐北来,而不及相见。又行二十五里,至杜家店宿。长清郑明府永祥馈食郑,福州人。自晏城东南,马前山色如画,明日可抵岱下矣。"(《孙衣言孙诒让父子年谱》,451页)

三月二十五日(4月19日),行九十里,至范墩午食,长清郑令所馈也。又行六十里,至泰安宿。同年苏名显闻谱主至来相见,邀再游泰山,并赠谱主刘文清楹联一对、小条一帧。晚饭后,苏名显来久谈。

《出都日记》:"晴,行九十里,至范墩午食,长清郑令所馈也。又行六十里,至泰安宿。郡守钧太守惠出迓。同年苏炳臣又来泰安,方以私务赴乡,闻予至,亟归,相见于逆旅,喜甚,留予再作岱游,予以行程颇迫,不果留,承惠刘文清小联一对,小条一帧,皆非赝笔也,殊甚可喜。晚饭后,炳臣复来送行,坐谈者久之。"(《孙衣言孙诒让父子年谱》,451页)

三月二十六(4月20日),行六十里,至花家庄午餐。于羊流店遇江西巡抚刘秉璋。行七十里,过新泰,知县赵笋农遣人来谒。

《出都日记》:"晴,行六十里,至花家庄午食。刘仲良中丞入觐北来,遇于羊流店,闻江北一带亦望雨甚急。晚至瞿家庄宿,行七十里,过新泰,县令赵笋农遣人来谒。笋农,宜黄人。"(《孙衣言孙诒让父子年谱》,451页)

三月二十七日(4月21日),行四十五里,至蒙阴县,知县王廷魁出迎。

又行五十五里,至龚家营午餐。又行四十五里,至垛庄宿。沂水令王恩滢(润章)明府馆馈食。

>《出都日记》:"晴,二点钟起,行四十五里,至蒙阴,县令王廷魁梅臣,昌黎人,乙卯举人大挑出迎。又行五十五里,至龚家营午食。又行四十五里,至垛庄宿。沂水令王润章明府恩湛,南昌人。设馆馈食。予以将入江南界,州县有旧时属员,恐家人辈有所需索,严饬勿进公馆,而到此以无店仍住公馆,殊为可恨。
>
> '勿谓一念可欺也,须知有天地鬼神之鉴察。勿谓一言可轻也,须知有前后左右之窃听。勿谓一事可轻也,须知有身家性命之关系。勿谓一时可逞也,须知有祸福子孙之报应。'以上格言四条,康熙间贾胶侯中丞汉复抚秦时,尝属沈绛堂副宪荃书之,勒石碑拓诒同官,绛堂先生跋后,谓其尤为居官药石,盖其言深切,易动听也。顷由都赴鄂,道出沂州,□□□□□□□□有悬此于座右者,循诵之馀,心窃喜之,更愿以此自箴,且将告鄂中同人,庶广中丞提撕后进之盛意也。"(《孙衣言孙诒让父子年谱》,451—452页)

三月二十八日(4月22日),至兰山县伴城午餐。又行四十五里,至沂州府宿,知府黄大鹤出迎。

>《出都日记》:"行□□里,至伴城午食,兰山界。又行四十五里,至沂州府宿。太守□□□□□□鹤出迎。太守以己酉拔贡,□□□月到任,大荔人,甚为笃实。"(《孙衣言孙诒让父子年谱》,452页)
>
> 按:黄大鹤,字子皋、芝山,陕西大荔人。拔贡。光绪元年(1875)任山东沂州知府,后任济南知府。十二年任按察使。

三月二十九日(4月23日),行一百三十里,至郯城十里铺午餐。至红花埠宿。

>《出都日记》:"行五十五里,至李家庄小坐。又行五十五里,至郯城十里铺午食。又行□十里,至红花埠宿。郯城令周丕澧,四川安岳人,丙辰进士。此站路大,到店已七点钟矣。夜间大风,颇有雨意。"(《孙衣言孙诒让父子年谱》,452页)

四月初一日(4月24日),行六十里,至江苏新沂峒峿宿。

>《出都日记》:"雨,早行六十里,至峒峿宿,以雨甚不能抵顺河正站。

于是山东及江南、淮徐一带不雨几八月矣,至是始得霑足,民间麦收有望,殊为快慰。"（《孙衣言孙诒让父子年谱》,452 页）

四月初二日（4 月 25 日）,行六十里,至顺河集宿。

《出都日记》:"巳刻雨止,行六十里,至顺河集宿。闻沈制军自徐州阅兵回任,宿返。"（《孙衣言孙诒让父子年谱》,452 页）

四月初三日（4 月 26 日）,行百里,至众兴集午餐。又行五十里,至涣沟宿,晤刘寿亭、孙云锦。

《出都日记》:"晴,行百里,至众兴集午食。又行五十里,至涣沟宿,晤刘寿亭观察、孙海岑太守,皆迓制军来此。"（《孙衣言孙诒让父子年谱》,452 页）

四月初四日（4 月 27 日）,行三十里,至王营小住,贾文辉、仁斋带同王瑞先至清江觅船,午后抵淮浦上船。晤两江总督沈葆桢。是晚王丹庭招便饭于谦吉升号中。晤门人陈介璋。拜文彬、刘寿亭,未晤。刘小松来,未晤。

《出都日记》:"行三十里,至王营小住,贾文辉彩臣、行中、仁斋带同王瑞先至清江觅船。午后抵淮浦,上船,晤沈幼丹制军。是晚王丹庭招便饭于谦吉升号中,二更后回舟,又晤门人陈峨卿太守介璋。拜文质夫漕帅、刘寿亭观察,均未晤。刘小松观察来,亦未晤。"（《孙衣言孙诒让父子年谱》,452 页）

四月初五日（4 月 28 日）,行七十里,至平桥。

《出都日记》:"晴,南风。辰刻开船,行七十里,至平桥。泊沈制军船,□□不能行。"（《孙衣言孙诒让父子年谱》,452 页）

四月初六日（4 月 29 日）,行三十里,过宝应,刘知县来赠食物。

《出都日记》:"晴,南风。行三十里,过宝应,宝应刘令来馈食。"（《孙衣言孙诒让父子年谱》,452 页）

四月二十四日（5 月 17 日）,抵武汉,履湖北布政使任。上《湖北布政使到任谢恩折子》,云:

奏为恭谢微臣到任接印叩谢天恩,仰祈圣鉴事。窃臣前于光绪二年二月二十四日到京陛见,渥蒙召对两次,训示周详,当于三月初九日陛辞出都。兹以四月二十四日驰抵湖北省城,即据署藩司按察使臣王大经将印信文卷移交到臣,当即恭设香案,望阙叩头,只领任讫。伏念臣海陬下士,素乏材能,况以荆楚大邦,当此屏藩巨任,军兴告匮,非节用无以丰财,宦巧多端,非黜浮无以返朴。凡察吏安民诸大政,皆圣人至虑所深,疆臣惟有绅绎训辞,禀承督抚,随时随事,实力讲求,以期仰答高厚鸿慈于万一。所有微臣到任日期及感激下忱,理合缮折具陈,伏乞皇太后皇上圣鉴。谨奏。(《逊学斋文钞》卷一,10叶)

闰五月初二日(6月23日),李鸿章来函,云:

鄂事较皖稍就条理,吏治、饷政尚在核实。一边频年中稔,民气亦尚绥,辑明公措而理之裕如也。皖中父老依恋德星,惜不能量移旧地,一收廓清摧陷之功。吴江高阳虽蒙力陈,皆视元公意指所向,莫敢谁何。当轴风气,往往见贤而不能进,见不善而不能退,此类是已上下相忍,为国习,为和同,有立异者则必推而远之。不但无总揽事权、运量四海之才,即有其人,亦不容于今之朝矣。潞公较有力量,昨又物化。外侮日深,专恃笔舌支吾,如何能久?顷滇案忽大翻变,使者挑衅,将至不可收拾。鄙人虽焦头烂额于其旁,庸有济耶?直东赤旱,千馀里盗劫频闻。早晚如得甘雨,亦必歉收,内患外忧,徒相煎迫。敝军额饷乞属诸公以时解济。(《李鸿章全集·朋僚函稿卷十六》,3655页)

闰五月中旬(7月上旬),沈葆桢来函,云:

匆匆拜别,不尽所怀。计一路福星,已安抵鄂垣,允升吉座。唯新政章敷,百凡称意。兹有恳者,淮南场灶之困,长者所深知也。近壅积日多,疏通乏术。迭据场商呈诉,恳请酌复楚岸引地。明知非鄂中所愿,而踌躇再四,舍此实无良策。不得已咨商玉帅,一面修函切恳,谨将函稿录呈清览。就淮南目前情形而论,垣商固有不可支持之势,灶户亦难保无走险之虞。与其决裂而奏争,何若婉求于先事?尚望我公轸念旧治,剀切敷陈,斡旋而成就之,无任祷祝。俚阅伍事竣,已于前月念八旋省。知念附陈,祇叩台安。顺颂任喜,诸惟霁察,乞恕不庄。(《沈葆桢信札考注》)

六月十四日(8月3日),唐仁寿卒,年四十八。

张裕钊《濂亭文集》卷六《唐端甫墓志铭》:"今年夏,友人唐端甫以

疾卒于金陵书局,……实光绪二年六月十四日。"(《清代诗文集汇编》694 册,52 页)

六月十八日(8 月 7 日),俞樾来函。

《春在堂日记》:"丁未,与孙琴西同年书。"(《春在堂日记 曲园日记》,420 页)

七月,发布湖北乡试填写卷面式样买卷及投卷的时间,晓谕考生知悉。

《万国公报》:"钦命湖北布政使司布政使孙为:晓谕事,照得乡试填写卷面,向来酌定式样,示遵在案。今届举行丙子正科乡试,复经本司重加核酌分别刊发民旗卷面式样,每卷一套,另给样式一纸,以便照填,并不许需索分文,为此示仰阖属应试士子并荆州驻防旗生及翻译生知悉,于买卷时务须领取样纸一张,遵照填写,倘有不符,不准收考。至士子买卷、投卷日期,现今出示晓谕正案,诸生于七月廿四日买卷投收起至八月初一日止,其教职副榜贡监及遗才均于八月初一日收卷起至初五日止,分作两次投收,以便从容印卷尔。诸生各宜凛遵填注,依期投缴,均毋违延,致滋贻误,切切特示。"(1876 年第 407 期,15 页)

秋,充湖北乡试提调。

八月二十七日至九月十一日,覆勘诒让旧校《横塘集》,以阁本、闽本互订文字之违异,其两非者以意举正之。札子三卷,则别取永乐本《历代名臣奏议》参互读之。经此细校,乃为定本。于阁本五律诗卷之尾云:

《东瓯诗集》有《得一堂》《谢公岩》二首,《东瓯续集》有《晓起》一首,皆五律也。阁本七绝,据《东瓯诗集》增入《寸碧亭》。而五律不收此数诗,不详其故。(《孙衣言孙诒让父子年谱》,139 页)

《永嘉丛书览要表》:"八月二十七日起至九月二十一日毕。"(3 页)

秋,孙锵鸣省兄至湖北。

《钟山书院课艺序》:"丙子秋,余省兄至鄂,复相随至金陵。"(《孙锵鸣集》上册,30 页)

十月初八(11 月 23 日),俞樾来函。

《春在堂日记》:"乙未,……与孙琴西同年书。"(《春在堂日记 曲园日记》,430 页)

十月二十九日(12月14日),李元度来函,云:

元度再拜上书琴西先生方伯执事:曩者庚戌、辛亥、壬子间,元度旅食京师,从曾文正、邵蕙西、孙芝房、吴南屏、杨性农诸公游,时执事与性丈同选馆职,诸君子频相唱和。元度获窃闻绪论,心向往之,以未修士相见礼为憾。亡何粤盗起,仓卒南归,佐文正师治军事,崎岖戎马间几二十年,屡濒死,又饱更忧患,尽夺其读书之日力,遂终为门外人。侧闻执事僝直三天,数上封事,寻又一麾出守,转徙兵间,不尽行其志,时元度又报废归田,不复与天下士相闻矣!

去年从性丈所得读《逊学斋集》,穷两昼夜之力诵之,始见馥葳之面与心,乃叹并世有古人,虽未获遽接其言论风采,苟得附相知之雅,千里犹一室也,况近在楚中哉?执事之文亦史汉,亦韩欧,兼亦间近震川,皆自真性情流出,尤伟者在持正论,攘斥外夷之邪教,明目张胆,大声疾呼,垂涕泣而道之。非夫卫道之勇,计是非不计利害,恶能振聋警瞆若是邪?

夷祸之烈久矣,木兰陟方,薄海同深悲愤。近更以辇毂为城社投鼠之忌,莫敢谁何,因而益恣要挟,其言至不忍闻,实则虚声恫喝。计岛夷互市凡二十馀国,莫适为主,亦莫敢首祸,一国败盟,使诸国失市易之利,彼必不敢出此也。谋国者不察,惟恐撄其怒,至遣谢罪之使,又不思选将练兵急卫神京,以固根本,敢敢然日以造船制械为务。夫天下惟拙可以胜巧,惟坚可以胜脆,惟刚断可以胜阴谋,断未有学其人而可以制其人者。况所学尚未得其糟粕,顾相率效尤,讫不一悟,此何异海畔逐臭之夫,东施效颦之妇哉!今不早为之所,更数十年殆恐与之俱化,此切肤之痛也!读大著则已先得我心,元度所由不知首之稽至于地也。顾此意第藏诸胸臆,不必与执事相闻。

乃接吴大令锡震书,谓晋谒时数蒙询及下走近状,孔北海亦知人闻有刘某,快熟甚焉!元度自戊辰夏告养山居,学益荒退,所为文多牵率酬应之作。明秋拟庄写一二百首邮呈诲削,倘有万一之可采,即乞赐序而存之,馀不可者付之一炬可也!

又大集言洋务二疏,有题无文,欲求密赐一读,可乎不可乎?吴大令才猷练达,在籍时治乡兵固围,聿著成效,令取一障乘之,必能不负驱策,执事姑试焉,计不以刍言为阿好也。

性丈在省门选《沅湘耆旧诗续集》，精神尚如旧，元度得时相见。狂言无绪，曾率私臆，不足为外人道也。天寒，惟为国为道自玉。不宣。元度再拜。十月二十有九日。（《小莽苍苍斋藏清代学者书札》，746—751 页）

十一月二十四日（1877 年 1 月 8 日），李慈铭来函。

李慈铭《桃花圣解盦日记》："作致孙琴西布政、仲容孝廉乔梓书。"（《越缦堂日记》第 10 册，7223 页）

十一月，以传抄文澜阁本《竹轩杂著》写定付刊，命诒让识跋于册尾。（《孙衣言孙诒让父子年谱》，139 页）

十二月二十七日（2 月 9 日），撰《杭州崇义祠记》。崇义祠在杭州布政司前之峨眉山，祭太平军陷杭州城时死难者。

《杭州崇义祠记》："斯祠之建成于同治甲子，其得位于祠者，曰将军瑞昌、学政张锡庚、巡抚罗遵殿、王有龄、广西提督张玉良及满汉文武若干人。而杭人之与难者，曰侍郎戴熙、编修张洵、刑部郎中邵懿辰及同城男妇若干人。……光绪丙子十二月二十七日大雪中记。"（《孙衣言集》中册，336—338 页）

是年，杨翰来函，云：

琴西仁兄方伯阁下：柯亭旧侣，别忽二十馀年，忆在馆中促坐片晷清言，旋奔走东南，从事军旅，自此不相见矣。侧闻盛名鼎鼎，著作隆隆，连岁迁官，旬宣江汉，不负文人抱负，山中樗散，亦欣欣笑且歌也。晤欧阳用甫，知遇执事于途，计已到鄂城矣。昨在性农处得诗文集全部，昔年仅见鳞爪，何幸得见全部，宏深古茂，不愧前贤。诗则笔有馀韵，常谓近来词坛凋替，文人在位者殆不数人，悉心考之，方信此言之不谬耳。弟自出守以来，五次军功，叙保巡五等，又七年解组后，以亲老不能北征，退隐浯溪，爱其山水清逸，欲学元漫郎，寄宅数年，再归京国，泉石萧闲，友朋隔绝，惟与残编相对而已。张海门前辈化去，《晨灯集》板亦无存，乃为之重锓，并系以诗，因大作在焉，特寄一册。至钞集及编纂各种，一时剞劂未竟，容再奉寄。闻性老将到鄂，鄙状询之可悉，秋间再到长沙，如游兴未艾，将往江浙一行，黄鹤楼头得与明公一晤，亦大快事也。奉上浯上各碑及拙刻数拓，制扇二事，惟高雅可留玩耳。手此，上询文章政事千古，一时临风驰眷不尽。（杨翰《息柯白笺》卷七，《清代诗文集汇编》

650 册,493—494 页）

按：杨翰(1812—1879)，字伯飞，一字海琴，号樗盦，别号息柯居士，直隶河间（今河北省河间市）人。道光二十五年(1845)进士，授官湖南辰沅永靖道台，官至永州知府。

据函中"旬宣江汉""计已到鄂城"，指孙衣言任湖北布政使。

是年，孙葆田来函，云：

> 葆田愚迂，不达时务，性独好问学，数年前从濂亭张先生游，蒙示曾文正公幕府暨同时诸名流书册，始见年丈所自为诗，必窃慕好之。先时张先生亦以葆田名闻于文正公，在金陵节署尝招之往游，属葆田奉亲命归山东，未果。其后遽闻文正公已逝，则为之潸然出涕以悲，盖以十馀年慕望之人，又承已辱记其姓名而不获一见，则信乎知遇之悭而当世大贤之不易觏也。比岁葆田处京师，时时见朱肯夫先生，尤称道年丈，平生志事不容口，且曰公子仲容，子同年也。他日公入觐来都，子盍执贽往见乎。葆田闻命而志于心，不幸去冬先人弃养，葆田今春奔丧来鄂，孤独穷苦，百务俱废。前日因赴金陵求张先生为志墓之文，先生乃曰方伯"今之文正"也，子不可失此而不一遇，既乃赐之书而命之自通于左右，寻承枉顾，又以义不可造次，旬日之间，闻执事以休假为请，而葆田又方处忧困之中，茕茕在疚，无攀援之亲于当路，凡丧事之所急，百无一赖。是以徘徊路隔，不敢复进。恐人之见之者将以为有私于执事，则非葆田愿见之初心也。葆田读书学文二十年，其制身亦不敢庾于古人，顾以位卑名贱，无利势以动俗上之，又无至行可以感众，其见弃于人人无惑也。若其自惟立志之不苟，则于所云行已有耻见贤思齐二者，则尝求似焉。伏惟年丈有爱才好士之盛心，使葆田于此必执素服不入公门之义，以自阻是，终不获见遇于大贤，而一就正所学所守之是非，其与古人处忧患而问道于当世贤人君子者不亦异乎。是故将欲进见而辄敢为书请命，冀左右少垂亮。并献近所为文一首，倘以为可教而赐教之，幸甚。干渎尊严，不胜惶愧。（《瑞安孙家往来信札集》，13—14 页）

是年，以新校定本《竹轩杂著》六卷、《横塘集》二十卷，编入《永嘉丛书》，属胡凤丹刻行。（《孙衣言孙诒让父子年谱》，142 页）

光绪三年　丁丑　1877 年　六十三岁

正月，命儿子诒让代作望江倪模（迁存）遗著《古今钱略》叙：

　　泉币之兴，盖始于邃古，而汉魏以前无图谱之书，其见于史志者，文字形制存其大较而已，不能详审也。加以制度屡更，前世旧泉多废罢铄铸，其仅存者，摩镕剪郭，往往毁于贾竖之手，为儒者玩览所不及。故其时通人，训释经史，偶涉泉制，率莫能于史志之外有所增益。或疏舛移易，与史文相近，如唐固注《国语》，以新莽大泉当周景王大泉；而张晏注《汉志》，据所见金刀，疑史文之误，并为韦昭、颜师古所纠。则以其时无纪录专书，仅见流传旧泉，凭以为说之故也。

　　泉谱之作，最古者为刘氏《泉志》。其书出于梁顾烜谱前（此书张端木《钱谱》及李佐贤《古泉汇》，并不能得其撰人。余谓隋志载阮孝绪《七录》亡书之目，有刘潜《泉图记》三卷。记、志古通用，必即是书也。其书隋时已亡，故附注于五行类《相马经》之下，不入史部谱系类，盖仍阮录旧第。钟官纪述，此其滥觞。踵而作者，自顾谱外，有唐封演、李孝美等数家，今皆不传。其传者惟洪文惠《泉志》为完帙，然舛谬甚多，不足依据。乾隆间，官撰《钱录》出，始补正洪志之缺误，在泉谱中最为精博。风尚既开，海内好事者争购觅奇异抚拓为谱，百馀年来著于录者无虑数十家。虽其体裁大略相等，而搜访既勤，所得之泉为旧录所未见者，或出于内府储藏之外。至近时利津李氏《古泉汇》，则甄录之多至五千馀种，而详富几无以加矣。然衣言尝谓泉布者，食货之大经。古之造币者轻重相权，务以利用行远，其为制必精而不窳，简一而使民毋疑。及其敝也，子母亡等，法令屡易，币以壅阏不行，未尝有利于国，而民已为重病。然则泉法虽国计之一端，其因革利病，亦古今得失之林矣。至于先秦古币，形制奇异，可以沿流溯源，稽泉府之遗轨。而其文字简古，虽复形声增省，变易无方，要其指归，咸不悖于仓、籀，与彝器古文合者盖十八九，是尤儒者所宜考核也。顾诸家之谱，多斤斤焉致详于肉好色泽之间，而于古今制度及文字音读之异，莫能博稽精校以究其本，宏达之儒不能无嗛焉。

望江倪先生模,为乾嘉间名儒,生平精鉴金石,而藏古泉尤富,又得江秋史、瞿木夫、翁宜泉、严铁桥诸老相与商榷,遍得其拓本加以考释,勒成《古今钱略》三十四卷。其书所收,不及李氏《古泉汇》之富,而援据详博殆过之。卷首备列国朝钱法,于金布令甲,综辑无遗。历朝钱制诸篇,则又博征前代法制因革,旁及于飞钱、会子之属,而考订文字,多列前人辨证同异,使览者得以审其是非,皆足补诸家图谱之缺略,信不刊之作也。

衣言顷者备藩鄂渚,与先生从曾孙豹岑太守为同官,得受其书而读焉。窃爱其义例精善,足备政书之一家,非徒以赏鉴古器为谱录之学,与鄙人素所论者奄若合符。至其考释古金,如以齐刀"造邦"字为"迟鄙",古币"甘丹"字为"甘井",与鄙见微有不同。而附录一卷,旧闻琐语,捃集过繁,骈拇枝指,尤不适于用。然其闳义眇旨为他谱所不逮者,固览者所宜知也。故遂楬之卷首,使后之嗜古者有所择焉。光绪丁丑正月瑞安孙衣言书于武昌使署。(《古今钱略》序,清光绪五年望江倪氏两疆勉斋刻本)

二月初二日(3月16日),杨晨来函,云:

伯岳夫子大人钧坐:谨启者,去冬两奉手谕,曾沏复械,谅何垂览,新春恭惟,政祉便蕃,寿祺纯嘏,宠绥开府,拚颂以欣。晨密勿从公,幸托安善,献岁敬拜兼金之赐,自惟受恩深重,不敢浮词称谢,只有铭感五中而已。漱兰学使腊月望后到京,比闻岳翁请诛教匪一事,甚切义愤,顾今时以言为讳,而言者亦难其人,乡郡惟夏子松、唐根石两先生素称方正,大为不平,乃可与言耳。顷见仲弢家书,言岳翁赴鄂后,方道昏悖益甚,夷教益滋,伯岳致卫方伯书为方道所见,怨恨愈深。朋比之情,亦殊可恶。古之仕者,必咨其乡之大夫,以知其风俗之美恶,民生之利病,今不肖官吏植党行私,惟恐乡大夫之发其覆而挠之也,则相与合而挤之,小人本不能害君子,然其机械之深,不可不虑,幸留意焉。皇上圣质沈潜,讲筵勤御。京中三次得雪,占为有年,惟米价尚昂,银亦日贵,宦况多艰耳。岳翁在署,想并安乐,著书可娱,归宜勿急。晨去秋结社以来,月课四文,作字亦弗敢辍,入直甚稀,读书有暇,场期已近,俟仲容到即可移寓内城,台州公车亦均未至。天津叛勇前闻审往山东,近已截留遣散,想车道必无碍也。肃此,敬请道安,伏乞慈鉴。杨晨谨启,二月初

二日。方勉夫代领诰轴另附上。(瑞安市博物馆藏原件)

二月十七日(3月31日),袁昶于十六日抵武昌,是日谒见谱主,久谈。

> 《袁昶日记》:"例拜当事者,是日晤徐、朱、汪三大令。晤方伯瑞安孙公,公絮语久之,所言俱关系士习民风,可敬也。"(《袁昶年谱长编》,217页)

二月十八日(4月1日),上谕谱主调任江宁布政使。

> 《越缦堂日记》二月十八日邸抄:"以湖北布政使孙衣言调补江宁布政使,即赴新任,毋庸来京请训。"(10册,7339页)

> 《德宗景皇帝实录》卷四八:"甲辰,调湖北布政使孙衣言为江宁布政使。"(《清实录》52册,665页)

> 《王彦威日记》:"上谕:梅启照着补授浙江巡抚。孙衣言着调补江宁布政使。潘霨着补授湖北布政使。"(《北京师范大学图书馆藏稿抄本丛刊》第17册,国家图书馆出版社2011年版,345页)

二月十九日(4月2日),与湖北按察使王大经招袁昶、王若愚、程丽荥、李嘉乐、胡凤丹集廨署。

> 《袁昶日记》:"琴丈及提刑王公招同王若愚、程丽荥二观察、李汉春提戎嘉乐、胡月樵都转集廨斋,未刻散。"(《袁昶年谱长编》,218页)

二月,应广济夏槐之请,撰《广济耆旧集序》。

> 《广济耆旧集序》:"广济夏征君槐既举丙子乡试,以予与科举提调循俗修弟子礼来见,既复出所辑《广济耆旧集》十二卷求为之序,盖取其邑之能为诗者,自明嘉靖以来凡数十家,得诗千馀篇,都为一集,以寓表章先达之意。於戏!征君之为是书用心可谓善矣。赵文子与叔誉观于九原曰'死者如可作也,我则为随武子',古之君子严于其国之先贤如此,此岂有私于其间哉?仁人庄士流风遗泽之所存,其可传于后世者,诚足系人思也。《礼》言:'凡释奠者,必有合,有国故则否。'说者以为国故,若唐虞有夔、伯夷,周有周公,鲁有孔子,则士之自立于己而有传于后,固非易言,而又岂可忽也哉?予平生喜言乡邑轶事,每读史策及诸家文字,凡有涉于我乡先生,虽单词琐事必录而存之。既刻林直阁《竹轩杂著》、许右丞《横塘集》、叶文定《水心别集》、刘忠肃《蒙川集》,复手校陈文节《止斋集》、叶文定《水心前集》,欲有以广其传。今读征君此

书,于我心尤戚戚焉。

广济在蕲黄间,盖一小县,唐宋以来名卿巨儒鲜有著者,至明中叶作者始盛,集中所载如王大谟惟尹之恬退,吴亮嗣明仲之谠直,杨大鳌用极之高义,见于志乘者,殊可慕也。国朝之初,饶定中、杨大勋、吴兆崙辈不忘故君,隐居遁世,大节凛然,而金会公以巍科绩学蔚为州部之望,同时刘千里、张长人诸人虽名位不显而文章著述获登秘府,与康谷子、寇山人后先辉映,盖皆可谓天下之士,而风声所树实在一乡承学之士,诚能兴起而慕效之。师友渊源,班班可考,亦何必求之四海之博、千载之远哉?征君好学能文,方为乡里推举,如汉之所谓郡国廉孝者,其来见予,造于便坐,静深而寡言,温雅而有体,实又足以称也。今观此书,罔罗放失,表章遗佚,其留心邑之文献既如此,则修身厉品厚自树立,必当求无愧于诸先生者,使异时广济之士言其国故,亦将有取于征君,是岂徒区区文词之美而已哉?光绪丁丑仲春,瑞安孙衣言序。"(《孙衣言集》中册,507—508页)

二月,安南礼部侍郎裴文禩(字殷年,号珠江)、鸿胪寺卿林宏、翰林学士黎吉三人奉安南国王命,使京请朝命,由杨恩寿太守接伴至鄂,同来谒见。谱主与之笔谈良久,其问答如下:

大号珠江,系何科甲,现任何官?

裴叩禀:贱价咸丰乙卯科举人,同治乙丑科进士副榜,礼部右侍郎衔。

贵国乡会试亦用八股否?举人、进士皆有副榜耶?前三名亦谓之状元、榜眼、探花否?

下国乡会试均用八股。副榜惟进士有之,举人则无。第一甲亦谓之状、探、榜,但二百年来鼎甲虚席,探花、榜眼仅七、八人耳。

大号何出身,何官?

林宏叩禀:贱价别号嘉平,同治丁卯科举人,戊辰科进士副榜,现鸿胪寺卿衔。

举人、进士亦论同年,亦拜老师否?

均有此礼。

鸿胪卿几品官?

正四品。

大号何出身,何官?

黎吉叩禀:贱价咸丰壬子举人,翰林院侍讲学士,别号文峰。

翰林学士几品官?

从四品官。

不中进士,何由得为翰林官?

下国官制,惟以品设名,非如中朝必中进士,方入翰林。

翰林学士亦如唐宋制兼知制诰否?

不如是也。

国史有刻本否? 前莫氏、黎氏、陈氏三朝有旧史书否?

下国前朝丁、黎、李、陈、黎皆有史本。莫是润位,无有正史,野史载其事耳。本朝史现方刊印。

贵国王现年若干?

下国王年庚己丑,四十九岁。

各种书籍有刻本否? 抑或购自中华?

五经、四书、《通鉴》《渊鉴》皆有刻本,馀诸书皆购自中国读之。

闻贵国王本中国人,不知确否?

下国王本清化省河中府宋山县人。

贵国是否先立世子? 亦有东宫官如中国詹事、上书房等官否?

前朝皆有之。

贵国是否世禄? 现在琉球诸国,凡大臣之子,十五岁即入太学,由此仕进,与古之世臣相似,贵国是否如此?

下国诸臣子弟,十八岁方入太学,仕进待挑中,方得补官。

闻大人前充琉球馆师,海外诗弟子甚多,此国人多聪明隽秀名流否?

极肯读书,但见闻不广,前教琉球,亦刻其诗十卷,今无此书矣。

贵国宰相几位?

下国不设宰相,只有六部尚书及充机密院大臣。

共有几省? 每省亦设督抚否? 其官名是否与中国同?

现有二十六省,大省有督抚,中省有抚按,官名皆与中国同。

昨见在途所作诗皆甚佳,有刻过稿本否?

贱价僻处偏方,见闻寡陋,平日读书每见大邦山水多佳奇,心往者久之,今次幸充末价,江山游历,亦欲志其一二,但口欲言而心有不达,率笔往往不称怀,盖由诗学未涉藩篱,三百篇之义尚茫然也。诗云乎哉,俚句不足刊也,其在国间有酬和诸作,亦未敢印刻也。

时杨蓬海太守见示《唱和集》,已为评点,曾看见否,奉赠拙集已收到否?

均已拜读。铭谢,铭谢!

蓬海诗如何?

蓬海先生诗才敏捷,琢对工整。昨暮接蓬海先生送到大人惠赐《永嘉丛书》并大作《逊学斋诗文集》,挑灯展诵,如获珍璧,谨此鸣谢。

《永嘉集》诸先生均南宋时理学名臣,其集久无刻本,奉赠以广流传,拙诗则不足以资一笑也。

大人诗甚佳,此乃谦词也。

拙集中多狂直之言,携在路上不必多示外人,归国时,与诸同志共商榷其工拙可耳。

大人所言,皆忧爱腔怀,岂嫌坦直,况诗言志,不言何以见志,人将羡慕之不暇。至其工拙,想非后学辈所敢妄评也。

侍郎平日喜看何人之诗,东坡、山谷诗好否?

诸大家各树旗鼓,后学不敢轩轾。惟鄙意古风则东坡极逸宕,山谷次之,律则杜工部为法则,至陆剑南之诗,平易尽有味,令人咀嚼不厌。

所论甚确,鄙人所见亦是如此。陆务观平易有味,亦至论。平易而无味,则不足为诗矣。

贵国山水亦当奇秀,各省亦有志书否?

亦各有之。

前在京师,曾见贵国御制诗刻本一部,现在贵朝诸王皆有御制集否?

今下国王作诗亦多,均未有刻本。前朝诸王少作,不知大人所见刻本是何世代?

前所见是明朝刻本,恐贵国已难得此本矣。

是当下国黎洪德年号,诗甚佳,下国亦有选本。

使者现穿纱衣,路上不畏寒耶?

此补服,行礼辰始服此。

常服亦穿皮衣否?现戴帽子及补服如何分别?

下国多燠。故常朝服用纱衣,常服不甚寒只服袭衣耳,少用皮衣。

帽以金银花多少为别，服以补子长领色为别。

侍郎现年若干？尚有老亲否？儿子几人？皆已得科第否？

鄙人命薄，双堂皆已见背。有贱息三人，年皆幼小，未知读书。年庚癸巳，四十五岁。

鸿胪学士年若干？当皆有老亲儿子几人？亦皆已得科第否？

二陪臣：现存老母七十五岁，儿子三人，皆尚幼，年庚五十一岁。

三陪臣：父母亦皆谢世，儿子三人，亦尚幼，年庚己丑，四十九岁。

贵国风土大约与中国广西相近，现广西一带有人来往贵国否？

下国风土与广西同，惟广西少商贾人，往来下国亦少。广东、福建居商则多有之。

回国时仍过此处否？片时促膝，亦是文字因缘，别后各自珍重！

下价归路，想亦必由此水程。此来幸得遇大人，恕其礼法，下与之谈，发颛启陋，足慰生平，荣佩之至！一别殊觉黯然，将来倘或重逢，得以拜下风焉，甚所愿也。（《孙衣言孙诒让父子年谱》,144—148 页）

二月，跋杨恩寿《雉舟酬唱集》。

《雉舟酬唱集跋》："蓬海太守接伴安南三行人，既自长沙旋鄂，衰其在途酬唱诗数十首，曰《雉舟集》，以见示。太守诗才俊逸，三行人清辞丽句亦皆异曲同工，于此可见圣世同文之盛，而绝域万里之外，所以能慎守封土，绵历数百年，雍容和乐，无兵争攘夺之患，亦其被服圣人之教者深也。丁丑仲春，逊学老人孙衣言记。"（《孙衣言集》中册,550 页）

时，裴文裸有《呈孙琴西方伯衣言》二首：

黄鹤仙人下碧霄，凤凰秀气郁岧峣。海天共识苏霜鬓，湖地长歌召雨苗。白雪郢中高唱满，公赐诗文集。清风春座俗尘消。离亭一夜梅花笛，江汉游洄梦想遥。

鄂渚烟花系小轮，李崔诗客梦中频。琴西骚雅称夫子，湖北风流作主人。翰墨笑谈千古事，襟怀潇洒一江春。汉阳草树晴云暮，冠剑重来此问津。（孙雄《道咸同光四朝诗史甲集》卷八裴珠江,4 叶）

三月初三日（4 月 16 日），袁昶来谒，告以将量移江宁布政使之职。

《袁昶日记》："诣瑞安公，公云顷已奉命移藩江宁，受代将去矣。"（《袁昶年谱长编》,220 页）

三月十二日(4月25日)，接奉湖北巡抚翁同爵行知，调任江宁布政使，上折谢恩。

> 《调补江宁布政使谢恩折子》："奏为恭谢天恩，仰祈圣鉴事。窃臣于光绪三年三月十二日接奉湖北巡抚臣翁同爵行知，二月十八日内阁奉上谕："孙衣言着调补江宁布政使，即赴新任，毋庸来京请训，钦此。"当即恭设香案，望阙叩头谢恩讫。伏念臣一介书生，本无才识，自去年四月莅任鄂藩至今，甫及一载，湖北风气未漓，僚吏尚知自爱，惟财赋所入竭于馈输。臣虽遇事综核，随时撙节，务在稍留有馀，为地方意外之虑，而张皇补苴，讫无善策，私衷正深惭惧，乃复渥承简命，俾换雄藩。臣前在江南以道员需次即摄藩司，继复补授盐道，首尾五年，极知沿江浮靡，徐海悍强，非衰朽庸材所能胜任，惟有随事禀商督抚，济以慎勤，自举其职，无失所守，以答高厚鸿慈于万一。所有微臣感激下忱，理合缮折，叩谢天恩，伏乞皇太后皇上圣鉴，谨奏。"（《孙衣言集》中册，294 页）

三月中旬(4月下旬)，沈葆桢来函，云：

> 昨肚寸笺，恭贺量移之喜。使来，获诵手教，辱蒙垂注逾恒。就谂旄节定于五月前后履新，曷胜欣忭！尊署添构小屋，已谆嘱芗亭。据云侯梅中丞眷属行后，即可兴工，想必不至迟误也。此间襫日得雨，麦穗颇佳。旬馀来复苦旱干燥，极望续沛甘霖。饷事无源可开，亦无流可节，真到英雄无用武之地。只求年谷顺成，与小民得过且过而已。去岁赈款，合公私统计几将百万，此岂可再试者哉！翘跂之私，与日俱积耳。

（《沈葆桢信札考注》）

三月，撰《朱恭人九十寿序》，为温州城区徐石泉之母贺寿。

> 《朱恭人九十寿序》："始予旅郡城，徐氏诸子皆能亲予，而予老友学诚莅生尤谨约，好读书，守长不得见一面。予尝就求乡先生遗书，莅生为致项参政集、张虎文、谢坦斋诗，其指趣非郡人所知也。……朱恭人，石泉之母，莅生之世母也。石泉以恭人既得尊封，又且开百岁，不可无词以为寿，则自为书抵予。……光绪丁丑三月。"（《孙衣言集》中册，362—364 页）

三月，胡凤丹作《送琴西方伯量移江宁布政使序》，云：

> 光绪丁丑春三月，琴西方伯奉调补江宁布政使之命。时下车甫及

一暮，诸弊尽剔，百度聿新，鄂吏与民欢忻抃舞，群焉引领，以企化成。而朝旨遽移以去，所以为江宁则善矣。其如造福于鄂之不终何因相与攀辕卧辙，咨嗟怊怅，盖深惜方伯之来暮而迁早也。顾此吏民之公议耳，其寮友之私好依依不忍即别，则更有倍于吏民者焉，夫聚而欣，散而戚者，人之常情也。至于谊兼师友，俄而聚，复俄而散，此岂犹夫众人之所谓欣戚哉。始余初识方伯于京师，时方伯以翰林官侍从直庐，清严觌面，恒稀偶值，休沐一造请而已，不常聚也。同治甲子方伯丁艰旋里，而余亦以奉讳南归，邂逅金华郡城小住数日，匆匆别去，亦不常聚也。自方伯出守安庆，余亦改官外补需次鄂中，辛未冬以事至金陵，适方伯摄盐道事，因主其署，作平原十日之饮，暇辄放棹莫愁湖，览今吊古，更唱迭和，回忆长安市上已逾十数载矣。小别未几，方伯陈臬皖中，余以入觐道出安庆，又主其署数夕，始登车北上，临歧挥手，盖未卜重聚之何日也。逾年而方伯擢任楚藩，私心窃喜，谓而今而后获以常亲謦欬，昔之散处各方者，将于是乎弥其缺也。昨岁方伯履鄂任，冬间难弟渠田学士亦以省兄来鄂，学士故与余善，与余别亦最久，因方伯之聚而学士亦不期而聚，信乎其天作之合矣。余寓庐离藩署里许，月必六七至，至必深谭，扬榷古今，钩校书史中疑义讹字，至漏下数十刻无倦色。余又因是而服方伯神明之聪强，百倍恒流，不徒学问之淹贯为不可及也。欢聚未久，忽又言别，在方伯由是开府东南，上以赞国家薰浓之化，而下跻百万生灵于仁寿，其造福于吏民者，正未易测其所至，独念吴楚相去千馀里，重以余之孤陋，一旦踪迹乖违，后有述作，将于何而取正，身心性命之事与夫居官之得失，又何从而规摩考究耶。此余之所以抚今追昔，而黯然以悲者也。虽然人生聚散不可思议，吾又乌知今之云散者，异日不为萍聚耶？然余亦将买棹东归，计在暑伏之际，愿与故乡父老闲话桑麻，并可课读子孙商量旧业，吾志已决，吾愿其庶偿乎？然方伯此行，凡官于鄂、居于鄂者罔不献诗作饯，余为之装潢成帙，而余之行也，有能如余之与方伯者乎？用是辗转以思，益增人离索之感焉。是为序。（《退补斋文存二编》卷三，15—17叶，《清代诗文集汇编》693册，397—398页）

春，为翁同爵《石室传经图》题诗。

《翁中丞石室传经图提刑蜀中时作》（丁丑）："峨眉翠色近青天，露冕风流忆昔年。竞诵中和传乐职，早知教化倚前贤。韦平汉傅经弥劭，

沱汜周诗道最先。它日楚材多致用,岂徒扬马骤翩翩?"（《孙衣言集》上册,257 页）

四月,子诒让四试礼部不第。

时,向光谦有《送孙琴西衣言方伯移藩金陵》二首:

卿云荫万汇,倏忽东西驰。小草被光泽,駪駪见华滋。卿云行有日,小草根不移。卿云与小草,相值本无私。奈何离隔间,抚膺独嗟咨。

陟彼黄鹤楼,送公黄鹄矶。黄鹄今高举,安得相随飞。简书难久留,徘徊涕沾衣。沾衣复何益,聊纾心所悲。沟壑誓不忘,晚节庶自持。冀公如日月,在远光不遗。（《光绪桃源县志》卷十五,38 叶）

按:向光谦,字梅修,湖南桃源人。道光二十九年(1849)拔贡,官宣恩知县。

四月二十三日(6 月 4 日),交卸湖北布政使篆。

四月二十四日(6 月 5 日),离鄂赴宁,与锵鸣同行。

四月二十六日(6 月 7 日),抵南京接任江宁布政使,上折谢恩。孙锵鸣留寓瞻园。

《江宁布政使到任谢恩折子》:"奏为恭报微臣到任日期,叩谢天恩,仰祈圣鉴事。窃臣钦奉上谕调补江宁布政使,当经具折,叩谢天恩。兹于四月二十三日交卸湖北藩篆,即于次日乘坐轮舟东下,二十六日驰抵江宁省城,当准署布政使勒方锜移送印信文卷前来。臣当即恭设香案,望阙叩头,谢恩任事。伏念臣仰蒙恩命,重涖旧邦藩司,职在旬宣,责任綦重。江宁克复虽已十有馀年,而元气尚难尽复,善后正复多端,田畴未辟,既招垦之无方,军实宜筹,更馈输之乏术。如臣谫陋,称职维艰,惟有随同督抚臣励勤补拙,藉俭养廉察吏,始可安民,理财必先节用,勉效土壤细流之助,稍答高天厚地之恩。所有微臣到任日期及感激下忱,理合恭折具奏,伏乞皇太后皇上圣鉴,谨奏。"（《孙衣言集》中册,294—295 页）

《申报》:"新任藩宪接印:新任江宁藩司孙勤西方伯由鄂乘坐轮船顺流而下,于前日二十五日三更时抵金陵,连夜入城,即于二十六日黎明接印任事。"（1877 年 6 月 21 日,第 2 页）

四月,合刻谷诚、孙希旦两家时文,曰《永嘉先生时文》,并撰序。序中详论温州宋明以来时文家之源流。

《永嘉先生时文序》："吾乡南宋时，学者极盛，而当时科举之文亦推东瓯婺越，乡先生中，如陈文节之《待遇集》、叶文定之《进卷》及《八面锋》《奥论》《论祖》等作，皆所谓场屋文字，一时谓之永嘉体。文节尤工省题，初以《春秋》应举，后以弟子蔡文懿《春秋》学大进，即改占诗赋，遂与文懿同时登第，师弟子雄视场屋，孙奕、叶绍翁、陈振孙辈皆喜言其事，三先生名臣巨儒，其它著述绝出异甚，而于所谓时文乃亦致精如此。明以来以四书义取士，则四书义即时文也。其时刘元受方伯、项瓯东参政父子最工时文，参政集有《义则》一卷，项思尧之时文，归熙甫至为之序。而明时吾乡人物亦甲浙中，盖士既托身场屋，即不能不求工场屋之文，以薪有合理固当尔，而下州僻县数十年不出一人者，必其时文先无足观，然则时文乌可忽耶？

今日乡曲之士狃于固陋，既不知为古人之学，至于场屋之文乃亦卤莽灭裂，而科名为之替矣。然二百年来我犹得工时文者二人焉，曰艾园谷先生诚、敬轩孙先生希旦。艾园之文多精微要眇之思，而务出之以透达，敬轩之文多俊杰廉悍之作，而实蓄之于雄深，同时文家才气之盛，词华之富有过之者，至于格律气韵皆远不逮，此非予一人之私言也。敬轩先生笃信程朱，生平邃于三礼。艾园先生隐居奉母，自守介甚，郡守长不得一见其面，晚年喜读荀卿、王仲淹书，其学皆有根本，而于时文又尝尽心力而为之，故非人所能及。二先生者，使其生于乾醇之盛，其遂不能为文节、文定诸公也哉？近日吾乡之士因陋就简，既不能精于场屋之文，以取世之所谓科第仕宦，习于闻见之陋以成其志趣之卑，语以南宋诸儒几不知为何人，进以止斋、水心之文章，则以为如天之不可阶而升也。呜呼！岂非自弃也哉？昔吕成公教人常欲因时文以导之于学，而南宋永嘉学者，吾乡之大师也。予于乡党后进，尝欲因文节、文定之文以进之，于文节、文定之所以为学，又欲因文节、文定之时文以进之，于文节、文定之所以为文，而窃谓如谷先生、孙先生之时文，又所以导之于文节、文定之所以为时文者也。既得二家遗稿，因为合而刻之，命之曰《永嘉先生时文》，使吾乡之士知有永嘉文体虽在风流歇绝之时，未尝无笃志复古之士，而苟能有古人之志，即未尝不可为古人之学，则乾淳坠绪固可以复振也。予虽老矣，尚庶几再见其盛也欤！光绪丁丑四月，湖北布政使新调江宁布政使郡后学孙衣言序。"（《孙衣言集》中册，508—509页）

七月二十四日（9月1日），诒让出都，于八月间省视父母于江宁布政使署。

> 《王彦威日记》："中容、定夫以二十四日出都。"（《北京师范大学图书馆藏稿抄本丛刊》第17册,383页）

八月初三日（9月9日），胡凤丹至金陵来谒。

> 胡凤丹《仲秋月自楚南归道中志感得诗四十二首》注："八月初三日至金陵谒琴西方伯及弟渠田学士,小住两日,匆匆东下。"（《退补斋诗存二编》卷七,6叶）

八月初八日（9月14日），傅庆贻请李慈铭代撰谱主六十三寿序。

> 《越缦堂日记》："傅哲生按察馈银百两,为乞代撰其房师孙琴西布政六十〔三〕寿序,即复。"（第11册,7516页）
>
> 按：应为六十三。

八月二十九日（10月5日），李慈铭撰谱主寿序。

> 《越缦堂日记》八月二十九日："撰孙琴西寿序。"（第11册,7540页）
>
> 《越缦堂日记》八月三十日："作书致叕夫,属以孙布政寿序转交万莲初。"（第11册,7541页）

秋，充江南乡试外提调。

八月，谱主生日，湘臬傅哲生廉访庆贻、礼部万莲初员外因培及刘比部师洛、夏比部献蓉、唐观察嘉德、陈太守彝、林太守士班、陈太守介璋、张司马景福、张大令其蕙、张大令清元等，以文公祝，皆咸丰丙辰分校所得士也。（《孙衣言孙诒让父子年谱》,149页）

九月十六日（10月22日），祭拜翁同龢父，并赠翁同龢《永嘉丛书》数种。

> 《翁同龢日记》："阴。江宁县致意,藩台来祭,因待之。……巳正,孙琴西等来祭,均晤谈。……琴西赠永嘉遗书数种。"（第三册,1316页）

十月，议江北冬漕暂行海运，会同江安粮道，详请督府具奏。详文略云：

> 江北历办河运,全赖雇用民船,近因道阻且艰,沿途起剥折耗赔累,无不视为畏途。上年回空漕船,大半阻于张秋,生计无资,悉将篷桅典售,并有变卖船只者,虽蒙筹款抚恤,而所得不偿所失,怨读滋深,其幸得南旋者,亦不愿再装漕米。今春经委员等多方劝导,许以早令空回,

不似上届之迟滞,始肯勉强承运。乃开行后,自邳宿以至夏镇,节节盘剥,拖泥磨浅,大费周章。及由戴庙闸出口税入黄河,因大溜南趋,其北注入里庙,灌入张秋运河者,不过十之一二,而晋城吴家坝、史家桥等处,黄河湍急,险恶万分,每挽一船,集百数十人之力,稍有不慎,倾覆随之。至八里庙,又因山、陕亢旱,黄汛涨发不大,且口门背溜,水落则流缓,溜缓则沙淤,百计经营,始将漕船十起先后挽入运河,全抵临清,以为可幸无事矣。不料运河递年为黄河所灌,停沙愈积愈高,竟如高屋建瓴,俯瞰卫水,又值卫水十分微弱,无从仰承,高下悬殊,万难出口,原拟办理接运,无如北船寥寥,委无可雇,而南船节节磨钝,益惮北行,开导再三,并加优恤,仍令原船拖坝入卫,迳送通仓,于八月到坝交卸后,仍令赶紧回空。旋据东昌府知府程绳武禀称,张秋至临清箬口坝二百二十余里,运河干涸过半,为历年所未有。倘空船勉强入运,必致干搁河内,进退为难,请饬暂泊卫河,筹给守冻经费,春融再令南下,免滋事端。虽经东省沿河各州县暨承修河道委员赶紧挑浚,一面札饬押空委员酌带经费,会商东省各员,妥筹设法,引水浮送,究竟年内能否南下,殊未易知。其奉拨河南贩米,又令原船运赴道口交兑,该船户自知空回必误,而藉此往返可图经月口食,亦愿且解燃眉之急,此本年漕船碍难回空之实在情形也。伏查江南年来行商萧索,民船本不甚多,而历届河运朽坏拆卖者,亦复不少,现在阻于张秋空船又四百数十号,守株以待,虽悔可追,谨即分派委员先行四出雇募,优予价值,设法招徕,旬日以来,迄无应者,即间有一二不甚整齐船只,与商修理,一闻装运漕米,亦皆裹足不前。刻已十月中旬,开兑新漕计期不远,旧船既不能南下,新船又无可雇,若不迅图变计,势必临时贻误,关系非轻,用特据实缕晰详明,拟请援案暂由招商局轮船装运赴津交兑,以实仓储。来年回空漕船,乘此机缘修葺坚固。张秋河道,山东亦可从容实力开濬。下届仍循向章办理河运,断不敢畏难推诿。(《沈文肃公政书》七,转引自《孙衣言孙诒让父子年谱》151—152页)

时有旨将商贾运赴晋豫灾区米石经过地方,暂免抽厘。谱主虑此中不无流弊,议请照旧完厘,即将所收之款,全数解充灾赈,以期实济。其详督府文略云:

国家轸念灾黎,是以有暂免米厘之举。惟思米厘虽免,而富商巨贾贩到灾区者,未必尽然照所免之数跌价贱售,且并非贩往灾区者,亦借此影射,是朝廷格外宽政,徒资商贾渔利,不尽实惠及民,而厘局去此大宗饷源,立形短绌。通盘筹划拟请所有赴灾区米谷照旧抽厘,即按来照所填数目尽数提存,仍行解晋、豫两省,以充赈荒之用。部文饬免米厘至明年十月止。查苏省代还西征洋款,为期孔迫,逾期加息,辗转滋多,若将运赴晋豫米石厘金解至明年十月为止,则抵还洋款一节,愈无可支撑。窃思赈荒以明春青黄不接之时最为吃紧,入夏以后麦已登场,拟请运赴晋豫米石厘金,以明年四月为期,五月以后停解,庶于赈务、军饷两便。(《沈文肃公政书》七,转引自《孙衣言孙诒让父子年谱》,152 页)

十一月初五日(12 月 9 日),王彦威来访,谱主留住布政使署斋。

《王彦威日记》:"晴。天明,别赁小舟入水西门。……午饭后,赁舆至藩署,谒琴西师。师邀住署斋,遣门丁出负襆被来,辞之不得。……蕖师、琴师来,谈久始去。"(《北京师范大学图书馆藏稿抄本丛刊》第 17 册,392—393 页)

十一月初六日(12 月 10 日),与王彦威谈。

《王彦威日记》:"琴师来。"(《北京师范大学图书馆藏稿抄本丛刊》第 17 册,393 页)

十一月初七日(12 月 11 日),与王彦威谈。

《王彦威日记》:"夜与琴、蕖二师久谈,夜半始睡。"(《北京师范大学图书馆藏稿抄本丛刊》第 17 册,393 页)

十一月初九日(12 月 13 日),出访薛时雨,新主金陵惜阴讲席。

《王彦威日记》:"阴雨。慰农薛师自杭州崇文移主金陵惜阴讲席,不相见者几十年。顷来江宁,以匆匆未往谒也。琴师以兹晨访之,谈次道及邀往相见,相待之情故自不薄,自叹故我依然,无以慰师门之期望耳。琴师馈赆,以无傔从故,遣奴子阿雄侍以行。琴师邀明岁来署伴仲容读,兼为记室,并属挈妻子来。闵仲默奈何以妻孥累人哉,因决计辞之,若少弟稚季能读书,当携之来,若其成就,庶不惭许负耳。"(《北京师范大学图书馆藏稿抄本丛刊》第 17 册,394 页)

十一月初十日(12 月 14 日),送王彦威行。

《王彦威日记》："晴。早起，琴、蕖师来送行。"（《北京师范大学图书馆藏稿抄本丛刊》第17册,394页）

冬,袁保恒来函,为河南赈灾事,向江宁挪借七十馀万银。

《致江宁孙琴西方伯》："敝省连岁无秋,今春凶旱异常,赤地千里,遂致哀鸿数百万,待哺嗷嗷,幸荷朝廷发帑蠲漕,而地广人多,随分随竭。弟既膺任使,谊切维桑,夙夜焦思,彷徨无策,不得已奏请于各省各处存款广为拨借,以资接济,均指河南丁地正款归还。业蒙交部议准,刻拟先将江安粮道积存节省运脚银二十万,苏沪牙厘平馀色馀存款银十数万,上海道库发商生息款六十万悉数挪借,移缓就急,年岁转丰,即由豫省丁地正项如数归还,或援商借之例,照章付息,均无不可。除致幼丹制军外,伏祈大君子鼎力垂照,数则多多益善,到则以速为期,素谂报国公忠,匡时伟略,必能大力扶持,苏此民命,在敝乡同拜肉骨之仁,在不佞尤戴援手之惠。临风神溯,望盼靡涯。"（《文诚公集》函牍卷一,30—31叶,《清代诗文集汇编》701册,331—332页）

《清史列传·袁保恒》："三年十一月,遣保恒帮办赈务。保恒因奏:'河南被灾至广,需款至急。拟借各直省存公闲款及富商银钱,俟岁稔开征提还。'下户部议。既至,疏陈沿途流民状。"

冬,檄江宁县丞掌捕蝗事宜。

《续纂江宁府志》："捕蝗局:光绪三年冬,天气亢旱,江北蝗生飞渡而南,撒子遍地,布政使檄江宁县丞掌捕蝗事宜,即丞署为局。总督沈文肃公恐乡民搜捕不力,更檄合字亲兵护军亲军各营助捕,十一月撤局,四年二月再立局,六月撤局。"（卷六实政,3叶,《中国方志丛书》,54页）

是年,四校《水心集》,又取永嘉本别一帙,加朱墨评点。（《孙衣言孙诒让父子年谱》,149页）

是年,江宁府属钱粮,经户部议奏,仍照原定科则征收。综计上则田每亩须完钱四五百文,较之权办抵征时上则田每亩征钱二百五十文,数几倍之。赋重既亚于苏松,而地荒复等于徐海。谱主出任江宁布政使时,正值上忙奏销之际,迭经通盘筹划,以为非利农无以劝垦,非减赋则无以利农,乃议将上元、江宁等五县额征钱粮一律减免十分之三,详经江督奏准,以纾民困。详文略云:

伏思户部职任度支，不敢轻言减赋，其意诚在裕国，而欲求裕国，先求裕民。必欲使兵火之遗，尽纳承平之赋，非但法不能行，亦且情何以忍，万一别滋变故，窃恐所失更多。况牧令责在催科，不能不图免咎，向来瘝苦州县，每于查办秋灾之时，多报分数，规免处份，是则名为复额，实吃暗亏。且藉灾亏赋，虽曰病国，利犹在民，万一敲筋吸髓，务欲取盈，则有田者群谋弃去，无田者不复归耕，挈家四散，既无所施其诛求，满目荒芜，更无所望于开垦，使江南数十万亩之田畴，更历十徐年而不种，则国家所失赋税，岂复可以数计，而徒于眉睫之间，争此锱铢之利，为国深谋，岂宜出此。本司莅任之初，接见江宁士民，无不以本年复额为忧，太息咨嗟，至于堕泪，实以江宁一府，被寇尤深，非淮扬徐三郡大半完善者可比，而沿江砣瘠，又与苏松各属之一耕十获者不同，其困苦既为特殊，则抚绥自宜加意。梅升司久任江藩，民情最为熟悉，前督宪李，爱国爱民，尤为上下共信，使民力尚可支吾，亦何敢痛哭流涕，呼吁再三。乃请之愈殷，驳之愈峻。暂减之议，已满三年，今年上忙钱粮业已勉遵部议，照旧启征，现届六月，各州县尚少报解，而亢旱兼旬，蝗蝻蔽野，近虽幸沾雨泽，插秧已迟，难期上稔，所宜及早为之熟筹。窃念地丁关系度支，不敢再请减征，致亏国用，而民情惶惧，尤恐完漕之数倍于完银。我朝圣圣相承，皆以爱民为本，恭逢皇太后、皇上励精图治，叠沛温纶，勤求民隐，本司目击民艰，若以前奉部驳，不敢复言，岂但上负国恩，亦且下愧百姓，万不得已，惟有据实详请援照同治二年恩免苏松太三属虚粮之案，将江宁府一属，除高淳、溧水二县向完折色不计外，其上元、江宁、句容、六合、江浦五县额征漕粮等米，一律减免十分之三，所减米石分摊于各县科则之最重者，著为定额，续有垦熟，亦即照此科征，不再加重。斯民具有天良，幸沐皇仁优渥如此，断无不踊跃乐输。而利之所在，趋之若鹜，有田之家，既得田之赢馀，岂肯轻弃其业；无田之民，不畏田之赔累，更当竞趋于耕。十馀年后，民间增数十万之良田，国家即多数十万之正赋，州县无瞻顾考成之虑，漕粮无临时支绌之虞，为国深谋，何以易此。溯查同治二年，前抚宪李奏免苏松太三属虚粮，有以与为取、以损为益之语，询为切中事情。本司愚昧之见，实亦窃取斯义，合无仰恩俯准陈奏，倘蒙特旨俞允，再将该五县重则田地，按三成米石均匀摊派，某则某田减免若干，作为定则，另行造具减定科则亩分，详咨尸部备查，总使民部完纳银米两项，牵算与抵征不甚悬殊，每届上下忙冬

509

漕开征，责令各县将银米收价刊刻告示，通颁晓谕，定价之外，不准多取丝毫，并于散给易知由单内，将原额每亩科征米若干，应完米若干，今每亩减免米若干，实征米若干，每石定价若干，逐一载明，以杜浮勒，务在权一时之宜，为万世之计。(《续纂江宁府志》卷二田赋，6叶，《中国方志丛书》，26页)

是年，王棻来函，云：

琴西夫子大人函丈：违侍以来，倏更七载，山川悠邈，日月不居，笺候久疏，依驰倍切。敬维夫子大人开藩楚北，移节江南，简在帝心，畀以封疆之重，优游儒雅，依然山泽之臞。吾道可行，斯民有福，下风遥听，欢忭奚如。棻以二月十日，束装赴瓯，十三日抵中山书院，下榻大雅堂，同馆三十余人，十六日开课，卷近七百，以黄漱翁少君名绍箕为冠，卤翁少君名绍第次之。三月六日肆经堂开课，得卷二十余，胡君翼元为冠，何君庆辅次之，皆安固人也。然后知家学渊，师传沾溉，耳濡目染，迥异寻常，非他邑之所及也。永泰亦多佳文，平乐尚少合作，则以二邑科名不振，士习日颓，乡里见闻，自安浅陋故耳。

近者丁藜生等，禀请张春陔郡伯，重修五县一厅及《温州府志》，棻虽不敢预事，窃有末议，敢质左右。夫欲修府志，固当先修县志，欲修各县之志，尤当先征一郡乡先辈之书，而乡先辈之书，唯逊学斋蒐罗最富，必得尽阅斋中所藏乡先辈之书，而后可修各县之志，此一议也。至于府志之修，与他郡不同，鄙意谓当分为五部，合为一书，一曰《温州府志》，二曰《温州金石志》，即戴鳌翁所撰者。三曰《温州艺文志》，即仲容所撰《经籍志》，以经籍与金石声近，易之。四曰温州文集，五曰温州诗集，此二书当由逊学斋主人选录，编抄，不过半年可毕。庶几可以各致其详，而不伤于芜累，此又一议也。夫各县志书尚简尚详，自有主之者，唯府志之修，必得夫子与蒉田世叔总其事，明立条例，分为五书，庶可异于他邦之陋略，而集文献之大成矣。浅陋之见，未知有当否，惟夫子裁之。(《柔桥初集》卷十五书启下，杭州图书馆藏稿本)

是年，议修江宁顾亭林祠祀典，以亭林生日，由府学教授、教谕率绅士致祭，札行府学。

《续纂江宁府志》："顾亭林祠在府学东南山陬，府学为朝天宫旧址。亭林三至江宁，曾寓居其中。……岁以五月二十八日亭林生日，由府学教授、教谕率绅士致祭。光绪三年江宁布政使孙公衣言议准札行府学。"(卷四祠祀，4

叶,《中国方志丛书》,42 页)

是年,捐廉增修江宁布政使署。(《孙衣言孙诒让父子年谱》,153 页)

是年,阳湖洪用懃(彦哲)大令,在湖北重刊其曾祖洪亮吉(北江)先生遗书,谱主出资助之。(《孙衣言孙诒让父子年谱》,153 页)

是年,平阳杨镜澄(仲渔)负笈来学。(《孙衣言孙诒让父子年谱》,164 页)

是年,张文虎来函,言所纂《南汇县志》《奉贤县志》《华亭县志》已初具规模。

> 《与孙勤西方伯》(丁丑):"两奉环章,敬谂政祉绥宜,勋祺楙豫。葛胜欣慰。阅《申报》,知萸翁学士主席钟山,胜地名区,代有通儒管领,为金陵多士庆矣。文虎衰老无能,情甘伏处,而台教比以云中白鹤,殆戏之邪。三邑志皆因人成事,形模稍具,纰漏尚多,正需葺补,当事者汲汲授梓,未敢信从。仲容世兄笃学好古,兼渊源纯萃,暌违数载,计已深造精微,忆前科有榜名同行者,是贤从否?松郡东门外有复园者,旧徒钱子馨所居,曾求法书堂扁,往常销夏于此。前秋子馨物故,眷属悉回金山,因僦居于此,小有池亭树石,前尝为之作记,拓本一纸,呈奉粲政。"
>
> (《舒艺室尺牍偶存》,《清代名人尺牍选萃》29 册,160 页)

十二月初八日(1878 年 1 月 10 日),吴大廷卒,年五十四。

林用光(若衣)卒,年六十一。

光绪四年 戊寅 1878 年 六十四岁

正月初六日(2 月 7 日),金陵钟山书院山长李联琇逝世,谱主有挽联。

> 《申报》:"山长逝世:金陵钟山书院李小湖山长,自曾文正公设立书院,延聘来宁主讲,垂十馀年矣,其涵育英才,造就后学,早经交颂。今闻于新正初六日骑箕化去,初八日殡殓,凡隶门墙者莫不同深哀悼。至复聘主讲者,尚未订定云。"(1878 年 2 月 23 日,第 2 页)
>
> 《申报》:"祭金陵钟山书院山长文:……附录孙勤西方伯挽李小湖山长联云:眉山贤父子,遗书未见,藏帖犹存,他日欲搜仁甫集;词馆老先生,十载江湖,一经讲授,何人重叩翟公门。"(1878 年 4 月 3 日,第 3 页)

正月十七日（2月18日），传录影宋写本《刘克庄集》十二册，取津逮秘书本《后村题跋》互读，随笔记于《后村题跋》之册首云：

> 戊寅正月，偶从杭州丁松生丙借读《后村居士集》抄本五十卷，其三十一、三十二卷为题跋，而缺前两卷，盖亦非足本。上元后二日，某某记。（《孙衣言孙诒让父子年谱》，165页）

正月，孙锵鸣膺南京钟山书院讲席之聘，薛时雨贻诗谱主，有"君家昆弟世间无"句。（《孙衣言孙诒让父子年谱》，166页）

> 《钟山书院课艺序》："戊寅正月，膺钟山讲席之聘。"（《孙锵鸣集》上册，30页）

春，辑定陈傅良《止斋集》五十一卷，附录一卷，编入《永嘉丛书》，开雕于江宁。所据以雠勘者：孙家藏明正德丙寅林长繁刊本，同治甲子，诒让购得。嘉靖辛卯安正堂刊本，安正堂为当时书肆名，该本版式与麻沙本相似。清乾隆丙寅林上梓重编刊本，道光甲午陈用光重刻本。林长繁本，系永嘉王瓒从内阁宋本录出，即止斋门人曹叔远所编者，长繁一遵原椠，凡文字刓泐不可辨者，并缺之。安正堂本虽卷帙省并，而叙次犹旧，亦未尽失曹编面目。至林上梓重编，始以曹编移易离析，其内外制诸卷且多删改篇目，篇中缺文讹字，率多凭臆增窜。陈用光刻时，属钱士云覆校，钱虽自称访得正德本补正，实则其本仍沿上梓诗文分集之陋，讹文夺字因袭尚众也。谱主以明椠两本，尽订林、陈两刻之谬，乃复旁刺群籍，补正明椠之夺误数百事，虽不能尽复宋本之旧，而正德以来，允推兹刻为最完善矣。（《孙衣言孙诒让父子年谱》，164页）

四月，从金陵胡某借抄《玉山草堂雅集》十三卷，以补校旧藏残帙三卷。十三卷本世所仅存，卷中张天英、郑东、高明、陈秀民四家皆吾温乡先生，尤以获见为幸。（《孙衣言孙诒让父子年谱》，166页）

> 《书玉山草堂集后》："光绪戊寅夏初，偶于金陵胡君所见之，假归置案头几两月，以官事冗杂，未能尽读，颇以为恨。"（《孙衣言集》中册，550页）

六月初七日（7月6日），访王彦威，告其二弟履历事已竣。

> 《王彦威日记》："二弟履历事始竣，琴师走相告，为之喜可念也。"（《北京师范大学图书馆藏稿抄本丛刊》17册，642—643页）

六月十一日（7月10日），书《玉山草堂雅集》后。

《书玉山草堂集后》："《玉山遗书》，《四库》著录有《玉山璞稿》二十卷、《玉山纪游》一卷、《玉山名胜集》八卷、《外集》一卷，予所藏仅有《璞稿》及《名胜》两集，而《草堂雅集》仅得残本三卷，局陈旅、柯九思、李孝光、张雨、丁复五家之作，今以此书校之，丁复、张雨诗具在，独无陈、柯、李三家。又予书陈旅卷首题曰'玉山雅集卷后之一'，柯九思、张雨卷首则题曰'草堂雅集'，无卷数，盖亦非一手所抄也。众仲、丹邱、五峰在玉山交游中，最负盛名，不知何以不在此七十人之列，而伯雨、仲容二人又何以复出？疑当时所辑不止此十三卷，惜予书不全，无从考其异同所缘来矣。按：杨维桢为《玉山传》云"刻交游诸公诗，自杨维桢而下四十馀家，曰《草堂雅集》"，则铁崖亦在集中，可见当时裒辑非止一本。玉山风流文采照映千古，与此七十人者，身当乱世，而能以诗歌文宴，自得于园林泉石之间，可谓不幸之幸。此书自竹垞翁时已为仅见，予乃获见之，又于卷中得张天英楠渠、郑东季明、高明则诚、陈秀民庶子四家之作，皆吾温乡先生也，尤以为幸。胡君谋重锓诸板，俾后世得以共见此书，其意甚善。予谓众仲、丹邱、五峰三家诗宜依其旧题，附之卷后，《名胜集》《名胜外集》亦宜并刻以传，庶几一时游从之盛可以具见。自昔胜流庄士文字之传，常有鬼神为之呵护，卷后一集尚在人间，予犹当获见之也。六月十一日雨中，瑞安孙衣言书于瞻园。"（《孙衣言集》中册，550—551页）

六月十九日（7月18日），书明代周宗建墨迹遗卷后。

《书周忠毅公墨迹遗卷后》："吴江周忠毅公宗建疏稿五篇、杂文十三篇，江宁赵教授彦修得之忠毅后人，装为二卷，将送之焦山，与杨忠愍公谏草同藏，以垂后世，而先以示予。……光绪四年六月十九日，瑞安孙衣言谨记。"（《孙衣言集》中册，551—552页）

六月二十八日（7月27日），辰时，夫人叶氏卒。

《孙衣言孙诒让父子年谱》："诒让母叶夫人卒于江宁官次，距生于嘉庆丙子二月初十日丑时，寿六十有三。"（167页）

《王彦威日记》："中容母氏即世。"（17册，643页）

夏，得吴彦匡《花史》手稿本十卷，乃纂修《四库全书》时经进本也，见之甚喜，易以重贾。（《孙衣言孙诒让父子年谱》，166页）

《跋抄本吴彦匡花史后》："旧抄本《花史》十卷，凡八册。今年夏，得之金陵。卷首自序第一叶有翰林院印，纂修四库书时经进本也。书为永嘉吴彦匡_{葵裹}所著，……以乡前辈遗书见之甚喜，因以重贾取之。……光绪戊寅十二月，逊学叟书于瞻园。"（《孙衣言集》中册，553 页）

七月二十四日（8 月 22 日），彭玉麟来吊唁，谱主嘱王彦威陪同，久谈始去。谱主请彭玉麟为王彦威祖母作八十寿联并《焦尾阁遗稿》题词。

《王彦威日记》："彭雪琴侍郎来吊琴师失偶之丧，师属余陪吊，与师谈良久始去。崇论闳议，颠扑不破，当代伟人也。琴师为余乞侍郎作大母八旬寿联并征题《焦尾阁遗稿》七律一章。"（17 册，644—645 页）

八月，捐廉俸以设积谷局。

《孙衣言孙诒让父子年谱》："时晋、豫告饥，江南北诸郡亦患荒馑，衣言轸念民食，提议省城积谷，首捐廉俸以为之倡，设积谷局，檄江宁守总其事。于是官捐自督抚以下共得谷三千五百石，民捐及其他捐输得七千馀石，复为别筹公款十万两，采办积谷十馀万石，分仓存储，以备荒政。"（169 页）

《续纂江宁府志》："积谷局光绪四年八月，总督沈文肃公、布政使孙公筹款采办省城积谷十馀万石，委知府掌买谷之事，分储虎贲等仓，以备荒政。是年自总督司道府县共捐谷三千五百石，绅富又捐积谷七千馀石，俱存广丰储仓。"（卷六实政，3 叶，《中国方志丛书》，54 页）

九月初七日（10 月 2 日），厝叶夫人柩于雨花台，王彦威来送殡。

《王彦威日记》："琴师权厝夫人叶氏之柩于雨花台，赁舆往送殡。"（17 册，646 页）

九月十七日（10 月 12 日），王彦威请谱主代致杨晨函。

《王彦威日记》："乞琴师代为致书定夫。"（17 册，646 页）

秋，助赀重刊李兆洛《养一斋文集》。

《重刊李申耆先生养一斋文集集资小引》："今秋承制宪沈公幼丹、方伯孙公琴西、观察庄君守斋及教授季君礼斋、训导郭君子芳、熊君宜斋各为……"（清光绪四年刻本《养一斋文集》之《助资襄校姓名》）

秋，致函袁昶，论及永嘉学派。函云：

爽秋贤弟大人足下：得六月廿八日手书，知兄前论学术风节之弊，并所以救正之术，犹在记忆，具见足下向道之切忧深思，远超轶流俗，甚休甚休。安定高平为学宗旨在于积诚感物，足下所论是矣。即敝郡元丰九先生之学，以兢省物欲为体，以弥纶世变为用，其大要亦在积诚以感物耳。叶水心论次诸儒，以兢省物欲、弥纶世变歧为二派，似未达渊源之正也。操切击断，以立威武，此为无本之学，其受病隐微处，正坐不能用诚心感物耳。安定高平景行有志，欧文忠宽简之政，亦岂易几？足下相期殊厚，惧不克副惭惶而已。京师人海，素丝歧路，昔贤所叹足下年少有志行，所望韬光葆璞，裕此远谟，以待大昌儒效。兄虽衰老，犹拭目俟之。江南连得透雨，蝗蝻多絜除，秋成可望，稍逭守官不职之愆。兄粟陆如恒，公事尚称平顺。惟近有室人之戚，白头伤逝，心绪殊不佳耳。手此布复，即颂著安，诸惟雅鉴不宣。愚兄期孙衣言顿首。（《袁昶友朋书札》第六册，296—298页）

十月初六日（10月31日），招待林寿图于胡氏愚园，孙锵鸣、钱应溥、王彦威陪同。是日，李慈铭来函。

《王彦威日记》："林颖叔先生寿图，闽县人，前山西藩司自湖北来，琴师觞之于胡氏愚园，邀偕葇师、钱子密年伯陪之。"（17册，649页）

《越缦堂日记》："夜，作致孙琴西布政书，以秦镜珊书托其转递，未知镜珊近在何地也。"（第11册，8017页）

十月二十一日（11月15日），王彦威来辞行。谱主遣庆云轮船送至上海。

《王彦威日记》："辞琴、葇师，挈幼弟束装归里。琴师遣庆云轮船送至上海。"（17册，650页）

十月二十七日（11月21日），校读明隆庆刻方逢辰批点本《止斋奥论》六卷及附刻奏议序记书状二卷毕，合四册，记云：

此刻错误殊甚，盖明时书肆俗本。其附刻二卷，今据本集略为补正。十月二十七日记。（《孙衣言孙诒让父子年谱》，167页）

十二月，跋吴彦匡《花史》抄本后。

《跋抄本吴彦匡花史后》："旧抄本《花史》十卷，凡八册。今年夏，得

515

之金陵。卷首自序第一叶有翰林院印,纂修四库书时经进本也。书为永嘉吴彦匡蔡衷所著,盖《全芳备祖》《群芳谱》之类无甚关系,以乡前辈遗书见之甚喜,因以重贾取之。……光绪戊寅十二月,逊学叟书于瞻园。"(《孙衣言集》中册,553页)

冬,喜天降瑞雪,赋诗简薛时雨兼示孙锵鸣。

《连日苦雨而暖恐遂无冬雪夜间北风大作早起则庭前雪深四寸矣此殆天之垂爱吴民也志喜二首用止斋集中诗韵简薛慰农山长并示舍弟二首》:"日为朝家虑有无,商咨民怨不关渠。岂闻桑孔能为国,无奈楼兰未就屠。瑞雪已随天意转,湛恩要与圣慈如。青生陇麦螟螅尽,吃吃田公祝满车。一 庭院纤尘净欲无,檐花更作水鸣渠。啄冰鸦鹊能称贺,扫穴螟螅不待屠。献岁来年知有望,御冬衣褐竟何如。但凭天惠纾民困,惭愧峨峨使者车。二"(《孙衣言集》上册,257—258页)

《十四日雪后得雪二次至二十七八又连日雪平地深浅一尺仍用前韵简诸同志二首》:"三白春前去岁无,无田如我亦轩渠。令行螟螣农先贺,声压驾鹅贼或屠。四海子由诗最好,仲弟蓻田亦有志喜诗。扁舟逸少兴何如。闲人独美桑根叟,日对清凉说五车。慰农主讲惜阴书院,在清凉山麓。一 钟山山色望中无,银作城墙玉作渠。入地已成千尺泽,谢天真欲百牢屠。楼台高处寒何似,鸦鹊消时回自如。却望瞳曨初出日,榑枝谁共拥炎车。二"(《孙衣言集》上册,258页)

是年,赋诗送郭阶入都。

《复用前韵简郭慕徐太守并送其入都二首》:"九重回首旧巢无,那复论思梦石渠。三福奎章弓剑杳,廿年宦迹市门屠。官原偶达穷奚惧,老欲何为壮不如。却忆龙湫与雁荡,陌头花好待脂车。一 佼佼铮铮不可无,浊流东下涨黄渠。有谁仕宦夸羊胃,此去风尘访狗屠。汉殿相看多健者,秘书还解问何如。中朝诸老能怜我,应许看山挽鹿车。二"(《孙衣言集》上册,258页)

是年,议将请豁免江宁府属高淳县名乡田地摊带虚粮,统照六升六合原则起科,详经督府奏准。详文略云:

高淳虚粮:由于前明永历年间,苏常屡遭水患,在广通镇河筑堤以阻来源。正德年间,添筑下坝,上游徽、宣诸郡之水壅塞泛滥,致固城湖坍没田十馀万亩。嘉靖间,将前项沉田虚粮摊于现存田地追征,每亩有加摊二升者,有加摊一升四合及一勺零者。我朝定地制赋,沿明旧制,以故前项虚粮仍旧摊赔。从前物阜民丰,完纳已形费力,兵燹以后,户口凋敝,田卒污莱,佃种利微,输完粮重,不堪其累,相率抛荒。升任藩司梅启照,于光绪元年开办丁漕请减江宁府属科则案内,声明该县向征折色,科则较轻,惟大粮田地,摊征虚粮,民力不逮,另归专案办理,旋即造具银米清册,恳请豁除,仍照原额六升六合起科,征收折色。奉部议驳,何敢再事渎请。无如数年以来,该县业田之家,愈形困苦,皆缘租不抵赋,大半累于浮摊,若不一律豁除,非但未垦之田难期复额,抑且已熟之地转虑复荒。(《孙衣言孙诒让父子年谱》,167—168 页)

是年,谱主由藩库筹拨三万五千金,修筑扬属运河东堤,以保农田。(《孙衣言孙诒让父子年谱》,168 页)

是年,又议将江北新漕再行暂办海运一年,并与江安粮道会详督府。详文略云:

河运乃经久良法,自当遵照妥筹。先经派员赴津,将上届河运阻滞民船预为召集,于剥送海运漕米完竣后,押令迅速回空,趁汛渡黄南归。各船驶抵临清,适值秋汛,黄水接续增长七八尺不等,卫水亦同时大涨,经押空委员会商东省各员,启坝放水入运,乘势抢渡三昼夜,于七月二十八日始行催出运口,共船一百五十馀只,渡黄南下。此外仍有百馀只装运赈米,能否南旋,尚无定期。回来各船,上年羁留津河一带,虽藉装运各省贩米,稍资生计,但时值荒旱,瘟疫盛行,困苦情形不堪缕述。况船只失修已久,上届拖坝入卫又复受伤,加上冬令水枯,北地苦寒,以致船身率多冻裂槽朽,一切器具亦损坏不全,必须分别拆修,始堪装运。倘敷衍从事,设有不测,非但潮湿霉变可虞,即将各船变卖押追,不足以资赔偿,于公仍属无济。或谓江南大小船只甚多,旧船既须拆修,何不另雇新船?不知东省河道淤塞,船大则浅搁堪虞,船小则装米无几,历年办运均系挑选坚固轻便合用船只,近因行商疲敝,运漕民船本不甚多,而力届守冻北方,朽坏拆卖,更觉不少,前经分派委员四出招雇,多方劝谕,许以优恤,无如各船户鉴此苦衷,莫不视为畏途,相率裹足,复经再三开导,迄无一应。本届新漕转瞬亟须开兑,若不迅图变通之方,必致河海两误,拟请援案,仍由招商局轮船再行装运一年,俾令回南各船,得以从容修换坚整,下届循旧仍办河运,船只既可早为预备,而东省淤塞河道亦可认真开濬深通。《孙衣言孙诒让父子年谱》,168—169页)

又议将江、兴二卫快丁暨海州隐军,永远豁除快籍,免办编审,其原执屯田,照旧存留,以杜扰累而资生计。会同安徽藩司、江安粮道,详经督府奏准施行。于是上元、江宁等十七州县快籍民户,顿有更生之庆。详文略云:

> 江、兴二卫所属之快丁,向系分住上元、江宁、江浦、六合、江都、高邮、当涂、芜湖、无为、巢县、和州、含山、滁州、来安、全椒、天长、盱眙等十七州县境内。当漕船起运之年,定例运快,并金四年编审一次。嗣因快丁不谙运务,多请运丁代办,每年捐贴运费银一百三十两,十年大造,贴给造费银三百两,复经奏准捐本生息,拨款调剂,免其金运。又海州隐军,并无屯田,不谙运务,公凑津贴生息,贴补淮安卫头二两帮运丁,免其驾运,载在《漕运全书》。军兴以来,十有馀年,各该州县蹂躏殆遍,该丁户绝人亡,即间有一二孑遗,房产尽属丘墟,田地鞠为茂草,兼之乱离迁徙,籍贯不清,虽欲设法编查,实属无从着手,徒使里胥乡保因缘为奸,贻累闾阎莫此为甚。况快丁永免金运,运丁代为当差,久已遵行,此时若再编审快丁,徒使惊疑,无裨事实。惟运丁编审,迭奉部催,自当饬属赶速查办,一俟齐全,另行汇详。所有江、兴二卫所属之快丁暨海州之隐军,应请分别豁除,停办编审。《孙衣言孙诒让父子年谱》,169页)

是年,仪征门人陈六舟刺史彝,以追和咸丰丙辰闱中诗,自昭通见寄二首。《孙衣言孙诒让父子年谱》170页)

光绪五年 己卯 1879年 六十五岁

正月初九日(1月30日),李慈铭得谱主寄炭银十二两。

《越缦堂日记》:"孙琴西布政寄炭银十二两。"(11册,8159—8160页)

二月初十日(3月2日),李慈铭得谱主来函。

《越缦堂日记》:"得孙琴西布政江宁书。"(11册,8190页)

二月,书老友刘存仁《屺云楼集》后。

《书刘炯甫诗后》："予与炯甫别逾二十年，今春炯甫遣其从子伯瑜就予金陵，并以所著《屺云楼集》见示，属为之序。伯瑜之来，盖谋为游客以自活，予既无以处之，因速其归，濒行复出此卷际予，则炯甫官兰州时所作诗以寄其弟侄者。予与炯甫、颖叔称诗都下在咸丰四五年间，自今思之，殆如隔世，予日衰惰废学，而炯甫犹矻矻文字如此，良可慕叹。序既不能即就，姑书此卷以还伯瑜，炯甫试取视之。昔人所谓年虽衰而意气尚存者，予之有愧炯甫多矣。光绪五年二月，瞻园。"（《孙衣言集》中册，554 页）

三月，又记吴彦匡《花史》后，考证吴彦匡曾为诏安教谕。

《跋抄本吴彦匡花史后》："又按康熙《漳州府志》，八秩官题名有诏安教谕吴彦匡，然则葵衷盖由教职擢宰龙南，同治《福建通志》误'匡'为'臣'，吾温郡邑志则不复知其尝为教谕矣。己卯三月又记。"（《孙衣言集》中册，554 页）

三月，生病中。

《书郑一拂祠配享详稿后》："三月初间，予病甚，不能亲案牍者几五旬。"（《孙衣言集》中册，557 页）

四月，无锡门人薛福辰（抚屏）选谱主所为古文廿馀篇，附刻于武陵杨彝珍《国朝古文正的》之后，谓与二百年以上之作者，应其宫征以鸣盛时云。

薛福辰序："吾武陵师所选《古文正的》既刻成，邮寄吴中，福辰再拜受而读之，乃叹曰：'富矣哉！斯编也，虽然犹有憾，以吾师与瑞安师所为古文词，均能集诸家之长而自成其体，兹因欲循梁昭明不录生存者之例，其文遂不得登入斯编，不亦足憾也乎？'福辰习闻绪论，稍辨中声，因取两家集中文各选廿馀篇附刻斯编之末，以与二百馀年以上之作者，应其宫征以鸣盛时。想两师见之，其当许我也。己卯孟夏月，无锡薛福辰。"（《国朝古文正的》附录《进学斋文钞》，清光绪刻本）

六月，身体稍愈。

《书郑一拂祠配享详稿后》："六月稍阅。"（《孙衣言集》中册，557 页）

时，谱主与两江总督沈葆桢意见不合，难以相处。沈葆桢主张多办洋务，可以借用洋款。而谱主对洋务，认为宜俟库帑稍充，酌量自力，徐图进

行,而不以借用洋款为然。(《孙衣言孙诒让父子年谱》,170页)

又沈葆桢喜用健吏治命盗重案,一切用峻法,不甚究其情。候补道洪汝奎希望风惜,专事刑杀。谱主恒规切之,以是衔谱主。会江宁有命案,不得主名。沈以属洪,则捕路人锻炼定狱。江宁令某,心知其非,以告谱主。谱主曰:洪为求官计,乃杀人以为迎合乎? 急言之沈葆桢,沈不省,故事命案定谳,必由藩、臬两司会详。沈葆桢以谱主持异议,乃径下洪论如法。(《孙衣言孙诒让父子年谱》,170页)

又有台州董毓琦者,略解天算,谲而无行,自言能制轮船,藉地球摄力行驶,不用汽机,沈葆桢俾试制,而命藩库支银三千两给具资。谱主知董妄,其船必不成,再三阻之,沈葆桢不可,强令予金。及船成,不能行,沈内愧,自以养廉赔董款。因此与谱主益相左,而且洪复隐构之。谱主以是不能大有所为,渐萌退志。会得湿疾,乃请奏明开缺。原禀略云:

> 窃谓人臣之义,不敢避难。本司一介寒士,渥受国恩,糜捐不足言报。第念用人理财,关系至钜,苟才所弗任,即在壮盛之年,亦当知难思退,岂宜以老病孱躯,尸居繁要之职。本年自春历夏,抱疴已及半年,请假不啻十次,闭户深居,几同卧治。若犹瞻顾迟留,久妨贤路,则是志趣卑下,徒恋一官,并非真心为国,朝廷安所取而用之。伏祈奏明开缺调理,庶几于义稍安,于心无愧,而痼疾得从容摄养,或可就瘥,则以馀年于乡党之间,造就经制人才,亦足以报国恩于万一。(《孙衣言孙诒让父子年谱》,170—171页)

命诒让与王彦威(弢夫)覆勘宋瑞安陈傅良《止斋集》五十二集。至是校刊毕工,诒让为跋以记之。(《孙衣言孙诒让父子年谱》,171页)

七月,任江南乡试外提调。有司以《重宴鹿鸣位次图》来问,遂跋。

> 《书重宴鹿鸣位次图后》:"光绪己卯江南乡试,时予尚在藩司任为外提调。是科重与鹿鸣宴者六人:上元温明叔前辈,以户部侍郎在籍,官最大;次则贵筑周子瑜观察,方主讲淮扬间,请就近与江闱宴,周尝得三品衔,居温之次,其馀曾任道府州县者四人。先时有司议重宴诸公位次,欲席温、周二公于考官之次,而馀人位新科举人之上,来质于余,且言本朝会典鹿鸣筵宴图,但有新科举人位次,无重宴举人位次,予语之曰:'重宴之荣,非荣其与考官宴,荣其以六十年前之举人与六十年后之举人得为周甲同年,而与此宴也。位宜与新举人为次,而皆别设席,会

典无图者以为无待于图也。'而当事者终以爵位既高不宜下侪,举子仍用元议绘图来上,予批其牍背曰:'独居高坐,既无宾主之分,还顾同年,顿有云泥之隔,是徒崇夫势利,岂可著?典章图当改议。'已而,奉命内召置,不复问,有司遂以元图从事矣。幸而温侍郎方在安定书院,畏江涛之险,不果来,周及馀人皆不至,供给官但循例致送扁缎而已。使重宴者有一二人到,则非礼之礼,必为笑于大雅矣。"(《孙衣言集》中册,560页)

七月十八日(9月4日),有旨谱主以太仆寺卿召还朝。以藩司改京卿者,率以左官为叹。谱主得报,独大喜过望,以为昔在侍从,以抗疏陈时事,而出为郡守,兹获重登禁近,庶冀竭尽论谏之职,克遂平生之志,故谢恩折云。丰耗可验民生,谀正且关君德,盖深有感乎司存之清切也。顾于世会变迁,国事艰棘,不能无慨,赋述怀感事诗四首。

《己卯七月蒙恩以太仆卿召还朝述怀感事四首》:"一纸除书下九天,风蝉蜕骨作飞仙。属车犹幸容臣朔,开閤何当吏薛宣。鹅鸭比邻馀火伴,凤皇池馆复华年。但愁致主仍无术,乡喆周官有旧编。吾乡乾淳诸老多为《周礼》之学。一 桔梗鸡壅各一时,寻常草木亦差池。人言汉吏惟刀笔,我有天游任勃磎。鸦鹊爱憎都未是,鲲鹏高下竟谁知。平生事事非人力,莫为椒兰注楚辞。二 曲江风度杳难攀,回首三湘泪竹斑。仕宦岂宜从涑水,刘道原学于温公,终身不肯仕宦,予每以此为愧。文章何自擅眉山。力扶汉鼎天犹吝,名在韩门我已屏。独忆津津推毂语,勉扶衰病点朝斑。三 阵云骠骑最销魂,怪事岑来孰究论?自昔春秋能折狱,何人花菊已开尊。心丧自合题碑石,腹痛何从哭墓门。酬报当思明义在,青蒲它日效忠言。四"(《孙衣言集》上册,259—260页)

《越缦堂日记》"邸钞:以江宁布政使孙衣言为太仆寺卿。"(12册,8429页)

七月二十九日(9月15日),苏巡抚吴元炳莅临江宁,谱主携下级官员往谒。

《申报》:"监临抵宁:江南乡试监临向为江苏、安徽两抚宪轮任其事,本科轮应江苏抚宪。前月二十九夜吴子健中丞节莅江宁,即入淮清桥察院,自文闱提调江藩司孙琴西方伯以下皆往谒见。初一日黎明,沈幼丹制军亦往拜会中丞,勾当公事,颇甚劳苦。初二日出使院答拜制军及藩宪以下各官,并牌示江、安、苏三藩司聘调之各帘官,于初三日黎明听候局门考试云。"(1879 年 9 月 23 日,第 2 页)

七月,夏子镐以《裕园图》来索题,有诗。

《夏路门太史以其先侍御裕园图索题路门视学蜀中归居裕园不复出时予新奉召还朝亦老而思归矣》(己卯):"一鞭万里下岷峨,归卧园林岁月多。却羡平泉好孙子,百年奇石尚摩挲。—— 文游台下秦太虚,暮春堂上陈中书。乾淳人物似元祐,无奈归心此画图。我乡陈文节公,绍熙初元再召都,人呼为老陈郎中。予以咸丰八年由侍讲出守,今年乃拜内召之命。暮春堂,文节所居,光宗为书扁。二"(《孙衣言集》上册,259 页)

七月,书郑一拂祠配享详稿后。

《书郑一拂祠配享详稿后》:"六月稍闲,忽江宁石君以书来询,曰:'邑人士请以闽二林公配食一拂先生,度已得请。'予甚骇之。即令吏检旧牍,则邑人适以予病时投状督府,督府檄藩司议复,吏以为必督府指也,即就元状稍加点窜上详,已报可矣。予亟以实陈之督府,曰:'实因病昏,未及亲阅此稿,此非二林公所乐也。君子爱人以德,当由督府追驳寝前议。'督府沈公不之答,复询之守令,则董斯役者已饰主送入祠矣。予悔恨无及,窃谓林文忠江南名宦,固无事此祠,学使林公果有造于庠校,亦当别为之祠,若与郑监门同坐而食,虽清苦如海忠介,犹未免有惭色,盖忠介犹近名故也。人情好谀,固不足怪,而以病有此误谬,亦当官之大戒也。聊记其后,异日为江宁志者无谓此举,由予成之也。己卯七月,瞻园书。"(《孙衣言集》中册,557 页)

七月,为薛时雨《藤香馆诗删存》《藤香馆词删存》题签:

光绪己卯秋七月,瑞安孙衣言题。(清光绪五年刻本)

谱主自同治七年为监司江南,十载之间,历官三行省,始终以廉勤自励,整饬吏治,综核刑名,剔除税厘积弊,严而不苛,至是去官,藩库积羡以钜万计。乃详明督府,留银三千两专为省垣刊刻官书之用。(《孙衣言孙诒让父子年谱》,174—175 页)

时,秦缃业观察自衢州以书见贺,且速之行。(《孙衣言孙诒让父子年谱》,175 页)

八月初二日(9 月 17 日),江苏巡抚吴元炳来答拜。

《申报》："监临抵宁：……前月二十九夜吴子健中丞节莅江宁，即入淮清桥察院，自文闱提调江藩司孙琴西方伯以下皆往谒见。……初二日出使院答拜制军及藩宪以下各官，并牌示江、安、苏三藩司聘调之各帘官，于初三日黎明听候扃门考试云。"(1879年9月23日，第2298号，第2页)

八月初四日(9月19日)，交卸布政使司篆务，上折谢恩，并附乞假省墓折片。

《升授太仆寺卿谢恩折子》："奏为恭谢天恩，仰祈圣鉴事。窃臣于八月初二日准两江督臣沈葆桢咨准吏部咨开光绪五年七月十八日奉上谕："太仆寺卿着孙衣言补授，钦此。"当即恭设香案，望阙叩头谢恩，即于初四日交卸藩司篆务。伏念臣瓯海迂儒，江淮庸吏，三天讲授，早陪侍从之班，六皖祥刑，谬荷监司之寄。泊旬宣于江鄂，遂忝任于屏藩，顾兹衰朽之躯未有涓埃之效，方虞疏拙，将速僭尤，乃曲荷夫圣慈，俾重登于禁近。窃惟仆臣职掌天闲卿士，班崇法从，周宣考牧，丰耗可验。夫民生伯囧，命官谀正，且关于君德念司，存之清切，岂梼昧所能堪？臣惟有勉策驽骀，益图报答，舳棱在望，方欣瞻觐之有期，葵藿何知，但矢精诚于向日。所有微臣感激下忱及交卸藩篆日期，理合缮折具陈，伏乞皇太后皇上圣鉴。"

《附陈乞假省墓折片》："再，臣恭承恩命，简授京卿，理应刻日赴都供职。惟臣自同治七年以道员需次江南，自此历官皖楚，量移江藩，十年之间，驰驱三省，距臣本籍浙江温州府瑞安县皆在数千里外，兵燹之馀，松楸久隔。每念祖父遗阡未能一往省视，稍加修茸，为人子孙之心实有未尽。伏乞圣慈，赏假三个月，回籍修墓，一俟事竣，即当星驰赴阙，销假当差，理合附片陈情，不胜激切待命之至，伏祈圣鉴。"(《孙衣言集》中册，295—296页)

八月，书汪昉《梦衲庵诗》后。

《书汪叔明诗卷后》："今年秋，(陈)仲穆之孙孝宽来试金陵，叔明子彦份附书以来，并以叔明所为《梦衲庵诗》见示，属为之序，益叹仲穆言不谬。予久病甫起，不能用心为文字，又适有还朝之命，旦夕治行，因思在京师与仲穆游，尚如昨日，忽忽已三十年，而叔明遂不得一见。……光绪己卯八月，逊学叟孙衣言书于金陵瞻园。"(《孙衣言集》中册，555—556页)

九月，庐江黄徵君以王澍书"谦斋"二字来索题，题云：

> 书贵瘦硬方通神，阳冰篆法也。良常'谦斋'二字，与其楷书正是一家笔墨，鹿原林佶盖即书渔洋诗、午亭文者，三山人士蕴藉如此，亦复可爱。己卯九月，瞻园。（《孙衣言集》中册，555页）

冬，俞樾来函，云：

> 日前知内擢同卿，即拟函贺，而以旌旆不日当还过吴门，故未函也。嗣知航海而归，不觉失望。比来计已安抵珂乡，北上之期，想在来岁矣。从前吾兄在京师注《易》至'明夷'，而出守安庆，《明夷》象传曰：'君子以莅众。'厥后骎历藩垣，此其兆矣。其六二爻辞曰：'用拯马壮吉。'或即以太仆还朝之兆乎？既有吉象，此行必利，可预贺也。弟叠遭变故，精力衰颓，自问不复永年。弟视死生不过如苏杭之往返，初不以此挂怀。惟至好弟兄，多半暌隔，追惟畴囊，能弗凄然。明年如道出吴中，务必小住十日，弟新近于屋之西南隅，筑屋三间，种竹栽花，小有风景，即可于此中下榻也。外附去新刻诗一卷，乃哀逝悼亡之作，如赐览观，可算弟一本行述矣。（《春在堂尺牍》卷五，16—17叶，《清代诗文集汇编》686册，585—586页）

十一月，归舟中检阅旧校《水心集》。（《孙衣言孙诒让父子年谱》，175页）

十一月，沈葆桢病逝。谱主闻讯后，挽诗四首。

> 《督府沈公挽诗》："汉法文无害，秦风武克刚。如公宜耆皓，畜誉况龚黄。吏牍牛毛细，僮书马足详。有才方世用，何遽惜沦亡。

> 吴楚犹分辙，乌茫屡献疑。兵因屯驻弱，财以算缗衰。弧矢威终用，花门事可危。未知天下计，轻作管中窥。

> 船官垂七载，肺病辄三秋。重币求奇器，遗章尚铁舟。心真匪石转，事恐与生休。却恨中行说，精微为虏谋。得汉缯帛，以驰草棘中中行说，盖示汉物无用耳。

> 最爱资材美，犹须览记全。岂闻宣政世，不读建隆编。制节雄三镇，通家托二天。公会试出舍弟门下。镌磨都未尽，生死一潸然。"（《孙衣言集》上册，260—261页）

十二月，假期届满，而病甚不能造朝，乃请告。谱主于是杜门不复出，益宜究其平日所笃守之永嘉学术，聚乡里英才而讲授之。如此者十馀年，先后受业诸子则有泰顺林亨甫用霖、周丽辰焕枢、晓芙恩煦、季兰恩锜、永嘉王子祥景羲、乐清陈叔和国锵、平阳张蔚文霨、宋燕生存礼、玉环庞口口凤翥、青田章式典楷、同里林祁生庆衍、黄叔颂绍第、王小兰翼传、周伯龙珑、仲龙璪、项葱畦方蒨、申甫芳兰、何翰臣庆辅、胡榕村调元、池云山志澂辈,凡数十人。(《孙衣言孙诒让父子年谱》,175—176页)

冬,归里后,陈润滋来访。

《陈菊潭时文跋》:"去岁冬,自金陵内召乞假归里,菊潭始来视予,则相对皤然,皆六七十翁矣。……光绪庚辰十二月望前一日。"(《孙衣言集》中册,561页)

冬,重至五美园,有诗。

《重至五美园》:"旧事浑如梦,幽寻此再经。佛犹迎客笑,山竟为谁青。有路堪逃世,无师学炼形。却随残照下,林杪已疏星。"(《孙衣言集》上册,261页)

是年,袁昶有《寄孙太仆丈》诗:

潜虬亦受豫且困,世网伤性何由驯。公宁久縻金谷地,应陪朝论怀批鳞。一麾京国二十载,玉泉回首昆湖漘。食笋斋头窟鼪鼯,榆枑合抱藤萝昏。浮云变幻万事改,朱轓假节秣陵春。晚馀漪园道旁石,犹识旧直三天臣。时艰再召群望洽,大官更事馀空噈。行披琅玕贡宣室,莫漫演溪投巨缁。况今法宫感星异,修刑修德重光新。要令柔祗安且静,五月中陇蜀地大震,陷没数千家。登进众直收楛稆。谁欤目若营四海,国工有待卢医秦。练衣蒲扇坐镇俗,亦能一药疲与呻。列卿不独掌挏马,天闲蹴蹋银骐驎。具茨问道知去害,文事肯数归严陈。劳公百舻上东门,履常不饮甀生尘。(《渐西村人初集》诗九,《清代诗文集汇编》第768册,77页)

是年,诒让校刊方成珪《集韵考正》,谱主以编入《永嘉丛书》。(《孙衣言孙诒让父子年谱》176页)

是年,为刘存仁《屺云楼文钞》题词,云:

接诵手书并《屺云楼集》四册,具悉台候吉相,虽肺疾时作,高年调养,当即康复祝切。惟三十年文字交,遥遥相望四千里外,不得握手,一笑。回思澄怀寓直与欧斋、龙壁相从饮酒赋诗,真如隔世。尊文向未多见,今读全集,平实切至,恳恳动人,真有道之言,不与文士争狡狯也。极思作序,撰成续寄。光绪己卯琴西弟孙衣言。(《屺云楼文钞》题词,《清代诗

文集汇编》619 册,403 页)

是年,泰顺林用霖尝与谱主言,今外侮方亟,国论未定,诸公贵人循常习故,不能有所振刷,而浮浅躁急之徒,凿空附和,助成其势,患且日深而不可为。谱主以谓其议论意气,无一不似其尊人太冲先生,而计虑论事,往往与己意合。(《孙衣言孙诒让父子年谱》,176 页)

是年,收得明瑞安任道逊山水墨迹四巨幅,每幅各有任道逊自题诗句,末署集云山樵诗画,重装藏之。(《孙衣言孙诒让父子年谱》,176 页)

光绪六年　庚辰　1880 年　六十六岁

正月初四日(2 月 13 日),阅旧校《水心集》,书于卷廿一《朝请大夫沈公墓志铭》之后云:

此文原本于葬处并叙五子二女,而叙二子一女之已卒者于前,叙三子一女之生存与葬于后,乾隆本不得其解,妄为移窜,遂使前一人之科目官职,皆下属于后一人,可谓谬矣。《水心墓志叙》三代履历,生卒子女最多变幻,实有出于北宋诸家之外者,非熟读不能知其奇也。庚辰正月四日,校毕又记。(《孙衣言孙诒让父子年谱》,176—177 页)

二月十八日(3 月 28 日),光绪皇帝批准谱主致仕。

《德宗景皇帝实录》卷一一〇:"丙辰,……太仆寺卿孙衣言因病乞休,允之。"(《清实录》53 册,611 页)

三月,重订《诒善祠塾课约》,在原《课约》基础上增加二则:一看乡先生遗书、二看其他诸书。

看乡先生遗书十页或十五页。先看《水心别集》及梅溪、止斋诸奏议,次看《水心文集》《止斋全集》;次看艮斋《浪语集》、《梅溪全集》及周恭叔《浮沚集》,各集中所存吾郡掌故皆当详览。止斋、水心议论之文,雄视一代,碑、志诸作尤能抗衡退之、介甫,自成一家,学者岂宜忽视?予所藏各集本中,皆曾手下圈点,且经详加评注,诸生读时,可借取过录也。

看其他诸书:举业工夫,约至酉刻可毕,再有馀暇,则经部如《说文》

《尔雅》诸书；史部如宋、元、明学案及舆地掌故之书；子部如《庄子》《管子》《荀子》《韩非子》《吕氏春秋》、汉魏诸子、宋五子书，以及天算等书；集部如《楚辞》及唐宋以来其他名家之诗文词；乡先生书，如《横塘》《二刘》《竹轩》《四灵》《浣川》《蒙川》《霁山》《五峰》诸集，则各自视资力，恣意博览可也。

　　右《课约》十则。……光绪六年庚辰三月，逊学老人书。(《孙衣言集》下册，775—781 页)

夏初，自求寿圹，适门人林用霖来。用霖得其父形家之学，遂与偕行，遍历潘埭山中，口占一诗，并为林用霖《望山诗续》题跋。

　　《自营寿藏与泰顺林亨甫县倅遍历潘埭山中亨甫老矣予亦蹒跚随之口占戏呈一笑》："平生经世志，白首成眇芒。慨然舍之去，乃复求所藏。自视还一笑，七尺徒昂昂。寻山恃腰脚，穿谷登高冈。我友入地眼，我乃目望羊。迎龙寻结穴，拨砂防离乡。遂历山向背，细审泉阴阳。但恨此突兀，不自言否藏。刘伶昔荷锸，或封若斧堂。随俗聊复尔，亦免痴儿忙。我友笑向我，更登前山苍。"(《孙衣言集》上册，225 页)

　　《书林亨甫望山诗续后》："今年夏初，亨父复来，予方自求寿藏，而亨父得太冲形家之学，挈往潘埭山中居数日，以所著《望山诗续》见示，其诗之工又似太冲也。……光绪庚辰，书于潘埭山中。"(《孙衣言集》下册，583—584 页)

连日食沙蒜，有诗叠次宋许及之《和潘德久送沙噀诗》原韵，复令诸生皆和之，为此物添一故事。而和作以林庆衍、胡调元诗为最佳，剧赏之。(《孙衣言孙诒让父子年谱》，178 页；《孙衣言集》上册，226 页)

四月十八日(5 月 26 日)，庶吉士散馆，侄女婿杨晨留馆。谱主闻讯后寄诗为勖。

　　《喜杨蓉初晨留馆寄诗为勖》："馆阁于今宰相储，蓬瀛真接列仙居。如何鞶帨纷埃壒，亦或腰尻妙走趋。南服财空供虎旅，西征师老梦狼胥。水心文法箟窗得，不但蒐罗鲁壁书。"(《孙衣言集》上册，261 页)

　　《翁同龢日记》："是日散馆。"(第三册，1482 页)

四月，重读武原张氏本李璧笺注《王荆公诗》五十卷，以万历本《临川集》校勘文字异同，而评点一过，间于李注亦有所辨正。(《孙衣言孙诒让父子年谱》，178 页)

五月，闻王咏霓、黄绍箕、李慈铭中进士，大喜，作诗祝贺。

《闻王紫裳咏霓登进士第寄诗为贺》："水心昔叹黄岩士，科第相望动百年。却喜丛林翘秀干，遂教王后接杨前。杨蓉初先一科登第。文章金石多孙绰，经说纷纶几郑玄。自此齐飞皆凤侣，霞光照映赤城边。"（《孙衣言集》上册，261页）

《贺黄仲弢绍箕入翰林》："籍甚黄童妙少年，巍科今日复登仙。真看一战雄场屋，岂独高名压老泉。谓漱兰詹事。近世文章唐末造，吾乡人物宋南迁。萧萧蓬鬓空铅椠，六代维衰望后贤。"（《孙衣言集》上册，262页）

《贺李莼客慈铭登第》："何自为郎渐白头，十年铅椠隐风流。得科已久经能富，上第初登誉坐收。学术于今多禄利，人才几辈接春秋。稽山竹箭东南美，尚望书生有远猷。"（《孙衣言集》上册，262页）

七月，见万历癸丑年何白五十二岁所临《书谱》长卷，以为收敛闲雅，异于丙午所见《净名寺疏》之横恣。

《跋何无咎书谱临本长卷》："道光丙午，予在乐清大荆孟氏，见丹邱手书《募修雁山净名寺疏》，横恣特甚，想见其兀傲军幕酒后叱咤之概。今此卷乃独收敛闲雅，一如过庭尺度，盖尤矜意为之。然以予视之，独爱其横恣为山人本色，天下事有所依傍，则浩然之气必为少损，亦不独字画为然也。光绪庚辰孟秋邵峄书。"（《孙衣言集》下册，559页）

八月十五日（9月19日），见永嘉叶氏所藏明《黄文简公归永嘉送行诗墨迹》长卷，并为跋。

《跋黄文简公归永嘉送行诗文长幅》："宣德二年，永嘉黄文简公乞养归里，时公年逾六十，太翁年八十九矣。宣宗自制诗以宠其行，一时同修实录诸公李文毅公时勉等又各为诗，而杨文敏公荣序之也。老疾引退，人臣常事，而君臣父子之间遭际之盛如文简者，盖古人亦不多见。其后优游林下垂三十年，复两召赴阙而归，三朝恩遇始终如一，此尤予之所慕也。史称文简争阿鲁台事，上顾谓群臣曰：'黄淮如立高岗，无远，不见它人，但见目前耳。'呜呼！为大臣如文简者，予诚敬之，为诗文者十人：杨荣、余学夔、李时勉、蒋骥、蔺从善、周孟简、陈循、钱习礼、周叙、曾鹤龄，惟学夔、从善、鹤龄，《明史》无传，而其文章行治往往为世称述，盖文简同志之士，非徒史院寮寀而已。光绪庚辰中秋。"（《孙衣

言集》中册,558页)

八月,跋平阳曹堡孙氏族谱。

《曹堡孙氏族谱跋》:"曹堡在平阳十八都。道光丙午,予以询访宗亲,一至其地,问其长老,自云明崇祯时有讳君明者,自乐清孙家洋徙瑞安孔家岭,又自孔家岭徙此,而望出乐安,与予潘墩孙氏盖异族云,索其谱牒,则云亡佚久矣。今年八月,族人某以所辑新谱成,来为求序,盖以同姓之故,欲得一言以为谱重。予念曹堡孙氏落落数十家,而能不忘其祖,网罗散失以成此谱,可以承先,可以示后,其意殊足尚也。为书数语还之。南方孙氏自吴大帝后,始以富春为望,其实皆出乐安,所谓望者以显人所居,一族所仰望耳。而流俗辄云出某郡者,谬也,因附著之。光绪庚辰八月邵屿寓庐书。"(《孙衣言集》中册,559页)

八月,跋陈邦彦手书《天马赋册》,云:

世言匏庐书似董文敏,而此册自谓效诚悬笔法,然其气韵清拔乃多出于《醴泉铭》,书虽一艺,非博览诸家固不能自成一家也。匏庐为编修时,尝入直书房,仁庙御制文字缮写多出其手。观此册题款盖亦南斋进奉所作,不知何以流落人间也。光绪庚辰八月,逊学老人书于城北邵屿寓庐。(《孙衣言集》中册,560页)

按:陈邦彦(1678—1752),字世南,亦作思南,号匏庐,一号春晖,又作春晖老人,又号匏庐。海宁盐官人。清代著名学者、书法家。康熙四十二年(1703)进士,授翰林院编修,入值南书房,后升侍读学士。乾隆初官至礼部侍郎,

九月,书《泉州志·裴震忠传》后。

《书泉州志裴震忠传后》:"去岁偶得《泉州志》,读之至《裴震忠传》,言:'康熙二十五年,罗刹犯境,震忠以所部福建藤牌兵从大将出征五次,奋勇争先,馘俘无数。'……而今之言船炮者,乃欲用我之短攻人之长,岂不愚哉?……庚辰九月,沪上舟中。"(《孙衣言集》中册,563—564页)

九月,葬叶夫人于邑之二十五都珠山之原。(《孙衣言孙诒让父子年谱》,179页)

秋,鹤阳谢思泽手录《直龙图阁郑公伯熊母太恭人陈氏墓志铭》见示。

《书郑龙图母陈太恭人墓志铭后》:"右《直龙图阁郑公伯熊母太恭

人陈氏墓志铭》,去年秋,鹤阳谢君思泽录以见示,且谓予曰:'郑氏墓在永嘉四十一都东村证觉院后左侧山麓,郑氏家谱谓即龙图墓,以碑碣不存,为近地农民私垦为田。道光末年,郑氏修墓,犹未能实知所在,及掘地得此,乃知为郑氏数世墓域,非独龙图兄弟两圹也。'……辛巳二月,邵峄书。"(《孙衣言集》中册,561—563页)

秋,登万松山,有诗。

《登万松山》:"到眼岚光映碧空,竹舆摇兀任轻风。雨馀岸草犹含绿,霜重林枫半染红。已借神仙开佛地,欲排云雾见鲛宫。苍官夹道如迎我,何处人间有赤松。"(《孙衣言集》上册,262页)

十月,读传录杨景衡《张公如亨墓志铭》,书于其后云:

此采自吾邑卢浦张氏谱,如亨名涣,盖以掾属入官,今《郡邑志·选举》无其名,《福建通志》明职官政和知县亦无其名,盖《志》之疏也。又《志》中所言福建守翔,盖元时福清为州,知州得称守也。而《福建通志》亦不载其人。又张氏谱,自述其始为忠献公浚子枸生瑄,瑄生杰,杰生建,自闽赤岸迁瓯,再迁瑞安,然则卢浦张氏固魏公之后耶。附记于此,以俟考。庚辰十月。(《孙衣言孙诒让父子年谱》,179页)

十月,以盖竹先茔封土,命诒让往视工。(《孙衣言孙诒让父子年谱》,179页)

十二月十四日(1881年1月13日),跋瑞安陈润滋时文。

《陈菊潭时文跋》:"陈君菊潭与予先后为学官弟子,而未尝相识。居京师时,每闻几山舅氏言菊潭静笃悦学,通天官历算家言,心甚慕之,徒以仕宦奔走,不得一见。去岁冬,自金陵内召乞假归里,菊潭始来视予,则相对皤然,皆六七十翁矣。问以所著书,未肯辄为予出,往还既久,始以时文三五十篇相畀,受而读之,皆根柢义法,涵润经史,与近时浮华之士绝异。然菊潭在校序逾三十年,竟不得一食廪食,岂命固有限之欤?汉魏以降,推举之法不行于州里,士不繇科第则无以致其身,不幸迫于饥寒,有叛弃所学、苟焉以营其生者,菊潭惟老且贫,犹以时文讲授乡里,枯槁憔悴,无改其乐,其趋尚殆非流俗人所知。然则此三五十篇者,又乌足以尽菊潭哉?光绪庚辰十二月望前一日。"(《孙衣言集》中册,561页)

十二月,从永嘉王氏录得明王瓒《游江心寺诗卷》副本,书其后云:

文定留心理学，不以诗鸣。此卷可存者少，卷末所云陆镇卿名润，国仪与文定同名。白通守名垣，皆见《郡志·职官》，而得此知其表德，则残书亦可贵也。庚辰十二月，逊学叟记。（《孙衣言孙诒让父子年谱》，180 页）

是年，见明乐清章纶自书五言诗小幅，并为跋。

《跋章恭毅自书五言诗小幅》："瓯东参政尝言某秀才读书萧寺，时见恭毅章公曳杖而出，盖忠臣义士，其贞魂毅魄久而不灭也。今观此纸，与亲见恭毅何异？后世小人善为书者，如蔡元长、许深甫之徒，雄壮伟丽，未必不过于此，然自君子视之，殆如粪土。呜呼！人亦安可不自立哉？光绪庚辰。"（《孙衣言集》下册，558 页）

是年，宋恕来学。

《六字课斋卑议初稿自叙》："十九，识外舅孙止庵先生、外伯舅勤西先生，始知有所谓姚惜抱氏，曾涤生氏之学。"（《宋恕集》，胡珠生编，中华书局1993 年版，上册，39 页）

《宋恕年谱》："清光绪六年，庚辰，十九岁：从岳父孙锵鸣、伯岳父孙衣言学。"（《宋恕集》下册，1089 页）

是年，徐维城有诗寄谱主兄弟。

《劝驾行寄琴西太仆蒉田学士瑞安》："燕市把臂偕行歌，双鸾飞上梧桐柯。季方葵心志捧日，霄峥一蹶归岩阿。元方上书旋出守，敦历中外践台斗。无端高卧白云巅，我为朝廷惜此叟。经史满腹笔在手，敷奏以言舌在口。天下滔滔正多故，何不还朝急骑走。哲弟忠悃劳回肠，尤宜劝驾促做装。并将报国未竟志，贤兄付托酬今皇。侧身东南意缱绻，安石今出其皂勉。走也龌龊沧车官，幸从绝徼移湖山。尘劫难寻泥爪遍，衔参颇复腰脚顽。愿言加年同进德，双鱼惠我瓯江干。"（《天韵堂诗续存》卷二，《清代诗文集汇编》661 册，648 页）

光绪七年　辛巳　1881 年　六十七岁

二月，读郑伯熊母陈太恭人墓志铭，以史志及《郑氏谱》参校，多所补正，以谓志文简古有法，定为陈傅良所作，书其后。

《书郑龙图母陈太恭人墓志铭后》:"辛巳二月,邵屿书。"(《孙衣言集》中册,561—563页)

春,徐维城在上海有诗怀念谱主兄弟。

徐维城《沪上春宵欹枕无寐抚今念昔杂成绝句三十首》中有:"白璧无瑕孙学士,蕖田。青云敛足复难兄。琴西。尺书远寄不予答,雁序江云千里情。"(《天韵堂诗续存》卷二,《清代诗文集汇编》661册,656页)

七月,与锵鸣登西岘山。山旧有观潮阁,南宋乡哲陈傅良、叶适诸公皆有题咏,因感而赋,锵鸣和之。

《偕同人少饮西山山旧有观潮阁今不知所在矣》:"佳客来康乐,连朝说雁山。未能追胜绝,且作小跻攀。岚气千鬟妙,江光匹练间。相须腰脚健,还与蹑屐颜。— 此地多名胜,乾淳几俊贤。观潮多赋咏,止斋、水心皆有观潮阁诗,水心云赵君既赋观潮,复集旧诗句刻之,盖宋人题咏甚多。高阁接云烟。筇屦行衰矣,风流付渺然。只应禅榻畔,隐几望江天。二"(《孙衣言集》上册,262—263页)

孙锵鸣《同逊学翁登岘山文昌阁和韵》:"我是山栖者,年年忆故山。老来弥契阔,近处且跻攀。浦树粘天碧,江云对酒闲。薜萝如有旧,一笑共开颜。— 何处观潮阁,风流缅宋贤。江山犹古昔,事迹已云烟。衰羸都如此,良游岂偶然。海门东望远,浩荡白鸥天。二"(《孙锵鸣集》上册,225页)

七月,手题"集善乡居"四字横榜,而系以跋,揭之厅事。跋云:

予家世居西港乡潘埭,乡曰集善,里曰懋德,乡里之名见于绍兴辛未《题名小录》,盖自唐宋以来已然矣。今虽卜居城北,而故乡山水每不能忘。又喜集善之名,于义甚大,立身济世,皆有取焉。因以榜于新居之斋,以寓故山之思,且为子弟辈勉也。辛巳七月并记。(《孙衣言孙诒让父子年谱》186页)

九月,作《宋都桥考》,云:

予城中新居在东北隅宋都桥南畔,考《乾隆邑志·水利》,宋都桥在忠义庙东,而《舆地志》东北隅则作送姑桥。'送姑'于义无所当,以《水利志》为是。明以来,每呼御史为都,疑有宋姓官御史者尝居于此。考《郡邑志》,吾邑无宋姓官御史者,惟《仕绩传》载宋之珍,永嘉人,子敦朴,官监察御史;而刘左史《宋之珍墓志》,子四人:敦仁、敦义、敦礼、敦信,无敦朴名。《瑞安志·儒林传》,宋文简之才,实瑞安人,或当时宋氏分居永瑞,如薛士龙为永嘉人,而家族多居瑞安,敦朴殆亦文简诸子,而尝居于此欤。辛巳九月。(《孙衣言孙诒让父子年谱》186页)

九月,作《杨衙考》,云:

予所居迤东行一巷曰杨衙,里人以为明杨参政故居。案:参政本名南,以字行,见黄文简《介庵集·参政杨君墓志》。又《虞环庵集》言杨参政为州村人,至宦达后,入居城中耶。参政从子昕,以进士令华亭,有惠政,见《华亭志》。或昕尝居此,亦未可知。今杨氏子孙,尚居左近,予营新居时,鬻地十馀弓,实杨氏祠产也。辛巳九月。(《孙衣言孙诒让父子年谱》186页)

十一月二十八日(1882年1月17日),迁葬叶夫人于邑之二十五都云峰白马山之原。谱主告墓文有"惟此云峰之吉壤,实近德曜之外家"二语,盖其地距叶夫人母家才数百武耳。(《孙衣言孙诒让父子年谱》,187页)

冬,到大罗山麓贾宅赏梅,有诗。

《贾宅看梅》:"薄雾轻云万竹屯,地亦多竹。茶村数里接梅村。贾宅旧名梅村。小桥乍转香迎客,草屋谁家雪拥门。欲觅荒亭容少住,花在村人所居前后,而苦无休息之所,土人云故有一亭,久圮矣。可无高客共开尊。诗人犹忆徐丞子,煮茗清吟一讨论。宋徐山民居泉村,国初时徐凝丞子亦能诗,有《泉村集》,盖其后也,今茶村犹有徐氏子孙。"(《孙衣言集》上册,263页)

是年,得《叶文定公圹记》录本,书于其后云:

予为《水心年谱》,求其墓碑不可得,适永嘉叶小阶广文自分水学谕替归见访,言其《家谱》有之,既而以此本见寄,则先生子宷所为圹记,非墓碑也。记中所叙官职特详,大约与本集《史传》及《宋职官志》合。赵振文,先生弟子,传《习学记言》者。此记当出宷手无疑,惟绍熙五年十月,除显谟阁学士,似非其次,或以交邻事重,权借峻秩,如今日使外国者之假衔耳。光绪辛巳孙某记。(《孙衣言孙诒让父子年谱》,187页)

是年,写定《郡志·职官补正》八卷、《郡志·选举考正》六卷。此二书校订乾隆温州旧志"职官""选举"两门之疏误处各数百条。(《孙衣言孙诒让父子年谱》,187页)

是年，金陵尊经书院薛时雨院长，请于江督刘坤一、布政使梁肇煌，以谱主去官时所留刊书之款，补成前布政梅启照刻而未竟之《数理精蕴》一书，属江宁知府赵佑宸、郡人石楷董理其事，而郡人汪士铎、田晋奎并与校刊之役。（《孙衣言孙诒让父子年谱》，187 页）。

是年，题《宋小泉半园图》：

云海风流尚远孙，宋尚书之才自号云梅。手芟松竹作篱藩。盘山山色天然绿，何处苔窠有屐痕。一　竹外轻飔拂拂生，床头纨扇已无情。一枝柔橹摇烟出，数点闲鸥立雪明。二（《孙衣言集》上册，263 页）

是年，收到《续纂江宁府志》，忆光绪五年欲阻二林公配享郑一拂先生祠事，有诗。

《金陵清凉山麓旧有一拂先生祠祀宋监门郑公侠己卯之春予以病在假有受当道意旨者请以闽二林公配食予欲尼之而不果今年得新修江宁续志阅之则所谓当道者亦与末坐矣为之一笑口占二十八字寄金陵士大夫》（辛巳）："一拂清风自渺然，如何簪组集群贤。今年更比去年好，又有困来郎罢前。"（《孙衣言集》上册，265 页）

是年，筑诒善试馆于郡城，为子弟辈应试寄舍。手书楹帖揭之楣间：

平生所学非科举；子弟能文亦可人。（《孙衣言孙诒让父子年谱》，185 页）

光绪八年　壬午　1882 年　六十八岁

春，读成都局重刻武英殿本《三国志》，有丹笔题记。（《孙衣言孙诒让父子年谱》189 页）

四月，重刊明正统黎谅本《叶水心文集》二十九卷，简末别增《补遗》一卷，载佚文九首、佚诗二首，镂板既竟，编入《永嘉丛书》，而自书其后。

《校刊黎本水心文集书后》："《叶文定公集》，余家所藏但有乾隆时永嘉刻本，雷宪副序，所谓于武林藏书家得全本补缀之者也。每病其多讹脱，又以意改窜，颇类浅人所为。继得方文辀《水心文抄本》，又于士友处见国初大字本，则永嘉本之误皆自大字本出，乃知雷序所谓全本，即此书也。访求明正统时黎氏刻本，久而未获。同治丁卯，主讲杭州，于钱塘丁松生所得黎刻残本,中有抄补数卷,未敢遽以为据。后五年以皖臬入觐,同年钱侍御桂森出此本见惠。首尾完善,意甚珍之。十馀年来,宦辙所至,辄以自随。窃惟宋南渡后,吾乡陈文节、叶文定二家之文,实非同时诸公所及。予编《永嘉丛书》,既刻《止斋集》《水心别集》,谋重刊此本,乃取《事文类聚》《黄氏日抄》、马氏《通考》、周密《浩然斋雅谈》、李心传《道命录》、吴子良《林下偶谈》、刘埙《隐居通议》、景定《建康志》、咸淳《临安志》、永乐《历代名臣奏议》诸书所载水心诗文,补正阙误,其他无可考,则永嘉本、大字本、方本与侍御元校本不知校者何人,似反以永嘉本改易黎本,而其与永嘉本不同者,又似别有所据,今姑取其一二。亦有取焉,或缺误显然,可以文义推测知为某字,辄以意改定,盖取便颂读而已。至于各本文字偶有不同,概不轻改,以存黎氏之旧。刻既竣,复为校注二卷,附之于后。①著其所以沿革之故,俾阅者得以订其当否。字句之异,义可两存者,亦并著之,以资参考。集中铭墓之文独多,所载吾乡人物,有可补志乘之缺者,间为详其出处。其关涉时事,如职官、选举、食货、兵制之类,多见《宋史》志传,其偶用当时俚言及官牒中语,亦颇见宋人说部,辄就所知为之注出,亦为后生颂读设也。惟前五卷所谓奏议者,皆具《别集》,自上殿诸札、四六谢表外,实水心撰拟进御之文。黎氏编集时,未见其书,故所收不全,且往往乱其篇次。今既刊《别集》,学者自当尽读全书,兹惟取文义较优者数条,藉正此本之失,其馀字句异同,不可悉举,亦不复著也。老病眊忘,且鲜友朋之助,以意改定,又不免自蹈前人之失,姑置家塾,为子弟辈讲肄,不足为传本也。光绪八年四月,逊学老人孙衣言书于邵峿寓庐。"(《孙衣言集》下册,843—844页;清同治光绪间刻本《水心文集》后跋)

是年,手定《盘谷孙氏族规》三十五条(全文载于家谱),略云:

> 族中推年辈最尊者一人为族长,年辈稍次者二人为族副。择读书好学、年力富强者四人为族正。设管仓、管库、帐房各一人,由族正慎选充任,受族正之指挥监督。

---

① 延钊谨案:家藏乾隆叶氏刻本《水心集》凡四帙:一同治丙寅丁卯间衣言手校;二同治辛未衣言手校;三光绪乙亥丙子间衣言手校;四光绪丁丑衣言手校,先后笔记繁夥,颇有异同。至是衣言自汇辑其散见各本者,别择而删订之,写为二卷,当时拟附刻而未果。今写本归延钊珍守。(《孙衣言孙诒让父子年谱》,190页)

族长既为年辈所拘,未必皆有名望之人,不妨但令坐拥虚位。如行为不正,不足为族人重,则族正邀同族副,到祠告于祖宗,于族副中择一代之,另推一人补足族副。

族正每年以二人轮值,总理一族之事,每年正月择吉日集子姓于祠中,宣讲祖训,务在详明剀切,使族人皆能感动。

族人有妄作为非者,告于族长副及族中之有爵位者,以家法治之。其有口角细故及因户婚、田土而诟争者,如据实在族正处具禀,族正会同察核,别其是非曲直,以祠规批出,揭于祠门之前,无许轻行涉讼。族人与外姓争,则以理为之劝解。若族人理直,为外姓所欺,则以祠规具呈,为之公禀,务令息讼而已,毋求胜人。

族中有黩乱伦纪,或触犯国法者,立斥出祠,并于谱上除名,俟犯斥者故后,方准其子入谱入祠;有为土豪讼棍,生事唆事者,立斥出祠,改过后,候查明属实,于次年春祭再行入祠;有显为忤逆,或欺凌孤寡者,不准入祠,改过者查明实已自新,即令具疏在祖堂前焚香叩头,及各族尊前行礼后,于次年春祭再行入祠;有性情恶劣,品行卑污者,或游荡挥霍,不务正业者,或无故不来听讲祖训者,或对于祖训明知故违者,均暂不准参与大祭,并停止轮值众产一次。俟悔改时,查明属实,即令在祖堂前焚香叩头,及各族尊前自陈过失后,于次年照常与祭,其众产则俟下届方许轮值。

族中有年老贫之者,由族正会同族长,酌量情形,随时拨款周济;其因少而无端废学,或长而游惰失业,以致穷困不能自立者,不在此例。

修谱为族中第一要事,每五年即将续增之谱刊印一次。

丧事以节俭中礼为度,婚嫁宜择门户相当,嫁女娶妇,须查其家世声誉及对其子女有无教法。凡婚嫁规制,预为一牌,悬于祠门,其欲与我结姻者,令其先来祠读族规一次,能用我法,方许通媒,其不乐从者免议。

予定有《训蒙教法》,族人可取用,延师时,先将教法与之约定,如胜任者,方可订请。每先生授书及学生还说之时,族正及本家父兄,可亲临听讲,其不合我训蒙之道者,礼解以去可也。(《孙衣言孙诒让父子年谱》,190—191页;《孙衣言集》下册,782—789页)

九月,邑人于城东隆山之麓掘得《宋吴积中妻许氏圹志》,谱主以志文与

《横塘集》参互考证，以明许氏为忠简女兄，父球、妣何即忠简父母。《宋史》传及郡邑志暨《许氏家谱》皆佚不载，因为书后，表章其事。（《孙衣言孙诒让父子年谱》，199 页）

九月二十三日（11 月 3 日），又读杜本吴梦窗甲、乙、丙、丁稿，并补遗，凡五卷，记云：

> 夜半微寒，窗外细竹十数竿，籁籁作声，似有霜意。九月二十三日。

（《孙衣言孙诒让父子年谱》，200 页）

十月，朱骏来函。

《与孙琴西方伯衣言同年书》："曩者道光庚子足下教习琉球，骏以取印结至学一面，自后己酉骏忝乡荐，庚壬癸均礼闱报罢，匆匆回里，未获一亲雅仪，翘慕奚如。今年八月骏至章门，于友人处得读尊著《逊学斋诗文集》一过，语语自性真流出，而尤佩服者持论正大，其攘斥外处，明目张胆，大声疾呼，凡流辈敢出此一言乎？当今作者断推足下。顷又晤经训书院院长王子庄先生，得悉足下起居安吉，遗荣著书，旁搜远绍，重刻永嘉全书，以饷同好。又刻孙氏《礼记集解》，窃思《小戴记》自汉儒后，惟卫正叔集说为优，吾乡云庄之书虽列学官，不足以餍学者之心。得敬轩先生此注，以补郑孔之所不逮，而又得足下表章之使襮著于天下，其有功于乡前辈为何如耶？足下重刻之书暨大集诗文，统祈见惠一部，邮交子庄顺携为便。渠明年三月必来江启馆也。同治庚午骏奉刘岘庄制军聘修本省通志，骏撮举序例，详其生爵世履，另成《江西艺文志》若干卷，拟请当道付梓单行，谨俟刻竣寄鉴。骏年已七十有五，自揣天分不优，读书又不多，故未敢出世与诸君子相周旋，息影蓬庐，仅与古人相酬对，闲取童时所读诸经温诵，率成《七经纂诂》，旁行斜上，载之书眉，安得一一庄写邮呈诲政？唯所作诗文，深愧浅薄，不足以存，窃欲广证同好，庶几见者众而是非可以定焉。兹乘子庄之便，敬呈一帙，倘可以言文，即乞赐序一通，其不可者亦恳摘其纰缪，详为批示，垂念骏僻处乡隅，无从就正。今同年中有古人若又以数奖言了之，甚非骏千里求教之至意也。附上重刻先文端文集、年谱及拙著《邃怀堂骈文笺注》各一部，祈检收，有不是处并正。天台庐阜，相隔遥遥，心所欲言，不尽千一，惟垂察不宣。壬午十月。"（《古欢斋文录》卷二，19—20 叶，《清代诗文集汇编》629 册，299 页）

十一月二十日(12月29日),为戴咸弼《东瓯金石志》作序。

　　《东瓯金石志序》:"《东瓯金石志》者,予友嘉善戴君咸弼之所为也。君草创此稿,盖十年以来。比予归自金陵,君时来假所藏书加之考订,而意殊不自足。复属予子诒让为之补校,诒让又以所得金石刻及晋宋六朝砖文益之,遂成书十有二卷,将以附予所编《永嘉丛书》中,盖君之为此勤矣。……光绪八年岁在壬午十一月二十日,邵屿寓庐。"(《孙衣言集》下册,585—586页)

　　《致鳌峰》:"鳌峰仁兄大人阁下:闻台驾日内即行,何匆遽乃尔耶?《金石志》须趣速刻,僭妄作一小跋,即以呈教。如可用,即并刻于后。如无它序,即书之卷端亦可,第一行宜删去。此非寻常俗书可比,似不皆请郡间□道序跋。弟每怯于庄说文书,请一学使者序,所谓佛头著粪也。一笑。即问行祈□,不具。小弟孙衣言顿首。"(《孙衣言集》下册,912页)

冬,致函陆心源,商借叶适《习学记言》、徐自明《宋宰辅编年录》二书。函云:

　　存斋仁兄大人阁下:前在金陵,时通音问,并荷借读秘笈。《永嘉丛书》之刻,实贤者之赐也。当时相去不远,意谓必当一见,乃以衰病乞闲,天涯海角,遂不知复有握手之欢矣?念之怅惘。儿辈每于沪上购书,辄见新刊丛书甚富。又闻插架卷逾十万,表幽阐微,望益努力,当与渌饮、斧季诸公并美千古。弟家居养疴,颇喜蒐采乡先生遗著,而苦于收藏不多,僻在海陬,尤苦无可假借。顷敝通家漱兰阁部,亦有同志,辄以属之。渠以学使者居三吴名胜之邦,网罗较易为力。久知邺架有叶文定《习学记言》、徐常博自明《续宋宰辅编年录》二书,均为明人精抄本,必当夐异弟处藏本,幸以见假,可由蔡氏二源转寄。俾得重刻以传。此外如有永嘉遗书,并望惠借录副,多多益善。新刊黎推官本《水心集》,并以呈政。《十万卷楼书目》刻成,尤以先睹为快。手颂著安。小弟衣言顿首。(《潜园友朋书问卷第六》,4—5页)

冬,致函黄体芳,云:

　　前闻留任之信,深为乡邦庆幸,哲郎旋里,携示手书,敬悉一切,慰喜无量。某衰态日甚,两耳加聋,足弱不能出门一步,惟夙好读书,尚未敢废。乡先生书,已刻十四种,惟刻书不难,难在传播,须每年印百数十部,分寄四方,乃不至仍归放轶耳。宋儒巨制,尚有水心《习学记言》、徐常博自明《宋宰辅编年录》,此书悉载《拜罢封赠制词》,最为巨观,多至二十本。不可听其湮没。吴兴陆观察心源家,均有明人抄本,兹函托二源转借,并以新刊《水心集》贻之,当必可得。馀如陈潜室《木钟集》、王忠文《梅溪前后集》,郡中皆曾重刊,而所据皆非善本。元儒则有史文玑之《管窥内外编》、陈子上《不系舟渔稿》、林霁山《白石樵唱》、李秘监《五峰集》,皆有益于后学,无愧于古人,能与前两书并刻以传,为君家家刻丛书,则尤千古关谈,一时盛事也。暨阳创立经学书院,具见盛意,惟时文却不可轻。宋时大儒,往往以时文引人于道,今日风气,若如龙门书院之专门讲学,恐后生望而生畏,不如用吕成公法,不废时文,渐渐引之于古。近来言经学者,专于文字训诂用心,恐非经之本意,且于立身济世,皆无致用之实,而异同攻击,徒长轻薄,百年以来功名气节,不及前代,未必不由于此。大贤有志当世,似当观风气所趋,挽其既散,不可更扬其波,鄙意以谓仍当以胡安定经义、治事为两大端,而兼治史学、时务,使学者通今知古,了然于得失成败、邪正贤奸之辨,则人才必当稍异于前矣。太史公以泰伯冠列国世家,即孟子不言利之意,虽为汉武帝平津侯辈对证发药,实千古见道人也。书院似可即以崇让命之,使儒者皆有太伯、季子之心,则岂复有欺君卖国者哉!尊意以为何如。(《孙衣言孙诒让父子年谱》,200—201页)

十二月,题九月于瑞安隆山出土的宋《吴积中妻许氏圹志》。

《书吴积中妻许氏圹志后》:"光绪八年九月,邑人于城东隆山之麓掘得石记,其文曰:'宋居士吴积中妻许氏,温州瑞安人。……嘉祐壬寅三月丁巳生,宣和甲辰十月丁巳卒,以建炎己酉九月癸酉葬邑之白岩山。……'是年十二月,记于城北寓庐。"(《孙衣言集》下册,597—598页)

是年,重纂《叶水心年谱》成。初平阳叶嘉榆尝有《文定年谱》之作,至是谱主重纂之,补订甚伙。(《孙衣言孙诒让父子年谱》,201页)

是年,校读秀水杜氏曼陀罗华阁本《周草窗词》二卷,《补遗》一卷,以朱笔圈点,既毕,书其后云:

病中无憀,辄读宋人长短句,以资排闷,案头有《弁阳翁词》一册,又有扬州江松泉影抄《蘋洲渔笛谱》二册,犹其笺注稿本也。略为订其舛异,意有所喜,以丹笔标出之,不必与他人意合,所谓丝竹淘写,不欲令儿辈学也。(《孙衣言孙诒让父子年谱》,199—200 页)

是年,俞樾来函,告知其孙陛云童子游庠,谱主有诗。

《荫甫书来知其稚孙又以童子游庠矣犹记咸丰七年予自定远军中归过荫甫于苏州留予居逾月时其两子始皆总角读书今其孙又将以科第起家岁月如流而荫甫家门日盛此时必当送考在杭寄诗先为之贺》(壬午):"乍脱征衣访客居,徐卿玉立见双雏。颇闻拥膝求梨枣,欻见腾身踏马驹。文字君家钱万选,科名他日树三珠。老翁风月西湖上,想得论文笑捋须。"(《孙衣言集》上册,265 页)

是年,同年杨彝珍来函,谱主有诗却寄。

《杨性农同年武陵书来却寄》:"又得衡阳信,开缄喜不胜。早知翁似鹤,尤爱字如蝇。为国心犹热,齐民术最能。如予惟一懒,遥乞万年藤。一 谈笑犹前日,飞腾遂八旬。无由尊酒共,差幸尺书频。年谷贫能散,弦歌德有邻。相期黄绮老,更掇紫芝新。二"(《孙衣言集》上册,265—266 页)

光绪九年　癸未　1883 年　六十九岁

正月,圈点苏局重刻东雅堂本《韩昌黎集》第一、第二两册四卷。(《孙衣言孙诒让父子年谱》204 页)

春,孙诒让五试会试,荐而未售。(《孙衣言孙诒让父子年谱》,204 页)

夏,学生黄体芳赠冰敬,谱主戏作一诗为谢。

《漱兰顷有所赠题其函曰冰敬戏作一诗为谢》:"故人心似玉壶冰,却借光辉到绿滕。南极火云烧六月,西山晴雪照千层。文园旧疾苏消渴,禅榻轻风洗郁蒸。急和梅羔天上去,五溪寇盗尚凭陵。都中六月以水浸青梅谓之冰梅汤,啜者必手击铜盏,声绝可听,今不闻此声十馀年矣。时法人方寇安南。"(《孙衣言集》上册,267 页)

八月,二弟孙锵鸣旧有翁方纲端砚一方,失而复得,有诗识喜,谱主亦赋诗一首。

《覃溪学士旧研仲弟视学粤西时所得乱后不知所在同里黄君得之溪中因以见归仲弟有诗识喜》："苏斋片石复来归,烽火泥途几合离。磨墨磨人何足较,楚弓楚得更无疑。百年壇坫兰台旧,万里輶轩桂海时。此后临池知笔法,两翁相对鬓如丝。"（《孙衣言集》上册,266—267页）

孙锵鸣《题家藏端溪石研》："家有端石紫方研一枚。予在粤西时,廖革堂重机山长所赠,翁覃溪学士物也。左侧有铭三十五字,曰:'端溪砚地沦于水,桔以桔橰斫石髓,费二百缗不少矣。漉波所得固无几,佳者不过如斯耳。'末署'观弈道人'四字。右篆书铭十七字,曰:'龙马尾,鸜鹆睛,聚于一石,是乃西洞之菁英。'末署'覃溪又铭'。咸丰辛酉（十一年）寇乱失去,里中人得之溪中。顷忽见还,旧物摩挲,重增感叹,用铭词前章韵为诗纪之。时光绪癸未（九年）中秋前一日也。"（《孙锵鸣集》上册,186页）

秋,有山客馈笋,赋诗以记。

《山人有饷笋者云此竹自夏初出笋直至秋末未已以沸汤瀹去其苦辄与春笋无异询其名曰箓竹也岂即淇澳诗人所咏者耶因记以诗》（癸未）："朝来山客偶倾囊,卷地西风觉笋香。我爱魏徵殊妩媚,人知卫武未荒忘。欲参玉版招新友,犹忆金锄劚旧冈。转瞬一阳泉下动,森森脱襁又成行。"（《孙衣言集》上册,266页）

是年,纂《永嘉古文词略》,凡为总目四门十二类,曰:

论著之文:姚以论辨自为一类,曾著述门有论著、词赋、序跋三类。今拟论著文为二类:

一议论。

二序跋。

告语之文四类:

一诏令　姚自为一类,曾以诏令入告语门,而与奏议、书牍、哀祭,合为四类。

二奏疏。

三书序　以赠序附书牍之后,赠序亦朋友相交之词也。寿序又附其后。

四祭祝　姚有哀祭类,今从曾入告语门。

记载之文三类:

一传状　姚传状，曾传志，今从姚，而以碑志别为一类。

二碑志。

三记叙　姚杂记，曾记载门传志外，有叙记、典志、杂记三类，今并为记叙。

词章之文三类：

一辞赋　姚辞赋，曾入著述门。

二箴铭颂赞　姚为箴铭类、颂赞类，曾入辞赋类。

三骈俪杂文　姚不录，曾不录。"（《孙衣言孙诒让父子年谱》204—205页）

总目既定，复逐类各论其体用，而于诸家制作，申明章法，品骘得失，尤为详审。论云：

议论之文，所谓义理之文也。学自明义理始，文以明义理为先，故学为文者，当自议论始。夫子曰："有德者必有言。"又曰："辞达而已矣。"又曰："言之不文，则不能行远。"议论之文，其体用尽于此矣。吾乡宋时诸先生，为议论之文者，莫粹于文节陈公，莫雄于文定叶公，其次则忠文王公，说理最为平实，而文稍逊焉。文节、文定，皆博极群书，而尤熟于一朝之掌故与当世之利病，宜其文之独绝。学者有得于文节，则可为欧、曾；有得于文定，则可为苏氏父子。故今之所录，二家为多。

古人所为一书，则必自见其意，以明一书之大旨。如鲁《论语》之记孔子，与历叙尧、舜以来至于周公；《孟子》之末章，述汤以来至于孔子，皆其旨也。马班自序，盖取诸此。太史公表、志，每揭其大旨于前，纪、传则系论赞于后，遂为后世史家之法。下则《战国策序》，书序之法备焉。吾乡先辈亦以陈、叶二公为最，而陈尤粹美。子固目录诸序，盖无以过也。

碑志出于史，而古人以刻金石，故体尚简严，秦以前无论矣。汉人惟蔡中郎以碑版擅天下，集中铭文独多，其所作率多隐栝为词。依次顺叙，间参俪语，与史传绝异。迨于唐初四杰，无不皆然。至韩文公，始加以变化，大放厥词，遂与史传相与表里。史为一代之书，主于详载事实，不加议论；而碑志纪一人之事，又多出于交游知旧之间，故叙事之中，兼以寄怀感遇。史传体方，方则规矩整齐；碑志体圆，圆则变化百出，此其同而异也。《太史公书》，如伯夷、管、荀、酷吏、游侠、货殖诸传，皆于纪载之中，自发议论，以寄其思慕悲愤之意，错综傲诡，不拘故常，亦以自为一家之言，与孟坚以后奉诏撰述者不同，故可以自行其意，曲尽其致。昌黎以来，铭文之奇，盖皆出于此矣。大约碑志之佳作，必先有知人论世之识，记一人之事，一时之言，而其人之贤奸邪正，其时之人兴衰成败，俱可得于意言之外。又其言所详略之间，褒贬予夺寓焉，则为作者之极思矣。吾乡周恭叔氏学于程氏，而独雄于文辞，其所作墓铭十馀篇，庄严奇伟，乃酷似韩子，盖濡染有得于介甫，或以谓宗法东坡者，非也。其后《史记》之学益盛，文节陈公、文定叶公相继而起，皆以子长之瑰奇，兼孟坚之切至，而文章之盛，遂与北宋诸家抗衡。文节最邃于经，故其文温粹，如彝鼎之重器。文定最深于史，故其文横厉，如龙虎之□□，学者取今之所选，熟而复之，其为韩、欧、《史》、《汉》，犹阶梯之可拾级而至也。行之为文节弟子，其《育德堂集》多至五十卷，予仅于蔡氏谱中，蒐获一篇，居然止斋嗣响。若张忠甫氏，止斋称其善为人铭祖父，有讽有劝，皆不虚书。大小郑公、止斋、朱子皆极称许其文，而遗集不传，此其可□惜也。至于浣川、霁山诸公，虽皆师法水心，而猎取皮毛，未能得其神理，故概不复录。盖碑志之文，贵于有法，亦贵于无法。陈、叶二公，皆规矩森严，而不拘于绳尺之中，此其所以为一代雄文，学者固无事于他求也。

叠山文章轨范分二类：曰大胆，曰小心，所谓小心者，法之密也，所谓大胆者，神明乎法之外也。作墓志尤贵大胆，然亦不离小心。陈、叶二公之文，叶是大胆，陈是小心，然陈公时取文外曲致，则未尝拘拘于小心。水心大篇文字，纵横骀宕，无所不可，而其提扶照应，一丝不走，何尝不是小心。周恭叔《戴明仲墓志》，首段略叙生平，即全载弟迅状及林定哀辞以成文，而不觉其芜累，又不作铭辞，纪文达谓其为金石文字更开一例，此即是胆大处。水心以王道甫、陈同甫合作一志，其叙道甫时，极感慨淋漓之致，而文节只以"由是绌，竟由是死"二语了之，以见当时人主之不能用才，而道甫之不善于自用其才，亦在言外，此可以见二公所得。止斋文往往于转折中、一两语中，具有无限感慨，此得之《史记》。然止斋往往有謇涩不能自达之患，虽其意曼衍泛滥，亦由才力略弱，故吴子良《林下偶谈》以为失之屏。水心作《陈文节墓志》用意极苦，而不免有手忙脚乱之病，盖由有意求好故也。以水心之才，遇此等大题，乃反不能讨好，故作文不可有矜持意。

为名人文字，其出处关系天下者，提出在前先论，此最行文之胜。

宁宗初元,召用止斋,岂非千载一时之遇,而卒不免于小人语间者,盖无昭烈、太宗之君,必不能用孔明、魏徵之臣。水心为止斋墓志,乃从茶院讲学一事说起,此岂一生出处所系、宁宗一朝治乱所关哉! 挈纲提领处,便落偏际,故以后不能运动如意矣。此水心落想偶误处。

水心叙事,最善变化,最善错综,其叙三代子女,亦篇篇不同,此最宜玩。水心好用四字骈语,如"露抄雪纂""重侯叠卿""论堂肆室""监书法帖"等,又或连用五字、七字句,或用俚语,或用俗字,盖由文名已盛,不免英雄欺人,随手掎摭,拉杂成文,此乃其文之累。而吴子良、陈耆卿、戴浣川之徒效水心者,并效此种,则所谓弃璠玙而取碱砆者矣。

古文皆散行,而有时即兼骈偶;古文皆无韵,而有时即属谐声。盖天地之道,阴阳奇偶,相辅而成。自六经诸史散行文中,往往参以偶语。至东汉以后,乃有全篇骈俪者,而楚人之赋,实导其源。至于徐、庾及唐之四杰,而骈俪之体成矣。盖取其音节铿锵,词华藻绘,易以动人也。今以辞赋为一类,而以世俗酬应文字为骈俪杂文,别为一类,以附词章门之末,于是文章之变极矣。

箴铭往往因事与地以立文,颂赞往往因人与物以立文,盖其意与序记相表里,而体归于严重简质,近于金石文字。(《孙衣言孙诒让父子年谱》,205—208页)

十二月十一日(1884年1月8日),应表弟项栗亭、榄谷之请,题舅舅项茗垞《秋林觅句图》诗四首,有序。

《题舅氏茗垞项先生秋林觅句图》:"舅氏茗垞项先生隐居不为科举学,而最工于诗,所著《耕读亭集》,士友间多传诵之。有《秋林觅句图》遗照,表弟栗亭、榄谷昆仲属予为诗,置之案头将一年,为人窃去,遍索不可复得,盖误以为人物画耳。予愧无以报答,乃补为断句四章,以志疏慢之过,且求栗亭、榄谷一商榷之。……光绪九年岁在癸未十二月十一日,午睡初起,书于城北邵屿寓庐。愚表兄孙衣言稿。"(温州博物馆藏原稿)

光绪十年　甲申　1884年　七十岁

正月,以今年七十寿,撰自寿诗二十章,以杜诗"人生七十古来稀"句为引首,回顾往事,抒发情怀。

> 《光绪甲申予行年七十矣少时赢弱多病窃幸老犹顽健然追念平生
> 亦多有可叹愕者辄以杜公句为引首成诗二十章粗述鄙怀兼示同志》(甲
> 申)。(《孙衣言集》上册,267—271页)

正月三十日(2月26日),致函俞樾,云:

> 荫甫仁弟同年阁下:半月前由邑尊程步庭大令交到手书,知尊体渐
> 健,深为慰庆。昨又由漱兰学使寄到去冬惠书,始得具悉颠末。我辈皆
> 六七十,自以端居少出,善自颐养为是。江阴书院漱兰意欲一住院山长
> 为诸生口讲指画,我弟既不能往,又欲请蘖田,而蘖弟亦畏远出。兄思
> 考古之学止须指示读书门径,本无须觏缕提命,尊恙已愈,则来往其间
> 便可,主持风教,何必定为啸山?顷已以此意函致,不知渠意云何耳。
> 著书之多,殊为健羡,又一一皆能上板,是何福命?续刻经解,漱兰亦似
> 有意嘱兄先一呈及,但恐为费大钜,非一学使者能独为耳。兄归田之
> 年,病未脱体,次年殇一长孙,意绪益长。幸连岁补我两孙,老怀稍宽。
> 自去年稍稍复健,惟耳目之力不能复还。词章游戏间一为之,偶作一两
> 种小书,然无精力再加整顿,尚未可遽付手民也。次儿屡试不第,体亦
> 羸弱,不敢过督。然其所学实我弟门庭中人也。常恨不得一侍左右,得
> 便尚祈一开迪之。性农似过八十而寄书不绝,可谓视朋友为性命。惟
> 此次书来,似非亲笔,且云去年惠痎大剧,如此高年,何堪再遇波浪,但
> 祝其多活数年,使吾辈不大寂寞也。敝郡现有沪上轮船,寄书极便,但
> 付苏城轮船信局,嘱其寄交温郡瑞安城内三益堂药店,则五日必到,即
> 寄所刻大著亦无误也。外寄《永嘉丛书》二部共八函,一致浙中丞刘仲
> 良前函为另加一签,一致苏中丞卫静澜,静澜亦甲辰同年,且此书豫中
> 绝少,冀广流传耳。手颂道安不具。年如兄衣言顿首,正月晦日。(《瑞安
> 孙家往来信札集》,61—62页)

正二月间,重检殿本《陈无己集》读之,略有评注。(《孙衣言孙诒让父子年谱》,
209页)

二三月间,检阅壬子、丁巳旧校王士祯《古诗选抄》所有笔记,重录一过,
复记于卷端云:

> 居京师,尝从友人林颖叔假阅翁覃溪学士《古诗选》评本,汉阳叶东

卿兵部所刊也。内有陈兰祥所录姚姬传评点,既以丹笔、墨笔分别传录,匆匆逾二十年。老眼昏花,细字几不能辨,乃复以墨笔重写一过。《古诗选》今有书局刻本,拟令抄胥移录其上,以便阅看,且使子弟辈有意学诗者有所启发也。"(《孙衣言孙诒让父子年谱》,209 页)

又于《古诗选》永叔、半山、东坡、山谷、遗山、具茨诸家《七言抄》,各补评点,乃为定本,而于《山谷七言抄》卷尾、王拯戊午识语之后书云:

定甫偏师之言,尚未甚当,山谷乃是用功之极,遂能绝去恒径,非偏师也。定甫下世已久,何人能印此言耶。光绪甲申又记。(《孙衣言孙诒让父子年谱》,209 页)

又检阅乙丑旧校《震川集》,记云:

同治乙丑,用蓝笔重读《震川集》,而以黄笔移录都中旧本梅伯言郎中评点。旧本失去十一卷至十六卷,故此五卷,皆无黄笔,而蓝笔亦止于十六表《长兴城隍灵应记》。盖当时因事中辍,因思梅先生评点不可遽缺,复取旧本十七卷以后重录之,而改用紫笔,十一卷至十六卷,则略就所省记者补之而已。蓝笔则管窥所及,俟缓缓为之改用墨笔可也。光绪甲申记于邵屿寓庐。卷十五

甲申三月,既以紫笔续录伯言先生评点,而旧本中尚有老友巴陵吴孝廉敏树评语及予旧圈点,皆丹笔,字极细,老眼几不可辨。今复以墨笔移录,二日而毕。惟旧本皆有句读,而此本句读止于十六卷《长兴城隍灵应记》,尚须覆读时补之。旧本向藏予弟处,今移录既毕,当仍以还吾弟。异日诸侄辈有知为古文者,不为无补,其善藏之。初三日记。卷三十

案中间有自言文处,可摘抄各篇眉上,可互相发也。大抵诸小简,具见震川志趣体用,宜字字看过,甲申三月。别集七小简(《孙衣言孙诒让父子年谱》,209—210 页)

三四月间,读金陵局重刻汲古阁本《楚辞》一过,有朱笔评点。(《孙衣言孙诒让父子年谱》,210 页)

四月初九日起,温读《三国志》,即以成都局本用丹笔圈点一过,至闰五月十八日而毕。(《孙衣言孙诒让父子年谱》,210 页)

夏,为永嘉李浦王氏宗谱撰序。

《王氏宗谱序》:"衣言自光绪己卯卸江南藩篆,引疾归里,方致意于

乡先正遗文,欲搜辑为《东瓯丛书》,其裔孙篠眉上舍以瓯滨公诗文集暨其子少卿鹤泉公诗文集来见。……今年春,其族谋葺宗谱,篠眉复袖卷首见示,请序于余。……时光绪十年岁次甲申夏月谷旦,赐进士出身、翰林院编修、前任湖北江南布政使升任太仆寺卿瑞安琴西孙衣言撰。"《孙衣言集》下册,850—851页)

六月,与锵鸣等于西山文昌阁雅集,谓游山不可无诗。

孙锵鸣《甲申六月同人集饮文昌阁逊学翁谓游山不可无诗作以督之余亦继作》:"心头无数好湖山,老矣风情似石顽。骄暑偏生三伏后,多才近聚一樽闲。从容文宴江楼集,喜惧军书海舶还。且向骚坛整旗鼓,醉归莫放作诗悭。"《孙锵鸣集》上册,227—228页)

见报纸上有一事颇慰老怀,赋诗二首寄黄体芳。

《半年以来屡见西人所谓新闻纸者有一近事颇慰老怀口占二律寄漱兰侍郎》:"左角蛮攻触,南柯檀伐槐。《浪语集》句。岂徒资笑粲,亦复慰衰颜。汤祝天无怒,佗骄地有材。却看堂阜税,还为邾支哀。一 万里都卢伎,千金洴澼方。鲵生惟凿空,垂死尚腾章。汉虏终当隙,孙吴只用长。老夫息壤在,佗日一思量。二"《孙衣言集》上册,272页)

七月,中法宣战,沿海戒严。

八月,患疮颇剧,病愈后读《素问》,即书卷后。

《八月间患疮颇剧病起读素问一过即书卷后》:"纷纷厚糈积民冤,那识灵兰有讨论。道技直参三画始,师承应与六经尊。未遭秦火书犹缺,独赖王冰注仅存。老傍药炉思补读,病馀无奈目眵昏。"《孙衣言集》上册,272页)

八月,又续作自寿诗六章,而去其复韵。

《今年正月以年至七十用子美句为诗二十首盖昔人感遇咏怀之类非自寿也生日渐近同人有欲为寿者愧不敢当乃复用杜句约为六章而去其复韵略述鄙怀示诸知友有爱我者其即以诗为贺可乎》:

"人生七十古来稀,俗论豪夸我却非。樗栎与松同耆老,桑榆得日且光辉。轻谈事业馀霜鬓,笑看儿孙竞彩衣。但作幸民随里社,敢烦宾客盛骖騑。

人生七十古来稀，偶假微疴脱世羁。山客昨诒新竹杖，溪翁有约旧苔矶。每闻国论徒搔首，未答君恩已息机。亦欲相从无事饮，伏波海上待宣威。时有法人之难。

人生七十古来稀，那复纷华问紫绯。官职不干文度事，田园已后子由归。两翁似鹤清无对，万卷收书意有祈。却笑世缘何日了，欲寻花竹看烟霏。

人生七十古来稀，诸老乾淳要嗣徽。经术止斋通物务，永嘉经制之学开于郑文肃，至文节陈公集其大成，通今知古，最有裨于实用，余常以此为后进劝。文章正则妙嘲讥。水心尝戒学者作文不可骂人，然水心即不免此。岂无师友如它日，文节谓吾乡最重师友。亦有名家或庶几。后起即今多俊妙，永嘉学者未风微。

人生七十古来稀，新曲无烦奏鹤飞。桂子天香吹馥郁，予以八月十七日生。菊英薿落动芳菲。家风慎守虫虿戒，用孙真人事，家人辈近颇知戒杀。国故能言楚越襁。史言东瓯王好鬼，而襁寿至百数十岁。但愧安心殊未稳，玉池清水几时肥。

人生七十古来稀，羊酒乡邻意敢违。弧矢志存终恼恍，蓼莪篇废久嗟唏。不嫌朽质施琱饰，最爱新诗粲贝玑。旧事院公成例在，臣门如水掩双扉。予为院枭，适年六十，时中丞太夫人生日同在一旬，乃自为手札密谕诸属僚，止其来贺及一切馈送，并断贺牍，于是抚署宾客甚盛，而无一人敢见枭司者。"（《孙衣言集》上册，273—274 页）

锵鸣和作六首，末有"寿骨弟兄人尽识，不嫌夜夜款柴扉"之句。（《孙锵鸣集》上册，228 页）

侄婿宋恕《和外伯舅孙琴西师七十自寿诗》：

人生七十古来稀，进德频知伯玉非。瘦竹一林人意淡，京尘十载使车骓。悍强皖俗柔皋法，奢泰吴风化卫衣。此日遥知诸父老，忆公惠政理琴徽。一　人生七十古来稀，勇退愁为禄利羁。万里海疆飞羽檄，五年江畔看渔矶。持危有术宜筹幄，招隐何词谢镜机。充国老谋天下仰，东山重出卜阳威。二　人生七十古来稀，盖世雄文压紫绯。山谷千秋遗响续，震川一代盛名归。先朝帝子经曾问，绝岛诸生学得祈。不倦诲人无鲁敏，有如初日破林霏。三　人生七十古来稀，数载频亲盛德辉。陈、叶闳词期后起，循华薄俗每深讥。耳衰雅调犹欣听，目壮中年未易几。惟愿颜光长不改，渐闻绪论悟精微。四　人生七十古来稀，旨酒瑶觞谢客飞。佳士李桃纷树植,藻词红紫斗芳菲。谦兼教孝非徒俭,寿即基仁不假彳几。绕膝儿孙奉甘旨,经霜乡味蟹螯肥。五 人生七十古来稀,旧约南游讵忍违。雁荡霜清悬月洁,云江涛壮挟风唏。吴潮枚赋词霏玉,华顶韩吟唾坠玑。莫使山灵延望久,愿随杖履叩云扉。六(《宋恕集》,下册,761—762页)

瑞安蔡其锷《寿孙琴西太仆七十有序》七首:

> 先生来诗六章,每章以杜子美诗'人生七十古来稀'为句首,初无步韵限韵之命。锷尘劳倥偬,未能应期称祝,亦未能清坐拈笔如欧阳永叔所谓三上者,除未学骑马外得之二上为多。夫先生硕德重望,七秩称觞,钜制鸿篇定属不少。陋劣如锷,安能表扬万一? 惟念葑菲不遗之意,因以杜句七字分冠每章之首,得诗七章,聊为芹献云尔。

> 人参天地果非诬,道德文章事业俱。奏疏直同忠简荩,撝词早撤退之腴。江南颂祷无虚日,楚北讴歌已满衢。似此修成三不朽,武公九十更怡愉。

> 生来禄命本超群,福德金神秀气纷。上寿兆同彭祖诞,大名垂似武侯芬.家传忠孝如绵竹,礼备官司溯典坟。逢吉康强方未艾,得天独厚有谁分。

> 七国刚肠鲁仲连,三唐正笔柳诚悬。永兴书本因人重,罗结名兼为寿传。早日归田缘种德,迟来祝嘏好延年。知公贞固同金石,岂特相方铁限穿。

> 十七史间有几人,官尊寿考谊精纯。邠侯架上神仙福,贞白山中宰相身。芳躅前贤原不远,良辰大造为回春。九如省识符天保,老圃秋容分外新。

> 古有眉山轼辙兴,弟兄才望若云蒸。乌台悔客犹如是,绿野优游岂易能。何幸两翁清似鹤,况兼诸子奋如鹏.国恩重叠团家庆,岳降菘生百福膺。

> 来今往古几低佪,纯嘏惟凭福地恢。七百年征周相度,四三公纪汉栽培。从知鹤凤钟灵久,自有夔龙济世才。大富贵还兼寿考,跻堂喜为酌觥垒。

> 稀疏踪迹转情深,蓬荜犹蒙辱玉音。千里黄河看浩渺,九秋白社动讴吟。洪钟细响知非匹,硕德耆年意久钦。我是野人诚献曝,应摩铜狄

鉴微忱。（《瑞安清民国诗词集》，第二册，521—523 页）

乐清徐乃康《祝孙琴西方伯七旬寿》三首：

耆英高会绮开筵，读罢瑶华喜欲颠。才富早推天下士，身强重见地行仙。蓬山牒注长生字，鞠醴春斟种寿泉。愧我未能亲祝嘏，深情聊复托诗篇。

西清珥笔夜灯青，仙咏霓裳曲可听。十载奇书窥二酉，一时博物重双丁。登朝衣钵传龙种，琴翁官翰林时，曾授诸王子读。报国文章授鲤庭。更美鸡林知姓氏，浮航有客共谈经。琴翁曾充琉球教习。

建节开藩听颂声，几年淮上拥旌旌。皖江政迹留遗爱，瓯海词章仰老成。琴翁近刻永嘉乡先辈文集并手订诗文大著。珍重名山身早定，婆娑杖国世争荣。八千拟祝灵椿寿，戏彩堂开乐事并。

大苏声价满天涯，赋到归田兴倍赊。叉手句吟新定草，生头酒赏昨开花。人传鲍谢能高咏，我爱韩欧是作家。想见耄年勤劝学，丹黄遗录已盈车。琴翁常以永嘉之学为后进劝。（《徐炳文集 徐德元集 徐乃康集》，493—494 页）

叶芝寿《和孙琴西先生七旬寿诗即用元韵》：

人生七十古来稀，仕止何曾伯玉非。入洛声名谈发轫，渡江事业记乘骓。陪京节度公推毂，柱国通侯密绍衣。闻道弱翁将大用，九重纶綍伫扬徽。

人生七十古来稀，插脚尘中巧卸鞿。清俸预营招鹤厂，高斋频梦钓鱼矶。莺花惜别江南客，鸥鸟浑忘海上机。刚报粤闽夷艘灭，茅檐曝背说天威。

人生七十古来稀，庭际蟠桃萼早绯。白首机云夸健在，黄金广受慰迟归。灵犀戢戢成丁立，故燕飞飞逐祈。尚有安昌门下士，后堂丝竹听音霏。

人生七十古来稀，束缊曾分寸火辉。集纂水心彭窃比，诗宗山谷郤无讥。东瓯金石搜将遍，南渡文章望可几。更妙元和柳家样，姜芽敛手独探微。

人生七十古来稀，齿慧犹争绛雪飞。瀛海师尊兼内外，香山体格杂荓菲。居无俗韵能培福，国有耆英共受禨。不信还乡骑黄鹄，经年相见道添肥。

人生七十古来稀,回也游从尚不违。一梦舸稜徒想像,六朝铜狄会嘘唏。循陔束晰求完璧,问字侯芭愧碎玑。蒲柳因依松栢茂,仙韶可复到蓬扉。（叶芝寿《鹤仙遗稿》,温州市图书馆藏乡著会抄本）

鲍鲲《寿孙太仆琴西先生七十》:

昔余初撷鲁宫芹,捷听泥金仰轶群。余于庚戌游庠,先生即于是科登馆选。七秩勋名光竹帛,三朝宠遇际风云。砥流柱石公堪任,寿世心香予敢焚。桃李公门参末座,卅年贡树愧香分。自丁酉至癸酉,余后先生三科得选。

十年染尽洛都尘,九转丹成老斲轮。平治交推天下吏,先生臬皖有政声。赞襄仍作日边臣。旋以仆射内召。息机世事心无竟,时假归调息。颐养林泉乐自真。瑶草何须仙境觅,延龄刚近菊花辰。诞辰在中秋后二日。

文章宗派重东嘉,庶子家丞辨实华。健笔昔曾雄翰苑,浓香到处薄官衙。心源一脉传重译,先生教习琉球,有重译授经图。佳咏千秋护壁纱。梨枣姓名真不朽,有《逊学斋诗文集》梓行。长生何必待餐霞。

一生标格鹤同清,雁序联吟倍有情。子舍早腾鹏翮健,孙枝况哕凤雏声。臣心似水坚前约,臬皖庆六旬时,僚属贺仪概行谢绝。帝眷如山寿国桢。岁晚吹龠同社饮,烽烟四扫合飞觥。时城乡筹办海防。（《影玉庐诗钞》,乡著会抄本）

俞荫甫寄寿诗六章,翻用杜句,倒次原韵。（《孙衣言孙诒让父子年谱》210 页）

是年,读陈师道《后山集》毕,戏题其后云:

太史文章雄天下,东登碣石南涛江。笔力自要山水助,贤杰所产匪一邦。闭门觅句陈无己,寒虫秋草吟相似。金华牧羊谪仙人,自谓高处不如君。好贤推善自一事,后世禍迫徒纷纷。君不见庐陵文雄退之后,论诗亦羡宛陵叟。（《孙衣言集》上册,228—229 页）

是年,为高曾祖祢各置祀田四十亩,学田十五亩,为子孙值祭读书计。（《孙衣言孙诒让父子年谱》210 页）

是年,丁丙以所刊《武林掌故丛编》十数种寄赠,谱主赋诗二首以谢。

《丁松生丙杭州书来以所刊武林掌故十数种见赠皆南渡后故都遗书也却寄二首》:"知君家有郇侯书,万卷琳琅拥石渠。延阁道山能好古,龙翔凤翥共研都。松生与其兄竹舟皆有论著。天涯独夜闻鸿雁,江上微波托鲤鱼。我亦永嘉思旧学,离群但作闭门居。—— 湖上梅花与雪妍,凤皇山色对苍然。每从毵舫陪谈笑,爱听塌麓韵管弦。一别霜蓬非旧日,几人王貌尚当年。金堂石室今何在,犹望骖鸾共散仙。二"(《孙衣言集》上册,271页)

是年,门人黄体芳校刊《习学记言》于江阴,所据以勘正者,谱主手校本也。

> 黄体芳序:"吾师孙太仆先生,最服膺于乡先生水心叶公。体芳昔在左右,或语及经济文章,必为言水心。《水心文集》《别集》既先后刊之,其《习学记言》五十卷,亦颇已散失,而先生及体芳处各有缮本,则以此事属之于体芳。比体芳视学江苏,欲刊是书,谋得他本校之,舛谬尤甚,乃求观先生藏本,具皆先生所自校。毛发差失无不辨者,于是体芳更循读一过,以光绪十年五月付刊,十二月刊成。水心之书,其说经不同于汉人,而其于宋,亦苏子瞻之流,要其微言大义,往往而在也。其为一时愤激之言,不可以转相师述。《史学》二十五卷,往往得水心经济所在,论唐史诸条,陈古剀今,尤有殷鉴夏后之意。"(《孙衣言孙诒让父子年谱》,210—211页)

是年,为平阳知县汤肇熙《出山草谱》作序,云:

> 万载汤侯,来为平阳,不数月威惠大行,循良之颂达乎四境。予闻而心慕之。既而邑之人士裒其所为条教文字数十百篇,寄以示予,既受而卒读之,窃叹侯之为政,所谓诚乎为民者也。昔在宋时,平阳号为难治,与括之松阳,婺之东阳,有"三阳"之称,作邑者颇患苦之。蔡任季重,平阳人也,而宰松阳。初至官,辄大署其门曰:"我与斯民为一体,谁言此邑号三阳?"夫官之与民,苟不知其实为一体,则聪明知虑之所及,政教号令之所施,必不能深察乎民之微,适符乎民之志,况于秦越之相视哉?今之平阳,畏法而知义,其易治固异于宋之时,而侯之与民一体,其用心乃无异于季重,将见平之民变,而至道侯之美政,日盛月新,久而不可胜书矣。此尤予之所深慕也。光绪甲申,治愚弟瑞安孙衣言谨序。

(《孙衣言集》下册,844—845页)

光绪十一年　乙酉　1885年　七十一岁

正月二十(3月6日),张文虎病卒於复园,年七十八。

《行状》:"乙酉正月复作,卒于复园。生于嘉庆戊辰五月二十九日,卒于光绪乙酉正月二十日,年七十有八。"(《张文虎年谱》182页)

写定《永嘉集》文内编、文外编,凡七十四卷,其内编四十八卷,辑抄北宋迄清吾郡作者一百七十馀家之文一千五百馀首,区为二十类:曰诰敕,曰谕戒,曰札状,曰论说,曰表,曰启,曰记,曰序跋,曰赠序,曰寿叙,曰书简,曰墓志铭,曰传状,曰祭文,曰颂,曰赞,曰铭,曰辞赋,曰疏文,曰祝文;外编二十六卷,举历代异地人文章有关吾郡史料者咸萃于斯,都六百十馀首,分十九类,目次小异,曰诰勅,曰御札,曰奏状,曰公牍,曰书,曰启,曰记,曰叙,曰题跋,曰赠序,曰字说,曰寿序,曰行状,曰墓志铭,曰碑铭,曰传,曰赞,曰祭文,曰祝文。内外编文,凡二千二百馀首。所采之书,自诸家专集、历朝总集外,旁徵史志群籍,以及石本拓墨,私家谱牒,网罗放失,抉拾醇雅。文中故实有未明者,随加案语,用资考证。盖视周天锡《慎江文徵》所涉尤博,所择为精,卷帙体例,并胜之也。(《孙衣言孙诒让父子年谱》,212—213页)

正月,访得平阳林文庄《观光集》写本一册,记云:

卷中诗多在金陵作,盖明祖初定都时,但不知以何事至此,及其后所终耳。志乘亦无可考。(《孙衣言孙诒让父子年谱》213页)

二月,重阅癸丑、丙寅两次所校《惜抱轩集》,以谓惜翁文,叙事处每失之平纯,乏精采,其患在不能稍简云。读至《陈氏藏书楼记》,圈出"闻合肥龚芝麓尚书所藏书,亦至今未失,其家专以一楼庋之,命一子弟贤者专司其事,借读出入,必有簿籍,故其存也获久。闻范氏之家法,盖亦略与同焉。夫一人之心,视其子孙皆一也。而子孙辄好分异,以书籍与田宅奴仆资生之具同析之。至有恐其不均,翦割书画古迹者,闻之使人悲恨。然则藏书非必不可久,抑其子孙之贤不异也"十七句,而书于题下云:

藏书之法,亦望我子孙知之。光绪乙酉二月记。(《孙衣言孙诒让父子年谱》213页)

二月,读《岘亭记》,记云:

盐道署予尝居二年馀,此亭亦重建矣。而岘亭之名,惜其不重揭之,予颇读《惜翁集》,而亦忽之,可笑也。乙酉二月记。(《孙衣言孙诒让父子年谱》213页)

春,先是法国盗越南,犯福建、台湾,清廷诏与宣战。至是法人北窥浙江，欧阳利见以精兵扼金鸡山，分遣诸将守海口。法人攻甚急，期必得宁波，然卒不能入尺寸。谱主闻而大喜，驰笺为贺，兼询战守情形。得欧阳利见复函，略云：

> 夷之在闽马江也，其兵船常以潮退时进，我兵迎击之，而潮水掣我船尾，船即左右动，故我之炮常不中，而夷之炮无虚发，我思之而知其所以困我也。令于军中，凡兵船皆为尾碇，碇必重千斤，于是我兵船皆有尾碇。后数日，夷果大集，船逆潮而进，我兵船亦迎击之，而我船首尾碇入水，屹不复动，炮放即中其船，凡坏其大船二，沉其小船及击毙夷兵无数。夷之始至也，我恐逼水而营之无所庇也，为隐垒以草山，而外为长墙以障之。我恐沿海列台之易为攻也，为移炮以就险，而散树旗帜以眩之。凡敌之所攻者，皆我之所不必争也；凡我之所据者，皆彼之所不能见也。敌不能窥我之虚实，以专用其锐，而我常能出敌之不意，以间用其奇，此夷之所以困也。招宝山斗入海，我炮室踞其巅，炸炮之所及也。我则使纫棕以为毯，和泥与蜃以涂之，鳞比以襄其台，厚数重，炸弹至，则毯受之，毯濡而韧，弹下如雨，而未尝一开，此以夷之所以困也。故敌之攻甚劳，而我之应甚逸，敌之技已穷，而我之气方锐，而其大旨则不外以静制动，以柔制刚，此所以幸而不为马江之续。（《孙衣言孙诒让父子年谱》213—214 页）

时温州戒严，瑞安右营阎都司麟趾，日从其长，治守备勤甚，邑人颇倚以为重，都司得海上报或幕府机密文书，即封以示谱主。（《孙衣言孙诒让父子年谱》214 页）

七月初九日（8 月 18 日），于《日本经籍访古志》中发现王执中、施发、卢祖常、王暐的著作，有感而记。

> 《记永嘉佚书》："宋时吾乡前辈皆能读书，喜著述，年久率多亡佚，其幸而存者仅有秘府著录，人间绝少传本，乡人士往往不得见之。项于沪上购得《日本经籍访古志》八册，其国人澁江全善道纯森立之、立夫二人所辑也，六合徐君承祖奉使在彼得之，即用其国活字板摆印以来，予偶翻阅集部所收，仅有《王忠文公百家苏诗注》一种，而医部所列则有王执中叔权《针灸资生经》七卷、施发政卿《察病指南》三卷、《续易简方论》六卷、卢祖常砥镜老人《续易简方后集》五卷、王暐养中《易简方脉论》一卷，而卢书为宋椠本，馀皆旧抄影宋本也。予家插架仅有叔权书一种，而施、卢、王三家所著不但郡志经籍失载，即其姓名字号亦不复可识矣，

岂非可惜也哉？幸当海内同文使节所通极于天地之际，乃得于殊方纪载，考见三人大略，所谓礼失而求诸埜，而前人著述之传实有数存乎其间，固有湮郁至数百年而忽显于一日者，古人以为托于文字可以无穷，岂虚语哉？此四家书，彼中皆有传本，而徐君为予友舞舟太守喆嗣，今将指在彼，或尚可物色致之以补家藏之缺也。时光绪十一年七夕后二日，邵屿寓庐。"（《孙衣言集》下册，594—595页）

秋，俞樾孙俞陛云初应乡试即得第二名，以诗贺之。

《荫甫长孙陛云以神童入泮有诗志喜今秋初应乡试即以第二人发解尤可喜也以诗贺之仍用元韵》："宝墨摩挲玉唾存，红绫姓氏又雏孙。名门中外兼文武，陛云为今大司马彭公孙女婿。我辈交游况弟昆。荫甫少予六岁，常以兄视予。雁塔春风期唱首，鹿鸣秋苑已抢元。宋时进士第二亦称状元，则今日乡荐第二亦可称元。老翁矍铄应西笑，依旧巢痕接紫垣。"（《孙衣言集》上册，275页）

九月，偶于郁逢庆《书画题跋记》见叶适《牡丹诗札》，云："前日入寺观牡丹，不觉已谢，惜其浓艳，故以诗怀之，敢冀见和。适上。'牡丹乘春芳，风雨苦相妒。朝来小庭中，零落已无数。魂销梓泽园，肠断马嵬路。尽日向阑干，踟蹰不能去。'"为书其后云：

案：此宋人手简十七条之一。王穉登跋云："右宋贤札子十七帖，皆一代名流鸿望魁垒英臣之笔。往岁客燕山，尝从朱忠禧公家绿荫亭中阅此。朱公好古，家藏名迹甚富，每爱惜此册，以为刘公一札，可当十部从事。诸贤濯濯，单言片翰，并有弘致，非近世雕虫之士所能比肩。忠禧化去未久，图书散落，此册为鬻画人持至江南，思重参事见之悽惋，遂出重资购之，命余题册尾，予与思重皆忠禧文酒之客，睹此不胜人琴之感，非徒以诸公手泽之故耳。"又崇祯甲戌九月闲止居士曹函光跋，略云："适者，水心居士叶正则也。嘉王之立，实发于公，以与赵丞相议不合，即拂衣归。水心诗早已精严，晚尤高古，今诗亦淡宕可爱。书法蔡君谟，而自具风骨。"又云："此册旧为朱忠禧物，后为谈岳山参军名志伊，字思重。得之，后又转入汪景辰家。今年秋，王越石舫中见之，予极爱刘无言、吴居父、叶水心之札，遂易得之，略疏其人于后，愧疏陋未能遍考，以俟世之博雅者。"案此册共十七人：宋绶、叶清臣、章衡、林希、蒋之奇、刘焘、叶梦得、张商英、周邦彦、林摅、韩世忠、吴说、吴琚及水心先生。馀三人曰煜、曰达、曰青谷德止者,不知何许人?宋公垂居册首,而水心居册末,盖当时以年代次之如此。据前二跋,则此册在明季已三易主,至今又二百馀年,不知尚在人间否?予生平极爱水心文,而苦不得见其手迹,今得此跋,可以想见约略,亦足以稍慰平生企慕之意也。光绪乙酉秋九月。(《孙衣言孙诒让父子年谱》215—216页)

九月初七日(10月14日),撰江宁浙江会馆联并跋。

宦宦水心同,羡老来香火祠庭,著为垂世雄文,一笑那知雷孝友;风流江左远,幸此际东南金箭,各自及时努力,他年还续晋阳秋。

予生平科第官职,略似乡先辈叶文定公,而引退皆在建康,则尤相似者。光绪十年,予闲居数年矣。乡人官金陵者,为浙邸方成,索为楹帖,辄撰寄五十字聊记踪迹,并为后进诸君勉之。岁在乙酉重阳前二日。(《孙衣言孙诒让父子年谱》216—217页)

九月初九日(10月16日),重阳节,同永嘉徐定超、余朝绅登华盖山,遥望慈山,水心先生葬处也,感赋及之。

《同人集华盖山》:"连年衰懒罢登高,今日青林发兴豪。共插茱萸酬令节,更招鸾鹤接词曹。谓徐班侯户部、余小泉进士。仙人已去馀鸡犬,洞穴何从问狄猱。却望慈山山色近,万松长鬣自呼号。慈山,水心葬处。一城郭遥看斗柄雄,容成太玉尚遗踪。神仙每喜谈黄帝,富贵谁能访赤松。树断江光明疋练,云开山色入疏栊。不知词赋谁豪健,倾耳清声万壑风。二"(《孙衣言集》上册,275页)

十月初一日(11月7日),立冬日,为阎麟趾之父撰墓表。

《江苏候补知县恤赠骑都尉阎君墓表》:"光绪十年春,丽水阎君麟趾来为瑞安右营都司。……又数月,以大府檄护提标右营游击为书告予,以其赠君之传来,曰愿有以表墓。予既知君,不可得而辞也。……光绪十一年十月立冬日。"(《孙衣言集》下册,652—654页)

十二月二十一日(1886年1月25日),赋《添字莺啼叙》一阕,为锵鸣七十寿。赋云:

虚名误惊海内,谓文章意气,似当日西蜀眉山,苏氏坡颖兄弟。东坡老天之奎宿,仙人偶谪游尘世。恐香山居士,犹难辄与为比。第一解

惟我阿同，子由小名，见坡集。沈静简默，卯君真不愧。上书劝经帷隆儒，九
重天语嗟异。咸丰初元，以曾文正公疏命，举行经筵日讲，不久辄罢。时仲弟视学粤西，上
书力言讲经有裨圣学，不可中止，且请勿循具文限以时刻。疏中有云："早朝既罢，百僚皆退，陛
下燕处宫中，日永风恬，不时宣召词臣，从容讲论，当亦以为乐，不以为劳也。"上意深为之动。
次日召见宰相卓文端公，备询仲弟年貌官履，且问是何等人。文端莫测其故，但奏云：是臣主会
试时门生，读书人也。后数日，文端以语贡荆山前辈，荆山转以询予，乃知先有此奏。其后家居
连被升擢，盖由于此。蚤归来东轩长老，子由自号。对炉篆编摩荒史。《宋史》言子
由在颍上，闭门默坐一室，焚香扫地，绝不见人。《古史》，子由所著。但飘然散发骑鲸，放
翁拜东坡画像诗云："但恨画师未造极，不作散发骑长鲸。"我非坡耳。第二解　黄州秃
鬓，句语本山谷。四海交游，竟孰为知己，叹六一，遂骑箕去，善类孤矣。绍
述忧边，熙丰辟利，龙鳞献替，蛾眉疑忌，风波世事都如此。赖君恩，犹
隔琼雷水，谁知阳羡东湖。东坡欲买田阳羡，而子由晚居颍川东湖。水绿山光，两
翁似鹊相对。第三解　今君晚福，七十平头，两颊红如醉，那似我龙钟衰
态。富贵功名，流水浮云，付之儿辈。诸生门下，魏徵妩媚，从容尊俎真
汉相，但联床听雨同幽意。檀香更刻观音，手爇沈薰，为君祝喜。第四解光
绪乙酉丙戌立春前十日，逊学老人填词。（《孙衣言孙诒让父子年谱》，217—218 页）

按：丙戌立春为正月初一日，前十日为十二月二十一日。

是年，为合肥张士珩君子居撰记。

《君子居记》："戚友张君又堂之季子曰士珩楚宝，贤而文，好读书，
又堂既寓家金陵冶城山下，复于山后得隙地，依山而临水，有竹数千挺，
乃作楼五楹，以为楚宝从师游艺之所，而其师汪君士铎取淇澳之言，命
曰'君子居'，既为之记矣。楚宝以尝从予游，以汪君之文寄予，属申其
说。予视其记，则又堂之所以勉其子、汪君之所以迪其徒、与楚宝之所
以自淑艾者，述之备矣，无可再言者，而独思冶城山者，前宰相文正曾公
雠书之所也。……而楚宝得以新进稚生游从问学间，则造其竹中之居
以望飞霞之间，想见贤宰相崎岖师旅，而好贤乐善有若饥渴，一时贤士
大夫幸得所依归，相与切磋琢磨，以共为君子天下之所以卒就平也，然
则汪君之所以策厉楚宝者，诚无俟于予言矣。光绪乙酉。"（《孙衣言集》下
册，613—614 页）

是年，得杨彝珍武陵书，却寄一诗，有"老来同病更相怜"之句，盖俱颇重
听也。

《杨性农书来云眠食如故而耳聋特甚见客须作笔谈余病适与相同为之一笑即寄一首》："科目相同四十年，老来同病更相怜。每憎世议方喧沸，遂断闻根得静便。青眼高歌真老矣，乌皮坐对亦欣然。金鎞好护双眸在，各向晴窗手一编。"（《孙衣言集》上册，276 页）

是年，得新出土宋林钟祖母《夫人鲍氏圹记》石本，题其拓墨后云：

此石光绪乙酉隔江土人得之土中，书法秀整，近率更令，撰人"戴"字下一字漫不可辨，细审似"槃"字，当再考之。（《孙衣言孙诒让父子年谱》，217 页）

是年，黄体芳从江阴寄示《马贞女诗》，且以潘祖荫尚书所为《烈女墓文》见寄，嘱为之诗，即次其韵寄之，并示潘祖荫：

倡优卜祝牛马走，贞女死贞死不朽。霜柯三尺风不摇，乃与恶物生同条。山谷诗"不与俗物同条生"。昔年归太仆，文与欧阳相季孟，自夸冰雪词，能书奇烈行。震川为陶节妇、韦节妇墓铭，自言如嚼冰雪。张家烈妇今犹生，震川记松江张烈妇文，最为激烈。今有烈女死非命。我门之英黄侍郎，我友尚书潘河阳。侍郎诗来血犹热，尚书文好书传香。山谷诗"使我腹中书传香"。我书此事能令万夫怒，天巧人谋两堪怖。父衰婿弱阿母死，托身阿姨匪行路。从来胡越有同舟，谁知婚寇还相谋。杨花入窜苦恍惚，桃花隔墙窥奇尤。楼下风腥狼子伏，楼头月黑鬼车哭。狼子咆哮马父瘖，嗟呼此女之死危不同。诬服一朝雨露捧天书，始信鬼神司祸福。吁嗟乎！太湖之水三万六千顷，惠山青绕太湖滨。前张妇，今马女，文章太仆真何人。我今老矣，安能诗与文？但望太湖之水，惠山之泉清无尘。（《孙衣言集》上册，229 页）

是年，有山客来，言所居多画眉，谱主索雌雄两只，有诗。

《山中客来言所居多画眉因乞致雌雄各一》："山客言山乐，山春百鸟娇。画眉尤娅姹，倾耳想风标。为我能笔致，因之破寂寥。却思严子濑，来去富春潮。七里濑多画眉，每省试时即倚枪听之。"（《孙衣言集》上册，276 页）

是年，有《次韵答陈菊潭润之》二首：

老翁七十真无事，旧友婆娑幸可攀。萱草堂前犹奉母，菊潭尚有母，年垂九十。宋时乡先生林介夫年九十馀，犹作萱堂以奉母。芙蓉海外欲寻山。宋时朱伯起为《阴阳精义》，水心序之，言其渡海葬妻大芙蓉，菊潭亦能言地理，时新丧偶。先生日膳厨三韭，弟子宵灯屋半间。菊潭以授徒为业。乡里善人真足矣，不须名氏满尘寰。一　相对茫茫各鬓丝，一黉愁说少年时。每看岁月成奔驶，试问文章孰主持。真率犹存灵璧石，薛承之国有灵璧石，见水心《薛中奉墓志》。风流谁续澍村碑。陈文节公居澍村。长庚落月能相伴，更向南弧祝寿祺。二《孙衣言集》上册，276—277页）

是年，泰顺知县宦懋和量移丽水，顺道来访，谱主赋诗为别。

《宦汝梅大令懋和自泰顺移丽水顺道见顾赋此为别》（乙酉）："割鸡三载住山城，新喜量移万户赢。游刃知君忘肯綮，挥弦从此益和平。风谣久入贤人祝，星采遥瞻处士明。所幸两邦仍鲁卫，黄河馀润岂无情。"（《孙衣言集》上册，274页）

按：宦懋和，遵义人。同治十三年（1874）进士，以知县用。

是年，得俞樾来函，赋诗寄答。

《俞荫甫书来寄答》："昨得吴中信，开函意惘然。白头兄弟少，来书中语。紫气斗牛偏。去雁将千里，浮云自一天。封题转惘怅，再见恐无缘。一　我老殊多病，年来幸稍苏。闻君亲药裹，何处觅江鱼。每恨书难达，于今梦亦疏。相期惟强饭，无事且端居。二"（《孙衣言集》上册，274—275页）

是年，同县陈润之卒，年七十。薛时雨卒于江宁，年六十八。李鸿裔卒，年五十五。

光绪十二年　丙戌　1886年　七十二岁

春初，表侄项芳蒨持项瓛所作《癸辛词》来，属为序。

《书表弟项君瓛癸辛词后》："今年春初，表侄芳蒨持一小帙来以见示，属予为序，则芝石所作《癸辛词》也，已授梓矣。……光绪丙戌八月。"（《孙衣言集》下册，595—596页）

春，孙家修浚县城集云河，辟诒善放生池，以接于虞池之旧潭。于是城之东北隅，舟行始利。（《孙衣言孙诒让父子年谱》217页）

二月二十九日（4月3日），续点东雅堂《韩集》卷五之四十，又《外集》十卷、《遗文》一卷、朱子校《集传》一卷，都凡十册，记于册末云：

> 光绪丙戌二月二十九日，读《韩文集》毕记，时年七十有二，逊学叟。

（《孙衣言孙诒让父子年谱》218 页）

三四月间，温读万历本《王临川集》至终篇。（《孙衣言孙诒让父子年谱》218 页）

四月，子诒让六试会试不第。

五月，检童冠儒《友十花楼课草》抄本，见其册端有岳甫张延年《骈体序启》残篇，因书于后云：

> 此永嘉张孟平孝廉泰青改名，此文不见《小东山集》，惜佚其前半。丙戌五月某记。（《孙衣言孙诒让父子年谱》220 页）

> 按：童冠儒，字砚农，永嘉人。嘉庆间诸生。与同时诗友结社唱和，有名花十友之称，锵鸣作有《十花楼诗稿序》。

杨晨之尊人莺谷广文友声出资创立黄岩二徐祠堂，奉祀宋儒真定先生_{中行}及其季子温节先生_{庭筠}，复以临海陈公辅为真定弟子。吾乡郑文肃与闻温节绪论，并祔其次。既讫工，王棻尝为之记。而谱主乃以杨晨之请，为撰碑文，极论安定胡氏经义治事条教之美。盖真定受经于安定弟子福唐刘彝_{执中}，而台州之学，再传至杜清献公_范，遂为端平贤相，皆二徐先生启迪之功也。

> 《黄岩新建二徐先生祠堂碑》："光绪十二年丙戌，书于城北寓庐。"

（《孙衣言集》下册，614—617 页）

是年，写定《瓯海轶闻》，凡为甲、乙、丙、丁四集。甲集曰永嘉学术。盖谱主以黄宗羲、全祖望《宋元学案》，于永嘉诸儒尚未赅备，而永嘉之学实于安定胡氏为一家言，乃补辑之，以明其源流，存其遗说，表其遗行。上溯皇祐，下逮于清，而于乾淳诸老言之尤详者，以其为宋代吾温人才极盛时也。乙集曰名臣、曰宦业、曰封爵、曰科第、曰文苑、曰氏族。丙集曰忠义、曰孝友、曰义行、曰介节、曰隐逸、曰官师遗爱、曰艺术、曰流寓、曰列女、曰方外。丁集曰古今图志、曰山川、曰风土、曰物产、曰建置、曰寺观、曰古迹、曰祠祀、曰冢墓、曰杂志。凡为目二十有七，为卷五十有八。（《孙衣言孙诒让父子年谱》222 页）

并撰《瓯海轶闻甲集序》，云：

> 同治戊辰之春，再至京师，颇思搜采乡邦轶事、史志所未详者，随时辑录，以补国闻之缺。因思自古以来，盛衰治乱之机，无不因乎学术，至

于一州一邑，其人心之邪正，风俗之厚薄，人材之众寡，莫不于学术见之。然则学术者，乡邦之大事也。吾温李唐以前，士大夫以文艺行治著者，史旷不书，至有宋仁宗时，博士周公、右丞许公、左史、给谏二刘公与同志之士十人，始自奋于海滨，北游太学，得列程吕氏之门，永嘉之学于是萌芽。其后文肃郑公初仕黄岩，请业于隐君子温节徐先生庭筠，温节实传安定胡氏之学，所谓经义治事者也。文肃既归，授之乡后进，于是文节、文宪二薛公、文节陈公、文懿蔡公、文定叶公相继并起，皆守胡氏家法，务通经以致之用，所谓经制之学也。文节陈公尝为《瑞安学记》，……文定为《温州学记》，曰永嘉之学，必兢省以御物欲者，周作于先，郑承于后也。必弥纶以通世变者，薛经其始，陈纬其终也。盖二公之论吾乡之学，其本末可见者如此。而其同时相先后如少南陈公、竹轩林公、忠文王公、忠简张公、忠文徐公，亡虑一二十人，初未尝以师授讲学，自立门户，而其功业气节之盛，皆卓然无愧于孔孟之徒，盖学术之正，其效见于人心风俗而蔚为人才者又如此，此圣人之经所以为有用也。其后南丰刘壎起潜本文，定论学之指，叙列永嘉诸儒渊源授受之绪，以郑氏为本师，盖胡氏之学为有宋一代人才所由盛，郑氏之学又吾温人才所由盛也。要之，皆以通经为本。……光绪丙戌，书于城北寓庐。(《逊学斋文续钞》卷一，7—8 叶;《孙衣言集》下册，586—587 页)

兹将甲集所著《群儒姓氏》及乙集《文苑诸家姓氏》撮录于下，以见一郡七百年来学士文人踵兴之迹，而永嘉之学独为永嘉之文，则尤谱主所为搜讨表章之闳意也软！

甲集　永嘉学术

学术总略

学术之始

王开祖永嘉，弟子戴士先。林石瑞安，玄孙戟，从陈傅良学。丁昌期永嘉，子宽夫、廉夫、志夫，与许景衡同官、同学。

洛学之传

周行己永嘉，弟子叶渐、吴表臣及济源李迎。许景衡瑞安。刘安节永嘉。刘安上安节弟。蔡元康平阳。谢佃瑞安。潘安固瑞安。沈躬行瑞安，从弟琪、介夫门人，从子大廉、大经。戴述永嘉，弟迅。赵霄瑞安，弟霈。张辉子孝恺。孝恺门人陈傅良、冯施叔，为辉再传弟子。从孙淳。鲍若雨永嘉。潘旻瑞安。蒋元中永嘉。陈经正平阳,弟经邦。**林季仲**永嘉,与弟仲熊、叔豹、季貍皆许景衡弟子。**吴表臣**永嘉,曾孙漾。**宋之才**平阳,龟山门人。

经制之学

郑伯熊永嘉,尝与朱子讲学,弟伯英,弟子陈傅良、朱伯起、木待问、蔡幼学、陈亮、应恕,即肃。**张淳**永嘉,**谢黔、谢霁**永嘉,**诸葛纯**永嘉,子悦。**薛季宣**永嘉,父徽言,从胡文定学。任象先,契于朱子。门人:陈傅良、王枏、徐元德、蒋叔舆、黄度、楼钥、王遇、潘景宪、石斗文、高宗商、石宗昭、陈牧之、潘友文、沈有开。**陈傅良**瑞安,弟子:陈说、蔡幼学、曹叔远、章用中、陈端己、林颐叔、林渊叔、沈昌、朱黼、胡时、林子燕、汪龙友、沈体仁、钱文子、陈岩、林大备、林居实、林载、胡宗、周勉、王绰、贾佖、冯琳、冯瑜、吕声之、吕冲之、洪霖、高松、倪千里、徐筠、黄章、袁申儒、吴汉英、吴琚、胡大时、沈有开、张端士、滕璘、张之望、王佐之、徐榓之。私淑:木天骏。**叶适**永嘉,弟子:方来、林居安、赵汝铎、邵持正、陈昂、薛仲庚、钱敳直、徐玑、陈志崇、戴栩、陈埴、周端朝、蒋叔舆、陈耆卿、王象祖、王汶、戴许、蔡仍、丁希亮、周南、孙之宏、王植、滕宬、孟猷、孟导、赵汝谱、夏庭简、王大受、邓传之、宋驹、王度、历仲方、孔元忠、袁聘儒、赵汝谈、叶绍翁、毛当时、张垓、陈桦、林鼐、戴木、郑东之、杜镇、虞枢、丁木、葛应龙、葛绍体、柯大春、王仲德。**陈谦**永嘉。**陈说**谦从弟。**陈武**瑞安,止斋族弟。**蔡幼学**瑞安。**曹叔远**永嘉。**章用中**平阳。**陈端己**平阳。**林颐叔**瑞安。**林渊叔**颐叔弟。**沈昌**瑞安。**朱黼**平阳。**胡时**乐清。**林子燕**乐清。**林大备**平阳。**林居实**瑞安。**林居安**瑞安。**赵汝铎**乐清。**邵持正**平阳。**陈昂**平阳。**徐玑**永嘉。**周端朝**永嘉。**薛仲庚**永嘉。**王绰**永嘉。**薛嵘**永嘉。**戴栩**永嘉。**蒋行简**永嘉,子叔舆。**陈岩**平阳。**王枏**永嘉。**彭仲刚**平阳。**王自中**平阳。**徐元德**永嘉。**戴溪**永嘉,子桶。**徐自明**永嘉。**陈季雅**永嘉。**王与之**永嘉,私淑河洛。**汤建**乐清,慈湖讲友。**刘黼**乐清。**胡一桂**永嘉。

朱学之传

陈埴永嘉,门人车安行、董楷、赵复斋、蒋世珍、徐霆、翁敏之、翁岩寿。**叶味道**永嘉,子采,为蔡西山、陈北溪门人。门人王梦松、赵景伟、王柏、缪主一。**林湜**平阳,父师中,子介。**戴蒙**永嘉,子仔、侗。**包定**永嘉。**徐寓**平阳。**沈儞**永嘉。**林武**永嘉。**蔡懊**平阳。**钱木之**乐清。**周儞**永嘉。**黄显子**永嘉。**蒋叔蒙**永嘉。

同时诸儒

万规乐清。**郑邦彦**乐清,从许景衡学。**贾如规**乐清,兄如讷。**钱熙载**乐清。**钱文子**乐清,弟子乔行简、丁黼、曹豳、汤程、陈元粹、王大昌、郑良明。**钱易直**乐清。**王十朋**乐清,子闻诗、闻礼,弟子叶士宁、宋晋之、赵彦真。**陈楠**平阳,父鳞。**陈岘**楠孙,子昉,从子均,门人真德秀。**李季可**永嘉。**陈一鹗**永嘉,子自修。**何逢原**永嘉,横渠门人,以《论语》授王十朋。**胡褒**永嘉。**胡襄**褒弟。**胡襄**襄弟,武夷门人。子序,从薛季宣游。孙宗,为陈傅良高弟。**叶仲堪**永嘉。**陈鹏飞**永嘉,门人潘朝卿、潘杰、黄补、林光朝、范端臣、张宗卿。**周去非**行己族孙,南轩弟子。**徐谊**平阳,与象山往来讲学,弟子刘轸、黄中、赵希琯、丁黼。**朱元昇**平阳,传邵子《易学》。**刘轸**平阳,子天益。**黄仲炎**永嘉。**刘春**永嘉。**魏谦光**平阳。**翁忱**乐清。**黄中**平阳。**薛凝之**平阳,子据。**曹豳**瑞安,叔远族子,从钱文子学。**木天骏**瑞安。**陈有辉**永嘉。**陈孜**永嘉,私淑程朱。**林景熙**平阳,近程朱。**郑朴翁**平阳,为陆氏学。

元明诸儒

陈刚平阳,胡石塘门人,叶西山三传弟子。**章仕尧**平阳,传朱学,门人彭庭坚、赵次诚、蒋允汶。**史伯璿**平阳,传朱子学于同里郑如珪。**郑昂**平阳。**李孝光**乐清,朱子续传,弟子陶宗仪。**朱子昌**平阳。**叶起**永嘉。**汪鼎新**永嘉。**赵良震**平阳。**孔文栩**平阳。**孔旸**平阳。**陈麟**永嘉,慈溪赵楷门人。**高明**瑞安,黄文献门人,弟诚。**孔克表**平阳。**洪铸**永嘉。**林温**永嘉。**李时可**乐清。**陈善、章瑶、王清**以上六人,并潜斋门人。**彭庭坚**瑞安,弟子天台杨子善。**赵次诚**乐清。**蒋允汶**永嘉,弟子王全、方祖安、徐裕轩,以上三人,清所门人。**王渊**开祖十世孙,允汶门人。门人谢亮、黄达等。**徐怀玉**永嘉,允汶弟子。**赵季城**瑞安,受业于允汶。**徐兴祖**平阳,史伯璿门人。**张谦**永嘉。**徐宗实**黄岩人,赘居永嘉,与弟宗茂,俱史伯璿门人。又同从彭庭坚游,门人黄淮。**木景芳**瑞安,得朱、蔡微旨。**黄淮**永嘉,弟子林璧。**张文选**永嘉,徐兴祖弟子。**刘现**永嘉。**陈亩**永嘉,文尹曾孙,门人周旋、阮撰、郑道宁、孙级。**林补**永嘉。**周旋**永嘉。**季应祁**瑞安,高明弟子。**虞原璩**瑞安,弟子韩伟、陈旦、郑锄。**季德基**应祁子。**倪寅**瑞安。**王爵**永嘉。**朱良鼎**永嘉。**董綗**泰顺。**蔡芳**平阳。**贺隆**永嘉。**项乔**永嘉,孙敬祖。**方继学**平阳。**王叔果**永嘉,和同朱、陆之学,父澈,弟叔杲,子光蕴。**王勋**永嘉。**郑楷**乐清。**王明扬**瑞安,子祚昌。**李维樾**瑞安。**史君实**乐清,子尊朱,父子尊信朱子。**陈昌言**瑞安,子之陛。

清儒

朱鸿瞻瑞安。**张超英**平阳。**徐炯文**乐清。**孙希旦**瑞安。**曾镛**泰顺。**方成珪**瑞安。**鲍作雨**瑞安。**冯文蔚**平阳。

乙集　文苑

宋

薛嘉言永嘉。**孙仲鳌**永嘉。**方云翼**平阳。**季仲默**,宋庆之永嘉。**甄龙友**永嘉。**万庚**乐清。**曹逢时**瑞安。**林应辰**平阳。**徐泳**平阳。**木待问**永嘉。**许及之**永嘉。**潘柽**永嘉。**周昌龄**平阳。**周学古**行己孙。**薛高**永嘉。**赵师秀**永嘉。**徐玑**永嘉。**翁卷**永嘉。**徐照**永嘉,以上四人为"四灵"。**卢祖皋**永嘉。**赵希迈**乐清。赵汝回永嘉。赵汝连乐清。薛师石永嘉。王奕瑞安，子庭镐，孙澄源。赵崇滋永嘉。翁常之，薛公圭平阳。薛梦桂公圭子。卢方春永嘉。薛师山师石弟。薛峒永嘉。周寀平阳。章哲平阳。盛烈永嘉。潘希白永嘉。林曾永嘉。陈供瑞安，闾巷陈氏之始。邵经国永嘉。张史院永嘉。朱景渊平阳。娄铸永嘉。薛荣祖永嘉。张庭芝永嘉。薛绍永嘉。黄国用永嘉。顾力行平阳。何一潭，周子敬，曹积孙瑞安。林雍平阳。曹穑孙瑞安。陈兼善供从子。陈养浩供从子。陈则翁供子。林正平阳。林碧梧，林伯舆，谢隽伯永嘉，鹤阳谢氏之始。

元

陈昌道永嘉。薛汉永嘉。曹睿永嘉。孙华孙永嘉。黄文举平阳。林伯和，陈秀民永嘉。陈钧乐清。章祖程平阳。陈高平阳。宋允恒平阳。林齐平阳。何岳平阳，与陈高、林齐称"瀛洲三杰"。林宽乐清。李至刚孝光从子弟。郑东平阳，弟采，兄弟合集曰《联璧》。文质，章哲平阳。郑僖平阳。黄石碉永嘉。陈昌时则翁长子。陈文尹兼善犹子。陈得时则翁仲子。陈识时则翁五子。陈冈昌时长子。陈允文瑞安。夏清伯永嘉。孔克烈平阳。孔从善永嘉。朱希晦乐清，与四明吴主一、箫台赵彦铭游咏雁山中，时称"雁山三老"。顾元龙平阳。余尧臣永嘉。张天英永嘉。郑洪永嘉。翁葵乐清。

明

张著平阳。南尧民乐清。缪珊平阳，弟琏，兄弟合集曰《埙篪》。陈文、金原祺永嘉。吴亨、谢道本永嘉。谢道宁永嘉。谢承芳永嘉。谢承楷永嘉。谢尚旦永嘉。章功懋平阳。董约泰顺。蔡凤瑞安。董秩泰顺。虞原祐元璩兄。李德琦德基弟。李廷珪德基子。李蒙廷珪从孙。季元蒙侄。鲍玮瑞安。王湖永嘉。陈鸣凤永嘉。陈璿供八世孙。陈镒识时六世孙。陈瑶供九世孙。董播平阳。李经勒乐清。林彦瑞安。叶聪永嘉。叶幼学永嘉。林天爵平阳。王应辰永嘉。项文焕乔子。章玄梅乐清。章可象乐清。章宗孔玄梅子。侯一麐永嘉。梅颐永嘉。周才甫永嘉。虞书瑞安。戴赏乐清。黄一鹏永嘉。张昂永嘉。方召乐清。谢敬撰永嘉。方日新永嘉，弟日升。陈宠宙孙。陈大识时六世孙。邱一龙瑞安。何白永嘉。王光美叔果子。王至言光蕴子。王至京光美子。洪孝先永嘉。康从理永嘉。张鸣鹤永嘉。娄格永嘉。陈良楚、朱玉永嘉。陈瑶乐清。彭时望乐清。陈澜平阳，弟彦生。陈演卿供十世孙。陈天复镒犹子。刘懋功永嘉。陈绍贤永嘉。虞世旸永嘉。周文颖永嘉。陈应聘永嘉。杜汝意平阳。王钦豫光蕴孙。柯荣永嘉。吕仲璞平阳。邵建章永嘉。刘思祖永嘉。金锡敦永嘉。蔡汝修瑞安。林宗志永嘉。陈立政永嘉。陈中英永嘉。张旸咏乐清。

陈一球乐清。孙林永嘉。郑可贞永嘉。王平世乐清。王钦彝钦豫族兄。林懋功永嘉。梅应时永嘉。姜应果永嘉。董天乐泰顺。董大臣泰顺。

清

周天锡永嘉。周天镜天锡弟。梅调元永嘉。李象坤乐清,弟象震。王至彪叔果族孙。黄朝珪永嘉。王詠永嘉。赵绍鼎永嘉。林健永嘉。李世瑞永嘉。林占春永嘉。刘士焜永嘉,子宗重。周家伟泰顺。王会昌祚昌弟。曾凤翔永嘉。陈邦纪永嘉。徐凝永嘉。李敫瑞安。郑应曾永嘉。李栋乐清。林青云瑞安。胡濬瑞安。王沄孙詠子。侯思炳乐清。梅占魁永嘉。林兆斗永嘉。梁祉乐清。胡璜瑞安。谷诚永嘉。林文朗乐清。林文焕乐清。陈敦让平阳。黄云岫平阳。蔡弘勋永嘉。朱镜物永嘉。潘青元永嘉。马世俊永嘉。林露瑞安。陈之恕永嘉。余永森、周京龄永嘉。王涵永嘉。祝圣源永嘉。季观乐永嘉。黄巢松永嘉。梅方通永嘉。计化龙永嘉。周士华永嘉。张炳光永嘉。张森炳光子。陈舜咨永嘉。王书升平阳。董正扬泰顺。董正揄正扬弟。高溥永嘉。张綦毋平阳。郁豫瑞安。叶嘉槆平阳。苏璠平阳。郑衡平阳。潘鼎泰顺。潘学邹泰顺。姚洙楷庆元人,居永嘉。潘宗耀永嘉。蔡敏瑞安。张泰青永嘉。周吾泰顺。林文翰泰顺。曾璜镛子。董祣泰顺。鲍台平阳。华文漪平阳。项霁瑞安。项傅霖霁弟。项傅梅傅霖弟。曹应枢瑞安。陈乙平阳。曾元琳永嘉。曾垞元琳弟。曾谐垞犹子。林大椿乐清。(《孙衣言孙诒让父子年谱》,222—227页)

八月初五日(9月2日),孙锵鸣收到谱主函。

孙锵鸣《丙戌沪游日记》:"接家中初一信并大兄、霖生信。"(温州市图书馆藏抄本,30叶)

八月初八日(9月5日),王彦威访孙诒绩,请求谱主为其父亲写寿联。

《孙仲彤日记》:"晴,弢公来,属至申江为购珊瑚栈纸,乞大人、伯父为其尊人菊人先生书寿联。"(温州市图书馆藏稿本,12叶)

八月,撰《诒善放生池记》。

《诒善放生池记》:"放生之事,出于佛家言,而物之不可妄杀,则见于孔子、孟子之说,及经传诸史不可胜举,盖佛之言多出于吾儒,以为佛而恶之,而以为儒者所不必为非也,以为佛而好之,而不知儒者别自有理亦非也。集云山之水,由北水门入城,过西河桥,而东流过予所居屋后,又过宋都桥,迤东抵城下,折而南流,至东水门,复受城外之水渟为大池,谓之虞池。虞池者,所以虞意外也,水持深广,虽久旱不竭,而自予所居至东城,其流仅一线,岁久瓦砾垒垒,不复通舟矣。予始归里,里人以为言,即出钱三十万佣而疏之,于其折而南也浚为方潭,潭长十丈,宽五丈,深二丈有奇,而城下有民屋旁舍斗出河上,河犹狭不通舟。今年春,购民屋,移其旁舍于西,舟行始利,而恨潭尚小,不足以储水,乃复以钱六万佣而浚之,以接于旧潭,其广轮视旧潭加三之一,于是城之东北隅水始聚矣。吾邑之人好持斋奉佛,时时买鱼鳖生物放之,吾家妇女或效之,以为佛家言也,而得生物辄送之城外河,患迁远乃以此潭为之,命曰'诒善放生之池',使里之人及吾家妇女为放生之举,树碑以表之,且为之约曰'无秽污,无网罟,好生之道'也。或曰:'放鱼鳖,此潭任其所之,则人将取之,盍为之闸以围之?'予曰:'为之闸,则不能行舟,利于物而妨于人,非儒之道也。'昔者汤之渔而祝之曰:'欲左,左。欲右,右。不用命者入吾网。'今放之于此,欲其生也,其或它徙则所谓不用命者也,于放者何恨焉? 此又儒者之言也。且夫放生爱物也,物犹爱之,则于兄弟族人何如也? 于邻里乡党与夫饥寒疾痛之无告者何如也? 此之不可不思也。鱼鳖之类,姑尽吾心,而稍阔略焉其可也,此又儒者之理也。是为记。丙戌八月,逊学老人书。"(《孙衣言集》下册,622—623页)

八月,书表弟项瑸《癸辛词》后,略云:

今年春初,表侄芳蒨持一帙来以见示,属予为序,则芝石所作《癸辛词》也,已授梓矣。予在京师时年二十三四,亦尝学为词,以示友人四明姚燮梅伯,梅伯笑曰:"子木心石肠,何必学为此,徒妨它业耳?"予自是绝不敢为词,忽忽四十年矣。然每读苏子瞻、张于湖、陈同甫诸家之作,豪情逸兴相去千馀年,而其傲睨一世之概犹在目前,窃谓词固未可轻,且亦何必定作儿女子语耶? 因是复为小词数阕,传示友好,以为娱戏,然终以用心不耐曲折,不数月复弃去矣。今观芝石所作沈着痛快,亦非琐琐步趋秦乡者,至其取材富赡,修词藻雅,则沾溉于诸父之教有自来也,因谓芳蒨曰:"吾永嘉自卢蒲江、赵西里后,此调寂寞五百年矣。乃今复见此作,若辈年少才华方盛,奈何不自努力?"遂稍为校订书数语,以还之。光绪丙戌八月。(《孙衣言集》下册,595—596页)

八月,撰《水仙亭词序》,落款云:

光绪丙戌八月,逊学老人孙衣言书于邵峤寓庐,时年七十有二。(清光绪十二年项氏刻本《瑞安项氏遗书》)

八月,为知县程钟瑞送行作诗、作序。

《送程大令》:"老病思扶杖,衰慵只闭门。每承减车骑,时一叩林樊。朴讷仍无语,疮痍或在论。送行车几辆,它日画图存。"(《孙衣言集》上册,279页)

《程宰送行序》:"溧阳程侯为邑于瑞安,今三年矣。……今者奉省檄将舍吾瑞安而去,吾邑之民则甚惜其去而不能留也,其为士者各为歌诗,以为之赠,盖以道邑民之习而已。……光绪丙戌八月,逊学老人。"(《孙衣言集》下册,657页)

时,程钟瑞六十寿,作《知足图》,谱主题诗以祝。

《题程宰知足图同仲弟作》:"使君似山人,骑驴此山麓。有何褐之父,从以车独毂。前者又何人,高鞍出乔木。那计曾磴危,但喜著鞭速。君乎勒双鞿,驴瘦行踯躅。驴行姑徐徐,车行苦荦确。画师亦解人,写貌得君腹。吏道日多端,众骏各驰逐。往往营阶梯,磨厉奋圭角。名声固歘起,民气恐彫促。君来海边县,澹然似无欲。日饮但无何,六十犹颜渥。岂徒身康强,要为世褆福。平生郿曼容,所虑匪耻辱。诗人颂君子,岂弟千百禄。一尊丰湖春,他日西庙祝。"(《孙衣言集》上册,229—230页)

《程大令六十初度作知足图以自寿》:"宝云山路百盘纡,骏马高鞍那美渠。缓辔莫嫌驴踯躅,一翁汗背独辕车。一   仕宦平生郿曼容,行年七十太龙钟。从君笑乞安心药,无事仙人访赤松。二"(《孙衣言集》上册,279页)

九月初,为同年朱觥《古欢堂文录》作序。

《同年朱芷汀学博文集序》:"归自金陵之明年,友人黄岩王君子庄主讲江西会垣,同年友朱君觥因子庄抵予书,以其曾王父相国文端公集及所注《邃怀堂四六》与其自著《古欢堂文录》见示,且命为文录序。……光绪丙戌。"(《孙衣言集》下册,588—589页;《古欢斋文录》,《清代诗文集汇编》629册,263—264页)

九月初十日(10月7日),又为同年朱觥《古欢堂文录》书。

《又书朱芷汀文后》:"九月十日又记。"(《孙衣言集》下册,589—590页)

九月二十五日（10 月 22 日），撰重修平阳宋儒陈经邦、陈经正两先生墓记。

《重修宋儒陈先生墓记》："宋儒陈先生经邦贵叙与其从弟经正贵一墓在平阳亲仁乡龟山北峦之麓，里俗所谓江南也，两墓相去数十武，岁久而圮，土人侵以为田。……光绪乙酉，秀才某字镜蓉者亦先生裔也，闻其同族居顺溪者曰荫庭，与从子承黻方建会文书院于南荡山中，书院故陈先生读书处，乃以修墓事即之谋荫庭、承黻，欣然出己赀葺而新之，复割田三亩以供祀事。予友杨生循约、镜澄兄弟谓荫庭、承黻之好义，镜蓉之不忘其祖，而又恐其墓之久而复废也，乃属予记之。……光绪丙戌九月二十五日。"（《孙衣言集》下册，619—622 页）

九月，撰《镇海防夷图记》。

《镇海防夷图记》："光绪十二年九月。"（《孙衣言集》下册，617—619 页）

十一月初二日（11 月 27 日），孙诒绩来。

《孙仲彤日记》："谒宗祠暨世父，世父矍铄逾旧，家庭之庆，良用忻然。"

十一月初七日（12 月 2 日），孙诒绩来，询问京华文献。

《孙仲彤日记》："丙申，晴。至世父处详询以京华文献。夜午始归。"

十一月初十日（12 月 5 日），孙诒绩来。

《孙仲彤日记》："旬日己亥，晴。往谒世父。"

十一月十五日（12 月 10 日），孙诒绩来。

《孙仲彤日记》："望日，甲辰，晴。读述学十数篇。往谒世父。"

十一月十九日（12 月 14 日），往视孙诒绩。

《孙仲彤日记》："戊申，晴。世父临视。"

十一月二十七日（12 月 22 日），孙诒绩来。

《孙仲彤日记》："廿七日，丙辰，阴。天气暴凉。晚往谒世父。"

十一月二十八日（12 月 23 日），五月二十日起至十一月二十七日，温读

《汉书》一过,是日记于帙尾云:

> 官翰林时,尝得姚先生姬传评点《前汉书》,以所藏汲古阁本移录,置之案头五六年矣。乱后失去,戊辰复至京师,又购得汲古本,摹印甚劣,而亦有圈点,首尾皆无题记,惟某卷中有"育按"二字,盖阅者之名,而不知其姓,殊以为憾。其圈点多寡,与姚本不甚相远,而姚本兼取文字奇丽浓至;此则行文脉络为重,盖亦精于文字者,可与姚本相辅而行。为皖臬时,友人吴尚书棠仲宣方制蜀中,以所刻《史》《汉》《三国志》见赠,盖据武英殿官书重刊,纸板皆佳,予于前数年,尝以己意阅《三国志》一过。今年颇思温读《史》《汉》,乃取此本圈点,手自移录,起五月二十日,至十一月二十七日而毕。其评语亦多精当,目昏不能辨细字,则倩友人以墨笔录之。姬传先生评本,戚友间颇有传者,它日更假得并录为一书,则为之满志踌躇矣。丙戌长至后一日记,时年七十有二。(《孙衣言孙诒让父子年谱》221—222页)

又记于《礼乐志》卷中云:

> 篇中分段提行处,似皆非班氏原本,当并作一篇读,乃能得其用意行文之妙。(《孙衣言孙诒让父子年谱》222页)

十二月初二日(12月26日),孙诒绩来。

> 《孙仲彤日记》:"庚申,晴。……往谒世父。"

十二月十二日(1887年1月5日),孙诒绩来。

> 《孙仲彤日记》:"庚午,晨雨霰,午后开霁。买舟返家,晤海筹。往谒世父。"

十二月十五日(1月8日),孙诒绩来,为张士珩求书《竹居记》。

> 《孙仲彤日记》:"望日,癸酉,阴。午后往谒世父,为楚宝丈求书《竹居记》。"

十二月十七日(1月10日),孙诒绩来。

> 《孙仲彤日记》:"乙亥,晴。往谒世父三次。晤曾秋嵋世兄忘其字。伯龙、蔚文来。"

十二月二十五日(1月18日),孙诒绩来。

《孙仲彤日记》："癸未,晴。……往谒世父。"

十二月二十八日(1月21日),孙诒绩来。

《孙仲彤日记》："丙戌,晴。晚往谒世父。"

十二月三十日(1月23日),除夕,孙诒绩偕诸位兄弟来辞岁。

《孙仲彤日记》："除夕,戊子,雨。祭祖设位于老屋西轩。晚诸舅偕至世父许辞岁。"

是年,为亡友王拯《龙壁山房文集》作序、作诗。

《书王定甫集后》："光绪丙戌,书于邵屿寓庐。"(《孙衣言集》下册,590—593页)

《王定甫同年拯遗集在予所将二十年欲为之序以病不果今闻其子正中伫潘中皆以拔贡应廷试在京师将以此集寄还先之以诗》："后死相望十载馀,一编时读子云书。徒闻皇甫传三赋,深喜徐卿有二雏。选士几家登玉毂,奇文何虑误金车。即看世业青箱贵,异日桓谭意孰如。一海王村馆昔论文,定甫京师所居,古之海王村也,因自榜曰海王村馆。古寺钟声向晓闻。予与定甫、海门京居皆相近,每相过,则饮酒论文,闻邻寺钟鸣乃散。满地黄巾惊墩火,咸丰癸丑粤匪逼天津。有人白发隔江坟。伯言先生以病归,客于袁浦。应刘朋辈随流水,瓯粤山河共夕曛。投老著书谁与语,疏帘永日对炉芬。二"(《孙衣言集》上册,277页)

是年,自题七十小像诗。

《自题七十小像》："坠地于今七十年,如驹过隙箭离弦。文章事业都无据,但有须眉雪凛然。"(《孙衣言集》上册,278页)

是年,俞樾送孙俞陛云入都会试,举家偕行,谱主感而和诗二首。

《同年俞荫甫大史文孙陛云十七岁乡举第二荫甫挈之入都怜其稚少举家偕行抵都汪柳门阁部徐花农编修即行馆为举贺觞荫甫有诗纪事云诸君为我洗瓶罂又念衰翁懒出行仍仿右台山馆例倍征东道主人情清和且喜宜春服脱略几忘在帝城只惜彭庵老居士此时杯酒未同倾荫甫既返吴门即以此诗寄示老翁风趣可想然有此佳子弟宜其乐也即和寄之》："孝廉舡到竞尊罍,侍母还随大父行。似此公车真创格,荫甫来书云此乃送考创格,本科考客六千,未必有第二家也。教人西笑欲移情。衣香扇影春三月,玉

尘金鸠尺五城。_{人言荫甫在京装束如此，又一创格也。便作画图传海外，荫甫有日}
本门生。一时观听为君倾。"（《孙衣言集》上册，278页）

《既和荫甫都中诗意有未尽再和一首寄之》："蓬莱重到集芳罳，珠
玉新题酒数行。要为科名添盛事，不妨儿女各多情。漫夸置郖如王令，
却喜藏身入帝城。异日青云随后辈，天瓢快酌更同倾。"（《孙衣言集》上册，
279页）

是年，有函致阎镇珩，云：

前得杨同年性农来书，极道文行之美，且谓适在子玖学使幕中，不
可不一相见。性农与衣言同科目逾三十年，相去三千馀里，然未尝三四
月不得其书，闻八十老翁犹必自作蝇头细字，有所为文，必寄以相示，是
真以文章友朋为性命者也。说士如肉，津津有味，其器重阁下如此，私
心诚切倾慕。意谓此次使者临郡，必可一望清光，并得面叩性农近状。
比至八月间，颇患暑疾，未能自力，遣人伺候踪迹，则云并未随从至瓯，
殊为怅怅，当即修书以通学使，并附去性农答书。又寄呈新刻永嘉先辈
书数种，遣人至郡，则使者已先一日上道矣。此书遂留不发，因循至今，
每念老友拳拳之意，不胜惶愧。顷读来教，具仰趋向之卓，奖借太过，令
人愧汗，度亦疮痂味如鳆鱼，偶投其所好而然耶。承示大文一帙，才气
横溢，有不可一世之概，日进不已，必当与介甫、退之并驾齐驱，非但如
近世方、姚之俦巳也。敬服。谨就所见略为加墨，不知管中窥豹，能见
一斑否也？近来文章之运，钟于湖湘文正曾公尤为得天独厚，所钞经史
百家，持论最正，所见最大，非如姚姬传氏墨守家法之比，其自作文则涵
蓄闳深，发挥盛大，诚非宋元以来所有。逸梧祭酒以为冠绝古今，非卓
有所见，不敢作此惊人之语，窃谓即此可以观逸梧之学。阁下幸生文正
乡里，而为性农馆甥，子玖、逸梧又皆在师友之列，文章一事，可以无俟
他求矣。覃精研思，年力方强，又安能测其所至耶？衣言幼而不学，老
而无成，复何足道？所望英俊后起，志气才力得如阁下者十数人，昌大
而光明之，本朝之文不但如唐元和、宋元祐之盛而已，岂不懿哉？山居
寂寞，续有论著，不吝时时见示为幸。谨此奉复，即颂著安，诸惟垂照不
宣。世愚弟孙衣言顿首。（《孙衣言集》下册，866—867页）

是年，平阳江南陈氏重筑会文书院于南荡山中，又修葺其先陈经邦_{贵叙}、
陈经正_{贵一}二先生墓。会文书院，乃二先生读书处也。修筑既成，谱主为之

记，考论二先生里居世次甚详，复用锵鸣韵赋诗，有"遂为浙学文斯在，直到横阳士尚峨"之句。盖二先生兄弟四人，皆入洛从伊川，遂为洛学入浙之始。而平阳之学，徐忠文公谊自为一家。至元而章清所士尧、史文玑伯璿、徐横阳兴祖又为朱学，皆木钟嫡传云。（《孙衣言孙诒让父子年谱》，221页）

《陈秀才承绂重筑会文书院其远祖陈贵一兄弟读书处也予弟有诗即用其韵》："兄弟同时奋薜萝，北方千里就磨砻。遂为浙学文斯在，直到横阳士尚峨。伊洛微言持敬始，永嘉先辈读书多。荆榛重辟宗风远，莫但比邻听酒歌。"（《孙衣言集》上册，277—278页）

是年，检阅自刻《永嘉丛书》本《浪语集》，于十二月廿日读终全帙三十五卷，以硃笔圈点一过，评注颇详，复补校误夺，得若干字。而于三十卷中《叙握奇经》及《八阵图赞》等篇，举正错简，以纠从来传本之谬。（《孙衣言孙诒让父子年谱》，227—228页）

光绪十三年　丁亥　1887年　七十三岁

正月初一日（1月24日），孙诒绩来拜年。

《孙仲彤日记》："元旦，己丑，雨。……冒至世父处贺年。"

正月初六日（1月29日），阎镇珩收到谱主函。

《越游日编》卷四《孙太仆》："丁亥正月初六得瑞安孙太仆书，略曰：'顷奉来教，具仰趣向之卓。承示大文一帙，才气横溢，有不可一世之概，日进不已，必当与退之、介甫并驾齐驱，非但如近世方、姚之俦也。敬服敬服。谨就所见略为加墨，不知管中窥测，能见一斑否也。近来文章之运，钟于湖湘文正曾公，尤为得天独厚，所钞经史百家，持论最正，所见最大，非如姚姬传氏墨守家法之比，其自著文涵蓄阂深，发挥盛大，诚非宋元以来所有。阁下幸生文正乡里，而为性农馆甥，文章一事，可以无俟他求矣。覃精研思，年力方强，又乌能测其所至耶？衣言幼而不学，老而无成，复何足道？所望英俊后起，志气才力得如阁下者十数人，昌大而光明之，本朝之文不但如唐元和、宋元祐之盛而已，岂不懿哉。'"

（《北岳遗书》，《清代诗文集汇编》763册，539页）

正月十一日(2月3日),孙诒绩来谒。

《孙仲彤日记》:"己亥,阴。往谒世父。"

正月二十一日(2月13日),孙诒绩来谒。

《孙仲彤日记》:"己酉,晴。往谒世父。"

正月二十三日(2月15日),孙诒绩来谒。

《孙仲彤日记》:"辛亥,晴。天气渐暖。……往谒世父。"

正月二十七日(2月19日),孙诒绩来谒。

《孙仲彤日记》:"乙卯,晴。晡往谒世父。"

正月二十八日(2月20日),给孙诒绩五十元,往文昌阁献匾。

《孙仲彤日记》:"丙辰,晴。诣岘山文昌阁献匾。世父给程费五十圆。"

正月,点勘赵闻礼《阳春白雪词》八卷、《外集》一卷,及凤林书院《草堂诗馀》三卷毕。(《孙衣言孙诒让父子年谱》228页)

点勘曾慥《乐府雅词》二卷,《拾遗》二卷毕。(《孙衣言孙诒让父子年谱》228页)

又点勘陈元平《日湖渔唱》并《补遗》及《续补遗》各一卷毕。(以上宋、元人词四种,并秦恩复《词学丛书》本)。(《孙衣言孙诒让父子年谱》228页)

二月初一日(2月23日),孙诒绩来谒。

《孙仲彤日记》:"如月朔,己未,雨。往谒世父。"

二月初七日(3月1日),孙诒绩将赴京师,晚来饮于谱主家,谱主撰《六州歌头》一阕赠行。

《孙仲彤日记》:"乙丑,雨。林兔渚来。晚饮于世父处。世父撰词赠行。"

《六州歌头从子诒绩以拔贡朝考得户部京官,假满还朝,以此壮其行色》:"韶光百五,春气蔼重城。瞻远道,生芳草,黯离声。少年行,阿虎吾家秀,文锦绣,官组绶,还朝右,歌杨柳,向初程。别酒盈盈,一笑老坡颍,帐饮旗亭。古豪英多壮志,万里一鞭轻。咫尺蓬瀛,况神京。念吾兄弟,同遭际,承平世,取科名。金殿暖,天香满,受恩深,梦西清。回首皆衰老,思酬报,愧馀生,功名会付汝辈,莫忘情。看他日一门万石,更一家台鼎,

汉韦平。正长安马上，禁路杏花晴，常鄠先赓。次儿诒让方亦供职秋曹。"《孙衣言集》下册，683页）

二月，撰《征刻徐自明〈宋宰辅编年录〉启》：

宋淳熙间，永嘉太常博士徐公自明尝著《宋宰辅编年录》二十卷，于有宋一代两府拜罢岁月及其封赠制诰，言之甚详，间附评论以寓予夺，信足羽翼正史。惜传本绝稀，虽有明代吕邦耀刊本，世不多见。衣言主讲杭州，购得吕刻，久藏箧衍。永嘉徐班侯农部从予游，询知常博即其远祖，今楠溪、乐成诸徐，皆常博后人也。视以此书，诧为秘笈，即谋集赀校刊，久而未果。顷蓬溪谢君文波有募刻戴合溪《六书故》之举，班侯闻之，亦与其族穆如孝廉重申前议，并与文波劝楠溪同人先出公款以为之倡。徐、戴两先生书得以同时并传，可谓盛事！窃谓楠溪徐氏族姓蕃衍，散居各邑。若今枫林诸村，高门辉映，近年科第联翩，尤推一郡甲族，华胄多贤，必能惓怀先德，自任其功。惟此书卷帙繁重，梨枣之费殆逾千金，不能无资众力。所望同志君子，不分畛域，量力相助，或任刻一卷，或合刻数卷，即于各卷末附列姓名，同垂不朽。所期彼此协力，使先儒遗书不致失堕，固不独徐氏一家之幸也。光绪丁亥二月，瑞孙衣言谨启。（《孙衣言集》下册，860页）

三月二十日（4月13日），书平阳知县汤肇熙骈文之后。

《平阳汤大令骈文书后》："……万载汤侯绍卿在平阳以方严自立，里巷之暴桀，上官之颐气，一不以挠我法，而汲汲以爱民养士为务，平阳之民深感而交美之。去年，尝以所为公牍文字见示，予既为之辞矣，复寄示骈文数十首，则其未仕时所为也。……光绪丁亥三月二十日，书于城北寓庐。"《孙衣言集》下册，599—600页）

四月初八日（4月30日），朱骏识谱主所撰《古欢文录序》后：

此序琴西方伯函寄子庄，子庄转寄于予，计予致书琴西已六年矣，而琴西眷眷不以予文为不屑，且有未尝忘，深远之虑一勚是，两人虽未谋面，有不啻日谈衷曲者然。夫琴西常有当世之志。荫甫先生序其诗集谓戊午天津戒严，举朝争和战未决，琴西时以翰林直上书房，两进封事，言甚切云云。此则琴西之所深远也，岂子所虑谋哉？丁亥四月八日骏谨识。（《古欢斋文录》，温州市图书馆藏清光绪古唐朱氏刻本；《清代诗文集汇编》

629 册,264 页)

四月初十日(5 月 2 日),撰曾良箴六十寿序。

> 《曾秋眉六十寿序》:"今年某月为其六十生日,先数日诒余书:'子
> 游吾父子间数十年矣,恶可以无言?'遂书之,以为秋眉寿。光绪丁亥四
> 月十日,邵峪寓庐。"(《孙衣言集》下册,662—665 页)

四月下旬(5 月中旬),孙锵鸣将由上海龙门书院赴江苏钟山书院,戏为
杂诗七首寄谱主。

> 孙锵铭《将由龙门赴钟山戏为杂诗寄逊学翁》。(《孙锵鸣集》上册,229—
> 230 页)

四月,又书平阳知县汤肇熙骈文后。

> 《又书汤大令文卷后》:"今年平阳令君汤侯绍卿数以所论著见示,
> 兹又见其骈文数十篇,铿锵乎五音相宣也,灿烂乎五色彰施也,殆水心
> 所谓苏醒耳目者乎!……四月　日,又书。"(《孙衣言集》下册,600 页)

四月,赋《怡园咏怀》七绝二十二章。园在永嘉城来福门内,水心所谓生
姜门也。主人曾氏,为吾郡故家望族,广宅重楼,聚图籍多致乡先生遗书。
而谱主于曾氏,始得垲曼琴,继得谐小石,最后得竹史及其子良箴秋眉。而
谱主颇称小石先生之诗,以为五言律句有极似"四灵"者。园之初筑,项果园
维仁以画法布置岩石,颇脱凡俗。循磴曲折而上,至其绝顶,则松台山色扑
人眉宇。园中竹径幽邃,仿佛似杭州灵隐;而近水小斋联接如船舫;夜半松
风徐来,如在桐江七里濑舟中。水榭跨沼上,逶迤而南,奇石环列,杂植花
木,春夏之交,灿若锦绣,山光树色,与绿波相掩映,园中最胜处也。谱主赋
诗本事,约略如此。又曾氏初尝收得姜立纲(东溪)、何白(丹邱)字画真迹数
帧,后往往为人窃去,其婿叶蓉楼稍稍拾之,十犹存其四五,谱主诗因并感赋
及之。(《孙衣言孙诒让父子年谱》228—229 页)

> 《怡园感怀二十二首》。(《孙衣言集》上册,281—284 页)

又作《怡园图记》:

> 故友曾君谐小石所居怡园,在郡城来福门内,其后为松台山,而前
> 俯浮沚,颇擅水石之胜。初,小石尊人石生翁,以资雄乡里,实始筑此,
> 而项高士维仁为之图,以纪其概。予与小石同年游庠序,因得交小石。

小石性坦夷，近文史，能为五七字诗，故颇亲予兄弟。予兄弟时时至怡园，饮酒谈艺以为乐。然小石喜泛交，予每见其坐常满，尝窃语之曰："子何不礼致名师，率诸弟辈读书为学，可以立身成名，抑亦保家之一道也，何多致客为？"小石颇韪予言，而不能用。予兄弟既皆仕宦远出，与小石不相闻问垂二十年。比予自金陵归，则小石物故已久，所谓怡园者，亦半易主人矣，心甚愕之。小石亡后，谨遗一女，适叶君琮蓉楼，亦予戚也。蓉楼笃于外家，每见曾氏图书故物之散出者，辄百计购收，箧藏惟谨，此图亦为蓉楼所得，间以寄予，且属为题识，曰："倘君文得传于后，曾氏父子亦可不泯也。"图中所见石生翁，方在盛年，小石及其诸弟甫丱角耳。今几何年，小石遂为异物。当时宾客，如予兄弟者，亦皆逾七十矣。岁月迅速，人事变改无常，大抵如此，固不足论，独以此图之存，而其台榭幽旷、人物韶丽之概，犹在目前，然则蓉楼之见属以文字，良有以也。而其兴废盛衰之故，亦有足为后世鉴者，故为书而还之。石生名佩云，尝以独修夫子庙授四品衔云。光绪丁亥四月，瑞安孙衣言记。（《孙衣言孙诒让父子年谱》229 页）

闰四月十五日（6 月 6 日），杨琪光来访孙锵鸣，将其父杨彝珍《武陵志》一部及致谱主函托交。

孙锵鸣《丁亥沪游日记》："晴，杨仲琳观察琪光来，送自著诗一小册，经义寻中诗书两经二册，其尊人性农《武陵志》一部，又一分托寄大兄，并性农致大兄信一函。"（温州市图书馆藏抄本，37 叶）

闰四月二十五日（6 月 16 日），孙锵鸣收到谱主函。

孙锵鸣《丁亥沪游日记》："泰顺周书孩来，接大兄及望日家信。"（温州市图书馆藏抄本，38 叶）

闰四月（5 月下旬至 6 月中旬），撰《回鹘山重建揖峰亭记》：

回鹘山在郡西关，濒江，山高不十仞，以当江之津要，舟楫所辏，四时游者不绝，而里之人每以九日于此登高，故虽近市喧隘，士大夫往往至焉。……亭旁旧有屋三间，为游人憩息之所，咸丰十年皆毁于兵火。……光绪十二年，武陵余刺史绍侨来治榷务，其廨适在山下，以谓此山之胜非亭不显，而游者亦不可无以休，又皆前人之遗迹也，乃出己赀为倡酿而就之，复于山之上建楼三间，以极登眺之致。……刺史为其

成之难,恐久而又废也,属予为记其事。……光绪十三年后四月。(《孙衣言集》下册,623—625 页)

按:《回鹘山重建揖峰亭记》拓片前有"资政大夫、赐进士出身、太仆寺卿、前翰林院侍讲、上书房行走,瑞安孙衣言撰并书",落款为"光绪十三年岁次丁亥九月之望"。(《温州历代碑刻集》,389—390 页)

闰四月,应刺史余绍侨所请,为揖峰亭侧寄楼及塔影山房赋诗。

《余济臣刺史于揖峰亭侧作楼三间以自号寄尘命曰寄楼为予言曰人生亦如此耳求为之诗以写其意》:"螳穴王侯气象尊,蜗牛左角怒追奔。腰悬六印骄妻嫂,橐守千金恩子孙。亦有三年成石椁,恐无杯酒润荒原。试参迦叶惟微笑,莫道庄椿是寓言。一 土偶人怜木偶人,吾今一榻已收身。乍嘘蜃气成楼阁,瓯江时有蜃气,故名蜃江。又听鸡声逐市尘。济臣方治榷务。黄菊荒馀三径静,白鸥来共五湖春。武陵信有桃源路,欲棹扁舟去问津。二"(《孙衣言集》上册,280 页)

《济臣复于亭旁作屋三间为游人休憩之所以其正对江心双塔名曰塔影山房复索为诗》:"鼍作鲸吞不可闻,江心楼阁隔狞云。却看灏气森天表,欲借长风扫海氛。击楫中流谁感慨,当窗皓月要平分。那知对酒题诗客,倦听铃声倚夕曛。"(《孙衣言集》上册,280—281 页)

六月初三日(7 月 23 日),孙锵鸣将杨彝珍致谱主函寄出。

孙锵鸣《丁亥沪游日记》:"发瑞安家信及京城天津信,托友林分致怡春及成忠二处转致,并与峨士信,杨性农致大兄函附去。"(温州市图书馆藏抄本,43 叶)

六月,浙江巡抚卫荣光至括,严谕守令,以二十年来养士田租为官所尝侵取者,复还于县人,充书院及科举费,既将公判勒石示后,谱主以县人章楷等之请,撰《青田县复养士田租记》以记之。

《青田县复养士田租记》:"光绪十三年丁亥六月,书于城北邵屿寓庐。"(《孙衣言集》下册,625—627 页)

七月初一日(8 月 19 日),校毕明嘉靖本《南丰先生元丰类稿》五十卷附录一卷,用朱笔圈点一过。

《续附南丰先生行状碑志哀挽》卷末:"光绪丁亥七月初一日校毕

记,逊学老人。"（浙江大学图书馆藏）

七月,为林鹗孙写荐信。

《丁亥沪游日记》七月十六日:"太冲之孙来此,持大兄信欲见许方伯。"（温州市图书馆藏抄本,47叶）

七月二十五日(9月12日),孙锵鸣收到谱主函及谱主致陈彝函。

《丁亥沪游日记》:"辰刻阿涛自瑞安回,接十九日家信并大兄信,上海仰山、声如各信,又大兄致陈六舟、吕庭芷两信。"（温州市图书馆藏抄本,48叶）

七月二十六日(9月13日),孙锵鸣将谱主致陈彝信交邮局寄出。

《丁亥沪游日记》:"大兄致六舟信交文报局寄。"（温州市图书馆藏抄本,47叶）

九月,书秦缃业诗文集后。

《书秦澹如诗文集后》:"予与澹如文字之交几四十年,同治丁卯主讲紫阳书院,再相见于杭州,求观其平生著述,则云自常州之陷,与家藏图籍皆为劫灰矣,相与绝叹。今春喆嗣乙青司马以所辑《虹桥老屋遗稿》六册见寄,属为之序。盖皆仕浙后作,而其全稿竟不可复得矣。冲夷藻雅,胸中洒然,二十年簿书粟六,而志趣无异内城招提时,可谓学道养气而有得者矣。石泉尚书极推《海防》《策应越南》二文,以为持论精确,非苟立异,再三读之,良然。然此理亦甚明白易晓,而稍有权位者,其说乃辄大谬,抑何故耶?海舟之说不知其自始,在金陵时,一同官张皇其说,颇欲折其萌芽,辄嬉笑答之,且举乡先生叶文定公《薛德老墓志》中语,以为永嘉先生不随人为议论如此,乃其最后一章铁舟外,更无一语及国事者,是终不一覆古人书也。闽洋之变,兵轮避匿横海,将军山行乘榱,而草泽英雄为我抗敌。尝戏为二诗寄同年俞荫甫学使,曰:'左角蛮攻触,南柯檀伐槐。亦乡先生浪语句。岂徒资笑粲,亦足慰衰颓。汤祝天无怒,佗骄地有才,却看堂阜税,还为郅支哀。'万里都卢伎,千金洴澼方。鄙生惟凿空,垂死尚腾章。汉虏终当隙,孙吴止用长。老夫息壤在,它日一思量。'今读澹如文,为我一吐郁滞,然亦无怪我二人为世所弃也。今日大势所趋,其事且有不止于此,而其患殆有更急于此者，又将何以为之耶？集中诗在本朝诸家，不愧新城秀水，文则乡先正茗柯初月之流也。当速刻以传，不必更加删汰。其往还京师时所为，大抵赠投友好者多，必当有可蒐采，是所望于贤子孙也。光绪丁亥九月，瑞安孙衣言书于城北寓庐，时年七十有三。"（《虹桥老屋遗稿》书后，《清代诗文集汇编》653 册，687—688 页；《孙衣言集》下册，607—608 页，文字小异）

九月，撰候选训导倪醇士墓表。

《候选训导倪君墓表》："予与乐清徐君德元醇士同举道光丁酉选贡，为同年。岁丙午，予至乐清，馆醇士所数月，徐氏邻里姻娅多来视予，于是识倪君醇士也。……予家居五六年，一日，醇士之子鹤翔遣人来以书，致土物，修子弟礼甚敬，问其人则年垂四十，亦久为诸生，未第也。……光绪丁亥九月表。"（《孙衣言集》下册，654—656 页）

是年，有函致张之洞，云：

芗涛夫子大人阁下：春明一别，忽忽遂二十年，不能复亲教诲，而大贤功名日盛，声威所被，几遍华夷。而衣言衰颓日甚，伏处山海僻远之区，似隔人世，度昔时游旧，亦不知天壤间尚有此陈人也。比惟盛德大业，与时俱进。经纶世变之外，著述亦必益多，无任钦企。衣言于庚辰春间一病垂殆，幸奉召命，遂获退间。今年七十三矣，眼食如故，而两耳绝无所闻，几成废物。次儿幸列门墙，颇喜治经而苦于破题，工拙全不留心，五[六]上春官不成一第，今亦四十矣。稚孙二人，才使上学，老景所堪，为知己告者如此而已。前读《輶轩》《书目》，闳富极矣，而于永嘉前辈遗集似尚未尽寓目，兹谨寄呈两部，附拙稿二部，则狂生之谈，姑付一笑而已。乾熙间永嘉诸儒水心最为雄鷙，止斋最为温粹而沈博奥衍，薛文宪尤为卓绝一时，尚有徐常博《宰辅编年》，戴合溪《六书故》，戴文子《浣川集》，许深甫《涉斋集》，力未能刊，不知粤东潘、伍二氏丛书之刻，能仗大力附之以传否耶？兹因世好杨彝卿刺史名文骏，丁酉年家子也赴官，手布肥言，敬敉荩履不庄。世愚弟孙衣言顿首。（《笺素珍赏——国家图书馆藏近现代百位名人手札》，国家图书馆出版社 2011 年版，5—7 页）

是年，袁昶有依原韵和谱主《重至茶山五美园诗》（己卯所作，袁和诗题云，付寺僧刻之石上）、《贾宅看梅诗》（庚辰所作）、《谢漱兰赠冰敬诗》（癸未所作）、及《次漱兰马贞女诗》（乙酉所作）等。（《渐西村人诗》卷十五；《孙衣言孙诒让父

子年谱》,232 页)

是年,为叶芝寿母胡恭人八十寿作序。

《叶户部母胡恭人八十寿序》:"今年门下士户部郎叶君芝寿,以所生母胡太恭人年八十,将称庆于家,胪其平生行义,使其伯子孝廉国镇谒文于予。……光绪丁亥。"(《孙衣言集》下册,660—662 页)

是年,为洪炳文《楝园读书图》题词:

鄱阳缘法在东瓯,今日诸洪亦胜流。玉貌盛年图画里,读书莫负好春秋。洪氏以忠宣诸子为最盛,当时谓之鄱阳三洪,盖忠义之报,今日大江南北诸洪,皆其后也。文安女适许枢密及之,文惠女适薛中奉绍,皆吾瓯人。君家渊源有自,欲为三洪,不过努力读书,无简陋、无作辍而已,此图盖有意焉! 为赋二十八字,亦摩励后生之意也。逊学翁书于城北邵岕寓庐,时年七十有三。(《洪炳文集》,沈不沉编,上海社会科学院出版社 2004 年版,510 页)

是年,还有《读书有感》《有感》等诗。

《读书有感》:"老不捐书亦惮烦,一编攲枕与谁论。三冬文史知无用,要为蛇奴劚钝根。"(《孙衣言集》上册,280 页)

《有感》:"朝三暮四事无常,瞋喜群狙只自忙。窗外跳踉窗里睡,老僧无事下绳床。"(《孙衣言集》上册,281 页)

《题伍夫人餐鞠轩诗卷夫人为拔贡同年杨虹舫大令室喆嗣稚虹来为瑞安出此索题》:"人有黄花节,芬芳一卷留。薰砧同激烈,虹舫殉奉贤之变。机杼更绸缪。家庆蘋蘩合,君恩杞梓收。稚虹兄弟皆以卿荫得官。甘棠行有咏,母德此千秋。"(《孙衣言集》上册,281 页)

光绪十四年　戊子　1888 年　七十四岁

正月,温张刻李注《王荆公诗》五十卷,此为第三次,谱主于卷二十七后手记云:

"戊子人日,是日闻雷,而明日始雨水,亦奇事也。"(《孙衣言孙诒让父子年谱》,233 页)

又温万历本《临川诗集》,以朱笔补评校语。(《孙衣言孙诒让父子年谱》,233 页)

春,开始建玉海楼。

为其子诒让卜筑新居于县城虞池金带桥之北,别于其旁建玉海楼以藏书。盖念先世好聚图籍,经乱无复存者,自历官中外得禄易书,舟车所至,即增卷帙;而诒让仰承庭诰,襄助搜访,综所收获,约八九万卷。因取王应麟所以名书者,以名斯楼,专为庋书读书之所,且愿乡里后生来就我读,不徒为一家设也。(《孙衣言孙诒让父子年谱》,233 页)

二月十四日(3 月 26 日),回演下旧居观灯,有诗。

《二月十四日偶还故山》:"出城一笑大江横,隔岸诸峰更有情。艇子瓜皮双栌快,故山猿鹤要寻盟。一 潮声已过红岩渡,树色遥分白塔湾。江行十五六里,有巨石,色微赪,斗入江岸,土人谓之红岩,正对江中白塔,其南岸则宝香山也。舟过白塔,遥望吾家屋后山,松黛如染。恰趁花朝三港会,吾里人奉地主庙,即三港神庄济王也。庙在龙山下,每岁花朝赛神,灯火甚盛。灯毬箫鼓拥龙山。二"(《孙衣言集》上册,284 页)

二月二十日(4 月 1 日),撰张绍棠六十寿序。

《张又堂六十寿序》:"去年夏,予弟在金陵书院,以书来曰又堂明年六十矣,诸戚友谋为之寿,欲得兄为之辞。予方病,惮为文字,而予弟屡书相督趣,谓又堂必欲得予文,予思与又堂游处久谊,诚不可辞也。……光绪戊子二月廿日,书于邵屿寓庐。"(《孙衣言集》下册,658—659 页)

二三月间,得俞樾文昌生日诗,赋诗以呈。

《荫甫作文昌生日诗其言其辩咸丰初元因某御史言升文昌为中祀岁用牛五千馀头则与蜀人事英惠王无异矣即为一诗以呈荫甫》:

为王血食有神灵,觞觞来思赛李冰。蜀人祭英惠王,岁杀羊至四万,宋徽宗改为真君,祭不用牲,其神遂不灵,示梦于巫曰:"我昔为王血食,故有力。"乃复用牲。岂意斗魁司禄命,亦加琉冕荐膏腥。雄词千古昭昏黑,国论他年惜汗青。我为皇天慈一物,欲将成佛祝庖丁。(《孙衣言集》上册,284 页)

四月,为彭祖闻《玉屏山馆诗集》作序。

《彭岱霖诗序》:"予以九卿内召,因老病匄间家居,而公季子岱霖太守来综吾温商,征秩垂满,辄以课最,为上官所留,每念平生纪群之游,常欲一见而衰朽不能复出,殊惘惘也。一日,太守先之以书寄示所著《玉屏山馆诗集》,命为之序。……光绪戊子四月。"(《孙衣言集》下册,602—603 页)

五月初二日(6月11日),杨纯约(逊伯)携外甥刘绍宽来谒。

《刘绍宽日记》:"癸丑,晴,阴,晚雨。至县城。复陪母舅往瑞安谒孙琴西太仆,宿其家。"(中华书局2018年版,第一册,6页)

五月初八日(6月17日),读毕《永嘉丛书》本《浪语集》一帙,用朱笔评点一过(与丙戌所点者非同一本),书于各卷中云:

艮斋诗大抵博奥,五言古风律句时有高格,胜于七言。纪文达乃谓其七言最胜,极踔厉纵横之致,盖但取其七古之奇恣者耳。然每苦芜杂,非精诣也。卷十三

明□如诸葛、王猛,文词之雄则贾生之流,吾乡前哲规摹如此,不胜掩卷浩叹。卷十九《上张宣谕书》

此水心初见艮斋时,盖少年气盛,故所以镌切之如此。卷二十五《答叶适书》。

此乃文节极用意之文,以为行状,故中间并上语琐事一一叙入,然颇为文章之累,鄙意别为小注,则气体益道洁矣。憾不能起二先生而质之也。光绪戊子某记。卷三十五陈傅良状

光绪戊子五月八日读《浪语集》毕记。逊学老人。(《孙衣言孙诒让父子年谱》,236页)

六月,以私资改建瑞安育婴堂,七月讫工。盖邑城东北旧有育婴堂,同治间,镝鸣言之邑令彭君,以慧福尼庵改建,并为集资捐田,以为堂之经用,与谱主各自施田五亩,而择邑士董其事。至是,谱主以堂基狭小,且年久失修,董事者无力整顿,乃谋别为相地于杨衙,且斥资购地买田,增广堂舍,既讫工,具其事以闻于县,而复手为之记,以阐济婴之义。(《孙衣言孙诒让父子年谱》,234页)

《改建育婴堂记》:"以六月某日始工,而七月某日讫工。"(《孙衣言集》下册,627—629页)

六月,平阳文明塔建成,谱主赋四绝句。

《平阳修复坡南浮图命之日文明塔以邑人科名久不振也塔既成索予为诗予谓科举之业师弟子交勉而已塔何能为也口占四绝句俾刻之岩石上学者其将有所感乎戊子六月》:"题名竟上慈恩塔,礼佛姑为窣堵波。欲得优昙开震旦,却须㮣特坐伽陀。— 檀施百宝涌出地,奎璧二

星行丽天。突兀递高三百尺,文章回斡一千年。二　螳邱鼠壤易长雄,荆鸡鹄卵难见功。邑子岂无陈贾叙,石师那得程正公。三　风挈铎铃作胡语,木穿石罅无宝丹。振衣千仞忽大笑,日光正照耆崛山。四"(《孙衣言集》上册,285页)

八月,平阳知县汤肇熙乞养解官,赋诗以别。

《平阳令汤绍卿农部肇熙乞养解官以诗为别》:"朝廷众建二千石,郡国分忧百里侯。今日民生尤狭隘,几人儒术自风流。七年异政驯文雉,一夕归心动白鸥。料得为霖须再出,期君缘法在吾瓯。"(《孙衣言集》上册,285页)

按:汤肇熙《出山草谱》卷八,光绪十年昆阳县署刻本,题作《平阳令君万载汤绍卿农部以京朝官出宰百里七年以来威惠大彰士人尤服其教屡乞归辄为百姓吁留今又以养亲为请上官不能再留矣但望其异时或再来耳寄此赠别即请正是》,诗中"异政"作"雅化","期君"作"知公"。

《刘绍宽日记》八月十二日:"汤绍卿大令将解组归,江南乡耆合送牌徽。"(第一册,9页)

八月十四日(9月19日),撰成《改建育婴堂记》《玉海楼藏书记》。

《改建育婴堂记》:"光绪戊子八月几望,邵峤寓庐。"(《孙衣言集》下册,627—629页)

《玉海楼藏书记》:"宋时深宁王先生以词科官至法从,生平博极群书,著书至六百馀卷,其最钜者为《玉海》二百卷。《玉海》云者言其为世宝贵,而又无所不备也。予家自先大父资政府君隐居种学,好聚图籍,儿时见先世旧藏多前朝善本,丹黄殆遍,经乱无复存者,予初官翰林,稍益购书,以禄薄不能尽如所欲。同治戊辰,复为监司金陵,东南寇乱之馀,故家遗书往往散出,而海东舶来且有中土所未见者,次儿诒让亦颇知好书,乃令恣意购求,十馀年间,致书约八九万卷,虽视深宁所见未能十之四五,然颇自谓富矣。旧居褊隘苦不能容,今年春为次儿卜筑河上,乃于金带桥北别建大楼,南北相向各五楹,专为藏书读书之所,尽徙旧藏度之楼上,而以所刊《永嘉丛书》四千馀版列置楼下,以便摹印,因取深宁叟所以名书者以名斯楼,手书榜以表之,我子孙中如有得天隽敏而加之以好学,能读终一书而知其可好,则可以尽读他书,能尽读他书则岂惟我楼所藏,虽深宁所未见,皆可以遍览而悉通也? 异时词章之

583

美,著述之富,庶几亦如深宁,斯不谓之可宝也乎?复取古人读书之法,及我今日藏书之意,具为条约,揭之堂壁,乡里后生有读书之才,读书之志,而能无谬我约,皆可以就我庐读我书,天下之宝我固不欲为一家之储也。光绪戊子八月几望,逊学叟书于城北邵屿寓庐。"(《孙衣言集》下册,629—630页)

八月十八日(9月23日),侄子孙诒绩去世。谱主得知消息后,作《哭从子仲彤户部》:

方待驹千里,胡摧桂一枝。有谁才似绮,汝伯发垂丝。弱弟吞声独,三侄诒泽以北闱回避,尚在京师。孺人断臂时。侄妇方于临危时,刲腕肉和药,讫不能救。眼枯愁见骨,予季可堪悲。仲弟尚在沪上。(《孙衣言集》上册,286页)

八月,玉海楼筑成,撰《藏书记》,定《藏书规约》十六条。而以所刊《永嘉丛书》四千馀版列置楼下,又自此每年于二月仓圣生日及八月孔圣生日,在楼下设祭,以汉时诸经师及宋时五子,暨吾乡诸大儒配享,凡在诒善祠塾肄业及房族子弟之有志于读书治学者,皆得与祭。兹撮录《规约》所述读书之法于下:

读书如对严师庄友,不可跛倚倾侧,或敧枕灯火之旁,阅时先将楼下几案拂净,用蓝布一方,拥在几上,再将所借书取出,打开函帙,正身端坐,细心阅读,不得以指甲指裂中缝及以唾揭起纸函。阅完一本,即将此本安放底下,书脑向左;以次照式逐本叠起,看竣一函,全函揭转书脑向右,则次序不致倒乱,随将函帙扣好,还归管书人,再换取次函。其逐日阅看,或十页、或廿页,各于纸角略略摺入寸许,以便明日续读。读书不宜躐等,我楼所藏多经史百家精深博大之著作,本非浅学所能领略。若天资颖异,有志通今知古者,方可借阅楼中所藏,然亦须立定主意,抱有恒心,务在循序渐进,不可喜故厌新。程子曰:"性静者可以为学。"朱子曰:"读完一书,方换他书。"吕东莱曰:"为学之本,莫先读书,读书之法,须令日有课程。"此并大儒切实甘苦之言,学者所当效法。如今日读经觉其难解,明日遂欲弃经而读史;今日读此册未毕,明日又欲换别书,则心先未静何以能学,是徒乱人插架,于己无裨,非吾约也。

古人谓读书百遍,其义自见,此亦甘苦切要之言。然果潜心索解,亦何至必须百遍。予生平读史传及古人文章,每一篇例须三遍,第一遍粗观大概,第二遍即用丹笔点出句读,第三遍乃审其精神脉络,文采高丽之处,略加圈点。如此三次往复,古书古义十已得其七八矣。至如《左氏》《国策》《庄子》《史》《汉》、韩、杜、欧、曾、苏、黄诸家诗文,浸淫紬绎,愈读愈有所得,又岂可限以百遍耶。今日少年子弟,无论古书不能多读,即极浅极陋之所谓时文试帖者,每部或读一两篇,每篇或读一两遍,张口呼号,其声甚亮,而其心不知何往,不数日又弃而他求,此乃所谓儿戏,岂可谓之读书? 如不痛改此等恶习,不可辄观吾楼所藏也。又所谓读书百遍者,舂容以尽其致,非一气即读此遍数,若一气百遍,虽多奚益,大约读书有得,全在触悟,或今日不得其解,忽于数日后得之;或苦心求之不得其解,忽于无意中得之;或于此书不得其解,忽于他书中得之。种种触悟,其妙万方。(《孙衣言孙诒让父子年谱》,234—235 页)

李文田学士为题"玉海楼书藏"五字额并跋,泐石以表之。跋云:

> 此琴西老前辈聚书之所也。南齐张融自名其《集》曰玉海。玉以比德,海崇上善。宋王应麟亦取以名其书。儒家蓄书称藏,自阮文达始也。顺德李文田。该跋未识年月,暂编述于此。(《孙衣言孙诒让父子年谱》,235—236 页)

九月,书小默僧诗卷。

> 《书小默僧诗卷》:"今年春,王氏表侄持一卷诗来,曰此小默遗稿,幸俾以一言其徒将锓之版,取视之,则与仲梅唱和诸诗皆在。……戊子九月。"(《孙衣言集》下册,601—602 页)

检阅《永嘉丛书·陈止斋集》,有朱笔圈点及评注,而别据潜说友《咸淳临安志》及庄仲芳《南宋文范》,校得异文。(《孙衣言孙诒让父子年谱》,236 页)

检阅《永嘉丛书·竹轩杂著》,有朱笔圈点及评语,此条及上二条之评注语并汇录于《逊学斋文史笺评》。复书于各卷中云:

> 今日姑息之患,亦由不知人心可恃,而所以固结人心者,又置之度外矣。安得以此为朝廷献也。卷二《论军札子》
>
> 此十一书可以见竹轩一生得力,未尝有心为文,而其文之妙,亦岂人所能及耶。卷四《与赵参政》各书
>
> 乾道丙戌海溢之变,至今乡人犹能言之。此云祸及九乡,可以考其大略。卷六《祭林尚友文》
>
> 竹轩尝侨吾邑,此云寓居卜邻,元量盖亦瑞人。《祭沈元量文》

　　凡此等可从片语中见其平生之志,许公之不负赵公,犹李公之于许公也。吾辈皆当勉之,一息尚存,不可稍忽。《题资政与端明帖后》(《孙衣言孙诒让父子年谱》,236—237 页)

九月,应孙女婿林莼孙之请,为任道逊梅花横幅作跋,题诗。

　　《跋任太常道逊梅花横帧》:"归田后,购得明太常卿任公克诚山水四幅,每幅皆有自题诗句,而纸颇蠹损,因重装藏之。……此幅为屿头林氏物,林氏以敏斋观察久宦中外,家藏图籍及乡先生字画颇富,经乱散失,而此与何丹邱白山水、姜太仆立纲草书幸皆无恙。观察从曾孙莼孙,予孙女婿也,出此求为题识。……光绪戊子九月,逊学老人。"(《孙衣言集》下册,605—606 页)

　　《任太常道逊梅花画卷》:"太常画法出妇翁,眉妩乃与京兆同。高风林下笑相视,梅花出手知谁工。太常为徽州太守孙隆从吉女婿,其夫人工画梅,当时谓之孙梅花。繁枝乱蕊粲晴昊,竹外横斜谁谓好。想见当时岁寒交,独伴高松倚清篠。"(《孙衣言集》上册,230 页)

秋冬之间,黄体芳于福建乡试后请假回乡来访,谱主赋诗庆贺。

　　《黄漱兰银台闽闱事竣请假三月展视松楸承过访林下赋此志庆》:"南伯南侯盛送迎,过家有诏逗王程。十年旧雨思清禁,光绪丙子予以楚藩入觐,漱兰尚在翰林。昨夜文星照斗城。沧海已收珠宝藏,乡间真看锦衣行。老夫愁绝茱萸会,却对黄花一眼明。时予方有从子之戚。"(《孙衣言集》上册,286 页)

十一月,为同乡周庆楠诗集《毋自欺室稿》撰序。

　　《周仲梅诗序》:"予仕宦既久,倦而归,仲梅之孙伯龙、仲龙颇来问学,间出其先集见示,曰《毋自欺室稿》,仲梅诗也;曰《三径草堂稿》,其考秋渔翁诗也;曰《校秘楼稿》,其弟庆枢诗也,请予为之序。……光绪戊子十一月,城北寓庐。"(《孙衣言集》下册,608—609 页)

冬,书合肥张士珩母张夫人传后。

　　《书合肥张夫人传后》:"光绪戊子冬月。"(《孙衣言集》下册,600—601 页)

是年,手书乙酉为张士珩(字楚宝,合肥人,又堂观察绍棠次子)所作《君子居记》,自识于后云:

此记既成，从子诒绩屡为楚宝促予书，以老懒目昏，因循未果，而今秋绩病殁，予不胜其悲，人事无常如此，而予目加昏，若再不为书，则诒绩永负诺责矣。勉强握管，不复成字，庶使楚宝见之，以无忘诒绩也。衣言又记，时年七十有四。（《孙衣言孙诒让父子年谱》，237页）

是年，题《诚意伯授经图》云：

荒学村童四五人，云雷无梦起经纶。谁知刀笔萧曹后，犹有功名似渭濒。题《诚意伯授经图》，季牧尊兄正之。光绪戊子瑞安孙衣言，时年七十有四。（温州博物馆藏原稿）

是年，宋恕曾以七言律诗来问，谱主给予很高的评价。

《六字课斋津谈 词章类》："戊子岁，曾以七言律句质逊师，师评云：'才华富赡，寄托遥深，此少陵、义山遗响。再加学力，明七子不足道。'然其时诗境尚浅。"（《宋恕集》上册，92页）

是年，永嘉谢思泽从楠溪赠雪鳗，赋诗以谢。

《谢文波自楠溪以雪鳗见诒一日夜而至鳗尚活也鳗长垂四尺其粗如臂家人畏其状皆不敢尝予乃独饱》："长鱼双掩破霜筠，口腹平生惯累人。向道雪鳗今始识，更无海错敌山珍。此鳗产高山深泽中，大雪极寒乃出。"（《孙衣言集》上册，285—286页）

是年，林庆衍入都，谱主赋诗以送。

《送林祁生入都》："家世蓬莱接道山，祁生为敏斋观察前辈曾孙。诸孙文采尚斑斑。乡间月旦随鹓凤，帝里风流盛芷兰。观察置吾郡试邸于京师，手书"兰芷升庭"四字榜于客次。到日园林红药后，望尘车马绿槐间。林居每恨长安远，昨梦龙鳞见圣颜。"（《孙衣言集》上册，286页）

是年，检阅丁亥所得《易简方论》拟重刻之，而以施发《察病指南论》《续易简方论》，卢祖常《续易简方论集》，王暐《续易简方脉论》，尝见于日本《经籍访古志》，皆吾乡宋元医家佚书，颇欲一一致之，以备德肤一家之学。（《孙衣言孙诒让父子年谱》，237页）

光绪十五年　己丑　1889年　七十五岁

三月,应洪炳文之请,为其父洪坤撰墓志铭。

　　《候选训导洪君墓志铭》:"君既卒,其仲子炳文以永嘉张君所为状请为墓文,予念与君久故,又新有婣,其何辞?乃叙而铭之曰:君名坤,字叶臣,河南永宁令。守彝,其父也。……光绪己丑三月。"(《孙衣言集》下册,644—647页)

五月,乐清施炳耀携子树屏来,述兄炳文事,请为嫂徐孺人书传。

六月,为乐清施炳文之妻徐孺人立传。

　　《节妇徐孺人传》:"乐清施君炳文穆之之配徐孺人,贡生一新女。……年十六归施氏,……而竟以同治九年十月日卒,年五十有二。……今年五月,炳耀与其子树屏偕来,始为予道炳文事,又亟称孺人之节,属为之书。……光绪己丑六月,邵峿书。"(《孙衣言集》下册,647—648页)

八月,撰万方焜墓表。

　　《中宪大夫江苏候补道万君墓表》:"君讳方焜,字序东,闽之崇安人。……而君亦未几卒矣,盖光绪丙戌五月十二日也,年七十有七矣。……培元等既以光绪丁亥十月八日葬君于邑东下梅里下半山之阳,状君行治,请为文以表墓。……光绪己丑八月。"(《孙衣言集》下册,650—652页)

得潘祖荫尚书题"玉海楼"三字隶额,命工为匾,揭之楣间。附录匾跋:

　　琴西世丈以深宁叟名其书者颜其藏书楼,且以公诸乡里后生之能读书者,其用意深厚已。光绪己丑,年家子潘祖荫又识。(《孙衣言孙诒让父子年谱》,239页)

秋,筑埜航斋于玉海楼旁,设榻以待客,而长室明窗,宴坐其间,宛然舟居,因忆彭玉麟督师长江,尝名其自用小舟曰"恰受航",辄取其义,以命斋名,盖深佩玉麟之清约,而辄以自况也。埜航斋之南隙地,广可半亩,杂莳盆卉,疏小池,引水以种荷,日涉成趣,足为顾养天年之助,因自题曰颐园,手书

"退思补过,时还读书"八字为联泐石。于是仲弟锵鸣扶筇时至,相与谈风月于花裀,叙天伦之乐事。锵鸣命工为《颐园春宴》图,征诗海内,播为佳话焉。(《孙衣言孙诒让父子年谱》239页)

九月十五日(10月9日),迁入新居。

孙锵鸣《谕孙诒钧等儿书》(五):"大房择九月十五迁入新居,伯伯精神亦好。"(《孙锵鸣集》,293页)

孙锵鸣《谕孙诒钧等儿书》(十一):"伯伯九月间移入新屋,精神尚健。"(《孙锵鸣集》,299页)

十月,撰《玉海楼旁新作小斋记》。

《玉海楼旁新作小斋记》:"衡阳彭公以大司马督视长江水师,自治一舟,财胜十石,出则以一仆一庖人自随,尝指其舟语予曰:'此所谓野航恰受两三人,当以恰受航为名。'予深叹其雅量。今年秋,予营新居既成,东厢之南有隙地十数弓,命工补为小室五楹,广四丈深,得广三之一窗,其两旁辟扉其首,及左右肋尾设横榻以待客,宴坐其内,宛然舟居,因思彭公之言,遂以'恰受航'榜之。彭公一时人杰,为国宣劳,自处清约如此,而退老间人乃傲然偃仰于此,盖不翅万斛龙骧矣。虽然有此隙地,乃适容此小室,其名也不可谓非其类也。遂书以为之记。己丑十月,埜航主人。"(《孙衣言集》下册,630页)

十月,撰《重修帆游桥堤记》。

《重修帆游桥堤记》:"光绪辛卯十月。"(《孙衣言集》下册,630—632页)

《孙衣言孙诒让父子年谱》:"谋修帆游永瑞桥长堤,以钱七十千为之倡,属霞墩故人戴美斋与指划程督之役,而戴氏以积劳成疾卒,其嗣君瀛仙(恩)继成之。衣言为记其事之始末,命诒让书丹树石以传。"(239页)

是年,跋王德馨《雪蕉斋诗钞》,云:

予壮岁始识永嘉王茂才仲兰,每至郡,辄承过访,然未尝为予言诗,予亦不知其能诗也。今年秋初,哲嗣朝瑞枉顾,携其遗著数册见示,则固裒然成集矣。吾乡乾淳诸老,文词之美,冠乎浙河东西,如忠简许公、文宪薛公、文节陈公、文懿蔡公,无不博极群书。又以科第仕宦,多见一时贤士大夫,故其所作,类皆瑰玮奇丽,抗乎古人。其后"四灵八俊"接踵代兴，惟务抒写性灵，遂为晚宋江湖一派，而其苦思精诣，亦有人所不能及者，此永嘉之学，所以独为永嘉之文也。元、明以来，作者寥寥，至本朝二百馀年，则几乎声响灭熄矣。水心尝云："士人来，不过言破题工拙，场屋利害而已，此其所以不能方轨前贤也欤！"仲兰未离场屋，而有志于古之作者，至其论诗数卷，则又能搜罗放轶，表著幽潜，其用心盖异于人矣。朝瑞英年秀颖，能世其家，则斯二集者，因王氏青箱之业，亟宜刊而传之，不使乾淳诸君子专美于数百年前，诚予之厚望也哉！时光绪己丑，瑞安愚弟孙衣言拜跋。（《雪蕉斋诗钞》，清光绪二十六年刻本）

是年，遵义黎庶昌辑刻《续古文辞类纂》，谱主文入选者有：《枋楂花馆记》及《袁笃臣墓表》。（《孙衣言孙诒让父子年谱》，240页）

是年，订定《诒善试馆规约》十一条：

　　一、试馆系为考试而设，非应试者不得寄寓。凡遇府试、院试各房子弟之应试者，不得散寓他所，以致任意游荡，不便管束。违者值年人应即严加训斥，仍令迁入馆中。如不遵行，即将应得卷费、花红各项罚扣。

　　一、非考试时，各房子弟因事上郡不涉词讼者，亦许借住，但不许携带戚友。

　　一、考试时，各房子弟应试者，不许携带戚友来馆居住。惟族人及各房至亲情面难却者，临时看明有无空室空铺，商明值年人暂许租住。族人缴租钱三百文，至亲缴租钱五百文，作为津贴应试子弟伙食之用。考竣即应退租，不得任意逗留。

　　一、试馆厢房数间，典与黄姓居住，所有馆内门户庭院，即责令该黄姓看视洒扫。遇有破损渗漏情形，随时报知，以便修葺，不许私自出租及借人居住。

　　一、馆中厨灶应用傢伙一切俱备，应试子弟到馆，由值年人雇用庖人，或即倩看视人代为炊饭做菜，每日每人给钱七十文，一粥两饭菜，每人两菜一汤，人多时每六人为一席，每席六盘四碗，半荤半素，在大厅后同食合馔。不得自行分爨及在房另设风炉，以免作践房屋及火烛意外之虞。

　　一、馆中门户启闭，以辰正、酉正为度，夜间门户上闩后，不许私启。

　　一、馆中居住以一室两人为度，每室床板二付，铺床长凳二付，书桌二张,椅二把,方凳二张,中厅设炕一张,炕几脚凳各一付,大小椅十张,茶几四张,大凳二张,门口铁丝灯笼一盏。所有器具各于簿上登明,并开字木牌钉于各室门口,以便检点,不许任意搬移。

一、子弟应试及因事借住,事毕将行,离馆时,应将室内床铺椅桌安顿妥帖,盘碗锅灶各检点一过,务使当面点交看屋人,并嘱其洗涤洁净,不得任意乱放及存留龌龊物件,违者以后不许再住。

一、馆中不许僧道妇孺及一切闲杂人等入内喧哗。

一、考试期届,值年人应于一个月以前,带同明干子弟前往察看,如房屋器具有应行修理之处,即陈明房长核实估计,预为修理,所需费用于祠产公款内提取。

一、馆中每年祭文昌时,与祭子弟应顺便周视房屋前后有无破漏,一切傢伙有无缺少,逐细查簿对明,切毋疏忽。(《孙衣言集》下册,803—804页)

光绪十六年 庚寅 1890年 七十六岁

正月,永嘉金岙孙氏重修宗谱,填《浪淘沙》十阕,以纪此盛事。

《浪淘沙》:"金岙重整宗谱,聊寄《浪淘沙》之调十阕,以歌盛事云尔。时光绪十六岁孟春月谷旦。

谱牒昉唐皇,世系雁行。金花罗纸著天潢。支分派别星辰亮,意美法良。一

康叔封卫疆,系出岐阳。耄年好学武公强。惠孙受列卿相①,姓氏始彰。二

叔敖及孙康,志气高昂。埋蛇映雪事逾扬。屈指人文千古上,车载斗量。三

颍公识见长,始自洪乡。洪州转徙孤溪垟。择必处仁超俗尚,金岙允昌。四

家家守义方,日炅不璜。乃积千仓及万箱。从斯远近驰名望,合族增光。五

---

① 此句原缺一字。

宗谱既煌煌,家乘更详。启后承先著作忙。溯委穷原勤采访,奚虑遗忘？六

字字固金汤,立纪陈纲。鲁鱼亥豕析微茫。虽云继述同垂创,万夫之望。七

品格重珪璋,上苑腾骧。绵绵瓜瓞艮横塘。于万斯年常宝藏,百世流芳。八

圣谕十六章,首章伦常。士逢其际体天王。敬宗尊祖兴仁让,长发其祥。九

展卷觅琳琅,惊喜如狂。惜乎文笔愧江郎。自负一生能说项,恕戒括囊。十"(《孙衣言集》下册,833—834页)

春,浙江学使南海潘衍桐(峄琴)太史欲辑刊《两浙輶轩续录》,以继嘉庆阮元编初录之后,因托俞樾致书于谱主兄弟,请代征访温处两郡诗人遗作。(《孙衣言孙诒让父子年谱》,241页)

四月十七日(6月4日),订定《诒善祠公产规约》二十一条。

《诒善祠公产规约》:"右祠田规约二十条,祠中事宜大概粗具,大房掌管祠事,应置总簿一分,将规约胪载在前,再将各项田产之户名、字号、坐落、上名、田户、租额一一分晰开列,传与二房、三房,俾分照抄一份,以便轮值,到时有所稽考。其尚有未尽事宜,随时斟酌可也。光绪庚寅四月十七日,逊学老人记。"(《孙衣言集》下册,793—799页)

《捐置祠产请县立案呈文》。(《孙衣言集》下册,792页)

四月,子诒让七试礼部不第。

六月初,子诒让旋里。

七月二十五日(9月9日),手书"埶航斋"匾而系以四字铭,复书楹帖,揭于斋中,云:

修辞立诚,躬行君子。颂诗读书,尚友古人。汤文端喜书此二语,予初入词馆,汤为作此。今以摹置郡邸。我家子弟能允蹈此二言,亦不失为通人庄士矣。庚寅白露后一日,埶航老人并记,时年七十有六。(《孙衣言孙诒让父子年谱》241页)

冬,黄体芳来函,云:

畿辅夏间积潦,为向来未有之灾,朝廷发帑、劝捐,纶音周挚,而万

寿山颐和园工费数百万营造如故。去秋天坛火警,某条陈四事,此居其一,闻上意震怒,将予重谴,不知何以中寝。近楚北张心荄名兆泰侍御,复因灾请罢,坐此去官。或为发难者幸,某甚恶焉!去夏浙灾入告,吾瓯因之连及。今此偏灾,在我辈为剥肤,朝廷视之奚啻秦越,且众论方以近畿巨灾为急,言之更非其时。(《黄体芳集》上册,226 页)

十二月十四日(1891 年 1 月 23 日),拟改葬先考鲁臣公和先妣丁太夫人于大日村梅尖之源,于是日兴工。(《孙衣言孙诒让父子年谱》,243 页)

是年,成《大郑公行年小纪》一卷,以为郑伯熊(文肃)为永嘉学问所自出,而《宋史》不为立传,《郡邑志·儒林传》叙次尤多舛漏,偶于读书之暇,略为考订云:所采之书,《宋史》及古今方志外,则陈骙《中兴馆阁录》、陈振孙《书录解题》、吴子良《林下偶谈》、李心传《朝野杂记》、凌迪知《万姓统谱》、黄宗羲《宋元学案》,以及宋人名家各集,靡不综涉而疏证之。盖于文肃历官始末及学术行谊,捃摭颇详,抉择至审也。(原稿册端手题庚寅写定。)(《孙衣言孙诒让父子年谱》241—242 页)

是年,应项芳兰之请,为项霁、项傅霖二先生撰墓表。

《项氏二先生墓表》:"先生姓项氏,讳霁,字叔明;弟讳傅霖,字叔雨,吾乡学者所称雁湖、几山二先生也。……述二先生行治属衣言以表墓者,芳兰也。……光绪庚寅。"(《孙衣言集》下册,632—634 页)

是年,应阎麟趾之请,为其妹品莲撰《阎孝女传》。

《阎孝女传》:"孝女阎氏名品莲,处州丽水人,祖曰胶州协副将秉义,父曰丽水县学生议叙知县其新,以事母不嫁,卒于光绪二年三月二十七日,年仅三十有三。乡党称其孝,官以闻于朝。……其兄游击麟趾为予言如此,始游击尝守备瑞安,与予善,请予为文表父墓,既而以女之事来,曰亦愿有传也。……光绪庚寅,埜航斋。"(《孙衣言集》下册,648—649 页)

光绪十七年　辛卯　1891 年　七十七岁

正月,手写关书,聘张枬于孙家开馆。

《张枬日记》正月二十日:"是日孙君仲容买舟来接余去开馆,抵馆约未刻后矣。点书后，即排宴请余午馔。陪席者仲容、仲恺两昆仲暨延第、诒揆、延畛、济林四位学生而已。"（温州市图书馆编，张钧孙点校，中华书局2019年版，第一册，148页）

三月，先考妣新墓讫工，手题石志。

《孙衣言孙诒让父子年谱》："鲁臣公新墓讫工，衣言为手题石志。"（245页）

四月二十八日（6月4日），张棡来访，谈古文门径、谈时事。谱主以评点《叶水心集》借张棡移录。

《张棡日记》："早晨，同学生陈济林至孙氏新屋中访琴西先生。先生时年已七十七矣，须鬓皤然而精神犹矍铄，喜余来访，和颜接款，惟两耳重听，予与之促膝高谈，始了了。所谈皆《史》《汉》及国朝古文门径。其云：'史公、韩退之皆天才，非人力所及。曾文正最讲究《汉书》。近来姚氏《古文辞类纂》当选至归震川止最好。方氏气味便不逮前，刘海峰则尤浅矣。惟曾文正所选《经史百家抄》，较《类纂》门径尤阔大，其中评点亦精，为学者不可不读。'又云：'作古文必须做官，而做官又必须做京官。京官事闲，可用功，又所居是首善之区，往来皆名公巨卿，声求气应，胸襟阔大，自然笔力雄浑。曾文正所以文冠一代者，亦由际会使然，而作却不多，则以做京官少，做外官多耳。使文正做京官，则作文必多，当可与宋之欧阳文忠抗衡。震川文固佳，然名位未显，便于此道吃亏大矣。'又与予纵谈时事，云：'近日之局与南宋无异。近来有测绘之事，有二委员栈在予诒善祠塾边五显殿中，与陈君锡卿、林君和叔同测绘地理，不知此举是何人主谋？亦与宋理宗时贾似道之事相仿佛。故昔人有诗刺之云'又把江山寸寸量。'约谈至午刻，予因起身告别，先生以手所评点《叶水心集》借予移录，复亲送予至大门外而返，亦可见前辈诱掖后进之殷矣。"（第一册，160—161页）

五月初一日（6月7日）起，张棡传录谱主评点《水心集》。

光绪年辛卯五月初一日，传录孙勤西先生评本于诒善祠塾之南窗，震轩氏记。（《水心先生文集》卷一，20叶，温州市图书馆藏清诒善祠塾刻本）

《张棡日记》："看《水心文集》。"（第一册，161页）

七月，撰李续宜遗书序。

《李忠武公遗书序》："忠武殁后十有七年，公子健斋观察以道员需次我浙。又十有七年来治瓯括兵备，蒐取公军中文字及所奉上谕制诰与国史列传都为一书，为袞节录一卷、书牍二卷、奏疏一卷，刻之以示后世，属衣言叙发其大指。……光绪辛卯七月。"（《孙衣言集》下册，609—610 页）

九月十八日（10 月 20 日），邀张枫来谈，弟孙锵鸣亦来，共谈古人并《史记》。

《张枫日记》："是日琴西先生命人持名片来要予去。灯下因至伊处，适薽田先生亦在屋，因共谈古人并《史记》，约至二更始返。"（第一册，180 页）

九月二十一日（10 月 23 日），张枫来谈古文词并诗、时文。

《张枫日记》："早晨至琴西先生处闲谈古文词并诗、时文。先生自言近选成《东瓯先正古文辞略》一部，尚未成书，惟记及墓志二类抄就，惜老矣不克藏事。余劝其先将目录选定，纂辑之任，不妨予后辈成之。先生笑而额之曰可。谈至午刻而回。"（第一册，181 页）

十月，应吴一勤之请，撰《楮溪吴氏族谱序》：

太史公为史氏记，篇次先后离合皆有深意，非苟然者，其为春秋诸侯世家，独取僻陋在夷之吴居首，虽有大勋劳，懿亲如师，尚父、周公，康叔未能先之，岂徒以泰伯、仲雍为周之尊属？盖以让国之节，声教可及百世也。当是时，天子雄才大略而急急于功利，将军卫青、李广利以兵斗四夷，公孙丞相、桑大夫为均输平准，笼天下之货贿，纷纷然竞于争矣。太史公深忧世变，故其为书多讽刺武帝，而慨慕文景之节俭。至论六家要指，则后儒术而尊黄老，亦谓其廉静寡欲，趣于矫揉时变不为定论，故以泰伯居世家之首，取其让国以立教，亦良史之微意也。泰伯、仲雍既以天下让，遂世其家于吴，子孙相继七百馀年，与周同长久。至春秋时贤公子札犹以不肯君有吴国，为圣人所贵，号曰"延州来季子"。及阖庐弑君篡位，战越而死，至子夫差，遂为勾践所灭。争之与让，废兴成败之故，不甚可畏也哉！夫差既灭，泰伯子孙因以国为氏，称吴氏，至今二千馀年。吴氏散处大江东南，大抵祖泰伯而望延陵，犹让国之馀泽也。我郡吴氏皆祖唐季谏议大夫畎。谏议始居安固库村，盖亦杭徙楮溪，又库村徙也，今里俗谓之"丽岙吴氏"，尤盛。予友吴君一勤，楮溪之秀也,由上舍生立军功,得从令,自维齿尊老,不可复县仕宦,退居楮溪,以敦宗收族为事,因旧谱重加修辑为《吴氏族谱》,间以示予,属为之序。予谓家与国一理也,莫善于让,莫不善于争,礼让行则孝弟之心生矣,争竞繁则父子、兄弟之恩薄矣。我瓯歧海雄郡,山溪篁竹之间,聚族而居者鸡犬相闻,或高曾而卯角,或黄发而昆仍,老少长幼杂然相处,秩然不相陵也。独至锥刀计较,则勃溪诟诤,恶声闻甚,或相寻狱讼,视骨肉如仇雠。噫! 此岂合族久长之道哉? 吴君方有志于敦睦宗姓,而让者,吴氏之祖训也,又何待于烦言? 楮溪谱留予所逾年,予老疾目眵眵,久无以报,适与学者讲太史公书,因申其意以还之,固不独为吴氏言也。光绪辛卯十月。(《孙衣言集》下册,611—612页)

按:陈光熙、林伟昭校编《瓯海谱牒文献汇编》亦收录此序,落款为:"时光绪己丑年十月吉日,钦命前江宁布政使司布政使、太仆寺卿孙衣言书于顾园。"(上海印书馆 2016 年版,255—256 页)个别文字稍异。

是年,撰成《逸老丛谈》,所记郡邑文献三十八则。

《孙衣言孙诒让父子年谱》:"衣言有笔记一小册,册端自署曰《逸老丛谈》,所记凡三十八则,皆有关郡邑文献。"(245 页)

光绪十八年　壬辰　1892 年　七十八岁

二月,为重刻二谷山人文集作序,云:

文体之散,至明之中叶而衰荼甚矣。魁儒旧学,率沿宋人语录之派,不足以言文,而一二以词章名世者,则又务为佻薄恣肆。唐宋矩矱,溃决殆尽;或貌为汉魏,而模拟过甚,流为伪体。故《四库》所著录存目,明人别集无虑数百家。余所浏览者亦逾百种。自荆川、遵岩、震川、升庵、元美诸家外,其可诵者盖亦罕矣。吾郡乐清,在明时文人蔚盛,若章恭毅之奏议、朱荡南之诗,皆卓然可传。然恭毅之文,颇嫌其太质,言以人重,固不必以文章流别绳之;荡南专才于诗,而文不多见。二谷侯先生最后出,甄综经史,特为淹雅,文似宗派荆川诸家,而以视恭毅则已过之。诗与荡南途辙不同,而亦无纤仄之音。《读书记》善谈名理,尤先秦古子之遗绪也。原集在当时,盖非一本,年久散佚。余官中外三十年,悉心购访,得《文集》十册、《诗集》四册,又近稿十卷,皆先生手定梓本。《读书记》附刊集中,以校《四库》所收曹溶《学海汇编》本多至倍蓰,盖先生遗著,梗概略具矣。先生世居乐清之东乡,其族裔今尚蕃盛。十世孙胜之爵封,克传儒业,眷念手泽,拟集资重刻,而里人倪君子昌,复赞成其事,据余所藏本精校付梓。盖自明逮今逾三百年,而先生《诗文集》复传播于世,胜之之贤与倪君之修学好古,皆可嘉也。先生又尝修隆庆《乐清县志》,详确有史裁。明刻本尚有存者,倘胜之能为覆刊以附本集之后,使后人得窥先生著述之全。余虽衰髦,尚乐观厥成已。光绪壬辰二月,后学瑞安孙衣言撰。(《孙衣言孙诒让父子年谱》246—247页)

春,与二弟锵鸣重游泮水。(《孙衣言孙诒让父子年谱》247页)

秋冬间,两目失明,不复能观书,常静坐,命诸孙诵宋人小词以自娱。(《孙衣言孙诒让父子年谱》248页)

十月,张士珩书来索读《娱老词》,谱主以腹稿口授于人,写成一帙,凡十九阕,并自跋以诒之。

《添字莺啼叙》:为仲弟止庵老人七十寿。

《忆旧游》:张楚宝作别业于冶城山下,种竹数千竿,以为读书游息之所。其师汪孝廉梅村士铎,予友也,为名曰君子居,而属予赋之。

《六州歌头》:从子诒绩以拔贡朝考得户部京官,假满还朝,以此壮其行色。

《摸鱼儿》:林星樵广文自由拳归,见顾敝庐,匆匆言别,出素纸索书近作,因为填此解,即用石湖《晚春词》韵,以博一笑。

《梦横塘》:盆种红梅,作花一朵,嫣然绝俗,为赋一解。

《一萼红》:白荷。春初于池中种藕,至夏发叶,作花数十朵,皆纯白如玉,填此赏之。

《满庭芳》:偶读《淮海集》,极爱其《山抹微云》一阕,适庭中茉莉盛开,即用其韵。

《霓裳中序第一》:茉莉别种有名宝珠者,花朵较大,尤芳烈袭人,即尹惟晓韵,倚此赏之。

《大圣乐》:黄叔颂家菊花盛开,与杨仲渔兄弟往赏。

《大圣乐》:既为叔颂菊花随喜赞扬,恐庭前亭亭玉立,以为落寞不情也,再用元韵为之解嘲。

《庆春宫》:题洪广文《种树图》。时广文一孙新举于乡。

《贺新凉》:徐仙舟大令忽自杭来访,赋此为别。

《贺新郎》:友人赠菊数盆,置之墙下,殊有秋思。

《庆春宫》:内侄辈敛秋租归,各言辛苦,以词劳之。

《贺新凉》:红叶。

《齐天乐》:祭灶。

《庆春宫》:有以茅竹烟管见诒,刻其头为老人像,须眉宛然,戏为赋此。

《八声甘州》:林祁生北游太学,大司成爱其俊颖,拔为斋长,试京兆,报罢,暂假归省,不数月竟卒。予亦爱其才,倚此以当挽歌。

《水龙吟》:明太常卿任坦然,葬于邑之焦石山,近为土人窃厝其上,吴箴之为诉于邑宰,正其兆域。予书碑志之,并系以词。

词始于唐,而盛于宋、元,或以为合于意内言外之旨,斯固未易言,要为诗之枝流,不可诬也。余少喜为诗,而不能作词。归田后,流览宋元词,始效为之,久之积成一卷。合肥张君楚宝驰书索观,乃命犹子诒泽录以诒之。昔宋之诗人工词者,惟东坡、山谷尔。若稼轩、梦窗、玉田、草窗诸君,盖皆敝毕生之精神专力于词,而后能极其工。余以衰髦馀年辍诗而强效为词,必不能工,固其宜也。楚宝精于诗,则以诗论之可矣,岂足与词家校工拙哉?既阅一过,辄识其后以自释,且以质楚宝。光绪壬辰十月,衣言记。(《孙衣言集》下册,691页)

是年,敦请邑老儒蔡培丰(书城),掌管玉海楼藏书。(《孙衣言孙诒让父子年谱》,249页)

是年,平阳陈昙为谱主兄弟绘《颐园春宴图》。

《孙衣言孙诒让父子年谱》:"原图为光绪壬辰平阳陈昙所绘,今归海日楼珍藏。"(239页)

光绪十九年　癸巳　1893 年　七十九岁

八月,黄漱兰通政自京师寄文为谱主七十九寿,云:

光绪十有九年八月,吾师逊学先生年七十有九。吾乡诸君子与吾师有连，及尝著籍称弟子者，将以揽揆之辰，奉觞里第，举祝报之礼，而以书抵京师，属体芳为之辞，乃拜手而言曰：体芳自弱冠从吾师游，每侍坐，辄闻吾师称南宋乡先生之学，以教学者有所论著，必三致意焉。今请申吾师所以匡迪后学之意，以复于诸君子，以寿吾师，其可乎？……然而环视天下，政日以弊，俗日以窳，人才日以衰，夫岂时会之适然欤？抑岂所讲求而设施者之尽不适于用欤？此其故不待智者而知之矣。

比年吾乡儒风士习，胜于往时，人知向学，盖皆吾师倡导之力。师之仲子仲容刑部，闳览潜研，以恢陈、薛诸先生未竟之绪。后进英特，闻风景从，朋兴而未已，将驯致于乾淳之盛，此殆其时矣。

虽然，明与晦相倚也，长与消相伏也，不可不慎也。吾乡学者，苟能致力于性情之原、伦纪之地，先立乎其大者，因而推求夫弥纶通变之方，则凡百家之书、异域之术，虽前哲所未详者，皆当博综而审择焉。何也？我永嘉先生之为学，固如是也。本之不讲，而侥幸于不可必之事功；详于御外而略于治内，勇于迁异而怯于复常，重利害而轻是非，进功名而退廉耻，斯则文宪所谓忽略根本，舛先后之序而却施之者。卒之事功不成，学术将裂，徒使论者袭朱子之说以议其后，非惟乾淳诸先生所必不许，亦岂吾师匡迪后学之意哉！

体芳拙陋无状，于乡先生之学无能为役，然于今世当事及士大夫之论，亦不敢违心曲从。往岁行年六十，吾师厚赐之言，极论时事本末利害之数，厘然有当于心。辄复推而究之以讯学者，诚能学乡先生之学，而无为朱子之徒所讥，则所以永吾师教思于无穷者莫大乎是，即称祝之义亦孰有大焉者乎？若夫师之莅政清平，泽被吴楚，诗古文辞之工，自陈、叶二先生后，复绝伦比，世多知之。重为雕饰，以效流俗之谀词，所不敢出焉。（《黄体芳集》上册，322—324页）

是年，永康胡宗廉以其先父胡凤丹事状来向谱主乞志铭之文。谱主作铭文：

同治初元，穆宗既削平大乱，将以文治润色中兴，遂命各行省设局刊布先儒遗书，以兴学道俗。于是江、浙、湖、鄂皆次第开书局，总其事者多一时贤达，而刊书之精备，则以鄂之崇文书局为最。余友胡君月樵实领局事，经史旧本，著录尤盛，以视宋之抚州公库，元之兴文署，殆过之矣。君少聪颖嗜学，弱冠为诸生，即以工文为督学赵文恪及吴晴舫侍郎所赏拔。咸丰初，粤寇蔓延各省，君扼捥时艰，乃究心经世之学，遂援例铨光禄寺署正，累擢兵部主事员外郎。庚申英夷渝盟，京师戒严，君随贾文端公、周文勤公督外城防务，抚议既成，以功奏擢知府，复以道员候铨。丙寅，官文恭公、曾忠襄公建节鄂中，檄公总厘捐局及官书局。厘局为财赋之薮，宿弊万端，君悉心纠剔，更申章约，岁减局费二万串，裁冗局四百有八；又罢汉口门厘，减茶厘加平，商民得之。光绪元年八月，权粮储道，时方奉朝旨免各省丁粮旧欠，君定新章十条，设局校算，禁绝需索，未及半载而事竣，其办理之速，他省莫能逮也。盖君既练达时务，而精力充强，遇事无巨细必躬亲之，米盐凌杂，综悉无遗。其官兵曹也。余方在翰林，与君往还最密，觞咏之乐盛于一时，及余以皖臬擢鄂藩，则君方领书局，遇要事相与商榷，匡助尤多。衣言暇即至局观所刊书，录目裒然巨册，四部咸备，叹为得未曾有。若宋本《仪礼》《国语》《国策》，元本《通鉴》《文选》，其尤精者也。君又以官俸访购金华先贤遗书，得四百馀卷，悉校刊之，复以馀暇考订古迹，缉《大别山志》等十馀种，皆精审有体。时余方搜集永嘉乡先生书，其刘左史、给事二集，亦属君为刊之，皆手校阅，是正其文字，盖其勤敏类如此。余既移官江宁，君怅然若有所失，会贵人督鄂者素骄倨，君与论事不合，遂翩然归，君归而鄂局亦不复刊书矣。呜呼！今天下上自宰相，下逮郡邑令尉，咸未缚于文法之中，虽有贤者，率不能有所设施，而君之官鄂，既以勤慎著称，督书局十馀年，复竭其研校之瘁，刊布善本书不可偻指数，然则君之才，虽未大展，而其志亦可少慰矣。君讳凤丹，字齐飞，晚又自署双溪樵隐，世居金华之永康，积官湖北候补道，加盐运使衔，晋阶荣禄大夫。曾祖友怡，国学生，祖南枝，附贡生，父仁楷，崇祀乡贤，皆以公贵，晋赠一品阶。曾祖母王氏、祖母李氏、母施氏、娶郑氏，继配宋氏，皆封夫人，侧室魏氏。子五人：宗廉、宗彦、宗荆、宗楚、宗鄂。其所著又有《退补斋藏书志》及《诗文集》等各若干卷。其卒于光绪庚寅九月，年六十八。卒后三年，葬于永康某山之原。宗廉以状来乞铭，谨略摭其历官治行，而在书局校刊古籍之功为尤著，故特揭之，而系以铭曰：繄维胡君，禀姿自天。综敏之才，经纬万千。百未一展，郁志丹铅。豸冠敷治，江汉之壖。官阁百楹，文籍之渊。君董厥成，无缺无愆。婺学精详，东莱龙川。遗文散落，坠简零篇。维君甄综，博校精研。杀青万简，嘉惠后贤。双溪之水，环此崇阡。载视斯铭，垂之万年。（《孙衣言孙诒让父子年谱》，251—252页）

是年,以明年谱主八十寿,俞樾作《寿孙琴西同年八十》:

回思四十四年前,与子相逢在日边。词馆一时推好手,君与慎芙卿、曾枢元,皆庚戌榜中善书者。名场三度作同年。丁酉、甲辰、庚戌皆与君为同年。乍联鸡鹤犹非熟,得到蓬莱总是仙。文字论交何日始,南归送我有诗篇。余癸丑出都,君有诗赠行。

灾年百六苦相催,太息昆明有劫灰。我已归从五湖去,君初飞下九天来。君由上书房出守安庆。紫阳偶共文坛启,丙寅、丁卯余与君分主苏杭紫阳书院。白下旋看行省开。吾榜曾王两开府,谓文诚、文勤两公。相期同作济时才。

从前筮易得明夷,闷伯还朝亦一奇。君曾筮得明夷卦,余谓明夷"马壮,吉",君以太仆卿还朝,亦其验也。倘使三天重入值,料应八坐总堪期。长安道上收残局,老学庵中补旧诗。尚有永嘉流派在,商量千古太平基。君刻永嘉诸先生书甚多。

七十诗成共唱酬,曾和君七十自寿诗。而今又越十春秋。世间百岁一弹指,林下三人都白头。杨性农同年言,庚戌同年中,性农及君与余为岁寒三友。未必儿孙无继起,最难耄耋更同游。尚期一十二年后,重听宾筵赋鹿呦。计是时君年九十一,余亦八十四,若预行于癸卯正科,则尚可少一年也。(《春在堂诗编》十四,22—23叶,《清代诗文集汇编》684册,644页)

光绪二十年　甲午　1894年　八十岁

春,张士珩以《娱老词》影石行世。

四月,孙诒让八试礼部不第。

时,谱主寿辰既届,以中日战起,力辞不受贺,独居深念,每以兵械楛窳,海军、淮军诸将之庸懦,不足以应变围敌为虑。邸钞至,必召诒让等询战事,闻捷报即色喜,为加一餐;或小挫,则扼腕不已。(《孙衣言孙诒让父子年谱》,259页)

黄体芳寄赠寿联:

明月正圆时,瓯海潮高,仰见斗星接南极;闲云有归意,郑公乡在,愿携杯酒待东家。(《黄体芳集》下册,391页)

俞樾自吴中书来,以七律四章为谱主寿。谱主得诗,依韵以答云:

声名王后复卢前,上下云龙紫禁边。岂意飘摇非旧日,却将轩冕换高年。余在馆阁时，与同年邵汴生亨豫、钱湘吟宝廉及荫甫四人为文酒之会。余年最长，三人遂以兄事余。汴生、湘吟皆官至侍郎，卒时皆未七十。重寻书札思常侍，又得新诗似谪仙。顷承以琼花新作及续刻诗见示。樗栎何堪加藻绘，因君回首帝京篇。

长庚落月晓钟催，人世纷华念久灰。眼缬作花张籍卧，余近患目疾，昌黎诗"脑脂遮眼卧壮士"谓张籍失明也。鬓丝如雪子由来。余闭户养病，朋游殆绝，幸仲弟甚健，今年七十七，视、听、步履无异壮岁，每日必来视余。园栽杞菊犹勤溉，门掩蓬蒿已懒开。独幸乾淳儒术在，于今乡里渐多才。

扁舟湖上逐鸥夷，荫甫近居苏州。留滞周南亦数奇。余以侍讲出为知府，又以江藩入长太仆，皆世人所谓左官也。漫说文章妨命达，回思师友负心期。读书已废还参佛，学道无功且戒诗。余前刻诗文三十二卷，病中寻绎，深自悔其芜率，重加删汰，约存二十八卷。但祝婵娟千里共，东坡词："但愿人长久，千里共婵娟。"汉家文景有鸿基。欧阳公诗："始知文景鸿基牢。"

杜公诗句几更酬，容易流光又十秋。便得百年风过耳，怕谈前事雪盈头。何人洛社同高会，有梦苏台续旧游。寄语武陵杨伯起，鸡鸣不已鹿呦呦。杨性农同年由翰林改官兵部，遂不复出，与余书问最密，每间数月，必以所著诗文见示。近忽年馀不得一书，意甚疑虑，昨读荫甫诗，乃知其老健如昔，年度九十馀矣。（《孙衣言孙诒让父子年谱》，260 页）

十月二十日（11 月 17 日），去世，享年八十。

孙诒让《哀启》："九月偶感风寒，觉神识瞀眩，急延医进药，病良已，如是者再。十月十六日复剧发，不省人事者竟日，进温补大剂，觉略平。时诒让等侍侧，犹询陪京战事，欷歔太息者久之。十七日丙夜，忽患腹泄，疾益不支，气逆痰上。延至二十日卯时，遂长逝矣。"（《孙衣言孙诒让父子年谱》，261 页）

孙锵鸣、孙诒让、俞樾、黄体芳、宋恕等分别以挽诗、挽联、祭文悼念谱主。

孙锵鸣《祭伯兄逊学先生文》："呜呼！日星有时而脱败，川谷有时而倾圮，道无长而不消，器无成而不毁，况人生之有涯，非金石安足恃。嗟同气之相连，倏一瞑而不视。

念素昔之绸缪，惧孤立而无倚。忆就傅于童年，泪策名而筮仕。或听雨而联床，或闻鸡而共被。无出入而不偕，务修名之砥砺。偶宦辙之分驰，曾暌违之有几。挈稚弱而追随，历吴头与楚尾。更忧患之百端，罔不均其悲喜。未七十而悬车，侍春风之杖履。间剪烛而联吟，或坐花而嗅蕊。爱无微而不至，切痛痒于一体。期相保于百龄，谓此乐之无已。

何衰老之侵寻，神虽强而官弛。视茫茫其渐昏，足缩缩而艰起。愤小夷之狓猖，益痛心于国耻。值伏枕之弥留，问东军之进止。迟露布其未传，遂溘然而逝矣。呜呼哀哉！

以兄志度之恢廓，智识之渊微，宜谋议乎庙堂，伯仲乎皋、夔。何为乎侍学三天，地非不近，而困于一廛；开藩两省，官非不达，而未竟厥施。岂道与时牾，实命也为之。彼古圣哲如邹峄，犹栖皇困踬其若斯，而又奚足悲！况姓名垂昭于青史，文章流播乎四裔，三代膺锡命之光，九族分体金之赐。传书三万卷，而朱墨流馨；归田十六年，而花木娱老。得景庐、东里之寿，而无疾告终；读高密、洨长之书，而有子继世。总五福而全归，返列真之旧位，谅在天之神明，无所用其歔欷。

独断雁之孤征，嗟弱羽其焉托。日复日兮流光驰，远愈远兮音容窎。叹馀生之几何，徒相望于寥廓。谨含泪而撮词，冀来歆兮来格。呜呼哀哉！"（《孙锵鸣集》上册，157—158页）

孙锵鸣挽联云："西清曝直，南国维藩，未髦早归来，更古籍丹黄都遍，试看鹤发婆娑，钟鼎林泉两无憾；君侍三天，我驰八桂，一生几会散，幸故园风雨相依，胡遽雁行断折，泰山梁木复谁宗？"（《孙锵鸣集》上册，254—255页）

孙诒让挽联云："清班九列，上寿八旬，十六载林泉终老，国事总关心，寝疾弥留，犹念穷边惊风鹤；韩柳文章，薛陈学案，三万卷朱墨如新，父书未能读，藐躬孤露，徒馀哀泪泣皋鱼。"

俞樾挽联云："琴西以翰林直上书房，出守安庆，历官至江宁布政使，以太仆卿内召，引疾归。工诗文，兼喜校刻。其乡先辈遗书与余。为丁酉、甲辰、庚戌三次同年，虽学术门户不同，而颇相得。年至八十而终。其官翰林时，再上封事甚切，非徒以文学见者也。

数丁酉、甲辰、庚戌三度同年，洵推理学名臣，内官禁近，外任屏藩，晚以太仆归田，老去白头，重游泮水；刻横塘、竹轩、水心诸家遗集，自任永嘉嫡派，文法桐城，诗宗山谷，更有封章传世，将来青史，岂仅儒林。"

（《春在堂楹联录存》）

黄体芳挽联云："程门尺雪，幸我乡通德有人，如何一老不遗，剩石

室文章,绝学重昌浮沚派;吴郡秋风,惟先生见机最早,却恨闲身若寄,听边城筎鼓,暮年忍读首邱篇。"(《杨青集》,213页)

池步瀛挽联云:"永嘉学派,导源于周浮沚、许横塘,拓宇于郑伯熊、薛艮斋,竟绪于陈君举、叶水心,歧辙于项迁之、王育德,肇祖蕃枝,幸吾公出而修明,南渡流风,乡里后生时动慕;古来文章,在汉则司马迁、班孟坚,唐宋则韩昌黎、欧阳修,有明则归熙甫、茅鹿门,国朝则方望溪、恽子居,扬镳分道,得作者以融途径,东瓯大笔,师承继起属谁人?"(《杨青集》,213—214页)

王景羲挽联云:"大集炳千秋,当庐陵、南丰之间,瓯海起衰,许傍门墙窥绝业;乡贤尊一席,接君举、水心而后,颐园访逸,忍从家塾理遗书。"(《杨青集》,214页)

郑永晟挽联云:"蜚声馆阁,著绩开藩,山斗仰师儒,众望同归韩吏部;群从科名,后昆甲第,哀荣瞻寿考,人间重见郭汾阳。"(《杨青集》,214页)

许溥霖挽联云:"为军国谋,志存尊攘,只今书读御夷,生气尚留公不死;膺封疆寄,节励清廉,忆昔规裁属吏,官常独肃世无俦。"(《杨青集》,214页)

洪炳文挽联云:"立朝时忧国最深,因洋务陈战守机宜,外衅近频仍,可惜老谋未一试;退休日端居多暇,就故家访乡邦文献,幽光待阐发,不徒大集有千秋。"(《杨青集》,214页)

陈范挽联云:"林泉廿载,著述万言,即今一病弥留,老死不忘忧国志;戎务密陈,封章具在,值此时艰日亟,遗书莫问御夷疏。"(《杨青集》,214页)

项蔚臣挽联云:"就辞章学问言,文接韩欧,诗抗苏黄,书宗颜柳,乾嘉诸老宿而还,当代伟人能有几;即事业勋名论,节握宣藩,功成吴楚,寿逾耄耋,陈叶数先生以后,吾乡魁望独推公。"(《杨青集》,214页)

叶觐岳挽联云:"歧海一书生,入侍三天,出班二伯,十六年养疾园林,依然恋阙心丹,忍死犹思闻捷奏;贞元老朝士,文宗迁固,学绍薛陈,百馀种等身著作,何意莫楹梦促,同声齐哭丧耆英。"(《杨青集》,214页)

王占鳌千户挽联云:"公曾翼赞三朝,由翰苑历藩侯,想当年政绩文章,彪炳东南才致仕;我乃忝居千户,入重城闻哀讣,叹此日青萍结绿,追随薛下再无缘。"(《杨青集》,214页)

周恩煦挽联云:"诗康乐继别,文水心嫡传,字□□大宗,学君举家法,承南宋六百年来,科第鸿博之士观止矣蔑以加,至于搜刻丛书,远合乡贤继道志;师中兴名臣,徒外藩储贰,弟翰林前辈,子经术巨儒,尽东浙一千里内,富贵福泽之人有过之无不及,而又考终正命,神闻海寇犯边时。"(《杨青集》,319页)

无名氏三挽联云:"帝室藉屏藩,汉水吴山固不朽;天垣陨奎璧,韩潮苏海又何人。"

又云:"喟然与点,鲁也呼参,两世列门墙,相期颜铸予雕,性道庶几同一贯;江鄂名臣,瓯东理学,中兴生耆耇,讵料山颓木坏,伤心太息到三年。"

又云:"前词苑,后屏藩,风味恋莼鲈,解组廿年推老福;弟齐驱,子继美,门庭森兰玉,掀髯一笑返仙乡。"(《杨青集》,319页)

胡调元《太仆孙琴西先生衣言挽词》:"投绂归来鬒皓然,弟昆相对玉堂仙。循声久已传吴楚,先生由翰林出守,洊擢藩司,先后仕迹均不出吴楚。大笔真能压许燕。钟鼎林泉兼美具,儒林文苑一家编。犹闻海外诗名重,此作须论五百年。琉球人盛诵其诗,有谓大苏以后五百年无此作矣。

东坡昔序希文集,旷代相望每叹嗟。岂意郑乡亲被泽,翻然谢䫜恸回车。门墙著录无多日,海内谈诗有几家。努力当时谆诚语,乾淳学派在东嘉。余少时和先生食沙嗅作蒙奖许,由是调先生于第中,顾蒙训诲周详,谓少年欲学诗古文,吾乡先哲遗书如陈止斋、叶水心两家,果能朝夕玩诵,扩而充之,韩杜欧苏尽此矣意。是时方专治举子业,未遑向往,其后稍有志,而先生晚得目疾,常经岁不见一客,今已溘然。海滨穷僻之乡,无师可叹,有师而不能竟其所学,尤可叹也。"(《补学斋诗钞》卷一,16叶,清光绪三十三年刻本)

十一月二十五日(12月21日),宋恕听闻谱主逝世后,撰《祭外伯舅孙琴西师文》,并致函吊唁孙诒让。

《祭外伯舅孙琴西师文》:"永嘉之学,陈、叶其尤。人亡绪坠,七百春秋。天遣先生,崛起荒陬。表章遗书,文与之俦。

武昌张氏,亦法韩、欧。晋、齐主盟,唐、宋尚友。正声金石,异光斗牛。贱子昔侍,宗论略受。复喜武昌,尘埃握手。

别穷河源,旁览泽薮。刻意创新,效颦断旧。李翱俟质,勾践方游。抱挟微志,说干诸侯。远征姒前,深斥姬后。众醉独醒,一然九否。临淮相公,不我迁谬。悯凤失所,嗟麟何求。礼颜开午,食客充刘。蝗泰

605

畏讥,崔环图酬。越职陈弊,借箸献筹。

府主谦让,宵人嫉诟。元元誓拯,区区敢负。东藩西属,默许误久。约假发难,传戒含垢。如何多士,轻诋老谋。知暗彼巳,议激戈矛。横挑强邻,累丧边州。分陕可悲。孤忠莫剖。腐儒交弹,俗吏掣肘。

感叹中夜,谢病扁舟。扁舟发燕,雪惨云愁。楚客传语,武昌山丘。西泪未干,又洒东瓯。东瓯此时,千林桔柚。桔柚岁黄,大师永幽。不忍睹物,吴域淹留。向风遥奠,海波悠悠。呜呼哀哉!"(《宋恕集》上册,237—238页)

《唁仲容》:"仙交速隐,仓卒反荷。月之中旬,归舟抵沪。忽闻外伯舅夫子大人骑箕有日,来震自天。苫块辛酸,更丁冬雪。然十年林下,撰述手定,君子曰终,赐鸠期及。永嘉曩哲,鲜臻兹寿。昌黎、柳州,亦均未逮。晚依圣教,密忆无量。极乐之生,当能如愿! 勉以奉慰,伏望节哀! 滞踪海上,不获躬奠,草文抒悲,乞为焚上! 敬请礼安,不宣。"(《宋恕集》,上册,519—520页)

光绪三十年　甲辰　1904 年

三月十四日,张鸣珂续作感旧诗六十首,第二十首为感谱主诗。

《续感旧诗六十首三月十四日南昌脱稿》之二十:"西湖领书局,载酒问奇字。京华重谒公,路值朝天骑。达官触热来,戏言有殊致。瑞安孙琴西太仆丈衣言。"(《寒松阁诗》卷七,《清代诗文集汇编》710 册,149 页)

民国二十二年　癸酉　1933 年

十二月,章炳麟撰《孙逊学先生年谱序》:

孟晋次其尊人仲容先生年谱,余为序之。既,复出示其祖逊学先生年谱十卷。逊学先生,晚清特立之儒也,扬历中外,数至监司,以持论侃直,为帅府所沮,置诸列卿散地而归,终已不得大行其志。谱中多述文学,于政事颇略,亦其势然也。孟晋生二岁而逊学先生殁,年十六复遭仲容先生之丧,比入民国,故老凋谢,遗闻散失尽矣,犹能据其遗著以成斯编,亦可谓善继志述事者哉!

谱称逊学先生尝论清儒汉、宋门户之弊,以为永嘉经制兼综厥长,足以通其区畛。及仲容先生治官礼,欲以经术措诸时用,亦本其先人之训也。

宋世永嘉诸贤,与新安、金溪、金华并峙。其后三家皆有传人,讫元明未替,而永嘉黯然不彰。近世如亭林、樗亭及北方颜、李诸公,廓除高论,务以修己治人为的,盖往往与永嘉同风,顾勿能尽见其书。逊学父子生七百年后,独相继表彰之。专著则有《永嘉丛书》之刻,佚篇则有《永嘉集》之纂,括囊大义,辨秩源流,则拾南雷、谢山之遗以成《永嘉学案》二十卷,最录凡目,则《温州经籍志》为一郡艺文渊海。自是郑、薛、陈、叶与先后作者之遗绪,斩而复续,呜呼盛矣!

迩者逊学先生殁已四十年,仲容先生殁亦二十馀年,世变益亟,盖与衰宋无异,夫拯之者则谁欤?然则孟晋阐明两世之业,以待人之兴起者,盖可少乎哉!盖可少乎哉!

民国二十二年十二月,章炳麟。(《孙衣言孙诒让父子年谱》,序,1页)

参考文献

《孙衣言孙诒让父子年谱》，孙延钊撰，徐和雍、周立人整理，上海社会科学院出版社 2003 年版

《姚燮年谱》，汪超宗著，中国社会科学出版社 2011 年版

《王拯系年》，京华出版社 2005 年版

《袁昶年谱长编》，朱家英撰，中华书局 2023 年版

《小酉腴山馆主人自著年谱》，吴大廷撰，清光绪五年刻本

《孙衣言集》，刘雪平点校，浙江古籍出版社 2017 年版

《孙锵鸣集》，胡珠生编，上海社会科学院出版社 2003 年版

《黄体芳集》，俞天舒原编，潘德宝增订，中华书局 2018 年版

《孙延钊集》，上海社会科学院出版社 2006 年版

《曾国藩全集》，岳麓书社 2011 年版

《宋恕集》，胡珠生编，中华书局 1993 年版

《吴敏树集》，《湖湘文库》，岳麓书社 2012 年版

《李鸿章全集》，时代文艺出版社 1998 年版

《太平天国时期温州史料汇编》，马允伦编，上海社会科学院出版社 2002 年版

《瑞安清民国诗词集》，陈正焕主编，西泠印社出版社 2012 年版

《瑞安孙家往来信札集》，谢作拳、陈伟欢编注，浙江大学出版社 2017 年版

《小莽苍苍斋藏清代学者书札》，陈烈主编，人民文学出版社 2013 年版

《舒艺室尺牍偶存》，《清代名人尺牍选萃》29 册，国家图书馆出版社 2017 年版

张际亮《思伯子堂诗集》,《清代诗文集汇编》601 册

朱琦《怡志堂诗初编》,《清代诗文集汇编》613 册

邵懿辰《半岩庐遗诗》,《清代诗文集汇编》635 册

林寿图《黄鹄山人诗初钞》,《清代诗文集汇编》688 册

汪士铎《梅翁诗钞》,《清代诗文集汇编》612 册

张金镛《躬厚堂集》,《清代诗文集汇编》618 册

刘存仁《屺云楼二集》《屺云楼三集》,《清代诗文集汇编》619 册

杨彝珍《移芝室文集》,《清代诗文集汇编》627 册

张文虎《舒艺室诗存》,《清代诗文集汇编》630 册

叶名澧《敦夙好斋诗初编》,《清代诗文集汇编》639 册

冯志沂《微尚斋诗集初编》,《清代诗文集汇编》639 册

徐子苓《敦艮吉斋诗存》,《清代诗文集汇编》649 册

吴棠《望三益斋诗文钞》,《清代诗文集汇编》653 册

戴钧衡《味经山馆诗钞》,《清代诗文集汇编》655 册

王拯《龙壁山房诗草》,《清代诗文集汇编》659 册

徐维城《天韵堂诗存》,《清代诗文集汇编》661 册

薛时雨《藤香馆诗钞》《藤香馆诗续钞》,《清代诗文集汇编》671 册

俞樾《春在堂诗编》,《清代诗文集汇编》684 册

俞樾《春在堂尺牍》,《清代诗文集汇编》686 册

奕䜣《乐道堂古近体诗》,《清代诗文集汇编》725 册

孟锦城《松风吟馆小草》,温州市图书馆藏清抄本

林用霖《江东外纪拾残》,浙江大学图书馆藏清咸丰十一年自刻本

凌焕《损畚诗钞》,浙江图书馆藏清光绪十八年清馨榭刻二十九年补刻三十三年印本

林鹗《望山草堂诗钞》,温州市图书馆藏清咸丰八年刻本

徐献廷《二酉轩陶陶集》,温州市图书馆藏温州乡著会抄本

曾垲《零风草堂诗草》,温州市图书馆藏清同治刻本

陈元禄《抱潜诗稿》,浙江图书馆藏稿本

《同游吟草》,温州市图书馆藏稿本

《燕赋集古》附《作室记集古》,温州市图书馆藏民国乡著会抄本

王乐雕《炳烛斋诗草》,温州市图书馆藏清同治八年黄岩王氏活字印本

《玉井山馆文略》,温州市图书馆藏清同治四年至九年许宗衡刻本

《清实录》,中华书局 2008 年版

《曾国藩日记》,九州出版社 2016 年版

《郭嵩焘日记》,湖南人民出版社 1980 年版

《赵烈文日记》,樊昕整理,中华书局 2020 年版

《张文虎日记》,陈大康整理,上海书店出版社 2001 年版

《春在堂日记 曲园日记》,孙炜整理,凤凰出版社 2021 年版

《曾纪泽日记》,刘志惠点校辑注,岳麓书社 1998 年版

《赵钧日记》,温州市图书馆编,陈伟玲整理,中华书局 2018 年版

《张㭎日记》,温州市图书馆编,张钧孙点校,中华书局 2019 年版

《莫友芝日记》,张剑整理,凤凰出版社 2018 年版

《翁同龢日记》,陈义杰整理,中华书局 2006 年版

《薛福成日记》,蔡少卿整理,吉林文史出版社 2004 年版

《越缦堂日记》,国家清史编纂委员会·文献丛刊,广陵书社 2004 年版

《王彦威日记》,《北京师范大学图书馆藏稿抄本丛刊》第 17 册,国家图书馆出版社 2011 年版

《孙仲彤日记》,温州市图书馆藏稿本

孙衣言《艺苑掇华序》,浙江图书馆藏清同治七年刻本

孙衣言致陆心源函,清末石印本《潜园友朋书问》卷六

孙衣言《题诚意伯授经图》,温州博物馆藏原稿

孙衣言上父亲禀,瑞安市博物馆藏原件

东国兴来函,瑞安市博物馆藏原件

俞樾来函,瑞安市博物馆藏原件

《莫友芝有关持静斋藏书手札六通考释》,张剑,《文献》2008 年第 3 期

《孙衣言、成林、杨昌濬、蒋益澧致朱学勤手札》,邹晓燕整理,《历史文献》第十八辑

《丁丙致叔迟、琴西手札释读》,徐颖,《东方博物》第五十九辑

《〈水心文集〉孙衣言批注辑录》,潘猛补,《温州历史文献集刊》第一辑,南京大学出版社 2010 版